评价科学研究与应用丛书

中国大学和研究生教育及学科专业评价报告

（2023—2024）

邱均平　王琳　赵蓉英　杨思洛　邱作谋　等　编著

WUHAN UNIVERSITY PRESS
武汉大学出版社

图书在版编目(CIP)数据

中国大学和研究生教育及学科专业评价报告.2023-2024/邱均平等编著.—武汉:武汉大学出版社,2023.10
评价科学研究与应用丛书
ISBN 978-7-307-23838-1

Ⅰ.中…　Ⅱ.邱…　Ⅲ.①研究生教育—评价—研究报告—中国—2023-2024　②研究生教育—学科—评价—研究报告—中国—2023-2024　Ⅳ.G643

中国国家版本馆CIP数据核字(2023)第116902号

责任编辑:黄河清　　　责任校对:汪欣怡　　　版式设计:马　佳

出版发行:**武汉大学出版社**　(430072　武昌　珞珈山)
(电子邮箱:cbs22@whu.edu.cn 网址:www.wdp.com.cn)
印刷:武汉邮科印务有限公司
开本:880×1230　1/16　印张:35　字数:1211千字　插页:1
版次:2023年10月第1版　　2023年10月第1次印刷
ISBN 978-7-307-23838-1　　定价:168.00元

中国大学和研究生教育及学科专业评价报告
（2023—2024）
编委会

前 言*

随着高等教育管理体制改革的不断深入，我国普通高等学校的办学规模迅速扩大，办学质量和科研水平也逐步提高，为我国的社会进步和经济发展提供了有力的人力资源保障。与此同时，市场机制逐渐被引入高等教育管理，高校之间的竞争和人才市场的竞争日趋激烈。社会各界都迫切希望更加全面、系统地了解和掌握各高校的教学质量、科研水平及其在同类高校中的地位和影响。如何科学、合理、客观、公正地评价高校及其学科专业的质量和水平，是政府部门、高校领导、广大教师、学生和家长以及社会人员都十分关注的重要问题，也是摆在教育评价机构工作人员面前的一项非常重要而紧迫的任务。中华人民共和国教育部专门发文强调管、办、评分离，要求实行第三方评价。一份具有社会公信力的大学及学科专业评价报告，可以为政府管理部门的宏观管理和决策提供定量依据；为各高校准确定位、发挥比较优势、明确改革方向提供参考依据；为广大考生选择适合自己的大学和专业提供报考指南；为社会各界了解高校、引导社会资金在高等教育领域的合理流动提供快速通道。这对于推动我国高等教育的改革和发展，快速推进世界一流大学和一流学科建设，提高高等教育质量和水平，促进高校的准确定位与有序竞争，满足广大考生和家长的信息需求，推进高教强国战略和实现社会和谐发展都具有重要的指导意义和参考价值。

武汉大学中国科学评价研究中心是我国高等院校中第一个综合性的科技与教育评价研究中心，是集科学研究、人才培养和评价咨询服务于一体的湖北省人文社会科学重点研究基地。邱均平教授担任首任院长 12 年，首创了“金平果”评价品牌。本着“加强社会评价，提高教育质量，促进竞争发展，服务和谐社会”的宗旨，自 2004 年起，与《中国青年报》合作，按年度连续发布《中国大学及学科专业评价报告》《中国研究生教育及学科专业评价报告》《世界一流大学和一流学科评价研究报告》和《中国学术期刊评价研究报告》(三年一期)，受到国内外的高度重视和广泛认可。

邱均平资深教授是以“四大评价报告”为标志的“金平果”排行榜商标品牌的创立者、负责人和首席专家，为我国科教评价事业的发展做出了重要贡献。2017 年，杭州电子科技大学创办了中国科教评价研究院(以下简称“评价院”)，特邀请邱均平教授担任首届院长，与武汉大学中国科学评价研究中心合作，继续开展大学及学科专业评价工作。

2022 年下半年，中国科教评价研究院、浙江高等教育研究院组织开展 2023 年中国大学及学科专业评价工作，并完成了《中国大学和研究生教育及学科专业评价报告(2023—2024)》。我们以教育部公布的最新《2022 年全国高等学校名单》为依据，结合各学校的实际招生情况，将具有普通高等教育招生资格的 1066 所普通本科院校(包括 42 所一流大学，800 所一般大学，224 所民办本科院校)、157 所独立学院、9 所中外合作办学，32 所职业本科院校、1487 所高职高专作为此次大学评价的对象。同时，我们还按照教育部公布的《普通高等学校本科专业目录(2022 年)》，对普通本科院校的专业、专业类和学科门类进行了评价。

本次评价在传承多年评价经验和做法的基础上，结合实际情况做了大量的改进和创新，主要体现在以下五个方面：

第一，与时俱进，重构了“政治标准、业务标准、效益标准”三结合的教育评价体系。突出“双一流”背景，坚持质量第一、效益优先和国际化为重的评价标准，更加符合中共中央、国务院印发的《深化新时

---

* 本书公布了我国大学及其学科门类、专业类的最新排名，专业的排名结果及更多详细信息请登录杭州电子科技大学中国科教评价研究院网站(http：//casee. hdu. edu. cn)和中国科教评价网(www. nseac. com)查询。

代教育评价改革总体方案》的要求。在科技创新和人文社会科学创新竞争力评价中，一直以“投入—产出—效益”为主线，坚持绝对量指标与相对量指标相结合，保证评价结果的准确性和公信力。在本次大学评价中，我们坚持突出“双一流”建设背景和要求，对包含一流高校和一流学科的147所院校作为新的类型单独做出评价。在专业评价中我们更加看重增量，即上次大学评价到现在的时间区间内学校的进步，而在大学评价方面则充分考虑存量，即学校已有的各项基础性指标，以质量、效益和国际化为导向开展评价。特别是中共中央、国务院印发《深化新时代教育评价改革总体方案》后，我们构建了“政治标准、业务标准和效益标准”三结合的新的大学评价指标体系。

第二，评价内容全面、系统，是目前国内最系统、最详尽、最权威的大学评价品牌。本书的评价对象覆盖了教育部最新公布的所有普通本科院校、民办院校、独立学院和高职高专院校，涉及院校总数达到2751所，而且还从多个方面评价了1264所本科高等院校分10种类型、12个学科门类和92个专业类的实力和水平。从地区、学校、学校类型、科技创新竞争力、人文社会科学创新竞争力、学科门类、专业类、专业等角度共产生了600多个排行榜，多视角、多层次、全方位地展示我国大学及学科专业的创新与发展现状。限于篇幅，本书只公布门类、专业类和专业排行榜的前20%，完整、详尽的评价结果将在中国科教评价网(www. nseac. com)上发布。

第三，继续采用得分、排名与等级相结合的表示方法，但对5★级进行了细分，更能满足各类用户的需要，并保持评价结果表达的合理性和充分性。在民办院校、独立学院、高职高专院校及学科专业评价中，我们按照高校教育的分布特点、集中与离散分布规律(二八律)，将各培养单位在该排行榜中的竞争力依次分为5个等级，并用星级表示：①5★为具有重点优势竞争力的单位，即排在最前面10%的培养单位[其中，排在前1%(含1%，下同)的为5★+级，前1%以后至5%的为5★级，5%以后至10%的为5★-级]；②4★为具有优势竞争力的单位，占总数的10%，即排在10%~20%的单位；③3★为具有良好竞争力的单位，占总数的30%，即排在前20%~50%的单位；④2★为具有一般竞争力的单位，占总数的40%，即排在前50%~90%的单位；⑤1★为具有较差竞争力的单位，占总数的10%，即排在90%~100%的单位。对于排在5★的高校，给出名单并列出排名；对于排在4★的高校，按排名给出名单，对于排在3★、2★和1★的高校，只列出个数，不再列出高校名单。为了使内容重点突出，兼顾全面性，同时避免本书过于厚重，降低读者购买成本，书中只列出中国“双一流”大学排名、部属院校排名、地方院校总排名(前20%)；对于中国民办本科院校、独立学院和高职高专院校的排名，给出5★和4★的高校名单并列出排名，3★高校名单及2★和1★高校数量。另外需要说明的是，本次评价中各高校的得分均精确到了小数点后6位，但在本书中限于篇幅，得分仅保留到了小数点后两位。

第四，为了体现“分类评价，同类比较”的原则，更充分地满足读者的需求，我们对全国的本科院校的教育竞争力分类型进行了评价。2004年，教育部下发《普通高等学校基本办学条件指标(试行)》，将高等学校划分为6种类型。本次评价在以往经验的基础上，将所有培养单位分为10种类型：综合类、理工类、农林类、医药类、财经类、语言·政法类(简称文法类)、师范类、民族类、艺术类、体育类。本次评价还对部分高校的性质类型进行了调整，以更加符合该校发展的实际情况。通过对不同类型的高校进行评价和排序，最终得到“中国大学分类型竞争力排行榜”。这样，本次评价结果更加细化，更加具有可比性，更加有利于广大读者对同类型的高校进行分析和比较。

第五，编排结构科学合理，读者查阅非常方便。本书第一部分公布2023年中国大学教育竞争力排行榜，提供每所院校的总排名及在所属地区(省、自治区、直辖市)和同类型高校中的排名，如某省某所大学在该省中的排名、某综合性大学在综合类大学中的排名等。第二部分公布2023年中国大学本科教育竞争力排行榜，提供每所院校的学科门类、专业类和专业在全国所有开设相应专业类院校中的排名。第三部分为研究生教育排行榜，包括中国研究生教育地区竞争力排行榜、中国研究生教育竞争力排行榜和研究生教育一级学科排名及等级分布。第四部分为高职高专教育地区竞争力排行榜、职业本科院校竞争力排行榜、职业专科院校竞争力排行榜。第五部分介绍中国本科院校各类排名结果、专业等级分布、优势学科等。首先，按中国大学教育地区竞争力进行排列；其次，在每一地区，按照一流大学、一般大学、民办院校、独立学院的顺序进行介绍；最后，将一流大学、一般大学、民办院校按本次评价结果的名次顺序编排，详细给出每所学校在各类排行榜中的名次、专业等级分布、5★和4★专业名单。

本书是“金平果”排行榜(中评榜)评价品牌的四大评价报告的重要组成部分，包括《中国大学及学科专业评价报告》《中国研究生教育评价报告》和《高职高专院校评价报告》，由杭州电子科技大学中国科教评价研究院、武汉大学中国科学评价研究中心、“金平果”评价网(中国科教评价网)的多位专家、博士、硕士鼎力合作，共同研究、联合撰著而成，参著人员详见编委会名单。中国科技信息研究所科学计量与科技评价研究中心、科睿唯安科技信息服务(北京)有限公司作为合作单位提供了数据支持和帮助。武汉大学出版社有关领导对本书的出版给予了大力支持；詹蜜等编校人员为本书的编辑出版付出了大量辛勤劳动。在此，我们一并致以衷心的感谢！

中国科学评价研究中心(武大)创始人、首届主任
“金平果”评价品牌创立者、首席专家和知识产权人
杭州电子科技大学资深教授、博士生导师
中国科教评价研究院(杭电)院 长
浙江高等教育研究院 院 长
数据科学与信息计量研究院 院长
Data Science and Informetrics 主编
高教强省发展战略与评价研究中心(浙江智库)主任

邱均平

2022年12月31日于杭电下沙校区

目 录

第一部分　2023年评价工作概述及中国大学本科教育竞争力排行榜

第二部分　2023年中国大学本科教育分门类、专业类和专业竞争力排行榜

第三部分　2023年中国研究生教育及学科竞争力排行榜

第四部分　2023年中国高职高专院校竞争力排行榜

第五部分　中国本科院校各类排名结果、学科专业等级分布及优势专业

民办院校

湖北省

一流大学

一般大学

民办院校

山东省

一流大学

一般大学

民办院校

广东省

一流大学

一般大学

河北省

一般大学

民办院校

黑龙江省

一流大学

一般大学

民办院校

民办院校

甘肃省

一流大学

一般大学

民办院校

贵州省

一般大学

民办院校

内蒙古自治区

一般大学

民办院校

第一部分

2023 年评价工作概述及中国大学本科教育竞争力排行榜

2023 年中国大学和研究生教育及学科专业评价的基本做法与结果分析[①]

党的二十大报告明确指出："教育、科技、人才是全面建设社会主义现代化国家的基础性、战略性支撑。我们要坚持教育优先发展，科技自立自强、人才引领驱动，加快建设教育强国、科技强国、人才强国，坚持为党育人、为国育才，全面提高人才自主培养质量，着力造就拔尖创新人才。"报告强调了教育、科技、人才三者在全面建设社会主义现代化国家的战略性地位和作用，并对加快建设教育强国、科技强国、人才强国做出了全面战略部署，为全面建成社会主义现代化强国指明了前进方向。

《2021 年全国教育事业发展统计公报》显示，2021 年我国各级各类学历教育在校生 2. 91 亿人，其中各类高等教育在学总规模达 4430 万人，比上年增加 247 万人。高等教育毛入学率 57. 8%，比上年提高 3. 4 个百分点。高校作为高层次人才培养和科技创新的主力军，应坚持面向世界科技前沿、面向经济主战场、面向国家重大需求、面向人民生命健康，积极服务国家重大战略需求，充分发挥高校在教育、科技、人才方面的重要作用。"十四五"时期是加快建设教育强国的重要阶段，也是实现中国式现代化的关键时期。教育评价事关教育发展方向，是推进教育高质量发展的重要环节。为此，需要充分发挥教育评价的"指挥棒"作用，准确客观地反映国内高校及学科专业发展状况，真正做到以评促建、以评促改、以评促强，以此推动高校全面贯彻党的教育方针、落实立德树人根本任务，以坚持"四个面向"加快实现高水平科技自立自强，培养造就大批德才兼备的高素质人才。

2022 年 9 月起，杭州电子科技大学中国科教评价研究院组织开展了新一轮中国大学及学科专业评价工作，并完成了《中国大学和研究生教育及学科专业评价报告(2023—2024)》，旨在为高校明确其改进重点和发展方向提供参考，为政府部门和教育行政部门科学决策提供依据，为社会各界全面了解学校提供信息。此次评价共产生了本科部分包括中国大学教育地区竞争力排行榜、中国本科院校竞争力总排行榜、中国民办本科院校竞争力排行榜、中国独立学院竞争力排行榜、中国大学科技创新竞争力排行榜、中国大学人文社会科学创新竞争力排行榜、中国大学分类型竞争力排行榜、中国大学本科教育分学科门类竞争力排行榜、中国大学本科教育分专业类竞争力排行榜等；研究生部分包括中国研究生教育地区竞争力排行榜、中国普通高校研究生教育竞争力排行榜、中国高校一流学科建设综合竞争力排行榜和中国研究生分一级学科竞争力排行榜等；高职高专部分包括高职高专教育地区竞争力排行榜、职业本科院校竞争力排行榜、职业专科院校竞争力排行榜。限于篇幅，本书只公布其中的 100 多个榜单，其他更为详细的内容将在杭州电子科技大学中国科教评价研究院网站(www. casee. hdu. edu. cn)和中国科教评价网("金平果"评价网，www. nseac. com)发布。

一、本次大学评价的指标体系

本次大学评价的指导原则是"分类评价、同类比较"，即根据不同的层次、不同的类型、不同的地区、不同的学科及专业构建不同指标体系，分类分层次评价。一方面，2020 年 2 月 23 日，科技部印发《关于破除科技评价中"唯论文"不良导向的若干措施(试行)》，提出了破除科技评价中"唯论文""SCI 至上"等相关措施。这一举措着力解决我国现行科技评价体系存在的问题及弊端，也从侧面反映了我国高等教育评价体系要破除唯论文的导向。另一方面，中共中央、国务院印发的《深化新时代教育评价改革总体方案》明确提出要完善立德树人体制机制，扭转不科学的教育评价导向。这是中华人民共和国第一个关于教育评价系统改革的文件，是指引新时代教育评价改革的纲领性文件，这一文件也为我国高等教育评价改革指定了方向。所以，本次大学评价明确沿袭上一年的做法，将立德树人以及学术不端等师风学风问题纳入此次评价体系，作为院校竞争力评比的一个重要定量、定性参考依据。

① 详细评价结果请查看本书或登录杭州电子科技大学中国科教评价研究院网站和"金平果"评价网(www. nseac. com)。

1. 中国本科院校竞争力评价指标体系

本次中国本科院校竞争力评价指标体系设一级指标3个，二级指标9个，三级指标33个。一级指标包括政治标准、业务标准和效益标准3个方面，二级指标包括立德树人、师风学风建设、治理与制度建设等9个方面，三级指标包括杰出人才、研究生导师数、专任教师数等33个方面。在本次评价中，我们依然设置负分处理，对于14个存在学术不端行为的高校在评价得分中直接扣除2分，这严重影响了这些高校的排名结果。一级指标和二级指标及权重构成如表1所示。

表1　2023年中国本科院校竞争力评价指标体系

一级指标	一级权重	二级指标	二级权重
政治标准	0.2	立德树人	0.40
		师风学风建设	0.30
		治理与制度建设	0.30
业务标准	0.4	师资队伍	0.20
		教学水平	0.45
		科研水平	0.35
效益标准	0.4	学术效益	0.60
		经济效益	0.20
		社会效益	0.20

2. 研究生教育评价指标体系

中国科教评价研究院根据《深化新时代教育评价改革总体方案》文件要求，在保持评价体系框架基本稳定的基础上，对中国研究生教育评价指标体系进行了修改完善，进一步强化人才培养中心地位，淡化论文收录数、引用率、奖项数等数量指标，突出学科特色、质量和贡献，构建了以立德树人成效为根本标准，以“质量、成效、特色、贡献”为价值导向，政治标准、业务标准和效益标准三结合的评价指标体系。

本次中国研究生教育评价指标体系设一级指标3个，二级指标9个，三级指标28个。一级指标包括政治标准、业务标准和效益标准3个维度，二级指标包括领导班子、人才培养、学术声誉等9个方面，三级指标包括课程思政、学生获奖、科研项目等28个方面。具体评价指标内容如表2所示。

表2　2023年中国研究生教育评价指标体系

一级指标	一级指标权重	二级指标	二级指标权重
政治标准	0.20	领导班子	0.30
		思政教育	0.40
		治理制度	0.30
业务标准	0.50	办学资源	0.30
		人才培养	0.15
		科学研究	0.40
		社会服务	0.15
效益标准	0.30	学术声誉	0.50
		学术影响	0.50

3. 中国本科院校的学科专业竞争力评价指标体系

本次的学科专业评价指标体系大部分指标依然延续往年指标，舍弃SCI发文量观测点，采用中国科学引文数据库(CSCD)和中文社会科学引文索引(CSSCI)数据的数据库，共设一级指标4个，二级指标17个，三级指标30个。一级指标包括师资队伍、教学水平、科研水平、学科声誉4个方面，二级指标包括教师数、学位点数、科研项目等17个方面，三级指标包括杰出人才数、全国性学生竞赛获奖数、国家自然科学基金和国家社科基金项目数等约30个方面。一级指标和二级指标及权重构成如表3所示。

表3　中国本科院校学科专业竞争力评价指标体系

一级指标	一级权重	二级指标	二级权重
师资队伍	0.20	教师数	0.30
		博导数	0.15
		杰出人才	0.40
		教育专家	0.15
教学水平	0.30	学位点数	0.30
		人才基地	0.15
		教学成果	0.20
		人才培养	0.35
科研水平	0.30	科研基地	0.10
		科研项目	0.20
		论文发表	0.20
		发明专利	0.15
		论文被引	0.20
		科研获奖	0.15
学科声誉	0.20	国家一流专业	0.50
		ESI全球前1%学科	0.20
		上年度优势学科(含专家评审)	0.30

4. 中国高职院校竞争力评价指标体系

高职院校包括高职高专和职业本科两种类型，2023年高职院校评价由5个一级指标、35个二级指标和100多个观测点组成。

本次评价加入了省级“双高”建设成果，新增思政建设一级指标(含三个二级指标和13个三级指标)，杰出人才新增黄炎培职业教育奖，人才培养质量方面新增了全国青年岗位能手、大学生自强之星，技能大赛加入了世赛、世赛特别赛，产教融合二级指标中新增了专业合作建设试点、校企合作和现代产业学院建设，创新创业二级指标中增加了双创学院、实践基地、优秀成果等内容。一级指标和二级指标及权重构成如表4所示。

表4　中国高职院校综合竞争力评价指标体系

一级指标	一级权重	二级指标
思政建设	0.025	党建成效、思政教育、社会影响

续表

一级指标	一级权重	二 级 指 标
办学条件	0.225	建筑面积、占地面积、教学仪器、生均仪器 图书总量、生均图书、生均经费、教研基地
师资力量	0.225	杰出人才、专任教师、高双比 教学团队、教学竞赛、生师比
科教产出	0.325	人才培养、就业率、优势专业、教学资源库、教学成果 学生竞赛获奖、科研项目、高质量论文、发明专利
学校声誉	0.2	双高建设、优质校、示范骨干、社会荣誉、产教融合 创新创业、科技获奖、教改试点、本科教育

4. 中国高职高专的学科专业竞争力评价指标体系

今年将继续发布高职专科专业竞争力排行榜，“金平果”2023 年中国高职院校专业竞争力评价指标体系分为三级，其中一级指标包括师资队伍、平台基地、教学水平、科研产出和声誉影响 5 个方面，二级指标包括专任教师、教学团队、教研基地、人才培养、教学资源库、学生竞赛等 16 个方面，三级指标包括教指委、行指委、万人计划、名师先进、实训基地、教学成果、技能大赛、教学竞赛、教改试点、创新创业、产教融合、双高建设、办学历史等 36 个方面，涉及 100 多个数据观测点。一级指标和二级指标及权重构成如表 5 所示。纳入高职院校学科专业评价的对象为 246 个专业群、19 个专业大类、97 个专业类和 730 多个专业。

表 5　金平果 2021 年中国高职院校专业竞争力评价指标体系

一级指标	二 级 指 标
师资队伍 0.2	专任教师
	杰出人才
	教学团队
平台基地 0.15	教学资源库
	教研基地
教学水平 0.3	人才培养
	教学成果
	学生竞赛
	教师竞赛
科研产出 0.15	科研项目
	高质量论文
	发明专利
声誉影响 0.2	双高建设
	办学历史
	优势专业
	教改试点

二、本次大学评价的对象与做法

1. 评价对象

本次评价以教育部网站 2023 年公布的全国高等学校名单为依据，结合学校的实际招生情况，最终确定本次大学评价的对象为 2751 所高校，其中普通本科公办院校 842 所，研究生院校 596 所，民办院校 224 所，独立学院 157 所，高职高专 1487 所，中外合作办学 9 所，职业本科院校 32 所。纳入普通本科院校学科专业评价的对象为 12 个学科门类，92 个专业类，442 个专业。

2. 数据处理

在本次大学和研究生教育及学科专业评价中，收集的原始数据种类多，数量大。本次评价的原始数据主要来自以下五个方面：①政府有关部门的统计数据资料(包括汇编、年鉴、报表等)；②国内外有关数据库；③有关政府部门、高校的网站信息；④有关刊物、书籍、报纸、内部资料等；⑤本研究团队在多年评价工作基础上建立的“基础数据库”。

本次评价中，我们采用人机结合的方式，大量使用 VBA、JAVA 等程序，提高了工作效率和准确性。对波动较大的数据进行了多次校准，以提高准确率。在评价的初步结果出来之后，邀请相关专家对结果进行了分析，将反馈的意见纳入最终的结果，以使评价的结果更具科学性和权威性。

3. 星级标记体系

本次大学评价中，大学及学科专业的星级标记体系由 5★+、5★、5★-、4★、3★、2★、1★组成，

图 1　杭州电子科技大学中国科教评价研究院网站页面截图

分别对应大学或学科专业评价排名的前 1%、1%~5%(包括 5%)、5%~10%(包括 10%)、10%~20%(包括 20%)、20%~50%(包括 50%)、50%~90%(包括 90%)、90%~100%(包括 100%)大学或学科专业。其中 4★及以上的大学或学科专业统计为优秀的大学或学科专业，5★+的大学或学科专业统计为顶尖的大学或学科专业。

4. 结果发布平台

本研究团队在历年大学评价工作中已经积累了大量关于高等教育的原始数据和信息，为了充分发掘这些信息的社会价值，满足不同社会群体了解高等教育的实际需求，本次评价的相关信息将在杭州电子科技大学中国科教评价研究院网(图 1，http：//casee. hdu. edu. cn/)和中国科教评价网(“金平果”评价网，图 2，www. nseac. com)上同步发布，以便为相关高校提供大学诊断与咨询服务，为高考和考研学生提供个人素质诊断与报考指南服务。

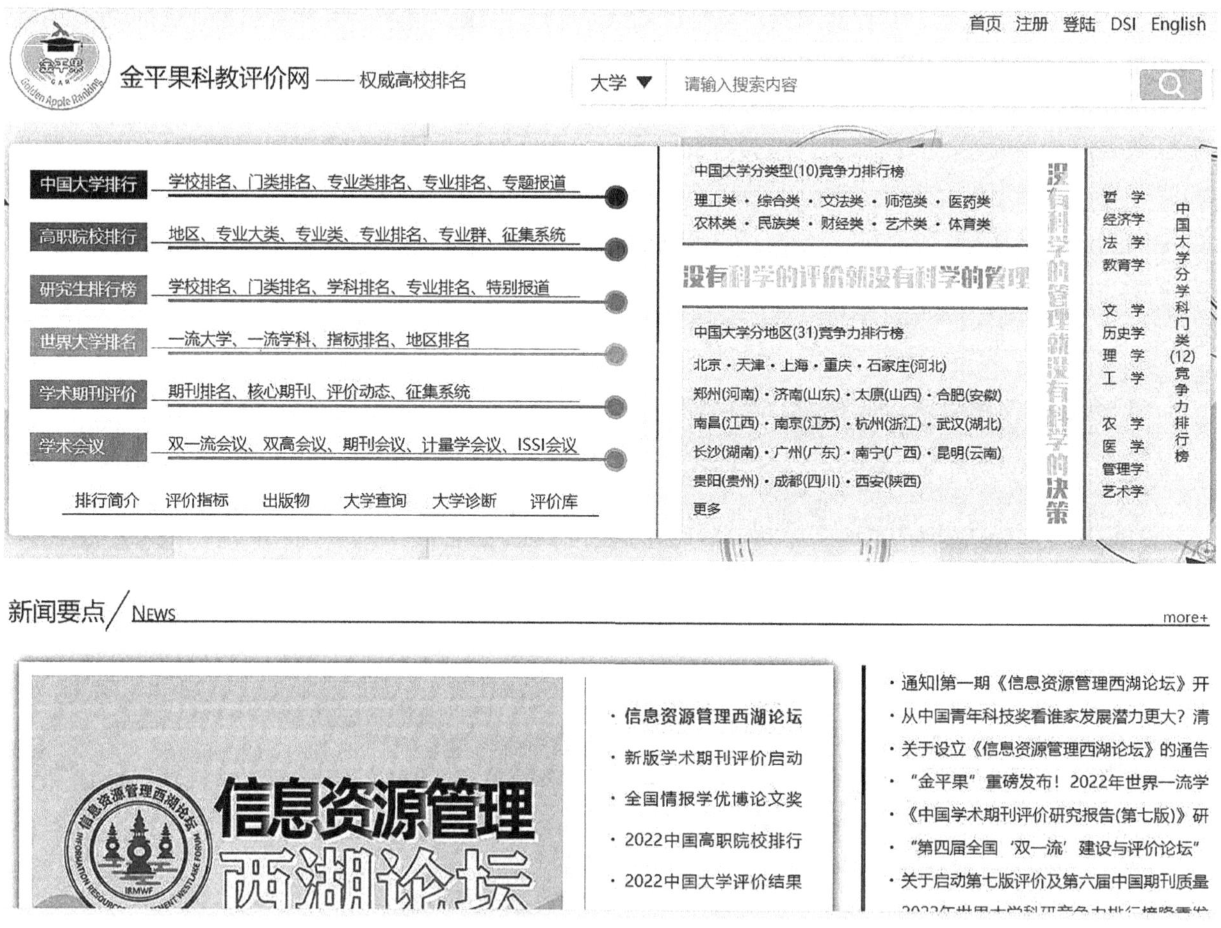

图 2 评价信息服务网络平台(中国科教评价网)首页页面截图

三、本次大学评价的部分结果分析

1. 中国本科院校竞争力总排行榜

本次中国本科院校竞争力总排行榜 30 强如表 6 所示，在 2023 年的本科教育评价结果中，北京大学、清华大学、浙江大学仍稳居前三，其他院校变动幅度也较为平稳，哈尔滨工业大学从第 10 名跃进 5 强。在 30 强名单中，只有 1 所文法类院校(中国人民大学)、1 所师范类院校(北京师范大学)，其他 28 所均为综合类和理工类院校。

表 6　2023 年中国本科院校竞争力总排行榜（30 强）

排名	院校名称	地区内序		类型序		排名	院校名称	地区内序		类型序	
1	北京大学	北京	1	综合	1	16	南京大学	江苏	1	综合	9
2	清华大学	北京	2	理工	1	17	天津大学	天津	1	理工	8
3	浙江大学	浙江	1	综合	2	18	北京航空航天大学	北京	3	理工	9
4	上海交通大学	上海	1	理工	2	19	东南大学	江苏	2	理工	10
5	哈尔滨工业大学	黑龙江	1	理工	3	20	中国科学技术大学	安徽	1	理工	11
6	武汉大学	湖北	1	综合	3	21	中国人民大学	北京	4	文法	1
7	复旦大学	上海	2	综合	4	22	北京理工大学	北京	5	理工	12
8	华中科技大学	湖北	2	理工	4	23	西北工业大学	陕西	2	理工	13
9	中山大学	广东	1	综合	5	24	华南理工大学	广东	2	理工	14
10	西安交通大学	陕西	1	理工	5	25	大连理工大学	辽宁	1	理工	15
11	山东大学	山东	1	综合	6	26	中国科学院大学	北京	6	综合	10
12	四川大学	四川	1	综合	7	27	厦门大学	福建	1	综合	11
13	吉林大学	吉林	1	综合	8	28	重庆大学	重庆	1	理工	16
14	同济大学	上海	3	理工	6	29	南京航空航天大学	江苏	3	理工	17
15	中南大学	湖南	1	理工	7	30	北京师范大学	北京	7	师范	1

100 强中，理工类大学数量最多，有 51 所；综合类高校其次，有 30 所；师范类高校排在第三位，有 11 所；剩余的 8 所大学依次属于农林类(5 所)、财经类(1 所)、文法类(1 所)、医药类(1 所)。由此说明理工类和综合类院校实力非常强，符合目前社会对人才的培养需求。目前农林类、财经类、文法类、医科类和民族类院校的综合竞争实力有待进一步提高。

2. 中国普通高校研究生教育竞争力评价结果与分析

本次进入中国普通高校研究生教育竞争力排行榜的高校研究生培养单位总数为 596 所。本排行榜公布了分 31 个地区(省、自治区、直辖市)和 10 种学校类型(综合类、理工类、农林类、医药类、财经类、文法类、师范类、民族类、艺术类、体育类)的相对排名，这有利于同省(自治区、直辖市)或同类型高校间的比较分析。从整体排名结果来看，理工类院校实力最强，类型排名最后的北京电子科技学院在总排名中位列 581/596 名，文法类和师范类院校整体实力较薄弱。

今年，对高校研究生教育的评价依然坚持分类评价的原则，并进一步对特殊类别的高校进行特殊处理。对部分高校的性质类型进行了调整，以符合实际情况。考虑到文学、政法、艺术、体育类院校的办学特点，对评价体系进行了调整，提高了不同类型院校之间的可比性；又考虑到工业和信息化部主管的 7 所高校和 3 所军事类院校对成果的保密性要求较高，获取评价数据必然受到影响，因此在计算得分时普遍上调了一定比例。这些学校是哈尔滨工业大学、哈尔滨工程大学、北京航空航天大学、南京航空航天大学、北京理工大学、南京理工大学、西北工业大学和国防科技大学、第二军医大学、第四军医大学，上调比例经咨询专家而定。

2023 年中国普通高校研究生教育竞争力 30 强如表 7 所示。北京大学、清华大学稳居前两位，各个院校之间成绩相差不大。结合 2023 年中国普通高校研究生教育竞争力排名情况可以发现：复旦大学、同济大学、天津大学研究生教育竞争力稳步攀升；南京大学、中国科学技术大学排名下降；华东师范大学和西北工业大学进入中国普通高校研究生教育竞争力 30 强名单，排名分列第 29、30 位。

表7　2023年中国普通高校研究生教育竞争力30强

排名	培养单位名称	地区内序		类型序		2022年排名
1	清华大学	北京	1	理工	1	2
2	北京大学	北京	2	综合	1	1
3	浙江大学	浙江	1	综合	2	3
4	上海交通大学	上海	1	理工	2	4
5	复旦大学	上海	2	综合	3	12
6	武汉大学	湖北	1	综合	4	7
7	中山大学	广东	1	综合	5	5
8	华中科技大学	湖北	2	理工	3	9
9	四川大学	四川	1	综合	6	11
10	南京大学	江苏	1	综合	7	6
11	西安交通大学	陕西	1	理工	4	14
12	同济大学	上海	3	理工	5	17
13	哈尔滨工业大学	黑龙江	1	理工	6	16
14	天津大学	天津	1	理工	7	22
15	吉林大学	吉林	1	综合	8	15
16	中南大学	湖南	1	理工	8	13
17	东南大学	江苏	2	理工	9	18
18	中国科学技术大学	安徽	1	理工	10	8
19	山东大学	山东	1	综合	9	20
20	北京航空航天大学	北京	3	理工	11	25
21	中国人民大学	北京	4	文法	1	10
22	北京理工大学	北京	5	理工	12	28
23	郑州大学	河南	1	综合	10	29
24	华南理工大学	广东	2	理工	13	24
25	北京师范大学	北京	6	师范	1	19
26	大连理工大学	辽宁	1	理工	14	30
27	电子科技大学	四川	2	理工	15	27
28	厦门大学	福建	1	综合	11	26
29	华东师范大学	上海	4	师范	2	33
30	西北工业大学	陕西	2	理工	16	31

3. 中国民办本科院校竞争力排行榜

民办本科院校是我国高等教育体系中的重要组成部分，在补充和平衡我国高等教育资源方面起着重要作用。近年来，我国民办本科院校的办学条件和教学水平都有了进一步提升，受到越来越多的关注。从教育部公布的全国高等学校名单来看，2023年民办院校数量224所。民办本科院校的前10强名单如表8所示。

表8 2023年中国民办本科院校竞争力排行榜（10强）

排名	院校名称	地区内序		排名	院校名称	地区内序	
1	南昌理工学院	江西	1	6	三亚学院	海南	1
2	江西科技学院	江西	2	7	浙江树人学院	浙江	2
3	西京学院	陕西	1	8	河北传媒学院	河北	1
4	北京城市学院	北京	1	9	武汉东湖学院	湖北	1
5	宁波财经学院	浙江	1	10	武汉传媒学院	湖北	2

从中国民办本科院校竞争力排行榜看，江西省、浙江省和湖北省均有2所民办高校挤进10强，其他几个省份各居一席。目前，民办本科院校群体的整体实力还比较弱，且排名波动较大。

4. 中国独立学院竞争力排行榜

本次大学评价中，我们也对独立学院进行了评价，因部分独立学院正在经历院校转制，故此次评价的独立学院数量较少，共157所。157所独立学院的8强(前5%)如表9所示。

表9 2023年中国独立学院竞争力排行榜（8强）（前5%）

排名	院校名称	地区内序		排名	院校名称	地区内序	
1	厦门大学嘉庚学院	福建省	1	5	四川大学锦江学院	四川省	1
2	北京师范大学珠海分校	广东省	1	6	浙江农林大学暨阳学院	浙江省	2
3	浙江工业大学之江学院	浙江省	1	7	燕山大学里仁学院	河北省	1
4	北京理工大学珠海学院	广东省	2	8	南京航空航天大学金城学院	江苏省	1

注：表中分数相同而排名不同，是分数保留小数点后面位数所致。后同。

从2023年独立学院竞争力8强的排名结果来看，厦门大学嘉庚学院、北京师范大学珠海分校、浙江工业大学之江学院占据前三名。相对于其他类型的院校而言，这些院校的排名波动较大，部分原因是很多院校在转制，还有一部分原因是这类院校的科研水平除极少数高校外都比较低，业绩不稳定。

5. 中国高职高专院校竞争力排行榜

高职(高等职业学校)和高专(高等专科学校)都是大专层次的普通高等学校，是我国高等教育的重要组成部分。在本轮大学评价中，我们进一步完善了高职高专院校的评价指标体系，对1487所高职高专院校进行了评价，排名前5%的院校情况如表10所示。

表10 2023年中国高职高专院校竞争力排行榜74强（前5%）

排名	院校名称	地区内序		排名	院校名称	地区内序	
1	深圳职业技术学院	广东	1	9	重庆电子工程职业学院	重庆	1
2	无锡职业技术学院	江苏	1	10	陕西工业职业技术学院	陕西	1
3	淄博职业学院	山东	1	11	山东商业职业技术学院	山东	2
4	广东轻工职业技术学院	广东	2	12	浙江金融职业学院	浙江	2
5	北京电子科技职业学院	北京	1	13	江苏农牧科技职业学院	江苏	2
6	金华职业技术学院	浙江	1	14	广州番禺职业技术学院	广东	4
7	黄河水利职业技术学院	河南	1	15	天津市职业大学	天津	1
8	深圳信息职业技术学院	广东	3	16	重庆工业职业技术学院	重庆	2

续表

排名	院校名称	地区内序		排名	院校名称	地区内序	
17	北京工业职业技术学院	北京	2	46	成都航空职业技术学院	四川	1
18	顺德职业技术学院	广东	5	47	重庆工程职业技术学院	重庆	3
19	杨凌职业技术学院	陕西	2	48	北京财贸职业学院	北京	4
20	昆明冶金高等专科学校	云南	1	49	湖南汽车工程职业学院	湖南	2
21	新疆农业职业技术学院	新疆	1	50	广东机电职业技术学院	广东	6
22	常州信息职业技术学院	江苏	3	51	陕西铁路工程职业技术学院	陕西	4
23	江苏农林职业技术学院	江苏	4	52	广东科学技术职业学院	广东	7
24	南京信息职业技术学院	江苏	5	53	四川工程职业技术学院	四川	2
25	九江职业技术学院	江西	1	54	长春职业技术学院	吉林	1
26	日照职业技术学院	山东	3	55	广州铁路职业技术学院	广东	8
27	宁波职业技术学院	浙江	3	56	滨州职业学院	山东	5
28	浙江机电职业技术学院	浙江	4	57	武汉船舶职业技术学院	湖北	2
29	哈尔滨职业技术学院	黑龙江	1	58	湖南铁道职业技术学院	湖南	3
30	潍坊职业学院	山东	4	59	威海职业学院	山东	6
31	长沙民政职业技术学院	湖南	1	60	柳州职业技术学院	广西	2
32	芜湖职业技术学院	安徽	1	61	宁夏职业技术学院	宁夏	1
33	贵州交通职业技术学院	贵州	1	62	郑州铁路职业技术学院	河南	3
34	辽宁省交通高等专科学校	辽宁	1	63	江苏海事职业技术学院	江苏	8
35	武汉职业技术学院	湖北	1	64	江苏建筑职业技术学院	江苏	9
36	福建船政交通职业学院	福建	1	65	河北化工医药职业技术学院	河北	1
37	西安航空职业技术学院	陕西	3	66	青岛职业技术学院	山东	7
38	南宁职业技术学院	广西	1	67	重庆城市管理职业学院	重庆	4
39	浙江交通职业技术学院	浙江	5	68	襄阳职业技术学院	湖北	3
40	江苏经贸职业技术学院	江苏	6	69	山东科技职业学院	山东	8
41	温州职业技术学院	浙江	6	70	江西应用技术职业学院	江西	2
42	北京信息职业技术学院	北京	3	71	福建信息职业技术学院	福建	2
43	常州机电职业技术学院	江苏	7	72	黑龙江建筑职业技术学院	黑龙江	2
44	河南工业职业技术学院	河南	2	73	济南职业学院	山东	9
45	杭州职业技术学院	浙江	7	74	河南职业技术学院	河南	4

从全国高职高专院校数量的地区分布来看，4 强省份及高职高专院校数量为：广东省有 74 所，江苏省有 73 所，湖南省有 62 所，山东省有 61 所。排名前 30 位的院校中，山东省有 9 所，广东省有 8 所，浙江省有 7 所，北京市有 4 所，这种分布状况与各省的经济实力和人口数量有密切关系。

从高职高专院校排名 60 强的结果来看，深圳职业技术学院雄踞榜首，其次是无锡职业技术学院和淄博职业学院；从地区分布来看，江苏、广东、山东、浙江等省份具有较大优势。

6. 中国大学科技创新竞争力排行榜

大学承担着人才培养、科学研究和社会服务三大主要职能，其中，科学研究在三大职能中占据较大比重，特别是对于一流大学来说，科学研究在其所有职能中占据的比重更大。因此，中国大学科研竞争力评价是中国大学评价的重要组成部分。2023 年中国大学科技创新竞争力排行榜和中国大学人文社会科学创新竞争力排行榜 20 强结果如表 11 和表 12 所示。

表 11　2023 年中国大学科技创新竞争力排行榜（20 强）

排名	院校名称	类型序		排名	院校名称	类型序	
1	清华大学	理工	1	11	中南大学	理工	5
2	浙江大学	综合	1	12	四川大学	综合	7
3	北京大学	综合	2	13	哈尔滨工业大学	理工	6
4	上海交通大学	理工	2	14	吉林大学	综合	8
5	华中科技大学	理工	3	15	天津大学	理工	7
6	武汉大学	综合	3	16	同济大学	理工	8
7	中山大学	综合	4	17	南京大学	综合	9
8	复旦大学	综合	5	18	东南大学	理工	9
9	山东大学	综合	6	19	中国科学院大学	综合	10
10	西安交通大学	理工	4	20	华南理工大学	理工	10

与 2022 年相比，20 强高校的排名整体相对稳定，主要集中在理工类和综合类院校。其中，华南理工大学以较为明显优势的得分跻身前 20 名，反映出一定的科技创新实力。

表 12　2023 年中国大学人文社会科学创新竞争力排行榜（20 强）

排名	院校名称	类型序		排名	院校名称	类型序	
1	北京大学	综合	1	11	山东大学	综合	8
2	中国人民大学	文法	1	12	西安交通大学	理工	3
3	武汉大学	综合	2	13	华中科技大学	理工	4
4	复旦大学	综合	3	14	中山大学	综合	9
5	清华大学	理工	1	15	厦门大学	综合	10
6	浙江大学	综合	4	16	同济大学	理工	5
7	上海交通大学	理工	2	17	中南大学	理工	6
8	南京大学	综合	5	18	哈尔滨工业大学	理工	7
9	四川大学	综合	6	19	华东师范大学	师范	1
10	吉林大学	综合	7	20	华南理工大学	理工	8

与 2022 年相比，南京大学和吉林大学分别从第 12 名和第 13 名跃升到第 8 名和第 10 名，上升势头迅猛。100 强院校中比较多的类型是综合类和理工类，由此可见，在科研竞争力方面，综合类和理工类院校，无论科技创新还是人文社会科学发展均在全国处于领先地位。这一方面说明了综合类和理工类院校普遍拥有较为强大的办学资源和资金优势，能在短期内较快地提升其在人文社会科学方面的综合竞争力；另一方面也说明了近年来我国众多优秀的理工类院校充分重视学校的综合发展，加强了人文社会科学方面的建设力度。

7. 中国大学分类型竞争力排行榜

在我们的评价对象中，本科院校被分为 10 种类型：综合类、理工类、师范类、医药类、文法类、财经类、艺术类、体育类、民族类和农林类。为便于大家更好地了解每所高校在其所属类型中的水平和位置，我们秉承“分类评价、同类比较”的原则，分别对不同类型的高校进行了评价和排序，得到了中国大学分类型竞争力排行榜。每种类型的前5名高校如表13所示。

表13　2023年中国大学分类型竞争力排行榜（5强）

类型	第1名	第2名	第3名	第4名	第5名
财经类	中央财经大学	上海财经大学	浙江工商大学	西南财经大学	江西财经大学
理工类	清华大学	上海交通大学	哈尔滨工业大学	华中科技大学	西安交通大学
民族类	中央民族大学	中南民族大学	西南民族大学	广西民族大学	云南民族大学
农林类	中国农业大学	华中农业大学	华南农业大学	南京农业大学	西北农林科技大学
师范类	北京师范大学	华东师范大学	华南师范大学	湖南师范大学	南京师范大学
体育类	北京体育大学	上海体育学院	武汉体育学院	首都体育学院	成都体育学院
文法类	中国人民大学	中国政法大学	中国传媒大学	北京语言大学	广东外语外贸大学
医药类	首都医科大学	南方医科大学	南京医科大学	北京协和医学院	温州医科大学
艺术类	中央音乐学院	中央美术学院	中国美术学院	中国音乐学院	南京艺术学院
综合类	北京大学	浙江大学	武汉大学	复旦大学	中山大学

从表13中我们可以看到，与2022年相比，浙江工商大学、广西民族大学和湖南师范大学分别挤进财经类、民族类和师范类院校的前5名，其他类型院校排名变化不大。中央财经大学、清华大学、中央民族大学、中国农业大学、北京师范大学、北京体育大学、中国人民大学、首都医科大学、中央音乐学院、北京大学分别位居10种类型高校排名首位。结合中国本科院校综合竞争力总排行榜，可以看到北京大学、清华大学、中国人民大学、中国农业大学、北京师范大学这5所各类型首位高校的综合排名情况均靠前。而另外5所各类型榜首高校的总体排名情况稍差。中央财经大学排在第98位，中央音乐学院排在第109位，中央民族大学排在第161位，首都医科大学排在第108位，北京体育大学排在第248位，这在一定程度上反映出我国财经类、民族类、艺术类和体育类高校的综合竞争力相对较弱。

8. 146所双一流高校研究生教育分一级学科竞争力评价结果与分析

2022年9月，《教育部 财政部 国家发展改革委关于公布世界一流大学和一流学科建设高校及建设学科名单的通知》印发，名单中共包括146所高校(除去中国科学院大学)。学科优秀率达到前80%的一流大学A类有7所，分别是中央音乐学院、中国音乐学院、北京大学、清华大学、浙江大学、南京大学、华中科技大学、复旦大学。其中中国音乐学院因开设的学科较为单一，学科优秀率达到100%。另外，部分院校的学科优秀率为0，是因为该校的一流学科为自设学科，而不做统一评价。本次通过学科总数、5★+学科数、5★学科数、5★-学科数以及4★学科数对这146所高校的学科优秀率进行评定，力求从更加全面的角度评价双一流高校的学科建设。评定方法是5★+学科数、5★学科数、5★-学科数以及4★学科数的总和在学科总数中的占比，评定结果如表14所示，其中，排名前三的浙江大学、华中科技大学和南京大学的学科优秀率分别是91.53%、86.67%和84.09%，值得注意的是华中科技大学，其在院校排名中是第8名，但学科优秀率位列第2，由此说明华中科技大学对学科质量的把控十分到位，尤其是一些优势学科在同等高校的学科排名中崭露头角。

表14　146所双一流院校（除中国科学院大学）一级学科等级分布及其学科优秀率

双一流高校排名	院校名称	学科总数	5★+学科数	5★学科数	5★-学科数	4★学科数	学科优秀率/%	学校性质
1	清华大学	57	3	15	21	7	80.70%	一流大学A类
2	北京大学	50	2	23	12	4	82.00%	一流大学A类

续表

双一流高校排名	院校名称	学科总数	5★+学科数	5★学科数	5★-学科数	4★学科数	学科优秀率/%	学校性质
3	浙江大学	59	5	21	18	10	91.53%	一流大学A类
4	上海交通大学	56	3	14	9	11	66.07%	一流大学A类
5	复旦大学	42	5	18	6	5	80.95%	一流大学A类
6	武汉大学	55	5	15	6	14	72.73%	一流大学A类
7	中山大学	60	3	10	12	10	58.33%	一流大学A类
8	华中科技大学	45	2	9	13	15	86.67%	一流大学A类
9	四川大学	57	2	14	14	9	68.42%	一流大学A类
10	南京大学	44	3	11	13	10	84.09%	一流大学A类
11	西安交通大学	40	3	5	7	10	62.50%	一流大学A类
12	同济大学	45	3	4	5	16	62.22%	一流大学A类
13	哈尔滨工业大学	40	1	5	5	8	47.50%	一流大学A类
14	天津大学	43	2	8	10	8	65.12%	一流大学A类
15	吉林大学	63	1	6	9	16	50.79%	一流大学A类
16	中南大学	46	0	4	12	14	65.22%	一流大学A类
17	东南大学	48	0	10	6	16	66.67%	一流大学A类
18	中国科学技术大学	37	1	9	4	7	56.76%	一流大学A类
19	山东大学	51	0	4	10	17	60.78%	一流大学A类
20	北京航空航天大学	39	1	4	9	4	46.15%	一流大学A类
21	中国人民大学	33	9	5	3	4	63.64%	一流大学A类
22	北京理工大学	30	0	3	6	14	76.67%	一流大学A类
23	郑州大学	58	0	1	4	12	29.31%	一流大学B类
24	华南理工大学	38	0	3	8	11	57.89%	一流大学A类
25	北京师范大学	36	5	8	4	8	69.44%	一流大学A类
26	大连理工大学	41	0	6	7	7	48.78%	一流大学A类
27	电子科技大学	29	2	1	4	8	51.72%	一流大学A类
28	厦门大学	45	1	8	9	11	64.44%	一流大学A类
29	华东师范大学	38	0	7	7	14	73.68%	一流大学A类
30	西北工业大学	36	0	2	3	8	36.11%	一流大学A类
31	重庆大学	50	0	3	6	18	54.00%	一流大学A类
32	南开大学	42	2	5	6	11	57.14%	一流大学A类
33	湖南大学	37	0	1	9	8	48.65%	一流大学B类
34	中国农业大学	31	2	6	2	7	54.84%	一流大学A类
35	国防科技大学	21	1	2	6	3	57.14%	一流大学A类
36	兰州大学	48	0	3	3	7	27.08%	一流大学A类
37	苏州大学	50	0	1	4	14	38.00%	一流学科
38	南京航空航天大学	34	0	0	4	7	32.35%	一流学科
39	东北大学	37	0	1	5	7	35.14%	一流大学B类

续表

双一流高校排名	院校名称	学科总数	5★+学科数	5★学科数	5★-学科数	4★学科数	学科优秀率/%	学校性质
40	上海大学	44	0	0	5	12	38.64%	一流学科
41	中国海洋大学	34	0	2	4	5	32.35%	一流大学A类
42	西南大学	52	0	3	2	7	23.08%	一流学科
43	武汉理工大学	45	0	2	1	4	15.56%	一流学科
44	南京师范大学	39	0	1	3	10	35.90%	一流学科
45	江南大学	29	1	1	2	2	20.69%	一流学科
46	北京科技大学	31	1	0	1	5	22.58%	一流学科
47	河海大学	40	1	1	1	7	25.00%	一流学科
48	中国矿业大学	35	1	1	2	5	25.71%	一流学科
49	西北农林科技大学	27	0	0	9	5	51.85%	一流大学B类
50	华东理工大学	32	1	1	2	5	28.13%	一流学科
51	西南交通大学	41	1	1	1	6	21.95%	一流学科
52	南京农业大学	31	0	3	3	7	41.94%	一流学科
53	暨南大学	41	0	1	4	5	24.39%	一流学科
54	南京理工大学	35	0	0	2	9	31.43%	一流学科
55	华南农业大学	29	0	0	1	6	24.14%	一流学科
56	华中农业大学	27	0	6	3	6	55.56%	一流学科
57	西安电子科技大学	25	0	2	1	3	24.00%	一流学科
58	云南大学	42	0	2	3	8	30.95%	一流大学B类
59	华南师范大学	33	0	3	3	4	30.30%	一流学科
60	北京工业大学	33	0	1	0	3	12.12%	一流学科
61	北京协和医学院	13	0	1	3	2	46.15%	一流学科
62	华中师范大学	34	0	5	2	5	35.29%	一流学科
63	南昌大学	50	0	1	1	2	8.00%	一流学科
64	南京医科大学	13	0	0	1	5	46.15%	一流学科
65	河南大学	49	0	0	1	6	14.29%	一流学科
66	北京交通大学	33	0	1	2	9	36.36%	一流学科
67	西北大学	38	0	0	0	7	18.42%	一流学科
68	东北师范大学	36	2	2	3	6	36.11%	一流学科
69	福州大学	37	0	1	1	5	18.92%	一流学科
70	合肥工业大学	38	0	1	0	5	15.79%	一流学科
71	陕西师范大学	35	0	1	3	2	17.14%	一流学科
72	太原理工大学	34	0	1	0	4	14.71%	一流学科
73	南京信息工程大学	22	0	1	1	2	18.18%	一流学科
74	宁波大学	30	0	1	2	8	36.67%	一流学科
75	哈尔滨工程大学	33	0	0	1	3	12.12%	一流学科
76	华北电力大学	24	0	1	1	2	16.67%	一流学科

续表

双一流高校排名	院校名称	学科总数	5★+学科数	5★学科数	5★-学科数	4★学科数	学科优秀率/%	学校性质
77	北京化工大学	22	0	1	0	5	27.27%	一流学科
78	南京林业大学	25	0	0	1	3	16.00%	一流学科
79	东华大学	31	0	1	1	3	16.13%	一流学科
80	中国地质大学(武汉)	34	0	2	0	4	17.65%	一流学科
81	广西大学	35	0	0	1	3	11.43%	一流学科
82	新疆大学	36	0	1	1	4	16.67%	一流大学 B 类
83	湖南师范大学	33	0	1	0	5	18.18%	一流学科
84	贵州大学	51	0	0	1	2	5.88%	一流学科
85	南方科技大学	8	0	0	0	1	12.50%	一流学科
86	山西大学	34	0	0	1	3	11.76%	一流学科
87	北京邮电大学	21	1	2	0	4	33.33%	一流学科
88	长安大学	33	0	1	0	1	6.06%	一流学科
89	中国石油大学(华东)	32	0	1	1	2	12.50%	一流学科
90	安徽大学	35	0	0	0	5	14.29%	一流学科
91	北京林业大学	25	1	1	1	4	28.00%	一流学科
92	四川农业大学	18	0	1	1	3	27.78%	一流学科
93	中国石油大学(北京)	23	0	0	2	1	13.04%	一流学科
94	中央民族大学	27	0	1	3	1	18.52%	一流大学 A 类
95	南京邮电大学	21	0	2	1	0	14.29%	一流学科
96	首都师范大学	27	0	2	3	5	37.04%	一流学科
97	中国地质大学(北京)	33	0	1	1	2	12.12%	一流学科
98	天津医科大学	12	0	0	0	4	33.33%	一流学科
99	河北工业大学	26	0	0	1	1	7.69%	一流学科
100	中央财经大学	16	1	0	2	2	31.25%	一流学科
101	东北农业大学	22	0	1	2	4	31.82%	一流学科
102	上海财经大学	15	0	4	1	4	60.00%	一流学科
103	湘潭大学	31	0	0	1	3	12.90%	一流学科
104	东北林业大学	27	0	2	0	2	14.81%	一流学科
105	北京中医药大学	7	2	1	0	0	42.86%	一流学科
106	海南大学	36	0	0	0	1	2.78%	一流学科
107	大连海事大学	21	0	0	1	1	9.52%	一流学科
108	西南石油大学	21	0	0	1	1	9.52%	一流学科
109	南京中医药大学	10	0	1	0	1	20.00%	一流学科
110	广州医科大学	8	0	0	0	1	12.50%	一流学科
111	上海中医药大学	8	0	2	1	0	37.50%	一流学科
112	成都理工大学	24	0	0	0	2	8.33%	一流学科

续表

双一流高校排名	院校名称	学科总数	5★+学科数	5★学科数	5★-学科数	4★学科数	学科优秀率/%	学校性质
113	西南财经大学	13	1	0	1	4	46. 15%	一流学科
114	对外经济贸易大学	11	0	1	2	2	45. 45%	一流学科
115	中南财经政法大学	18	0	3	2	1	33. 33%	一流学科
116	石河子大学	26	0	0	1	0	3. 85%	一流学科
117	宁夏大学	34	0	0	0	1	2. 94%	一流学科
118	广州中医药大学	9	0	0	2	1	33. 33%	一流学科
119	中国矿业大学(北京)	26	0	1	1	1	11. 54%	一流学科
120	中国药科大学	7	0	2	0	0	28. 57%	一流学科
121	上海海洋大学	14	0	0	1	2	21. 43%	一流学科
122	中国政法大学	13	1	0	0	1	15. 38%	一流学科
123	第二军医大学	12	0	0	1	4	41. 67%	一流学科
124	辽宁大学	31	0	1	0	6	22. 58%	一流学科
125	天津工业大学	25	0	0	0	1	4. 00%	一流学科
126	内蒙古大学	25	0	0	1	0	4. 00%	一流学科
127	第四军医大学	12	0	0	0	5	41. 67%	一流学科
128	成都中医药大学	8	0	0	2	0	25. 00%	一流学科
129	中国传媒大学	18	1	4	1	1	38. 89%	一流学科
130	北京体育大学	6	1	0	0	0	16. 67%	一流学科
131	上海科技大学	6	0	0	0	0	0. 00%	一流学科
132	中央美术学院	6	2	0	0	0	33. 33%	一流学科
133	天津中医药大学	6	0	0	0	2	33. 33%	一流学科
134	上海体育学院	4	0	1	0	0	25. 00%	一流学科
135	青海大学	20	0	0	1	0	5. 00%	一流学科
136	中央音乐学院	2	0	0	0	0	0. 00%	一流学科
137	延边大学	31	0	1	0	0	3. 23%	一流学科
138	上海外国语大学	8	1	0	0	0	12. 50%	一流学科
139	中国美术学院	5	1	1	0	0	40. 00%	一流学科
140	北京外国语大学	11	1	0	0	0	9. 09%	一流学科
141	上海音乐学院	3	1	0	0	0	33. 33%	一流学科
142	中国音乐学院	1	0	0	0	1	100. 00%	一流学科
143	中国人民公安大学	1	0	0	0	0	0. 00%	一流学科
144	西藏大学	18	0	0	0	2	11. 11%	一流学科
145	中央戏剧学院	2	1	0	0	0	50. 00%	一流学科
146	外交学院	4	0	1	0	0	25. 00%	一流学科

四、本次大学评价的几点启示

根据2023年大学评价相关数据的分析，结合我们研究团队历年来从事大学评价工作所积累的经验和数据，可以得出以下几点启示。

1. 以立德树人成效为根本标准，突出人才培养质量

2020年10月，中共中央、国务院颁布了《深化新时代教育评价改革总体方案》，提出了“坚持立德树人，牢记为党育人、为国育才使命，充分发挥教育评价的指挥棒作用，引导确立科学的育人目标”的总体要求，明确了“到2035年，基本形成富有时代特征、彰显中国特色、体现世界水平的教育评价体系”的改革目标。为全面推进《深化新时代教育评价改革总体方案》落地见效，进一步强化人才培养中心地位，中国科教评价研究院在原有指标体系的基础上进一步完善政治标准、业务标准和效益标准三结合评价指标体系，充分发挥评价导向、诊断、改进作用，淡化论文收录数、引用率、奖项数等数量指标，以“质量、成效、特色、贡献”为价值导向，重点考察思政教育成效、人才培养质量以及社会贡献等内容。该指标体系以立德树人成效为根本标准，贯穿于评价全方位、全过程，以期用科学的教育评价导向引领高校高质量内涵式发展。

2. 进行分层、分类、分学科评价，引导高校合理定位

我国高校数量众多，在人才培养、科学研究、社会服务、文化传承以及国际交流等方面有着不同的目标定位。我们注重考察学校发展特色，通过开展分层、分类、分学科评价来推动不同层次、不同类别、不同领域的院校合理定位，凝练特色，创新学校自主特色发展模式，引导各级各类高校在不同领域百花齐放，各展所长。具体而言，本次评价将最终确定的2751所高校进行分层、分类评价。我们按照办学性质划分，将高校分为公办院校、民办院校、独立学院以及中外合作办学开展评价；按照办学层次划分，将高校分为本科院校和高职高专院校开展评价；按照隶属关系划分，将高校分为部属高校、省属高校和市属高校开展评价。在学科分类方面，我们将普通本科院校学科专业划分为哲学、经济学、法学、教育学、文学、历史学、理学、工学、农学、医学、管理学和艺术学12大学科门类进行评价。

3. 开展大学科技竞争力评价，增强高校创新能力

当前，世界新一轮科技革命和产业变革深入发展。为了实现高质量发展，依据新一轮科技革命和产业变革的发展趋势，党的二十大报告提出了坚持创新在我国现代化建设全局中的核心地位，加快实现高水平科技自立自强，加快建设科技强国的战略目标。高校作为国家科技力量的重要组成部分，在实现科技创新、人才培养和服务国家重大需求等方面发挥着重要作用。中国科教评价研究院坚持定性分析和定量评价相结合，突出创新与贡献，按照科技投入、科技产出、社会贡献的思路构建了大学科技竞争力评价指标体系。该指标体系既关注高校发明专利、技术产品以及论文质量等情况，又关注科技成果实现产业化应用的实际贡献和服务国家和区域发展需求成效等内容，旨在通过开展高校科技竞争力评价着力提升高校基础研究和前沿技术研究的原始创新能力，培养高质量创新人才的能力，服务国家和区域经济社会发展战略需求的能力。

中国大学教育地区竞争力排行榜

地区	排名	本科院校数	一流大学院校数
北京	1	66	8
江苏	2	73	2
湖北	3	68	2
山东	4	67	2
广东	5	61	2
上海	6	39	4
陕西	7	55	3
浙江	8	55	1
辽宁	9	60	2
四川	10	51	2
湖南	11	52	3
河南	12	56	1
安徽	13	46	1
河北	14	58	0
黑龙江	15	39	1
福建	16	38	1
吉林	17	37	1
江西	18	42	0
天津	19	30	2
重庆	20	25	1
广西	21	35	0
山西	22	32	0
云南	23	32	1
甘肃	24	20	1
贵州	25	28	0
内蒙古	26	17	0
新疆	27	18	1
海南	28	7	0
宁夏	29	8	0
青海	30	4	0
西藏	31	4	0

中国本科院校竞争力总排行榜

排名	院校名称	星级	地区内序		类型序	
1	北京大学	5★+	北京	1	综合	1
2	清华大学	5★+	北京	2	理工	1
3	浙江大学	5★+	浙江	1	综合	2
4	上海交通大学	5★+	上海	1	理工	2
5	哈尔滨工业大学	5★+	黑龙江	1	理工	3
6	武汉大学	5★+	湖北	1	综合	3
7	复旦大学	5★+	上海	2	综合	4
8	华中科技大学	5★+	湖北	2	理工	4
9	中山大学	5★+	广东	1	综合	5
10	西安交通大学	5★+	陕西	1	理工	5
11	山东大学	5★+	山东	1	综合	6
12	四川大学	5★+	四川	1	综合	7
13	吉林大学	5★	吉林	1	综合	8
14	同济大学	5★	上海	3	理工	6
15	中南大学	5★	湖南	1	理工	7
16	南京大学	5★	江苏	1	综合	9
17	天津大学	5★	天津	1	理工	8
18	北京航空航天大学	5★	北京	3	理工	9
19	东南大学	5★	江苏	2	理工	10
20	中国科学技术大学	5★	安徽	1	理工	11
21	中国人民大学	5★	北京	4	文法	1
22	北京理工大学	5★	北京	5	理工	12
23	西北工业大学	5★	陕西	2	理工	13
24	华南理工大学	5★	广东	2	理工	14
25	大连理工大学	5★	辽宁	1	理工	15
26	中国科学院大学	5★	北京	6	综合	10
27	厦门大学	5★	福建	1	综合	11
28	重庆大学	5★	重庆	1	理工	16
29	南京航空航天大学	5★	江苏	3	理工	17
30	北京师范大学	5★	北京	7	师范	1
31	华东师范大学	5★	上海	4	师范	2
32	南开大学	5★	天津	2	综合	12
33	电子科技大学	5★	四川	2	理工	18
34	郑州大学	5★	河南	1	综合	13
35	湖南大学	5★	湖南	2	理工	19
36	西南交通大学	5★	四川	3	理工	20
37	武汉理工大学	5★	湖北	3	理工	21
38	苏州大学	5★	江苏	4	综合	14
39	兰州大学	5★	甘肃	1	综合	15
40	西南大学	5★	重庆	2	综合	16
41	中国农业大学	5★	北京	8	农林	1
42	上海大学	5★	上海	5	综合	17
43	国防科技大学	5★	湖南	3	理工	22
44	西安电子科技大学	5★	陕西	3	理工	23
45	东北大学	5★	辽宁	2	理工	24
46	合肥工业大学	5★	安徽	2	理工	25
47	南昌大学	5★	江西	1	综合	18
48	暨南大学	5★	广东	3	综合	19
49	江南大学	5★	江苏	5	综合	20
50	南京理工大学	5★	江苏	6	理工	26
51	华东理工大学	5★	上海	6	理工	27
52	哈尔滨工程大学	5★	黑龙江	2	理工	28
53	华南师范大学	5★	广东	4	师范	3
54	北京科技大学	5★	北京	9	理工	29
55	华中农业大学	5★	湖北	4	农林	2
56	北京交通大学	5★	北京	10	理工	30
57	北京工业大学	5★	北京	11	理工	31
58	华南农业大学	5★	广东	5	农林	3
59	河海大学	5★	江苏	7	理工	32
60	南京农业大学	5★	江苏	8	农林	4
61	湖南师范大学	5★	湖南	4	师范	4
62	江苏大学	5★-	江苏	9	综合	21
63	南京师范大学	5★-	江苏	10	师范	5
64	浙江工业大学	5★-	浙江	2	理工	33
65	燕山大学	5★-	河北	1	理工	34
66	扬州大学	5★-	江苏	11	综合	22
67	西北大学	5★-	陕西	4	综合	23
68	福州大学	5★-	福建	2	综合	24
69	南京工业大学	5★-	江苏	12	理工	35
70	陕西师范大学	5★-	陕西	5	师范	6

续表

排名	院校名称	星级	地区内序		类型序		排名	院校名称	星级	地区内序		类型序	
71	华中师范大学	5★-	湖北	5	师范	7	110	中央音乐学院	5★-	北京	17	艺术	1
72	宁波大学	5★-	浙江	3	综合	25	111	南方医科大学	5★-	广东	9	医药	2
73	中国矿业大学	5★-	江苏	13	理工	36	112	中央美术学院	5★-	北京	18	艺术	2
74	中国海洋大学	5★-	山东	2	理工	37	113	上海师范大学	5★-	上海	8	师范	12
75	深圳大学	5★-	广东	6	综合	26	114	华侨大学	5★-	福建	4	综合	36
76	浙江师范大学	5★-	浙江	4	师范	8	115	南京医科大学	5★-	江苏	16	医药	3
77	云南大学	5★-	云南	1	综合	27	116	河北大学	5★-	河北	3	综合	37
78	东北师范大学	5★-	吉林	2	师范	9	117	西安理工大学	5★-	陕西	9	理工	54
79	广东工业大学	5★-	广东	7	理工	38	118	中国美术学院	5★-	浙江	7	艺术	3
80	中国地质大学(武汉)	5★-	湖北	6	理工	39	119	北京林业大学	5★-	北京	19	农林	7
81	广西大学	5★-	广西	1	综合	28	120	福建农林大学	5★-	福建	5	农林	8
82	太原理工大学	5★-	山西	1	理工	40	121	上海财经大学	5★-	上海	9	财经	2
83	安徽大学	5★-	安徽	3	综合	29	122	北京协和医学院	5★-	北京	20	医药	4
84	杭州电子科技大学	5★-	浙江	5	理工	41	123	济南大学	5★-	山东	6	综合	38
85	华北电力大学	5★-	北京	12	理工	42	124	重庆邮电大学	4★	重庆	3	理工	55
86	东华大学	5★-	上海	7	理工	43	125	海南大学	4★	海南	1	综合	39
87	河南大学	5★-	河南	2	综合	30	126	长沙理工大学	4★	湖南	6	理工	56
88	西北农林科技大学	5★-	陕西	6	农林	5	127	山东科技大学	4★	山东	7	理工	57
89	福建师范大学	5★-	福建	3	师范	10	128	江西师范大学	4★	江西	2	师范	13
90	昆明理工大学	5★-	云南	2	理工	44	129	东北农业大学	4★	黑龙江	4	农林	9
91	中国石油大学(华东)	5★-	山东	3	理工	45	130	浙江工商大学	4★	浙江	8	财经	3
92	南京邮电大学	5★-	江苏	14	理工	46	131	首都师范大学	4★	北京	21	师范	14
93	西安建筑科技大学	5★-	陕西	7	理工	47	132	武汉科技大学	4★	湖北	7	理工	58
94	山西大学	5★-	山西	2	综合	31	133	河南科技大学	4★	河南	3	理工	59
95	长安大学	5★-	陕西	8	理工	48	134	西南财经大学	4★	四川	4	财经	4
96	北京邮电大学	5★-	北京	13	理工	49	135	温州医科大学	4★	浙江	9	医药	5
97	浙江理工大学	5★-	浙江	6	理工	50	136	上海理工大学	4★	上海	10	理工	60
98	中央财经大学	5★-	北京	14	财经	1	137	中国政法大学	4★	北京	22	文法	2
99	广州大学	5★-	广东	8	综合	32	138	中北大学	4★	山西	3	理工	61
100	山东师范大学	5★-	山东	4	师范	11	139	中国传媒大学	4★	北京	23	文法	3
101	河北工业大学	5★-	河北	2	理工	51	140	四川师范大学	4★	四川	5	师范	15
102	贵州大学	5★-	贵州	1	综合	33	141	江西财经大学	4★	江西	3	财经	5
103	湘潭大学	5★-	湖南	5	综合	34	142	对外经济贸易大学	4★	北京	24	财经	6
104	北京化工大学	5★-	北京	15	理工	52	143	西南石油大学	4★	四川	6	理工	62
105	青岛大学	5★-	山东	5	综合	35	144	中国石油大学(北京)	4★	北京	25	理工	63
106	南京信息工程大学	5★-	江苏	15	理工	53	145	黑龙江大学	4★	黑龙江	5	综合	40
107	东北林业大学	5★-	黑龙江	3	农林	6	146	南京林业大学	4★	江苏	17	农林	10
108	首都医科大学	5★-	北京	16	医药	1	147	哈尔滨理工大学	4★	黑龙江	6	理工	64
109	华中师范大学	5★-	湖北	5	师范	7	148	中国地质大学(北京)	4★	北京	26	理工	65

续表

排名	院校名称	星级	地区内序		类型序	
149	天津工业大学	4★	天津	3	理工	67
150	新疆大学	4★	新疆	1	综合	41
151	南通大学	4★	江苏	18	综合	42
152	中南财经政法大学	4★	湖北	8	财经	7
153	四川农业大学	4★	四川	7	农林	11
154	中国医科大学	4★	辽宁	4	医药	6
155	中国计量大学	4★	浙江	10	理工	68
156	西北师范大学	4★	甘肃	2	师范	16
157	天津医科大学	4★	天津	4	医药	7
158	山东农业大学	4★	山东	8	农林	12
159	青岛科技大学	4★	山东	9	理工	69
160	长江大学	4★	湖北	9	综合	43
161	中央民族大学	4★	北京	27	民族	1
162	内蒙古大学	4★	内蒙古	1	综合	44
163	重庆医科大学	4★	重庆	4	医药	8
164	中国音乐学院	4★	北京	28	艺术	4
165	湖北大学	4★	湖北	10	综合	45
166	河南师范大学	4★	河南	4	师范	17
167	安徽师范大学	4★	安徽	4	师范	18
168	广西师范大学	4★	广西	2	师范	19
169	东北财经大学	4★	辽宁	5	财经	8
170	陕西科技大学	4★	陕西	10	理工	70
171	河南理工大学	4★	河南	5	理工	71
172	兰州理工大学	4★	甘肃	3	理工	72
173	南京中医药大学	4★	江苏	19	医药	9
174	哈尔滨医科大学	4★	黑龙江	7	医药	10
175	曲阜师范大学	4★	山东	10	师范	20
176	三峡大学	4★	湖北	11	综合	46
177	南方科技大学	4★	广东	10	综合	47
178	重庆交通大学	4★	重庆	5	理工	73
179	江苏师范大学	4★	江苏	20	师范	21
180	桂林电子科技大学	4★	广西	3	理工	74
181	湖南农业大学	4★	湖南	7	农林	13
182	北京语言大学	4★	北京	29	文法	4
183	天津师范大学	4★	天津	5	师范	22
184	西南科技大学	4★	四川	8	理工	75
185	中国药科大学	4★	江苏	21	医药	11
186	山西医科大学	4★	山西	4	医药	12
187	安徽理工大学	4★	安徽	5	理工	76
188	广东外语外贸大学	4★	广东	11	文法	5
189	汕头大学	4★	广东	12	综合	48
190	石河子大学	4★	新疆	2	综合	49
191	西安科技大学	4★	陕西	11	理工	77
192	南京艺术学院	4★	江苏	22	艺术	5
193	安徽工业大学	4★	安徽	6	理工	78
194	中国矿业大学(北京)	4★	北京	30	理工	79
195	山东财经大学	4★	山东	11	财经	9
196	长春理工大学	4★	吉林	3	理工	80
197	兰州交通大学	4★	甘肃	4	理工	81
198	成都理工大学	4★	四川	9	理工	82
199	杭州师范大学	4★	浙江	11	师范	23
200	武汉纺织大学	4★	湖北	12	理工	83
201	宁夏大学	4★	宁夏	1	综合	50
202	上海中医药大学	4★	上海	11	医药	13
203	江苏科技大学	4★	江苏	23	理工	84
204	常州大学	4★	江苏	24	理工	85
205	辽宁大学	4★	辽宁	6	综合	51
206	河北农业大学	4★	河北	4	农林	14
207	第二军医大学	4★	上海	12	医药	14
208	河南农业大学	4★	河南	6	农林	15
209	湖南科技大学	4★	湖南	8	理工	86
210	南昌航空大学	4★	江西	4	理工	87
211	天津科技大学	4★	天津	6	理工	88
212	北京外国语大学	4★	北京	31	文法	6
213	南华大学	4★	湖南	9	综合	52
214	青岛理工大学	4★	山东	12	理工	89
215	湖北工业大学	4★	湖北	13	理工	90
216	河北师范大学	4★	河北	5	师范	24
217	吉林农业大学	4★	吉林	4	农林	16
218	第四军医大学	4★	陕西	12	医药	15
219	天津理工大学	4★	天津	7	理工	91
220	河南工业大学	4★	河南	7	理工	92
221	山东理工大学	4★	山东	13	理工	93
222	重庆师范大学	4★	重庆	6	师范	25
223	内蒙古农业大学	4★	内蒙古	2	农林	17
224	北京中医药大学	4★	北京	32	医药	16
225	安徽医科大学	4★	安徽	7	医药	17
226	上海音乐学院	4★	上海	13	艺术	6
227	辽宁工程技术大学	4★	辽宁	7	理工	94
228	沈阳工业大学	4★	辽宁	8	理工	95
229	景德镇陶瓷大学	4★	江西	5	艺术	7
230	华东交通大学	4★	江西	6	理工	96

续表

排名	院校名称	星级	地区内序		类型序		排名	院校名称	星级	地区内序		类型序	
231	齐鲁工业大学	4★	山东	14	理工	97	239	上海海事大学	4★	上海	15	理工	98
232	云南师范大学	4★	云南	3	师范	26	240	烟台大学	4★	山东	15	综合	54
233	集美大学	4★	福建	6	综合	53	241	沈阳农业大学	4★	辽宁	9	农林	19
234	河北医科大学	4★	河北	6	医药	18	242	江西理工大学	4★	江西	7	理工	99
235	上海外国语大学	4★	上海	14	文法	7	243	桂林理工大学	4★	广西	4	理工	100
236	哈尔滨师范大学	4★	黑龙江	8	师范	27	244	北京工商大学	4★	北京	33	财经	10
237	中南林业科技大学	4★	湖南	10	农林	18	245	安徽农业大学	4★	安徽	8	农林	20

3★(367个):广州医科大学、重庆工商大学、中南民族大学、北京体育大学、内蒙古工业大学、浙江农林大学、长春工业大学、安徽财经大学、上海海洋大学、武汉工程大学、东北石油大学、东华理工大学、郑州轻工业大学、上海工程技术大学、首都经济贸易大学、贵州师范大学、山西财经大学、山东建筑大学、西安工业大学、辽宁师范大学、福建医科大学、东北电力大学、华北水利水电大学、成都信息工程大学、浙江财经大学、石家庄铁道大学、华北理工大学、成都中医药大学、延边大学、浙江海洋大学、广州中医药大学、上海体育学院、湖州师范学院、青海大学、重庆理工大学、武汉轻工大学、江西农业大学、西南政法大学、云南农业大学、广东财经大学、青岛农业大学、沈阳师范大学、南京财经大学、中央戏剧学院、大连工业大学、浙江中医药大学、鲁东大学、聊城大学、中国戏曲学院、华东政法大学、广西医科大学、沈阳建筑大学、甘肃农业大学、西安邮电大学、内蒙古师范大学、温州大学、沈阳航空航天大学、外交学院、沈阳药科大学、北京电影学院、北京建筑大学、上海戏剧学院、哈尔滨商业大学、云南财经大学、天津财经大学、厦门理工学院、湖南工业大学、上海电力大学、大连医科大学、福建工程学院、苏州科技大学、中国民航大学、西南民族大学、大连大学、渤海大学、北方工业大学、西安工程大学、天津中医药大学、辽宁石油化工大学、河北科技大学、四川美术学院、西华大学、广东海洋大学、徐州医科大学、山西农业大学、山西师范大学、北京信息科技大学、广西民族大学、上海科技大学、中原工学院、南京审计大学、广西艺术学院、北京联合大学、河北经贸大学、西安石油大学、安徽工程大学、海南师范大学、上海对外经贸大学、南京工程学院、吉林师范大学、山东中医药大学、新疆农业大学、河南财经政法大学、湖北美术学院、湖南工商大学、西南林业大学、河南中医药大学、黑龙江中医药大学、北京石油化工学院、辽宁工业大学、盐城工学院、吉首大学、东莞理工学院、天津商业大学、广东药科大学、上海应用技术大学、太原科技大学、西华师范大学、大连交通大学、贵州医科大学、内蒙古科技大学、贵州财经大学、西安美术学院、信阳师范学院、四川音乐学院、昆明医科大学、河北工程大学、安徽建筑大学、新疆师范大学、黑龙江八一农垦大学、宁夏医科大学、北华大学、西安外国语大学、浙江科技学院、湖北经济学院、云南民族大学、湖南中医药大学、湖南理工学院、合肥学院、中国社会科学院大学、南宁师范大学、成都大学、嘉兴学院、新疆医科大学、中国人民公安大学、安阳师范学院、江西中医药大学、广东技术师范大学、沈阳理工大学、天津外国语大学、浙江传媒学院、临沂大学、鲁迅美术学院、塔里木大学、贵州民族大学、内蒙古民族大学、新乡医学院、福建中医药大学、山东工商学院、西藏大学、山东工艺美术学院、西北民族大学、山东第一医科大学、青海师范大学、常熟理工学院、重庆科技学院、广西科技大学、长春师范大学、湖北文理学院、闽江学院、辽宁科技大学、佛山科学技术学院、新疆财经大学、武汉体育学院、天津城建大学、安徽中医药大学、吉林建筑大学、广州美术学院、云南艺术学院、南阳理工学院、北方民族大学、大连外国语大学、北京第二外国语学院、湖北中医药大学、徐州工程学院、绍兴文理学院、辽宁中医药大学、沈阳化工大学、首都体育学院、湖北师范大学、北京印刷学院、浙江音乐学院、山东艺术学院、内蒙古财经大学、大连海洋大学、江西科技师范大学、湖南工程学院、重庆文理学院、广东医科大学、河南工程学院、闽南师范大学、湖北医药学院、沈阳音乐学院、洛阳师范学院、成都体育学院、五邑大学、赣南师范大学、吉林财经大学、四川外国语大学、齐齐哈尔大学、宁波工程学院、安庆师范大学、江汉大学、淮北师范大学、中国刑事警察学院、星海音乐学院、大连民族大学、河北地质大学、常州工学院、江苏理工学院、河南科技学院、淮阴工学院、内江师范学院、洛阳理工学院、北京服装学院、海南医学院、北京舞蹈学院、淮阴师范学院、西北政法大学、延安大学、西南医科大学、遵义医科大学、江苏海洋大学、武汉音乐学院、山东交通学院、上海立信会计金融学院、四川轻化工大学、潍坊医学院、北京农学院、哈尔滨音乐学院、盐城师范学院、天津体育学院、南昌理工学院、沈阳大学、南昌工程学院、郑州航空工业管理学院、江西科技学院、长沙学院、佳木斯大学、长春中医药大学、兰州财经大学、湖北汽车工业学院、广东金融学院、黑龙江科技大学、滨州医学院、河北科技师范学院、许昌学院、浙江万里学院、陕西理工大学、天津农学院、蚌埠医学院、广西中医药大学、金陵科技学院、内蒙古医科大学、吉林艺术学院、泉州师范学院、韩山师范学院、吉林化工学院、青海民族大学、陕西中医药大学、西安财经大学、渭南师范学院、中国民用航空飞行学院、上海电机学院、广东石油化工学院、西安文理学院、北京物资学院、国际关系学院、湖南城市学院、运城学院、川北医学院、河北北方学院、惠州学院、华北科技学院、西安音乐学院、南阳师范学院、锦州医科大学、新乡学院、沈阳体育学院、西京学院、甘肃中医药大学、皖南医学院、阜阳师范大学、仲恺农业工程学

续表

院、山西传媒学院、浙江外国语学院、成都工业学院、南京晓庄学院、天津美术学院、大理大学、湖北工程学院、中国人民警察大学、黑龙江工程学院、岭南师范学院、台州学院、滁州学院、长春大学、桂林医学院、黄冈师范学院、德州学院、黄山学院、西藏民族大学、重庆第二师范学院、丽水学院、牡丹江师范学院、太原师范学院、西安体育学院、长江师范学院、湖南第一师范学院、湖南人文科技学院、贵州中医药大学、南京体育学院、上海政法学院、湖北民族大学、贺州学院、重庆三峡学院、湖南文理学院、山东女子学院、安徽科技学院、福建江夏学院、滨州学院、桂林旅游学院、济宁医学院、乐山师范学院、天津音乐学院、昆明学院、井冈山大学、九江学院、邵阳学院、哈尔滨体育学院、衡阳师范学院、商丘师范学院、贵州理工学院、贵州师范学院、西安航空学院、龙岩学院、宝鸡文理学院、承德医学院、山东体育学院、黄淮学院、湘南学院、遵义师范学院、吉林体育学院、合肥师范学院、北京城市学院、榆林学院、广西财经学院、西安医学院、嘉应学院、湖南科技学院、中国劳动关系学院、河南城建学院、韶关学院、湖北第二师范学院、湖北科技学院、辽东学院、皖西学院
2★(489个)，1★(123个)：名单略

中国民办本科院校竞争力排行榜

排名	院校名称	星级	地区内序		排名	院校名称	星级	地区内序	
1	南昌理工学院	5★+	江西	1	36	南京传媒学院	4★	江苏	2
2	江西科技学院	5★+	江西	2	37	河北美术学院	4★	河北	2
3	西京学院	5★	陕西	1	38	黄河科技学院	4★	河南	1
4	北京城市学院	5★	北京	1	39	厦门华厦学院	4★	福建	2
5	宁波财经学院	5★	浙江	1	40	三江学院	4★	江苏	3
6	三亚学院	5★	海南	1	41	广州城市理工学院	4★	广东	4
7	浙江树人学院	5★	浙江	2	42	汉口学院	4★	湖北	5
8	河北传媒学院	5★	河北	1	43	南通理工学院	4★	江苏	4
9	武汉东湖学院	5★	湖北	1	44	西安培华学院	4★	陕西	4
10	武汉传媒学院	5★	湖北	2	45	青岛黄海学院	4★	山东	4
11	吉林外国语大学	5★	吉林	1	46	福州理工学院	3★	福建	3
12	安徽新华学院	5★-	安徽	1	47	闽南理工学院	3★	福建	4
13	广东科技学院	5★-	广东	1	48	四川工商学院	3★	四川	3
14	沈阳工学院	5★-	辽宁	1	49	山西工商学院	3★	山西	1
15	浙江越秀外国语学院	5★-	浙江	3	50	文华学院	3★	湖北	6
16	广州工商学院	5★-	广东	2	51	长春建筑学院	3★	吉林	4
17	大连东软信息学院	5★-	辽宁	2	52	北海艺术设计学院	3★	广西	2
18	西安欧亚学院	5★-	陕西	2	53	西安外事学院	3★	陕西	5
19	泰山科技学院	5★-	山东	1	54	郑州商学院	3★	河南	2
20	武昌理工学院	5★-	湖北	3	55	四川电影电视学院	3★	四川	4
21	安徽信息工程学院	5★-	安徽	2	56	广州商学院	3★	广东	5
22	福州外语外贸学院	5★-	福建	1	57	广东白云学院	3★	广东	6
23	西安翻译学院	4★	陕西	3	58	郑州财经学院	3★	河南	3
24	潍坊科技学院	4★	山东	2	59	长沙医学院	3★	湖南	2
25	长春财经学院	4★	吉林	2	60	武汉生物工程学院	3★	湖北	7
26	南宁学院	4★	广西	1	61	武昌首义学院	3★	湖北	8
27	广东东软学院	4★	广东	3	62	上海视觉艺术学院	3★	上海	1
28	武汉工商学院	4★	湖北	4	63	青岛滨海学院	3★	山东	5
29	四川传媒学院	4★	四川	1	64	西安明德理工学院	3★	陕西	6
30	无锡太湖学院	4★	江苏	1	65	海口经济学院	3★	海南	2
31	吉林动画学院	4★	吉林	3	66	山东英才学院	3★	山东	6
32	四川文化艺术学院	4★	四川	2	67	武汉工程科技学院	3★	湖北	9
33	湖南涉外经济学院	4★	湖南	1	68	南昌工学院	3★	江西	3
34	大连艺术学院	4★	辽宁	3	69	宁夏理工学院	3★	宁夏	1
35	烟台南山学院	4★	山东	3	70	成都东软学院	3★	四川	5

续表

排名	院校名称	星级	地区内序		排名	院校名称	星级	地区内序	
71	上海建桥学院	3★	上海	2	86	西安思源学院	3★	陕西	8
72	商丘学院	3★	河南	4	87	重庆财经学院	3★	重庆	1
73	郑州工业应用技术学院	3★	河南	5	88	珠海科技学院	3★	广东	8
74	武汉学院	3★	湖北	10	89	黑龙江东方学院	3★	黑龙江	2
75	山东现代学院	3★	山东	7	90	沈阳城市学院	3★	辽宁	5
76	安徽三联学院	3★	安徽	3	91	山东协和学院	3★	山东	8
77	辽宁对外经贸学院	3★	辽宁	4	92	成都锦城学院	3★	四川	6
78	郑州西亚斯学院	3★	河南	6	93	丽江文化旅游学院	3★	云南	2
79	云南工商学院	3★	云南	1	94	上海杉达学院	3★	上海	3
80	陕西国际商贸学院	3★	陕西	7	95	河北工程技术学院	3★	河北	4
81	燕京理工学院	3★	河北	3	96	阳光学院	3★	福建	6
82	广东培正学院	3★	广东	7	97	黄河交通学院	3★	河南	7
83	闽南科技学院	3★	福建	5	98	重庆工程学院	3★	重庆	2
84	哈尔滨广厦学院	3★	黑龙江	1	99	重庆外语外事学院	3★	重庆	3
85	广西外国语学院	3★	广西	3	100	陕西服装工程学院	3★	陕西	9

中国独立学院竞争力排行榜

排名	院校名称	星级	地区内序	
1	厦门大学嘉庚学院	5★+	福建	1
2	北京师范大学珠海分校	5★	广东	1
3	浙江工业大学之江学院	5★	浙江	1
4	北京理工大学珠海学院	5★	广东	2
5	四川大学锦江学院	5★	四川	1
6	浙江农林大学暨阳学院	5★	浙江	2
7	燕山大学里仁学院	5★	河北	1
8	南京航空航天大学金城学院	5★-	江苏	1
9	三峡大学科技学院	5★-	湖北	1
10	电子科技大学中山学院	5★-	广东	3
11	南开大学滨海学院	5★-	天津	1
12	南京理工大学泰州科技学院	5★-	江苏	2
13	杭州师范大学钱江学院	5★-	浙江	3
14	南京理工大学紫金学院	5★-	江苏	3
15	东南大学成贤学院	5★-	江苏	4
16	浙江理工大学科技与艺术学院	4★	浙江	4
17	温州医科大学仁济学院	4★	浙江	5
18	集美大学诚毅学院	4★	福建	2
19	延安大学西安创新学院	4★	陕西	1
20	赣南师范大学科技学院	4★	江西	1
21	西安交通大学城市学院	4★	陕西	2
22	云南艺术学院文华学院	4★	云南	1
23	绍兴文理学院元培学院	4★	浙江	6
24	湖北工业大学工程技术学院	4★	湖北	2
25	上海师范大学天华学院	4★	上海	1
26	中国计量大学现代科技学院	4★	浙江	7
27	江苏科技大学苏州理工学院	4★	江苏	5
28	昆明理工大学津桥学院	4★	云南	2
29	西南交通大学希望学院	4★	四川	2
30	新乡医学院三全学院	4★	河南	1
31	宁夏大学新华学院	4★	宁夏	1
32	西南财经大学天府学院	3★	四川	3
33	西安财经大学行知学院	3★	陕西	3
34	福州大学至诚学院	3★	福建	3
35	南京师范大学泰州学院	3★	江苏	6
36	长春大学旅游学院	3★	吉林	1
37	电子科技大学成都学院	3★	四川	4
38	福建师范大学协和学院	3★	福建	4
39	天津财经大学珠江学院	3★	天津	2
40	湖北师范大学文理学院	3★	湖北	3
41	中国矿业大学徐海学院	3★	江苏	7
42	广西民族大学相思湖学院	3★	广西	1
43	中南林业科技大学涉外学院	3★	湖南	1
44	南昌大学科学技术学院	3★	江西	2
45	成都理工大学工程技术学院	3★	四川	5
46	扬州大学广陵学院	3★	江苏	8
47	大连理工大学城市学院	3★	辽宁	1
48	杭州电子科技大学信息工程学院	3★	浙江	8
49	北京科技大学天津学院	3★	天津	3
50	广东外语外贸大学南国商学院	3★	广东	4
51	遵义医科大学医学与科技学院	3★	贵州	1
52	昆明医科大学海源学院	3★	云南	3
53	常州大学怀德学院	3★	江苏	9
54	河北经贸大学经济管理学院	3★	河北	2
55	江西师范大学科学技术学院	3★	江西	3
56	四川外国语大学成都学院	3★	四川	6
57	西北大学现代学院	3★	陕西	4
58	阜阳师范大学信息工程学院	3★	安徽	1
59	苏州大学应用技术学院	3★	江苏	10
60	湖北经济学院法商学院	3★	湖北	4
61	北京邮电大学世纪学院	3★	北京	1
62	南京财经大学红山学院	3★	江苏	11
63	宁波大学科学技术学院	3★	浙江	9
64	河北师范大学汇华学院	3★	河北	3
65	西安建筑科技大学华清学院	3★	陕西	5
66	吉首大学张家界学院	3★	湖南	2
67	衡阳师范学院南岳学院	3★	湖南	3
68	湖北大学知行学院	3★	湖北	5
69	山东财经大学燕山学院	3★	山东	1
70	浙江师范大学行知学院	3★	浙江	10

续表

排名	院校名称	星级	地区内序		排名	院校名称	星级	地区内序	
71	南京审计大学金审学院	3★	江苏	12	86	江苏师范大学科文学院	2★	江苏	15
72	浙江工商大学杭州商学院	3★	浙江	11	87	武汉工程大学邮电与信息工程学院	2★	湖北	7
73	河北工程大学科信学院	3★	河北	4	88	江苏大学京江学院	2★	江苏	16
74	河北大学工商学院	3★	河北	5	89	黑龙江工程学院昆仑旅游学院	2★	黑龙江	1
75	长江大学文理学院	3★	湖北	6	90	广西中医药大学赛恩斯新医药学院	2★	广西	2
76	南京工业大学浦江学院	3★	江苏	13	91	南京邮电大学通达学院	2★	江苏	17
77	湖南农业大学东方科技学院	3★	湖南	4	92	长春工业大学人文信息学院	2★	吉林	2
78	湖南文理学院芙蓉学院	3★	湖南	5	93	山西师范大学现代文理学院	2★	山西	1
79	陕西科技大学镐京学院	2★	陕西	6	94	苏州科技大学天平学院	2★	江苏	18
80	青岛农业大学海都学院	2★	山东	2	95	湖北工程学院新技术学院	2★	湖北	8
81	大连医科大学中山学院	2★	辽宁	2	96	锦州医科大学医疗学院	2★	辽宁	3
82	湖南理工学院南湖学院	2★	湖南	6	97	湖北文理学院理工学院	2★	湖北	9
83	安徽师范大学皖江学院	2★	安徽	2	98	山西财经大学华商学院	2★	山西	2
84	天津理工大学中环信息学院	2★	天津	4	99	新疆农业大学科学技术学院	2★	新疆	1
85	南通大学杏林学院	2★	江苏	14	100	浙江财经大学东方学院	2★	浙江	12

中国大学科技创新竞争力排行榜(100强)

排名	院校名称	类型序		排名	院校名称	类型序	
1	清华大学	理工	1	37	南京航空航天大学	理工	21
2	浙江大学	综合	1	38	郑州大学	综合	14
3	北京大学	综合	2	39	苏州大学	综合	15
4	上海交通大学	理工	2	40	东北大学	理工	22
5	华中科技大学	理工	3	41	西安电子科技大学	理工	23
6	武汉大学	综合	3	42	兰州大学	综合	16
7	中山大学	综合	4	43	国防科技大学	理工	24
8	复旦大学	综合	5	44	浙江工业大学	理工	25
9	山东大学	综合	6	45	上海大学	综合	17
10	西安交通大学	理工	4	46	中国人民大学	文法	1
11	中南大学	理工	5	47	南昌大学	综合	18
12	四川大学	综合	7	48	江苏大学	综合	19
13	哈尔滨工业大学	理工	6	49	江南大学	综合	20
14	吉林大学	综合	8	50	西北农林科技大学	农林	2
15	天津大学	理工	7	51	合肥工业大学	理工	26
16	同济大学	理工	8	52	华中农业大学	农林	3
17	南京大学	综合	9	53	扬州大学	综合	21
18	东南大学	理工	9	54	暨南大学	综合	22
19	中国科学院大学	综合	10	55	华东理工大学	理工	27
20	华南理工大学	理工	10	56	南京理工大学	理工	28
21	厦门大学	综合	11	57	北京工业大学	理工	29
22	大连理工大学	理工	11	58	华南农业大学	农林	4
23	北京航空航天大学	理工	12	59	中国海洋大学	理工	30
24	重庆大学	理工	13	60	中国矿业大学	理工	31
25	北京理工大学	理工	14	61	福州大学	综合	23
26	南开大学	综合	12	62	南京农业大学	农林	5
27	湖南大学	理工	15	63	河海大学	理工	32
28	中国科学技术大学	理工	16	64	华南师范大学	师范	3
29	电子科技大学	理工	17	65	广东工业大学	理工	33
30	西北工业大学	理工	18	66	北京科技大学	理工	34
31	华东师范大学	师范	1	67	北京交通大学	理工	35
32	北京师范大学	师范	2	68	西北大学	综合	24
33	武汉理工大学	理工	19	69	深圳大学	综合	25
34	西南交通大学	理工	20	70	湖南师范大学	师范	4
35	中国农业大学	农林	1	71	中国地质大学(武汉)	理工	36
36	西南大学	综合	13	72	陕西师范大学	师范	5

续表

排名	院校名称	类型序		排名	院校名称	类型序	
73	昆明理工大学	理工	37	87	东北师范大学	师范	8
74	东华大学	理工	38	88	哈尔滨工程大学	理工	45
75	中国石油大学(华东)	理工	39	89	长安大学	理工	46
76	广西大学	综合	26	90	北京邮电大学	理工	47
77	华北电力大学	理工	40	91	南京工业大学	理工	48
78	云南大学	综合	27	92	青岛大学	综合	30
79	燕山大学	理工	41	93	北京化工大学	理工	49
80	宁波大学	综合	28	94	福建师范大学	师范	9
81	太原理工大学	理工	42	95	南京林业大学	农林	6
82	南京师范大学	师范	6	96	南京信息工程大学	理工	50
83	杭州电子科技大学	理工	43	97	西安理工大学	理工	51
84	华中师范大学	师范	7	98	西安建筑科技大学	理工	52
85	南京邮电大学	理工	44	99	山西大学	综合	31
86	河南大学	综合	29	100	河北工业大学	理工	53

中国大学人文社会科学创新竞争力排行榜（100强）

排名	院校名称	类型序		排名	院校名称	类型序	
1	北京大学	综合	1	37	中国科学技术大学	理工	20
2	中国人民大学	文法	1	38	暨南大学	综合	15
3	武汉大学	综合	2	39	苏州大学	综合	16
4	复旦大学	综合	3	40	兰州大学	综合	17
5	清华大学	理工	1	41	上海大学	综合	18
6	浙江大学	综合	4	42	南京航空航天大学	理工	21
7	上海交通大学	理工	2	43	南昌大学	综合	19
8	南京大学	综合	5	44	华南师范大学	师范	3
9	四川大学	综合	6	45	华中师范大学	师范	4
10	吉林大学	综合	7	46	南京师范大学	师范	5
11	山东大学	综合	8	47	扬州大学	综合	20
12	西安交通大学	理工	3	48	陕西师范大学	师范	6
13	华中科技大学	理工	4	49	中国农业大学	农林	1
14	中山大学	综合	9	50	湖南师范大学	师范	7
15	厦门大学	综合	10	51	东北大学	理工	22
16	同济大学	理工	5	52	江苏大学	综合	21
17	中南大学	理工	6	53	华东理工大学	理工	23
18	哈尔滨工业大学	理工	7	54	西北大学	综合	22
19	华东师范大学	师范	1	55	华南农业大学	农林	2
20	华南理工大学	理工	8	56	合肥工业大学	理工	24
21	东南大学	理工	9	57	河海大学	理工	25
22	北京师范大学	师范	2	58	西安电子科技大学	理工	26
23	天津大学	理工	10	59	江南大学	综合	23
24	南开大学	综合	11	60	华中农业大学	农林	3
25	北京航空航天大学	理工	11	61	东北师范大学	师范	8
26	重庆大学	理工	12	62	云南大学	综合	24
27	大连理工大学	理工	13	63	福州大学	综合	25
28	西南大学	综合	12	64	中国海洋大学	理工	27
29	北京理工大学	理工	14	65	南京农业大学	农林	4
30	郑州大学	综合	13	66	深圳大学	综合	26
31	湖南大学	理工	15	67	浙江师范大学	师范	9
32	西南交通大学	理工	16	68	南京理工大学	理工	28
33	中国科学院大学	综合	14	69	北京交通大学	理工	29
34	电子科技大学	理工	17	70	西北农林科技大学	农林	5
35	武汉理工大学	理工	18	71	河南大学	综合	27
36	西北工业大学	理工	19	72	北京工业大学	理工	30

续表

排名	院校名称	类型序		排名	院校名称	类型序	
73	广东工业大学	理工	31	87	广州大学	综合	33
74	福建师范大学	师范	10	88	哈尔滨工程大学	理工	38
75	中国地质大学(武汉)	理工	32	89	青岛大学	综合	34
76	南京邮电大学	理工	33	90	上海师范大学	师范	12
77	北京科技大学	理工	34	91	燕山大学	理工	39
78	广西大学	综合	28	92	南京工业大学	理工	40
79	浙江工业大学	理工	35	93	南京信息工程大学	理工	41
80	安徽大学	综合	29	94	华北电力大学	理工	42
81	中国矿业大学	理工	36	95	杭州电子科技大学	理工	43
82	山西大学	综合	30	96	长安大学	理工	44
83	宁波大学	综合	31	97	太原理工大学	理工	45
84	山东师范大学	师范	11	98	北京邮电大学	理工	46
85	东华大学	理工	37	99	昆明理工大学	理工	47
86	湘潭大学	综合	32	100	西安建筑科技大学	理工	48

中国大学分类型竞争力排行榜（前 20%）

综合类（271）

排名	学校名称	排名	学校名称	排名	学校名称
1	北京大学	19	暨南大学	37	河北大学
2	浙江大学	20	江南大学	38	济南大学
3	武汉大学	21	江苏大学	39	海南大学
4	复旦大学	22	扬州大学	40	黑龙江大学
5	中山大学	23	西北大学	41	新疆大学
6	山东大学	24	福州大学	42	南通大学
7	四川大学	25	宁波大学	43	长江大学
8	吉林大学	26	深圳大学	44	内蒙古大学
9	南京大学	27	云南大学	45	湖北大学
10	中国科学院大学	28	广西大学	46	三峡大学
11	厦门大学	29	安徽大学	47	南方科技大学
12	南开大学	30	河南大学	48	汕头大学
13	郑州大学	31	山西大学	49	石河子大学
14	苏州大学	32	广州大学	50	宁夏大学
15	兰州大学	33	贵州大学	51	辽宁大学
16	西南大学	34	湘潭大学	52	南华大学
17	上海大学	35	青岛大学	53	集美大学
18	南昌大学	36	华侨大学	54	烟台大学

理工类（365）

排名	学校名称	排名	学校名称	排名	学校名称
1	清华大学	14	华南理工大学	27	华东理工大学
2	上海交通大学	15	大连理工大学	28	哈尔滨工程大学
3	哈尔滨工业大学	16	重庆大学	29	北京科技大学
4	华中科技大学	17	南京航空航天大学	30	北京交通大学
5	西安交通大学	18	电子科技大学	31	北京工业大学
6	同济大学	19	湖南大学	32	河海大学
7	中南大学	20	西南交通大学	33	浙江工业大学
8	天津大学	21	武汉理工大学	34	燕山大学
9	北京航空航天大学	22	国防科技大学	35	南京工业大学
10	东南大学	23	西安电子科技大学	36	中国矿业大学
11	中国科学技术大学	24	东北大学	37	中国海洋大学
12	北京理工大学	25	合肥工业大学	38	广东工业大学
13	西北工业大学	26	南京理工大学	39	中国地质大学(武汉)

续表

排名	学校名称	排名	学校名称	排名	学校名称
40	太原理工大学	52	北京化工大学	64	哈尔滨理工大学
41	杭州电子科技大学	53	南京信息工程大学	65	中国地质大学(北京)
42	华北电力大学	54	西安理工大学	66	大连海事大学
43	东华大学	55	重庆邮电大学	67	天津工业大学
44	昆明理工大学	56	长沙理工大学	68	中国计量大学
45	中国石油大学(华东)	57	山东科技大学	69	青岛科技大学
46	南京邮电大学	58	武汉科技大学	70	陕西科技大学
47	西安建筑科技大学	59	河南科技大学	71	河南理工大学
48	长安大学	60	上海理工大学	72	兰州理工大学
49	北京邮电大学	61	中北大学	73	重庆交通大学
50	浙江理工大学	62	西南石油大学		
51	河北工业大学	63	中国石油大学(北京)		

财经类（109）

排名	学校名称	排名	学校名称	排名	学校名称
1	中央财经大学	9	山东财经大学	17	南京财经大学
2	上海财经大学	10	北京工商大学	18	哈尔滨商业大学
3	浙江工商大学	11	重庆工商大学	19	云南财经大学
4	西南财经大学	12	安徽财经大学	20	天津财经大学
5	江西财经大学	13	首都经济贸易大学	21	南京审计大学
6	对外经济贸易大学	14	山西财经大学	22	河北经贸大学
7	中南财经政法大学	15	浙江财经大学		
8	东北财经大学	16	广东财经大学		

文法类（68）

排名	学校名称	排名	学校名称	排名	学校名称
1	中国人民大学	6	北京外国语大学	11	西安外国语大学
2	中国政法大学	7	上海外国语大学	12	中国人民公安大学
3	中国传媒大学	8	西南政法大学	13	天津外国语大学
4	北京语言大学	9	华东政法大学	14	浙江传媒学院
5	广东外语外贸大学	10	外交学院		

师范类（176）

排名	学校名称	排名	学校名称	排名	学校名称
1	北京师范大学	13	江西师范大学	25	重庆师范大学
2	华东师范大学	14	首都师范大学	26	云南师范大学
3	华南师范大学	15	四川师范大学	27	哈尔滨师范大学
4	湖南师范大学	16	西北师范大学	28	贵州师范大学
5	南京师范大学	17	河南师范大学	29	辽宁师范大学
6	陕西师范大学	18	安徽师范大学	30	湖州师范学院
7	华中师范大学	19	广西师范大学	31	沈阳师范大学
8	浙江师范大学	20	曲阜师范大学	32	鲁东大学
9	东北师范大学	21	江苏师范大学	33	聊城大学
10	福建师范大学	22	天津师范大学	34	内蒙古师范大学
11	山东师范大学	23	杭州师范大学	35	山西师范大学
12	上海师范大学	24	河北师范大学		

医药类（108）

排名	学校名称	排名	学校名称	排名	学校名称
1	首都医科大学	9	南京中医药大学	17	安徽医科大学
2	南方医科大学	10	哈尔滨医科大学	18	河北医科大学
3	南京医科大学	11	中国药科大学	19	广州医科大学
4	北京协和医学院	12	山西医科大学	20	福建医科大学
5	温州医科大学	13	上海中医药大学	21	成都中医药大学
6	中国医科大学	14	第二军医大学	22	广州中医药大学
7	天津医科大学	15	第四军医大学		
8	重庆医科大学	16	北京中医药大学		

农林类（47）

排名	学校名称	排名	学校名称	排名	学校名称
1	中国农业大学	4	南京农业大学	7	北京林业大学
2	华中农业大学	5	西北农林科技大学	8	福建农林大学
3	华南农业大学	6	东北林业大学	9	东北农业大学

民族类（17）

排名	学校名称	排名	学校名称	排名	学校名称
1	中央民族大学	2	中南民族大学	3	西南民族大学

艺术类（48）

排名	学校名称	排名	学校名称	排名	学校名称
1	中央音乐学院	5	南京艺术学院	9	中国戏曲学院
2	中央美术学院	6	上海音乐学院	10	北京电影学院
3	中国美术学院	7	景德镇陶瓷大学		
4	中国音乐学院	8	中央戏剧学院		

体育类（16）

排名	学校名称	排名	学校名称	排名	学校名称
1	北京体育大学	2	上海体育学院	3	武汉体育学院

9所中外合作办学院校竞争力排行榜

学校名称	排名	地区	院校类型	院校性质
西交利物浦大学	1	江苏	综合	民办
北京师范大学-香港浸会大学联合国际学院	2	广东	综合	民办
宁波诺丁汉大学	3	浙江	综合	民办
昆山杜克大学	4	江苏	综合	民办
香港中文大学(深圳)	5	广东	综合	民办
温州肯恩大学	6	浙江	综合	民办
上海纽约大学	7	上海	综合	民办
深圳北理莫斯科大学	8	广东	综合	公办
广东以色列理工学院	9	广东	理工	公办

第二部分

2023 年中国大学本科教育分门类、专业类和专业竞争力排行榜

中国大学本科教育分学科门类竞争力排行榜

01 哲学（73）

排名	学校名称	星级	排名	学校名称	星级	排名	学校名称	星级
1	北京大学	5★+	4	武汉大学	5★	7	吉林大学	5★-
2	南京大学	5★	5	中国人民大学	5★-			
3	复旦大学	5★	6	中山大学	5★-			
4★(8 个)：清华大学、山东大学、华东师范大学、北京师范大学、南开大学、南京师范大学、山西大学、黑龙江大学								
3★(22 个)，2★(29 个)，1★(7 个)：名单略								

02 经济学（944）

排名	学校名称	星级	排名	学校名称	星级	排名	学校名称	星级
1	中国人民大学	5★+	26	新疆财经大学	5★	51	湘潭大学	5★-
2	中央财经大学	5★+	27	云南财经大学	5★	52	内蒙古财经大学	5★-
3	西南财经大学	5★+	28	重庆工商大学	5★	53	重庆大学	5★-
4	上海财经大学	5★+	29	四川大学	5★	54	河北大学	5★-
5	中南财经政法大学	5★+	30	山东大学	5★	55	上海交通大学	5★-
6	东北财经大学	5★+	31	华中科技大学	5★	56	深圳大学	5★-
7	对外经济贸易大学	5★+	32	广东财经大学	5★	57	福建师范大学	5★-
8	南开大学	5★+	33	河南大学	5★	58	山东财经大学	5★-
9	厦门大学	5★+	34	吉林大学	5★	59	广东金融学院	5★-
10	北京大学	5★	35	广东外语外贸大学	5★	60	中山大学	5★-
11	武汉大学	5★	36	南京大学	5★	61	东北大学	5★-
12	江西财经大学	5★	37	北京工商大学	5★	62	华南理工大学	5★-
13	首都经济贸易大学	5★	38	吉林财经大学	5★	63	云南大学	5★-
14	西安交通大学	5★	39	西北大学	5★	64	华东师范大学	5★-
15	浙江财经大学	5★	40	浙江大学	5★	65	南京农业大学	5★-
16	南京财经大学	5★	41	北京师范大学	5★	66	广西大学	5★-
17	天津财经大学	5★	42	河北经贸大学	5★	67	上海大学	5★-
18	山西财经大学	5★	43	湖南工商大学	5★	68	华侨大学	5★-
19	安徽财经大学	5★	44	河南财经政法大学	5★	69	南京审计大学	5★-
20	辽宁大学	5★	45	清华大学	5★	70	北京交通大学	5★-
21	哈尔滨商业大学	5★	46	安徽大学	5★	71	中国农业大学	5★-
22	暨南大学	5★	47	北京工业大学	5★	72	贵州财经大学	5★-
23	湖南大学	5★	48	兰州财经大学	5★-	73	天津商业大学	5★-
24	复旦大学	5★	49	上海对外经贸大学	5★-	74	中国海洋大学	5★-
25	浙江工商大学	5★	50	东南大学	5★-	75	青岛大学	5★-

续表

排名	学校名称	星级	排名	学校名称	星级	排名	学校名称	星级
76	苏州大学	5★-	83	武汉理工大学	5★-	89	南昌大学	5★-
77	东北师范大学	5★-	84	中央民族大学	5★-	90	宁波大学	5★-
78	湖北大学	5★-	85	华中师范大学	5★-	91	郑州大学	5★-
79	陕西师范大学	5★-	86	河南工业大学	5★-	92	长沙理工大学	5★-
80	华东理工大学	5★-	87	中南大学	5★-	93	西南民族大学	5★-
81	华南师范大学	5★-	88	黑龙江大学	5★-	94	兰州大学	5★-
82	西安财经大学	5★-						
4★(95个)：湖南科技大学、浙江工业大学、北京理工大学、扬州大学、中国地质大学(武汉)、福州大学、南京师范大学、中国政法大学、山东工商学院、安徽工业大学、山西大学、大连理工大学、杭州电子科技大学、西南政法大学、西南大学、同济大学、上海立信会计金融学院、北京科技大学、湖南师范大学、石河子大学、天津大学、浙江理工大学、南京信息工程大学、华南农业大学、内蒙古大学、新疆大学、重庆理工大学、海南大学、华中农业大学、河海大学、南京航空航天大学、集美大学、湖北经济学院、沈阳工业大学、东北农业大学、济南大学、福州外语外贸学院、华东政法大学、北京航空航天大学、北京物资学院、哈尔滨工业大学、江苏师范大学、天津工业大学、中国矿业大学、合肥工业大学、上海理工大学、西北师范大学、贵州大学、天津师范大学、东莞理工学院、江西师范大学、云南师范大学、江苏大学、成都理工大学、西南交通大学、西南科技大学、湖北工业大学、中南民族大学、四川师范大学、江南大学、广西财经学院、四川农业大学、广西师范大学、河北金融学院、上海师范大学、中南林业科技大学、天津科技大学、西安理工大学、西北农林科技大学、长春财经学院、北京联合大学、南华大学、昆明理工大学、河南师范大学、山东农业大学、大连海事大学、上海海事大学、长春工业大学、中国地质大学(北京)、广东科技学院、河南财政金融学院、安徽师范大学、重庆师范大学、沈阳大学、南京理工大学、中国石油大学(北京)、华北电力大学、南通大学、广州大学、北京林业大学、浙江师范大学、广州商学院、信阳师范学院、上海外国语大学、燕山大学								
3★(283个)，2★(378个)，1★(94个)：名单略								

03 法学（765）

排名	学校名称	星级	排名	学校名称	星级	排名	学校名称	星级
1	中国政法大学	5★+	18	清华大学	5★	35	西南大学	5★
2	中国人民大学	5★+	19	中南大学	5★	36	暨南大学	5★
3	北京大学	5★+	20	华东政法大学	5★	37	对外经济贸易大学	5★
4	武汉大学	5★+	21	兰州大学	5★	38	河海大学	5★
5	吉林大学	5★+	22	天津师范大学	5★	39	郑州大学	5★-
6	复旦大学	5★+	23	东北师范大学	5★	40	华南师范大学	5★-
7	云南大学	5★+	24	西南政法大学	5★	41	西安交通大学	5★-
8	华东师范大学	5★+	25	上海大学	5★	42	苏州大学	5★-
9	南开大学	5★	26	北京师范大学	5★	43	山西大学	5★-
10	中山大学	5★	27	安徽大学	5★	44	内蒙古大学	5★-
11	山东大学	5★	28	中南民族大学	5★	45	浙江大学	5★-
12	华中师范大学	5★	29	南京师范大学	5★	46	广西民族大学	5★-
13	厦门大学	5★	30	湘潭大学	5★	47	西北政法大学	5★-
14	中央民族大学	5★	31	华中科技大学	5★	48	中南财经政法大学	5★-
15	南京大学	5★	32	河南师范大学	5★	49	广西师范大学	5★-
16	湖南师范大学	5★	33	四川大学	5★	50	安徽师范大学	5★-
17	中国人民公安大学	5★	34	云南民族大学	5★	51	华东理工大学	5★-

续表

排名	学校名称	星级	排名	学校名称	星级	排名	学校名称	星级
52	贵州大学	5★－	61	上海交通大学	5★－	70	浙江工商大学	5★－
53	新疆师范大学	5★－	62	上海师范大学	5★－	71	上海外国语大学	5★－
54	贵州师范大学	5★－	63	中国海洋大学	5★－	72	贵州民族大学	5★－
55	首都师范大学	5★－	64	黑龙江大学	5★－	73	武汉理工大学	5★－
56	沈阳师范大学	5★－	65	西北师范大学	5★－	74	扬州大学	5★－
57	新疆大学	5★－	66	重庆大学	5★－	75	山东师范大学	5★－
58	海南大学	5★－	67	辽宁师范大学	5★－	76	青海民族大学	5★－
59	东南大学	5★－	68	陕西师范大学	5★－	77	同济大学	5★－
60	江西财经大学	5★－	69	浙江师范大学	5★－			
4★（76 个）：中央财经大学、中国刑事警察学院、烟台大学、河南大学、福建师范大学、辽宁大学、西南民族大学、江西师范大学、华南理工大学、广东外语外贸大学、华中农业大学、四川师范大学、河北师范大学、华侨大学、上海政法学院、河北大学、上海财经大学、中国农业大学、广州大学、外交学院、西南财经大学、湖北大学、湖南大学、大连海事大学、宁波大学、北京理工大学、北京航空航天大学、哈尔滨师范大学、广东警官学院、西南交通大学、北京外国语大学、首都经济贸易大学、西北大学、西北民族大学、南昌大学、深圳大学、广西大学、宁夏大学、江苏师范大学、曲阜师范大学、福州大学、中国地质大学（武汉）、河南财经政法大学、青岛大学、北京工业大学、广东财经大学、西华师范大学、华北电力大学、南京理工大学、北京科技大学、西北农林科技大学、合肥工业大学、中国计量大学、东北大学、内蒙古师范大学、杭州师范大学、山东警察学院、云南师范大学、湖南科技大学、延边大学、南京森林警察学院、山西师范大学、云南警官学院、云南财经大学、济南大学、浙江工业大学、上海海事大学、河北经贸大学、延安大学、南京航空航天大学、海南师范大学、东北财经大学、江苏警官学院、上海对外经贸大学、中央司法警官学院、内蒙古民族大学								
3★（230 个），2★（306 个），1★（76 个）：名单略								

04 教育学（623）

排名	学校名称	星级	排名	学校名称	星级	排名	学校名称	星级
1	北京师范大学	5★＋	16	广西师范大学	5★	31	内蒙古师范大学	5★
2	华东师范大学	5★＋	17	四川师范大学	5★	32	天津师范大学	5★－
3	华南师范大学	5★＋	18	河南大学	5★	33	沈阳体育学院	5★－
4	南京师范大学	5★＋	19	陕西师范大学	5★	34	新疆师范大学	5★－
5	华中师范大学	5★＋	20	首都体育学院	5★	35	河北师范大学	5★－
6	东北师范大学	5★＋	21	辽宁师范大学	5★	36	沈阳师范大学	5★－
7	北京体育大学	5★	22	山东师范大学	5★	37	扬州大学	5★－
8	浙江师范大学	5★	23	安徽师范大学	5★	38	山东体育学院	5★－
9	武汉体育学院	5★	24	首都师范大学	5★	39	贵州师范大学	5★－
10	西南大学	5★	25	上海师范大学	5★	40	宁波大学	5★－
11	湖南师范大学	5★	26	曲阜师范大学	5★	41	南京体育学院	5★－
12	西北师范大学	5★	27	云南师范大学	5★	42	苏州大学	5★－
13	成都体育学院	5★	28	江西师范大学	5★	43	杭州师范大学	5★－
14	福建师范大学	5★	29	天津体育学院	5★	44	广州体育学院	5★－
15	上海体育学院	5★	30	哈尔滨师范大学	5★	45	海南师范大学	5★－

续表

排名	学校名称	星级	排名	学校名称	星级	排名	学校名称	星级
46	重庆师范大学	5★-	52	广州大学	5★-	58	山西大学	5★-
47	吉林体育学院	5★-	53	山西师范大学	5★-	59	郑州大学	5★-
48	浙江大学	5★-	54	长春师范大学	5★-	60	青海师范大学	5★-
49	淮北师范大学	5★-	55	河北大学	5★-	61	吉首大学	5★-
50	河南师范大学	5★-	56	吉林师范大学	5★-	62	鲁东大学	5★-
51	江苏师范大学	5★-	57	西安体育学院	5★-			
4★(63个)：哈尔滨体育学院、南通大学、聊城大学、长沙师范学院、湖北大学、深圳大学、温州大学、西华师范大学、南京晓庄学院、湖南第一师范学院、赣南师范大学、集美大学、南宁师范大学、江西科技师范大学、天津大学、长江大学、湖北师范大学、河北体育学院、湖南科技大学、江南大学、石河子大学、山东大学、洛阳师范学院、信阳师范学院、喀什大学、西藏民族大学、宁夏大学、中央民族大学、延边大学、中南民族大学、大连大学、中国矿业大学、延安大学、牡丹江师范学院、北华大学、广西民族大学、盐城师范学院、中北大学、中国地质大学(武汉)、张家口学院、河北科技师范学院、昆明学院、安庆师范大学、怀化学院、内蒙古民族大学、岭南师范学院、西安文理学院、中华女子学院、临沂大学、重庆大学、广西科技师范学院、郑州师范学院、云南民族大学、浙江工业大学、沈阳大学、大庆师范学院、渤海大学、山西大同大学、湖北经济学院、湖州师范学院、青岛大学、集宁师范学院、绍兴文理学院								
3★(187个)，2★(249个)，1★(62个)：名单略								

05 文学（1044）

排名	学校名称	星级	排名	学校名称	星级	排名	学校名称	星级
1	北京大学	5★+	21	南京师范大学	5★	41	安徽大学	5★
2	南京大学	5★+	22	厦门大学	5★	42	延边大学	5★
3	武汉大学	5★+	23	华中师范大学	5★	43	南昌大学	5★
4	广东外语外贸大学	5★+	24	大连外国语大学	5★	44	福建师范大学	5★
5	北京外国语大学	5★+	25	陕西师范大学	5★	45	北京师范大学	5★
6	上海外国语大学	5★+	26	河南大学	5★	46	西南大学	5★
7	天津外国语大学	5★+	27	华中科技大学	5★	47	扬州大学	5★
8	西安外国语大学	5★+	28	对外经济贸易大学	5★	48	内蒙古大学	5★
9	湖南师范大学	5★+	29	中山大学	5★	49	山东师范大学	5★
10	复旦大学	5★+	30	苏州大学	5★	50	哈尔滨师范大学	5★
11	四川外国语大学	5★	31	首都师范大学	5★	51	上海交通大学	5★
12	黑龙江大学	5★	32	南开大学	5★	52	西北师范大学	5★
13	北京语言大学	5★	33	清华大学	5★	53	上海师范大学	5★-
14	中国人民大学	5★	34	郑州大学	5★	54	天津师范大学	5★-
15	华东师范大学	5★	35	吉林大学	5★	55	华南师范大学	5★-
16	中国传媒大学	5★	36	东北师范大学	5★	56	湖南大学	5★-
17	山东大学	5★	37	河北大学	5★	57	辽宁大学	5★-
18	暨南大学	5★	38	广西民族大学	5★	58	云南大学	5★-
19	浙江大学	5★	39	北京第二外国语学院	5★	59	江西师范大学	5★-
20	四川大学	5★	40	上海大学	5★	60	云南民族大学	5★-

续表

排名	学校名称	星级	排名	学校名称	星级	排名	学校名称	星级
61	新疆大学	5★－	76	同济大学	5★－	91	沈阳师范大学	5★－
62	深圳大学	5★－	77	浙江师范大学	5★－	92	中南财经政法大学	5★－
63	安徽师范大学	5★－	78	曲阜师范大学	5★－	93	中南民族大学	5★－
64	湘潭大学	5★－	79	云南师范大学	5★－	94	西北民族大学	5★－
65	兰州大学	5★－	80	中国海洋大学	5★－	95	贵州师范大学	5★－
66	河北师范大学	5★－	81	广西师范大学	5★－	96	宁波大学	5★－
67	山西大学	5★－	82	湖北大学	5★－	97	北京航空航天大学	5★－
68	西北大学	5★－	83	重庆大学	5★－	98	华南理工大学	5★－
69	西南交通大学	5★－	84	广西大学	5★－	99	中国政法大学	5★－
70	中央民族大学	5★－	85	重庆师范大学	5★－	100	贵州大学	5★－
71	江苏师范大学	5★－	86	杭州师范大学	5★－	101	北京印刷学院	5★－
72	四川师范大学	5★－	87	西南民族大学	5★－	102	大连理工大学	5★－
73	河南师范大学	5★－	88	青岛大学	5★－	103	南通大学	5★－
74	浙江工商大学	5★－	89	内蒙古师范大学	5★－	104	西南政法大学	5★－
75	中南大学	5★－	90	西安交通大学	5★－			
4★（105个）：东南大学、海南大学、广州大学、华侨大学、鲁东大学、吉林师范大学、北京科技大学、宁夏大学、辽宁师范大学、聊城大学、上海对外经贸大学、大连大学、海南师范大学、上海理工大学、牡丹江师范学院、南宁师范大学、上海海事大学、燕山大学、北京交通大学、湖南科技大学、赣南师范大学、汕头大学、西华师范大学、渤海大学、南京航空航天大学、济南大学、河南工业大学、新疆师范大学、西藏大学、河南科技大学、北京理工大学、浙江财经大学、三峡大学、哈尔滨理工大学、上海财经大学、东北大学、烟台大学、青海师范大学、信阳师范学院、华东政法大学、贵州民族大学、哈尔滨工业大学、浙江工业大学、温州大学、武汉理工大学、吉首大学、齐齐哈尔大学、长沙理工大学、山东理工大学、南京财经大学、闽南师范大学、华中农业大学、长江大学、淮北师范大学、河海大学、吉林外国语大学、江南大学、浙江越秀外国语学院、西南科技大学、集美大学、北华大学、中国地质大学（武汉）、西北政法大学、山西师范大学、安庆师范大学、北京邮电大学、西藏民族大学、中国矿业大学、江西财经大学、内蒙古民族大学、山东财经大学、天津科技大学、湖南理工学院、北京林业大学、西北工业大学、杭州电子科技大学、合肥工业大学、青岛科技大学、国际关系学院、喀什大学、西安翻译学院、太原理工大学、商丘师范学院、天津理工大学、重庆工商大学、南京信息工程大学、青海民族大学、佳木斯大学、山西大同大学、延安大学、绍兴文理学院、浙江万里学院、河北经贸大学、浙江理工大学、成都理工大学、河北科技大学、首都经济贸易大学、武汉科技大学、华东理工大学、浙江外国语学院、韶关学院、南华大学、电子科技大学、南京理工大学、淮阴师范学院								
3★（313个），2★（418个），1★（104个）：名单略								

06 历史学（255）

排名	学校名称	星级	排名	学校名称	星级	排名	学校名称	星级
1	北京大学	5★+	8	南开大学	5★	15	兰州大学	5★－
2	武汉大学	5★+	9	四川大学	5★	16	河北师范大学	5★－
3	北京师范大学	5★+	10	中国人民大学	5★	17	浙江大学	5★－
4	复旦大学	5★	11	陕西师范大学	5★	18	河南大学	5★－
5	南京大学	5★	12	吉林大学	5★	19	山西大学	5★－
6	西北大学	5★	13	中山大学	5★	20	郑州大学	5★－
7	首都师范大学	5★	14	山东大学	5★－	21	安徽大学	5★－

续表

排名	学校名称	星级	排名	学校名称	星级	排名	学校名称	星级
22	东北师范大学	5★-	24	上海师范大学	5★-	26	华东师范大学	5★-
23	华中师范大学	5★-	25	厦门大学	5★-			
4★(25个)：山东师范大学、安徽师范大学、清华大学、暨南大学、南京师范大学、江西师范大学、河北大学、云南大学、西南大学、四川师范大学、湖南大学、上海大学、华南师范大学、浙江师范大学、福建师范大学、苏州大学、中央民族大学、西北师范大学、湖南师范大学、河南师范大学、扬州大学、湖北大学、曲阜师范大学、天津师范大学、吉林师范大学								
3★(77个)，2★(102个)，1★(25个)：名单略								

07 理学（812）

排名	学校名称	星级	排名	学校名称	星级	排名	学校名称	星级
1	北京大学	5★+	28	西南大学	5★	55	新疆大学	5★-
2	中山大学	5★+	29	中国地质大学(武汉)	5★	56	中国农业大学	5★-
3	南京大学	5★+	30	清华大学	5★	57	北京航空航天大学	5★-
4	北京师范大学	5★+	31	首都师范大学	5★	58	大连理工大学	5★-
5	武汉大学	5★+	32	中国海洋大学	5★	59	安徽大学	5★-
6	兰州大学	5★+	33	河南大学	5★	60	哈尔滨师范大学	5★-
7	华东师范大学	5★+	34	中南大学	5★	61	扬州大学	5★-
8	厦门大学	5★+	35	山东师范大学	5★	62	湘潭大学	5★-
9	中国科学技术大学	5★	36	安徽师范大学	5★	63	重庆大学	5★-
10	西北大学	5★	37	西北师范大学	5★	64	华东理工大学	5★-
11	陕西师范大学	5★	38	江西师范大学	5★	65	哈尔滨工业大学	5★-
12	复旦大学	5★	39	西安交通大学	5★	66	云南师范大学	5★-
13	吉林大学	5★	40	河北师范大学	5★	67	曲阜师范大学	5★-
14	南开大学	5★	41	同济大学	5★	68	中国地质大学(北京)	5★-
15	云南大学	5★	42	湖南大学	5★-	69	贵州师范大学	5★-
16	华南师范大学	5★	43	郑州大学	5★-	70	天津大学	5★-
17	山东大学	5★	44	苏州大学	5★-	71	四川师范大学	5★-
18	东北师范大学	5★	45	内蒙古大学	5★-	72	湖北大学	5★-
19	浙江大学	5★	46	辽宁师范大学	5★-	73	广西大学	5★-
20	湖南师范大学	5★	47	东南大学	5★-	74	河南师范大学	5★-
21	中国科学院大学	5★	48	南京信息工程大学	5★-	75	天津师范大学	5★-
22	华中师范大学	5★	49	广州大学	5★-	76	广西师范大学	5★-
23	华中科技大学	5★	50	山西大学	5★-	77	电子科技大学	5★-
24	上海交通大学	5★	51	南昌大学	5★-	78	中国人民大学	5★-
25	福建师范大学	5★	52	北京理工大学	5★-	79	成都理工大学	5★-
26	四川大学	5★	53	华南理工大学	5★-	80	中国石油大学(华东)	5★-
27	南京师范大学	5★	54	浙江师范大学	5★-	81	上海师范大学	5★-

续表

4★(81 个)：贵州大学、宁波大学、西北工业大学、宁夏大学、华中农业大学、山西师范大学、北京工业大学、福州大学、上海大学、河北大学、暨南大学、东北林业大学、内蒙古师范大学、青岛大学、合肥工业大学、青海师范大学、南京农业大学、华南农业大学、北京林业大学、西北农林科技大学、西南交通大学、东北大学、浙江工业大学、深圳大学、海南师范大学、福建农林大学、江苏师范大学、北京科技大学、重庆师范大学、西安电子科技大学、黑龙江大学、济南大学、青岛科技大学、汕头大学、中国矿业大学、北京化工大学、海南大学、杭州师范大学、南京理工大学、吉林师范大学、信阳师范学院、东北农业大学、延边大学、南方医科大学、河海大学、辽宁大学、江苏大学、新疆师范大学、长安大学、南京航空航天大学、长江大学、西华师范大学、温州大学、鲁东大学、杭州电子科技大学、燕山大学、聊城大学、西南石油大学、山东农业大学、江南大学、南京林业大学、国防科技大学、广东工业大学、北京交通大学、上海海洋大学、南京邮电大学、山东理工大学、浙江理工大学、湖南科技大学、安徽农业大学、沈阳师范大学、东华理工大学、湖南农业大学、东华大学、四川农业大学、长沙理工大学、山东科技大学、南京工业大学、陕西科技大学、河南科技大学、云南财经大学、
3★(244 个)，2★(325 个)，1★(81 个)：名单略

08 工学（1142）

排名	学校名称	星级	排名	学校名称	星级	排名	学校名称	星级
1	清华大学	5★+	26	南京航空航天大学	5★	51	长沙理工大学	5★
2	哈尔滨工业大学	5★+	27	东北大学	5★	52	西安建筑科技大学	5★
3	浙江大学	5★+	28	北京工业大学	5★	53	北京大学	5★
4	上海交通大学	5★+	29	西安电子科技大学	5★	54	中国石油大学(华东)	5★
5	天津大学	5★+	30	河海大学	5★	55	哈尔滨工程大学	5★
6	大连理工大学	5★+	31	长安大学	5★	56	山东科技大学	5★
7	华南理工大学	5★+	32	电子科技大学	5★	57	广东工业大学	5★
8	重庆大学	5★+	33	中国矿业大学	5★	58	厦门大学	5★-
9	武汉理工大学	5★+	34	山东大学	5★	59	中山大学	5★-
10	东南大学	5★+	35	湖南大学	5★	60	中国地质大学(武汉)	5★-
11	吉林大学	5★+	36	江苏大学	5★	61	兰州理工大学	5★-
12	华中科技大学	5★	37	西安理工大学	5★	62	武汉科技大学	5★-
13	四川大学	5★	38	南京工业大学	5★	63	中国科学技术大学	5★-
14	北京航空航天大学	5★	39	福州大学	5★	64	杭州电子科技大学	5★-
15	同济大学	5★	40	北京交通大学	5★	65	华北电力大学	5★-
16	中南大学	5★	41	苏州大学	5★	66	南昌大学	5★-
17	西南交通大学	5★	42	河北工业大学	5★	67	北京邮电大学	5★-
18	西安交通大学	5★	43	华东理工大学	5★	68	东华大学	5★-
19	合肥工业大学	5★	44	郑州大学	5★	69	西安科技大学	5★-
20	昆明理工大学	5★	45	上海大学	5★	70	兰州交通大学	5★-
21	西北工业大学	5★	46	燕山大学	5★	71	南京大学	5★-
22	武汉大学	5★	47	北京科技大学	5★	72	南京邮电大学	5★-
23	北京理工大学	5★	48	浙江工业大学	5★	73	北京化工大学	5★-
24	太原理工大学	5★	49	江南大学	5★	74	河南科技大学	5★-
25	南京理工大学	5★	50	中北大学	5★	75	桂林电子科技大学	5★-

续表

排名	学校名称	星级	排名	学校名称	星级	排名	学校名称	星级
76	复旦大学	5★-	89	广西大学	5★-	102	华东交通大学	5★-
77	哈尔滨理工大学	5★-	90	大连海事大学	5★-	103	内蒙古工业大学	5★-
78	贵州大学	5★-	91	新疆大学	5★-	104	天津科技大学	5★-
79	河南理工大学	5★-	92	长春理工大学	5★-	105	深圳大学	5★-
80	安徽理工大学	5★-	93	浙江理工大学	5★-	106	陕西科技大学	5★-
81	中国农业大学	5★-	94	西南石油大学	5★-	107	重庆交通大学	5★-
82	南京林业大学	5★-	95	重庆邮电大学	5★-	108	成都理工大学	5★-
83	中国石油大学(北京)	5★-	96	南开大学	5★-	109	西北农林科技大学	5★-
84	中国地质大学(北京)	5★-	97	沈阳建筑大学	5★-	110	西南科技大学	5★-
85	上海理工大学	5★-	98	沈阳工业大学	5★-	111	华侨大学	5★-
86	天津工业大学	5★-	99	扬州大学	5★-	112	安徽大学	5★-
87	中国矿业大学(北京)	5★-	100	东北林业大学	5★-	113	中国科学院大学	5★-
88	辽宁工程技术大学	5★-	101	天津理工大学	5★-	114	江西理工大学	5★-

4★(114 个)：河南工业大学、南昌航空大学、中国海洋大学、青岛科技大学、西北大学、东北石油大学、湘潭大学、西安工业大学、兰州大学、桂林理工大学、青岛大学、内蒙古科技大学、青岛理工大学、山东理工大学、湖南科技大学、三峡大学、西南大学、武汉工程大学、石家庄铁道大学、济南大学、山东建筑大学、华北水利水电大学、北京建筑大学、安徽工业大学、南华大学、江苏科技大学、华南农业大学、湖北工业大学、长江大学、郑州轻工业大学、东北农业大学、太原科技大学、常州大学、中国计量大学、北京师范大学、南京信息工程大学、长春工业大学、大连交通大学、上海海事大学、国防科技大学、沈阳航空航天大学、东北电力大学、暨南大学、华中农业大学、河北科技大学、成都信息工程大学、北京林业大学、大连工业大学、华东师范大学、沈阳理工大学、齐鲁工业大学、山西大学、东华理工大学、西安石油大学、黑龙江大学、中南林业科技大学、山东农业大学、广州大学、内蒙古农业大学、福建农林大学、北京信息科技大学、宁波大学、华北理工大学、海南大学、云南大学、西华大学、安徽建筑大学、烟台大学、河北工程大学、辽宁石油化工大学、西安工程大学、北方工业大学、苏州科技大学、南通大学、南京农业大学、河北农业大学、河北大学、重庆理工大学、中国民航大学、上海工程技术大学、安徽工程大学、南京师范大学、辽宁科技大学、华南师范大学、福建工程学院、浙江工商大学、中原工学院、湖南工业大学、天津城建大学、石河子大学、北京工商大学、青海大学、西安邮电大学、宁夏大学、沈阳化工大学、景德镇陶瓷大学、吉林建筑大学、福建师范大学、武汉纺织大学、山东师范大学、沈阳农业大学、内蒙古大学、广西科技大学、黑龙江科技大学、河南农业大学、集美大学、温州大学、广东海洋大学、辽宁工业大学、陕西师范大学、汕头大学、河南师范大学、河南大学、四川轻化工大学

3★(343 个)，2★(457 个)，1★(114 个)：名单略

09 农学 (240)

排名	学校名称	星级	排名	学校名称	星级	排名	学校名称	星级
1	中国农业大学	5★+	9	山西农业大学	5★	17	沈阳农业大学	5★-
2	华中农业大学	5★+	10	湖南农业大学	5★	18	东北农业大学	5★-
3	南京农业大学	5★	11	福建农林大学	5★	19	河北农业大学	5★-
4	西北农林科技大学	5★	12	甘肃农业大学	5★	20	浙江大学	5★-
5	四川农业大学	5★	13	吉林农业大学	5★-	21	江西农业大学	5★-
6	华南农业大学	5★	14	山东农业大学	5★-	22	云南农业大学	5★-
7	西南大学	5★	15	河南农业大学	5★-	23	海南大学	5★-
8	内蒙古农业大学	5★	16	扬州大学	5★-			

续表

4★（24 个）：安徽农业大学、广西大学、北京林业大学、新疆农业大学、贵州大学、浙江农林大学、宁夏大学、青岛农业大学、青海大学、黑龙江八一农垦大学、石河子大学、南京林业大学、吉林大学、天津农学院、东北林业大学、长江大学、西南林业大学、北京农学院、兰州大学、广东海洋大学、上海海洋大学、中南林业科技大学、中国海洋大学、河南科技大学
3★（70 个），2★（93 个），1★（23 个）：名单略

10 医学（419）

排名	学校名称	星级	排名	学校名称	星级	排名	学校名称	星级
1	南方医科大学	5★+	15	安徽医科大学	5★	29	广西医科大学	5★−
2	重庆医科大学	5★+	16	中南大学	5★	30	天津中医药大学	5★−
3	四川大学	5★+	17	浙江中医药大学	5★	31	徐州医科大学	5★−
4	南京医科大学	5★+	18	哈尔滨医科大学	5★	32	山东大学	5★−
5	首都医科大学	5★	19	成都中医药大学	5★	33	广州医科大学	5★−
6	河北医科大学	5★	20	南京中医药大学	5★	34	南昌大学	5★−
7	天津医科大学	5★	21	上海交通大学	5★	35	广州中医药大学	5★−
8	中国医科大学	5★	22	郑州大学	5★−	36	北京中医药大学	5★−
9	北京大学	5★	23	黑龙江中医药大学	5★−	37	河南中医药大学	5★−
10	温州医科大学	5★	24	复旦大学	5★−	38	西安交通大学	5★−
11	中山大学	5★	25	中国药科大学	5★−	39	武汉大学	5★−
12	华中科技大学	5★	26	新疆医科大学	5★−	40	吉林大学	5★−
13	福建医科大学	5★	27	昆明医科大学	5★−	41	大连医科大学	5★−
14	山西医科大学	5★	28	湖南中医药大学	5★−	42	山东中医药大学	5★−
4★（42 个）：苏州大学、沈阳药科大学、兰州大学、宁夏医科大学、上海中医药大学、福建中医药大学、贵州医科大学、浙江大学、安徽中医药大学、南通大学、辽宁中医药大学、湖北中医药大学、南华大学、第四军医大学、遵义医科大学、江西中医药大学、甘肃中医药大学、厦门大学、长春中医药大学、广西中医药大学、青岛大学、广东医科大学、暨南大学、北京协和医学院、滨州医学院、西南医科大学、新乡医学院、第二军医大学、海南医学院、东南大学、内蒙古医科大学、同济大学、云南中医药大学、延边大学、广东药科大学、川北医学院、河北大学、华北理工大学、湖北医药学院、贵州中医药大学、锦州医科大学、潍坊医学院								
3★（126 个），2★（167 个），1★（42 个）：名单略								

12 管理学（1158）

排名	学校名称	星级	排名	学校名称	星级	排名	学校名称	星级
1	武汉大学	5★+	9	浙江大学	5★+	17	中山大学	5★
2	中国人民大学	5★+	10	四川大学	5★+	18	西南财经大学	5★
3	东北财经大学	5★+	11	南京大学	5★+	19	华南理工大学	5★
4	中南财经政法大学	5★+	12	南开大学	5★+	20	山西财经大学	5★
5	浙江工商大学	5★+	13	首都经济贸易大学	5★	21	清华大学	5★
6	吉林大学	5★+	14	西安交通大学	5★	22	华中科技大学	5★
7	厦门大学	5★+	15	江西财经大学	5★	23	云南财经大学	5★
8	中央财经大学	5★+	16	天津大学	5★	24	重庆大学	5★

续表

排名	学校名称	星级	排名	学校名称	星级	排名	学校名称	星级
25	郑州大学	5★	56	华中农业大学	5★	87	西安理工大学	5★-
26	暨南大学	5★	57	华东理工大学	5★	88	新疆财经大学	5★-
27	复旦大学	5★	58	大连理工大学	5★	89	广州大学	5★-
28	北京交通大学	5★	59	西北大学	5★-	90	北京航空航天大学	5★-
29	天津财经大学	5★	60	同济大学	5★-	91	福建师范大学	5★-
30	北京大学	5★	61	江苏大学	5★-	92	石河子大学	5★-
31	上海财经大学	5★	62	河南大学	5★-	93	山西大学	5★-
32	湘潭大学	5★	63	重庆工商大学	5★-	94	大连海事大学	5★-
33	南京农业大学	5★	64	中国农业大学	5★-	95	东北农业大学	5★-
34	西南交通大学	5★	65	深圳大学	5★-	96	电子科技大学	5★-
35	云南大学	5★	66	华南师范大学	5★-	97	河南财经政法大学	5★-
36	对外经济贸易大学	5★	67	海南大学	5★-	98	黑龙江大学	5★-
37	山东大学	5★	68	苏州大学	5★-	99	中南林业科技大学	5★-
38	哈尔滨商业大学	5★	69	辽宁大学	5★-	100	上海师范大学	5★-
39	广东财经大学	5★	70	哈尔滨工业大学	5★-	101	杭州电子科技大学	5★-
40	武汉理工大学	5★	71	兰州大学	5★-	102	长安大学	5★-
41	西南大学	5★	72	东华大学	5★-	103	武汉科技大学	5★-
42	河海大学	5★	73	上海对外经贸大学	5★-	104	湖南工商大学	5★-
43	东北大学	5★	74	上海交通大学	5★-	105	贵州大学	5★-
44	华中师范大学	5★	75	东南大学	5★-	106	湖南大学	5★-
45	华侨大学	5★	76	北京师范大学	5★-	107	广东工业大学	5★-
46	中南大学	5★	77	广东外语外贸大学	5★-	108	天津商业大学	5★-
47	福州大学	5★	78	中国海洋大学	5★-	109	中国矿业大学	5★-
48	河北经贸大学	5★	79	浙江工业大学	5★-	110	长沙理工大学	5★-
49	浙江财经大学	5★	80	燕山大学	5★-	111	内蒙古大学	5★-
50	华东师范大学	5★	81	上海海事大学	5★-	112	河南理工大学	5★-
51	南昌大学	5★	82	安徽大学	5★-	113	上海理工大学	5★-
52	安徽财经大学	5★	83	福建农林大学	5★-	114	湖南农业大学	5★-
53	南京财经大学	5★	84	北京工商大学	5★-	115	东北师范大学	5★-
54	华南农业大学	5★	85	上海大学	5★-	116	北京科技大学	5★-
55	合肥工业大学	5★	86	北京理工大学	5★-			

4★(116个)：西北农林科技大学、西北工业大学、西南民族大学、华北电力大学、四川师范大学、吉林财经大学、四川农业大学、郑州航空工业管理学院、中南民族大学、重庆交通大学、中国地质大学(武汉)、广西大学、西安建筑科技大学、南京航空航天大学、兰州财经大学、山东财经大学、北京林业大学、天津理工大学、河北大学、哈尔滨理工大学、扬州大学、南京师范大学、杭州师范大学、河北农业大学、西安财经大学、内蒙古财经大学、贵州财经大学、青岛大学、江西农业大学、东北林业大学、湖南师范大学、广西师范大学、山东农业大学、南京审计大学、桂林理工大学、江苏科技大学、昆明理工大学、江西师范大学、中国矿业大学(北京)、山东建筑大学、湖北大学、南京理工大学、兰州理工大学、内蒙古农业大学、北京邮电大学、沈阳师范大学、中国科学技术大学、中国地质大学(北京)、河南工业大学、上海工程技术大学、重庆理工大学、北京联合大学、山东师范大学、陕西师范大学、济南大学、宁波大学、北京化

续表

工大学、西北师范大学、天津工业大学、山东工商学院、河北地质大学、云南民族大学、北京物资学院、广西民族大学、北京第二外国语学院、渤海大学、新疆农业大学、华东政法大学、西南政法大学、南京邮电大学、天津师范大学、三峡大学、浙江师范大学、武汉纺织大学、安徽工业大学、吉首大学、安徽农业大学、西安电子科技大学、成都理工大学、中国政法大学、新疆大学、云南师范大学、江西科技师范大学、河北工业大学、湖南工业大学、安徽师范大学、中央民族大学、上海立信会计金融学院、青岛理工大学、西南科技大学、南京信息工程大学、西华大学、南京工业大学、南京林业大学、辽宁师范大学、北京信息科技大学、河南师范大学、沈阳大学、福建江夏学院、武汉轻工大学、内蒙古工业大学、山东科技大学、长江大学、沈阳农业大学、汕头大学、福建工程学院、河北师范大学、南华大学、河南农业大学、大连大学、广州商学院、华东交通大学、太原理工大学、青岛科技大学、中国石油大学(华东)、南宁师范大学
3★(347个)，2★(463个)，1★(116个)：名单略

13 艺术学（935）

排名	学校名称	星级	排名	学校名称	星级	排名	学校名称	星级
1	中国美术学院	5★+	28	哈尔滨师范大学	5★	55	西安工程大学	5★-
2	中国传媒大学	5★+	29	西南大学	5★	56	西北师范大学	5★-
3	南京艺术学院	5★+	30	浙江传媒学院	5★	57	北京服装学院	5★-
4	西安美术学院	5★+	31	云南艺术学院	5★	58	华中师范大学	5★-
5	四川美术学院	5★+	32	首都师范大学	5★	59	广西师范大学	5★-
6	广西艺术学院	5★+	33	四川大学	5★	60	北京大学	5★-
7	清华大学	5★+	34	山东师范大学	5★	61	沈阳师范大学	5★-
8	鲁迅美术学院	5★+	35	沈阳音乐学院	5★	62	安徽师范大学	5★-
9	中央美术学院	5★+	36	福建师范大学	5★	63	山东大学	5★-
10	中央戏剧学院	5★	37	北京师范大学	5★	64	河南大学	5★-
11	北京电影学院	5★	38	陕西师范大学	5★	65	华南师范大学	5★-
12	中国音乐学院	5★	39	上海音乐学院	5★	66	云南师范大学	5★-
13	广州美术学院	5★	40	星海音乐学院	5★	67	福州大学	5★-
14	山东工艺美术学院	5★	41	山西传媒学院	5★	68	北京舞蹈学院	5★-
15	上海大学	5★	42	浙江理工大学	5★	69	南京师范大学	5★-
16	湖北美术学院	5★	43	武汉理工大学	5★	70	曲阜师范大学	5★-
17	中央音乐学院	5★	44	上海师范大学	5★	71	东南大学	5★-
18	山东艺术学院	5★	45	天津师范大学	5★	72	山西师范大学	5★-
19	四川师范大学	5★	46	内蒙古师范大学	5★	73	江西科技师范大学	5★-
20	华东师范大学	5★	47	深圳大学	5★	74	苏州大学	5★-
21	上海戏剧学院	5★	48	西安音乐学院	5★-	75	河北美术学院	5★-
22	湖南师范大学	5★	49	临沂大学	5★-	76	湖南工业大学	5★-
23	四川音乐学院	5★	50	大连工业大学	5★-	77	杭州师范大学	5★-
24	东北师范大学	5★	51	山西大学	5★-	78	郑州轻工业大学	5★-
25	中国戏曲学院	5★	52	浙江师范大学	5★-	79	武汉纺织大学	5★-
26	吉林艺术学院	5★	53	江西师范大学	5★-	80	新疆师范大学	5★-
27	中央民族大学	5★	54	武汉音乐学院	5★-	81	辽宁师范大学	5★-

续表

排名	学校名称	星级	排名	学校名称	星级	排名	学校名称	星级
82	厦门大学	5★-	87	郑州大学	5★-	92	河北师范大学	5★-
83	江苏师范大学	5★-	88	江南大学	5★-	93	许昌学院	5★-
84	大连艺术学院	5★-	89	德州学院	5★-	94	吉林动画学院	5★-
85	扬州大学	5★-	90	成都大学	5★-			
86	武汉大学	5★-	91	西安建筑科技大学	5★-			

4★(93个)：黄淮学院、渭南师范学院、九江学院、新疆艺术学院、西南民族大学、云南大学、齐齐哈尔大学、聊城大学、河北传媒学院、齐鲁工业大学、南昌大学、天津音乐学院、延边大学、华南理工大学、中原工学院、重庆师范大学、景德镇陶瓷大学、南通大学、北海艺术设计学院、中国地质大学(武汉)、河南师范大学、黄冈师范学院、武汉传媒学院、湖北科技学院、广州大学、湖南科技大学、上海工程技术大学、商丘师范学院、温州大学、中南林业科技大学、北京联合大学、乐山师范学院、广东工业大学、新乡学院、洛阳师范学院、北京工业大学、天津理工大学、西藏大学、陕西科技大学、北京城市学院、四川电影电视学院、中国人民大学、湖北工业大学、佳木斯大学、浙江音乐学院、上饶师范学院、贵州民族大学、南京林业大学、浙江大学、上海视觉艺术学院、重庆邮电大学、重庆大学、长春师范大学、太原师范学院、长沙师范学院、宜春学院、湖南工商大学、华南农业大学、长沙理工大学、湖北工程学院、济南大学、内蒙古艺术学院、湘南学院、太原理工大学、西安工业大学、大连大学、燕山大学、武夷学院、江汉大学、浙江科技学院、湖南女子学院、浙江工业大学、淮阴师范学院、荆楚理工学院、东华大学、湖南理工学院、西安体育学院、青岛大学、武汉体育学院、湖南涉外经济学院、天津美术学院、吉林建筑大学、华中科技大学、潍坊学院、安徽大学、厦门理工学院、闽江学院、南昌理工学院、山东建筑大学、河北大学、汕头大学、兰州文理学院、安阳师范学院

3★(281个)，2★(374个)，1★(93个)：名单略

中国大学本科教育分专业类竞争力排行榜

0101 哲学类(73)

排名	学校名称	星级	排名	学校名称	星级	排名	学校名称	星级
1	北京大学	5★+	4	复旦大学	5★	7	吉林大学	5★−
2	清华大学	5★	5	中国人民大学	5★−			
3	南京大学	5★	6	中山大学	5★−			
4★(8 个)：山东大学、华东师范大学、北京师范大学、武汉大学、南开大学、南京师范大学、山西大学、黑龙江大学								
3★(22 个)，2★(29 个)，1★(7 个)：名单略								

0201 经济学类(441)

排名	学校名称	星级	排名	学校名称	星级	排名	学校名称	星级
1	中国人民大学	5★+	16	南京财经大学	5★	31	新疆财经大学	5★−
2	中央财经大学	5★+	17	吉林大学	5★	32	安徽财经大学	5★−
3	厦门大学	5★+	18	西南财经大学	5★	33	山东财经大学	5★−
4	中南财经政法大学	5★+	19	辽宁大学	5★	34	天津财经大学	5★−
5	北京大学	5★	20	对外经济贸易大学	5★	35	吉林财经大学	5★−
6	东北财经大学	5★	21	上海财经大学	5★	36	重庆工商大学	5★−
7	湖南大学	5★	22	山东大学	5★	37	北京师范大学	5★−
8	江西财经大学	5★	23	首都经济贸易大学	5★−	38	河北大学	5★−
9	暨南大学	5★	24	山西财经大学	5★−	39	福建师范大学	5★−
10	武汉大学	5★	25	西北大学	5★−	40	安徽大学	5★−
11	南开大学	5★	26	哈尔滨商业大学	5★−	41	陕西师范大学	5★−
12	四川大学	5★	27	华中科技大学	5★−	42	湘潭大学	5★−
13	复旦大学	5★	28	浙江财经大学	5★−	43	云南大学	5★−
14	云南财经大学	5★	29	河南大学	5★−	44	湖南师范大学	5★−
15	南京大学	5★	30	浙江工商大学	5★−			
4★(44 个)：广东外语外贸大学、深圳大学、山西大学、中国政法大学、北京交通大学、北京工商大学、重庆大学、郑州大学、南京审计大学、中国地质大学(武汉)、兰州大学、湖南工商大学、南昌大学、贵州财经大学、四川师范大学、西北师范大学、北京理工大学、华南师范大学、湖北经济学院、青岛大学、东北师范大学、中国社会科学院大学、中央民族大学、河北金融学院、湖北大学、湖南科技大学、清华大学、西安交通大学、山东工商学院、浙江大学、扬州大学、中山大学、兰州财经大学、北京工业大学、西安财经大学、西南科技大学、上海对外经贸大学、安徽师范大学、重庆师范大学、广西大学、北京航空航天大学、华南理工大学、中国石油大学(北京)、广西师范大学								
3★(133 个)，2★(176 个)，1★(44 个)：名单略								

0202 财政学类(128)

排名	学校名称	星级	排名	学校名称	星级	排名	学校名称	星级
1	中国人民大学	5★+	6	西南财经大学	5★	11	对外经济贸易大学	5★-
2	上海财经大学	5★	7	浙江财经大学	5★-	12	天津财经大学	5★-
3	中央财经大学	5★	8	东北财经大学	5★-	13	北京大学	5★-
4	中南财经政法大学	5★	9	厦门大学	5★-			
5	江西财经大学	5★	10	山东财经大学	5★-			

4★(13个):山东大学、南开大学、哈尔滨商业大学、广东财经大学、首都经济贸易大学、内蒙古财经大学、云南财经大学、吉林财经大学、辽宁大学、南京审计大学、安徽财经大学、新疆财经大学、湖南大学

3★(38个),2★(51个),1★(13个):名单略

0203 金融学类(725)

排名	学校名称	星级	排名	学校名称	星级	排名	学校名称	星级
1	对外经济贸易大学	5★+	26	江西财经大学	5★	51	上海对外经贸大学	5★-
2	西南财经大学	5★+	27	华东师范大学	5★	52	深圳大学	5★-
3	中央财经大学	5★+	28	浙江财经大学	5★	53	西北大学	5★-
4	中南财经政法大学	5★+	29	厦门大学	5★	54	天津商业大学	5★-
5	东北财经大学	5★+	30	北京工商大学	5★	55	北京师范大学	5★-
6	南开大学	5★+	31	南京农业大学	5★	56	中南大学	5★-
7	中国人民大学	5★+	32	复旦大学	5★	57	兰州财经大学	5★-
8	上海财经大学	5★	33	湖南工商大学	5★	58	电子科技大学	5★-
9	安徽财经大学	5★	34	新疆财经大学	5★	59	郑州大学	5★-
10	山东财经大学	5★	35	河南财经政法大学	5★	60	华南农业大学	5★-
11	北京大学	5★	36	山东大学	5★	61	东北师范大学	5★-
12	首都经济贸易大学	5★	37	吉林大学	5★-	62	河南大学	5★-
13	浙江工商大学	5★	38	华中科技大学	5★-	63	上海大学	5★-
14	南京财经大学	5★	39	哈尔滨商业大学	5★-	64	大连理工大学	5★-
15	武汉大学	5★	40	云南财经大学	5★-	65	中国海洋大学	5★-
16	湖南大学	5★	41	吉林财经大学	5★-	66	江苏师范大学	5★-
17	山西财经大学	5★	42	重庆工商大学	5★-	67	广西大学	5★-
18	天津财经大学	5★	43	中山大学	5★-	68	湖北经济学院	5★-
19	广东金融学院	5★	44	中国农业大学	5★-	69	内蒙古财经大学	5★-
20	西安交通大学	5★	45	暨南大学	5★-	70	济南大学	5★-
21	南京审计大学	5★	46	东南大学	5★-	71	西南大学	5★-
22	清华大学	5★	47	长沙理工大学	5★-	72	安徽大学	5★-
23	广东财经大学	5★	48	重庆大学	5★-	73	温州大学	5★-
24	河北经贸大学	5★	49	北京交通大学	5★-			
25	广东外语外贸大学	5★	50	西安财经大学	5★-			

续表

4★（72 个）：河南工业大学、贵州财经大学、上海师范大学、内蒙古大学、青岛大学、同济大学、河北大学、浙江工业大学、湖南财政经济学院、江西师范大学、合肥工业大学、北京联合大学、西北农林科技大学、福州大学、上海立信会计金融学院、四川农业大学、湘潭大学、南昌大学、四川大学、武汉纺织大学、天津大学、黑龙江大学、辽宁大学、上海交通大学、北京物资学院、宁波大学、长春理工大学、华南理工大学、中国科学技术大学、山东农业大学、北京航空航天大学、天津工业大学、华东理工大学、三峡大学、兰州大学、湖南师范大学、南京大学、厦门理工学院、广东科技学院、苏州大学、福州外语外贸学院、浙江大学、北京工业大学、广州商学院、西南民族大学、河南财政金融学院、东北大学、华南师范大学、东莞理工学院、华侨大学、南京信息工程大学、重庆理工大学、河南牧业经济学院、南京师范大学、河海大学、汉口学院、北京科技大学、湖南科技大学、北京化工大学、武汉理工大学、山西工程技术学院、安庆师范大学、西南政法大学、山东工商学院、云南大学、黄冈师范学院、太原学院、海南大学、东北农业大学、安徽工业大学、西南交通大学、沈阳工业大学
3★（218 个），2★（290 个），1★（72 个）：名单略

0204 经济与贸易类（682）

排名	学校名称	星级	排名	学校名称	星级	排名	学校名称	星级
1	重庆工商大学	5★+	24	厦门大学	5★	47	宁波大学	5★−
2	山东财经大学	5★+	25	哈尔滨商业大学	5★	48	广西大学	5★−
3	首都经济贸易大学	5★+	26	云南财经大学	5★	49	河南工业大学	5★−
4	西安交通大学	5★+	27	浙江大学	5★	50	海南大学	5★−
5	安徽财经大学	5★+	28	河北经贸大学	5★	51	内蒙古财经大学	5★−
6	南京财经大学	5★+	29	上海立信会计金融学院	5★	52	天津师范大学	5★−
7	中国人民大学	5★+	30	浙江工商大学	5★	53	长沙理工大学	5★−
8	对外经济贸易大学	5★	31	兰州财经大学	5★	54	同济大学	5★−
9	中央财经大学	5★	32	河南财经政法大学	5★	55	南京审计大学	5★−
10	湖南大学	5★	33	新疆财经大学	5★	56	南京大学	5★−
11	南开大学	5★	34	暨南大学	5★	57	南通大学	5★−
12	复旦大学	5★	35	浙江财经大学	5★−	58	浙江万里学院	5★−
13	浙江工业大学	5★	36	天津财经大学	5★−	59	吉林财经大学	5★−
14	吉林大学	5★	37	北京工商大学	5★−	60	天津商业大学	5★−
15	辽宁大学	5★	38	上海大学	5★−	61	湘潭大学	5★−
16	中南财经政法大学	5★	39	东北财经大学	5★−	62	北京林业大学	5★−
17	西南财经大学	5★	40	广东财经大学	5★−	63	江苏大学	5★−
18	北京师范大学	5★	41	四川大学	5★−	64	沈阳工业大学	5★−
19	山东大学	5★	42	北京科技大学	5★−	65	福州外语外贸学院	5★−
20	上海对外经贸大学	5★	43	武汉大学	5★−	66	西南民族大学	5★−
21	广东外语外贸大学	5★	44	湖北大学	5★−	67	天津工业大学	5★−
22	上海财经大学	5★	45	湖南工商大学	5★−	68	云南大学	5★−
23	江西财经大学	5★	46	山西财经大学	5★−			

续表

4★(68个)：中央民族大学、福建师范大学、辽宁对外经贸学院、中国农业大学、北京外国语大学、河北大学、浙江理工大学、湖南财政经济学院、山东工商学院、中南大学、广西财经学院、北京工业大学、广西民族大学、四川外国语大学、广东工业大学、哈尔滨工业大学、华北水利水电大学、温州大学、贵州财经大学、山东师范大学、华东理工大学、国际关系学院、西安翻译学院、齐鲁理工学院、北京大学、上海交通大学、河南大学、河海大学、上海理工大学、南京农业大学、东北农业大学、北京理工大学、深圳大学、华中农业大学、南京信息工程大学、江南大学、华南理工大学、湖南科技大学、西南政法大学、华中科技大学、华侨大学、重庆大学、南京航空航天大学、西北大学、杭州电子科技大学、中国海洋大学、青岛大学、东北大学、武汉理工大学、大连海事大学、集美大学、南京师范大学、广西外国语学院、中国地质大学(武汉)、中南林业科技大学、沈阳师范大学、青岛科技大学、武汉轻工大学、浙江外国语学院、九江学院、大连理工大学、安徽工业大学、浙江师范大学、山东农业大学、南京理工大学、江西科技学院、上海外国语大学、南华大学
3★(205个)，2★(273个)，1★(68个)：名单略

0301 法学类（606）

排名	学校名称	星级	排名	学校名称	星级	排名	学校名称	星级
1	中国政法大学	5★+	22	上海交通大学	5★	43	南开大学	5★-
2	华东政法大学	5★+	23	浙江工商大学	5★	44	北京航空航天大学	5★-
3	湘潭大学	5★+	24	四川大学	5★	45	江西财经大学	5★-
4	武汉大学	5★+	25	山东大学	5★	46	东南大学	5★-
5	安徽大学	5★+	26	对外经济贸易大学	5★	47	华中科技大学	5★-
6	中国人民大学	5★+	27	南京师范大学	5★	48	西安交通大学	5★-
7	北京大学	5★	28	云南大学	5★	49	上海财经大学	5★-
8	西南政法大学	5★	29	厦门大学	5★	50	黑龙江大学	5★-
9	清华大学	5★	30	北京师范大学	5★	51	复旦大学	5★-
10	苏州大学	5★	31	中国海洋大学	5★-	52	贵州大学	5★-
11	中南财经政法大学	5★	32	郑州大学	5★-	53	河南财经政法大学	5★-
12	吉林大学	5★	33	海南大学	5★-	54	山西大学	5★-
13	重庆大学	5★	34	中南大学	5★-	55	宁波大学	5★-
14	烟台大学	5★	35	辽宁大学	5★-	56	河南大学	5★-
15	暨南大学	5★	36	西南财经大学	5★-	57	南昌大学	5★-
16	浙江大学	5★	37	北京理工大学	5★-	58	中央财经大学	5★-
17	华南理工大学	5★	38	中山大学	5★-	59	河北大学	5★-
18	西北政法大学	5★	39	新疆大学	5★-	60	中国人民公安大学	5★-
19	上海政法学院	5★	40	湖南大学	5★-	61	南京大学	5★-
20	山东政法学院	5★	41	大连海事大学	5★-			
21	湖南师范大学	5★	42	广东外语外贸大学	5★-			

续表

4★(60 个)：华中师范大学、广东财经大学、中央民族大学、中国计量大学、福州大学、天津师范大学、天津大学、沈阳师范大学、中南民族大学、华东师范大学、广州大学、福建师范大学、西北大学、江西师范大学、兰州大学、辽宁师范大学、北京交通大学、安徽师范大学、广西大学、东北财经大学、扬州大学、四川师范大学、河北经贸大学、青岛大学、上海海事大学、安徽财经大学、北京外国语大学、山西财经大学、内蒙古大学、广西师范大学、首都经济贸易大学、华南师范大学、宁夏大学、上海对外经贸大学、甘肃政法大学、武汉理工大学、中国社会科学院大学、贵州师范大学、同济大学、南京航空航天大学、广西民族大学、华侨大学、南京审计大学、青海民族大学、伊犁师范大学、云南财经大学、河海大学、山东理工大学、北方工业大学、湖北经济学院、江西理工大学、天津财经大学、西北师范大学、江苏大学、湖北大学、外交学院、首都师范大学、西南大学、延边大学、东北师范大学
3★(182 个)，2★(242 个)，1★(61 个)：名单略

0302 政治学类（109）

排名	学校名称	星级	排名	学校名称	星级	排名	学校名称	星级
1	北京大学	5★+	5	吉林大学	5★	9	天津师范大学	5★-
2	复旦大学	5★	6	武汉大学	5★-	10	上海外国语大学	5★-
3	中国人民大学	5★	7	厦门大学	5★-	11	清华大学	5★-
4	中国政法大学	5★	8	中山大学	5★-			
4★(11 个)：南开大学、华中师范大学、云南大学、外交学院、山东大学、华东师范大学、中国社会科学院大学、南京大学、山西大学、河南师范大学、湖南师范大学								
3★(33 个)，2★(43 个)，1★(11 个)：名单略								

0303 社会学类（298）

排名	学校名称	星级	排名	学校名称	星级	排名	学校名称	星级
1	中国人民大学	5★+	11	中央民族大学	5★	21	云南民族大学	5★-
2	北京大学	5★+	12	南开大学	5★	22	贵州民族大学	5★-
3	上海大学	5★+	13	华中农业大学	5★	23	吉林农业大学	5★-
4	复旦大学	5★	14	中山大学	5★	24	西北师范大学	5★-
5	华东师范大学	5★	15	南京大学	5★	25	中国政法大学	5★-
6	华中师范大学	5★	16	厦门大学	5★-	26	江西财经大学	5★-
7	吉林大学	5★	17	安徽大学	5★-	27	北京科技大学	5★-
8	山东大学	5★	18	中南大学	5★-	28	浙江师范大学	5★-
9	华东理工大学	5★	19	中国农业大学	5★-	29	南京理工大学	5★-
10	华中科技大学	5★	20	北京工业大学	5★-	30	江苏师范大学	5★-
4★(30 个)：兰州大学、西安交通大学、贵州大学、中国社会科学院大学、福州大学、四川大学、中央财经大学、重庆工商大学、哈尔滨工程大学、天津理工大学、武汉大学、河南师范大学、云南大学、陕西师范大学、南京农业大学、清华大学、沈阳师范大学、华南农业大学、西北农林科技大学、浙江大学、北京师范大学、河海大学、首都经济贸易大学、济南大学、杭州师范大学、湖南女子学院、南京师范大学、南京邮电大学、山东理工大学、广西师范大学								
3★(89 个)，2★(119 个)，1★(30 个)：名单略								

0304 民族学类（27）

排名	学校名称	星级	排名	学校名称	星级	排名	学校名称	星级
1	云南大学	5★	2	中央民族大学	5★-	3	中南民族大学	5★-
4★(2个)：广西民族大学、内蒙古大学								
3★(9个)，2★(10个)，1★(3个)：名单略								

0305 马克思主义理论类（308）

排名	学校名称	星级	排名	学校名称	星级	排名	学校名称	星级
1	中国人民大学	5★+	12	复旦大学	5★	23	江西师范大学	5★-
2	武汉大学	5★+	13	安徽师范大学	5★	24	湖南师范大学	5★-
3	兰州大学	5★+	14	福建师范大学	5★	25	湖北大学	5★-
4	东北师范大学	5★	15	西南交通大学	5★	26	新疆师范大学	5★-
5	南京师范大学	5★	16	哈尔滨师范大学	5★-	27	合肥工业大学	5★-
6	南开大学	5★	17	广西师范大学	5★-	28	湘潭大学	5★-
7	华南师范大学	5★	18	山东师范大学	5★-	29	河北师范大学	5★-
8	北京师范大学	5★	19	首都师范大学	5★-	30	武汉理工大学	5★-
9	华中师范大学	5★	20	西北师范大学	5★-	31	中南大学	5★-
10	华东师范大学	5★	21	陕西师范大学	5★-			
11	西南大学	5★	22	河海大学	5★-			
4★(31个)：吉林大学、重庆师范大学、曲阜师范大学、郑州大学、四川师范大学、天津师范大学、中国政法大学、山西师范大学、贵州师范大学、海南师范大学、海南大学、浙江师范大学、河南大学、扬州大学、湖南科技大学、新疆大学、辽宁师范大学、山东大学、上海师范大学、云南师范大学、广州大学、湖南第一师范学院、湖北师范大学、中国社会科学院大学、西南政法大学、赣南师范大学、沈阳师范大学、西安交通大学、南宁师范大学、延安大学、温州大学								
3★(92个)，2★(123个)，1★(31个)：名单略								

0306 公安学类（32）

排名	学校名称	星级	排名	学校名称	星级	排名	学校名称	星级
1	中国人民公安大学	5★	2	中国刑事警察学院	5★	3	南京森林警察学院	5★-
4★(3个)：广东警官学院、山东警察学院、四川警察学院								
3★(10个)，2★(13个)，1★(3个)：名单略								

0401 教育学类（481）

排名	学校名称	星级	排名	学校名称	星级	排名	学校名称	星级
1	北京师范大学	5★+	8	四川师范大学	5★	15	广西师范大学	5★
2	东北师范大学	5★+	9	南京师范大学	5★	16	湖南师范大学	5★
3	华中师范大学	5★+	10	陕西师范大学	5★	17	福建师范大学	5★
4	首都师范大学	5★+	11	西南大学	5★	18	曲阜师范大学	5★
5	浙江师范大学	5★+	12	天津师范大学	5★	19	安徽师范大学	5★
6	华南师范大学	5★	13	河南大学	5★	20	江西师范大学	5★
7	华东师范大学	5★	14	山东师范大学	5★	21	哈尔滨师范大学	5★

续表

排名	学校名称	星级	排名	学校名称	星级	排名	学校名称	星级
22	西北师范大学	5★	31	杭州师范大学	5★−	40	吉林师范大学	5★−
23	重庆师范大学	5★	32	海南师范大学	5★−	41	天津大学	5★−
24	云南师范大学	5★	33	河北大学	5★−	42	湖南第一师范学院	5★−
25	上海师范大学	5★−	34	贵州师范大学	5★−	43	宁波大学	5★−
26	内蒙古师范大学	5★−	35	南京晓庄学院	5★−	44	长沙师范学院	5★−
27	辽宁师范大学	5★−	36	重庆第二师范学院	5★−	45	广州大学	5★−
28	沈阳师范大学	5★−	37	江苏师范大学	5★−	46	苏州大学	5★−
29	新疆师范大学	5★−	38	河北师范大学	5★−	47	河南师范大学	5★−
30	长春师范大学	5★−	39	淮北师范大学	5★−	48	聊城大学	5★−

4★（48 个）：温州大学、湖北师范大学、中央民族大学、江南大学、鲁东大学、青海师范大学、南通大学、洛阳师范学院、陕西学前师范学院、中华女子学院、信阳师范学院、山西师范大学、喀什大学、扬州大学、赣南师范大学、湖州师范学院、湖南农业大学、湖北大学、昆明学院、集美大学、临沂大学、大理大学、大庆师范学院、延边大学、贵州师范学院、岭南师范学院、青岛大学、浙江大学、石河子大学、郑州师范学院、浙江外国语学院、渤海大学、楚雄师范学院、西藏民族大学、南京特殊教育师范学院、太原师范学院、渭南师范学院、长江大学、成都大学、中南民族大学、咸阳师范学院、河北民族师范学院、湖北第二师范学院、山东女子学院、吉林工程技术师范学院、呼伦贝尔学院、泉州师范学院、合肥师范学院

3★（145 个），2★（192 个），1★（48 个）：名单略

0402 体育学类（461）

排名	学校名称	星级	排名	学校名称	星级	排名	学校名称	星级
1	首都体育学院	5★+	17	湖南师范大学	5★	33	山西大学	5★−
2	成都体育学院	5★+	18	福建师范大学	5★	34	山东师范大学	5★−
3	北京体育大学	5★+	19	安徽师范大学	5★	35	陕西师范大学	5★−
4	上海体育学院	5★+	20	河南大学	5★	36	新疆师范大学	5★−
5	天津体育学院	5★+	21	苏州大学	5★	37	浙江师范大学	5★−
6	沈阳体育学院	5★	22	曲阜师范大学	5★	38	云南师范大学	5★−
7	武汉体育学院	5★	23	广西师范大学	5★	39	宁波大学	5★−
8	南京体育学院	5★	24	湖南工业大学	5★−	40	哈尔滨师范大学	5★−
9	山东体育学院	5★	25	西安体育学院	5★−	41	郑州大学	5★−
10	华南师范大学	5★	26	北京师范大学	5★−	42	山西师范大学	5★−
11	华东师范大学	5★	27	河北师范大学	5★−	43	贵州师范大学	5★−
12	广州体育学院	5★	28	华中师范大学	5★−	44	淮北师范大学	5★−
13	南京师范大学	5★	29	江西师范大学	5★−	45	西北师范大学	5★−
14	吉林体育学院	5★	30	内蒙古师范大学	5★−	46	河南师范大学	5★−
15	扬州大学	5★	31	东北师范大学	5★−			
16	吉首大学	5★	32	西南大学	5★−			

续表

4★(46个)：海南师范大学、鲁东大学、哈尔滨体育学院、杭州师范大学、辽宁师范大学、山东大学、南通大学、西藏民族大学、湖南科技大学、青海师范大学、上海师范大学、深圳大学、四川师范大学、广东第二师范学院、吉林大学、湖北大学、成都大学、宁夏大学、华南理工大学、湖南农业大学、中国地质大学(武汉)、长沙师范学院、湖北经济学院、沈阳师范大学、广西民族大学、长江大学、温州大学、太原理工大学、赣南师范大学、河北体育学院、广州大学、聊城大学、浙江大学、集美大学、吉林师范大学、中国矿业大学、江苏师范大学、重庆大学、盐城师范学院、大连理工大学、中北大学、南昌大学、西华师范大学、云南大学、江西科技师范大学、延安大学
3★(139个)，2★(184个)，1★(46个)：名单略

0501 中国语言文学类(693)

排名	学校名称	星级	排名	学校名称	星级	排名	学校名称	星级
1	北京大学	5★+	24	江苏师范大学	5★	47	黑龙江大学	5★-
2	首都师范大学	5★+	25	安徽师范大学	5★	48	广西师范大学	5★-
3	暨南大学	5★+	26	云南民族大学	5★	49	新疆大学	5★-
4	复旦大学	5★+	27	四川师范大学	5★	50	安徽大学	5★-
5	陕西师范大学	5★+	28	北京外国语大学	5★	51	浙江大学	5★-
6	华东师范大学	5★+	29	西北师范大学	5★	52	南昌大学	5★-
7	华中师范大学	5★+	30	云南师范大学	5★	53	江西师范大学	5★-
8	山东师范大学	5★	31	武汉大学	5★	54	中国人民大学	5★-
9	山东大学	5★	32	天津外国语大学	5★	55	西北民族大学	5★-
10	南京大学	5★	33	延边大学	5★	56	曲阜师范大学	5★-
11	北京语言大学	5★	34	四川大学	5★	57	天津师范大学	5★-
12	北京师范大学	5★	35	鲁东大学	5★	58	中国传媒大学	5★-
13	中央民族大学	5★	36	南开大学	5★-	59	厦门大学	5★-
14	河南大学	5★	37	福建师范大学	5★-	60	郑州大学	5★-
15	河南师范大学	5★	38	青海师范大学	5★-	61	中山大学	5★-
16	西南民族大学	5★	39	苏州大学	5★-	62	辽宁大学	5★-
17	内蒙古大学	5★	40	清华大学	5★-	63	西南交通大学	5★-
18	河北师范大学	5★	41	上海大学	5★-	64	吉林大学	5★-
19	河北大学	5★	42	西北大学	5★-	65	贵州师范大学	5★-
20	内蒙古师范大学	5★	43	湖南师范大学	5★-	66	华南师范大学	5★-
21	上海师范大学	5★	44	哈尔滨师范大学	5★-	67	广西民族大学	5★-
22	南京师范大学	5★	45	浙江师范大学	5★-	68	湘潭大学	5★-
23	扬州大学	5★	46	西南大学	5★-	69	新疆师范大学	5★-

4★(70个)：东北师范大学、湖北大学、辽宁师范大学、云南大学、兰州大学、海南师范大学、杭州师范大学、闽南师范大学、山西大学、南通大学、中南大学、西藏大学、广东外语外贸大学、聊城大学、重庆师范大学、沈阳师范大学、华侨大学、济南大学、海南大学、吉林师范大学、广州大学、贵州大学、青岛大学、内蒙古民族大学、宁波大学、信阳师范学院、上海外国语大学、贵州民族大学、延安大学、浙江工业大学、安庆师范大学、绍兴文理学院、温州大学、西藏民族大学、三峡大学、渤海大学、淮北师范大学、中国社会科学院大学、汕头大学、宁夏大学、湖南理工学院、赣南师范大学、长春师范大学、中南民族大学、长江大学、大连大学、上海交通大学、深圳大学、阜阳师范大学、青海民族大学、吉首大学、齐齐哈尔大学、中国海洋大学、伊犁师范大学、重庆三峡学院、北华大学、西华师范大学、西华大学、华中科技大学、宝鸡文理学院、浙江工商大学、湖南科技大学、天水师范学院、燕山大学、宁夏师范学院、湖南大学、湖南文理学院、西南科技大学、西安外国语大学、浙江越秀外国语学院

3★(208个)，2★(277个)，1★(69个)：名单略

0502 外国语言文学类（991）

排名	学校名称	星级
1	广东外语外贸大学	5★+
2	上海外国语大学	5★+
3	北京外国语大学	5★+
4	北京大学	5★+
5	四川外国语大学	5★+
6	西安外国语大学	5★+
7	天津外国语大学	5★+
8	大连外国语大学	5★+
9	黑龙江大学	5★+
10	北京语言大学	5★+
11	北京第二外国语学院	5★
12	山东大学	5★
13	对外经济贸易大学	5★
14	湖南师范大学	5★
15	华中师范大学	5★
16	东北师范大学	5★
17	浙江工商大学	5★
18	复旦大学	5★
19	南京大学	5★
20	华东师范大学	5★
21	吉林外国语大学	5★
22	延边大学	5★
23	武汉大学	5★
24	广西民族大学	5★
25	哈尔滨师范大学	5★
26	首都师范大学	5★
27	厦门大学	5★
28	北京师范大学	5★
29	云南民族大学	5★
30	陕西师范大学	5★
31	吉林大学	5★
32	浙江外国语学院	5★
33	南京师范大学	5★
34	中山大学	5★
35	南开大学	5★
36	北京航空航天大学	5★
37	同济大学	5★
38	扬州大学	5★
39	中国海洋大学	5★
40	河南大学	5★
41	华中科技大学	5★
42	西南交通大学	5★
43	郑州大学	5★
44	福建师范大学	5★
45	湖南大学	5★
46	西北师范大学	5★
47	青岛大学	5★
48	湘潭大学	5★
49	浙江大学	5★
50	苏州大学	5★
51	河北师范大学	5★-
52	中国人民大学	5★-
53	云南师范大学	5★-
54	山东师范大学	5★-
55	华南师范大学	5★-
56	国际关系学院	5★-
57	四川大学	5★-
58	上海交通大学	5★-
59	清华大学	5★-
60	广西大学	5★-
61	西南大学	5★-
62	暨南大学	5★-
63	天津师范大学	5★-
64	北京科技大学	5★-
65	河南师范大学	5★-
66	哈尔滨工业大学	5★-
67	中南大学	5★-
68	山东财经大学	5★-
69	河北大学	5★-
70	新疆大学	5★-
71	云南大学	5★-
72	西安翻译学院	5★-
73	山西大学	5★-
74	内蒙古大学	5★-
75	江西师范大学	5★-
76	重庆师范大学	5★-
77	北京理工大学	5★-
78	东南大学	5★-
79	曲阜师范大学	5★-
80	杭州师范大学	5★-
81	浙江师范大学	5★-
82	中南财经政法大学	5★-
83	大连理工大学	5★-
84	南京航空航天大学	5★-
85	海南大学	5★-
86	重庆大学	5★-
87	宁波大学	5★-
88	中国传媒大学	5★-
89	深圳大学	5★-
90	大连大学	5★-
91	燕山大学	5★-
92	上海师范大学	5★-
93	江苏师范大学	5★-
94	哈尔滨理工大学	5★-
95	北京林业大学	5★-
96	安徽大学	5★-
97	兰州大学	5★-
98	河南科技大学	5★-
99	广西师范大学	5★-

4★(99 个)：南昌大学、贵州大学、电子科技大学、中国政法大学、大连海事大学、外交学院、浙江越秀外国语学院、宁夏大学、西北工业大学、安徽师范大学、四川师范大学、长沙理工大学、沈阳师范大学、北京交通大学、鲁东大学、武汉理工大学、南华大学、湖南科技大学、赣南师范大学、湖北大学、贵州师范大学、南宁师范大学、华侨大学、天津财经大学、南昌航空大学、华南理工大学、武汉科技大学、中央民族大学、杭州电子科技大学、太原理工大学、内蒙古工业大学、北方工业大学、淮南师范学院、华北理工大学、长春师范大学、中国社会科学院大学、海南师范大学、辽宁

续表

大学、湖南工业大学、安庆师范大学、南京信息工程大学、闽南师范大学、上海对外经贸大学、南京邮电大学、上海海事大学、浙江理工大学、洛阳师范学院、西安交通大学、湖南科技学院、东北大学、西安理工大学、湖北经济学院、安徽农业大学、南通大学、西北民族大学、兰州交通大学、浙江财经大学、上海大学、西北政法大学、衡阳师范学院、贵州师范学院、辽宁师范大学、西安石油大学、天津科技大学、大理大学、湖南理工学院、南京农业大学、西北大学、青海师范大学、北京邮电大学、天津理工大学、内蒙古民族大学、南京财经大学、南阳师范学院、湖北民族大学、西南民族大学、西安电子科技大学、广州大学、聊城大学、西南科技大学、上海理工大学、华东政法大学、中南民族大学、三峡大学、牡丹江师范学院、合肥工业大学、长江大学、江南大学、吉林师范大学、华东理工大学、西南财经大学、国防科技大学、重庆交通大学、南京理工大学、华中农业大学、中国地质大学(武汉)、青岛科技大学、齐齐哈尔大学、中国地质大学(北京)
3★(298 个),2★(396 个),1★(99 个):名单略

0503 新闻传播学类(651)

排名	学校名称	星级	排名	学校名称	星级	排名	学校名称	星级
1	中国传媒大学	5★+	23	南京师范大学	5★	45	上海外国语大学	5★-
2	武汉大学	5★+	24	黑龙江大学	5★	46	苏州大学	5★-
3	中国人民大学	5★+	25	河南大学	5★	47	安徽师范大学	5★-
4	暨南大学	5★+	26	华东师范大学	5★	48	福建师范大学	5★-
5	复旦大学	5★+	27	山西传媒学院	5★	49	吉林大学	5★-
6	河北大学	5★+	28	华南理工大学	5★	50	兰州大学	5★-
7	湖南师范大学	5★+	29	江西师范大学	5★	51	上海理工大学	5★-
8	南京大学	5★	30	新疆大学	5★	52	山西大学	5★-
9	郑州大学	5★	31	西南交通大学	5★	53	北京工商大学	5★-
10	华中科技大学	5★	32	中国社会科学院大学	5★	54	北京外国语大学	5★-
11	安徽大学	5★	33	天津师范大学	5★	55	广东外语外贸大学	5★-
12	南昌大学	5★	34	浙江大学	5★-	56	中央民族大学	5★-
13	深圳大学	5★	35	湖南大学	5★-	57	上海交通大学	5★-
14	北京印刷学院	5★	36	清华大学	5★-	58	西北政法大学	5★-
15	陕西师范大学	5★	37	西北大学	5★-	59	湖北大学	5★-
16	北京大学	5★	38	内蒙古大学	5★-	60	西南大学	5★-
17	西南政法大学	5★	39	重庆大学	5★-	61	北京师范大学	5★-
18	上海大学	5★	40	山东大学	5★-	62	华东政法大学	5★-
19	中山大学	5★	41	华中师范大学	5★-	63	广西大学	5★-
20	厦门大学	5★	42	云南大学	5★-	64	湖南理工学院	5★-
21	四川大学	5★	43	东北师范大学	5★-	65	河北经贸大学	5★-
22	浙江传媒学院	5★	44	中国政法大学	5★-			

4★(65 个):广州大学、浙江工业大学、成都理工大学、北京交通大学、广西艺术学院、大连理工大学、天津外国语大学、吉林师范大学、山东师范大学、武汉体育学院、江苏师范大学、南京林业大学、湘潭大学、厦门理工学院、沈阳师范大学、上海师范大学、中南大学、辽宁大学、浙江工商大学、中南财经政法大学、北京体育大学、三江学院、河南工业大学、山东青年政治学院、湖北第二师范学院、西安交通大学、西北民族大学、云南民族大学、上海财经大学、辽宁传媒学院、广东技术师范大学、西藏民族大学、湖北经济学院、海南师范大学、宁夏大学、河北师范大学、吉林工程技术师范学院、西北师范大学、贵州师范学院、中南民族大学、闽江学院、华南师范大学、重庆工商大学、汕头大学、西

续表

安外国语大学、中国地质大学(武汉)、四川外国语大学、渤海大学、华侨大学、武汉理工大学、新疆财经大学、四川师范大学、南开大学、同济大学、成都体育学院、华中农业大学、上海体育学院、贵州民族大学、贵州大学、南京财经大学、江西财经大学、云南师范大学、北京联合大学、山东理工大学、合肥师范学院
3★(196个)，2★(260个)，1★(65个)：名单略

0601 历史学类（255）

排名	学校名称	星级	排名	学校名称	星级	排名	学校名称	星级
1	北京大学	5★+	10	吉林大学	5★	19	安徽大学	5★-
2	武汉大学	5★+	11	中国人民大学	5★	20	上海师范大学	5★-
3	西北大学	5★+	12	南京大学	5★	21	北京师范大学	5★-
4	首都师范大学	5★	13	中山大学	5★	22	东北师范大学	5★-
5	郑州大学	5★	14	兰州大学	5★-	23	厦门大学	5★-
6	南开大学	5★	15	山东大学	5★-	24	山东师范大学	5★-
7	复旦大学	5★	16	山西大学	5★-	25	华中师范大学	5★-
8	四川大学	5★	17	河北师范大学	5★-	26	河北大学	5★-
9	陕西师范大学	5★	18	河南大学	5★-			
4★(25个)：安徽师范大学、清华大学、华东师范大学、暨南大学、云南大学、江西师范大学、西南大学、四川师范大学、湖南大学、上海大学、天津师范大学、浙江师范大学、华南师范大学、福建师范大学、苏州大学、西北师范大学、中央民族大学、湖南师范大学、河南师范大学、浙江大学、南京师范大学、扬州大学、湖北大学、中国社会科学院大学、吉林师范大学								
3★(77个)，2★(102个)，1★(25个)：名单略								

0701 数学类（609）

排名	学校名称	星级	排名	学校名称	星级	排名	学校名称	星级
1	哈尔滨工业大学	5★+	16	广州大学	5★	31	北京师范大学	5★-
2	山东大学	5★+	17	湘潭大学	5★	32	上海大学	5★-
3	北京大学	5★+	18	华中科技大学	5★	33	华南理工大学	5★-
4	复旦大学	5★+	19	南京大学	5★	34	华东师范大学	5★-
5	南开大学	5★+	20	湖南师范大学	5★	35	首都师范大学	5★-
6	北京航空航天大学	5★+	21	陕西师范大学	5★	36	云南大学	5★-
7	吉林大学	5★	22	四川大学	5★	37	苏州大学	5★-
8	武汉大学	5★	23	湖南大学	5★	38	南京信息工程大学	5★-
9	中山大学	5★	24	电子科技大学	5★	39	福州大学	5★-
10	中国科学技术大学	5★	25	新疆大学	5★	40	兰州大学	5★-
11	厦门大学	5★	26	北京理工大学	5★	41	南京理工大学	5★-
12	西安交通大学	5★	27	西安电子科技大学	5★	42	华南师范大学	5★-
13	中南大学	5★	28	清华大学	5★	43	南京师范大学	5★-
14	浙江大学	5★	29	重庆大学	5★	44	浙江师范大学	5★-
15	大连理工大学	5★	30	西北工业大学	5★	45	安徽大学	5★-

续表

排名	学校名称	星级	排名	学校名称	星级	排名	学校名称	星级
46	合肥工业大学	5★-	52	西北大学	5★-	58	郑州大学	5★-
47	杭州电子科技大学	5★-	53	天津大学	5★-	59	福建师范大学	5★-
48	东南大学	5★-	54	扬州大学	5★-	60	中国人民大学	5★-
49	山东师范大学	5★-	55	四川师范大学	5★-	61	华东理工大学	5★-
50	山西大学	5★-	56	同济大学	5★-			
51	内蒙古大学	5★-	57	曲阜师范大学	5★-			
4★(61个)：中国海洋大学、华中师范大学、北京工业大学、西南大学、西北师范大学、上海师范大学、东北师范大学、上海交通大学、江西师范大学、重庆师范大学、广西大学、河北师范大学、南昌大学、河南师范大学、湖北大学、西南交通大学、中国矿业大学(北京)、贵州师范大学、宁波大学、汕头大学、青岛大学、江苏大学、浙江工业大学、重庆邮电大学、贵州大学、哈尔滨师范大学、哈尔滨工程大学、中国矿业大学、东北大学、北京科技大学、宁夏大学、南京航空航天大学、河南大学、北京交通大学、南京邮电大学、广东工业大学、上海财经大学、桂林电子科技大学、天津师范大学、安徽师范大学、成都理工大学、太原理工大学、华南农业大学、长沙理工大学、河南科技大学、华北电力大学、河北大学、闽南师范大学、山西师范大学、广西师范大学、河北工业大学、中国地质大学(武汉)、浙江理工大学、三峡大学、杭州师范大学、华北水利水电大学、吉林师范大学、云南师范大学、武汉理工大学、西南石油大学、江苏师范大学								
3★(183个)，2★(243个)，1★(61个)：名单略								

0702 物理学类(396)

排名	学校名称	星级	排名	学校名称	星级	排名	学校名称	星级
1	中国科学技术大学	5★+	15	浙江大学	5★	29	陕西师范大学	5★-
2	北京大学	5★+	16	武汉大学	5★	30	重庆大学	5★-
3	南京大学	5★+	17	北京师范大学	5★	31	大连理工大学	5★-
4	上海交通大学	5★+	18	郑州大学	5★	32	中国人民大学	5★-
5	吉林大学	5★	19	四川大学	5★	33	同济大学	5★-
6	清华大学	5★	20	东南大学	5★	34	上海大学	5★-
7	南开大学	5★	21	兰州大学	5★-	35	辽宁师范大学	5★-
8	西北大学	5★	22	华东师范大学	5★-	36	华南理工大学	5★-
9	复旦大学	5★	23	华中师范大学	5★-	37	湖南师范大学	5★-
10	华中科技大学	5★	24	山西大学	5★-	38	西北师范大学	5★-
11	西安交通大学	5★	25	厦门大学	5★-	39	南京师范大学	5★-
12	山东大学	5★	26	华南师范大学	5★-	40	曲阜师范大学	5★-
13	北京航空航天大学	5★	27	苏州大学	5★-			
14	中山大学	5★	28	浙江师范大学	5★-			
4★(39个)：电子科技大学、广西大学、中国科学院大学、河南师范大学、北京理工大学、中南大学、湘潭大学、河北师范大学、东北师范大学、河南大学、山东师范大学、哈尔滨师范大学、安徽师范大学、福建师范大学、宁波大学、首都师范大学、青岛大学、南京航空航天大学、西南大学、南昌大学、四川师范大学、内蒙古大学、广西师范大学、北京科技大学、吉林师范大学、山西师范大学、扬州大学、云南大学、新疆大学、云南师范大学、东北大学、燕山大学、北京工业大学、长江大学、济南大学、江苏大学、江西师范大学、西藏大学、南方科技大学								
3★(119个)，2★(158个)，1★(40个)：名单略								

0703 化学类（503）

排名	学校名称	星级	排名	学校名称	星级	排名	学校名称	星级
1	北京大学	5★+	18	浙江大学	5★	35	华南理工大学	5★−
2	厦门大学	5★+	19	郑州大学	5★	36	北京师范大学	5★−
3	南开大学	5★+	20	天津大学	5★	37	华东师范大学	5★−
4	武汉大学	5★+	21	扬州大学	5★	38	西南大学	5★−
5	吉林大学	5★+	22	华中科技大学	5★	39	哈尔滨工业大学	5★−
6	四川大学	5★	23	北京理工大学	5★	40	西安交通大学	5★−
7	华东理工大学	5★	24	青岛科技大学	5★	41	河南大学	5★−
8	兰州大学	5★	25	上海交通大学	5★	42	济南大学	5★−
9	湖南大学	5★	26	中山大学	5★−	43	安徽师范大学	5★−
10	南京大学	5★	27	华中师范大学	5★−	44	广西师范大学	5★−
11	陕西师范大学	5★	28	福州大学	5★−	45	华南师范大学	5★−
12	西北大学	5★	29	湘潭大学	5★−	46	福建师范大学	5★−
13	北京化工大学	5★	30	江西师范大学	5★−	47	东北大学	5★−
14	复旦大学	5★	31	南昌大学	5★−	48	中国农业大学	5★−
15	山东大学	5★	32	中国石油大学(华东)	5★−	49	东北师范大学	5★−
16	中国科学技术大学	5★	33	南京工业大学	5★−	50	黑龙江大学	5★−
17	苏州大学	5★	34	山西大学	5★−			
4★(51 个)：河南师范大学、北京航空航天大学、陕西科技大学、安徽大学、大连理工大学、南京师范大学、浙江师范大学、辽宁师范大学、湖南师范大学、西北师范大学、广西大学、云南大学、河北师范大学、新疆大学、海南师范大学、山西师范大学、同济大学、中南大学、辽宁大学、贵州大学、内蒙古大学、温州大学、中国石油大学(北京)、山东师范大学、东华大学、浙江工业大学、广东工业大学、暨南大学、河北大学、东北林业大学、延边大学、西南石油大学、天津师范大学、江南大学、首都师范大学、武汉工程大学、四川师范大学、长春工业大学、上海大学、中国地质大学(武汉)、中国矿业大学、湖北大学、燕山大学、青岛大学、东北石油大学、华南农业大学、杭州师范大学、山东理工大学、辽宁石油化工大学、宁波大学、江苏师范大学								
3★(151 个)，2★(201 个)，1★(50 个)：名单略								

0704 天文学类（14）

排名	学校名称	星级	排名	学校名称	星级	排名	学校名称	星级
1	南京大学	5★						
4★(2 个)：中国科学技术大学、北京师范大学								
3★(4 个)，2★(6 个)，1★(1 个)：名单略								

0705 地理科学类（285）

排名	学校名称	星级	排名	学校名称	星级	排名	学校名称	星级
1	华东师范大学	5★+	6	东北师范大学	5★	11	南京师范大学	5★
2	北京师范大学	5★+	7	南京大学	5★	12	首都师范大学	5★
3	北京大学	5★+	8	华南师范大学	5★	13	哈尔滨师范大学	5★
4	兰州大学	5★	9	武汉大学	5★	14	陕西师范大学	5★
5	中山大学	5★	10	湖南师范大学	5★	15	云南师范大学	5★−

续表

排名	学校名称	星级	排名	学校名称	星级	排名	学校名称	星级
16	福建师范大学	5★-	21	中国地质大学(武汉)	5★-	26	西北大学	5★-
17	河南大学	5★-	22	西南大学	5★-	27	河北师范大学	5★-
18	贵州师范大学	5★-	23	华中师范大学	5★-	28	青海师范大学	5★-
19	山东师范大学	5★-	24	西北师范大学	5★-	29	云南大学	5★-
20	辽宁师范大学	5★-	25	安徽师范大学	5★-			
4★(28个)：江西师范大学、浙江师范大学、天津师范大学、内蒙古师范大学、广州大学、四川师范大学、太原师范学院、河海大学、鲁东大学、中国地质大学(北京)、南宁师范大学、上海师范大学、北京联合大学、新疆大学、南京信息工程大学、山西师范大学、衡阳师范学院、信阳师范学院、长春师范大学、江苏师范大学、重庆师范大学、曲阜师范大学、海南师范大学、宁夏大学、湖北大学、中南大学、山东科技大学、成都理工大学								
3★(86个)，2★(114个)，1★(28个)：名单略								

0706 大气科学类(17)

排名	学校名称	星级	排名	学校名称	星级	排名	学校名称	星级
1	南京信息工程大学	5★	2	南京大学	5★-			
4★(1个)：兰州大学								
3★(6个)，2★(6个)，1★(2个)：名单略								

0707 海洋科学类(47)

排名	学校名称	星级	排名	学校名称	星级	排名	学校名称	星级
1	中国海洋大学	5★	3	浙江海洋大学	5★-	5	上海海洋大学	5★-
2	厦门大学	5★	4	中国地质大学(武汉)	5★-			
4★(4个)：中山大学、天津大学、同济大学、中国地质大学(北京)								
3★(15个)，2★(18个)，1★(5个)：名单略								

0708 地球物理学类(22)

排名	学校名称	星级	排名	学校名称	星级	排名	学校名称	星级
1	武汉大学	5★	2	中国石油大学(华东)	5★-			
4★(2个)：中国地质大学(武汉)、吉林大学								
3★(7个)，2★(9个)，1★(2个)：名单略								

0709 地质学类(29)

排名	学校名称	星级	排名	学校名称	星级	排名	学校名称	星级
1	中国地质大学(武汉)	5★	2	西北大学	5★-	3	北京大学	5★-
4★(3个)：中国地质大学(北京)、南京大学、吉林大学								
3★(9个)，2★(11个)，1★(3个)：名单略								

0710 生物科学类（425）

排名	学校名称	星级	排名	学校名称	星级	排名	学校名称	星级
1	北京大学	5★+	16	北京师范大学	5★	31	中国海洋大学	5★-
2	中山大学	5★+	17	东北林业大学	5★	32	南方医科大学	5★-
3	中国农业大学	5★+	18	华中科技大学	5★	33	陕西师范大学	5★-
4	厦门大学	5★+	19	上海交通大学	5★	34	西北大学	5★-
5	兰州大学	5★	20	山东大学	5★	35	南开大学	5★-
6	复旦大学	5★	21	华南农业大学	5★	36	北京林业大学	5★-
7	云南大学	5★	22	暨南大学	5★-	37	南京林业大学	5★-
8	华中农业大学	5★	23	河北师范大学	5★-	38	南昌大学	5★-
9	武汉大学	5★	24	中国科学技术大学	5★-	39	山东农业大学	5★-
10	东北师范大学	5★	25	海南大学	5★-	40	华南师范大学	5★-
11	华东师范大学	5★	26	安徽师范大学	5★-	41	湖北大学	5★-
12	南京大学	5★	27	湖南师范大学	5★-	42	首都师范大学	5★-
13	内蒙古大学	5★	28	四川大学	5★-	43	清华大学	5★-
14	福建农林大学	5★	29	东北农业大学	5★-			
15	南京农业大学	5★	30	中南大学	5★-			

4★（42个）：中南林业科技大学、扬州大学、河南师范大学、贵州师范大学、深圳大学、西南大学、湖南农业大学、广西大学、贵州大学、福建师范大学、西北农林科技大学、河北大学、吉林大学、华东理工大学、江南大学、河北农业大学、安徽农业大学、上海海洋大学、河南大学、四川农业大学、南京师范大学、中国医科大学、海南师范大学、华南理工大学、西北师范大学、安徽大学、广西师范大学、湖南大学、哈尔滨师范大学、汕头大学、宁夏大学、华中师范大学、安徽医科大学、山东师范大学、杭州师范大学、浙江农林大学、西华师范大学、曲阜师范大学、山西师范大学、内蒙古师范大学、吉林农业大学、中央民族大学

3★（128个），2★（170个），1★（42个）：名单略

0711 心理学类（306）

排名	学校名称	星级	排名	学校名称	星级	排名	学校名称	星级
1	西南大学	5★+	12	西北师范大学	5★	23	四川师范大学	5★-
2	华南师范大学	5★+	13	东北师范大学	5★	24	中山大学	5★-
3	华东师范大学	5★+	14	福建师范大学	5★	25	浙江师范大学	5★-
4	陕西师范大学	5★	15	深圳大学	5★	26	河南大学	5★-
5	华中师范大学	5★	16	湖南师范大学	5★-	27	贵州师范大学	5★-
6	北京师范大学	5★	17	首都师范大学	5★-	28	西南交通大学	5★-
7	北京大学	5★	18	南京师范大学	5★-	29	闽南师范大学	5★-
8	辽宁师范大学	5★	19	上海师范大学	5★-	30	上海体育学院	5★-
9	江西师范大学	5★	20	内蒙古师范大学	5★-	31	中央财经大学	5★-
10	浙江大学	5★	21	天津师范大学	5★-			
11	山东师范大学	5★	22	广州大学	5★-			

4★（30个）：清华大学、南方医科大学、宁夏大学、沈阳师范大学、温州医科大学、苏州科技大学、广西师范大学、北京联合大学、合肥师范学院、河北大学、山西大学、新乡医学院、中国人民大学、南开大学、中国科学院大学、宁波大学、武汉大学、北京林业大学、杭州师范大学、复旦大学、河北师范大学、中国政法大学、安徽师范大学、重庆师范大学、南昌大学、郑州大学、青岛大学、广州中医药大学、浙江理工大学、信阳师范学院

3★（92个），2★（122个），1★（31个）：名单略

0712 统计学类(362)

排名	学校名称	星级	排名	学校名称	星级	排名	学校名称	星级
1	中国人民大学	5★+	13	华东师范大学	5★	25	江西财经大学	5★-
2	上海财经大学	5★+	14	西安交通大学	5★	26	中南财经政法大学	5★-
3	北京大学	5★+	15	东北师范大学	5★	27	中央财经大学	5★-
4	厦门大学	5★+	16	云南财经大学	5★	28	华中师范大学	5★-
5	西南财经大学	5★	17	曲阜师范大学	5★	29	湖南大学	5★-
6	山东大学	5★	18	北京师范大学	5★	30	东北财经大学	5★-
7	首都经济贸易大学	5★	19	湖南师范大学	5★-	31	兰州财经大学	5★-
8	广州大学	5★	20	浙江工商大学	5★-	32	云南大学	5★-
9	山西财经大学	5★	21	北京交通大学	5★-	33	湘潭大学	5★-
10	安徽大学	5★	22	复旦大学	5★-	34	南京医科大学	5★-
11	中国科学技术大学	5★	23	首都师范大学	5★-	35	山东财经大学	5★-
12	南开大学	5★	24	长春工业大学	5★-	36	中山大学	5★-

4★(36个):山东科技大学、北京理工大学、南京师范大学、华中科技大学、四川大学、安徽财经大学、福建师范大学、重庆大学、西南大学、广西师范大学、中南大学、上海对外经贸大学、苏州大学、安徽师范大学、山东师范大学、新疆大学、武汉大学、南京信息工程大学、上海交通大学、河南大学、上海立信会计金融学院、天津商业大学、贵州财经大学、江苏师范大学、吉林财经大学、内蒙古财经大学、对外经济贸易大学、山东工商学院、徐州工程学院、长沙理工大学、北京工商大学、西安财经大学、东南大学、杭州电子科技大学、重庆工商大学、桂林理工大学

3★(109个),2★(145个),1★(36个):名单略

0801 力学类(89)

排名	学校名称	星级	排名	学校名称	星级	排名	学校名称	星级
1	北京大学	5★+	4	兰州大学	5★	7	西安交通大学	5★-
2	清华大学	5★	5	辽宁工程技术大学	5★-	8	浙江大学	5★-
3	上海大学	5★	6	大连理工大学	5★-	9	哈尔滨工业大学	5★-

4★(9个):中国科学技术大学、南京航空航天大学、南方科技大学、北京航空航天大学、宁波大学、西北工业大学、上海交通大学、北京理工大学、西南交通大学

3★(27个),2★(35个),1★(9个):名单略

0802 机械类(697)

排名	学校名称	星级	排名	学校名称	星级	排名	学校名称	星级
1	东北大学	5★+	9	大连理工大学	5★	17	南京理工大学	5★
2	吉林大学	5★+	10	合肥工业大学	5★	18	长安大学	5★
3	华南理工大学	5★+	11	广东工业大学	5★	19	重庆大学	5★
4	哈尔滨工业大学	5★+	12	西安交通大学	5★	20	南京航空航天大学	5★
5	武汉理工大学	5★+	13	兰州理工大学	5★	21	北京航空航天大学	5★
6	燕山大学	5★+	14	天津大学	5★	22	西北工业大学	5★
7	北京理工大学	5★+	15	同济大学	5★	23	太原理工大学	5★
8	浙江工业大学	5★	16	江苏大学	5★	24	武汉科技大学	5★

续表

排名	学校名称	星级	排名	学校名称	星级	排名	学校名称	星级
25	湖南大学	5★	41	山东大学	5★−	57	东华大学	5★−
26	河北工业大学	5★	42	大连交通大学	5★−	58	青岛科技大学	5★−
27	河南科技大学	5★	43	西南石油大学	5★−	59	中国矿业大学	5★−
28	西南交通大学	5★	44	福州大学	5★−	60	西安工业大学	5★−
29	西安理工大学	5★	45	桂林电子科技大学	5★−	61	江南大学	5★−
30	清华大学	5★	46	浙江理工大学	5★−	62	西安科技大学	5★−
31	沈阳航空航天大学	5★	47	北京科技大学	5★−	63	上海工程技术大学	5★−
32	上海大学	5★	48	北京交通大学	5★−	64	长春理工大学	5★−
33	西安建筑科技大学	5★	49	杭州电子科技大学	5★−	65	广西科技大学	5★−
34	南昌大学	5★	50	南京林业大学	5★−	66	重庆交通大学	5★−
35	长春工业大学	5★	51	沈阳建筑大学	5★−	67	中国石油大学(北京)	5★−
36	太原科技大学	5★−	52	上海理工大学	5★−	68	安徽工业大学	5★−
37	华中科技大学	5★−	53	天津工业大学	5★−	69	安徽理工大学	5★−
38	沈阳工业大学	5★−	54	湖南科技大学	5★−	70	长沙理工大学	5★−
39	哈尔滨理工大学	5★−	55	昆明理工大学	5★−			
40	华东理工大学	5★−	56	兰州交通大学	5★−			

4★(69 个)：华东交通大学、南京工业大学、重庆理工大学、北京化工大学、厦门理工学院、天津科技大学、浙江大学、天津理工大学、内蒙古工业大学、中国石油大学(华东)、辽宁工业大学、上海交通大学、扬州大学、中国农业大学、山东理工大学、河南工业大学、东北石油大学、陕西科技大学、江苏理工学院、山东科技大学、安徽工程大学、四川大学、南昌航空大学、中北大学、西安石油大学、石家庄铁道大学、湖北工业大学、中南大学、西安工程大学、贵州大学、福建工程学院、北京工业大学、北京信息科技大学、江苏科技大学、郑州轻工业大学、湖北汽车工业学院、哈尔滨工程大学、陕西理工大学、华侨大学、河北农业大学、东南大学、东北林业大学、青岛理工大学、河南理工大学、西安电子科技大学、郑州大学、广西大学、新疆大学、西华大学、内蒙古科技大学、湘潭大学、成都工业学院、中国计量大学、辽宁工程技术大学、北京邮电大学、电子科技大学、武汉大学、宁波大学、长江大学、常州大学、西安航空学院、厦门大学、西南科技大学、浙江科技学院、黑龙江科技大学、华南农业大学、济南大学、山东建筑大学、南华大学

3★(210 个)，2★(278 个)，1★(70 个)：名单略

0803 仪器类（190）

排名	学校名称	星级	排名	学校名称	星级	排名	学校名称	星级
1	东南大学	5★+	8	中北大学	5★	15	西安电子科技大学	5★−
2	天津大学	5★+	9	上海交通大学	5★	16	燕山大学	5★−
3	西安交通大学	5★	10	重庆大学	5★	17	中国计量大学	5★−
4	北京航空航天大学	5★	11	北京理工大学	5★−	18	桂林电子科技大学	5★−
5	哈尔滨工业大学	5★	12	清华大学	5★−	19	南京航空航天大学	5★−
6	吉林大学	5★	13	长春理工大学	5★−			
7	合肥工业大学	5★	14	电子科技大学	5★−			

4★(19 个)：武汉理工大学、江苏大学、西安理工大学、厦门大学、哈尔滨理工大学、北京信息科技大学、河北大学、哈尔滨工程大学、上海理工大学、杭州电子科技大学、大连理工大学、西安工业大学、南昌航空大学、湖北工业大学、南京理工大学、沈阳工业大学、西南石油大学、四川大学、北京工业大学

3★(57 个)，2★(76 个)，1★(19 个)：名单略

0804 材料类(485)

排名	学校名称	星级	排名	学校名称	星级	排名	学校名称	星级
1	武汉理工大学	5★+	18	浙江大学	5★	35	东北大学	5★-
2	哈尔滨工业大学	5★+	19	武汉科技大学	5★	36	安徽工业大学	5★-
3	中南大学	5★+	20	南昌大学	5★	37	江苏大学	5★-
4	西北工业大学	5★+	21	北京理工大学	5★	38	郑州大学	5★-
5	上海大学	5★+	22	西安交通大学	5★	39	河北工业大学	5★-
6	华东理工大学	5★	23	中山大学	5★	40	南昌航空大学	5★-
7	燕山大学	5★	24	北京科技大学	5★	41	大连理工大学	5★-
8	昆明理工大学	5★	25	华中科技大学	5★-	42	江西理工大学	5★-
9	中国科学技术大学	5★	26	四川大学	5★-	43	济南大学	5★-
10	天津大学	5★	27	上海交通大学	5★-	44	太原理工大学	5★-
11	清华大学	5★	28	华南理工大学	5★-	45	辽宁科技大学	5★-
12	北京化工大学	5★	29	南京大学	5★-	46	南京理工大学	5★-
13	复旦大学	5★	30	重庆大学	5★-	47	青岛科技大学	5★-
14	吉林大学	5★	31	西安建筑科技大学	5★-	48	贵州大学	5★-
15	南京工业大学	5★	32	河南科技大学	5★-	49	桂林理工大学	5★-
16	北京航空航天大学	5★	33	合肥工业大学	5★-			
17	苏州大学	5★	34	东华大学	5★-			
4★(48个):西安理工大学、南京航空航天大学、陕西科技大学、电子科技大学、北京大学、华北理工大学、景德镇陶瓷大学、广东工业大学、兰州理工大学、北京工业大学、西安工业大学、哈尔滨工程大学、东南大学、安徽大学、浙江理工大学、天津工业大学、哈尔滨理工大学、中国地质大学(北京)、西南石油大学、中国地质大学(武汉)、厦门大学、重庆科技学院、浙江工业大学、中国石油大学(华东)、华北电力大学、湖南大学、西南交通大学、常州大学、天津理工大学、湘潭大学、江苏科技大学、华侨大学、长春理工大学、内蒙古科技大学、大连交通大学、福州大学、长春工业大学、中国石油大学(北京)、湖北大学、中国计量大学、兰州大学、武汉工程大学、西南科技大学、安徽建筑大学、沈阳化工大学、桂林电子科技大学、西安石油大学、河海大学								
3★(146个),2★(194个),1★(48个):名单略								

0805 能源动力类(256)

排名	学校名称	星级	排名	学校名称	星级	排名	学校名称	星级
1	西安交通大学	5★+	10	内蒙古工业大学	5★	19	天津大学	5★-
2	华北电力大学	5★+	11	重庆大学	5★	20	北京工业大学	5★-
3	华中科技大学	5★+	12	中南大学	5★	21	哈尔滨工程大学	5★-
4	山东大学	5★	13	南京理工大学	5★	22	上海交通大学	5★-
5	江苏大学	5★	14	青岛科技大学	5★-	23	华东理工大学	5★-
6	兰州理工大学	5★	15	东南大学	5★-	24	南京航空航天大学	5★-
7	清华大学	5★	16	北京科技大学	5★-	25	西北工业大学	5★-
8	昆明理工大学	5★	17	武汉理工大学	5★-	26	浙江大学	5★-
9	哈尔滨工业大学	5★	18	长沙理工大学	5★-			

续表

4★(25 个)：中国科学技术大学、南京工业大学、大连理工大学、华南理工大学、上海理工大学、北京理工大学、北京航空航天大学、中国石油大学(北京)、河海大学、同济大学、东北大学、武汉大学、东北电力大学、河北工业大学、中国石油大学(华东)、四川大学、广东工业大学、西安理工大学、吉林大学、安徽工业大学、扬州大学、郑州大学、河南科技大学、厦门大学、西南交通大学
3★(77 个)，2★(102 个)，1★(26 个)：名单略

0806 电气类（577）

排名	学校名称	星级	排名	学校名称	星级	排名	学校名称	星级
1	华北电力大学	5★+	21	河北工业大学	5★	41	山东科技大学	5★-
2	天津大学	5★+	22	哈尔滨理工大学	5★	42	辽宁工程技术大学	5★-
3	华中科技大学	5★+	23	南京航空航天大学	5★	43	中南大学	5★-
4	西安交通大学	5★+	24	合肥工业大学	5★	44	郑州大学	5★-
5	东北电力大学	5★+	25	太原理工大学	5★	45	兰州理工大学	5★-
6	西南交通大学	5★+	26	山东大学	5★	46	东北石油大学	5★-
7	重庆大学	5★	27	江苏大学	5★	47	青岛大学	5★-
8	南京理工大学	5★	28	大连理工大学	5★	48	湖北工业大学	5★-
9	湖南大学	5★	29	西北工业大学	5★	49	广东工业大学	5★-
10	哈尔滨工业大学	5★	30	北京航空航天大学	5★-	50	兰州交通大学	5★-
11	浙江大学	5★	31	四川大学	5★-	51	华东交通大学	5★-
12	华南理工大学	5★	32	燕山大学	5★-	52	武汉理工大学	5★-
13	三峡大学	5★	33	昆明理工大学	5★-	53	郑州轻工业大学	5★-
14	清华大学	5★	34	新疆大学	5★-	54	贵州大学	5★-
15	西安理工大学	5★	35	广西大学	5★-	55	石家庄铁道大学	5★-
16	东南大学	5★	36	上海大学	5★-	56	西华大学	5★-
17	沈阳工业大学	5★	37	北京交通大学	5★-	57	内蒙古工业大学	5★-
18	长沙理工大学	5★	38	中国矿业大学	5★-	58	哈尔滨工程大学	5★-
19	福州大学	5★	39	河海大学	5★-			
20	武汉大学	5★	40	南京师范大学	5★-			

4★(57 个)：重庆邮电大学、中国石油大学(华东)、上海电力大学、南京工业大学、杭州电子科技大学、安徽理工大学、河南理工大学、天津工业大学、湖南工业大学、天津理工大学、温州大学、北华大学、安徽大学、武汉科技大学、北方工业大学、北京理工大学、江南大学、陕西科技大学、西安科技大学、西安工程大学、南通大学、电子科技大学、上海交通大学、东北大学、湖南工程学院、中国矿业大学(北京)、福建工程学院、山东理工大学、辽宁工业大学、华侨大学、常州工学院、中国科学院大学、同济大学、南京工程学院、南京邮电大学、长春工程学院、上海海事大学、苏州大学、武汉纺织大学、武汉工程大学、青海大学、黑龙江工程学院、中国计量大学、西安电子科技大学、盐城工学院、许昌学院、辽宁石油化工大学、湖南科技大学、徐州工程学院、北京信息科技大学、东北林业大学、沈阳化工大学、山西大学、吉林大学、安徽工业大学、江苏科技大学、长春工业大学
3★(174 个)，2★(230 个)，1★(58 个)：名单略

0807 电子信息类(899)

排名	学校名称	星级	排名	学校名称	星级	排名	学校名称	星级
1	西安电子科技大学	5★+	31	中国科学技术大学	5★	61	南京信息工程大学	5★-
2	电子科技大学	5★+	32	安徽大学	5★	62	南通大学	5★-
3	南京邮电大学	5★+	33	深圳大学	5★	63	天津理工大学	5★-
4	华中科技大学	5★+	34	太原理工大学	5★	64	兰州大学	5★-
5	北京邮电大学	5★+	35	西安邮电大学	5★	65	贵州大学	5★-
6	哈尔滨工业大学	5★+	36	大连理工大学	5★	66	湖南师范大学	5★-
7	北京航空航天大学	5★+	37	湘潭大学	5★	67	兰州交通大学	5★-
8	吉林大学	5★+	38	山东大学	5★	68	青岛大学	5★-
9	杭州电子科技大学	5★+	39	西南交通大学	5★	69	中国民航大学	5★-
10	成都信息工程大学	5★	40	北京工业大学	5★	70	四川大学	5★-
11	西安交通大学	5★	41	中北大学	5★	71	海南大学	5★-
12	北京理工大学	5★	42	合肥工业大学	5★	72	上海大学	5★-
13	长春理工大学	5★	43	华南理工大学	5★	73	南昌航空大学	5★-
14	南京理工大学	5★	44	哈尔滨工程大学	5★	74	河北大学	5★-
15	桂林电子科技大学	5★	45	西安理工大学	5★	75	华东师范大学	5★-
16	重庆邮电大学	5★	46	福州大学	5★-	76	中国传媒大学	5★-
17	南京大学	5★	47	广东工业大学	5★-	77	清华大学	5★-
18	中山大学	5★	48	燕山大学	5★-	78	兰州理工大学	5★-
19	武汉理工大学	5★	49	长沙理工大学	5★-	79	厦门大学	5★-
20	北京大学	5★	50	哈尔滨理工大学	5★-	80	西安科技大学	5★-
21	东南大学	5★	51	华南师范大学	5★-	81	中南大学	5★-
22	上海交通大学	5★	52	苏州大学	5★-	82	东北大学	5★-
23	重庆大学	5★	53	郑州大学	5★-	83	湖南大学	5★-
24	西北工业大学	5★	54	上海理工大学	5★-	84	西南科技大学	5★-
25	复旦大学	5★	55	山东师范大学	5★-	85	新疆大学	5★-
26	浙江大学	5★	56	中国计量大学	5★-	86	湖北工业大学	5★-
27	天津大学	5★	57	昆明理工大学	5★-	87	西安工业大学	5★-
28	武汉大学	5★	58	黑龙江大学	5★-	88	东莞理工学院	5★-
29	河北工业大学	5★	59	宁波大学	5★-	89	华北电力大学	5★-
30	北京交通大学	5★	60	西北大学	5★-	90	南开大学	5★-

4★(90个):湖北大学、云南大学、河南师范大学、齐鲁工业大学、暨南大学、山西大学、浙江工业大学、山东科技大学、中国矿业大学、天津工业大学、北京科技大学、大连海事大学、北京信息科技大学、华侨大学、汕头大学、华东交通大学、南昌大学、北方工业大学、五邑大学、河南科技大学、沈阳工业大学、聊城大学、中南民族大学、东北电力大学、长江大学、东北石油大学、河南理工大学、青岛科技大学、沈阳航空航天大学、福建师范大学、浙江理工大学、西

续表

南大学、内蒙古大学、武汉工程大学、江西理工大学、华北理工大学、广西师范大学、华东理工大学、武汉科技大学、辽宁工业大学、河南工业大学、华南农业大学、北京化工大学、内蒙古工业大学、三峡大学、长春工业大学、郑州轻工业大学、大连交通大学、烟台大学、福建工程学院、中国石油大学(北京)、集美大学、江苏师范大学、江西科技师范大学、成都工业学院、济南大学、北方民族大学、浙江师范大学、佛山科学技术学院、上海电力大学、广东技术师范大学、厦门理工学院、广西大学、四川师范大学、广州大学、常州工学院、大连东软信息学院、南方科技大学、安徽新华学院、安徽建筑大学、河北师范大学、重庆三峡学院、湖南科技大学、文华学院、西南民族大学、运城学院、常熟理工学院、大连民族大学、国防科技大学、淮北师范大学、同济大学、广西民族大学、合肥师范学院、南京航空航天大学、河海大学、北华航天工业学院、贵州师范大学、东华大学、中国科学院大学、皖西学院
3★(270 个)，2★(359 个)，1★(90 个)：名单略

0808 自动化类（541）

排名	学校名称	星级	排名	学校名称	星级	排名	学校名称	星级
1	北京交通大学	5★+	19	西北工业大学	5★	37	中国科学技术大学	5★-
2	南京理工大学	5★+	20	电子科技大学	5★	38	重庆邮电大学	5★-
3	东南大学	5★+	21	山东大学	5★	39	同济大学	5★-
4	西南交通大学	5★+	22	重庆大学	5★	40	兰州理工大学	5★-
5	哈尔滨工业大学	5★+	23	西安理工大学	5★	41	西安电子科技大学	5★-
6	浙江大学	5★	24	广东工业大学	5★	42	浙江工业大学	5★-
7	东北大学	5★	25	华北电力大学	5★	43	武汉科技大学	5★-
8	北京航空航天大学	5★	26	杭州电子科技大学	5★	44	大连理工大学	5★-
9	郑州大学	5★	27	西安交通大学	5★	45	河北工业大学	5★-
10	南京航空航天大学	5★	28	华东交通大学	5★-	46	兰州交通大学	5★-
11	哈尔滨工程大学	5★	29	北京工业大学	5★-	47	河南科技大学	5★-
12	清华大学	5★	30	中国矿业大学	5★-	48	东华大学	5★-
13	湖南大学	5★	31	合肥工业大学	5★-	49	中国地质大学(武汉)	5★-
14	上海交通大学	5★	32	华东理工大学	5★-	50	河南理工大学	5★-
15	燕山大学	5★	33	华中科技大学	5★-	51	南开大学	5★-
16	北京理工大学	5★	34	江南大学	5★-	52	北京邮电大学	5★-
17	华南理工大学	5★	35	北京科技大学	5★-	53	江苏大学	5★-
18	中南大学	5★	36	东北电力大学	5★-	54	吉林大学	5★-
4★(54 个)：南京邮电大学、长安大学、西南科技大学、太原科技大学、北方工业大学、西安工业大学、中国石油大学(北京)、哈尔滨理工大学、青岛大学、武汉理工大学、太原理工大学、北京信息科技大学、浙江理工大学、江西理工大学、辽宁石油化工大学、天津理工大学、广西大学、安徽大学、中国计量大学、郑州轻工业大学、昆明理工大学、湖南工业大学、长春工业大学、辽宁科技大学、南京信息工程大学、东北石油大学、沈阳工业大学、北京化工大学、江苏科技大学、河海大学、曲阜师范大学、新疆大学、天津大学、安徽理工大学、长沙理工大学、桂林电子科技大学、厦门大学、沈阳航空航天大学、上海理工大学、湖南科技大学、大连海事大学、上海大学、三峡大学、山东科技大学、四川大学、中国石油大学(华东)、南昌航空大学、天津工业大学、上海电力大学、武汉大学、湘潭大学、青岛科技大学、内蒙古科技大学、南通大学								
3★(163 个)，2★(216 个)，1★(54 个)：名单略								

0809 计算机类（1041）

排名	学校名称	星级	排名	学校名称	星级	排名	学校名称	星级
1	西安电子科技大学	5★+	36	中南大学	5★	71	湘潭大学	5★-
2	北京邮电大学	5★+	37	云南大学	5★	72	南昌大学	5★-
3	哈尔滨工业大学	5★+	38	大连理工大学	5★	73	西南石油大学	5★-
4	杭州电子科技大学	5★+	39	哈尔滨理工大学	5★	74	浙江师范大学	5★-
5	电子科技大学	5★+	40	中山大学	5★	75	武汉科技大学	5★-
6	国防科技大学	5★+	41	新疆大学	5★	76	深圳大学	5★-
7	南京邮电大学	5★+	42	广州大学	5★	77	浙江工商大学	5★-
8	西北工业大学	5★+	43	大连东软信息学院	5★	78	西安科技大学	5★-
9	山东大学	5★+	44	西安理工大学	5★	79	长春工业大学	5★-
10	北京航空航天大学	5★+	45	南京航空航天大学	5★	80	东华理工大学	5★-
11	北京交通大学	5★	46	北京理工大学	5★	81	济南大学	5★-
12	华中科技大学	5★	47	华东师范大学	5★	82	烟台大学	5★-
13	南开大学	5★	48	南京理工大学	5★	83	河南工业大学	5★-
14	北京大学	5★	49	西安交通大学	5★	84	武汉工程大学	5★-
15	上海交通大学	5★	50	湖南大学	5★	85	江西师范大学	5★-
16	重庆邮电大学	5★	51	厦门大学	5★	86	华东交通大学	5★-
17	北京工业大学	5★	52	西南交通大学	5★	87	西南科技大学	5★-
18	浙江大学	5★	53	南京信息工程大学	5★-	88	合肥工业大学	5★-
19	武汉大学	5★	54	苏州大学	5★-	89	兰州交通大学	5★-
20	东南大学	5★	55	长春理工大学	5★-	90	四川大学	5★-
21	东北大学	5★	56	暨南大学	5★-	91	杭州师范大学	5★-
22	浙江工业大学	5★	57	天津理工大学	5★-	92	武汉理工大学	5★-
23	南京大学	5★	58	郑州大学	5★-	93	中原工学院	5★-
24	桂林电子科技大学	5★	59	华中师范大学	5★-	94	广东工业大学	5★-
25	中国科学技术大学	5★	60	燕山大学	5★-	95	福州大学	5★-
26	清华大学	5★	61	江苏大学	5★-	96	湖北工业大学	5★-
27	安徽大学	5★	62	河南大学	5★-	97	山东科技大学	5★-
28	成都信息工程大学	5★	63	青岛大学	5★-	98	曲阜师范大学	5★-
29	华南理工大学	5★	64	北京信息科技大学	5★-	99	太原理工大学	5★-
30	吉林大学	5★	65	哈尔滨工程大学	5★-	100	北京林业大学	5★-
31	复旦大学	5★	66	郑州轻工业大学	5★-	101	青岛科技大学	5★-
32	天津大学	5★	67	华南师范大学	5★-	102	上海大学	5★-
33	西北大学	5★	68	江西财经大学	5★-	103	河海大学	5★-
34	重庆大学	5★	69	江南大学	5★-	104	内蒙古工业大学	5★-
35	同济大学	5★	70	长沙理工大学	5★-			

4★(104 个)：中国科学院大学、北方工业大学、华北电力大学、辽宁石油化工大学、东莞理工学院、集美大学、北京科技大学、黑龙江大学、合肥学院、安徽工程大学、湖南工商大学、山西大学、山东财经大学、中国人民大学、安阳师范学院、贵州大学、临沂大学、中国地质大学(武汉)、吉首大学、西南大学、中北大学、内蒙古大学、天津工业大学、

续表

西安邮电大学、西安工业大学、陕西师范大学、中国海洋大学、河南科技大学、中国石油大学(华东)、昆明理工大学、南昌航空大学、海南大学、中国矿业大学、福建师范大学、北京联合大学、辽宁工程技术大学、北京师范大学、兰州大学、中国农业大学、温州大学、华东理工大学、中国传媒大学、长安大学、东北师范大学、华侨大学、南华大学、山东师范大学、西北师范大学、河南理工大学、河北工业大学、湖南师范大学、广西师范大学、青海师范大学、扬州大学、西安工程大学、安徽师范大学、广西大学、北京化工大学、安徽理工大学、湖南科技大学、常州大学、江苏科技大学、西安石油大学、河北师范大学、西华大学、河南师范大学、成都理工大学、三峡大学、浙江理工大学、渤海大学、南京师范大学、福建工程学院、中央民族大学、太原科技大学、兰州理工大学、大连交通大学、沈阳航空航天大学、东北林业大学、东北农业大学、江西理工大学、长江大学、四川师范大学、东北电力大学、东北石油大学、重庆交通大学、湖北大学、山东理工大学、中国计量大学、宁波大学、北方民族大学、华北水利水电大学、首都师范大学、沈阳理工大学、南京工业大学、中南民族大学、湖南工业大学、宁夏大学、北京工商大学、天津师范大学、中南财经政法大学、上海师范大学、石家庄铁道大学、齐鲁工业大学、闽南师范大学
3★(313 个)，2★(416 个)，1★(104 个)：名单略

0810 土木类（568）

排名	学校名称	星级	排名	学校名称	星级	排名	学校名称	星级
1	西安建筑科技大学	5★+	20	安徽建筑大学	5★	39	中南大学	5★−
2	哈尔滨工业大学	5★+	21	广州大学	5★	40	长沙理工大学	5★−
3	同济大学	5★+	22	华中科技大学	5★	41	福建工程学院	5★−
4	东南大学	5★+	23	太原理工大学	5★	42	南华大学	5★−
5	长安大学	5★+	24	青岛理工大学	5★	43	昆明理工大学	5★−
6	北京建筑大学	5★+	25	河海大学	5★	44	石家庄铁道大学	5★−
7	山东建筑大学	5★	26	大连理工大学	5★	45	福州大学	5★−
8	重庆大学	5★	27	天津大学	5★	46	兰州理工大学	5★−
9	兰州交通大学	5★	28	吉林建筑大学	5★	47	河北工程大学	5★−
10	北京工业大学	5★	29	苏州科技大学	5★−	48	四川大学	5★−
11	清华大学	5★	30	武汉大学	5★−	49	重庆交通大学	5★−
12	华东交通大学	5★	31	华侨大学	5★−	50	华北水利水电大学	5★−
13	沈阳建筑大学	5★	32	广东工业大学	5★−	51	中国矿业大学	5★−
14	上海交通大学	5★	33	浙江工业大学	5★−	52	北京科技大学	5★−
15	湖南大学	5★	34	郑州大学	5★−	53	桂林理工大学	5★−
16	天津城建大学	5★	35	北京交通大学	5★−	54	浙江大学	5★−
17	南京工业大学	5★	36	武汉理工大学	5★−	55	河北工业大学	5★−
18	西南交通大学	5★	37	西安理工大学	5★−	56	内蒙古工业大学	5★−
19	合肥工业大学	5★	38	山东大学	5★−	57	西安科技大学	5★−

4★(57 个)：江西理工大学、吉林大学、济南大学、扬州大学、华南理工大学、广西大学、中国地质大学(武汉)、深圳大学、三峡大学、东北大学、成都理工大学、上海大学、安徽理工大学、河南工业大学、辽宁工程技术大学、山东科技大学、南京理工大学、南京林业大学、汕头大学、中国地质大学(北京)、中国矿业大学(北京)、河南理工大学、南京航空航天大学、南昌大学、东北电力大学、湖南科技大学、江苏科技大学、湖北工业大学、内蒙古科技大学、西南科技大学、北京航空航天大学、中南林业科技大学、武汉科技大学、新疆大学、海南大学、长江大学、燕山大学、东华大学、东北林业大学、宁波大学、江苏大学、上海理工大学、长春工程学院、兰州大学、中原工学院、厦门大学、贵州大学、河南科技大学、广西科技大学、沈阳工业大学、安徽工业大学、烟台大学、北方工业大学、东北石油大学、沈阳大学、山东农业大学、云南大学
3★(170 个)，2★(227 个)，1★(57 个)：名单略

0811 水利类（121）

排名	学校名称	星级	排名	学校名称	星级	排名	学校名称	星级
1	河海大学	5★+	5	西安理工大学	5★	9	河北工程大学	5★-
2	武汉大学	5★	6	郑州大学	5★	10	西北农林科技大学	5★-
3	天津大学	5★	7	华北水利水电大学	5★-	11	长沙理工大学	5★-
4	大连理工大学	5★	8	三峡大学	5★-	12	内蒙古农业大学	5★-

4★(12个)：长安大学、重庆交通大学、扬州大学、太原理工大学、新疆农业大学、宁夏大学、南昌大学、华北电力大学、华中科技大学、合肥工业大学、兰州理工大学、广西大学

3★(37个)，2★(48个)，1★(12个)：名单略

0812 测绘类（158）

排名	学校名称	星级	排名	学校名称	星级	排名	学校名称	星级
1	武汉大学	5★+	7	西南交通大学	5★	13	北京建筑大学	5★-
2	中南大学	5★+	8	辽宁工程技术大学	5★	14	中国矿业大学(北京)	5★-
3	长安大学	5★	9	河南理工大学	5★-	15	中国地质大学(北京)	5★-
4	河海大学	5★	10	东华理工大学	5★-	16	兰州交通大学	5★-
5	同济大学	5★	11	西安科技大学	5★-			
6	中国矿业大学	5★	12	中国地质大学(武汉)	5★-			

4★(15个)：江西理工大学、山东科技大学、南京信息工程大学、吉林大学、合肥工业大学、长沙理工大学、东北大学、南京工业大学、昆明理工大学、太原理工大学、山东建筑大学、成都理工大学、安徽理工大学、吉林建筑大学、中国石油大学(华东)

3★(47个)，2★(62个)，1★(16个)：名单略

0813 化工与制药类（454）

排名	学校名称	星级	排名	学校名称	星级	排名	学校名称	星级
1	华东理工大学	5★+	16	昆明理工大学	5★	31	西安交通大学	5★-
2	北京化工大学	5★+	17	中国石油大学(华东)	5★	32	南京理工大学	5★-
3	大连理工大学	5★+	18	西北大学	5★	33	东南大学	5★-
4	浙江工业大学	5★+	19	天津科技大学	5★	34	常州大学	5★-
5	天津大学	5★+	20	河北工业大学	5★	35	浙江大学	5★-
6	南京工业大学	5★	21	合肥工业大学	5★	36	济南大学	5★-
7	北京理工大学	5★	22	南昌大学	5★	37	北京石油化工学院	5★-
8	太原理工大学	5★	23	华南理工大学	5★	38	厦门大学	5★-
9	江南大学	5★	24	青岛科技大学	5★-	39	吉林化工学院	5★-
10	四川大学	5★	25	湘潭大学	5★-	40	湖南大学	5★-
11	上海交通大学	5★	26	福州大学	5★-	41	四川轻化工大学	5★-
12	武汉工程大学	5★	27	中国石油大学(北京)	5★-	42	广西大学	5★-
13	郑州大学	5★	28	河北科技大学	5★-	43	湖北工业大学	5★-
14	石河子大学	5★	29	中南大学	5★-	44	兰州理工大学	5★-
15	广东工业大学	5★	30	重庆大学	5★-	45	内蒙古工业大学	5★-

续表

4★(46个)：新疆大学、中国矿业大学、武汉科技大学、中北大学、山东理工大学、哈尔滨工业大学、燕山大学、中山大学、武汉理工大学、陕西科技大学、东北石油大学、海南大学、西南石油大学、宁夏大学、山东大学、贵州大学、桂林理工大学、中国药科大学、广州大学、沈阳化工大学、烟台大学、安徽工业大学、湖南师范大学、兰州大学、天津理工大学、广西民族大学、苏州大学、辽宁石油化工大学、沈阳工业大学、河南工业大学、西南大学、西安科技大学、成都理工大学、沈阳药科大学、江苏大学、西南交通大学、天津工业大学、上海应用技术大学、安徽理工大学、安徽大学、湖南科技大学、盐城工学院、武汉轻工大学、西安建筑科技大学、上海工程技术大学、长春工业大学
3★(136个)，2★(182个)，1★(45个)：名单略

0814 地质类（79）

排名	学校名称	星级	排名	学校名称	星级	排名	学校名称	星级
1	中国地质大学(北京)	5★+	4	成都理工大学	5★	7	西北大学	5★-
2	中国地质大学(武汉)	5★	5	吉林大学	5★-	8	西安科技大学	5★-
3	长安大学	5★	6	中国矿业大学	5★-			
4★(8个)：长江大学、中南大学、中国石油大学(华东)、同济大学、中国石油大学(北京)、桂林理工大学、河海大学、昆明理工大学								
3★(24个)，2★(31个)，1★(8个)：名单略								

0815 矿业类（79）

排名	学校名称	星级	排名	学校名称	星级	排名	学校名称	星级
1	中国矿业大学	5★+	4	太原理工大学	5★	7	西南石油大学	5★-
2	中国石油大学(北京)	5★	5	北京科技大学	5★-	8	武汉科技大学	5★-
3	中南大学	5★	6	昆明理工大学	5★-			
4★(8个)：中国石油大学(华东)、中国矿业大学(北京)、江西理工大学、河南理工大学、西安科技大学、辽宁工程技术大学、长江大学、东北大学								
3★(24个)，2★(31个)，1★(8个)：名单略								

0816 纺织类（65）

排名	学校名称	星级	排名	学校名称	星级	排名	学校名称	星级
1	东华大学	5★+	4	西安工程大学	5★-	7	武汉纺织大学	5★-
2	浙江理工大学	5★	5	苏州大学	5★-			
3	天津工业大学	5★	6	江南大学	5★-			
4★(6个)：青岛大学、大连工业大学、南通大学、上海工程技术大学、中原工学院、北京服装学院								
3★(20个)，2★(26个)，1★(6个)：名单略								

0817 轻工类（79）

排名	学校名称	星级	排名	学校名称	星级	排名	学校名称	星级
1	江南大学	5★+	4	陕西科技大学	5★	7	大连工业大学	5★-
2	广西大学	5★	5	华南理工大学	5★-	8	南京林业大学	5★-
3	天津科技大学	5★	6	四川大学	5★-			

续表

4★(8个)：北京工商大学、齐鲁工业大学、东华大学、湖北工业大学、暨南大学、西安理工大学、华东理工大学、浙江理工大学
3★(24个)，2★(31个)，1★(8个)：名单略

0818 交通运输类(182)

排名	学校名称	星级	排名	学校名称	星级	排名	学校名称	星级
1	上海海事大学	5★+	7	长安大学	5★	13	石家庄铁道大学	5★-
2	大连海事大学	5★+	8	重庆交通大学	5★	14	哈尔滨工程大学	5★-
3	武汉理工大学	5★	9	中南大学	5★	15	长沙理工大学	5★-
4	西南交通大学	5★	10	东南大学	5★-	16	华南理工大学	5★-
5	同济大学	5★	11	南京航空航天大学	5★-	17	华东交通大学	5★-
6	北京交通大学	5★	12	兰州交通大学	5★-	18	昆明理工大学	5★-
4★(18个)：吉林大学、中国民航大学、集美大学、北京航空航天大学、大连交通大学、南京林业大学、哈尔滨工业大学、东北林业大学、合肥工业大学、中国民用航空飞行学院、江苏大学、北京工业大学、河海大学、西安建筑科技大学、山东理工大学、大连理工大学、江苏科技大学、北京建筑大学								
3★(55个)，2★(73个)，1★(18个)：名单略								

0819 海洋工程类(33)

排名	学校名称	星级	排名	学校名称	星级	排名	学校名称	星级
1	上海交通大学	5★	2	哈尔滨工程大学	5★	3	浙江海洋大学	5★-
4★(4个)：武汉理工大学、江苏科技大学、天津大学、华中科技大学								
3★(10个)，2★(13个)，1★(3个)：名单略								

0820 航空航天类(74)

排名	学校名称	星级	排名	学校名称	星级	排名	学校名称	星级
1	西北工业大学	5★+	4	沈阳航空航天大学	5★	7	南昌航空大学	5★-
2	南京航空航天大学	5★	5	北京理工大学	5★-			
3	北京航空航天大学	5★	6	哈尔滨工业大学	5★-			
4★(8个)：上海交通大学、国防科技大学、清华大学、电子科技大学、四川大学、中南大学、中北大学、复旦大学								
3★(22个)，2★(30个)，1★(7个)：名单略								

0821 兵器类(18)

排名	学校名称	星级	排名	学校名称	星级	排名	学校名称	星级
1	西安电子科技大学	5★	2	北京理工大学	5★-			
4★(2个)：西北工业大学、北京航空航天大学								
3★(5个)，2★(7个)，1★(2个)：名单略								

0822 核工程类（30）

排名	学校名称	星级	排名	学校名称	星级	排名	学校名称	星级
1	西安交通大学	5★	2	哈尔滨工程大学	5★	3	南华大学	5★-
4★(3个)：上海交通大学、清华大学、中国科学技术大学								
3★(9个)，2★(12个)，1★(3个)：名单略								

0823 农业工程类（57）

排名	学校名称	星级	排名	学校名称	星级	排名	学校名称	星级
1	中国农业大学	5★+	3	西北农林科技大学	5★	5	河海大学	5★-
2	东北农业大学	5★	4	内蒙古农业大学	5★-	6	华南农业大学	5★-
4★(5个)：华中农业大学、吉林大学、河南科技大学、扬州大学、云南农业大学								
3★(18个)，2★(22个)，1★(6个)：名单略								

0824 林业工程类（16）

排名	学校名称	星级	排名	学校名称	星级	排名	学校名称	星级
1	南京林业大学	5★	2	东北林业大学	5★-			
4★(1个)：浙江农林大学								
3★(5个)，2★(6个)，1★(2个)：名单略								

0825 环境科学与工程类（474）

排名	学校名称	星级	排名	学校名称	星级	排名	学校名称	星级
1	北京大学	5★+	17	武汉大学	5★	33	长安大学	5★-
2	北京师范大学	5★+	18	兰州大学	5★	34	湖南大学	5★-
3	哈尔滨工业大学	5★+	19	华东师范大学	5★	35	东华大学	5★-
4	大连理工大学	5★+	20	山西大学	5★	36	江苏大学	5★-
5	同济大学	5★+	21	北京工业大学	5★	37	复旦大学	5★-
6	重庆大学	5★	22	苏州科技大学	5★	38	中南大学	5★-
7	南京大学	5★	23	山东大学	5★	39	浙江工业大学	5★-
8	河海大学	5★	24	浙江工商大学	5★	40	华北电力大学	5★-
9	南开大学	5★	25	西安建筑科技大学	5★-	41	华东理工大学	5★-
10	天津大学	5★	26	上海交通大学	5★-	42	四川大学	5★-
11	浙江大学	5★	27	西北农林科技大学	5★-	43	北京科技大学	5★-
12	华南理工大学	5★	28	广东工业大学	5★-	44	江南大学	5★-
13	中山大学	5★	29	中国农业大学	5★-	45	北京化工大学	5★-
14	清华大学	5★	30	东北师范大学	5★-	46	西南科技大学	5★-
15	昆明理工大学	5★	31	厦门大学	5★-	47	中国矿业大学	5★-
16	中国海洋大学	5★	32	南京信息工程大学	5★-			
4★(48个)：南京理工大学、湘潭大学、桂林理工大学、中国石油大学(华东)、河南师范大学、陕西科技大学、天津工业大学、北京航空航天大学、河北科技大学、中国地质大学(武汉)、成都理工大学、吉林大学、北京林业大学、华中科								

续表

技大学、重庆工商大学、中南林业科技大学、太原理工大学、常州大学、西安理工大学、安徽理工大学、南昌大学、南昌航空大学、华南农业大学、沈阳大学、上海理工大学、福州大学、广西师范大学、广州大学、武汉纺织大学、天津科技大学、北京建筑大学、华侨大学、四川农业大学、河北工业大学、青岛理工大学、湖北工业大学、山东科技大学、桂林电子科技大学、东莞理工学院、中国科学技术大学、青岛科技大学、安徽工业大学、暨南大学、海南大学、成都信息工程大学、中国科学院大学、广东石油化工学院、齐鲁工业大学
3★(142个),2★(190个),1★(47个):名单略

0826 生物医学工程类(119)

排名	学校名称	星级	排名	学校名称	星级	排名	学校名称	星级
1	上海交通大学	5★+	5	浙江大学	5★	9	西安交通大学	5★-
2	复旦大学	5★	6	华中科技大学	5★	10	北京理工大学	5★-
3	北京航空航天大学	5★	7	东南大学	5★-	11	深圳大学	5★-
4	四川大学	5★	8	南方医科大学	5★-	12	北京大学	5★-
4★(12个):电子科技大学、中山大学、天津大学、上海理工大学、东北大学、山东大学、河北工业大学、华南理工大学、重庆大学、天津医科大学、温州医科大学、首都医科大学								
3★(36个),2★(47个),1★(12个):名单略								

0827 食品科学与工程类(372)

排名	学校名称	星级	排名	学校名称	星级	排名	学校名称	星级
1	江南大学	5★+	14	西南大学	5★	27	内蒙古农业大学	5★-
2	中国农业大学	5★+	15	东北农业大学	5★	28	云南农业大学	5★-
3	北京工商大学	5★+	16	扬州大学	5★	29	河北农业大学	5★-
4	西北农林科技大学	5★+	17	浙江工商大学	5★	30	宁夏大学	5★-
5	华中农业大学	5★	18	广东海洋大学	5★	31	中国海洋大学	5★-
6	南昌大学	5★	19	吉林大学	5★	32	海南大学	5★-
7	江苏大学	5★	20	山东农业大学	5★-	33	上海海洋大学	5★-
8	华南理工大学	5★	21	沈阳农业大学	5★-	34	中南林业科技大学	5★-
9	河南工业大学	5★	22	合肥工业大学	5★-	35	陕西科技大学	5★-
10	南京农业大学	5★	23	天津科技大学	5★-	36	四川农业大学	5★-
11	大连工业大学	5★	24	青岛农业大学	5★-	37	河南农业大学	5★-
12	福建农林大学	5★	25	华南农业大学	5★-			
13	吉林农业大学	5★	26	河南科技大学	5★-			
4★(37个):湖南农业大学、齐鲁工业大学、南京财经大学、贵州大学、黑龙江八一农垦大学、长沙理工大学、宁波大学、渤海大学、甘肃农业大学、天津商业大学、郑州轻工业大学、集美大学、广西大学、西华大学、北京林业大学、新疆农业大学、福州大学、安徽农业大学、哈尔滨商业大学、华东理工大学、浙江工业大学、南京林业大学、浙江大学、武汉轻工大学、上海交通大学、浙江海洋大学、陕西师范大学、昆明理工大学、江西农业大学、齐齐哈尔大学、湖北工业大学、天津农学院、青海大学、南京工业大学、东北林业大学、安徽工程大学、石河子大学								
3★(112个),2★(149个),1★(37个):名单略								

0828 建筑类（417）

排名	学校名称	星级	排名	学校名称	星级	排名	学校名称	星级
1	同济大学	5★+	15	武汉大学	5★	29	长安大学	5★−
2	东南大学	5★+	16	昆明理工大学	5★	30	东北林业大学	5★−
3	西安建筑科技大学	5★+	17	西南交通大学	5★	31	合肥工业大学	5★−
4	华南理工大学	5★+	18	苏州科技大学	5★	32	浙江大学	5★−
5	哈尔滨工业大学	5★	19	南京大学	5★	33	内蒙古工业大学	5★−
6	天津大学	5★	20	北京工业大学	5★	34	福建农林大学	5★−
7	重庆大学	5★	21	深圳大学	5★	35	北京交通大学	5★−
8	清华大学	5★	22	南京工业大学	5★−	36	中南大学	5★−
9	沈阳建筑大学	5★	23	浙江农林大学	5★−	37	华中农业大学	5★−
10	北京建筑大学	5★	24	北京林业大学	5★−	38	华南农业大学	5★−
11	山东建筑大学	5★	25	华侨大学	5★−	39	河北工业大学	5★−
12	华中科技大学	5★	26	浙江工业大学	5★−	40	中国美术学院	5★−
13	大连理工大学	5★	27	安徽建筑大学	5★−	41	厦门大学	5★−
14	湖南大学	5★	28	南京林业大学	5★−	42	天津城建大学	5★−

4★(41 个)：青岛理工大学、广东工业大学、兰州理工大学、广州大学、郑州大学、吉林建筑大学、西北农林科技大学、福州大学、四川农业大学、福建工程学院、苏州大学、河北农业大学、中国矿业大学、西北大学、太原理工大学、中山大学、北方工业大学、河南农业大学、西南大学、中央美术学院、中南林业科技大学、海南大学、上海交通大学、长沙理工大学、内蒙古科技大学、西安交通大学、湖南科技大学、新疆大学、烟台大学、西南林业大学、四川大学、西南科技大学、广州美术学院、武汉理工大学、南京农业大学、东北农业大学、石家庄铁道大学、桂林理工大学、南昌大学、河北工程大学、长江大学

3★(126 个)，2★(166 个)，1★(42 个)：名单略

0829 安全科学与工程类（153）

排名	学校名称	星级	排名	学校名称	星级	排名	学校名称	星级
1	中国矿业大学	5★+	6	辽宁工程技术大学	5★	11	中国科学技术大学	5★−
2	安徽理工大学	5★+	7	中南大学	5★	12	武汉理工大学	5★−
3	南京工业大学	5★	8	湖南科技大学	5★	13	中国石油大学(北京)	5★−
4	西安科技大学	5★	9	太原理工大学	5★−	14	中国地质大学(武汉)	5★−
5	河南理工大学	5★	10	北京科技大学	5★−	15	常州大学	5★−

4★(16 个)：重庆大学、黑龙江科技大学、南华大学、北京理工大学、中国石油大学(华东)、大连理工大学、中国矿业大学(北京)、山东科技大学、昆明理工大学、北京化工大学、西南交通大学、南京理工大学、东北大学、中国地质大学(北京)、武汉科技大学、首都经济贸易大学

3★(46 个)，2★(61 个)，1★(15 个)：名单略

0830 生物工程类（306）

排名	学校名称	星级	排名	学校名称	星级	排名	学校名称	星级
1	华南理工大学	5★+	4	上海交通大学	5★	7	浙江工业大学	5★
2	华东理工大学	5★+	5	天津科技大学	5★	8	南京工业大学	5★
3	北京化工大学	5★+	6	华中农业大学	5★	9	大连理工大学	5★

续表

排名	学校名称	星级	排名	学校名称	星级	排名	学校名称	星级
10	江南大学	5★	18	武汉大学	5★-	26	湖北工业大学	5★-
11	黑龙江大学	5★	19	大连工业大学	5★-	27	大连民族大学	5★-
12	中国药科大学	5★	20	华中科技大学	5★-	28	福建师范大学	5★-
13	齐鲁工业大学	5★	21	吉林大学	5★-	29	三峡大学	5★-
14	沈阳药科大学	5★	22	西北农林科技大学	5★-	30	合肥学院	5★-
15	天津大学	5★	23	浙江理工大学	5★-	31	新疆大学	5★-
16	河南农业大学	5★-	24	温州医科大学	5★-			
17	江西农业大学	5★-	25	烟台大学	5★-			

4★(30个)：常熟理工学院、陕西科技大学、南京林业大学、上海大学、四川轻化工大学、吉林农业大学、江西师范大学、福建农林大学、山东大学、浙江万里学院、湖北大学、西北大学、河北工业大学、淮北师范大学、西南交通大学、郑州轻工业大学、武汉工程大学、聊城大学、遵义医科大学、安徽工程大学、扬州大学、浙江大学、西南科技大学、南昌大学、东南大学、重庆大学、燕山大学、四川大学、山西医科大学、哈尔滨工业大学

3★(92个)，2★(122个)，1★(31个)：名单略

0831 公安技术类（47）

排名	学校名称	星级	排名	学校名称	星级	排名	学校名称	星级
1	中国人民公安大学	5★	3	浙江警察学院	5★-	5	南京森林警察学院	5★-
2	中国刑事警察学院	5★	4	湖南警察学院	5★-			

4★(4个)：中国人民警察大学、江苏警官学院、辽宁警察学院、广东警官学院

3★(15个)，2★(18个)，1★(5个)：名单略

0901 植物生产类（156）

排名	学校名称	星级	排名	学校名称	星级	排名	学校名称	星级
1	南京农业大学	5★+	7	湖南农业大学	5★	13	河北农业大学	5★-
2	华中农业大学	5★+	8	沈阳农业大学	5★	14	山西农业大学	5★-
3	中国农业大学	5★	9	河南农业大学	5★-	15	山东农业大学	5★-
4	西北农林科技大学	5★	10	四川农业大学	5★-	16	浙江大学	5★-
5	华南农业大学	5★	11	西南大学	5★-			
6	福建农林大学	5★	12	扬州大学	5★-			

4★(15个)：云南农业大学、内蒙古农业大学、安徽农业大学、吉林农业大学、甘肃农业大学、海南大学、东北农业大学、贵州大学、宁夏大学、新疆农业大学、广西大学、江西农业大学、长江大学、吉林大学、浙江农林大学

3★(47个)，2★(62个)，1★(16个)：名单略

0902 自然保护与环境生态类（57）

排名	学校名称	星级	排名	学校名称	星级	排名	学校名称	星级
1	内蒙古农业大学	5★+	3	南京农业大学	5★	5	华中农业大学	5★-
2	西南大学	5★	4	浙江大学	5★-	6	浙江农林大学	5★-

4★(5个)：山东农业大学、沈阳农业大学、四川农业大学、吉林农业大学、山西农业大学

3★(18个)，2★(22个)，1★(6个)：名单略

0903 动物生产类（79）

排名	学校名称	星级	排名	学校名称	星级	排名	学校名称	星级
1	中国农业大学	5★+	4	南京农业大学	5★	7	四川农业大学	5★-
2	华中农业大学	5★	5	浙江大学	5★-	8	东北农业大学	5★-
3	西北农林科技大学	5★	6	华南农业大学	5★-			
4★（8个）：西南大学、内蒙古农业大学、扬州大学、湖南农业大学、吉林农业大学、广西大学、云南农业大学、江西农业大学								
3★（24个），2★（31个），1★（8个）：名单略								

0904 动物医学类（79）

排名	学校名称	星级	排名	学校名称	星级	排名	学校名称	星级
1	南京农业大学	5★+	4	西北农林科技大学	5★	7	山西农业大学	5★-
2	扬州大学	5★	5	华中农业大学	5★-	8	江西农业大学	5★-
3	华南农业大学	5★	6	中国农业大学	5★-			
4★（8个）：四川农业大学、吉林大学、甘肃农业大学、西南大学、吉林农业大学、广西大学、黑龙江八一农垦大学、东北农业大学								
3★（24个），2★（31个），1★（8个）：名单略								

0905 林学类（132）

排名	学校名称	星级	排名	学校名称	星级	排名	学校名称	星级
1	北京林业大学	5★+	6	四川农业大学	5★	11	西南林业大学	5★-
2	东北林业大学	5★	7	华南农业大学	5★	12	河北农业大学	5★-
3	南京林业大学	5★	8	江西农业大学	5★-	13	浙江农林大学	5★-
4	中南林业科技大学	5★	9	河南农业大学	5★-			
5	西北农林科技大学	5★	10	福建农林大学	5★-			
4★（13个）：内蒙古农业大学、沈阳农业大学、华中农业大学、安徽农业大学、山东农业大学、甘肃农业大学、北华大学、广西大学、海南大学、山西农业大学、贵州大学、青岛农业大学、北京农学院								
3★（40个），2★（53个），1★（13个）：名单略								

0906 水产类（52）

排名	学校名称	星级	排名	学校名称	星级	排名	学校名称	星级
1	华中农业大学	5★+	3	上海海洋大学	5★	5	宁波大学	5★-
2	西南大学	5★	4	中国海洋大学	5★-			
4★（5个）：集美大学、浙江海洋大学、广东海洋大学、南京农业大学、河南师范大学								
3★（16个），2★（21个），1★（5个）：名单略								

0907 草学类（29）

排名	学校名称	星级	排名	学校名称	星级	排名	学校名称	星级
1	兰州大学	5★	2	内蒙古农业大学	5★-	3	北京林业大学	5★-
4★（3个）：西北农林科技大学、四川农业大学、中国农业大学								
3★（9个），2★（11个），1★（3个）：名单略								

1001 基础医学类（33）

排名	学校名称	星级	排名	学校名称	星级	排名	学校名称	星级
1	北京大学	5★	2	复旦大学	5★	3	中山大学	5★-
4★（4个）：哈尔滨医科大学、南方医科大学、中南大学、南京医科大学								
3★（10个），2★（13个），1★（3个）：名单略								

1002 临床医学类（194）

排名	学校名称	星级	排名	学校名称	星级	排名	学校名称	星级
1	温州医科大学	5★+	8	首都医科大学	5★	15	徐州医科大学	5★-
2	中国医科大学	5★+	9	天津医科大学	5★	16	北京大学	5★-
3	重庆医科大学	5★	10	安徽医科大学	5★	17	郑州大学	5★-
4	中南大学	5★	11	浙江大学	5★-	18	广州医科大学	5★-
5	南京医科大学	5★	12	山西医科大学	5★-	19	北京协和医学院	5★-
6	南方医科大学	5★	13	河北医科大学	5★-			
7	上海交通大学	5★	14	华中科技大学	5★-			
4★（20个）：大连医科大学、哈尔滨医科大学、福建医科大学、东南大学、中山大学、遵义医科大学、复旦大学、四川大学、同济大学、武汉大学、山东大学、南通大学、苏州大学、西安交通大学、昆明医科大学、南昌大学、广西医科大学、广东医科大学、吉林大学、新疆医科大学								
3★（58个），2★（78个），1★（19个）：名单略								

1003 口腔医学类（116）

排名	学校名称	星级	排名	学校名称	星级	排名	学校名称	星级
1	四川大学	5★+	5	首都医科大学	5★	9	福建医科大学	5★-
2	北京大学	5★	6	武汉大学	5★	10	中国医科大学	5★-
3	上海交通大学	5★	7	南京医科大学	5★-	11	山东大学	5★-
4	中山大学	5★	8	重庆医科大学	5★-	12	吉林大学	5★-
4★（11个）：同济大学、广西医科大学、哈尔滨医科大学、兰州大学、天津医科大学、南方医科大学、华中科技大学、昆明医科大学、西安交通大学、第四军医大学、大连医科大学								
3★（35个），2★（46个），1★（12个）：名单略								

1004 公共卫生与预防医学类（129）

排名	学校名称	星级	排名	学校名称	星级	排名	学校名称	星级
1	四川大学	5★+	6	上海交通大学	5★	11	安徽医科大学	5★-
2	北京大学	5★	7	华中科技大学	5★-	12	南方医科大学	5★-
3	中山大学	5★	8	南京医科大学	5★-	13	天津医科大学	5★-
4	重庆医科大学	5★	9	复旦大学	5★-			
5	首都医科大学	5★	10	河北医科大学	5★-			
4★（13个）：郑州大学、中国医科大学、山东大学、广西医科大学、哈尔滨医科大学、山西医科大学、吉林大学、贵州医科大学、新疆医科大学、南昌大学、广州医科大学、青岛大学、厦门大学								
3★（39个），2★（51个），1★（13个）：名单略								

1005 中医学类（71）

排名	学校名称	星级	排名	学校名称	星级	排名	学校名称	星级
1	北京中医药大学	5★+	4	天津中医药大学	5★	7	广州中医药大学	5★-
2	南京中医药大学	5★	5	浙江中医药大学	5★-			
3	黑龙江中医药大学	5★	6	成都中医药大学	5★-			

4★(7个)：湖南中医药大学、山东中医药大学、长春中医药大学、湖北中医药大学、福建中医药大学、河南中医药大学、安徽中医药大学

3★(22个)，2★(28个)，1★(7个)：名单略

1006 中西医结合类（50）

排名	学校名称	星级	排名	学校名称	星级	排名	学校名称	星级
1	湖南中医药大学	5★+	3	成都中医药大学	5★	5	黑龙江中医药大学	5★-
2	辽宁中医药大学	5★	4	南京中医药大学	5★-			

4★(5个)：天津中医药大学、南方医科大学、河北医科大学、安徽中医药大学、山东中医药大学

3★(15个)，2★(20个)，1★(5个)：名单略

1007 药学类（261）

排名	学校名称	星级	排名	学校名称	星级	排名	学校名称	星级
1	中国药科大学	5★+	10	重庆医科大学	5★	19	吉林大学	5★-
2	沈阳药科大学	5★+	11	四川大学	5★	20	广州医科大学	5★-
3	河北医科大学	5★+	12	天津医科大学	5★	21	复旦大学	5★-
4	温州医科大学	5★	13	广东药科大学	5★	22	中山大学	5★-
5	南方医科大学	5★	14	中国医科大学	5★-	23	黑龙江中医药大学	5★-
6	安徽医科大学	5★	15	浙江工业大学	5★-	24	北京大学	5★-
7	首都医科大学	5★	16	哈尔滨医科大学	5★-	25	华中科技大学	5★-
8	山东大学	5★	17	郑州大学	5★-	26	中南大学	5★-
9	南京医科大学	5★	18	福建医科大学	5★-			

4★(26个)：上海交通大学、暨南大学、苏州大学、延边大学、华东理工大学、西安交通大学、中国海洋大学、新疆医科大学、南昌大学、西南大学、青岛大学、武汉大学、山西医科大学、广西医科大学、昆明医科大学、烟台大学、天津中医药大学、天津大学、兰州大学、南京中医药大学、北京中医药大学、江西中医药大学、湖南中医药大学、安徽中医药大学、徐州医科大学、厦门大学

3★(79个)，2★(104个)，1★(26个)：名单略

1008 中药学类（132）

排名	学校名称	星级	排名	学校名称	星级	排名	学校名称	星级
1	中国药科大学	5★+	6	广州中医药大学	5★	11	长春中医药大学	5★-
2	南京中医药大学	5★	7	黑龙江中医药大学	5★	12	沈阳药科大学	5★-
3	天津中医药大学	5★	8	浙江中医药大学	5★-	13	湖北中医药大学	5★-
4	北京中医药大学	5★	9	江西中医药大学	5★-			
5	成都中医药大学	5★	10	安徽中医药大学	5★-			

续表

4★(13个)：湖南中医药大学、河南中医药大学、山东中医药大学、甘肃中医药大学、南方医科大学、贵州中医药大学、云南中医药大学、辽宁中医药大学、上海中医药大学、吉林农业大学、西北大学、哈尔滨商业大学、山西中医药大学
3★(40个)，2★(53个)，1★(13个)：名单略

1009 法医学类（31）

排名	学校名称	星级	排名	学校名称	星级	排名	学校名称	星级
1	中国医科大学	5★	2	山西医科大学	5★	3	四川大学	5★-
4★(3个)：河北医科大学、中山大学、西安交通大学								
3★(10个)，2★(12个)，1★(3个)：名单略								

1010 医学技术类（270）

排名	学校名称	星级	排名	学校名称	星级	排名	学校名称	星级
1	南京医科大学	5★+	10	南方医科大学	5★	19	川北医学院	5★-
2	天津医科大学	5★+	11	首都医科大学	5★	20	山东第一医科大学	5★-
3	温州医科大学	5★+	12	中国医科大学	5★	21	新乡医学院	5★-
4	重庆医科大学	5★	13	广东医科大学	5★	22	河南中医药大学	5★-
5	河北医科大学	5★	14	黑龙江中医药大学	5★	23	南通大学	5★-
6	四川大学	5★	15	福建中医药大学	5★-	24	昆明医科大学	5★-
7	福建医科大学	5★	16	安徽医科大学	5★-	25	徐州医科大学	5★-
8	北京大学	5★	17	广州医科大学	5★-	26	山西医科大学	5★-
9	浙江中医药大学	5★	18	郑州大学	5★-	27	大连医科大学	5★-
4★(27个)：湖北医药学院、蚌埠医学院、江苏大学、滨州医学院、华中科技大学、广西医科大学、南华大学、成都医学院、中南大学、上海中医药大学、成都中医药大学、贵州医科大学、南昌大学、宁夏医科大学、广州中医药大学、南京中医药大学、北华大学、新疆医科大学、杭州医学院、遵义医科大学、海南医学院、河北北方学院、青岛大学、河北大学、厦门大学、上海健康医学院、大连大学								
3★(81个)，2★(108个)，1★(27个)：名单略								

1011 护理学类（290）

排名	学校名称	星级	排名	学校名称	星级	排名	学校名称	星级
1	山西医科大学	5★+	11	四川大学	5★	21	广西医科大学	5★-
2	首都医科大学	5★+	12	华中科技大学	5★	22	南昌大学	5★-
3	北京协和医学院	5★+	13	哈尔滨医科大学	5★	23	贵州医科大学	5★-
4	北京大学	5★	14	温州医科大学	5★	24	河北医科大学	5★-
5	复旦大学	5★	15	上海交通大学	5★	25	中国医科大学	5★-
6	福建医科大学	5★	16	南京医科大学	5★-	26	成都中医药大学	5★-
7	重庆医科大学	5★	17	中南大学	5★-	27	南京中医药大学	5★-
8	浙江中医药大学	5★	18	天津医科大学	5★-	28	安徽医科大学	5★-
9	山东大学	5★	19	南方医科大学	5★-	29	吉林大学	5★-
10	中山大学	5★	20	苏州大学	5★-			

续表

4★(29个)：郑州大学、遵义医科大学、北京中医药大学、昆明医科大学、大连大学、滨州医学院、武汉大学、天津中医药大学、大连医科大学、福建中医药大学、杭州师范大学、广西中医药大学、华北理工大学、延边大学、广州医科大学、锦州医科大学、山东第一医科大学、宁夏医科大学、湖南中医药大学、西南医科大学、赣南医学院、西安交通大学、湖北医药学院、南华大学、湖北中医药大学、蚌埠医学院、新乡医学院、内蒙古医科大学、河南大学
3★(87个)，2★(116个)，1★(29个)：名单略

1201 管理科学与工程类（733）

排名	学校名称	星级	排名	学校名称	星级	排名	学校名称	星级
1	重庆大学	5★+	26	河海大学	5★	51	西安电子科技大学	5★-
2	东北财经大学	5★+	27	西安建筑科技大学	5★	52	北京建筑大学	5★-
3	武汉大学	5★+	28	上海大学	5★	53	广东工业大学	5★-
4	中国人民大学	5★+	29	华东理工大学	5★	54	上海理工大学	5★-
5	南京大学	5★+	30	辽宁工程技术大学	5★	55	长沙理工大学	5★-
6	哈尔滨工业大学	5★+	31	中央财经大学	5★	56	北京理工大学	5★-
7	西安交通大学	5★+	32	厦门大学	5★	57	南京理工大学	5★-
8	清华大学	5★	33	徐州工程学院	5★	58	江苏科技大学	5★-
9	大连理工大学	5★	34	福建工程学院	5★	59	西安理工大学	5★-
10	浙江大学	5★	35	天津城建大学	5★	60	湖南工商大学	5★-
11	华中科技大学	5★	36	安徽建筑大学	5★	61	华北水利水电大学	5★-
12	合肥工业大学	5★	37	南昌大学	5★	62	上海财经大学	5★-
13	同济大学	5★	38	中山大学	5★-	63	浙江工业大学	5★-
14	复旦大学	5★	39	山西财经大学	5★-	64	昆明理工大学	5★-
15	西南交通大学	5★	40	中国矿业大学	5★-	65	三峡大学	5★-
16	中南大学	5★	41	华北电力大学	5★-	66	华侨大学	5★-
17	江西财经大学	5★	42	长安大学	5★-	67	南京工业大学	5★-
18	北京交通大学	5★	43	杭州电子科技大学	5★-	68	济南大学	5★-
19	山东建筑大学	5★	44	中国科学技术大学	5★-	69	东华大学	5★-
20	东南大学	5★	45	青岛理工大学	5★-	70	华中农业大学	5★-
21	天津理工大学	5★	46	北京航空航天大学	5★-	71	天津财经大学	5★-
22	沈阳建筑大学	5★	47	山东财经大学	5★-	72	上海海事大学	5★-
23	西北工业大学	5★	48	南京航空航天大学	5★-	73	太原理工大学	5★-
24	天津大学	5★	49	重庆交通大学	5★-			
25	深圳大学	5★	50	北京科技大学	5★-			

4★(74个)：安徽财经大学、中国医科大学、南京信息工程大学、浙江工商大学、南京邮电大学、广州大学、兰州交通大学、吉林建筑大学、北京信息科技大学、北方工业大学、上海外国语大学、重庆邮电大学、兰州大学、山东师范大学、浙江理工大学、吉林大学、华中师范大学、首都经济贸易大学、武汉科技大学、四川大学、辽宁工业大学、北京大学、江苏大学、石家庄铁道大学、郑州大学、扬州大学、华东交通大学、湖南城市学院、河北工业大学、福州大学、华东师范大学、哈尔滨理工大学、华南理工大学、中南财经政法大学、南京林业大学、上海应用技术大学、武汉理工大学、中国传媒大学、中国地质大学(武汉)、西安科技大学、贵州大学、湘潭大学、苏州科技大学、北京物资学院、西交利物浦大学、山东大学、西南财经大学、北京师范大学、西南科技大学、河南理工大学、南京农业大学、国防科技大学、

续表

兰州理工大学、南开大学、上海交通大学、云南财经大学、河北工程技术学院、北京邮电大学、山东科技大学、西京学院、北京工业大学、大连海事大学、西南大学、西华大学、安徽大学、福州外语外贸学院、河北建筑工程学院、山东理工大学、四川师范大学、苏州大学、河南财政金融学院、南京财经大学、黑龙江大学、武汉纺织大学
3★（220个），2★（293个），1★（73个）：名单略

1202 工商管理类（1079）

排名	学校名称	星级	排名	学校名称	星级	排名	学校名称	星级
1	山东财经大学	5★+	33	哈尔滨理工大学	5★	65	浙江工业大学	5★−
2	浙江工商大学	5★+	34	深圳大学	5★	66	武汉科技大学	5★−
3	东北财经大学	5★+	35	郑州航空工业管理学院	5★	67	中国矿业大学	5★−
4	中国人民大学	5★+	36	上海对外经贸大学	5★	68	安徽大学	5★−
5	天津财经大学	5★+	37	吉林大学	5★	69	燕山大学	5★−
6	首都经济贸易大学	5★+	38	南开大学	5★	70	南昌大学	5★−
7	安徽财经大学	5★+	39	湖北经济学院	5★	71	兰州理工大学	5★−
8	江西财经大学	5★+	40	华中科技大学	5★	72	上海立信会计金融学院	5★−
9	西南财经大学	5★+	41	内蒙古财经大学	5★	73	华南理工大学	5★−
10	西安交通大学	5★+	42	杭州电子科技大学	5★	74	西安建筑科技大学	5★−
11	山西财经大学	5★+	43	武汉大学	5★	75	山东管理学院	5★−
12	广东财经大学	5★	44	哈尔滨商业大学	5★	76	哈尔滨工业大学	5★−
13	中山大学	5★	45	河海大学	5★	77	北京化工大学	5★−
14	云南财经大学	5★	46	河北经贸大学	5★	78	中国海洋大学	5★−
15	上海交通大学	5★	47	河南财经政法大学	5★	79	北京信息科技大学	5★−
16	广东外语外贸大学	5★	48	南京审计大学	5★	80	北方工业大学	5★−
17	北京大学	5★	49	复旦大学	5★	81	华北电力大学	5★−
18	暨南大学	5★	50	南京大学	5★	82	华东交通大学	5★−
19	中央财经大学	5★	51	山东大学	5★	83	江苏大学	5★−
20	浙江财经大学	5★	52	河南大学	5★	84	西安理工大学	5★−
21	中南财经政法大学	5★	53	云南大学	5★	85	广西财经学院	5★−
22	厦门大学	5★	54	武汉理工大学	5★	86	东北大学	5★−
23	对外经济贸易大学	5★	55	福州大学	5★−	87	湖南农业大学	5★−
24	上海财经大学	5★	56	华侨大学	5★−	88	北京理工大学	5★−
25	重庆大学	5★	57	湖南工商大学	5★−	89	东华理工大学	5★−
26	贵州财经大学	5★	58	合肥工业大学	5★−	90	郑州大学	5★−
27	新疆财经大学	5★	59	北京交通大学	5★−	91	西安工业大学	5★−
28	南京财经大学	5★	60	长沙理工大学	5★−	92	西南大学	5★−
29	重庆工商大学	5★	61	中南大学	5★−	93	沈阳工业大学	5★−
30	辽宁大学	5★	62	湖南大学	5★−	94	华东理工大学	5★−
31	吉林财经大学	5★	63	同济大学	5★−	95	湖南财政经济学院	5★−
32	北京工商大学	5★	64	兰州财经大学	5★−	96	西南交通大学	5★−

续表

排名	学校名称	星级	排名	学校名称	星级	排名	学校名称	星级
97	南京信息工程大学	5★-	101	湖北工业大学	5★-	105	华中农业大学	5★-
98	北京师范大学	5★-	102	中国劳动关系学院	5★-	106	北京联合大学	5★-
99	西安石油大学	5★-	103	西北大学	5★-	107	北京科技大学	5★-
100	海南大学	5★-	104	浙江大学	5★-	108	广州大学	5★-
4★(108个)：西南民族大学、大连理工大学、四川师范大学、湖南工业大学、广东工业大学、华南师范大学、西安财经大学、山东工商学院、上海大学、重庆理工大学、南京师范大学、青岛科技大学、兰州大学、青岛大学、河北工业大学、东北师范大学、东南大学、成都理工大学、汕头大学、南京农业大学、武汉纺织大学、安徽工业大学、江苏科技大学、沈阳大学、中南民族大学、湖南师范大学、浙江师范大学、扬州大学、南京理工大学、西华大学、河北地质大学、济南大学、宁波大学、上海工程技术大学、中国科学技术大学、内蒙古农业大学、江南大学、中国石油大学(华东)、黑龙江科技大学、东北农业大学、南京邮电大学、山东科技大学、上海外国语大学、昆明理工大学、黑龙江八一农垦大学、天津理工大学、中国地质大学(北京)、集美大学、湖北大学、中央民族大学、江西理工大学、哈尔滨工程大学、西安电子科技大学、中国政法大学、武汉轻工大学、西南科技大学、中国传媒大学、西安邮电大学、天津科技大学、西安外国语大学、长春大学、上海体育学院、无锡太湖学院、江西科技师范大学、河北工程大学、长江大学、五邑大学、长春财经学院、安徽师范大学、浙江万里学院、成都大学、安徽新华学院、北京邮电大学、杭州师范大学、西安培华学院、北京体育大学、郑州轻工业大学、华北水利水电大学、西藏民族大学、北京第二外国语学院、吉林工商学院、浙江传媒学院、嘉兴学院、天津商业大学、四川大学、上海理工大学、上海商学院、华东师范大学、清华大学、江苏理工学院、湘潭大学、中国矿业大学(北京)、北京外国语大学、东莞理工学院、石河子大学、西南政法大学、贵州师范大学、中国地质大学(武汉)、广西大学、安徽科技学院、东华大学、河南理工大学、天津大学、电子科技大学、湖南理工学院、华南农业大学、云南民族大学、西交利物浦大学								
3★(324个)，2★(431个)，1★(108个)：名单略								

1203 农业经济管理类（71）

排名	学校名称	星级	排名	学校名称	星级	排名	学校名称	星级
1	中国农业大学	5★+	4	西南大学	5★	7	华中农业大学	5★-
2	南京农业大学	5★	5	浙江大学	5★-			
3	中国人民大学	5★	6	西北农林科技大学	5★-			
4★(7个)：华南农业大学、北京林业大学、河北农业大学、吉林农业大学、东北林业大学、山东农业大学、四川农业大学								
3★(22个)，2★(28个)，1★(7个)：名单略								

1204 公共管理类（582）

排名	学校名称	星级	排名	学校名称	星级	排名	学校名称	星级
1	武汉大学	5★+	9	云南大学	5★	17	郑州大学	5★
2	中国人民大学	5★+	10	中南财经政法大学	5★	18	中央财经大学	5★
3	东北大学	5★+	11	西北大学	5★	19	电子科技大学	5★
4	湖南农业大学	5★+	12	东北财经大学	5★	20	西安交通大学	5★
5	中国地质大学(武汉)	5★+	13	复旦大学	5★	21	中国政法大学	5★
6	兰州大学	5★+	14	四川大学	5★	22	湘潭大学	5★
7	南京农业大学	5★	15	华东师范大学	5★	23	山东财经大学	5★
8	北京大学	5★	16	首都经济贸易大学	5★	24	山东大学	5★

续表

排名	学校名称	星级	排名	学校名称	星级	排名	学校名称	星级
25	华中科技大学	5★	37	北京师范大学	5★-	49	南京医科大学	5★-
26	中山大学	5★	38	燕山大学	5★-	50	大连理工大学	5★-
27	中国农业大学	5★	39	南京师范大学	5★-	51	上海交通大学	5★-
28	华东政法大学	5★	40	南开大学	5★-	52	西南交通大学	5★-
29	华南农业大学	5★	41	安徽医科大学	5★-	53	浙江财经大学	5★-
30	上海财经大学	5★-	42	中南大学	5★-	54	厦门大学	5★-
31	华中师范大学	5★-	43	华中农业大学	5★-	55	贵州大学	5★-
32	南京大学	5★-	44	河南大学	5★-	56	河海大学	5★-
33	华南师范大学	5★-	45	华南理工大学	5★-	57	西南大学	5★-
34	华东理工大学	5★-	46	南昌大学	5★-	58	江西农业大学	5★-
35	内蒙古大学	5★-	47	中南民族大学	5★-			
36	中国矿业大学	5★-	48	首都医科大学	5★-			

4★(58个)：西南政法大学、中央民族大学、福州大学、山西农业大学、哈尔滨医科大学、北京航空航天大学、江苏大学、暨南大学、西南财经大学、南方医科大学、安徽财经大学、山东师范大学、黑龙江大学、广西大学、广西师范大学、中国地质大学(北京)、浙江工业大学、武汉科技大学、广州大学、中国海洋大学、云南民族大学、江西师范大学、浙江中医药大学、内蒙古师范大学、东北农业大学、湖北大学、浙江工商大学、贵州财经大学、深圳大学、上海海事大学、河北农业大学、湖南大学、浙江大学、吉林大学、杭州师范大学、天津师范大学、广西民族大学、河北地质大学、江西财经大学、安徽工业大学、苏州大学、重庆工商大学、大连海事大学、广州中医药大学、重庆大学、南京信息工程大学、南京中医药大学、南京审计大学、广东外语外贸大学、福建江夏学院、重庆医科大学、南京特殊教育师范学院、广西医科大学、四川农业大学、成都中医药大学、贵州民族大学、华北水利水电大学、海南大学

3★(175个)，2★(233个)，1★(58个)：名单略

1205 图书情报与档案管理类（51）

排名	学校名称	星级	排名	学校名称	星级	排名	学校名称	星级
1	武汉大学	5★+	3	中山大学	5★	5	湘潭大学	5★-
2	南京大学	5★	4	中国人民大学	5★-			

4★(5个)：北京大学、南开大学、黑龙江大学、郑州大学、河北大学

3★(16个)，2★(20个)，1★(5个)：名单略

1206 物流管理与工程类（515）

排名	学校名称	星级	排名	学校名称	星级	排名	学校名称	星级
1	北京物资学院	5★+	9	东南大学	5★	17	华中科技大学	5★
2	上海海事大学	5★+	10	云南财经大学	5★	18	浙江工商大学	5★
3	大连海事大学	5★+	11	东北财经大学	5★	19	河南工业大学	5★
4	西南交通大学	5★+	12	福州大学	5★	20	北京工商大学	5★
5	中南林业科技大学	5★+	13	重庆交通大学	5★	21	南京财经大学	5★
6	北京交通大学	5★	14	重庆工商大学	5★	22	湖南工商大学	5★
7	武汉理工大学	5★	15	同济大学	5★	23	上海对外经贸大学	5★
8	哈尔滨商业大学	5★	16	浙江万里学院	5★	24	江西财经大学	5★

续表

排名	学校名称	星级	排名	学校名称	星级	排名	学校名称	星级
25	对外经济贸易大学	5★	35	华东理工大学	5★-	45	山东财经大学	5★-
26	合肥工业大学	5★	36	临沂大学	5★-	46	曲阜师范大学	5★-
27	长安大学	5★-	37	安庆师范大学	5★-	47	内蒙古财经大学	5★-
28	成都工业学院	5★-	38	南京信息工程大学	5★-	48	南宁师范大学	5★-
29	天津科技大学	5★-	39	湖北经济学院	5★-	49	华南理工大学	5★-
30	厦门华厦学院	5★-	40	兰州交通大学	5★-	50	集美大学	5★-
31	广州大学	5★-	41	石家庄铁道大学	5★-	51	郑州轻工业大学	5★-
32	太原理工大学	5★-	42	宁波大学	5★-	52	西安邮电大学	5★-
33	安徽大学	5★-	43	华东交通大学	5★-			
34	长沙理工大学	5★-	44	长江大学	5★-			

4★（51 个）：贵州财经大学、新疆财经大学、常州工学院、天津大学、吉林大学、广州工商学院、大连理工大学、苏州大学、重庆大学、西南财经大学、中南财经政法大学、山西财经大学、重庆第二师范学院、天津财经大学、深圳大学、渤海大学、中央财经大学、北京化工大学、北京科技大学、南开大学、华南师范大学、武汉纺织大学、江苏大学、武汉大学、郑州科技学院、广州商学院、广东财经大学、武汉轻工大学、广东理工学院、桂林航天工业学院、武汉商学院、信阳农林学院、贵州商学院、桂林电子科技大学、河南财政金融学院、四川工业科技学院、太原学院、上海工程技术大学、郑州财经学院、中国民航大学、湖南应用技术学院、武夷学院、东华大学、湖南工学院、江西应用科技学院、福建江夏学院、内蒙古工业大学、商丘师范学院、浙江海洋大学、郑州大学、广西科技师范学院

3★（155 个），2★（206 个），1★（51 个）：名单略

1207 工业工程类（149）

排名	学校名称	星级	排名	学校名称	星级	排名	学校名称	星级
1	清华大学	5★+	6	北京理工大学	5★	11	南京大学	5★-
2	天津大学	5★	7	中国计量大学	5★	12	温州大学	5★-
3	上海交通大学	5★	8	东北大学	5★-	13	电子科技大学	5★-
4	华中科技大学	5★	9	南京航空航天大学	5★-	14	西安交通大学	5★-
5	浙江工业大学	5★	10	西北工业大学	5★-	15	北京航空航天大学	5★-

4★（15 个）：山东科技大学、西南交通大学、南昌航空大学、郑州航空工业管理学院、武汉科技大学、桂林电子科技大学、合肥工业大学、山东工商学院、江苏科技大学、大连交通大学、燕山大学、北京交通大学、湖南大学、福州大学、天津理工大学

3★（45 个），2★（59 个），1★（15 个）：名单略

1208 电子商务类（502）

排名	学校名称	星级	排名	学校名称	星级	排名	学校名称	星级
1	山东财经大学	5★+	7	西安交通大学	5★	13	东北财经大学	5★
2	对外经济贸易大学	5★+	8	浙江工商大学	5★	14	西安财经大学	5★
3	广东财经大学	5★+	9	厦门大学	5★	15	北京交通大学	5★
4	中央财经大学	5★+	10	云南财经大学	5★	16	江西财经大学	5★
5	北京邮电大学	5★+	11	河南工业大学	5★	17	西安邮电大学	5★
6	杭州师范大学	5★	12	湖南大学	5★	18	合肥工业大学	5★

续表

排名	学校名称	星级	排名	学校名称	星级	排名	学校名称	星级
19	上海财经大学	5★	30	东华大学	5★-	41	武汉工程大学	5★-
20	南京大学	5★	31	南昌大学	5★-	42	广州南方学院	5★-
21	武汉大学	5★	32	上海商学院	5★-	43	广州大学	5★-
22	郑州大学	5★	33	西昌学院	5★-	44	西安科技大学	5★-
23	浙江万里学院	5★	34	吉林财经大学	5★-	45	华南理工大学	5★-
24	河南财经政法大学	5★	35	阳光学院	5★-	46	北京联合大学	5★-
25	华中师范大学	5★	36	湖南人文科技学院	5★-	47	天津大学	5★-
26	闽江学院	5★-	37	洛阳师范学院	5★-	48	五邑大学	5★-
27	天津商业大学	5★-	38	湖北工业大学	5★-	49	北京工商大学	5★-
28	浙江师范大学	5★-	39	河北科技大学	5★-	50	成都信息工程大学	5★-
29	武汉理工大学	5★-	40	南京邮电大学	5★-			
4★(50个)：安徽财经大学、安徽大学、西北政法大学、大连海事大学、广东工业大学、成都东软学院、江西工程学院、华侨大学、哈尔滨工程大学、首都经济贸易大学、深圳大学、广东金融学院、湖南信息学院、大连理工大学、泉州信息工程学院、暨南大学、中南财经政法大学、西南财经大学、南京财经大学、东南大学、燕山大学、武汉商学院、郑州财经学院、华南师范大学、广东外语外贸大学、河南大学、哈尔滨工业大学、上海师范大学、湘潭大学、广州商学院、郑州科技学院、重庆工程学院、大连东软信息学院、电子科技大学、广州航海学院、西安培华学院、商丘师范学院、河北工程技术学院、武汉工商学院、浙江财经大学、贵州商学院、广东东软学院、西京学院、阜阳师范大学、湖南财政经济学院、南开大学、湖北商贸学院、湖南涉外经济学院、南昌理工学院、贵州师范大学								
3★(151个)，2★(201个)，1★(50个)：名单略								

1209 旅游管理类（527）

排名	学校名称	星级	排名	学校名称	星级	排名	学校名称	星级
1	北京第二外国语学院	5★+	19	哈尔滨商业大学	5★	37	黄山学院	5★-
2	桂林旅游学院	5★+	20	广东财经大学	5★	38	西安外国语大学	5★-
3	南开大学	5★+	21	江西科技师范大学	5★	39	燕山大学	5★-
4	中山大学	5★+	22	新疆大学	5★	40	湘潭大学	5★-
5	华侨大学	5★+	23	湖北大学	5★	41	山西财经大学	5★-
6	华南理工大学	5★	24	南昌大学	5★	42	西北师范大学	5★-
7	北京联合大学	5★	25	浙江工商大学	5★	43	南京师范大学	5★-
8	海南大学	5★	26	安徽师范大学	5★	44	青岛大学	5★-
9	湖南师范大学	5★	27	云南大学	5★-	45	江西财经大学	5★-
10	华南师范大学	5★	28	上海对外经贸大学	5★-	46	浙江万里学院	5★-
11	云南财经大学	5★	29	中南林业科技大学	5★-	47	新疆财经大学	5★-
12	上海师范大学	5★	30	陕西师范大学	5★-	48	贵州师范大学	5★-
13	桂林理工大学	5★	31	广州大学	5★-	49	河南大学	5★-
14	厦门大学	5★	32	中南财经政法大学	5★-	50	湖南工商大学	5★-
15	福建师范大学	5★	33	西南民族大学	5★-	51	内蒙古财经大学	5★-
16	河北经贸大学	5★	34	复旦大学	5★-	52	山西大学	5★-
17	暨南大学	5★	35	宁波大学	5★-	53	贵州财经大学	5★-
18	天津商业大学	5★	36	中国海洋大学	5★-			

续表

4★(52个)：重庆交通大学、新疆师范大学、吉首大学、黑龙江大学、中国地质大学(武汉)、重庆师范大学、成都信息工程大学、海南热带海洋学院、河南财经政法大学、上海商学院、成都大学、浙江外国语学院、四川农业大学、长春大学旅游学院、湖北经济学院、珠海科技学院、昆明学院、四川大学、华中师范大学、郑州大学、贵州大学、沈阳城市学院、沈阳大学、洛阳师范学院、三峡大学、华东师范大学、安徽大学、长沙学院、河北地质大学、四川旅游学院、北方民族大学、鲁东大学、泰山学院、大理大学、西安文理学院、南京晓庄学院、贺州学院、内蒙古大学、成都体育学院、青海民族大学、沈阳师范大学、贵州商学院、西南财经大学、浙江越秀外国语学院、云南师范大学、太原学院、扬州大学、东北财经大学、四川师范大学、广西师范大学、西北大学、三亚学院
3★(159个)，2★(210个)，1★(53个)：名单略

1301 艺术学理论类（36）

排名	学校名称	星级	排名	学校名称	星级	排名	学校名称	星级
1	中国美术学院	5★	3	北京大学	5★-			
2	南京艺术学院	5★	4	中央美术学院	5★-			
4★(3个)：清华大学、上海戏剧学院、广西艺术学院								
3★(11个)，2★(14个)，1★(4个)：名单略								

1302 音乐与舞蹈学类（519）

排名	学校名称	星级	排名	学校名称	星级	排名	学校名称	星级
1	上海音乐学院	5★+	19	吉林艺术学院	5★	37	河北师范大学	5★-
2	西安音乐学院	5★+	20	陕西师范大学	5★	38	河南师范大学	5★-
3	湖南师范大学	5★+	21	四川师范大学	5★	39	西南民族大学	5★-
4	星海音乐学院	5★+	22	江西师范大学	5★	40	华南师范大学	5★-
5	中央音乐学院	5★+	23	安徽师范大学	5★	41	河南大学	5★-
6	四川音乐学院	5★	24	首都师范大学	5★	42	沈阳师范大学	5★-
7	北京舞蹈学院	5★	25	中央民族大学	5★	43	山西大学	5★-
8	沈阳音乐学院	5★	26	延边大学	5★	44	浙江师范大学	5★-
9	南京艺术学院	5★	27	上海师范大学	5★-	45	济南大学	5★-
10	福建师范大学	5★	28	北京师范大学	5★-	46	南京师范大学	5★-
11	中国音乐学院	5★	29	西北民族大学	5★-	47	云南师范大学	5★-
12	东北师范大学	5★	30	内蒙古艺术学院	5★-	48	上海戏剧学院	5★-
13	天津音乐学院	5★	31	西南大学	5★-	49	广西师范大学	5★-
14	武汉音乐学院	5★	32	贵州民族大学	5★-	50	华东师范大学	5★-
15	山东师范大学	5★	33	华中师范大学	5★-	51	山东大学	5★-
16	浙江音乐学院	5★	34	哈尔滨师范大学	5★-	52	洛阳师范学院	5★-
17	山东艺术学院	5★	35	云南艺术学院	5★-			
18	广西艺术学院	5★	36	新疆师范大学	5★-			

续表

4★(52个)：中国传媒大学、哈尔滨音乐学院、山西师范大学、青岛大学、郑州大学、齐齐哈尔大学、深圳大学、周口师范学院、厦门大学、内蒙古师范大学、天津师范大学、山东青年政治学院、曲阜师范大学、宁波大学、西北师范大学、西藏大学、中国戏曲学院、武汉体育学院、西安体育学院、四川大学、浙江传媒学院、聊城大学、临沂大学、湖南文理学院、重庆师范大学、佳木斯大学、南昌大学、大连大学、新疆艺术学院、扬州大学、湖南科技大学、肇庆学院、上海大学、苏州大学、江南大学、燕山大学、广州大学、江苏师范大学、兰州城市学院、上饶师范学院、潍坊学院、天津体育学院、哈尔滨体育学院、四川工商学院、江西科技师范大学、辽宁师范大学、南通大学、滨州学院、海口经济学院、湖南人文科技学院、吉首大学、广东海洋大学

3★(156个)，2★(207个)，1★(52个)：名单略

1303 戏剧与影视学类(506)

排名	学校名称	星级	排名	学校名称	星级	排名	学校名称	星级
1	中国传媒大学	5★+	18	武汉大学	5★	35	浙江师范大学	5★-
2	北京电影学院	5★+	19	华东师范大学	5★	36	东北师范大学	5★-
3	上海戏剧学院	5★+	20	南京传媒学院	5★	37	新乡学院	5★-
4	中央戏剧学院	5★+	21	河北传媒学院	5★	38	河北大学	5★-
5	南京艺术学院	5★+	22	新疆艺术学院	5★	39	鲁迅美术学院	5★-
6	浙江传媒学院	5★	23	四川音乐学院	5★	40	武汉理工大学	5★-
7	山西传媒学院	5★	24	山东艺术学院	5★	41	厦门大学	5★-
8	中国戏曲学院	5★	25	中国美术学院	5★	42	杭州师范大学	5★-
9	上海大学	5★	26	福建师范大学	5★-	43	北京服装学院	5★-
10	吉林艺术学院	5★	27	黄淮学院	5★-	44	广州美术学院	5★-
11	四川师范大学	5★	28	重庆大学	5★-	45	南京大学	5★-
12	四川美术学院	5★	29	北京师范大学	5★-	46	沈阳师范大学	5★-
13	云南艺术学院	5★	30	上海师范大学	5★-	47	武汉音乐学院	5★-
14	西南大学	5★	31	成都大学	5★-	48	内蒙古艺术学院	5★-
15	江西师范大学	5★	32	南京师范大学	5★-	49	广州大学	5★-
16	哈尔滨师范大学	5★	33	天津工业大学	5★-	50	山东师范大学	5★-
17	陕西师范大学	5★	34	吉林动画学院	5★-	51	西北师范大学	5★-

4★(50个)：同济大学、西北大学、山西师范大学、曲阜师范大学、天津师范大学、山东青年政治学院、南京信息工程大学、星海音乐学院、广西艺术学院、辽宁师范大学、黄冈师范学院、暨南大学、青岛农业大学、山西大学、湖北文理学院、池州学院、浙江工业大学、西安美术学院、深圳大学、北京印刷学院、邢台学院、景德镇陶瓷大学、天津音乐学院、郑州轻工业大学、南昌理工学院、重庆邮电大学、陕西科技大学、河南大学、武汉传媒学院、内蒙古大学、河北美术学院、大连艺术学院、汉口学院、北京大学、长春师范大学、武夷学院、成都文理学院、临沂大学、辽宁传媒学院、东南大学、安徽师范大学、吉林体育学院、沈阳音乐学院、西安工程大学、福州外语外贸学院、湖北美术学院、江西科技师范大学、重庆师范大学、辽宁大学、西安体育学院

3★(152个)，2★(202个)，1★(51个)：名单略

1304 美术学类（456）

排名	学校名称	星级	排名	学校名称	星级	排名	学校名称	星级
1	中央美术学院	5★+	17	南京师范大学	5★	33	苏州大学	5★−
2	中国美术学院	5★+	18	四川大学	5★	34	华东师范大学	5★−
3	广州美术学院	5★+	19	云南艺术学院	5★	35	景德镇陶瓷大学	5★−
4	南京艺术学院	5★+	20	天津美术学院	5★	36	广西师范大学	5★−
5	西安美术学院	5★+	21	西北师范大学	5★	37	中国人民大学	5★−
6	四川美术学院	5★	22	西南大学	5★	38	河北师范大学	5★−
7	鲁迅美术学院	5★	23	陕西师范大学	5★	39	云南大学	5★−
8	广西艺术学院	5★	24	山东师范大学	5★−	40	上海师范大学	5★−
9	湖北美术学院	5★	25	山东工艺美术学院	5★−	41	河南大学	5★−
10	湖南师范大学	5★	26	吉林艺术学院	5★−	42	郑州大学	5★−
11	山东艺术学院	5★	27	四川师范大学	5★−	43	南通大学	5★−
12	首都师范大学	5★	28	内蒙古师范大学	5★−	44	西藏大学	5★−
13	上海大学	5★	29	华中师范大学	5★−	45	杭州师范大学	5★−
14	东北师范大学	5★	30	浙江师范大学	5★−	46	北京师范大学	5★−
15	哈尔滨师范大学	5★	31	江苏师范大学	5★−			
16	福建师范大学	5★	32	清华大学	5★−			

4★（45个）：山东大学、浙江传媒学院、中央民族大学、北京电影学院、内蒙古艺术学院、青岛大学、西安交通大学、曲阜师范大学、沈阳师范大学、淮北师范大学、渤海大学、江西师范大学、新疆师范大学、北京服装学院、聊城大学、湖南科技大学、深圳大学、浙江大学、华南师范大学、东南大学、河南师范大学、西南民族大学、安徽师范大学、天津师范大学、云南师范大学、厦门大学、扬州大学、浙江理工大学、山西大学、山东建筑大学、江苏大学、河北美术学院、贵州师范大学、吉林大学、吉林师范大学、西北大学、四川音乐学院、佳木斯大学、新疆艺术学院、福州大学、长春师范大学、海南师范大学、长沙师范学院、鲁东大学、齐齐哈尔大学

3★（137个），2★（182个），1★（46个）：名单略

1305 设计学类（871）

排名	学校名称	星级	排名	学校名称	星级	排名	学校名称	星级
1	山东工艺美术学院	5★+	13	武汉理工大学	5★	25	广西艺术学院	5★
2	南京艺术学院	5★+	14	大连工业大学	5★	26	云南艺术学院	5★
3	四川美术学院	5★+	15	吉林艺术学院	5★	27	同济大学	5★
4	西安美术学院	5★+	16	山东艺术学院	5★	28	南京林业大学	5★
5	北京服装学院	5★+	17	郑州轻工业大学	5★	29	东华大学	5★
6	鲁迅美术学院	5★+	18	湖南工业大学	5★	30	福州大学	5★
7	湖北美术学院	5★+	19	浙江理工大学	5★	31	天津美术学院	5★
8	清华大学	5★+	20	长沙理工大学	5★	32	西安工程大学	5★
9	中国美术学院	5★+	21	景德镇陶瓷大学	5★	33	湖北工业大学	5★
10	苏州大学	5★	22	华东师范大学	5★	34	中国传媒大学	5★
11	江南大学	5★	23	广东工业大学	5★	35	东北师范大学	5★
12	广州美术学院	5★	24	齐鲁工业大学	5★	36	上海大学	5★

续表

排名	学校名称	星级	排名	学校名称	星级	排名	学校名称	星级
37	武汉纺织大学	5★	54	广西师范大学	5★-	71	湖南理工学院	5★-
38	上海视觉艺术学院	5★	55	北京理工大学	5★-	72	杭州师范大学	5★-
39	四川师范大学	5★	56	西安建筑科技大学	5★-	73	昆明理工大学	5★-
40	江西财经大学	5★	57	温州大学	5★-	74	陕西科技大学	5★-
41	中南林业科技大学	5★	58	扬州大学	5★-	75	兰州文理学院	5★-
42	华南理工大学	5★	59	山西大学	5★-	76	大连理工大学	5★-
43	北京印刷学院	5★	60	山东大学	5★-	77	金陵科技学院	5★-
44	中央美术学院	5★	61	徐州工程学院	5★-	78	齐齐哈尔大学	5★-
45	湖南师范大学	5★-	62	安徽工程大学	5★-	79	河北工业大学	5★-
46	汕头大学	5★-	63	中央民族大学	5★-	80	哈尔滨师范大学	5★-
47	北京工业大学	5★-	64	上海理工大学	5★-	81	黑龙江大学	5★-
48	云南大学	5★-	65	河北科技大学	5★-	82	贺州学院	5★-
49	中国地质大学(武汉)	5★-	66	安徽大学	5★-	83	云南民族大学	5★-
50	内蒙古师范大学	5★-	67	南京信息工程大学	5★-	84	中南民族大学	5★-
51	天津理工大学	5★-	68	吉林动画学院	5★-	85	华侨大学	5★-
52	桂林电子科技大学	5★-	69	西南交通大学	5★-	86	湖北大学	5★-
53	西安工业大学	5★-	70	吉林建筑大学	5★-	87	浙江工商大学	5★-

4★(87个):江苏大学、常州工学院、中原工学院、黄山学院、天津师范大学、河南工业大学、盐城工学院、大连艺术学院、海南大学、北京邮电大学、辽东学院、北京城市学院、天津工业大学、浙江万里学院、北京联合大学、上海工程技术大学、苏州科技大学、九江学院、江西服装学院、海南师范大学、太原理工大学、兰州财经大学、上海第二工业大学、湖南科技大学、内蒙古艺术学院、曲阜师范大学、大连民族大学、湖南工商大学、重庆文理学院、华南农业大学、华中科技大学、集美大学、湖北科技学院、北京航空航天大学、深圳大学、宁波财经学院、四川大学、武汉大学、湖北工程学院、江西科技师范大学、嘉兴学院、河北美术学院、哈尔滨理工大学、德州学院、黄淮学院、厦门理工学院、西安交通大学、北京师范大学、商丘师范学院、成都大学、浙江科技学院、安徽建筑大学、广东技术师范大学、燕京理工学院、浙江大学、重庆大学、北海艺术设计学院、湖南工程学院、四川农业大学、上海音乐学院、许昌学院、闽江学院、燕山大学、渭南师范学院、华东理工大学、北京林业大学、浙江工业大学、湘南学院、湖南女子学院、武汉东湖学院、闽南理工学院、上海交通大学、山东建筑大学、临沂大学、天津大学、南昌大学、西南大学、哈尔滨商业大学、武汉设计工程学院、西安欧亚学院、哈尔滨广厦学院、江汉大学、西南林业大学、新乡学院、广西科技大学、邢台学院、东南大学

3★(262个),2★(348个),1★(87个):名单略

中国大学本科教育分专业竞争力排行榜

010101 哲学（73）

排名	学校名称	星级	排名	学校名称	星级	排名	学校名称	星级
1	北京大学	5★+	4	复旦大学	5★	7	吉林大学	5★-
2	清华大学	5★	5	中国人民大学	5★-			
3	南京大学	5★	6	中山大学	5★-			
4★（8 个）：山东大学、华东师范大学、北京师范大学、武汉大学、南开大学、南京师范大学、山西大学、黑龙江大学								
3★（22 个），2★（29 个），1★（7 个）：名单略								

020101 经济学（348）

排名	学校名称	星级	排名	学校名称	星级	排名	学校名称	星级
1	中国人民大学	5★+	13	湖南大学	5★	25	山西财经大学	5★-
2	复旦大学	5★+	14	山东大学	5★	26	江西财经大学	5★-
3	南开大学	5★+	15	辽宁大学	5★	27	湘潭大学	5★-
4	上海财经大学	5★	16	暨南大学	5★	28	云南大学	5★-
5	北京大学	5★	17	中南财经政法大学	5★	29	湖南师范大学	5★-
6	武汉大学	5★	18	四川大学	5★-	30	云南财经大学	5★-
7	南京大学	5★	19	福建师范大学	5★-	31	深圳大学	5★-
8	清华大学	5★	20	东北财经大学	5★-	32	中国政法大学	5★-
9	厦门大学	5★	21	河南大学	5★-	33	山西大学	5★-
10	中央财经大学	5★	22	西北大学	5★-	34	北京交通大学	5★-
11	吉林大学	5★	23	陕西师范大学	5★-	35	首都经济贸易大学	5★-
12	北京师范大学	5★	24	华中科技大学	5★-			
4★（35 个）：浙江工商大学、兰州大学、中国地质大学(武汉)、浙江财经大学、四川师范大学、南京财经大学、南昌大学、重庆工商大学、山东财经大学、华南师范大学、北京理工大学、东北师范大学、安徽财经大学、哈尔滨商业大学、中国社会科学院大学、中央民族大学、西南财经大学、北京工商大学、浙江大学、中山大学、新疆财经大学、西安交通大学、青岛大学、湖南工商大学、湖南科技大学、吉林财经大学、广东外语外贸大学、湖北大学、安徽大学、扬州大学、重庆师范大学、重庆大学、黑龙江大学、西南科技大学、安徽师范大学								
3★（104 个），2★（139 个），1★（35 个）：名单略								

020102 经济统计学（134）

排名	学校名称	星级	排名	学校名称	星级	排名	学校名称	星级
1	上海财经大学	5★+	6	东北财经大学	5★	11	哈尔滨商业大学	5★-
2	对外经济贸易大学	5★	7	暨南大学	5★	12	浙江工商大学	5★-
3	中国人民大学	5★	8	江西财经大学	5★-	13	厦门大学	5★-
4	西南财经大学	5★	9	南京财经大学	5★-			
5	中南财经政法大学	5★	10	天津财经大学	5★-			

续表

4★(14个)：首都经济贸易大学、西安交通大学、新疆财经大学、河北大学、云南财经大学、湖南大学、浙江财经大学、北京工业大学、山东财经大学、中央财经大学、西北大学、辽宁大学、山西财经大学、华中科技大学
3★(40个)，2★(54个)，1★(13个)：名单略

020105T 商务经济学(19)

排名	学校名称	星级	排名	学校名称	星级	排名	学校名称	星级
1	南开大学	5★	2	兰州财经大学	5★-			
4★(2个)：湖北经济学院、福建农林大学								
3★(6个)，2★(7个)，1★(2个)：名单略								

020106T 能源经济(15)

排名	学校名称	星级	排名	学校名称	星级	排名	学校名称	星级
1	中国人民大学	5★	2	中国石油大学(北京)	5★-			
4★(1个)：山西财经大学								
3★(5个)，2★(6个)，1★(1个)：名单略								

020109T 数字经济(63)

排名	学校名称	星级	排名	学校名称	星级	排名	学校名称	星级
1	南京大学	5★+	3	浙江工商大学	5★	5	南开大学	5★-
2	中国人民大学	5★	4	中南财经政法大学	5★-	6	山东农业大学	5★-
4★(7个)：西南财经大学、浙江财经大学、湖南大学、江西财经大学、广东财经大学、长沙理工大学、安徽财经大学								
3★(19个)，2★(25个)，1★(6个)：名单略								

020201K 财政学(84)

排名	学校名称	星级	排名	学校名称	星级	排名	学校名称	星级
1	中国人民大学	5★+	4	浙江财经大学	5★	7	北京大学	5★-
2	西南财经大学	5★	5	中央财经大学	5★-	8	山东大学	5★-
3	上海财经大学	5★	6	中南财经政法大学	5★-			
4★(9个)：江西财经大学、厦门大学、南开大学、山东财经大学、东北财经大学、云南财经大学、天津财经大学、辽宁大学、对外经济贸易大学								
3★(25个)，2★(34个)，1★(8个)：名单略								

020202 税收学(90)

排名	学校名称	星级	排名	学校名称	星级	排名	学校名称	星级
1	江西财经大学	5★+	4	中国人民大学	5★	7	上海财经大学	5★-
2	西南财经大学	5★	5	中南财经政法大学	5★	8	广东财经大学	5★-
3	中央财经大学	5★	6	东北财经大学	5★-	9	浙江财经大学	5★-
4★(9个)：吉林财经大学、贵州财经大学、山东财经大学、对外经济贸易大学、南京财经大学、内蒙古财经大学、首都经济贸易大学、哈尔滨商业大学、山西财经大学								
3★(27个)，2★(36个)，1★(9个)：名单略								

020301K 金融学（387）

排名	学校名称	星级	排名	学校名称	星级	排名	学校名称	星级
1	中国人民大学	5★+	14	江西财经大学	5★	27	吉林大学	5★−
2	西南财经大学	5★+	15	南京农业大学	5★	28	复旦大学	5★−
3	对外经济贸易大学	5★+	16	云南财经大学	5★	29	浙江财经大学	5★−
4	湖南大学	5★+	17	厦门大学	5★	30	广东财经大学	5★−
5	北京大学	5★	18	天津财经大学	5★	31	长沙理工大学	5★−
6	上海财经大学	5★	19	东北财经大学	5★	32	新疆财经大学	5★−
7	西安交通大学	5★	20	重庆工商大学	5★−	33	北京交通大学	5★−
8	中山大学	5★	21	山东大学	5★−	34	山东财经大学	5★−
9	安徽财经大学	5★	22	南开大学	5★−	35	重庆大学	5★−
10	中央财经大学	5★	23	中国农业大学	5★−	36	河南财经政法大学	5★−
11	中南财经政法大学	5★	24	首都经济贸易大学	5★−	37	华南农业大学	5★−
12	华东师范大学	5★	25	暨南大学	5★−	38	上海大学	5★−
13	浙江工商大学	5★	26	山西财经大学	5★−	39	西安财经大学	5★−

4★（38 个）：中南大学、中国海洋大学、东北师范大学、深圳大学、广东外语外贸大学、上海对外经贸大学、湖南工商大学、广东金融学院、电子科技大学、华中科技大学、上海立信会计金融学院、南京财经大学、吉林财经大学、天津商业大学、大连理工大学、广西大学、西北大学、北京师范大学、郑州大学、河北经贸大学、同济大学、河南工业大学、浙江工业大学、江西师范大学、北京联合大学、西南大学、湖北经济学院、南京审计大学、贵州财经大学、兰州财经大学、上海交通大学、内蒙古财经大学、青岛大学、河北大学、内蒙古大学、黑龙江大学、北京工商大学、武汉大学

3★（117 个），2★（154 个），1★（39 个）：名单略

020302 金融工程（259）

排名	学校名称	星级	排名	学校名称	星级	排名	学校名称	星级
1	东北财经大学	5★+	10	中央财经大学	5★	19	首都经济贸易大学	5★−
2	西南财经大学	5★+	11	南京大学	5★	20	天津财经大学	5★−
3	山东财经大学	5★+	12	中国人民大学	5★	21	四川大学	5★−
4	中南财经政法大学	5★	13	武汉大学	5★	22	浙江工商大学	5★−
5	南开大学	5★	14	东南大学	5★−	23	南京林业大学	5★−
6	南京财经大学	5★	15	山西财经大学	5★−	24	上海立信会计金融学院	5★−
7	对外经济贸易大学	5★	16	西安交通大学	5★−	25	北京工商大学	5★−
8	江苏师范大学	5★	17	哈尔滨商业大学	5★−	26	长春理工大学	5★−
9	温州大学	5★	18	合肥工业大学	5★−			

4★（26 个）：浙江财经大学、厦门大学、广东理工学院、湖南科技大学、北京科技大学、广东外语外贸大学、河海大学、南京信息工程大学、厦门理工学院、安庆师范大学、安徽财经大学、华中师范大学、华中科技大学、中国计量大学、广东科技学院、广西外国语学院、宁波财经学院、湖北工程学院、苏州科技大学、中国政法大学、南京审计大学、安徽工程大学、运城学院、湖南人文科技学院、重庆师范大学、天津科技大学

3★（78 个），2★（103 个），1★（26 个）：名单略

020303 保险学（98）

排名	学校名称	星级	排名	学校名称	星级	排名	学校名称	星级
1	西南财经大学	5★+	5	中央财经大学	5★	9	湖南工商大学	5★-
2	对外经济贸易大学	5★	6	湖南大学	5★-	10	河北经贸大学	5★-
3	上海财经大学	5★	7	华东师范大学	5★-			
4	南开大学	5★	8	广东外语外贸大学	5★-			
4★(10个)：江西财经大学、首都经济贸易大学、中南财经政法大学、复旦大学、北京大学、中国人民大学、东北财经大学、广东金融学院、东北农业大学、天津理工大学								
3★(29个)，2★(39个)，1★(10个)：名单略								

020304 投资学（127）

排名	学校名称	星级	排名	学校名称	星级	排名	学校名称	星级
1	对外经济贸易大学	5★+	6	广东财经大学	5★	11	广东金融学院	5★-
2	西南财经大学	5★	7	中南财经政法大学	5★-	12	山西工程技术学院	5★-
3	安徽财经大学	5★	8	南京审计大学	5★-	13	河南财政金融学院	5★-
4	上海财经大学	5★	9	浙江工商大学	5★-			
5	中央财经大学	5★	10	南京农业大学	5★-			
4★(12个)：河南牧业经济学院、太原学院、河北经贸大学、东北财经大学、广东科技学院、福州外语外贸学院、郑州师范学院、南开大学、贵州商学院、烟台大学、武汉科技大学、天津科技大学								
3★(39个)，2★(50个)，1★(13个)：名单略								

020305T 金融数学（71）

排名	学校名称	星级	排名	学校名称	星级	排名	学校名称	星级
1	西南财经大学	5★+	4	山东财经大学	5★	7	对外经济贸易大学	5★-
2	北京大学	5★	5	北京化工大学	5★-			
3	南京财经大学	5★	6	济南大学	5★-			
4★(7个)：中南财经政法大学、天津大学、新疆财经大学、广东金融学院、重庆理工大学、东北财经大学、河南财经政法大学								
3★(22个)，2★(28个)，1★(7个)：名单略								

020306T 信用管理（23）

排名	学校名称	星级	排名	学校名称	星级	排名	学校名称	星级
1	西南财经大学	5★	2	中国人民大学	5★-			
4★(3个)：广东金融学院、上海立信会计金融学院、吉林大学、								
3★(7个)，2★(9个)，1★(2个)：名单略								

020307T 经济与金融（78）

排名	学校名称	星级	排名	学校名称	星级	排名	学校名称	星级
1	清华大学	5★+	4	汉口学院	5★	7	黄冈师范学院	5★-
2	对外经济贸易大学	5★	5	广东金融学院	5★-	8	燕山大学	5★-
3	东莞理工学院	5★	6	西安文理学院	5★-			

续表

4★（8 个）：桂林旅游学院、安徽新华学院、中国民航大学、徐州工程学院、安徽工业大学、四川工商学院、青岛农业大学、云南民族大学
3★（23 个），2★（31 个），1★（8 个）：名单略

020308T 精算学（17）

排名	学校名称	星级	排名	学校名称	星级	排名	学校名称	星级
1	对外经济贸易大学	5★	2	中央财经大学	5★−			
4★（1 个）：广东金融学院								
3★（6 个），2★（6 个），1★（2 个）：名单略								

020309T 互联网金融（55）

排名	学校名称	星级	排名	学校名称	星级	排名	学校名称	星级
1	广州商学院	5★+	3	安徽工程大学	5★	5	广东理工学院	5★−
2	广东金融学院	5★	4	安徽财经大学	5★−	6	沈阳工业大学	5★−
4★（5 个）：滇西科技师范学院、郑州工商学院、辽宁财贸学院、广州理工学院、安徽大学								
3★（17 个），2★（22 个），1★（5 个）：名单略								

020310T 金融科技（78）

排名	学校名称	星级	排名	学校名称	星级	排名	学校名称	星级
1	山东财经大学	5★+	4	上海立信会计金融学院	5★	7	西南财经大学	5★−
2	中央财经大学	5★	5	北京邮电大学	5★−	8	广东金融学院	5★−
3	重庆财经学院	5★	6	深圳大学	5★−			
4★（8 个）：湖南财政经济学院、三亚学院、东北财经大学、河北金融学院、江西财经大学、广州华商学院、郑州财经学院、华南师范大学								
3★（23 个），2★（31 个），1★（8 个）：名单略								

020401 国际经济与贸易（670）

排名	学校名称	星级	排名	学校名称	星级	排名	学校名称	星级
1	对外经济贸易大学	5★+	12	上海对外经贸大学	5★	23	云南财经大学	5★
2	湖南大学	5★+	13	北京师范大学	5★	24	新疆财经大学	5★
3	西南财经大学	5★+	14	江西财经大学	5★	25	浙江财经大学	5★
4	南开大学	5★+	15	广东外语外贸大学	5★	26	上海立信会计金融学院	5★
5	复旦大学	5★+	16	西安交通大学	5★	27	上海大学	5★
6	浙江工业大学	5★+	17	中央财经大学	5★	28	暨南大学	5★
7	吉林大学	5★+	18	厦门大学	5★	29	重庆工商大学	5★
8	中南财经政法大学	5★	19	上海财经大学	5★	30	广东财经大学	5★
9	山东大学	5★	20	山东财经大学	5★	31	首都经济贸易大学	5★
10	辽宁大学	5★	21	浙江大学	5★	32	东北财经大学	5★
11	中国人民大学	5★	22	浙江工商大学	5★	33	哈尔滨商业大学	5★

续表

排名	学校名称	星级	排名	学校名称	星级	排名	学校名称	星级
34	四川大学	5★	46	河南工业大学	5★-	58	南京审计大学	5★-
35	兰州财经大学	5★-	47	长沙理工大学	5★-	59	辽宁对外经贸学院	5★-
36	安徽财经大学	5★-	48	同济大学	5★-	60	江苏大学	5★-
37	天津财经大学	5★-	49	南通大学	5★-	61	沈阳工业大学	5★-
38	北京科技大学	5★-	50	山西财经大学	5★-	62	福州外语外贸学院	5★-
39	武汉大学	5★-	51	南京大学	5★-	63	内蒙古财经大学	5★-
40	湖北大学	5★-	52	吉林财经大学	5★-	64	云南大学	5★-
41	河南财经政法大学	5★-	53	湘潭大学	5★-	65	福建师范大学	5★-
42	宁波大学	5★-	54	天津商业大学	5★-	66	西南民族大学	5★-
43	海南大学	5★-	55	浙江万里学院	5★-	67	天津工业大学	5★-
44	南京财经大学	5★-	56	北京林业大学	5★-			
45	广西大学	5★-	57	天津师范大学	5★-			

4★(67个)：中央民族大学、中国农业大学、北京外国语大学、河北大学、中南大学、浙江理工大学、湖南财政经济学院、广东工业大学、北京工业大学、山东工商学院、广西财经学院、广西民族大学、四川外国语大学、华东理工大学、哈尔滨工业大学、华北水利水电大学、温州大学、山东师范大学、国际关系学院、西安翻译学院、贵州财经大学、北京大学、上海交通大学、河南大学、河海大学、南京农业大学、上海理工大学、河北经贸大学、北京理工大学、东北农业大学、深圳大学、南京信息工程大学、重庆大学、江南大学、西北大学、华中农业大学、西南政法大学、华侨大学、南京航空航天大学、杭州电子科技大学、华南理工大学、华中科技大学、中国海洋大学、青岛大学、东北大学、湖南科技大学、集美大学、武汉理工大学、南京师范大学、武汉轻工大学、大连海事大学、广西外国语学院、中南林业科技大学、沈阳师范大学、北京联合大学、青岛科技大学、中国地质大学(武汉)、浙江外国语学院、九江学院、上海外国语大学、安徽工业大学、南京理工大学、大连理工大学、浙江师范大学、山东农业大学、江西科技学院、南华大学

3★(201个)，2★(268个)，1★(67个)：名单略

020402 贸易经济(44)

排名	学校名称	星级	排名	学校名称	星级	排名	学校名称	星级
1	北京工商大学	5★	3	西安交通大学	5★-			
2	重庆工商大学	5★	4	山东财经大学	5★-			

4★(5个)：首都经济贸易大学、安徽财经大学、南京财经大学、湖南工商大学、河北经贸大学

3★(13个)，2★(18个)，1★(4个)：名单略

030101K 法学(583)

排名	学校名称	星级	排名	学校名称	星级	排名	学校名称	星级
1	中国政法大学	5★+	8	浙江大学	5★	15	南京师范大学	5★
2	武汉大学	5★+	9	西北政法大学	5★	16	云南大学	5★
3	中国人民大学	5★+	10	上海交通大学	5★	17	北京师范大学	5★
4	北京大学	5★+	11	清华大学	5★	18	对外经济贸易大学	5★
5	吉林大学	5★+	12	中南财经政法大学	5★	19	中国海洋大学	5★
6	西南政法大学	5★+	13	四川大学	5★	20	西南财经大学	5★
7	华东政法大学	5★	14	山东大学	5★	21	郑州大学	5★

续表

排名	学校名称	星级	排名	学校名称	星级	排名	学校名称	星级
22	中山大学	5★	35	苏州大学	5★-	48	中央财经大学	5★-
23	湘潭大学	5★	36	江西财经大学	5★-	49	安徽大学	5★-
24	北京航空航天大学	5★	37	北京理工大学	5★-	50	烟台大学	5★-
25	浙江工商大学	5★	38	湖南大学	5★-	51	山西大学	5★-
26	海南大学	5★	39	湖南师范大学	5★-	52	河北大学	5★-
27	广东外语外贸大学	5★	40	东南大学	5★-	53	宁波大学	5★-
28	中南大学	5★	41	华中科技大学	5★-	54	华南理工大学	5★-
29	大连海事大学	5★	42	新疆大学	5★-	55	河南大学	5★-
30	辽宁大学	5★-	43	上海财经大学	5★-	56	河南财经政法大学	5★-
31	厦门大学	5★-	44	黑龙江大学	5★-	57	南京大学	5★-
32	重庆大学	5★-	45	贵州大学	5★-	58	中国人民公安大学	5★-
33	南开大学	5★-	46	西安交通大学	5★-			
34	复旦大学	5★-	47	暨南大学	5★-			

4★(59个)：广东财经大学、中央民族大学、华中师范大学、华东师范大学、福州大学、天津师范大学、沈阳师范大学、广州大学、上海政法学院、福建师范大学、扬州大学、中南民族大学、河北经贸大学、天津大学、江西师范大学、东北财经大学、兰州大学、上海海事大学、辽宁师范大学、北京交通大学、北京外国语大学、安徽师范大学、广西大学、四川师范大学、青岛大学、西北大学、安徽财经大学、华南师范大学、山西财经大学、内蒙古大学、广西师范大学、首都经济贸易大学、宁夏大学、南昌大学、上海对外经贸大学、武汉理工大学、中国社会科学院大学、贵州师范大学、南京航空航天大学、同济大学、华侨大学、甘肃政法大学、山东政法学院、河海大学、南京审计大学、青海民族大学、广西民族大学、伊犁师范大学、天津财经大学、山东理工大学、西北师范大学、江西理工大学、云南财经大学、湖北经济学院、湖北大学、首都师范大学、江苏大学、外交学院、西南大学

3★(175个)，2★(233个)，1★(58个)：名单略

030102T 知识产权（92）

排名	学校名称	星级	排名	学校名称	星级	排名	学校名称	星级
1	中国计量大学	5★+	4	烟台大学	5★	7	西南政法大学	5★-
2	华东政法大学	5★	5	华南理工大学	5★	8	苏州大学	5★-
3	湘潭大学	5★	6	安徽大学	5★-	9	湖南师范大学	5★-

4★(9个)：重庆大学、暨南大学、大连理工大学、浙江工商大学、南昌大学、浙江工业大学、中南财经政法大学、西南科技大学、上海政法学院

3★(28个)，2★(37个)，1★(9个)：名单略

030201 政治学与行政学（82）

排名	学校名称	星级	排名	学校名称	星级	排名	学校名称	星级
1	北京大学	5★+	4	中国人民大学	5★	7	中山大学	5★-
2	天津师范大学	5★	5	复旦大学	5★-	8	南开大学	5★-
3	吉林大学	5★	6	中国政法大学	5★-			

4★(8个)：厦门大学、云南大学、山东大学、华东师范大学、武汉大学、中国社会科学院大学、河南师范大学、湖南师范大学

3★(25个)，2★(33个)，1★(8个)：名单略

030202 国际政治（36）

排名	学校名称	星级	排名	学校名称	星级	排名	学校名称	星级
1	北京大学	5★	3	上海外国语大学	5★-			
2	复旦大学	5★	4	中国人民大学	5★-			
4★(3 个)：暨南大学、中国政法大学、中山大学								
3★(11 个)，2★(14 个)，1★(4 个)：名单略								

030203 外交学（15）

排名	学校名称	星级	排名	学校名称	星级	排名	学校名称	星级
1	外交学院	5★	2	武汉大学	5★-			
4★(1 个)：厦门大学								
3★(5 个)，2★(6 个)，1★(1 个)：名单略								

030204T 国际事务与国际关系（16）

排名	学校名称	星级	排名	学校名称	星级	排名	学校名称	星级
1	华侨大学	5★	2	暨南大学	5★-			
4★(1 个)：国防科技大学								
3★(5 个)，2★(6 个)，1★(2 个)：名单略								

030301 社会学（89）

排名	学校名称	星级	排名	学校名称	星级	排名	学校名称	星级
1	中国人民大学	5★+	4	复旦大学	5★	7	华中师范大学	5★-
2	北京大学	5★	5	中山大学	5★-	8	华中科技大学	5★-
3	上海大学	5★	6	华东师范大学	5★-	9	吉林大学	5★-
4★(9 个)：清华大学、中南大学、中央民族大学、中国农业大学、南开大学、云南民族大学、贵州民族大学、厦门大学、山东大学								
3★(27 个)，2★(35 个)，1★(9 个)：名单略								

030302 社会工作（251）

排名	学校名称	星级	排名	学校名称	星级	排名	学校名称	星级
1	中国人民大学	5★+	10	华中师范大学	5★	19	西北师范大学	5★-
2	北京大学	5★+	11	北京科技大学	5★	20	贵州大学	5★-
3	上海大学	5★+	12	南京理工大学	5★	21	山东大学	5★-
4	复旦大学	5★	13	江苏师范大学	5★	22	四川大学	5★-
5	华中农业大学	5★	14	华东理工大学	5★-	23	山东理工大学	5★-
6	吉林大学	5★	15	华南农业大学	5★-	24	郑州大学	5★-
7	华东师范大学	5★	16	首都经济贸易大学	5★-	25	南京邮电大学	5★-
8	江西财经大学	5★	17	济南大学	5★-			
9	浙江师范大学	5★	18	杭州师范大学	5★-			

续表

4★(25个)：云南大学、山东青年政治学院、天津理工大学、内蒙古工业大学、长春理工大学、郑州轻工业大学、广西师范大学、重庆工商大学、河北大学、湖北文理学院、北京工业大学、东莞理工学院、沈阳师范大学、南京大学、厦门大学、南开大学、桂林理工大学、华北电力大学、华中科技大学、广西科技大学、中央民族大学、首都师范大学、扬州大学、新疆师范大学、上海师范大学
3★(76个)，2★(100个)，1★(25个)：名单略

030305T 家政学（12）

排名	学校名称	星级	排名	学校名称	星级	排名	学校名称	星级
1	吉林农业大学	5★						
4★(1个)：湖南女子学院								
3★(4个)，2★(5个)，1★(1个)：名单略								

030401 民族学（27）

排名	学校名称	星级	排名	学校名称	星级	排名	学校名称	星级
1	云南大学	5★	2	中央民族大学	5★－	3	中南民族大学	5★－
4★(2个)：广西民族大学、内蒙古大学								
3★(9个)，2★(10个)，1★(3个)：名单略								

030502 中国共产党历史（13）

排名	学校名称	星级	排名	学校名称	星级	排名	学校名称	星级
1	中国人民大学	5★						
4★(2个)：湘潭大学、延安大学								
3★(4个)，2★(5个)，1★(1个)：名单略								

030503 思想政治教育（292）

排名	学校名称	星级	排名	学校名称	星级	排名	学校名称	星级
1	北京师范大学	5★+	11	陕西师范大学	5★	21	首都师范大学	5★－
2	东北师范大学	5★+	12	西北师范大学	5★	22	江西师范大学	5★－
3	南京师范大学	5★+	13	湖北大学	5★	23	合肥工业大学	5★－
4	武汉大学	5★	14	山东师范大学	5★	24	新疆师范大学	5★－
5	西南大学	5★	15	福建师范大学	5★	25	曲阜师范大学	5★－
6	河海大学	5★	16	兰州大学	5★－	26	武汉理工大学	5★－
7	华中师范大学	5★	17	广西师范大学	5★－	27	河北师范大学	5★－
8	华东师范大学	5★	18	安徽师范大学	5★－	28	中南大学	5★－
9	华南师范大学	5★	19	湖南师范大学	5★－	29	天津师范大学	5★－
10	西南交通大学	5★	20	哈尔滨师范大学	5★－			
4★(29个)：吉林大学、重庆师范大学、四川师范大学、中国政法大学、郑州大学、山西师范大学、海南师范大学、海南大学、浙江师范大学、河南大学、贵州师范大学、湖南科技大学、扬州大学、新疆大学、辽宁师范大学、上海师范大学、云南师范大学、广州大学、湖南第一师范学院、湖北师范大学、西南政法大学、赣南师范大学、沈阳师范大学、南宁师范大学、温州大学、中国社会科学院大学、聊城大学、宁波大学、中南民族大学								
3★(88个)，2★(117个)，1★(29个)：名单略								

030504T 马克思主义理论(39)

排名	学校名称	星级	排名	学校名称	星级	排名	学校名称	星级
1	中国人民大学	5★	3	武汉大学	5★-			
2	山东大学	5★	4	四川大学	5★-			
4★(4个):兰州大学、南开大学、西安交通大学、复旦大学								
3★(12个),2★(15个),1★(4个):名单略								

030601K 治安学(24)

排名	学校名称	星级	排名	学校名称	星级	排名	学校名称	星级
1	中国人民公安大学	5★	2	山东警察学院	5★-			
4★(3个):四川警察学院、铁道警察学院、南京森林警察学院								
3★(7个),2★(10个),1★(2个):名单略								

030602K 侦查学(31)

排名	学校名称	星级	排名	学校名称	星级	排名	学校名称	星级
1	中国刑事警察学院	5★	2	中国人民公安大学	5★	3	广东警官学院	5★-
4★(3个):吉林警察学院、湖北警官学院、中南财经政法大学								
3★(10个),2★(12个),1★(3个):名单略								

030604TK 禁毒学(13)

排名	学校名称	星级	排名	学校名称	星级	排名	学校名称	星级
1	云南警官学院	5★						
4★(2个):中国刑事警察学院、福建警察学院								
3★(4个),2★(5个),1★(1个):名单略								

030606TK 经济犯罪侦查(17)

排名	学校名称	星级	排名	学校名称	星级	排名	学校名称	星级
1	中国刑事警察学院	5★	2	广东警官学院	5★-			
4★(1个):山东警察学院								
3★(6个),2★(6个),1★(2个):名单略								

030615TK 警务指挥与战术(17)

排名	学校名称	星级	排名	学校名称	星级	排名	学校名称	星级
1	南京森林警察学院	5★	2	福建警察学院	5★-			
4★(1个):中国人民公安大学								
3★(6个),2★(6个),1★(2个):名单略								

040101 教育学（82）

排名	学校名称	星级	排名	学校名称	星级	排名	学校名称	星级
1	北京师范大学	5★+	4	华南师范大学	5★	7	湖南师范大学	5★-
2	西南大学	5★	5	东北师范大学	5★-	8	陕西师范大学	5★-
3	华中师范大学	5★	6	首都师范大学	5★-			
4★（8 个）：天津大学、福建师范大学、河南大学、辽宁师范大学、山东师范大学、哈尔滨师范大学、曲阜师范大学、天津师范大学								
3★（25 个），2★（33 个），1★（8 个）：名单略								

040102 科学教育（43）

排名	学校名称	星级	排名	学校名称	星级	排名	学校名称	星级
1	广西师范大学	5★	3	浙江师范大学	5★-			
2	长春师范大学	5★	4	华中师范大学	5★-			
4★（5 个）：上海师范大学、四川师范大学、浙江外国语学院、杭州师范大学、郑州师范学院								
3★（13 个），2★（17 个），1★（4 个）：名单略								

040104 教育技术学（130）

排名	学校名称	星级	排名	学校名称	星级	排名	学校名称	星级
1	华东师范大学	5★+	6	曲阜师范大学	5★	11	四川师范大学	5★-
2	西南大学	5★	7	东北师范大学	5★	12	天津师范大学	5★-
3	华南师范大学	5★	8	西北师范大学	5★-	13	江南大学	5★-
4	华中师范大学	5★	9	南京师范大学	5★-			
5	陕西师范大学	5★	10	浙江师范大学	5★-			
4★（13 个）：广州大学、北京师范大学、首都师范大学、山东师范大学、河南大学、江苏师范大学、江西师范大学、哈尔滨师范大学、河北师范大学、上海师范大学、广西师范大学、新疆师范大学、湖南师范大学								
3★（39 个），2★（52 个），1★（13 个）：名单略								

040105 艺术教育（29）

排名	学校名称	星级	排名	学校名称	星级	排名	学校名称	星级
1	华东师范大学	5★	2	四川美术学院	5★-	3	福州外语外贸学院	5★-
4★（3 个）：闽南理工学院、北海艺术设计学院、潍坊科技学院								
3★（9 个），2★（11 个），1★（3 个）：名单略								

040106 学前教育（418）

排名	学校名称	星级	排名	学校名称	星级	排名	学校名称	星级
1	华东师范大学	5★+	6	西南大学	5★	11	河南大学	5★
2	北京师范大学	5★+	7	南京师范大学	5★	12	云南师范大学	5★
3	陕西师范大学	5★+	8	首都师范大学	5★	13	四川师范大学	5★
4	浙江师范大学	5★+	9	沈阳师范大学	5★	14	洛阳师范学院	5★
5	华中师范大学	5★	10	陕西学前师范学院	5★	15	杭州师范大学	5★

续表

排名	学校名称	星级	排名	学校名称	星级	排名	学校名称	星级
16	湖南师范大学	5★	25	内蒙古师范大学	5★-	34	贵州师范学院	5★-
17	福建师范大学	5★	26	淮北师范大学	5★-	35	太原师范学院	5★-
18	山东师范大学	5★	27	重庆第二师范学院	5★-	36	山东女子学院	5★-
19	长沙师范学院	5★	28	南京晓庄学院	5★-	37	渭南师范学院	5★-
20	中华女子学院	5★	29	东北师范大学	5★-	38	成都大学	5★-
21	江西师范大学	5★	30	昆明学院	5★-	39	喀什大学	5★-
22	广西师范大学	5★-	31	大庆师范学院	5★-	40	呼伦贝尔学院	5★-
23	安徽师范大学	5★-	32	河北大学	5★-	41	咸阳师范学院	5★-
24	重庆师范大学	5★-	33	新疆师范大学	5★-	42	西藏民族大学	5★-

4★(42个)：山西师范大学、黔南民族师范学院、上海师范大学、西北师范大学、宁波大学、华南师范大学、江西科技师范大学、哈尔滨师范大学、天津师范大学、南通大学、石河子大学、广州大学、贵州师范大学、辽宁师范大学、哈尔滨剑桥学院、山东英才学院、盐城师范学院、湖州师范学院、许昌学院、鞍山师范学院、赤峰学院、聊城大学、温州大学、集宁师范学院、吉林师范大学、江苏师范大学、长春师范大学、张家口学院、商丘工学院、南阳理工学院、长江大学、鲁东大学、西华师范大学、河北师范大学、深圳大学、西安文理学院、青海师范大学、河南师范大学、南昌工学院、宜春学院、湖北师范大学、曲阜师范大学

3★(125个)，2★(167个)，1★(42个)：名单略

040107 小学教育（301）

排名	学校名称	星级	排名	学校名称	星级	排名	学校名称	星级
1	东北师范大学	5★+	11	重庆第二师范学院	5★	21	扬州大学	5★-
2	首都师范大学	5★+	12	上海师范大学	5★	22	临沂大学	5★-
3	杭州师范大学	5★+	13	宁波大学	5★	23	大理大学	5★-
4	湖南第一师范学院	5★	14	江西师范大学	5★	24	青海师范大学	5★-
5	南京师范大学	5★	15	广西师范大学	5★	25	聊城大学	5★-
6	海南师范大学	5★	16	天津师范大学	5★-	26	楚雄师范学院	5★-
7	江苏师范大学	5★	17	温州大学	5★-	27	合肥师范学院	5★-
8	南京晓庄学院	5★	18	吉林师范大学	5★-	28	河北民族师范学院	5★-
9	华南师范大学	5★	19	鲁东大学	5★-	29	湖州师范学院	5★-
10	浙江师范大学	5★	20	集美大学	5★-	30	浙江外国语学院	5★-

4★(30个)：天水师范学院、渤海大学、岭南师范学院、长春师范大学、南通大学、延边大学、贵州师范大学、湖北第二师范学院、青岛大学、湖北师范大学、重庆师范大学、四川师范大学、广西科技师范学院、沈阳大学、内蒙古师范大学、长沙师范学院、新疆师范大学、福建师范大学、长江师范学院、安徽师范大学、盐城师范学院、西北师范大学、南阳理工学院、南宁师范大学、江苏理工学院、哈尔滨学院、江南大学、大连大学、潍坊学院、成都师范学院

3★(91个)，2★(120个)，1★(30个)：名单略

040108 特殊教育（58）

排名	学校名称	星级	排名	学校名称	星级	排名	学校名称	星级
1	北京师范大学	5★+	3	浙江师范大学	5★	5	重庆师范大学	5★-
2	华东师范大学	5★	4	西南大学	5★-	6	郑州师范学院	5★-

续表

4★(6 个)：南京特殊教育师范学院、长春大学、泉州师范学院、淮北师范大学、华中师范大学、四川师范大学
3★(17 个)，2★(23 个)，1★(6 个)：名单略

040201 体育教育（323）

排名	学校名称	星级	排名	学校名称	星级	排名	学校名称	星级
1	上海体育学院	5★+	12	西南大学	5★	23	新疆师范大学	5★−
2	北京体育大学	5★+	13	河南大学	5★	24	浙江师范大学	5★−
3	福建师范大学	5★+	14	华中师范大学	5★	25	吉首大学	5★−
4	华东师范大学	5★	15	曲阜师范大学	5★	26	扬州大学	5★−
5	北京师范大学	5★	16	陕西师范大学	5★	27	江西师范大学	5★−
6	苏州大学	5★	17	宁波大学	5★−	28	内蒙古师范大学	5★−
7	东北师范大学	5★	18	湖南师范大学	5★−	29	西安体育学院	5★−
8	天津体育学院	5★	19	河北师范大学	5★−	30	广州体育学院	5★−
9	首都体育学院	5★	20	南京师范大学	5★−	31	山东师范大学	5★−
10	华南师范大学	5★	21	山西大学	5★−	32	沈阳体育学院	5★−
11	成都体育学院	5★	22	广西师范大学	5★−			
4★(33 个)：云南师范大学、安徽师范大学、西北师范大学、郑州大学、山西师范大学、南京体育学院、河南师范大学、鲁东大学、哈尔滨师范大学、杭州师范大学、吉林体育学院、辽宁师范大学、贵州师范大学、淮北师范大学、哈尔滨体育学院、南通大学、湖南科技大学、湖南工业大学、西藏民族大学、海南师范大学、青海师范大学、广东第二师范学院、长沙师范学院、宁夏大学、成都大学、深圳大学、沈阳师范大学、长江大学、广西民族大学、四川师范大学、赣南师范大学、山东体育学院、云南大学								
3★(97 个)，2★(129 个)，1★(32 个)：名单略								

040202K 运动训练（53）

排名	学校名称	星级	排名	学校名称	星级	排名	学校名称	星级
1	武汉体育学院	5★+	3	北京体育大学	5★	5	山东体育学院	5★−
2	成都体育学院	5★	4	沈阳体育学院	5★−			
4★(6 个)：首都体育学院、吉林体育学院、天津体育学院、华南理工大学、南京体育学院、广州体育学院								
3★(16 个)，2★(21 个)，1★(5 个)：名单略								

040203 社会体育指导与管理（231）

排名	学校名称	星级	排名	学校名称	星级	排名	学校名称	星级
1	山东大学	5★+	7	南京师范大学	5★	13	湖北大学	5★−
2	华东师范大学	5★+	8	扬州大学	5★	14	上海体育学院	5★−
3	华南师范大学	5★	9	天津体育学院	5★	15	中国矿业大学	5★−
4	沈阳体育学院	5★	10	吉林大学	5★	16	中国地质大学(武汉)	5★−
5	山东体育学院	5★	11	湖南工业大学	5★	17	福建师范大学	5★−
6	首都体育学院	5★	12	湖南农业大学	5★	18	西安体育学院	5★−

续表

排名	学校名称	星级	排名	学校名称	星级	排名	学校名称	星级
19	郑州大学	5★-	21	浙江师范大学	5★-	23	安徽师范大学	5★-
20	成都体育学院	5★-	22	湖南师范大学	5★-			
4★（23个）：上海师范大学、辽宁师范大学、广州体育学院、山东师范大学、广西师范大学、海南师范大学、江西财经大学、三峡大学、湖南涉外经济学院、云南师范大学、湖北文理学院、盐城师范学院、东北大学、南京体育学院、江西师范大学、贵州师范大学、集美大学、四川师范大学、哈尔滨体育学院、中北大学、山西师范大学、淮北师范大学、河北体育学院								
3★（70个），2★（92个），1★（23个）：名单略								

040204K 武术与民族传统体育（39）

排名	学校名称	星级	排名	学校名称	星级	排名	学校名称	星级
1	武汉体育学院	5★	3	成都体育学院	5★-			
2	北京体育大学	5★	4	首都体育学院	5★-			
4★（4个）：吉首大学、沈阳体育学院、山东体育学院、湖南师范大学								
3★（12个），2★（15个），1★（4个）：名单略								

040205 运动人体科学（16）

排名	学校名称	星级	排名	学校名称	星级	排名	学校名称	星级
1	北京体育大学	5★	2	南京体育学院	5★-			
4★（1个）：吉林体育学院、								
3★（5个），2★（6个），1★（2个）：名单略								

040206T 运动康复（79）

排名	学校名称	星级	排名	学校名称	星级	排名	学校名称	星级
1	北京体育大学	5★+	4	成都体育学院	5★	7	苏州大学	5★-
2	武汉体育学院	5★	5	天津体育学院	5★-	8	首都体育学院	5★-
3	上海体育学院	5★	6	大连理工大学	5★-			
4★（8个）：湖北中医药大学、山西医科大学、哈尔滨体育学院、山东中医药大学、潍坊医学院、吉利学院、贵州中医药大学时珍学院、贵州中医药大学								
3★（24个），2★（31个），1★（8个）：名单略								

040207T 休闲体育（89）

排名	学校名称	星级	排名	学校名称	星级	排名	学校名称	星级
1	首都体育学院	5★+	4	湖北经济学院	5★	7	曲阜师范大学	5★-
2	广州体育学院	5★	5	上海体育学院	5★-	8	南京体育学院	5★-
3	山东体育学院	5★	6	成都体育学院	5★-	9	常州大学	5★-
4★（9个）：四川旅游学院、武汉商学院、深圳大学、沈阳体育学院、海南大学、安徽师范大学、河北传媒学院、四川外国语大学成都学院、武汉华夏理工学院								
3★（27个），2★（35个），1★（9个）：名单略								

040208T 体能训练（13）

排名	学校名称	星级	排名	学校名称	星级	排名	学校名称	星级
1	上海体育学院	5★						

4★（2 个）：郑州商学院、成都体育学院

3★（4 个），2★（5 个），1★（1 个）：名单略

050101 汉语言文学（615）

排名	学校名称	星级	排名	学校名称	星级	排名	学校名称	星级
1	北京师范大学	5★+	22	苏州大学	5★	43	贵州师范大学	5★−
2	南京大学	5★+	23	西北大学	5★	44	曲阜师范大学	5★−
3	北京大学	5★+	24	西南大学	5★	45	内蒙古大学	5★−
4	武汉大学	5★+	25	华中师范大学	5★	46	哈尔滨师范大学	5★−
5	复旦大学	5★+	26	清华大学	5★	47	黑龙江大学	5★−
6	浙江大学	5★+	27	上海师范大学	5★	48	云南大学	5★−
7	中山大学	5★	28	南京师范大学	5★	49	河北大学	5★−
8	华东师范大学	5★	29	华南师范大学	5★	50	湖北大学	5★−
9	中国人民大学	5★	30	扬州大学	5★	51	辽宁大学	5★−
10	四川大学	5★	31	山东师范大学	5★	52	中国传媒大学	5★−
11	山东大学	5★	32	安徽大学	5★−	53	南昌大学	5★−
12	陕西师范大学	5★	33	河南大学	5★−	54	兰州大学	5★−
13	南开大学	5★	34	河南师范大学	5★−	55	新疆大学	5★−
14	北京语言大学	5★	35	东北师范大学	5★−	56	西南交通大学	5★−
15	首都师范大学	5★	36	四川师范大学	5★−	57	海南师范大学	5★−
16	吉林大学	5★	37	西北师范大学	5★−	58	中央民族大学	5★−
17	浙江师范大学	5★	38	广西师范大学	5★−	59	西南民族大学	5★−
18	暨南大学	5★	39	安徽师范大学	5★−	60	辽宁师范大学	5★−
19	上海大学	5★	40	江西师范大学	5★−	61	山西大学	5★−
20	福建师范大学	5★	41	天津师范大学	5★−	62	江苏师范大学	5★−
21	湖南师范大学	5★	42	河北师范大学	5★−			

4★（61 个）：闽南师范大学、中南大学、郑州大学、内蒙古师范大学、新疆师范大学、湘潭大学、海南大学、广东外语外贸大学、广州大学、杭州师范大学、贵州大学、南通大学、天津外国语大学、青岛大学、宁波大学、云南师范大学、重庆师范大学、温州大学、信阳师范学院、浙江工业大学、北京外国语大学、云南民族大学、聊城大学、鲁东大学、沈阳师范大学、延边大学、宁夏大学、绍兴文理学院、汕头大学、延安大学、渤海大学、吉林师范大学、西藏民族大学、三峡大学、中国社会科学院大学、济南大学、华侨大学、青海师范大学、淮北师范大学、厦门大学、安庆师范大学、上海交通大学、华中科技大学、湖南理工学院、深圳大学、长江大学、长春师范大学、中南民族大学、赣南师范大学、大连大学、西北民族大学、伊犁师范大学、燕山大学、中国海洋大学、内蒙古民族大学、湖南大学、阜阳师范大学、吉首大学、重庆三峡学院、宝鸡文理学院、广西民族大学

3★（185 个），2★（246 个），1★（61 个）：名单略

050102 汉语言(26)

排名	学校名称	星级	排名	学校名称	星级	排名	学校名称	星级
1	北京大学	5★	2	复旦大学	5★-	3	华中师范大学	5★-
4★(2个):厦门大学、河北师范大学								
3★(8个),2★(10个),1★(3个):名单略								

050103 汉语国际教育(320)

排名	学校名称	星级	排名	学校名称	星级	排名	学校名称	星级
1	华东师范大学	5★+	12	山东师范大学	5★	23	安徽师范大学	5★-
2	上海外国语大学	5★+	13	河北大学	5★	24	安徽大学	5★-
3	山东大学	5★+	14	天津外国语大学	5★	25	湖南师范大学	5★-
4	北京语言大学	5★	15	浙江越秀外国语学院	5★	26	黑龙江大学	5★-
5	江苏师范大学	5★	16	云南师范大学	5★	27	西北大学	5★-
6	首都师范大学	5★	17	上海大学	5★-	28	扬州大学	5★-
7	河南大学	5★	18	浙江师范大学	5★-	29	南京师范大学	5★-
8	武汉大学	5★	19	苏州大学	5★-	30	郑州大学	5★-
9	暨南大学	5★	20	南京大学	5★-	31	南开大学	5★-
10	河南师范大学	5★	21	上海师范大学	5★-	32	福建师范大学	5★-
11	北京外国语大学	5★	22	四川大学	5★-			
4★(32个):西南大学、杭州师范大学、内蒙古大学、西北师范大学、南昌大学、西安外国语大学、重庆师范大学、江西师范大学、河北师范大学、四川师范大学、中南民族大学、广西师范大学、沈阳师范大学、华侨大学、中央民族大学、西华师范大学、济南大学、湘潭大学、西南民族大学、华中科技大学、天津师范大学、辽宁师范大学、哈尔滨师范大学、西南科技大学、广西民族大学、中国传媒大学、辽宁大学、曲阜师范大学、西南交通大学、杭州电子科技大学、吉林师范大学、贵州师范大学								
3★(96个),2★(128个),1★(32个):名单略								

050104 中国少数民族语言文学(33)

排名	学校名称	星级	排名	学校名称	星级	排名	学校名称	星级
1	中央民族大学	5★	2	西北民族大学	5★	3	内蒙古师范大学	5★-
4★(4个):西南民族大学、贵州民族大学、西藏大学、内蒙古大学								
3★(10个),2★(13个),1★(3个):名单略								

050107T 秘书学(89)

排名	学校名称	星级	排名	学校名称	星级	排名	学校名称	星级
1	陕西师范大学	5★+	4	四川师范大学	5★	7	山东师范大学	5★-
2	安徽师范大学	5★	5	广西师范大学	5★-	8	扬州大学	5★-
3	首都师范大学	5★	6	南京师范大学	5★-	9	西北师范大学	5★-
4★(9个):云南民族大学、西华师范大学、南通大学、哈尔滨师范大学、云南师范大学、江苏师范大学、云南农业大学、安庆师范大学、韩山师范学院								
3★(27个),2★(35个),1★(9个):名单略								

050201 英语（928）

排名	学校名称	星级	排名	学校名称	星级	排名	学校名称	星级
1	上海外国语大学	5★+	32	西安外国语大学	5★	63	天津外国语大学	5★-
2	广东外语外贸大学	5★+	33	广西大学	5★	64	安徽师范大学	5★-
3	北京外国语大学	5★+	34	河南大学	5★	65	宁夏大学	5★-
4	上海交通大学	5★+	35	中山大学	5★	66	中国海洋大学	5★-
5	南京大学	5★+	36	同济大学	5★	67	山东师范大学	5★-
6	北京大学	5★+	37	南开大学	5★	68	青岛大学	5★-
7	四川外国语大学	5★+	38	复旦大学	5★	69	中国政法大学	5★-
8	湖南师范大学	5★+	39	郑州大学	5★	70	吉林大学	5★-
9	清华大学	5★+	40	武汉大学	5★	71	沈阳师范大学	5★-
10	北京师范大学	5★	41	中南大学	5★	72	南昌大学	5★-
11	四川大学	5★	42	首都师范大学	5★	73	暨南大学	5★-
12	苏州大学	5★	43	西北师范大学	5★	74	吉林外国语大学	5★-
13	厦门大学	5★	44	上海师范大学	5★	75	江苏师范大学	5★-
14	大连外国语大学	5★	45	杭州师范大学	5★	76	电子科技大学	5★-
15	黑龙江大学	5★	46	浙江工商大学	5★	77	山西大学	5★-
16	西南大学	5★	47	西北工业大学	5★-	78	河北师范大学	5★-
17	华中师范大学	5★	48	浙江大学	5★-	79	贵州大学	5★-
18	东北师范大学	5★	49	宁波大学	5★-	80	广西民族大学	5★-
19	华东师范大学	5★	50	浙江师范大学	5★-	81	内蒙古大学	5★-
20	北京语言大学	5★	51	云南师范大学	5★-	82	鲁东大学	5★-
21	南京师范大学	5★	52	江西师范大学	5★-	83	太原理工大学	5★-
22	湖南大学	5★	53	深圳大学	5★-	84	河南科技大学	5★-
23	福建师范大学	5★	54	杭州电子科技大学	5★-	85	燕山大学	5★-
24	哈尔滨师范大学	5★	55	天津师范大学	5★-	86	曲阜师范大学	5★-
25	陕西师范大学	5★	56	重庆师范大学	5★-	87	扬州大学	5★-
26	山东大学	5★	57	西南交通大学	5★-	88	湘潭大学	5★-
27	北京航空航天大学	5★	58	云南大学	5★-	89	河北大学	5★-
28	北京科技大学	5★	59	四川师范大学	5★-	90	河南师范大学	5★-
29	延边大学	5★	60	南京航空航天大学	5★-	91	安徽大学	5★-
30	华南师范大学	5★	61	重庆大学	5★-	92	兰州大学	5★-
31	中国人民大学	5★	62	北京交通大学	5★-	93	北京第二外国语学院	5★-

4★(93个)：湖南科技大学、广西师范大学、武汉科技大学、赣南师范大学、南昌航空大学、山东财经大学、南华大学、大连理工大学、湖北大学、东南大学、内蒙古工业大学、哈尔滨工业大学、贵州师范大学、长沙理工大学、大连海事大学、华中科技大学、哈尔滨理工大学、武汉理工大学、华侨大学、新疆大学、中国传媒大学、外交学院、北京林业大学、国际关系学院、北方工业大学、长春师范大学、华北理工大学、南宁师范大学、西安理工大学、中国社会科学院大学、南阳师范学院、对外经济贸易大学、浙江理工大学、海南师范大学、西安翻译学院、西安交通大学、南京邮电大学、洛阳师范学院、湖南科技学院、兰州交通大学、浙江外国语学院、合肥工业大学、海南大学、国防科技大学、淮南师范学院、西北政法大学、南通大学、青海师范大学、广州大学、安庆师范大学、上海理工大学、闽南师范大学、聊城

续表

大学、西南民族大学、安徽农业大学、上海对外经贸大学、湖北民族大学、辽宁大学、贵州师范学院、上海大学、江南大学、中南民族大学、衡阳师范学院、三峡大学、西安石油大学、中国地质大学(武汉)、内蒙古民族大学、北京理工大学、浙江财经大学、华东理工大学、中国地质大学(北京)、湖南理工学院、南京理工大学、上海海事大学、河海大学、牡丹江师范学院、盐城师范学院、山西大同大学、北京邮电大学、汕头大学、东北大学、佳木斯大学、南京农业大学、辽宁师范大学、青岛科技大学、西北农林科技大学、信阳师范学院、烟台大学、中北大学、河南工业大学、中南财经政法大学、湖北工业大学、南京财经大学
3★(278 个),2★(371 个),1★(93 个):名单略

050202 俄语(157)

排名	学校名称	星级	排名	学校名称	星级	排名	学校名称	星级
1	大连外国语大学	5★+	7	四川外国语大学	5★	13	南京师范大学	5★-
2	北京大学	5★+	8	广东外语外贸大学	5★	14	新疆大学	5★-
3	北京外国语大学	5★	9	哈尔滨师范大学	5★-	15	华东师范大学	5★-
4	上海外国语大学	5★	10	西安外国语大学	5★-	16	北京第二外国语学院	5★-
5	首都师范大学	5★	11	湖南师范大学	5★-			
6	黑龙江大学	5★	12	天津外国语大学	5★-			
4★(15 个):厦门大学、华中师范大学、东北师范大学、山东大学、陕西师范大学、四川大学、哈尔滨工业大学、西南大学、山西大学、内蒙古大学、中央民族大学、浙江大学、复旦大学、延边大学、吉林大学								
3★(48 个),2★(62 个),1★(16 个):名单略								

050203 德语(110)

排名	学校名称	星级	排名	学校名称	星级	排名	学校名称	星级
1	北京外国语大学	5★+	5	上海外国语大学	5★	9	北京大学	5★-
2	大连外国语大学	5★	6	四川外国语大学	5★	10	对外经济贸易大学	5★-
3	同济大学	5★	7	西安外国语大学	5★-	11	天津外国语大学	5★-
4	广东外语外贸大学	5★	8	北京航空航天大学	5★-			
4★(11 个):青岛大学、北京第二外国语学院、北京理工大学、南京大学、浙江大学、黑龙江大学、郑州大学、中国人民大学、华东师范大学、首都师范大学、华中科技大学								
3★(33 个),2★(44 个),1★(11 个):名单略								

050204 法语(137)

排名	学校名称	星级	排名	学校名称	星级	排名	学校名称	星级
1	上海外国语大学	5★+	6	四川外国语大学	5★	11	湖南师范大学	5★-
2	北京外国语大学	5★	7	西安外国语大学	5★	12	山东大学	5★-
3	北京大学	5★	8	华东师范大学	5★-	13	吉林外国语大学	5★-
4	南京大学	5★	9	北京语言大学	5★-	14	湘潭大学	5★-
5	大连外国语大学	5★	10	武汉大学	5★-			
4★(13 个):四川大学、国际关系学院、广东外语外贸大学、厦门大学、华中师范大学、浙江大学、黑龙江大学、中国人民大学、上海交通大学、中国海洋大学、扬州大学、天津外国语大学、复旦大学								
3★(42 个),2★(54 个),1★(14 个):名单略								

050205 西班牙语（96）

排名	学校名称	星级	排名	学校名称	星级	排名	学校名称	星级
1	北京外国语大学	5★+	5	上海外国语大学	5★	9	大连外国语大学	5★-
2	广东外语外贸大学	5★	6	北京大学	5★-	10	南京大学	5★-
3	西安外国语大学	5★	7	四川外国语大学	5★-			
4	天津外国语大学	5★	8	北京第二外国语学院	5★-			

4★（9 个）：首都师范大学、吉林大学、黑龙江大学、厦门大学、浙江大学、北京语言大学、山东大学、中国人民大学、对外经济贸易大学

3★（29 个），2★（38 个），1★（10 个）：名单略

050206 阿拉伯语（39）

排名	学校名称	星级	排名	学校名称	星级	排名	学校名称	星级
1	北京大学	5★	3	上海外国语大学	5★-			
2	北京外国语大学	5★	4	北京语言大学	5★-			

4★（4 个）：北京第二外国语学院、对外经济贸易大学、四川外国语大学、天津外国语大学

3★（12 个），2★（15 个），1★（4 个）：名单略

050207 日语（450）

排名	学校名称	星级	排名	学校名称	星级	排名	学校名称	星级
1	天津外国语大学	5★+	16	东北师范大学	5★	31	海南大学	5★-
2	大连外国语大学	5★+	17	吉林大学	5★	32	四川大学	5★-
3	西安外国语大学	5★+	18	华中师范大学	5★	33	西安交通大学	5★-
4	北京外国语大学	5★+	19	北京语言大学	5★	34	上海交通大学	5★-
5	北京大学	5★+	20	南开大学	5★	35	中山大学	5★-
6	上海外国语大学	5★	21	对外经济贸易大学	5★	36	清华大学	5★-
7	黑龙江大学	5★	22	华东师范大学	5★	37	延边大学	5★-
8	广东外语外贸大学	5★	23	郑州大学	5★	38	中国人民大学	5★-
9	湖南大学	5★	24	河南师范大学	5★-	39	首都师范大学	5★-
10	四川外国语大学	5★	25	山东师范大学	5★-	40	北京科技大学	5★-
11	哈尔滨师范大学	5★	26	厦门大学	5★-	41	浙江大学	5★-
12	北京第二外国语学院	5★	27	武汉大学	5★-	42	同济大学	5★-
13	浙江工商大学	5★	28	湖南师范大学	5★-	43	东南大学	5★-
14	大连大学	5★	29	吉林外国语大学	5★-	44	重庆大学	5★-
15	山东大学	5★	30	河北大学	5★-	45	华中科技大学	5★-

4★（45 个）：复旦大学、中国海洋大学、南京师范大学、西南大学、东北大学、苏州大学、河南大学、南京航空航天大学、内蒙古大学、燕山大学、哈尔滨理工大学、天津理工大学、山东财经大学、杭州师范大学、福建师范大学、上海海事大学、宁波大学、华南师范大学、扬州大学、辽宁师范大学、南京农业大学、曲阜师范大学、辽宁大学、江西师范大学、上海师范大学、北京邮电大学、云南大学、湘潭大学、大连海事大学、河南科技大学、深圳大学、贵州大学、南通大学、上海对外经贸大学、天津科技大学、重庆师范大学、上海大学、北京理工大学、西北大学、青岛大学、西南交通大学、大连理工大学、中南财经政法大学、中南大学、国际关系学院

3★（135 个），2★（180 个），1★（45 个）：名单略

050209 朝鲜语(93)

排名	学校名称	星级	排名	学校名称	星级	排名	学校名称	星级
1	复旦大学	5★+	4	北京外国语大学	5★	7	山东大学	5★-
2	大连外国语大学	5★	5	广东外语外贸大学	5★	8	天津外国语大学	5★-
3	延边大学	5★	6	上海外国语大学	5★-	9	北京大学	5★-
4★(10个)：湖南师范大学、中国海洋大学、北京语言大学、天津师范大学、北京第二外国语学院、黑龙江大学、吉林大学、华中师范大学、四川外国语大学、西安外国语大学								
3★(28个)，2★(37个)，1★(9个)：名单略								

050212 印度尼西亚语(12)

排名	学校名称	星级	排名	学校名称	星级	排名	学校名称	星级
1	广东外语外贸大学	5★						
4★(1个)：北京大学								
3★(4个)，2★(5个)，1★(1个)：名单略								

050216 缅甸语(13)

排名	学校名称	星级	排名	学校名称	星级	排名	学校名称	星级
1	云南民族大学	5★						
4★(2个)：云南大学、广东外语外贸大学								
3★(4个)，2★(5个)，1★(1个)：名单略								

050220 泰语(44)

排名	学校名称	星级	排名	学校名称	星级	排名	学校名称	星级
1	广西民族大学	5★	3	云南民族大学	5★-			
2	广东外语外贸大学	5★	4	北京大学	5★-			
4★(5个)：大理大学、南宁师范大学、四川外国语大学、大连外国语大学、天津外国语大学								
3★(13个)，2★(18个)，1★(4个)：名单略								

050223 越南语(22)

排名	学校名称	星级	排名	学校名称	星级	排名	学校名称	星级
1	广西民族大学	5★	2	广东外语外贸大学	5★-			
4★(2个)：云南师范大学、广西大学								
3★(7个)，2★(9个)，1★(2个)：名单略								

050232 葡萄牙语(33)

排名	学校名称	星级	排名	学校名称	星级	排名	学校名称	星级
1	北京外国语大学	5★	2	上海外国语大学	5★	3	广东外语外贸大学	5★-
4★(4个)：西安外国语大学、北京语言大学、四川外国语大学成都学院、河北外国语学院								
3★(10个)，2★(13个)，1★(3个)：名单略								

050238 意大利语（22）

排名	学校名称	星级	排名	学校名称	星级	排名	学校名称	星级
1	北京外国语大学	5★	2	广东外语外贸大学	5★−			
4★(2 个)：上海外国语大学、对外经济贸易大学								
3★(7 个)，2★(9 个)，1★(2 个)：名单略								

050261 翻译（261）

排名	学校名称	星级	排名	学校名称	星级	排名	学校名称	星级
1	扬州大学	5★+	10	天津外国语大学	5★	19	浙江越秀外国语学院	5★−
2	西安外国语大学	5★+	11	复旦大学	5★	20	北京第二外国语学院	5★−
3	广东外语外贸大学	5★+	12	河北师范大学	5★	21	陕西师范大学	5★−
4	上海外国语大学	5★	13	西北师范大学	5★	22	西南交通大学	5★−
5	大连外国语大学	5★	14	华东师范大学	5★−	23	河南大学	5★−
6	黑龙江大学	5★	15	北京外国语大学	5★−	24	广西民族大学	5★−
7	四川外国语大学	5★	16	山东大学	5★−	25	浙江外国语学院	5★−
8	北京语言大学	5★	17	西安翻译学院	5★−	26	南京信息工程大学	5★−
9	华中科技大学	5★	18	武汉大学	5★−			
4★(26 个)：湖南工业大学、福建师范大学、北京航空航天大学、浙江大学、牡丹江师范学院、暨南大学、华中师范大学、重庆交通大学、重庆师范大学、山西大学、华东政法大学、对外经济贸易大学、华南师范大学、湖南师范大学、广东工业大学、长沙理工大学、辽宁大学、四川文理学院、曲阜师范大学、浙江师范大学、苏州大学、杭州师范大学、广西师范大学、淮北师范大学、电子科技大学、上海海事大学								
3★(79 个)，2★(104 个)，1★(26 个)：名单略								

050262 商务英语（362）

排名	学校名称	星级	排名	学校名称	星级	排名	学校名称	星级
1	华南理工大学	5★+	13	山东财经大学	5★	25	四川旅游学院	5★−
2	四川外国语大学	5★+	14	湖北经济学院	5★	26	运城学院	5★−
3	广东外语外贸大学	5★+	15	上海对外经贸大学	5★	27	长江大学	5★−
4	黑龙江大学	5★+	16	首都经济贸易大学	5★	28	广州商学院	5★−
5	西安外国语大学	5★	17	江西师范大学	5★	29	江西财经大学	5★−
6	浙江工商大学	5★	18	大连外国语大学	5★	30	广东培正学院	5★−
7	上海外国语大学	5★	19	广州航海学院	5★−	31	山西财经大学	5★−
8	中南财经政法大学	5★	20	暨南大学	5★−	32	西南财经大学	5★−
9	天津外国语大学	5★	21	广州工商学院	5★−	33	安徽财经大学	5★−
10	东北师范大学	5★	22	华中农业大学	5★−	34	广东工业大学	5★−
11	对外经济贸易大学	5★	23	浙江越秀外国语学院	5★−	35	淮南师范学院	5★−
12	天津财经大学	5★	24	江苏理工学院	5★−	36	大连理工大学	5★−

续表

4★(36个)：福建江夏学院、上海海事大学、北京第二外国语学院、北京林业大学、广东理工学院、广东科技学院、河南财政金融学院、郑州商学院、江西应用科技学院、广东金融学院、济宁学院、湖南工程学院、湖南涉外经济学院、曲阜师范大学、浙江财经大学、武汉商学院、吉林外国语大学、南京财经大学、上海财经大学、宁波工程学院、扬州大学、上海立信会计金融学院、台州学院、西安财经大学、黑龙江外国语学院、辽宁大学、重庆文理学院、贺州学院、桂林航天工业学院、萍乡学院、浙江水利水电学院、信阳农林学院、西安翻译学院、浙江万里学院、韶关学院、哈尔滨商业大学
3★(109个)，2★(145个)，1★(36个)：名单略

050301 新闻学(310)

排名	学校名称	星级	排名	学校名称	星级	排名	学校名称	星级
1	中国人民大学	5★+	12	山东大学	5★	23	陕西师范大学	5★−
2	暨南大学	5★+	13	北京大学	5★	24	天津师范大学	5★−
3	复旦大学	5★+	14	安徽大学	5★	25	云南大学	5★−
4	中国传媒大学	5★	15	中山大学	5★	26	西南政法大学	5★−
5	清华大学	5★	16	重庆大学	5★	27	兰州大学	5★−
6	南京大学	5★	17	南昌大学	5★−	28	北京外国语大学	5★−
7	四川大学	5★	18	华中科技大学	5★−	29	内蒙古大学	5★−
8	浙江大学	5★	19	华东师范大学	5★−	30	中国政法大学	5★−
9	河北大学	5★	20	湖南大学	5★−	31	西北大学	5★−
10	南京师范大学	5★	21	湖南师范大学	5★−			
11	武汉大学	5★	22	郑州大学	5★−			
4★(31个)：苏州大学、中央民族大学、山西大学、西南大学、华中师范大学、新疆大学、华东政法大学、北京工商大学、吉林大学、广西大学、中国社会科学院大学、安徽师范大学、上海大学、西北政法大学、厦门大学、东北师范大学、上海外国语大学、深圳大学、黑龙江大学、上海财经大学、湖北大学、河北经贸大学、广东外语外贸大学、河南大学、武汉体育学院、吉林师范大学、湖北经济学院、江西师范大学、山东师范大学、天津外国语大学、三江学院								
3★(93个)，2★(124个)，1★(31个)：名单略								

050302 广播电视学(152)

排名	学校名称	星级	排名	学校名称	星级	排名	学校名称	星级
1	福建师范大学	5★+	6	暨南大学	5★	11	南京大学	5★−
2	中国传媒大学	5★+	7	华中科技大学	5★	12	广州大学	5★−
3	中国人民大学	5★	8	上海大学	5★	13	浙江工业大学	5★−
4	南昌大学	5★	9	安徽大学	5★−	14	山西传媒学院	5★−
5	浙江传媒学院	5★	10	大连理工大学	5★−	15	西南政法大学	5★−
4★(15个)：成都理工大学、云南大学、中国地质大学(武汉)、山东青年政治学院、贵州师范学院、中国社会科学院大学、复旦大学、武汉大学、河北大学、郑州大学、上海师范大学、北京大学、华中师范大学、河海大学、江苏师范大学								
3★(46个)，2★(61个)，1★(15个)：名单略								

050303 广告学（254）

排名	学校名称	星级	排名	学校名称	星级	排名	学校名称	星级
1	中国传媒大学	5★+	10	厦门大学	5★	19	湖南理工学院	5★-
2	武汉大学	5★+	11	山西传媒学院	5★	20	山西大学	5★-
3	郑州大学	5★+	12	南京林业大学	5★	21	江苏师范大学	5★-
4	深圳大学	5★	13	河南大学	5★	22	西南交通大学	5★-
5	南京大学	5★	14	湖南大学	5★-	23	云南民族大学	5★-
6	河北大学	5★	15	江西师范大学	5★-	24	东北师范大学	5★-
7	暨南大学	5★	16	华南理工大学	5★-	25	复旦大学	5★-
8	广西艺术学院	5★	17	湘潭大学	5★-			
9	中国人民大学	5★	18	新疆大学	5★-			

4★（26 个）：华中农业大学、四川大学、上海师范大学、上海大学、南昌大学、湖南师范大学、北京大学、华中科技大学、山东理工大学、南京师范大学、吉林大学、闽江学院、四川农业大学、喀什大学、温州大学、安徽师范大学、黑龙江大学、浙江工业大学、同济大学、上海理工大学、北京工商大学、中国计量大学、武汉理工大学、中南民族大学、重庆工商大学、福建工程学院

3★（76 个），2★（102 个），1★（25 个）：名单略

050304 传播学（69）

排名	学校名称	星级	排名	学校名称	星级	排名	学校名称	星级
1	复旦大学	5★+	4	中国人民大学	5★-	7	中山大学	5★-
2	中国传媒大学	5★	5	武汉大学	5★-			
3	上海交通大学	5★	6	北京师范大学	5★-			

4★（7 个）：华南理工大学、西南交通大学、黑龙江大学、北京交通大学、北京大学、厦门大学、华中科技大学

3★（21 个），2★（27 个），1★（7 个）：名单略

050305 编辑出版学（33）

排名	学校名称	星级	排名	学校名称	星级	排名	学校名称	星级
1	武汉大学	5★	2	中国传媒大学	5★	3	北京印刷学院	5★-

4★（4 个）：上海理工大学、浙江传媒学院、华东师范大学、湖南师范大学

3★（10 个），2★（13 个），1★（3 个）：名单略

050306T 网络与新媒体（316）

排名	学校名称	星级	排名	学校名称	星级	排名	学校名称	星级
1	中国传媒大学	5★+	8	华中师范大学	5★	15	广东技术师范大学	5★
2	西安交通大学	5★+	9	浙江传媒学院	5★	16	南京师范大学	5★
3	四川大学	5★+	10	广东外语外贸大学	5★	17	中国政法大学	5★-
4	深圳大学	5★	11	河南工业大学	5★	18	北京交通大学	5★-
5	湖南师范大学	5★	12	上海大学	5★	19	辽宁传媒学院	5★-
6	厦门理工学院	5★	13	郑州大学	5★	20	上海外国语大学	5★-
7	暨南大学	5★	14	四川师范大学	5★	21	南京财经大学	5★-

续表

排名	学校名称	星级	排名	学校名称	星级	排名	学校名称	星级
22	西北大学	5★-	26	北京联合大学	5★-	30	广州大学	5★-
23	北京印刷学院	5★-	27	安徽大学	5★-	31	武昌首义学院	5★-
24	陕西师范大学	5★-	28	四川外国语大学	5★-	32	西安欧亚学院	5★-
25	合肥师范学院	5★-	29	华南师范大学	5★-			
4★(31个)：武汉工商学院、湖南城市学院、山西传媒学院、昌吉学院、浙江万里学院、安徽师范大学、苏州大学、西安外国语大学、广西师范大学、湖南理工学院、周口师范学院、湖北科技学院、中南财经政法大学、北京语言大学、重庆第二师范学院、内蒙古大学、沈阳师范大学、贵州民族大学、西北政法大学、河南牧业经济学院、河北东方学院、广东金融学院、浙江越秀外国语学院、河南大学、北京邮电大学、成都大学、武汉理工大学、重庆工商大学、天津外国语大学、河西学院、吉首大学								
3★(95个)，2★(126个)，1★(32个)：名单略								

050307T 数字出版(15)

排名	学校名称	星级	排名	学校名称	星级	排名	学校名称	星级
1	北京印刷学院	5★	2	中南大学	5★-			
4★(1个)：金陵科技学院								
3★(5个)，2★(6个)，1★(1个)：名单略								

060101 历史学(246)

排名	学校名称	星级	排名	学校名称	星级	排名	学校名称	星级
1	复旦大学	5★+	10	中山大学	5★	19	厦门大学	5★-
2	北京师范大学	5★+	11	华中师范大学	5★	20	西北大学	5★-
3	北京大学	5★	12	清华大学	5★	21	云南大学	5★-
4	东北师范大学	5★	13	华东师范大学	5★-	22	江西师范大学	5★-
5	四川大学	5★	14	陕西师范大学	5★-	23	山东大学	5★-
6	武汉大学	5★	15	首都师范大学	5★-	24	西南大学	5★-
7	中国人民大学	5★	16	上海师范大学	5★-	25	四川师范大学	5★-
8	南京大学	5★	17	暨南大学	5★-			
9	南开大学	5★	18	兰州大学	5★-			
4★(24个)：湖南大学、安徽大学、上海大学、浙江师范大学、华南师范大学、苏州大学、福建师范大学、河北师范大学、郑州大学、河北大学、山西大学、西北师范大学、湖南师范大学、安徽师范大学、扬州大学、中央民族大学、山东师范大学、湖北大学、中国社会科学院大学、吉林师范大学、浙江大学、吉林大学、河南大学、南京师范大学								
3★(74个)，2★(98个)，1★(25个)：名单略								

060102 世界史(19)

排名	学校名称	星级	排名	学校名称	星级	排名	学校名称	星级
1	北京大学	5★	2	首都师范大学	5★-			
4★(2个)：武汉大学、南开大学								
3★(6个)，2★(7个)，1★(2个)：名单略								

060103 考古学（29）

排名	学校名称	星级	排名	学校名称	星级	排名	学校名称	星级
1	西北大学	5★	2	吉林大学	5★－	3	北京大学	5★－
4★（3个）：山东大学、郑州大学、武汉大学								
3★（9个），2★（11个），1★（3个）：名单略								

060104 文物与博物馆学（53）

排名	学校名称	星级	排名	学校名称	星级	排名	学校名称	星级
1	复旦大学	5★＋	3	河南大学	5★	5	南京师范大学	5★－
2	陕西师范大学	5★	4	兰州大学	5★－			
4★（6个）：南开大学、四川大学、浙江大学、吉林大学、北京大学、河北东方学院								
3★（16个），2★（21个），1★（5个）：名单略								

070101 数学与应用数学（514）

排名	学校名称	星级	排名	学校名称	星级	排名	学校名称	星级
1	北京大学	5★＋	18	上海交通大学	5★	35	首都师范大学	5★－
2	北京师范大学	5★＋	19	同济大学	5★	36	福建师范大学	5★－
3	复旦大学	5★＋	20	武汉大学	5★	37	浙江师范大学	5★－
4	华东师范大学	5★＋	21	天津大学	5★	38	东北师范大学	5★－
5	山东大学	5★＋	22	中国科学技术大学	5★	39	兰州大学	5★－
6	电子科技大学	5★	23	大连理工大学	5★	40	西北工业大学	5★－
7	厦门大学	5★	24	陕西师范大学	5★	41	西安电子科技大学	5★－
8	四川大学	5★	25	新疆大学	5★	42	山东师范大学	5★－
9	西安交通大学	5★	26	华中师范大学	5★	43	江西师范大学	5★－
10	哈尔滨工业大学	5★	27	中南大学	5★－	44	西北大学	5★－
11	浙江大学	5★	28	南京大学	5★－	45	华南师范大学	5★－
12	清华大学	5★	29	西南大学	5★－	46	四川师范大学	5★－
13	中山大学	5★	30	湖南师范大学	5★－	47	山西大学	5★－
14	南开大学	5★	31	北京理工大学	5★－	48	湘潭大学	5★－
15	华南理工大学	5★	32	中国人民大学	5★－	49	苏州大学	5★－
16	北京航空航天大学	5★	33	重庆大学	5★－	50	西南交通大学	5★－
17	吉林大学	5★	34	广州大学	5★－	51	华中科技大学	5★－
4★（52个）：福州大学、湖南大学、上海大学、南京师范大学、宁波大学、安徽大学、西北师范大学、内蒙古大学、东南大学、哈尔滨工程大学、重庆师范大学、广西大学、河南师范大学、云南大学、南昌大学、青岛大学、汕头大学、上海师范大学、安徽师范大学、华东理工大学、扬州大学、曲阜师范大学、郑州大学、河北师范大学、贵州大学、中国矿业大学、哈尔滨师范大学、湖北大学、杭州师范大学、长沙理工大学、江苏大学、中国科学院大学、贵州师范大学、河南大学、华南农业大学、江苏师范大学、成都理工大学、东华大学、闽南师范大学、集美大学、湖州师范学院、上海财经大学、吉林师范大学、宁夏大学、云南师范大学、山西师范大学、天津师范大学、广西师范大学、浙江理工大学、中国计量大学、华北水利水电大学、杭州电子科技大学								
3★（154个），2★（206个），1★（51个）：名单略								

070102 信息与计算科学（303）

排名	学校名称	星级	排名	学校名称	星级	排名	学校名称	星级
1	北京航空航天大学	5★+	11	北京大学	5★	21	大连理工大学	5★-
2	山东大学	5★+	12	中国科学技术大学	5★	22	杭州电子科技大学	5★-
3	北京交通大学	5★+	13	吉林大学	5★	23	华北电力大学	5★-
4	南开大学	5★	14	武汉理工大学	5★	24	北京工业大学	5★-
5	哈尔滨工业大学	5★	15	南京邮电大学	5★	25	广州大学	5★-
6	复旦大学	5★	16	厦门大学	5★-	26	东北大学	5★-
7	武汉大学	5★	17	湘潭大学	5★-	27	南京理工大学	5★-
8	西安交通大学	5★	18	桂林电子科技大学	5★-	28	南京大学	5★-
9	南京航空航天大学	5★	19	中南大学	5★-	29	合肥工业大学	5★-
10	中山大学	5★	20	华中科技大学	5★-	30	南京信息工程大学	5★-

4★(31个)：广东工业大学、湖南师范大学、中国海洋大学、安徽理工大学、江西财经大学、哈尔滨理工大学、浙江大学、湖南科技大学、陕西科技大学、东北电力大学、太原理工大学、西南石油大学、中国矿业大学(北京)、河北工业大学、重庆邮电大学、燕山大学、湖南大学、华东交通大学、陕西师范大学、长春工业大学、武汉科技大学、浙江工业大学、华北理工大学、扬州大学、成都信息工程大学、西安电子科技大学、山西大学、新疆大学、西北工业大学、华南理工大学、四川大学

3★(91个)，2★(121个)，1★(30个)：名单略

070104T 数据计算及应用（22）

排名	学校名称	星级	排名	学校名称	星级	排名	学校名称	星级
1	上海工程技术大学	5★	2	中国地质大学(北京)	5★-			

4★(2个)：重庆邮电大学、辽宁科技大学

3★(7个)，2★(9个)，1★(2个)：名单略

070201 物理学（282）

排名	学校名称	星级	排名	学校名称	星级	排名	学校名称	星级
1	北京大学	5★+	11	四川大学	5★	21	中国科学院大学	5★-
2	清华大学	5★+	12	华中科技大学	5★	22	华南师范大学	5★-
3	中国科学技术大学	5★+	13	吉林大学	5★	23	苏州大学	5★-
4	复旦大学	5★	14	厦门大学	5★	24	陕西师范大学	5★-
5	上海交通大学	5★	15	华东师范大学	5★-	25	西北大学	5★-
6	中山大学	5★	16	山西大学	5★-	26	郑州大学	5★-
7	南京大学	5★	17	兰州大学	5★-	27	华中师范大学	5★-
8	浙江大学	5★	18	浙江师范大学	5★-	28	西北师范大学	5★-
9	武汉大学	5★	19	南开大学	5★-			
10	北京师范大学	5★	20	山东大学	5★-			

4★(28个)：山东师范大学、中国人民大学、辽宁师范大学、湖南师范大学、重庆大学、南京师范大学、曲阜师范大学、河北师范大学、四川师范大学、西南大学、宁波大学、广西大学、河南师范大学、安徽师范大学、东北师范大学、湘潭大学、福建师范大学、广西师范大学、河南大学、哈尔滨师范大学、首都师范大学、南方科技大学、山西师范大学、扬州大学、济南大学、南昌大学、江西师范大学、云南大学

3★(85个)，2★(113个)，1★(28个)：名单略

070202 应用物理学（151）

排名	学校名称	星级	排名	学校名称	星级	排名	学校名称	星级
1	中国科学技术大学	5★+	6	华南理工大学	5★	11	南京大学	5★-
2	上海大学	5★+	7	西安交通大学	5★	12	中南大学	5★-
3	北京航空航天大学	5★	8	电子科技大学	5★	13	南京航空航天大学	5★-
4	大连理工大学	5★	9	吉林大学	5★-	14	福州大学	5★-
5	北京理工大学	5★	10	同济大学	5★-	15	南开大学	5★-

4★（15个）：安徽大学、东南大学、西南交通大学、北京科技大学、东北大学、燕山大学、北京工业大学、西北大学、浙江工业大学、兰州理工大学、湖南大学、西安理工大学、浙江理工大学、中国矿业大学、太原理工大学

3★（46个），2★（60个），1★（15个）：名单略

070301 化学（304）

排名	学校名称	星级	排名	学校名称	星级	排名	学校名称	星级
1	中国科学技术大学	5★+	11	武汉大学	5★	21	扬州大学	5★-
2	厦门大学	5★+	12	华东师范大学	5★	22	陕西师范大学	5★-
3	复旦大学	5★+	13	四川大学	5★	23	西北大学	5★-
4	浙江大学	5★	14	兰州大学	5★	24	上海交通大学	5★-
5	南开大学	5★	15	湖南大学	5★	25	东北师范大学	5★-
6	中山大学	5★	16	北京师范大学	5★-	26	华中师范大学	5★-
7	北京大学	5★	17	山东大学	5★-	27	华中科技大学	5★-
8	吉林大学	5★	18	苏州大学	5★-	28	江西师范大学	5★-
9	南京大学	5★	19	华南师范大学	5★-	29	中国农业大学	5★-
10	福州大学	5★	20	郑州大学	5★-	30	河南师范大学	5★-

4★（31个）：北京理工大学、安徽大学、山西大学、西南大学、南京工业大学、浙江师范大学、河南大学、山东师范大学、辽宁师范大学、湖南师范大学、西北师范大学、湘潭大学、福建师范大学、安徽师范大学、河北师范大学、广西师范大学、山西师范大学、云南大学、黑龙江大学、新疆大学、海南师范大学、北京航空航天大学、南京师范大学、河北大学、长春工业大学、温州大学、宁波大学、贵州大学、四川师范大学、天津师范大学、内蒙古大学

3★（91个），2★（122个），1★（30个）：名单略

070302 应用化学（373）

排名	学校名称	星级	排名	学校名称	星级	排名	学校名称	星级
1	天津大学	5★+	10	华东理工大学	5★	19	上海大学	5★
2	华南理工大学	5★+	11	江南大学	5★	20	哈尔滨工业大学	5★-
3	大连理工大学	5★+	12	广东工业大学	5★	21	济南大学	5★-
4	北京化工大学	5★+	13	兰州大学	5★	22	中国石油大学(北京)	5★-
5	浙江工业大学	5★	14	西安交通大学	5★	23	中国石油大学(华东)	5★-
6	同济大学	5★	15	东华大学	5★	24	华南农业大学	5★-
7	吉林大学	5★	16	青岛科技大学	5★	25	南昌大学	5★-
8	南京大学	5★	17	武汉工程大学	5★	26	陕西科技大学	5★-
9	中南大学	5★	18	东北大学	5★	27	中国矿业大学	5★-

续表

排名	学校名称	星级	排名	学校名称	星级	排名	学校名称	星级
28	中国地质大学(武汉)	5★-	32	燕山大学	5★-	36	安徽工业大学	5★-
29	暨南大学	5★-	33	广西大学	5★-	37	辽宁大学	5★-
30	西南石油大学	5★-	34	江苏科技大学	5★-			
31	西北大学	5★-	35	东华理工大学	5★-			

4★(38个):浙江理工大学、兰州理工大学、天津理工大学、西北农林科技大学、东北农业大学、桂林理工大学、太原理工大学、河北工业大学、西南科技大学、扬州大学、东北林业大学、东莞理工学院、辽宁石油化工大学、武汉大学、青岛大学、北京大学、四川大学、长沙理工大学、东北石油大学、南开大学、青岛农业大学、湖南大学、南京理工大学、武汉纺织大学、陕西师范大学、山东理工大学、安徽工程大学、沈阳工业大学、山东农业大学、长江大学、华侨大学、汕头大学、河南农业大学、河南工业大学、东北电力大学、江西科技师范大学、江苏理工学院、安徽建筑大学

3★(112个),2★(149个),1★(37个):名单略

070303T 化学生物学(22)

排名	学校名称	星级	排名	学校名称	星级	排名	学校名称	星级
1	厦门大学	5★	2	北京大学	5★-			

4★(2个):南开大学、清华大学

3★(7个),2★(9个),1★(2个):名单略

070401 天文学(14)

排名	学校名称	星级	排名	学校名称	星级	排名	学校名称	星级
1	南京大学	5★						

4★(2个):中国科学技术大学、北京师范大学

3★(4个),2★(6个),1★(1个):名单略

070501 地理科学(170)

排名	学校名称	星级	排名	学校名称	星级	排名	学校名称	星级
1	北京师范大学	5★+	7	云南师范大学	5★	13	华南师范大学	5★-
2	华东师范大学	5★+	8	武汉大学	5★	14	贵州师范大学	5★-
3	东北师范大学	5★	9	安徽师范大学	5★	15	江西师范大学	5★-
4	陕西师范大学	5★	10	福建师范大学	5★-	16	湖南师范大学	5★-
5	山东师范大学	5★	11	北京大学	5★-	17	浙江师范大学	5★-
6	辽宁师范大学	5★	12	河南大学	5★-			

4★(17个):首都师范大学、西北师范大学、哈尔滨师范大学、西南大学、天津师范大学、云南大学、青海师范大学、华中师范大学、河北师范大学、南京大学、内蒙古师范大学、中山大学、南京师范大学、中国地质大学(武汉)、太原师范学院、鲁东大学、四川师范大学

3★(51个),2★(68个),1★(17个):名单略

070502 自然地理与资源环境（49）

排名	学校名称	星级	排名	学校名称	星级	排名	学校名称	星级
1	北京大学	5★	3	兰州大学	5★-	5	南京大学	5★-
2	北京师范大学	5★	4	河海大学	5★-			
4★(5 个)：中山大学、华南师范大学、华中师范大学、西北大学、福建师范大学								
3★(15 个)，2★(19 个)，1★(5 个)：名单略								

070503 人文地理与城乡规划（108）

排名	学校名称	星级	排名	学校名称	星级	排名	学校名称	星级
1	华东师范大学	5★+	5	西北大学	5★	9	湖南师范大学	5★-
2	中山大学	5★	6	广州大学	5★-	10	西南大学	5★-
3	北京大学	5★	7	北京联合大学	5★-	11	泉州师范学院	5★-
4	兰州大学	5★	8	华南师范大学	5★-			
4★(11 个)：东北师范大学、中国科学院大学、南京大学、北京师范大学、南京师范大学、河南大学、云南师范大学、西北师范大学、福建师范大学、河北师范大学、贵州师范大学								
3★(32 个)，2★(43 个)，1★(11 个)：名单略								

070504 地理信息科学（166）

排名	学校名称	星级	排名	学校名称	星级	排名	学校名称	星级
1	武汉大学	5★+	7	中山大学	5★	13	新疆大学	5★-
2	中国地质大学(武汉)	5★+	8	首都师范大学	5★	14	河海大学	5★-
3	华东师范大学	5★	9	兰州大学	5★-	15	山东科技大学	5★-
4	中国地质大学(北京)	5★	10	陕西师范大学	5★-	16	中南大学	5★-
5	南京师范大学	5★	11	哈尔滨师范大学	5★-	17	兰州交通大学	5★-
6	南京大学	5★	12	东北师范大学	5★-			
4★(16 个)：南京信息工程大学、江西理工大学、滁州学院、成都理工大学、北京大学、西南交通大学、北京师范大学、云南大学、云南师范大学、山东师范大学、辽宁师范大学、安徽师范大学、西北大学、河南大学、华南师范大学、湖南师范大学								
3★(50 个)，2★(66 个)，1★(17 个)：名单略								

070601 大气科学（17）

排名	学校名称	星级	排名	学校名称	星级	排名	学校名称	星级
1	南京信息工程大学	5★	2	南京大学	5★-			
4★(1 个)：兰州大学								
3★(6 个)，2★(6 个)，1★(2 个)：名单略								

070701 海洋科学（33）

排名	学校名称	星级	排名	学校名称	星级	排名	学校名称	星级
1	中国海洋大学	5★	2	厦门大学	5★	3	中国地质大学(武汉)	5★-
4★(4 个)：中山大学、浙江海洋大学、中国地质大学(北京)、同济大学								
3★(10 个)，2★(13 个)，1★(3 个)：名单略								

070702 海洋技术(24)

排名	学校名称	星级	排名	学校名称	星级	排名	学校名称	星级
1	中国海洋大学	5★	2	天津大学	5★-			
4★(3个):浙江海洋大学、上海海洋大学、厦门大学								
3★(7个),2★(10个),1★(2个):名单略								

070703T 海洋资源与环境(15)

排名	学校名称	星级	排名	学校名称	星级	排名	学校名称	星级
1	中国海洋大学	5★	2	浙江海洋大学	5★-			
4★(1个):上海海洋大学								
3★(5个),2★(6个),1★(1个):名单略								

070801 地球物理学(22)

排名	学校名称	星级	排名	学校名称	星级	排名	学校名称	星级
1	武汉大学	5★	2	中国石油大学(华东)	5★-			
4★(2个):中国地质大学(武汉)、吉林大学								
3★(7个),2★(9个),1★(2个):名单略								

070901 地质学(24)

排名	学校名称	星级	排名	学校名称	星级	排名	学校名称	星级
1	西北大学	5★	2	中国地质大学(武汉)	5★-			
4★(3个):中国地质大学(北京)、北京大学、南京大学								
3★(7个),2★(10个),1★(2个):名单略								

070903T 地球信息科学与技术(13)

排名	学校名称	星级	排名	学校名称	星级	排名	学校名称	星级
1	中国地质大学(武汉)	5★						
4★(2个):北京大学、河南理工大学								
3★(4个),2★(5个),1★(1个):名单略								

071001 生物科学(280)

排名	学校名称	星级	排名	学校名称	星级	排名	学校名称	星级
1	清华大学	5★+	8	四川大学	5★	15	华中科技大学	5★-
2	北京大学	5★+	9	北京师范大学	5★	16	南京大学	5★-
3	复旦大学	5★+	10	西南大学	5★	17	北京林业大学	5★-
4	武汉大学	5★	11	中国农业大学	5★	18	湖南师范大学	5★-
5	中山大学	5★	12	上海交通大学	5★	19	吉林大学	5★-
6	山东大学	5★	13	厦门大学	5★	20	东北林业大学	5★-
7	中国科学技术大学	5★	14	华中农业大学	5★	21	中南大学	5★-

续表

排名	学校名称	星级	排名	学校名称	星级	排名	学校名称	星级
22	南京农业大学	5★-	25	浙江大学	5★-	28	南京师范大学	5★-
23	福建农林大学	5★-	26	南开大学	5★-			
24	河南大学	5★-	27	西北大学	5★-			
4★(28 个)：兰州大学、云南大学、东北农业大学、南昌大学、暨南大学、东北师范大学、华南师范大学、中国海洋大学、首都师范大学、华东师范大学、陕西师范大学、河北师范大学、上海海洋大学、内蒙古大学、海南大学、华中师范大学、中国医科大学、山东师范大学、河南师范大学、扬州大学、安徽师范大学、湖北大学、河北大学、天津大学、江西师范大学、浙江师范大学、深圳大学、广西师范大学								
3★(84 个)，2★(112 个)，1★(28 个)：名单略								

071002 生物技术（285）

排名	学校名称	星级	排名	学校名称	星级	排名	学校名称	星级
1	上海交通大学	5★+	11	兰州大学	5★	21	湖南大学	5★-
2	北京大学	5★+	12	华中农业大学	5★	22	汕头大学	5★-
3	武汉大学	5★+	13	华南理工大学	5★	23	安徽医科大学	5★-
4	华中科技大学	5★	14	中国科学技术大学	5★	24	东北师范大学	5★-
5	厦门大学	5★	15	西北农林科技大学	5★-	25	南开大学	5★-
6	中山大学	5★	16	广西大学	5★-	26	华东理工大学	5★-
7	江南大学	5★	17	南京农业大学	5★-	27	吉林农业大学	5★-
8	北京师范大学	5★	18	海南大学	5★-	28	福建农林大学	5★-
9	湖南师范大学	5★	19	内蒙古大学	5★-	29	华东师范大学	5★-
10	南方医科大学	5★	20	东北林业大学	5★-			
4★(28 个)：首都师范大学、河北师范大学、暨南大学、四川农业大学、安徽农业大学、华南师范大学、山东农业大学、安徽师范大学、东北农业大学、中国农业大学、深圳大学、云南农业大学、浙江工业大学、云南大学、广州医科大学、贵州医科大学、青岛大学、南华大学、宁波大学、塔里木大学、扬州大学、陕西师范大学、宁夏大学、河北农业大学、南昌大学、长江大学、黑龙江大学、华南农业大学								
3★(86 个)，2★(114 个)，1★(28 个)：名单略								

071003 生物信息学（44）

排名	学校名称	星级	排名	学校名称	星级	排名	学校名称	星级
1	南方医科大学	5★	3	河北大学	5★-			
2	南京医科大学	5★	4	同济大学	5★-			
4★(5 个)：中南大学、华中科技大学、东南大学、哈尔滨医科大学、华中农业大学								
3★(13 个)，2★(18 个)，1★(4 个)：名单略								

071004 生态学（80）

排名	学校名称	星级	排名	学校名称	星级	排名	学校名称	星级
1	云南大学	5★+	4	兰州大学	5★	7	中国农业大学	5★-
2	北京大学	5★	5	复旦大学	5★-	8	华南农业大学	5★-
3	中山大学	5★	6	厦门大学	5★-			

续表

4★(8 个)：南京林业大学、中南林业科技大学、东北师范大学、华东师范大学、四川大学、浙江大学、福建农林大学、内蒙古大学
3★(24 个)，2★(32 个)，1★(8 个)：名单略

071101 心理学（72）

排名	学校名称	星级	排名	学校名称	星级	排名	学校名称	星级
1	北京师范大学	5★+	4	浙江大学	5★	7	陕西师范大学	5★-
2	华南师范大学	5★	5	华东师范大学	5★-			
3	西南大学	5★	6	华中师范大学	5★-			

4★(7 个)：北京大学、深圳大学、东北师范大学、湖南师范大学、辽宁师范大学、福建师范大学、江西师范大学

3★(22 个)，2★(29 个)，1★(7 个)：名单略

071102 应用心理学（248）

排名	学校名称	星级	排名	学校名称	星级	排名	学校名称	星级
1	天津师范大学	5★+	10	贵州师范大学	5★	19	沈阳师范大学	5★-
2	西南大学	5★+	11	山东师范大学	5★	20	温州医科大学	5★-
3	广州大学	5★	12	西南交通大学	5★	21	苏州科技大学	5★-
4	南京师范大学	5★	13	西北师范大学	5★-	22	广西师范大学	5★-
5	上海师范大学	5★	14	陕西师范大学	5★-	23	北京联合大学	5★-
6	华南师范大学	5★	15	上海体育学院	5★-	24	合肥师范学院	5★-
7	浙江师范大学	5★	16	中央财经大学	5★-	25	河北大学	5★-
8	华东师范大学	5★	17	南方医科大学	5★-			
9	河南大学	5★	18	宁夏大学	5★-			

4★(25 个)：中国人民大学、华中师范大学、辽宁师范大学、江西师范大学、南开大学、宁波大学、北京大学、山西大学、北京林业大学、杭州师范大学、重庆师范大学、中国政法大学、苏州大学、南昌大学、山东中医药大学、南京大学、吉林大学、潍坊医学院、青岛大学、云南师范大学、广州中医药大学、浙江理工大学、新乡医学院、北京体育大学、郑州大学

3★(74 个)，2★(99 个)，1★(25 个)：名单略

071201 统计学（205）

排名	学校名称	星级	排名	学校名称	星级	排名	学校名称	星级
1	上海财经大学	5★+	8	广州大学	5★	15	中国科学技术大学	5★-
2	中国人民大学	5★+	9	山西财经大学	5★	16	曲阜师范大学	5★-
3	山东大学	5★	10	华东师范大学	5★	17	北京师范大学	5★-
4	北京大学	5★	11	南开大学	5★-	18	湖南师范大学	5★-
5	首都经济贸易大学	5★	12	东北师范大学	5★-	19	北京交通大学	5★-
6	厦门大学	5★	13	安徽大学	5★-	20	复旦大学	5★-
7	西南财经大学	5★	14	西安交通大学	5★-	21	山东财经大学	5★-

续表

4★(20个)：首都师范大学、长春工业大学、华中师范大学、山东科技大学、西南大学、湖南大学、中南财经政法大学、四川大学、兰州财经大学、湘潭大学、云南大学、中南大学、中山大学、中央财经大学、南京师范大学、北京理工大学、武汉大学、华中科技大学、安徽财经大学、福建师范大学
3★(62个)，2★(82个)，1★(20个)：名单略

071202 应用统计学（183）

排名	学校名称	星级	排名	学校名称	星级	排名	学校名称	星级
1	浙江工商大学	5★+	7	云南财经大学	5★	13	徐州工程学院	5★-
2	上海对外经贸大学	5★+	8	内蒙古财经大学	5★	14	天津商业大学	5★-
3	东北财经大学	5★	9	南京信息工程大学	5★	15	南京邮电大学	5★-
4	江西财经大学	5★	10	北京工商大学	5★-	16	山东工商学院	5★-
5	南京医科大学	5★	11	上海立信会计金融学院	5★-	17	景德镇陶瓷大学	5★-
6	中国人民大学	5★	12	长沙理工大学	5★-	18	内蒙古农业大学	5★-
4★(19个)：天津财经大学、南方医科大学、桂林理工大学、重庆医科大学、重庆理工大学、齐鲁工业大学、中南民族大学、嘉兴学院、华北水利水电大学、广东工业大学、青岛科技大学、甘肃农业大学、浙江财经大学、太原科技大学、哈尔滨理工大学、广西科技大学、西安理工大学、西安财经大学、天津工业大学								
3★(55个)，2★(73个)，1★(18个)：名单略								

080101 理论与应用力学（12）

排名	学校名称	星级	排名	学校名称	星级	排名	学校名称	星级
1	北京大学	5★						
4★(1个)：兰州大学								
3★(4个)，2★(5个)，1★(1个)：名单略								

080102 工程力学（80）

排名	学校名称	星级	排名	学校名称	星级	排名	学校名称	星级
1	清华大学	5★+	4	浙江大学	5★	7	哈尔滨工业大学	5★-
2	大连理工大学	5★	5	南京航空航天大学	5★-	8	上海交通大学	5★-
3	西安交通大学	5★	6	北京航空航天大学	5★-			
4★(8个)：北京理工大学、西南交通大学、西北工业大学、天津大学、同济大学、河海大学、宁波大学、华中科技大学								
3★(24个)，2★(32个)，1★(8个)：名单略								

080201 机械工程（120）

排名	学校名称	星级	排名	学校名称	星级	排名	学校名称	星级
1	清华大学	5★+	5	南京航空航天大学	5★	9	浙江工业大学	5★-
2	上海交通大学	5★	6	北京航空航天大学	5★	10	东北大学	5★-
3	西安交通大学	5★	7	东南大学	5★-	11	南京理工大学	5★-
4	浙江大学	5★	8	吉林大学	5★-	12	北京理工大学	5★-

续表

4★(12 个)：北京工业大学、北京科技大学、华南理工大学、东华大学、武汉科技大学、中国矿业大学、江南大学、北京邮电大学、北京交通大学、新疆大学、沈阳建筑大学、华侨大学
3★(36 个)，2★(48 个)，1★(12 个)：名单略

080202 机械设计制造及其自动化(513)

排名	学校名称	星级	排名	学校名称	星级	排名	学校名称	星级
1	华中科技大学	5★+	18	沈阳工业大学	5★	35	河南科技大学	5★-
2	大连理工大学	5★+	19	电子科技大学	5★	36	上海大学	5★-
3	天津大学	5★+	20	合肥工业大学	5★	37	河北工业大学	5★-
4	哈尔滨工业大学	5★+	21	西安理工大学	5★	38	南京林业大学	5★-
5	西北工业大学	5★+	22	广东工业大学	5★	39	武汉大学	5★-
6	中南大学	5★	23	哈尔滨理工大学	5★	40	太原科技大学	5★-
7	山东大学	5★	24	长安大学	5★	41	中国石油大学(北京)	5★-
8	西南交通大学	5★	25	石家庄铁道大学	5★	42	山东理工大学	5★-
9	太原理工大学	5★	26	福州大学	5★	43	湖南科技大学	5★-
10	重庆大学	5★	27	青岛理工大学	5★-	44	桂林电子科技大学	5★-
11	湖南大学	5★	28	江苏大学	5★-	45	长春理工大学	5★-
12	同济大学	5★	29	西安工业大学	5★-	46	西安科技大学	5★-
13	浙江理工大学	5★	30	西安电子科技大学	5★-	47	中国石油大学(华东)	5★-
14	四川大学	5★	31	贵州大学	5★-	48	西安建筑科技大学	5★-
15	杭州电子科技大学	5★	32	安徽理工大学	5★-	49	南昌大学	5★-
16	燕山大学	5★	33	厦门大学	5★-	50	扬州大学	5★-
17	上海理工大学	5★	34	兰州理工大学	5★-	51	沈阳建筑大学	5★-
4★(52 个)：华东理工大学、江苏科技大学、宁波大学、湖北工业大学、广州大学、汕头大学、中北大学、北京化工大学、内蒙古科技大学、广西大学、西南科技大学、华南农业大学、三峡大学、中国科学技术大学、河南理工大学、中国农业大学、湘潭大学、长沙理工大学、北京信息科技大学、东北林业大学、华北水利水电大学、沈阳航空航天大学、中国计量大学、华东交通大学、中国地质大学(武汉)、郑州轻工业大学、东北石油大学、辽宁工程技术大学、北方工业大学、兰州交通大学、重庆交通大学、安徽工程大学、河南工业大学、厦门理工学院、长江大学、景德镇陶瓷大学、河北农业大学、辽宁工业大学、西安石油大学、西华大学、南华大学、大连大学、重庆邮电大学、中原工学院、安徽工业大学、东莞理工学院、内蒙古工业大学、湖北文理学院、哈尔滨工程大学、江苏师范大学、烟台大学、安徽大学								
3★(154 个)，2★(205 个)，1★(51 个)：名单略								

080203 材料成型及控制工程(221)

排名	学校名称	星级	排名	学校名称	星级	排名	学校名称	星级
1	华中科技大学	5★+	7	天津大学	5★	13	沈阳工业大学	5★-
2	哈尔滨工业大学	5★+	8	燕山大学	5★	14	西北工业大学	5★-
3	大连理工大学	5★	9	太原理工大学	5★	15	兰州理工大学	5★-
4	山东大学	5★	10	河南科技大学	5★	16	安徽工业大学	5★-
5	东北大学	5★	11	合肥工业大学	5★	17	南昌大学	5★-
6	吉林大学	5★	12	西安建筑科技大学	5★-	18	西安理工大学	5★-

续表

排名	学校名称	星级	排名	学校名称	星级	排名	学校名称	星级
19	广东工业大学	5★-	21	昆明理工大学	5★-			
20	南京理工大学	5★-	22	太原科技大学	5★-			
4★(22 个)：西南交通大学、内蒙古工业大学、长春工业大学、湖南科技大学、湖北工业大学、南昌航空大学、安徽工程大学、长安大学、佳木斯大学、西安工程大学、陕西理工大学、江汉大学、沈阳大学、青海大学、华南理工大学、武汉理工大学、重庆大学、中北大学、中国石油大学(华东)、江苏大学、四川大学、福州大学								
3★(67 个)，2★(88 个)，1★(22 个)：名单略								

080204 机械电子工程（297）

排名	学校名称	星级	排名	学校名称	星级	排名	学校名称	星级
1	哈尔滨工业大学	5★+	11	江苏大学	5★	21	桂林电子科技大学	5★-
2	华南理工大学	5★+	12	河北工业大学	5★	22	西安航空学院	5★-
3	太原理工大学	5★+	13	西北工业大学	5★	23	成都工业学院	5★-
4	重庆大学	5★	14	西安工业大学	5★	24	华中农业大学	5★-
5	长春理工大学	5★	15	河南科技大学	5★	25	重庆科技学院	5★-
6	浙江理工大学	5★	16	上海大学	5★-	26	沈阳航空航天大学	5★-
7	北京理工大学	5★	17	兰州理工大学	5★-	27	武昌首义学院	5★-
8	南京林业大学	5★	18	西安科技大学	5★-	28	同济大学	5★-
9	广东工业大学	5★	19	天津工业大学	5★-	29	武汉科技大学	5★-
10	山东科技大学	5★	20	天津理工大学	5★-	30	中国农业大学	5★-
4★(29 个)：山东农业大学、长春工业大学、北京交通大学、辽宁工业大学、哈尔滨理工大学、广西大学、苏州大学、太原科技大学、长安大学、西南石油大学、东北林业大学、山东理工大学、西安建筑科技大学、中国计量大学、安徽理工大学、中国民航大学、江苏科技大学、重庆理工大学、中北大学、重庆邮电大学、重庆交通大学、河南理工大学、北京建筑大学、华东交通大学、陕西科技大学、上海海事大学、湖南科技大学、沈阳建筑大学、辽宁工程技术大学								
3★(90 个)，2★(118 个)，1★(30 个)：名单略								

080205 工业设计（209）

排名	学校名称	星级	排名	学校名称	星级	排名	学校名称	星级
1	南京航空航天大学	5★+	8	上海交通大学	5★	15	天津大学	5★-
2	西安交通大学	5★+	9	东华大学	5★	16	燕山大学	5★-
3	湖南大学	5★	10	南京理工大学	5★	17	武汉理工大学	5★-
4	北京科技大学	5★	11	同济大学	5★-	18	浙江科技学院	5★-
5	西北工业大学	5★	12	江南大学	5★-	19	哈尔滨工程大学	5★-
6	浙江理工大学	5★	13	广东工业大学	5★-	20	西安理工大学	5★-
7	华南理工大学	5★	14	浙江工业大学	5★-	21	陕西科技大学	5★-
4★(21 个)：北京服装学院、天津科技大学、华东理工大学、中南林业科技大学、山东工艺美术学院、沈阳航空航天大学、西南石油大学、合肥工业大学、广州美术学院、大连民族大学、浙江大学、吉林大学、北京航空航天大学、北京工业大学、大连理工大学、东北大学、北京理工大学、哈尔滨工业大学、江苏大学、杭州电子科技大学、郑州大学								
3★(63 个)，2★(83 个)，1★(21 个)：名单略								

080206 过程装备与控制工程（91）

排名	学校名称	星级	排名	学校名称	星级	排名	学校名称	星级
1	东北大学	5★+	4	华东理工大学	5★	7	南京工业大学	5★-
2	西安交通大学	5★	5	北京化工大学	5★	8	中国石油大学(北京)	5★-
3	大连理工大学	5★	6	天津大学	5★-	9	浙江工业大学	5★-
4★(9个)：沈阳化工大学、燕山大学、兰州理工大学、青岛科技大学、东北石油大学、郑州大学、常州大学、华南理工大学、中国矿业大学								
3★(28个)，2★(36个)，1★(9个)：名单略								

080207 车辆工程（254）

排名	学校名称	星级	排名	学校名称	星级	排名	学校名称	星级
1	清华大学	5★+	10	重庆大学	5★	19	浙江工业大学	5★-
2	吉林大学	5★+	11	西南交通大学	5★	20	福州大学	5★-
3	北京理工大学	5★+	12	燕山大学	5★	21	东北大学	5★-
4	西安交通大学	5★	13	长安大学	5★	22	合肥工业大学	5★-
5	武汉理工大学	5★	14	江苏大学	5★-	23	哈尔滨工业大学	5★-
6	南京航空航天大学	5★	15	大连交通大学	5★-	24	河北工业大学	5★-
7	北京航空航天大学	5★	16	兰州交通大学	5★-	25	大连理工大学	5★-
8	同济大学	5★	17	北京交通大学	5★-			
9	湖南大学	5★	18	河南科技大学	5★-			
4★(26个)：湖北汽车工业学院、杭州电子科技大学、华东交通大学、武汉科技大学、中南大学、厦门理工学院、上海理工大学、重庆交通大学、上海工程技术大学、长沙理工大学、中国农业大学、广西科技大学、石家庄铁道大学、重庆理工大学、北京建筑大学、哈尔滨理工大学、河北农业大学、扬州大学、福建工程学院、北京信息科技大学、北京科技大学、青岛理工大学、浙江大学、南京理工大学、华南理工大学、湖北文理学院								
3★(76个)，2★(102个)，1★(25个)：名单略								

080208 汽车服务工程（111）

排名	学校名称	星级	排名	学校名称	星级	排名	学校名称	星级
1	长沙理工大学	5★+	5	成都师范学院	5★	9	宁波工程学院	5★-
2	江苏理工学院	5★	6	江西科技学院	5★	10	武汉理工大学	5★-
3	吉林大学	5★	7	西华大学	5★-	11	广东理工学院	5★-
4	同济大学	5★	8	广西科技大学	5★-			
4★(11个)：成都工业学院、重庆交通大学、西安航空学院、上海工程技术大学、南通理工学院、长安大学、东北林业大学、太原学院、河南农业大学、上海师范大学、重庆理工大学								
3★(34个)，2★(44个)，1★(11个)：名单略								

080213T 智能制造工程（252）

排名	学校名称	星级	排名	学校名称	星级	排名	学校名称	星级
1	北京工业大学	5★+	3	合肥工业大学	5★+	5	北京理工大学	5★
2	北京航空航天大学	5★+	4	中国矿业大学	5★	6	山东大学	5★

续表

排名	学校名称	星级	排名	学校名称	星级	排名	学校名称	星级
7	东北大学	5★	14	杭州电子科技大学	5★-	21	山东科技大学	5★-
8	天津大学	5★	15	浙江理工大学	5★-	22	兰州理工大学	5★-
9	吉林大学	5★	16	武汉科技大学	5★-	23	中国石油大学(华东)	5★-
10	华南理工大学	5★	17	上海大学	5★-	24	南京航空航天大学	5★-
11	同济大学	5★	18	西安工业大学	5★-	25	西安交通大学	5★-
12	江苏大学	5★	19	河北工业大学	5★-			
13	南京理工大学	5★	20	武汉理工大学	5★-			
4★(25 个)：华北电力大学、武汉大学、江苏科技大学、河海大学、河南工业大学、温州大学、浙江师范大学、青岛大学、大连理工大学、三峡大学、苏州大学、西南交通大学、华侨大学、湖南大学、哈尔滨理工大学、天津工业大学、南京工业大学、华东理工大学、郑州科技学院、湖南科技大学、武汉纺织大学、安徽理工大学、西安理工大学、桂林理工大学、广东工业大学								
3★(76 个)，2★(101 个)，1★(25 个)：名单略								

080214T 智能车辆工程（17）

排名	学校名称	星级	排名	学校名称	星级	排名	学校名称	星级
1	湖南大学	5★	2	重庆工商大学	5★-			
4★(1 个)：河北科技学院								
3★(6 个)，2★(6 个)，1★(2 个)：名单略								

080216T 新能源汽车工程（28）

排名	学校名称	星级	排名	学校名称	星级	排名	学校名称	星级
1	广东技术师范大学	5★	2	中北大学	5★-	3	南通理工学院	5★-
4★(3 个)：河南工学院、西华大学、四川工业科技学院								
3★(8 个)，2★(11 个)，1★(3 个)：名单略								

080301 测控技术与仪器（186）

排名	学校名称	星级	排名	学校名称	星级	排名	学校名称	星级
1	东南大学	5★+	8	上海交通大学	5★	15	长春理工大学	5★-
2	天津大学	5★+	9	重庆大学	5★	16	燕山大学	5★-
3	西安交通大学	5★	10	清华大学	5★-	17	中国计量大学	5★-
4	北京航空航天大学	5★	11	中北大学	5★-	18	南京航空航天大学	5★-
5	合肥工业大学	5★	12	北京理工大学	5★-	19	武汉理工大学	5★-
6	哈尔滨工业大学	5★	13	电子科技大学	5★-			
7	吉林大学	5★	14	西安电子科技大学	5★-			
4★(18 个)：桂林电子科技大学、江苏大学、西安理工大学、厦门大学、哈尔滨理工大学、北京信息科技大学、河北大学、哈尔滨工程大学、上海理工大学、杭州电子科技大学、大连理工大学、西安工业大学、南昌航空大学、湖北工业大学、南京理工大学、沈阳工业大学、西南石油大学、四川大学								
3★(56 个)，2★(74 个)，1★(19 个)：名单略								

080303T 智能感知工程（22）

排名	学校名称	星级	排名	学校名称	星级	排名	学校名称	星级
1	太原理工大学	5★	2	中北大学	5★-			
4★(2个)：天津大学、北京理工大学								
3★(7个)，2★(9个)，1★(2个)：名单略								

080401 材料科学与工程（229）

排名	学校名称	星级	排名	学校名称	星级	排名	学校名称	星级
1	清华大学	5★+	9	西北工业大学	5★	17	四川大学	5★-
2	上海交通大学	5★+	10	武汉理工大学	5★	18	东南大学	5★-
3	浙江大学	5★	11	北京科技大学	5★	19	南京航空航天大学	5★-
4	西安交通大学	5★	12	天津大学	5★-	20	重庆大学	5★-
5	华南理工大学	5★	13	北京理工大学	5★-	21	南京理工大学	5★-
6	北京航空航天大学	5★	14	郑州大学	5★-	22	湖南大学	5★-
7	华中科技大学	5★	15	北京工业大学	5★-	23	南昌大学	5★-
8	哈尔滨工业大学	5★	16	中南大学	5★-			
4★(23个)：北京化工大学、东北大学、厦门大学、哈尔滨工程大学、南京工业大学、北京大学、中国石油大学(华东)、西南交通大学、济南大学、西安建筑科技大学、天津工业大学、浙江理工大学、西安理工大学、昆明理工大学、西南科技大学、湘潭大学、浙江工业大学、中国石油大学(北京)、福州大学、河海大学、太原理工大学、安徽工业大学、天津理工大学								
3★(69个)，2★(91个)，1★(23个)：名单略								

080402 材料物理（67）

排名	学校名称	星级	排名	学校名称	星级	排名	学校名称	星级
1	西安交通大学	5★+	4	燕山大学	5★-	7	吉林大学	5★-
2	哈尔滨工业大学	5★	5	西北工业大学	5★-			
3	南京大学	5★	6	中国科学技术大学	5★-			
4★(6个)：武汉理工大学、安徽大学、复旦大学、西安理工大学、陕西科技大学、南京信息工程大学								
3★(21个)，2★(26个)，1★(7个)：名单略								

080403 材料化学（125）

排名	学校名称	星级	排名	学校名称	星级	排名	学校名称	星级
1	西北大学	5★+	6	景德镇陶瓷大学	5★	11	中国科学技术大学	5★-
2	黑龙江大学	5★	7	青岛科技大学	5★-	12	华东理工大学	5★-
3	湖北大学	5★	8	南京大学	5★-	13	陕西师范大学	5★-
4	南昌航空大学	5★	9	北京大学	5★-			
5	复旦大学	5★	10	河北大学	5★-			
4★(12个)：哈尔滨工业大学、南开大学、中山大学、武汉理工大学、吉林大学、北京理工大学、南京理工大学、郑州大学、华南师范大学、武汉科技大学、浙江理工大学、东北林业大学								
3★(38个)，2★(50个)，1★(12个)：名单略								

080404 冶金工程（41）

排名	学校名称	星级	排名	学校名称	星级	排名	学校名称	星级
1	北京科技大学	5★	3	中南大学	5★-			
2	东北大学	5★	4	重庆大学	5★-			
4★(4个)：昆明理工大学、江西理工大学、西安建筑科技大学、华北理工大学								
3★(13个)，2★(16个)，1★(4个)：名单略								

080405 金属材料工程（76）

排名	学校名称	星级	排名	学校名称	星级	排名	学校名称	星级
1	燕山大学	5★+	4	南昌航空大学	5★	7	河南科技大学	5★-
2	大连理工大学	5★	5	合肥工业大学	5★-	8	西安工业大学	5★-
3	上海大学	5★	6	河北工业大学	5★-			
4★(7个)：广东工业大学、江西理工大学、江苏大学、哈尔滨理工大学、长春工业大学、太原理工大学、青岛科技大学								
3★(23个)，2★(30个)，1★(8个)：名单略								

080406 无机非金属材料工程（75）

排名	学校名称	星级	排名	学校名称	星级	排名	学校名称	星级
1	武汉理工大学	5★+	4	陕西科技大学	5★	7	桂林理工大学	5★-
2	燕山大学	5★	5	武汉科技大学	5★-	8	沈阳建筑大学	5★-
3	南京工业大学	5★	6	长春理工大学	5★-			
4★(7个)：华东理工大学、上海大学、景德镇陶瓷大学、齐鲁工业大学、合肥工业大学、安徽建筑大学、东华大学								
3★(23个)，2★(30个)，1★(7个)：名单略								

080407 高分子材料与工程（184）

排名	学校名称	星级	排名	学校名称	星级	排名	学校名称	星级
1	复旦大学	5★+	7	东华大学	5★	13	大连理工大学	5★-
2	华南理工大学	5★+	8	吉林大学	5★	14	青岛科技大学	5★-
3	中山大学	5★	9	武汉理工大学	5★	15	华东理工大学	5★-
4	哈尔滨工业大学	5★	10	中国科学技术大学	5★-	16	西北工业大学	5★-
5	北京化工大学	5★	11	清华大学	5★-	17	江南大学	5★-
6	四川大学	5★	12	北京理工大学	5★-	18	燕山大学	5★-
4★(19个)：苏州大学、青岛大学、河北工业大学、常州大学、安徽大学、武汉工程大学、沈阳化工大学、北京石油化工学院、南京工业大学、扬州大学、浙江工业大学、郑州轻工业大学、湖北大学、广东工业大学、南京邮电大学、北京服装学院、济南大学、杭州师范大学、兰州理工大学								
3★(55个)，2★(74个)，1★(18个)：名单略								

080408 复合材料与工程(41)

排名	学校名称	星级	排名	学校名称	星级	排名	学校名称	星级
1	哈尔滨工业大学	5★	3	东华大学	5★-			
2	武汉理工大学	5★	4	华东理工大学	5★-			
4★(4个):西北工业大学、江苏大学、青岛大学、中北大学								
3★(13个),2★(16个),1★(4个):名单略								

080410T 宝石及材料工艺学(20)

排名	学校名称	星级	排名	学校名称	星级	排名	学校名称	星级
1	中国地质大学(武汉)	5★	2	中国地质大学(北京)	5★-			
4★(2个):昆明理工大学、桂林理工大学								
3★(6个),2★(8个),1★(2个):名单略								

080411T 焊接技术与工程(41)

排名	学校名称	星级	排名	学校名称	星级	排名	学校名称	星级
1	哈尔滨工业大学	5★	3	南昌航空大学	5★-			
2	江苏科技大学	5★	4	西安石油大学	5★-			
4★(4个):大连交通大学、沈阳工业大学、重庆理工大学、西南石油大学								
3★(13个),2★(16个),1★(4个):名单略								

080412T 功能材料(46)

排名	学校名称	星级	排名	学校名称	星级	排名	学校名称	星级
1	天津大学	5★	3	华南理工大学	5★-	5	昆明理工大学	5★-
2	北京化工大学	5★	4	兰州大学	5★-			
4★(4个):大连理工大学、沈阳工业大学、长春理工大学、东华大学								
3★(14个),2★(18个),1★(5个):名单略								

080413T 纳米材料与技术(14)

排名	学校名称	星级	排名	学校名称	星级	排名	学校名称	星级
1	苏州大学	5★						
4★(2个):北京航空航天大学、北京交通大学								
3★(4个),2★(6个),1★(1个):名单略								

080414T 新能源材料与器件(105)

排名	学校名称	星级	排名	学校名称	星级	排名	学校名称	星级
1	电子科技大学	5★+	5	华东理工大学	5★	9	四川大学	5★-
2	武汉理工大学	5★	6	华北电力大学	5★-	10	苏州大学	5★-
3	合肥工业大学	5★	7	西南石油大学	5★-	11	北京理工大学	5★-
4	中南大学	5★	8	南京航空航天大学	5★-			

续表

4★(10个)：广东工业大学、桂林电子科技大学、浙江理工大学、昆明理工大学、河北大学、安徽大学、南京工业大学、郑州轻工业大学、同济大学、东北电力大学
3★(32个)，2★(42个)，1★(10个)：名单略

080501 能源与动力工程（188）

排名	学校名称	星级	排名	学校名称	星级	排名	学校名称	星级
1	西安交通大学	5★+	8	哈尔滨工程大学	5★	15	大连理工大学	5★−
2	清华大学	5★+	9	华中科技大学	5★	16	华东理工大学	5★−
3	华北电力大学	5★	10	上海交通大学	5★−	17	山东大学	5★−
4	天津大学	5★	11	江苏大学	5★−	18	北京科技大学	5★−
5	东南大学	5★	12	南京航空航天大学	5★−	19	重庆大学	5★−
6	哈尔滨工业大学	5★	13	西北工业大学	5★−			
7	武汉理工大学	5★	14	中国科学技术大学	5★−			
4★(19个)：兰州理工大学、华南理工大学、北京理工大学、北京航空航天大学、南京理工大学、同济大学、上海理工大学、中南大学、昆明理工大学、武汉大学、东北大学、内蒙古工业大学、河海大学、东北电力大学、河北工业大学、南京工业大学、中国石油大学(华东)、中国石油大学(北京)、四川大学								
3★(56个)，2★(75个)，1★(19个)：名单略								

080502T 能源与环境系统工程（17）

排名	学校名称	星级	排名	学校名称	星级	排名	学校名称	星级
1	浙江大学	5★	2	山东大学	5★−			
4★(1个)：东华大学								
3★(6个)，2★(6个)，1★(2个)：名单略								

080503T 新能源科学与工程（126）

排名	学校名称	星级	排名	学校名称	星级	排名	学校名称	星级
1	西安交通大学	5★+	6	江苏大学	5★	11	长沙理工大学	5★−
2	华北电力大学	5★	7	兰州理工大学	5★−	12	常熟理工学院	5★−
3	华中科技大学	5★	8	厦门大学	5★−	13	河海大学	5★−
4	北京工业大学	5★	9	昆明理工大学	5★−			
5	中南大学	5★	10	青岛科技大学	5★−			
4★(12个)：沈阳航空航天大学、内蒙古工业大学、南京理工大学、南京大学、南京工业大学、重庆大学、福建师范大学、北京科技大学、山东大学、中北大学、济南大学、青岛大学								
3★(38个)，2★(50个)，1★(13个)：名单略								

080504T 储能科学与工程（38）

排名	学校名称	星级	排名	学校名称	星级	排名	学校名称	星级
1	华北电力大学	5★	3	华中科技大学	5★−			
2	山东大学	5★	4	武汉大学	5★−			

续表

4★(4个)：西安交通大学、中国矿业大学、武汉理工大学、北京科技大学
3★(11个)，2★(15个)，1★(4个)：名单略

080601 电气工程及其自动化(569)

排名	学校名称	星级	排名	学校名称	星级	排名	学校名称	星级
1	华中科技大学	5★+	20	江苏大学	5★	39	河海大学	5★-
2	西安交通大学	5★+	21	福州大学	5★	40	南京师范大学	5★-
3	西南交通大学	5★+	22	沈阳工业大学	5★	41	中南大学	5★-
4	重庆大学	5★+	23	合肥工业大学	5★	42	郑州大学	5★-
5	湖南大学	5★+	24	大连理工大学	5★	43	武汉理工大学	5★-
6	哈尔滨工业大学	5★+	25	西北工业大学	5★	44	兰州交通大学	5★-
7	天津大学	5★	26	四川大学	5★	45	青岛大学	5★-
8	浙江大学	5★	27	东北电力大学	5★	46	兰州理工大学	5★-
9	华北电力大学	5★	28	北京航空航天大学	5★	47	广东工业大学	5★-
10	华南理工大学	5★	29	北京交通大学	5★-	48	贵州大学	5★-
11	东南大学	5★	30	燕山大学	5★-	49	华东交通大学	5★-
12	清华大学	5★	31	南京理工大学	5★-	50	湖北工业大学	5★-
13	长沙理工大学	5★	32	广西大学	5★-	51	东北石油大学	5★-
14	武汉大学	5★	33	昆明理工大学	5★-	52	石家庄铁道大学	5★-
15	河北工业大学	5★	34	新疆大学	5★-	53	辽宁工程技术大学	5★-
16	南京航空航天大学	5★	35	上海大学	5★-	54	郑州轻工业大学	5★-
17	哈尔滨理工大学	5★	36	三峡大学	5★-	55	西华大学	5★-
18	山东大学	5★	37	西安理工大学	5★-	56	哈尔滨工程大学	5★-
19	太原理工大学	5★	38	中国矿业大学	5★-	57	中国石油大学(华东)	5★-
4★(57个)：山东科技大学、内蒙古工业大学、杭州电子科技大学、南京工业大学、天津理工大学、上海电力大学、重庆邮电大学、安徽理工大学、河南理工大学、天津工业大学、湖南工业大学、北方工业大学、温州大学、北华大学、武汉科技大学、江南大学、安徽大学、北京理工大学、陕西科技大学、西安科技大学、西安工程大学、上海交通大学、南通大学、东北大学、湖南工程学院、中国矿业大学(北京)、福建工程学院、电子科技大学、中国科学院大学、华侨大学、辽宁工业大学、山东理工大学、同济大学、常州工学院、武汉工程大学、长春工程学院、武汉纺织大学、黑龙江工程学院、中国计量大学、青海大学、西安电子科技大学、盐城工学院、上海海事大学、辽宁石油化工大学、宁波大学、南京工程学院、许昌学院、徐州工程学院、东北林业大学、北京信息科技大学、湖南科技大学、沈阳化工大学、山西大学、西安建筑科技大学、吉林大学、安徽工业大学、扬州大学								
3★(171个)，2★(227个)，1★(57个)：名单略								

080602T 智能电网信息工程(34)

排名	学校名称	星级	排名	学校名称	星级	排名	学校名称	星级
1	华北电力大学	5★	2	天津大学	5★	3	南京邮电大学	5★-
4★(4个)：电子科技大学、南京理工大学、东北电力大学、三峡大学								
3★(10个)，2★(14个)，1★(3个)：名单略								

080604T 电气工程与智能控制（33）

排名	学校名称	星级	排名	学校名称	星级	排名	学校名称	星级
1	苏州大学	5★	2	中北大学	5★	3	山东科技大学	5★−

4★（4 个）：西安理工大学、南京工程学院、沈阳工程学院、合肥工业大学

3★（10 个），2★（13 个），1★（3 个）：名单略

080701 电子信息工程（633）

排名	学校名称	星级	排名	学校名称	星级	排名	学校名称	星级
1	电子科技大学	5★+	22	燕山大学	5★	43	长江大学	5★−
2	西安电子科技大学	5★+	23	合肥工业大学	5★	44	天津工业大学	5★−
3	北京理工大学	5★+	24	太原理工大学	5★	45	汕头大学	5★−
4	华中科技大学	5★+	25	安徽大学	5★	46	南京信息工程大学	5★−
5	南京邮电大学	5★+	26	东北大学	5★	47	北方工业大学	5★−
6	武汉大学	5★+	27	重庆邮电大学	5★	48	长沙理工大学	5★−
7	大连理工大学	5★	28	桂林电子科技大学	5★	49	青岛大学	5★−
8	哈尔滨工业大学	5★	29	西南交通大学	5★	50	西安科技大学	5★−
9	北京航空航天大学	5★	30	中国矿业大学	5★	51	湘潭大学	5★−
10	北京邮电大学	5★	31	深圳大学	5★	52	河南科技大学	5★−
11	中国科学技术大学	5★	32	中国民航大学	5★	53	海南大学	5★−
12	南京理工大学	5★	33	大连海事大学	5★−	54	沈阳工业大学	5★−
13	杭州电子科技大学	5★	34	武汉理工大学	5★−	55	浙江理工大学	5★−
14	哈尔滨工程大学	5★	35	天津理工大学	5★−	56	中国计量大学	5★−
15	重庆大学	5★	36	苏州大学	5★−	57	新疆大学	5★−
16	北京工业大学	5★	37	山东师范大学	5★−	58	长春工业大学	5★−
17	厦门大学	5★	38	河北工业大学	5★−	59	华北理工大学	5★−
18	长春理工大学	5★	39	东北石油大学	5★−	60	武汉科技大学	5★−
19	四川大学	5★	40	郑州大学	5★−	61	上海理工大学	5★−
20	中北大学	5★	41	南通大学	5★−	62	西南科技大学	5★−
21	成都信息工程大学	5★	42	哈尔滨理工大学	5★−	63	湖北工业大学	5★−

4★（64 个）：东北电力大学、河南工业大学、沈阳航空航天大学、中国石油大学（北京）、河南师范大学、广西师范大学、江西科技师范大学、辽宁工业大学、湖南师范大学、华南农业大学、东莞理工学院、重庆三峡学院、北京化工大学、安徽建筑大学、北方民族大学、常州工学院、西南民族大学、郑州轻工业大学、广州大学、四川师范大学、内蒙古工业大学、西北工业大学、中原工学院、浙江大学、大连东软信息学院、天津大学、贵州师范大学、大连民族大学、西安工业大学、上海大学、常熟理工学院、吉林大学、湖南城市学院、云南大学、江苏理工学院、中国传媒大学、北华航天工业学院、中国科学院大学、淮北师范大学、河北师范大学、福州大学、梧州学院、湖南大学、阳光学院、河海大学、中南大学、国防科技大学、齐鲁工业大学、北京电子科技学院、西安理工大学、广西民族大学、黑龙江大学、河北农业大学、宁夏师范学院、北京大学、南宁师范大学、黄冈师范学院、中国地质大学（武汉）、西北大学、同济大学、东华大学、中国海洋大学、广东工业大学、浙江工业大学

3★（190 个），2★（253 个），1★（63 个）：名单略

080702 电子科学与技术（149）

排名	学校名称	星级	排名	学校名称	星级	排名	学校名称	星级
1	东南大学	5★+	6	西安交通大学	5★	11	西北工业大学	5★-
2	电子科技大学	5★	7	华中科技大学	5★	12	河北工业大学	5★-
3	浙江大学	5★	8	南京邮电大学	5★-	13	杭州电子科技大学	5★-
4	上海交通大学	5★	9	天津大学	5★-	14	北京邮电大学	5★-
5	西安电子科技大学	5★	10	北京工业大学	5★-	15	吉林大学	5★-

4★(15个)：湖南大学、北京交通大学、长春理工大学、燕山大学、西安理工大学、桂林电子科技大学、福州大学、合肥工业大学、中国计量大学、西北大学、上海电力大学、湖北大学、华侨大学、成都信息工程大学、黑龙江大学

3★(45个)，2★(59个)，1★(15个)：名单略

080703 通信工程（490）

排名	学校名称	星级	排名	学校名称	星级	排名	学校名称	星级
1	南京邮电大学	5★+	18	重庆大学	5★	35	南通大学	5★-
2	电子科技大学	5★+	19	重庆邮电大学	5★	36	五邑大学	5★-
3	西安电子科技大学	5★+	20	昆明理工大学	5★	37	河北工业大学	5★-
4	北京邮电大学	5★+	21	武汉理工大学	5★	38	黑龙江大学	5★-
5	北京航空航天大学	5★+	22	郑州大学	5★	39	云南大学	5★-
6	北京交通大学	5★	23	深圳大学	5★	40	山东师范大学	5★-
7	哈尔滨工业大学	5★	24	华中科技大学	5★	41	聊城大学	5★-
8	杭州电子科技大学	5★	25	长春理工大学	5★	42	中国民航大学	5★-
9	西北工业大学	5★	26	南昌大学	5★-	43	太原理工大学	5★-
10	北京科技大学	5★	27	华东交通大学	5★-	44	山东科技大学	5★-
11	宁波大学	5★	28	桂林电子科技大学	5★-	45	安徽大学	5★-
12	武汉大学	5★	29	成都信息工程大学	5★-	46	北京信息科技大学	5★-
13	北京理工大学	5★	30	华北电力大学	5★-	47	兰州交通大学	5★-
14	西南交通大学	5★	31	西安邮电大学	5★-	48	东莞理工学院	5★-
15	上海大学	5★	32	广东工业大学	5★-	49	兰州理工大学	5★-
16	南京理工大学	5★	33	天津理工大学	5★-			
17	吉林大学	5★	34	海南大学	5★-			

4★(49个)：兰州大学、新疆大学、苏州大学、西安理工大学、河南理工大学、中南民族大学、福建工程学院、河北大学、三峡大学、新疆理工学院、湘潭大学、西安科技大学、西南大学、贵州大学、济南大学、天津商业大学、中山大学、安徽新华学院、集美大学、河海大学、广西大学、西安明德理工学院、大连工业大学、湖北大学、怀化学院、合肥工业大学、广东技术师范大学、中南大学、文华学院、湖南大学、贺州学院、华东师范大学、东北大学、南京大学、四川大学、复旦大学、天津大学、北京大学、中国科学技术大学、同济大学、厦门大学、哈尔滨工程大学、山东大学、中北大学、北京工业大学、浙江工业大学、大连海事大学、中国计量大学、中国传媒大学

3★(147个)，2★(196个)，1★(49个)：名单略

080704 微电子科学与工程（107）

排名	学校名称	星级	排名	学校名称	星级	排名	学校名称	星级
1	北京大学	5★+	5	西安交通大学	5★	9	电子科技大学	5★-
2	上海交通大学	5★	6	复旦大学	5★-	10	南京大学	5★-
3	青岛大学	5★	7	西安电子科技大学	5★-	11	武汉大学	5★-
4	南京邮电大学	5★	8	华东师范大学	5★-			
4★（10 个）：吉林大学、中山大学、湖北工业大学、华南理工大学、四川大学、福州大学、兰州大学、重庆邮电大学、湘潭大学、成都工业学院								
3★（33 个），2★（42 个），1★（11 个）：名单略								

080705 光电信息科学与工程（213）

排名	学校名称	星级	排名	学校名称	星级	排名	学校名称	星级
1	华中科技大学	5★+	8	天津大学	5★	15	北京邮电大学	5★-
2	浙江大学	5★+	9	深圳大学	5★	16	北京交通大学	5★-
3	南京理工大学	5★	10	复旦大学	5★	17	哈尔滨工程大学	5★-
4	南京邮电大学	5★	11	山东大学	5★	18	西北工业大学	5★-
5	电子科技大学	5★	12	中国科学技术大学	5★-	19	重庆大学	5★-
6	中山大学	5★	13	哈尔滨工业大学	5★-	20	暨南大学	5★-
7	北京理工大学	5★	14	上海理工大学	5★-	21	南开大学	5★-
4★（22 个）：武汉理工大学、华南理工大学、长春理工大学、华南师范大学、中国计量大学、山西大学、西安电子科技大学、中北大学、浙江工业大学、西安工业大学、福建师范大学、太原理工大学、西安交通大学、佛山科学技术学院、南昌航空大学、桂林电子科技大学、南方科技大学、西南科技大学、南京信息工程大学、昆明理工大学、安徽大学、重庆邮电大学								
3★（64 个），2★（85 个），1★（21 个）：名单略								

080706 信息工程（55）

排名	学校名称	星级	排名	学校名称	星级	排名	学校名称	星级
1	东南大学	5★+	3	西安交通大学	5★	5	北京邮电大学	5★-
2	华南理工大学	5★	4	上海交通大学	5★-	6	西安电子科技大学	5★-
4★（5 个）：华东理工大学、青岛科技大学、浙江大学、西北工业大学、武汉工程大学								
3★（17 个），2★（22 个），1★（5 个）：名单略								

080707T 广播电视工程（12）

排名	学校名称	星级	排名	学校名称	星级	排名	学校名称	星级
1	南京邮电大学	5★						
4★（1 个）：中国传媒大学								
3★（4 个），2★（5 个），1★（1 个）：名单略								

080710T 集成电路设计与集成系统(70)

排名	学校名称	星级	排名	学校名称	星级	排名	学校名称	星级
1	电子科技大学	5★+	4	西安电子科技大学	5★	7	杭州电子科技大学	5★-
2	华中科技大学	5★	5	天津大学	5★-			
3	山东大学	5★	6	大连理工大学	5★-			
4★(7个):西安邮电大学、哈尔滨理工大学、北京航空航天大学、南京邮电大学、广东工业大学、华南理工大学、南京大学								
3★(21个),2★(28个),1★(7个):名单略								

080711T 医学信息工程(52)

排名	学校名称	星级	排名	学校名称	星级	排名	学校名称	星级
1	四川大学	5★+	3	重庆医科大学	5★	5	安徽医科大学	5★-
2	浙江中医药大学	5★	4	杭州电子科技大学	5★-			
4★(5个):成都中医药大学、广西医科大学、西华大学、广州中医药大学、江西中医药大学								
3★(16个),2★(21个),1★(5个):名单略								

080712T 电磁场与无线技术(12)

排名	学校名称	星级	排名	学校名称	星级	排名	学校名称	星级
1	南京邮电大学	5★						
4★(1个):电子科技大学								
3★(4个),2★(5个),1★(1个):名单略								

080714T 电子信息科学与技术(164)

排名	学校名称	星级	排名	学校名称	星级	排名	学校名称	星级
1	清华大学	5★+	7	中山大学	5★	13	厦门大学	5★-
2	北京邮电大学	5★+	8	西安电子科技大学	5★	14	烟台大学	5★-
3	北京大学	5★	9	兰州理工大学	5★-	15	山西大学	5★-
4	南京大学	5★	10	吉林大学	5★-	16	华南师范大学	5★-
5	复旦大学	5★	11	宁波大学	5★-			
6	电子科技大学	5★	12	中南大学	5★-			
4★(17个):西南交通大学、成都信息工程大学、湖南师范大学、湖南科技大学、泰山学院、宜宾学院、陕西师范大学、长沙理工大学、江西理工大学、河南农业大学、遵义师范学院、皖西学院、南开大学、兰州大学、华东师范大学、上海大学、武汉大学								
3★(49个),2★(66个),1★(16个):名单略								

080717T 人工智能(411)

排名	学校名称	星级	排名	学校名称	星级	排名	学校名称	星级
1	南京大学	5★+	4	北京航空航天大学	5★+	7	同济大学	5★
2	西安电子科技大学	5★+	5	山东大学	5★	8	哈尔滨工业大学	5★
3	四川大学	5★+	6	西安交通大学	5★	9	东南大学	5★

续表

排名	学校名称	星级	排名	学校名称	星级	排名	学校名称	星级
10	东北大学	5★	21	厦门大学	5★	32	上海理工大学	5★-
11	上海交通大学	5★	22	华南师范大学	5★-	33	武汉理工大学	5★-
12	北京理工大学	5★	23	广东工业大学	5★-	34	南京农业大学	5★-
13	天津大学	5★	24	南京航空航天大学	5★-	35	青岛科技大学	5★-
14	浙江大学	5★	25	重庆大学	5★-	36	中国科学院大学	5★-
15	北京科技大学	5★	26	北京交通大学	5★-	37	西南大学	5★-
16	武汉大学	5★	27	北京化工大学	5★-	38	北京师范大学	5★-
17	华中科技大学	5★	28	河北工业大学	5★-	39	福建技术师范学院	5★-
18	西北工业大学	5★	29	长安大学	5★-	40	电子科技大学	5★-
19	大连理工大学	5★	30	中北大学	5★-	41	北京邮电大学	5★-
20	中国矿业大学	5★	31	南京工业大学	5★-			

4★(41个)：华南理工大学、中山大学、复旦大学、南京信息工程大学、中国科学技术大学、中南大学、南京师范大学、云南师范大学、重庆邮电大学、西安理工大学、温州大学、吉林大学、重庆移通学院、北京工业大学、河南工业大学、中国矿业大学(北京)、湖南第一师范学院、长沙理工大学、安徽大学、南京邮电大学、上海大学、太原理工大学、陕西师范大学、南通大学、湖南工商大学、江苏科技大学、西南交通大学、首都师范大学、安徽工业大学、长春师范大学、中国农业大学、上海海事大学、陕西科技大学、河南大学、华北水利水电大学、福州大学、湖南师范大学、成都理工大学、西安建筑科技大学、中国民航大学、湖南大学

3★(124个)，2★(164个)，1★(41个)：名单略

080801 自动化（437）

排名	学校名称	星级	排名	学校名称	星级	排名	学校名称	星级
1	北京理工大学	5★+	16	南京理工大学	5★	31	浙江工业大学	5★-
2	清华大学	5★+	17	山东大学	5★	32	武汉科技大学	5★-
3	浙江大学	5★+	18	华中科技大学	5★	33	重庆大学	5★-
4	哈尔滨工业大学	5★+	19	西安理工大学	5★	34	华北电力大学	5★-
5	上海交通大学	5★	20	江南大学	5★	35	河北工业大学	5★-
6	哈尔滨工程大学	5★	21	同济大学	5★	36	兰州理工大学	5★-
7	杭州电子科技大学	5★	22	中南大学	5★	37	北京化工大学	5★-
8	西安交通大学	5★	23	湖南大学	5★-	38	东华大学	5★-
9	北京航空航天大学	5★	24	华东理工大学	5★-	39	郑州大学	5★-
10	南京航空航天大学	5★	25	燕山大学	5★-	40	中国地质大学(武汉)	5★-
11	东南大学	5★	26	中国科学技术大学	5★-	41	南开大学	5★-
12	东北大学	5★	27	大连理工大学	5★-	42	北京工业大学	5★-
13	西北工业大学	5★	28	北京交通大学	5★-	43	江苏大学	5★-
14	广东工业大学	5★	29	北京科技大学	5★-	44	西安电子科技大学	5★-
15	电子科技大学	5★	30	华南理工大学	5★-			

4★(43个)：中国矿业大学、河南科技大学、合肥工业大学、哈尔滨理工大学、吉林大学、重庆邮电大学、北京邮电大学、南京邮电大学、东北电力大学、华东交通大学、西南科技大学、太原科技大学、北方工业大学、中国石油大学(北京)、长安大学、青岛大学、中国计量大学、河南理工大学、武汉理工大学、湖南工业大学、辽宁科技大学、安徽大学、

续表

东北石油大学、曲阜师范大学、辽宁石油化工大学、昆明理工大学、北京信息科技大学、天津理工大学、广西大学、江西理工大学、长春工业大学、西安工业大学、太原理工大学、南昌航空大学、河北大学、西南交通大学、内蒙古科技大学、上海大学、浙江理工大学、西安建筑科技大学、南京工业大学、天津大学、扬州大学
3★(132个), 2★(174个), 1★(44个):名单略

080802T 轨道交通信号与控制(52)

排名	学校名称	星级	排名	学校名称	星级	排名	学校名称	星级
1	北京交通大学	5★+	3	兰州交通大学	5★	5	郑州大学	5★-
2	西南交通大学	5★	4	南京理工大学	5★-			
4★(5个):苏州大学、中北大学、长沙理工大学、中南大学、河南理工大学								
3★(16个), 2★(21个), 1★(5个):名单略								

080803T 机器人工程(307)

排名	学校名称	星级	排名	学校名称	星级	排名	学校名称	星级
1	东南大学	5★+	12	湖南大学	5★	23	哈尔滨工程大学	5★-
2	河海大学	5★+	13	重庆大学	5★	24	浙江理工大学	5★-
3	北京航空航天大学	5★+	14	华南理工大学	5★	25	西北工业大学	5★-
4	北京大学	5★	15	合肥工业大学	5★	26	电子科技大学	5★-
5	浙江大学	5★	16	南京航空航天大学	5★-	27	广东技术师范大学	5★-
6	东北大学	5★	17	北京工业大学	5★-	28	北京化工大学	5★-
7	哈尔滨工业大学	5★	18	东北电力大学	5★-	29	上海理工大学	5★-
8	中国矿业大学	5★	19	太原理工大学	5★-	30	山东大学	5★-
9	华北电力大学	5★	20	成都信息工程大学	5★-	31	重庆邮电大学	5★-
10	燕山大学	5★	21	安徽工程大学	5★-			
11	广西科技大学	5★	22	西安理工大学	5★-			
4★(30个):广东工业大学、广州大学、南京理工大学、福州大学、浙江师范大学、西安电子科技大学、南京信息工程大学、河南工学院、新疆大学、江西科技学院、长安大学、石家庄学院、西安工业大学、西南科技大学、广东东软学院、湖北工业大学、上海大学、昆明理工大学、安徽大学、浙江工业大学、深圳大学、上海应用技术大学、广东理工学院、兰州理工大学、北京科技大学、武汉科技大学、吉林大学、湖南工业大学、山东科技大学、华东理工大学								
3★(93个), 2★(122个), 1★(31个):名单略								

080901 计算机科学与技术(922)

排名	学校名称	星级	排名	学校名称	星级	排名	学校名称	星级
1	清华大学	5★+	7	电子科技大学	5★+	13	天津大学	5★
2	浙江大学	5★+	8	哈尔滨工业大学	5★+	14	西安交通大学	5★
3	上海交通大学	5★+	9	北京理工大学	5★+	15	东北大学	5★
4	北京大学	5★+	10	东南大学	5★	16	山东大学	5★
5	西安电子科技大学	5★+	11	华中科技大学	5★	17	北京交通大学	5★
6	北京航空航天大学	5★+	12	华南理工大学	5★	18	西北工业大学	5★

续表

排名	学校名称	星级	排名	学校名称	星级	排名	学校名称	星级
19	大连理工大学	5★	44	西南交通大学	5★	69	成都信息工程大学	5★−
20	北京邮电大学	5★	45	新疆大学	5★	70	天津理工大学	5★−
21	南京大学	5★	46	苏州大学	5★	71	郑州大学	5★−
22	南京理工大学	5★	47	安徽大学	5★−	72	中国矿业大学	5★−
23	杭州电子科技大学	5★	48	武汉理工大学	5★−	73	内蒙古大学	5★−
24	武汉大学	5★	49	北京师范大学	5★−	74	山东师范大学	5★−
25	中南大学	5★	50	北京科技大学	5★−	75	武汉科技大学	5★−
26	合肥工业大学	5★	51	南开大学	5★−	76	贵州大学	5★−
27	同济大学	5★	52	深圳大学	5★−	77	湘潭大学	5★−
28	吉林大学	5★	53	燕山大学	5★−	78	长沙理工大学	5★−
29	中山大学	5★	54	哈尔滨理工大学	5★−	79	中国农业大学	5★−
30	中国科学技术大学	5★	55	西北大学	5★−	80	济南大学	5★−
31	北京工业大学	5★	56	广东工业大学	5★−	81	华东理工大学	5★−
32	重庆大学	5★	57	中国科学院大学	5★−	82	西安工业大学	5★−
33	重庆邮电大学	5★	58	太原理工大学	5★−	83	暨南大学	5★−
34	复旦大学	5★	59	昆明理工大学	5★−	84	江南大学	5★−
35	湖南大学	5★	60	哈尔滨工程大学	5★−	85	广西大学	5★−
36	西安理工大学	5★	61	江苏大学	5★−	86	长安大学	5★−
37	河海大学	5★	62	山西大学	5★−	87	南昌大学	5★−
38	南京航空航天大学	5★	63	云南大学	5★−	88	南京信息工程大学	5★−
39	厦门大学	5★	64	长春理工大学	5★−	89	三峡大学	5★−
40	福州大学	5★	65	中国人民大学	5★−	90	青海师范大学	5★−
41	四川大学	5★	66	桂林电子科技大学	5★−	91	东北石油大学	5★−
42	中国海洋大学	5★	67	兰州大学	5★−	92	河南工业大学	5★−
43	南京邮电大学	5★	68	陕西师范大学	5★−			

4★(92个)：东北电力大学、华北电力大学、华南师范大学、长春工业大学、华中师范大学、北京化工大学、东北林业大学、扬州大学、重庆交通大学、江西师范大学、兰州理工大学、北京信息科技大学、河南大学、郑州轻工业大学、常州大学、安徽师范大学、西安工程大学、浙江师范大学、浙江工商大学、首都师范大学、湖北工业大学、中北大学、兰州交通大学、青岛大学、西安石油大学、西藏大学、黑龙江大学、南京师范大学、宁波大学、福建师范大学、河南理工大学、湖南科技大学、山东理工大学、西南石油大学、东北师范大学、河南科技大学、北方工业大学、烟台大学、南京工业大学、沈阳航空航天大学、浙江理工大学、杭州师范大学、西安科技大学、内蒙古工业大学、中国地质大学(武汉)、华侨大学、上海师范大学、西华大学、中国石油大学(华东)、江西财经大学、河南师范大学、沈阳理工大学、中央民族大学、东华理工大学、沈阳建筑大学、辽宁石油化工大学、西安建筑科技大学、渤海大学、西北师范大学、安徽理工大学、江苏科技大学、太原科技大学、北京林业大学、江西理工大学、合肥学院、西南科技大学、山西财经大学、北京工商大学、华东交通大学、中国计量大学、北方民族大学、华北水利水电大学、闽南师范大学、中国石油大学(北京)、河北农业大学、山东财经大学、青岛科技大学、石家庄铁道大学、湖南工业大学、中南民族大学、山东农业大学、安徽工业大学、河北师范大学、天津师范大学、安徽农业大学、宁夏大学、曲阜师范大学、北京语言大学、河北工程大学、云南师范大学、山东工商学院、齐齐哈尔大学

3★(277个)，2★(369个)，1★(92个)：名单略

080902 软件工程（595）

排名	学校名称	星级	排名	学校名称	星级	排名	学校名称	星级
1	东北大学	5★+	21	南京理工大学	5★	41	西南交通大学	5★-
2	北京航空航天大学	5★+	22	华中科技大学	5★	42	复旦大学	5★-
3	浙江大学	5★+	23	苏州大学	5★	43	青岛大学	5★-
4	西北工业大学	5★+	24	重庆大学	5★	44	哈尔滨理工大学	5★-
5	上海交通大学	5★+	25	北京邮电大学	5★	45	哈尔滨工程大学	5★-
6	电子科技大学	5★+	26	山东大学	5★	46	浙江工业大学	5★-
7	大连理工大学	5★	27	东南大学	5★	47	天津工业大学	5★-
8	清华大学	5★	28	中山大学	5★	48	湖南大学	5★-
9	同济大学	5★	29	杭州电子科技大学	5★	49	南华大学	5★-
10	北京交通大学	5★	30	重庆邮电大学	5★	50	成都信息工程大学	5★-
11	南京大学	5★	31	南京航空航天大学	5★-	51	郑州轻工业大学	5★-
12	华东师范大学	5★	32	北京大学	5★-	52	南京邮电大学	5★-
13	华南理工大学	5★	33	中南大学	5★-	53	燕山大学	5★-
14	北京工业大学	5★	34	郑州大学	5★-	54	河南大学	5★-
15	武汉大学	5★	35	西北大学	5★-	55	华东交通大学	5★-
16	北京理工大学	5★	36	西安交通大学	5★-	56	西南科技大学	5★-
17	吉林大学	5★	37	新疆大学	5★-	57	辽宁工程技术大学	5★-
18	西安电子科技大学	5★	38	厦门大学	5★-	58	华南师范大学	5★-
19	天津大学	5★	39	云南大学	5★-	59	浙江师范大学	5★-
20	哈尔滨工业大学	5★	40	南开大学	5★-	60	大连交通大学	5★-

4★(59个)：东华理工大学、南昌航空大学、江西师范大学、山东科技大学、武汉科技大学、南京信息工程大学、长春理工大学、西安科技大学、长沙理工大学、江西财经大学、武汉工程大学、西安理工大学、深圳大学、北京联合大学、南昌大学、中原工学院、广西师范大学、桂林电子科技大学、曲阜师范大学、湘潭大学、安徽大学、西南大学、湖南师范大学、长春工业大学、扬州大学、青岛科技大学、湖北大学、重庆师范大学、成都理工大学、西南石油大学、湖北工业大学、四川师范大学、烟台大学、浙江工商大学、安徽工程大学、河南工业大学、东莞理工学院、北京信息科技大学、湖南工商大学、安阳师范学院、合肥工业大学、陕西师范大学、兰州交通大学、山西大学、太原理工大学、广东工业大学、沈阳师范大学、四川大学、中国地质大学(武汉)、金陵科技学院、湖北经济学院、西安工业大学、武汉理工大学、泉州信息工程学院、大连东软信息学院、吉首大学、贵州大学、天津理工大学、上海应用技术大学

3★(179个)，2★(238个)，1★(59个)：名单略

080903 网络工程（276）

排名	学校名称	星级	排名	学校名称	星级	排名	学校名称	星级
1	西安电子科技大学	5★+	6	济南大学	5★	11	湖南人文科技学院	5★
1	北京邮电大学	5★+	7	温州大学	5★	12	巢湖学院	5★
2	西安电子科技大学	5★+	8	哈尔滨理工大学	5★	13	长春大学	5★
3	南京邮电大学	5★+	9	辽宁科技大学	5★	14	电子科技大学	5★
4	杭州电子科技大学	5★	10	大连民族大学	5★	15	华南理工大学	5★-
5	浙江工业大学	5★	11	大连民族大学	5★	16	重庆邮电大学	5★-

续表

排名	学校名称	星级	排名	学校名称	星级	排名	学校名称	星级
17	大连理工大学	5★−	21	郑州轻工业大学	5★−	26	大连海事大学	5★−
18	河南大学	5★−	22	福州大学	5★−	27	南京信息工程大学	5★−
19	黑龙江大学	5★−	23	广东工业大学	5★−	28	北京信息科技大学	5★−
20	福建师范大学	5★−	24	安徽大学	5★−			
21	大连海事大学	5★−	25	山东科技大学	5★−			
4★(27个)：成都工业学院、长沙理工大学、成都信息工程大学、桂林电子科技大学、武汉科技大学、四川师范大学、上海海事大学、西安理工大学、南昌航空大学、太原学院、四川轻化工大学、国防科技大学、广东技术师范大学、广州工商学院、华南师范大学、贵州理工学院、辽宁工程技术大学、西安邮电大学、西南大学、西南石油大学、浙江传媒学院、南京工程学院、北京林业大学、枣庄学院、湖南信息学院、西安科技大学、河北经贸大学								
3★(83个)，2★(110个)，1★(28个)：名单略								

080904K 信息安全（119）

排名	学校名称	星级	排名	学校名称	星级	排名	学校名称	星级
1	北京邮电大学	5★+	5	西安电子科技大学	5★	9	北京交通大学	5★−
2	北京航空航天大学	5★	6	华中科技大学	5★	10	北京工业大学	5★−
3	上海交通大学	5★	7	武汉大学	5★−	11	西北工业大学	5★−
4	中国科学技术大学	5★	8	杭州电子科技大学	5★−	12	哈尔滨工业大学	5★−
4★(12个)：天津理工大学、南京邮电大学、广州大学、桂林电子科技大学、湖南大学、浙江大学、复旦大学、海南大学、南京航空航天大学、北京电子科技学院、南开大学、成都信息工程大学								
3★(36个)，2★(47个)，1★(12个)：名单略								

080905 物联网工程（481）

排名	学校名称	星级	排名	学校名称	星级	排名	学校名称	星级
1	吉林大学	5★+	17	浙江万里学院	5★	33	北京科技大学	5★−
2	河北工业大学	5★+	18	北京物资学院	5★	34	浙江工业大学	5★−
3	哈尔滨工业大学	5★+	19	四川大学	5★	35	江苏大学	5★−
4	电子科技大学	5★+	20	宁夏理工学院	5★	36	南开大学	5★−
5	北京交通大学	5★+	21	河海大学	5★	37	福州大学	5★−
6	广东工业大学	5★	22	南京航空航天大学	5★	38	重庆邮电大学	5★−
7	北京邮电大学	5★	23	东南大学	5★	39	华中师范大学	5★−
8	西北大学	5★	24	西安电子科技大学	5★	40	武汉理工大学	5★−
9	桂林电子科技大学	5★	25	合肥工业大学	5★−	41	四川农业大学	5★−
10	西安交通大学	5★	26	华中科技大学	5★−	42	南京邮电大学	5★−
11	西北工业大学	5★	27	江南大学	5★−	43	成都理工大学	5★−
12	滁州学院	5★	28	东北大学	5★−	44	南华大学	5★−
13	安徽大学	5★	29	大连海事大学	5★−	45	西安理工大学	5★−
14	无锡太湖学院	5★	30	重庆大学	5★−	46	南京信息工程大学	5★−
15	北京工业大学	5★	31	天津大学	5★−	47	南昌航空大学	5★−
16	齐鲁工业大学	5★	32	江西财经大学	5★−	48	中北大学	5★−

续表

4★(48个)：中国传媒大学、黑龙江大学、烟台大学、河南科技大学、山东科技大学、太原理工大学、重庆工程学院、暨南大学、山东师范大学、哈尔滨理工大学、东北农业大学、西北师范大学、天津工业大学、南京财经大学、西南石油大学、河南理工大学、桂林航天工业学院、湖南工商大学、郑州科技学院、湖北大学、北京林业大学、平顶山学院、广东技术师范大学、安徽师范大学、华北电力大学、华东交通大学、昆明理工大学、长安大学、国防科技大学、天津师范大学、新疆工程学院、成都东软学院、南阳理工学院、安徽理工大学、南宁学院、重庆三峡学院、成都信息工程大学、桂林理工大学、河南师范大学、曲阜师范大学、哈尔滨师范大学、福州理工学院、贵州商学院、天津科技大学、郑州工程技术学院、云南大学、西安科技大学、山东农业工程学院
3★(145个)，2★(192个)，1★(48个)：名单略

080906 数字媒体技术（221）

排名	学校名称	星级	排名	学校名称	星级	排名	学校名称	星级
1	山东大学	5★+	9	浙江传媒学院	5★	17	安庆师范大学	5★-
2	中国传媒大学	5★+	10	北京工业大学	5★	18	东北师范大学	5★-
3	北京邮电大学	5★	11	南京邮电大学	5★	19	东北大学	5★-
4	江南大学	5★	12	哈尔滨工业大学	5★-	20	电子科技大学	5★-
5	大连东软信息学院	5★	13	厦门大学	5★-	21	大连理工大学	5★-
6	浙江工业大学	5★	14	山东财经大学	5★-	22	杭州电子科技大学	5★-
7	上海大学	5★	15	北京林业大学	5★-			
8	华中师范大学	5★	16	北方工业大学	5★-			
4★(22个)：福州大学、浙江理工大学、安徽大学、许昌学院、重庆邮电大学、长春工业大学、广州工商学院、西安理工大学、西南石油大学、上海理工大学、兰州大学、广东工业大学、云南大学、运城学院、兰州文理学院、四川旅游学院、福建师范大学、成都信息工程大学、渭南师范学院、哈尔滨师范大学、重庆移通学院、重庆工程学院								
3★(67个)，2★(88个)，1★(22个)：名单略								

080907T 智能科学与技术（175）

排名	学校名称	星级	排名	学校名称	星级	排名	学校名称	星级
1	北京大学	5★+	7	武汉工程大学	5★	13	华北电力大学	5★-
2	南开大学	5★+	8	中山大学	5★	14	燕山大学	5★-
3	重庆邮电大学	5★	9	北京邮电大学	5★	15	西南大学	5★-
4	西安电子科技大学	5★	10	杭州电子科技大学	5★-	16	上海大学	5★-
5	华南理工大学	5★	11	南京理工大学	5★-	17	合肥工业大学	5★-
6	西安邮电大学	5★	12	复旦大学	5★-	18	桂林电子科技大学	5★-
4★(17个)：浙江工业大学、河海大学、北京信息科技大学、中国海洋大学、江苏大学、安徽大学、西北大学、大连海事大学、华东理工大学、西安科技大学、长春理工大学、山东科技大学、浙江师范大学、渤海大学、南昌工学院、中国地质大学(武汉)、广州商学院								
3★(53个)，2★(70个)，1★(17个)：名单略								

080908T 空间信息与数字技术（14）

排名	学校名称	星级	排名	学校名称	星级	排名	学校名称	星级
1	中国地质大学(武汉)	5★						

4★(2个)：西安电子科技大学、吉林大学

3★(4个)，2★(6个)，1★(1个)：名单略

080910T 数据科学与大数据技术（680）

排名	学校名称	星级	排名	学校名称	星级	排名	学校名称	星级
1	华东师范大学	5★+	24	长春理工大学	5★	47	上海工程技术大学	5★-
2	中南大学	5★+	25	江西财经大学	5★	48	北京林业大学	5★-
3	哈尔滨工业大学	5★+	26	贵州师范大学	5★	49	湘潭大学	5★-
4	复旦大学	5★+	27	中北大学	5★	50	山东科技大学	5★-
5	山东大学	5★+	28	西北工业大学	5★	51	中央财经大学	5★-
6	北京大学	5★+	29	南京信息工程大学	5★	52	洛阳理工学院	5★-
7	海南大学	5★+	30	山东师范大学	5★	53	中南财经政法大学	5★-
8	北京理工大学	5★	31	浙江工业大学	5★	54	郑州轻工业大学	5★-
9	电子科技大学	5★	32	中国人民大学	5★	55	西北师范大学	5★-
10	北京邮电大学	5★	33	北京化工大学	5★	56	浙江财经大学	5★-
11	武汉大学	5★	34	上海对外经贸大学	5★	57	西南财经大学	5★-
12	西安理工大学	5★	35	中国石油大学(华东)	5★-	58	中国计量大学	5★-
13	中国矿业大学	5★	36	华中农业大学	5★-	59	湖南师范大学	5★-
14	上海大学	5★	37	南京邮电大学	5★-	60	南京审计大学	5★-
15	南开大学	5★	38	武汉理工大学	5★-	61	广东工业大学	5★-
16	天津大学	5★	39	华北电力大学	5★-	62	安阳师范学院	5★-
17	中国农业大学	5★	40	太原理工大学	5★-	63	厦门大学	5★-
18	贵州大学	5★	41	郑州财经学院	5★-	64	浙江工商大学	5★-
19	华中师范大学	5★	42	广州商学院	5★-	65	国防科技大学	5★-
20	西安电子科技大学	5★	43	河南大学	5★-	66	山东财经大学	5★-
21	同济大学	5★	44	曲阜师范大学	5★-	67	福州大学	5★-
22	上海财经大学	5★	45	兰州大学	5★-	68	杭州师范大学	5★-
23	重庆大学	5★	46	重庆理工大学	5★-			

4★(68个)：天津工业大学、山西大学、南宁学院、对外经济贸易大学、许昌学院、广州大学、郑州科技学院、湖北大学、兰州理工大学、河北大学、广东科技学院、成都信息工程大学、温州大学、重庆文理学院、上海体育学院、广西科技大学、常州大学、德州学院、陕西科技大学、河南城建学院、华南农业大学、西南交通大学、浙江海洋大学、吉林师范大学、安顺学院、池州学院、云南财经大学、广东金融学院、中国科学技术大学、贵州理工学院、兰州城市学院、广西师范大学、上海健康医学院、太原师范学院、长沙理工大学、华中科技大学、佛山科学技术学院、山东中医药大学、吉林大学、南通大学、湖北经济学院、华南理工大学、湖州师范学院、南京理工大学、河南科技大学、内蒙古大学、昆明理工大学、中国海洋大学、安徽工业大学、重庆邮电大学、广东财经大学、大连海事大学、东北财经大学、重庆工商大学、桂林航天工业学院、北京师范大学、安徽农业大学、山西财经大学、中国地质大学(北京)、河北东方学院、西南石油大学、河北工业大学、上海理工大学、济南大学、天津理工大学、湖南工商大学、汕头大学、宁夏理工学院

3★(204个)，2★(272个)，1★(68个)：名单略

080911TK 网络空间安全(100)

排名	学校名称	星级	排名	学校名称	星级	排名	学校名称	星级
1	电子科技大学	5★+	5	暨南大学	5★	9	杭州电子科技大学	5★-
2	东南大学	5★	6	中国科学院大学	5★-	10	四川大学	5★-
3	西安电子科技大学	5★	7	武汉大学	5★-			
4	山东大学	5★	8	天津大学	5★-			
4★(10个):中山大学、北京邮电大学、华中科技大学、西北工业大学、厦门大学、南昌大学、西安交通大学、北京理工大学、吉林大学、云南大学								
3★(30个),2★(40个),1★(10个):名单略								

080916T 虚拟现实技术(18)

排名	学校名称	星级	排名	学校名称	星级	排名	学校名称	星级
1	北京航空航天大学	5★	2	重庆移通学院	5★-			
4★(2个):河北工程技术学院、江西科技师范大学								
3★(5个),2★(7个),1★(2个):名单略								

080917T 区块链工程(18)

排名	学校名称	星级	排名	学校名称	星级	排名	学校名称	星级
1	河北工程技术学院	5★	2	成都信息工程大学	5★-			
4★(2个):湖南信息学院、山西晋中理工学院								
3★(5个),2★(7个),1★(2个):名单略								

081001 土木工程(525)

排名	学校名称	星级	排名	学校名称	星级	排名	学校名称	星级
1	同济大学	5★+	16	四川大学	5★	31	太原理工大学	5★-
2	浙江大学	5★+	17	上海交通大学	5★	32	合肥工业大学	5★-
3	清华大学	5★+	18	重庆交通大学	5★	33	兰州理工大学	5★-
4	东南大学	5★+	19	华中科技大学	5★	34	沈阳建筑大学	5★-
5	湖南大学	5★+	20	华南理工大学	5★	35	北京科技大学	5★-
6	河海大学	5★	21	长沙理工大学	5★	36	广西大学	5★-
7	西安建筑科技大学	5★	22	武汉大学	5★	37	广州大学	5★-
8	西南交通大学	5★	23	石家庄铁道大学	5★	38	武汉理工大学	5★-
9	哈尔滨工业大学	5★	24	南京工业大学	5★	39	东北大学	5★-
10	大连理工大学	5★	25	福州大学	5★	40	中国矿业大学	5★-
11	北京工业大学	5★	26	深圳大学	5★	41	中国地质大学(武汉)	5★-
12	北京交通大学	5★	27	北京建筑大学	5★-	42	浙江工业大学	5★-
13	中南大学	5★	28	三峡大学	5★-	43	兰州交通大学	5★-
14	重庆大学	5★	29	长安大学	5★-	44	西安理工大学	5★-
15	天津大学	5★	30	青岛理工大学	5★-	45	西安科技大学	5★-

续表

排名	学校名称	星级	排名	学校名称	星级	排名	学校名称	星级
46	郑州大学	5★-	49	成都理工大学	5★-	52	辽宁工程技术大学	5★-
47	华侨大学	5★-	50	安徽理工大学	5★-	53	华东交通大学	5★-
48	上海大学	5★-	51	河南工业大学	5★-			

4★(52个)：昆明理工大学、汕头大学、北京航空航天大学、扬州大学、南昌大学、吉林大学、山东科技大学、中国地质大学(北京)、南京航空航天大学、南京林业大学、广东工业大学、山东建筑大学、湖北工业大学、安徽建筑大学、天津城建大学、海南大学、东北电力大学、桂林理工大学、东北林业大学、华北水利水电大学、苏州科技大学、宁波大学、西南科技大学、湖南科技大学、吉林建筑大学、河北工程大学、河南理工大学、内蒙古科技大学、南京理工大学、长江大学、新疆大学、江苏科技大学、河北工业大学、燕山大学、中国矿业大学(北京)、武汉科技大学、兰州大学、江苏大学、福建工程学院、中南林业科技大学、厦门大学、云南大学、贵州大学、广西科技大学、烟台大学、沈阳大学、南昌航空大学、湘潭大学、济南大学、沈阳工业大学、江西理工大学、东北石油大学

3★(158个)，2★(210个)，1★(52个)：名单略

081002 建筑环境与能源应用工程(165)

排名	学校名称	星级	排名	学校名称	星级	排名	学校名称	星级
1	清华大学	5★+	7	重庆大学	5★	13	青岛理工大学	5★-
2	西安建筑科技大学	5★+	8	大连理工大学	5★	14	西南交通大学	5★-
3	同济大学	5★	9	天津大学	5★-	15	兰州交通大学	5★-
4	湖南大学	5★	10	沈阳建筑大学	5★-	16	南京工业大学	5★-
5	北京工业大学	5★	11	东南大学	5★-	17	广东工业大学	5★-
6	哈尔滨工业大学	5★	12	广州大学	5★-			

4★(16个)：吉林建筑大学、山东建筑大学、南华大学、长沙理工大学、北京建筑大学、中南大学、东华大学、安徽建筑大学、长安大学、合肥工业大学、天津城建大学、太原理工大学、上海理工大学、中原工学院、内蒙古工业大学、河南科技大学

3★(50个)，2★(66个)，1★(16个)：名单略

081003 给排水科学与工程(159)

排名	学校名称	星级	排名	学校名称	星级	排名	学校名称	星级
1	同济大学	5★+	7	西安建筑科技大学	5★	13	北京工业大学	5★-
2	湖南大学	5★+	8	重庆大学	5★	14	华东交通大学	5★-
3	华侨大学	5★	9	武汉大学	5★-	15	广州大学	5★-
4	哈尔滨工业大学	5★	10	北京建筑大学	5★-	16	浙江工业大学	5★-
5	河海大学	5★	11	青岛理工大学	5★-			
6	兰州交通大学	5★	12	华中科技大学	5★-			

4★(16个)：天津城建大学、沈阳建筑大学、南华大学、山东建筑大学、桂林理工大学、长安大学、苏州科技大学、太原理工大学、合肥工业大学、安徽建筑大学、南京工业大学、华北水利水电大学、济南大学、长沙理工大学、江西理工大学、河北工程大学

3★(48个)，2★(63个)，1★(16个)：名单略

081004 建筑电气与智能化(64)

排名	学校名称	星级	排名	学校名称	星级	排名	学校名称	星级
1	西安建筑科技大学	5★+	3	北京建筑大学	5★	5	华东交通大学	5★-
2	安徽建筑大学	5★	4	郑州轻工业大学	5★-	6	苏州科技大学	5★-
4★(7个):沈阳建筑大学、同济大学、哈尔滨工业大学、南华大学、河北建筑工程学院、青岛理工大学、桂林电子科技大学								
3★(19个),2★(26个),1★(6个):名单略								

081005T 城市地下空间工程(73)

排名	学校名称	星级	排名	学校名称	星级	排名	学校名称	星级
1	山东大学	5★+	4	西安建筑科技大学	5★	7	天津城建大学	5★-
2	东南大学	5★	5	中南大学	5★-			
3	西南交通大学	5★	6	山东建筑大学	5★-			
4★(8个):南京工业大学、中国矿业大学(北京)、西安理工大学、北方工业大学、石家庄铁道大学、太原理工大学、哈尔滨工业大学、合肥工业大学								
3★(22个),2★(29个),1★(7个):名单略								

081006T 道路桥梁与渡河工程(77)

排名	学校名称	星级	排名	学校名称	星级	排名	学校名称	星级
1	长安大学	5★+	4	西南交通大学	5★	7	山东建筑大学	5★-
2	东南大学	5★	5	长沙理工大学	5★-	8	河北工业大学	5★-
3	哈尔滨工业大学	5★	6	吉林建筑大学	5★-			
4★(7个):天津城建大学、吉林大学、广东工业大学、郑州大学、重庆交通大学、兰州理工大学、武汉理工大学								
3★(24个),2★(30个),1★(8个):名单略								

081007T 铁道工程(14)

排名	学校名称	星级	排名	学校名称	星级	排名	学校名称	星级
1	西南交通大学	5★						
4★(2个):华东交通大学、中南大学								
3★(4个),2★(6个),1★(1个):名单略								

081008T 智能建造(65)

排名	学校名称	星级	排名	学校名称	星级	排名	学校名称	星级
1	同济大学	5★+	4	福州大学	5★-	7	青岛理工大学	5★-
2	华中科技大学	5★	5	北京建筑大学	5★-			
3	东南大学	5★	6	武汉大学	5★-			
4★(6个):福州外语外贸学院、华南理工大学、西南交通大学、重庆大学、北京工业大学、湖南工业大学								
3★(20个),2★(26个),1★(6个):名单略								

081101 水利水电工程（83）

排名	学校名称	星级	排名	学校名称	星级	排名	学校名称	星级
1	河海大学	5★+	4	大连理工大学	5★	7	郑州大学	5★−
2	武汉大学	5★	5	西安理工大学	5★−	8	三峡大学	5★−
3	天津大学	5★	6	华北水利水电大学	5★−			
4★（9 个）：河北工程大学、新疆农业大学、扬州大学、宁夏大学、西北农林科技大学、南昌大学、长沙理工大学、内蒙古农业大学、华中科技大学								
3★（25 个），2★（33 个），1★（8 个）：名单略								

081102 水文与水资源工程（48）

排名	学校名称	星级	排名	学校名称	星级	排名	学校名称	星级
1	河海大学	5★	3	吉林大学	5★−	5	中国地质大学（武汉）	5★−
2	长安大学	5★	4	中国地质大学（北京）	5★−			
4★（5 个）：武汉大学、西安理工大学、郑州大学、太原理工大学、南京大学								
3★（14 个），2★（19 个），1★（5 个）：名单略								

081103 港口航道与海岸工程（32）

排名	学校名称	星级	排名	学校名称	星级	排名	学校名称	星级
1	天津大学	5★	2	河海大学	5★	3	大连理工大学	5★−
4★（3 个）：武汉大学、中国海洋大学、重庆交通大学								
3★（10 个），2★（13 个），1★（3 个）：名单略								

081201 测绘工程（143）

排名	学校名称	星级	排名	学校名称	星级	排名	学校名称	星级
1	武汉大学	5★+	6	辽宁工程技术大学	5★	11	北京建筑大学	5★−
2	同济大学	5★	7	河南理工大学	5★	12	中国地质大学（武汉）	5★−
3	中国矿业大学	5★	8	河海大学	5★−	13	中国地质大学（北京）	5★−
4	中南大学	5★	9	东华理工大学	5★−	14	兰州交通大学	5★−
5	西南交通大学	5★	10	西安科技大学	5★−			
4★（15 个）：长安大学、江西理工大学、山东科技大学、中国矿业大学（北京）、吉林大学、东北大学、合肥工业大学、长沙理工大学、昆明理工大学、南京工业大学、太原理工大学、成都理工大学、南京信息工程大学、山东建筑大学、安徽理工大学								
3★（43 个），2★（57 个），1★（14 个）：名单略								

081202 遥感科学与技术（56）

排名	学校名称	星级	排名	学校名称	星级	排名	学校名称	星级
1	武汉大学	5★+	3	中南大学	5★	5	北京航空航天大学	5★−
2	长安大学	5★	4	中国矿业大学（北京）	5★−	6	哈尔滨工业大学	5★−
4★（5 个）：西安电子科技大学、中山大学、河海大学、电子科技大学、桂林理工大学								
3★（17 个），2★（22 个），1★（6 个）：名单略								

081205T 地理空间信息工程(15)

排名	学校名称	星级	排名	学校名称	星级	排名	学校名称	星级
1	深圳大学	5★	2	南京信息工程大学	5★-			

4★(1个):滇西应用技术大学

3★(5个),2★(6个),1★(1个):名单略

081301 化学工程与工艺(325)

排名	学校名称	星级	排名	学校名称	星级	排名	学校名称	星级
1	天津大学	5★+	12	浙江工业大学	5★	23	西安交通大学	5★-
2	大连理工大学	5★+	13	湖南大学	5★	24	北京理工大学	5★-
3	浙江大学	5★+	14	中南大学	5★	25	太原理工大学	5★-
4	华东理工大学	5★	15	四川大学	5★	26	武汉工程大学	5★-
5	北京化工大学	5★	16	上海交通大学	5★	27	河北工业大学	5★-
6	中国石油大学(华东)	5★	17	东南大学	5★-	28	郑州大学	5★-
7	福州大学	5★	18	广东工业大学	5★-	29	重庆大学	5★-
8	南京工业大学	5★	19	哈尔滨工业大学	5★-	30	兰州理工大学	5★-
9	中国石油大学(北京)	5★	20	厦门大学	5★-	31	内蒙古工业大学	5★-
10	华南理工大学	5★	21	广西大学	5★-	32	新疆大学	5★-
11	南京理工大学	5★	22	江南大学	5★-	33	青岛科技大学	5★-

4★(32个):陕西科技大学、中山大学、昆明理工大学、济南大学、中国矿业大学、武汉科技大学、合肥工业大学、湘潭大学、西北大学、天津科技大学、海南大学、山东理工大学、西南石油大学、燕山大学、中北大学、宁夏大学、东北石油大学、苏州大学、南昌大学、兰州大学、湖南师范大学、西安科技大学、广西民族大学、常州大学、桂林理工大学、广州大学、安徽工业大学、沈阳化工大学、辽宁石油化工大学、沈阳工业大学、成都理工大学、河北科技大学

3★(98个),2★(130个),1★(32个):名单略

081302 制药工程(252)

排名	学校名称	星级	排名	学校名称	星级	排名	学校名称	星级
1	华东理工大学	5★+	10	大连理工大学	5★	19	青岛科技大学	5★-
2	天津大学	5★+	11	沈阳药科大学	5★	20	南昌大学	5★-
3	南京工业大学	5★+	12	武汉理工大学	5★	21	西南大学	5★-
4	中国药科大学	5★	13	武汉工程大学	5★	22	哈尔滨商业大学	5★-
5	北京化工大学	5★	14	河北科技大学	5★-	23	河北工业大学	5★-
6	江南大学	5★	15	郑州大学	5★-	24	湘潭大学	5★-
7	浙江工业大学	5★	16	昆明理工大学	5★-	25	西北大学	5★-
8	四川大学	5★	17	天津科技大学	5★-			
9	西南交通大学	5★	18	常州大学	5★-			

4★(25个):广西师范大学、台州学院、西安交通大学、江西科技师范大学、新乡学院、中南大学、广东工业大学、临沂大学、云南大学、重庆理工大学、四川轻化工大学、上海工程技术大学、湖北工业大学、遵义医科大学、福建农林大学、北京石油化工学院、吉林化工学院、河南科技大学、福州大学、天津中医药大学、重庆大学、成都中医药大学、贵州大学、河南中医药大学、华南理工大学

3★(76个),2★(101个),1★(25个):名单略

081303T 资源循环科学与工程（32）

排名	学校名称	星级	排名	学校名称	星级	排名	学校名称	星级
1	华东理工大学	5★	2	大连理工大学	5★	3	东北大学	5★-
4★(3个)：西安建筑科技大学、南开大学、福州大学								
3★(10个)，2★(13个)，1★(3个)：名单略								

081304T 能源化学工程（60）

排名	学校名称	星级	排名	学校名称	星级	排名	学校名称	星级
1	北京化工大学	5★+	3	北京理工大学	5★	5	中国石油大学(华东)	5★-
2	华南理工大学	5★	4	浙江工业大学	5★-	6	合肥工业大学	5★-
4★(6个)：中国石油大学(北京)、武汉大学、大连理工大学、华北电力大学、西北大学、广东工业大学								
3★(18个)，2★(24个)，1★(6个)：名单略								

081401 地质工程（55）

排名	学校名称	星级	排名	学校名称	星级	排名	学校名称	星级
1	中国地质大学(武汉)	5★+	3	长安大学	5★	5	成都理工大学	5★-
2	中国地质大学(北京)	5★	4	同济大学	5★-	6	中国矿业大学	5★-
4★(5个)：河海大学、西安科技大学、西南交通大学、南京大学、中南大学								
3★(17个)，2★(22个)，1★(5个)：名单略								

081402 勘查技术与工程（31）

排名	学校名称	星级	排名	学校名称	星级	排名	学校名称	星级
1	中国地质大学(北京)	5★	2	中国地质大学(武汉)	5★	3	吉林大学	5★-
4★(3个)：中国石油大学(华东)、中国石油大学(北京)、长江大学								
3★(10个)，2★(12个)，1★(3个)：名单略								

081403 资源勘查工程（50）

排名	学校名称	星级	排名	学校名称	星级	排名	学校名称	星级
1	中国地质大学(北京)	5★+	3	中国地质大学(武汉)	5★	5	长江大学	5★-
2	成都理工大学	5★	4	长安大学	5★-			
4★(5个)：西北大学、桂林理工大学、中国石油大学(华东)、昆明理工大学、东华理工大学								
3★(15个)，2★(20个)，1★(5个)：名单略								

081404T 地下水科学与工程（14）

排名	学校名称	星级	排名	学校名称	星级	排名	学校名称	星级
1	中国地质大学(北京)	5★						
4★(2个)：中国地质大学(武汉)、河北地质大学								
3★(4个)，2★(6个)，1★(1个)：名单略								

081501 采矿工程（45）

排名	学校名称	星级	排名	学校名称	星级	排名	学校名称	星级
1	中国矿业大学	5★	3	河南理工大学	5★-	5	西安科技大学	5★-
2	太原理工大学	5★	4	中南大学	5★-			
4★(4个)：北京科技大学、辽宁工程技术大学、重庆大学、安徽理工大学								
3★(14个)，2★(18个)，1★(4个)：名单略								

081502 石油工程（21）

排名	学校名称	星级	排名	学校名称	星级	排名	学校名称	星级
1	中国石油大学(北京)	5★	2	西南石油大学	5★-			
4★(2个)：中国石油大学(华东)、西安石油大学								
3★(7个)，2★(8个)，1★(2个)：名单略								

081503 矿物加工工程（35）

排名	学校名称	星级	排名	学校名称	星级	排名	学校名称	星级
1	中国矿业大学	5★	3	昆明理工大学	5★-			
2	中南大学	5★	4	东北大学	5★-			
4★(3个)：太原理工大学、北京科技大学、武汉科技大学								
3★(11个)，2★(14个)，1★(3个)：名单略								

081504 油气储运工程（33）

排名	学校名称	星级	排名	学校名称	星级	排名	学校名称	星级
1	中国石油大学(北京)	5★	2	辽宁石油化工大学	5★	3	华东理工大学	5★-
4★(4个)：中国石油大学(华东)、西南石油大学、长江大学、东北石油大学								
3★(10个)，2★(13个)，1★(3个)：名单略								

081601 纺织工程（39）

排名	学校名称	星级	排名	学校名称	星级	排名	学校名称	星级
1	东华大学	5★	3	天津工业大学	5★-			
2	浙江理工大学	5★	4	江南大学	5★-			
4★(4个)：西安工程大学、苏州大学、青岛大学、大连工业大学								
3★(12个)，2★(15个)，1★(4个)：名单略								

081602 服装设计与工程（56）

排名	学校名称	星级	排名	学校名称	星级	排名	学校名称	星级
1	东华大学	5★+	3	西安工程大学	5★	5	上海工程技术大学	5★-
2	浙江理工大学	5★	4	北京服装学院	5★-	6	苏州大学	5★-
4★(5个)：江西服装学院、德州学院、江南大学、武汉纺织大学、天津工业大学								
3★(17个)，2★(22个)，1★(6个)：名单略								

081603T 非织造材料与工程（13）

排名	学校名称	星级	排名	学校名称	星级	排名	学校名称	星级
1	天津工业大学	5★						
4★（2个）：东华大学、南通大学								
3★（4个），2★（5个），1★（1个）：名单略								

081701 轻化工程（41）

排名	学校名称	星级	排名	学校名称	星级	排名	学校名称	星级
1	华南理工大学	5★	3	江南大学	5★−			
2	四川大学	5★	4	陕西科技大学	5★−			
4★（4个）：广西大学、天津科技大学、南京林业大学、大连工业大学								
3★（13个），2★（16个），1★（4个）：名单略								

081702 包装工程（37）

排名	学校名称	星级	排名	学校名称	星级	排名	学校名称	星级
1	江南大学	5★	3	广西大学	5★−			
2	天津科技大学	5★	4	暨南大学	5★−			
4★（3个）：西安理工大学、湖南工业大学、哈尔滨商业大学								
3★（12个），2★（14个），1★（4个）：名单略								

081705T 化妆品技术与工程（13）

排名	学校名称	星级	排名	学校名称	星级	排名	学校名称	星级
1	北京工商大学	5★						
4★（2个）：上海应用技术大学、徐州工程学院								
3★（4个），2★（5个），1★（1个）：名单略								

081801 交通运输（107）

排名	学校名称	星级	排名	学校名称	星级	排名	学校名称	星级
1	北京交通大学	5★+	5	兰州交通大学	5★	9	南京航空航天大学	5★−
2	西南交通大学	5★	6	中南大学	5★−	10	石家庄铁道大学	5★−
3	长安大学	5★	7	大连海事大学	5★−	11	吉林大学	5★−
4	同济大学	5★	8	重庆交通大学	5★−			
4★（10个）：武汉理工大学、上海海事大学、长沙理工大学、北京航空航天大学、东南大学、华东交通大学、华南理工大学、江苏大学、西安建筑科技大学、中国民航大学								
3★（33个），2★（42个），1★（11个）：名单略								

081802 交通工程(106)

排名	学校名称	星级	排名	学校名称	星级	排名	学校名称	星级
1	同济大学	5★+	5	东南大学	5★	9	河海大学	5★-
2	西南交通大学	5★	6	重庆交通大学	5★-	10	昆明理工大学	5★-
3	北京交通大学	5★	7	北京工业大学	5★-	11	长沙理工大学	5★-
4	长安大学	5★	8	哈尔滨工业大学	5★-			
4★(10个):华南理工大学、石家庄铁道大学、合肥工业大学、兰州交通大学、大连理工大学、南京林业大学、东北林业大学、华东交通大学、上海海事大学、北京建筑大学								
3★(32个),2★(42个),1★(11个):名单略								

081803K 航海技术(18)

排名	学校名称	星级	排名	学校名称	星级	排名	学校名称	星级
1	大连海事大学	5★	2	上海海事大学	5★-			
4★(2个):武汉理工大学、集美大学								
3★(5个),2★(7个),1★(2个):名单略								

081804K 轮机工程(20)

排名	学校名称	星级	排名	学校名称	星级	排名	学校名称	星级
1	大连海事大学	5★	2	武汉理工大学	5★-			
4★(2个):哈尔滨工程大学、上海海事大学								
3★(6个),2★(8个),1★(2个):名单略								

081805K 飞行技术(16)

排名	学校名称	星级	排名	学校名称	星级	排名	学校名称	星级
1	中国民用航空飞行学院	5★	2	南京航空航天大学	5★-			
4★(1个):中国民航大学								
3★(5个),2★(6个),1★(2个):名单略								

081806T 交通设备与控制工程(14)

排名	学校名称	星级	排名	学校名称	星级	排名	学校名称	星级
1	中南大学	5★						
4★(2个):哈尔滨工业大学、北京工业大学								
3★(4个),2★(6个),1★(1个):名单略								

081901 船舶与海洋工程(33)

排名	学校名称	星级	排名	学校名称	星级	排名	学校名称	星级
1	上海交通大学	5★	2	哈尔滨工程大学	5★	3	武汉理工大学	5★-
4★(4个):江苏科技大学、天津大学、华中科技大学、大连理工大学								
3★(10个),2★(13个),1★(3个):名单略								

082001 航空航天工程（18）

排名	学校名称	星级	排名	学校名称	星级	排名	学校名称	星级
1	南京航空航天大学	5★	2	西北工业大学	5★-			
4★(2个)：上海交通大学、清华大学								
3★(5个)，2★(7个)，1★(2个)：名单略								

082002 飞行器设计与工程（28）

排名	学校名称	星级	排名	学校名称	星级	排名	学校名称	星级
1	北京航空航天大学	5★	2	西北工业大学	5★-	3	南京航空航天大学	5★-
4★(3个)：哈尔滨工业大学、北京理工大学、西安交通大学								
3★(8个)，2★(11个)，1★(3个)：名单略								

082003 飞行器制造工程（36）

排名	学校名称	星级	排名	学校名称	星级	排名	学校名称	星级
1	西北工业大学	5★	3	南京航空航天大学	5★-			
2	哈尔滨工业大学	5★	4	沈阳航空航天大学	5★-			
4★(3个)：中北大学、南昌航空大学、北京航空航天大学								
3★(11个)，2★(14个)，1★(4个)：名单略								

082004 飞行器动力工程（24）

排名	学校名称	星级	排名	学校名称	星级	排名	学校名称	星级
1	北京航空航天大学	5★	2	西北工业大学	5★-			
4★(3个)：南京航空航天大学、沈阳航空航天大学、哈尔滨工程大学								
3★(7个)，2★(10个)，1★(2个)：名单略								

082008T 飞行器控制与信息工程（14）

排名	学校名称	星级	排名	学校名称	星级	排名	学校名称	星级
1	北京航空航天大学	5★						
4★(2个)：四川大学、电子科技大学								
3★(4个)，2★(6个)，1★(1个)：名单略								

082009T 无人驾驶航空器系统工程（15）

排名	学校名称	星级	排名	学校名称	星级	排名	学校名称	星级
1	北京航空航天大学	5★	2	电子科技大学	5★-			
4★(1个)：中国民航大学								
3★(5个)，2★(6个)，1★(1个)：名单略								

082103 探测制导与控制技术（14）

排名	学校名称	星级	排名	学校名称	星级	排名	学校名称	星级
1	西北工业大学	5★						
4★(2个)：西安电子科技大学、沈阳理工大学								
3★(4个)，2★(6个)，1★(1个)：名单略								

082107 信息对抗技术（13）

排名	学校名称	星级	排名	学校名称	星级	排名	学校名称	星级
1	北京理工大学	5★						
4★(2个)：西安电子科技大学、西南科技大学								
3★(4个)，2★(5个)，1★(1个)：名单略								

082201 核工程与核技术（30）

排名	学校名称	星级	排名	学校名称	星级	排名	学校名称	星级
1	西安交通大学	5★	2	哈尔滨工程大学	5★	3	南华大学	5★-
4★(3个)：上海交通大学、清华大学、中国科学技术大学								
3★(9个)，2★(12个)，1★(3个)：名单略								

082302 农业机械化及其自动化（37）

排名	学校名称	星级	排名	学校名称	星级	排名	学校名称	星级
1	华南农业大学	5★	3	吉林大学	5★-			
2	华中农业大学	5★	4	东北农业大学	5★-			
4★(3个)：中国农业大学、河南科技大学、内蒙古农业大学								
3★(12个)，2★(14个)，1★(4个)：名单略								

082305 农业水利工程（33）

排名	学校名称	星级	排名	学校名称	星级	排名	学校名称	星级
1	中国农业大学	5★	2	河海大学	5★	3	西北农林科技大学	5★-
4★(4个)：扬州大学、云南农业大学、河北农业大学、东北农业大学								
3★(10个)，2★(13个)，1★(3个)：名单略								

082306T 土地整治工程（14）

排名	学校名称	星级	排名	学校名称	星级	排名	学校名称	星级
1	长安大学	5★						
4★(2个)：河海大学、中国地质大学(北京)								
3★(4个)，2★(6个)，1★(1个)：名单略								

082402 木材科学与工程（16）

排名	学校名称	星级	排名	学校名称	星级	排名	学校名称	星级
1	南京林业大学	5★	2	东北林业大学	5★-			
4★(1个)：浙江农林大学								
3★(5个)，2★(6个)，1★(2个)：名单略								

082501 环境科学与工程（48）

排名	学校名称	星级	排名	学校名称	星级	排名	学校名称	星级
1	上海交通大学	5★	3	西南大学	5★-	5	中国人民大学	5★-
2	北京大学	5★	4	华南理工大学	5★-			
4★(5个)：浙江师范大学、暨南大学、中国科学技术大学、辽宁工业大学、南京信息工程大学								
3★(14个)，2★(19个)，1★(5个)：名单略								

082502 环境工程（345）

排名	学校名称	星级	排名	学校名称	星级	排名	学校名称	星级
1	清华大学	5★+	13	山东大学	5★	25	河海大学	5★-
2	同济大学	5★+	14	北京化工大学	5★	26	北京科技大学	5★-
3	哈尔滨工业大学	5★+	15	昆明理工大学	5★	27	重庆大学	5★-
4	南京大学	5★	16	武汉大学	5★	28	南开大学	5★-
5	西安建筑科技大学	5★	17	江南大学	5★	29	天津工业大学	5★-
6	北京师范大学	5★	18	南京理工大学	5★-	30	湖南大学	5★-
7	大连理工大学	5★	19	西南科技大学	5★-	31	北京航空航天大学	5★-
8	华东理工大学	5★	20	华南理工大学	5★-	32	中国地质大学(武汉)	5★-
9	北京工业大学	5★	21	桂林理工大学	5★-	33	中山大学	5★-
10	北京大学	5★	22	四川大学	5★-	34	兰州大学	5★-
11	天津大学	5★	23	东华大学	5★-	35	浙江工业大学	5★-
12	中南大学	5★	24	长安大学	5★-			
4★(34个)：广东工业大学、华中科技大学、太原理工大学、重庆工商大学、河北科技大学、常州大学、江苏大学、南昌航空大学、南昌大学、中国海洋大学、安徽理工大学、中国矿业大学、西安理工大学、上海理工大学、福州大学、苏州科技大学、浙江工商大学、河南师范大学、华北电力大学、吉林大学、广州大学、北京建筑大学、武汉纺织大学、中国石油大学(华东)、湖北工业大学、山东科技大学、桂林电子科技大学、河北工业大学、华侨大学、成都信息工程大学、安徽工业大学、大连交通大学、河南工业大学、西南石油大学								
3★(104个)，2★(138个)，1★(34个)：名单略								

082503 环境科学（173）

排名	学校名称	星级	排名	学校名称	星级	排名	学校名称	星级
1	北京大学	5★+	5	浙江大学	5★	9	河海大学	5★
2	复旦大学	5★+	6	同济大学	5★	10	哈尔滨工业大学	5★-
3	南京大学	5★	7	华东师范大学	5★	11	中国海洋大学	5★-
4	北京师范大学	5★	8	大连理工大学	5★	12	中山大学	5★-

续表

排名	学校名称	星级	排名	学校名称	星级	排名	学校名称	星级
13	南开大学	5★-	15	天津大学	5★-	17	兰州大学	5★-
14	厦门大学	5★-	16	南京信息工程大学	5★-			
4★(18个)：武汉大学、东北师范大学、中国科学院大学、山西大学、中南林业科技大学、苏州科技大学、海南大学、安徽大学、浙江工商大学、广西师范大学、天津科技大学、重庆文理学院、西藏大学、山东大学、北京工业大学、湘潭大学、重庆大学、西安建筑科技大学								
3★(52个)，2★(69个)，1★(17个)：名单略								

082504 环境生态工程（68）

排名	学校名称	星级	排名	学校名称	星级	排名	学校名称	星级
1	重庆大学	5★+	4	北京师范大学	5★-	7	哈尔滨工业大学	5★-
2	华东师范大学	5★	5	大连理工大学	5★-			
3	广东工业大学	5★	6	厦门大学	5★-			
4★(7个)：青海大学、合肥工业大学、河海大学、沈阳大学、沈阳师范大学、河北环境工程学院、华中农业大学								
3★(20个)，2★(27个)，1★(7个)：名单略								

082505T 环保设备工程（14）

排名	学校名称	星级	排名	学校名称	星级	排名	学校名称	星级
1	江苏大学	5★						
4★(2个)：中国石油大学(华东)、河北工业大学								
3★(4个)，2★(6个)，1★(1个)：名单略								

082506T 资源环境科学（14）

排名	学校名称	星级	排名	学校名称	星级	排名	学校名称	星级
1	中国农业大学	5★						
4★(2个)：西北农林科技大学、昆明理工大学								
3★(4个)，2★(6个)，1★(1个)：名单略								

082601 生物医学工程（119）

排名	学校名称	星级	排名	学校名称	星级	排名	学校名称	星级
1	上海交通大学	5★+	5	浙江大学	5★	9	西安交通大学	5★-
2	复旦大学	5★	6	华中科技大学	5★	10	北京理工大学	5★-
3	北京航空航天大学	5★	7	东南大学	5★-	11	深圳大学	5★-
4	四川大学	5★	8	南方医科大学	5★-	12	北京大学	5★-
4★(12个)：电子科技大学、中山大学、天津大学、东北大学、上海理工大学、山东大学、河北工业大学、华南理工大学、重庆大学、天津医科大学、温州医科大学、首都医科大学								
3★(36个)，2★(47个)，1★(12个)：名单略								

082701 食品科学与工程（278）

排名	学校名称	星级	排名	学校名称	星级	排名	学校名称	星级
1	江南大学	5★+	11	南京农业大学	5★	21	吉林大学	5★−
2	华中农业大学	5★+	12	江苏大学	5★	22	西南大学	5★−
3	中国农业大学	5★+	13	河南工业大学	5★	23	河北农业大学	5★−
4	东北农业大学	5★	14	西北农林科技大学	5★	24	广东海洋大学	5★−
5	南昌大学	5★	15	福建农林大学	5★−	25	山东农业大学	5★−
6	华南理工大学	5★	16	北京工商大学	5★−	26	中南林业科技大学	5★−
7	中国海洋大学	5★	17	合肥工业大学	5★−	27	宁夏大学	5★−
8	大连工业大学	5★	18	吉林农业大学	5★−	28	陕西科技大学	5★−
9	浙江大学	5★	19	上海海洋大学	5★−			
10	天津科技大学	5★	20	内蒙古农业大学	5★−			

4★（28 个）：海南大学、沈阳农业大学、宁波大学、云南农业大学、渤海大学、湖南农业大学、四川农业大学、北京林业大学、南京林业大学、福州大学、齐鲁工业大学、集美大学、长沙理工大学、南京财经大学、郑州轻工业大学、武汉轻工大学、广西大学、青岛农业大学、甘肃农业大学、西华大学、河南农业大学、浙江工商大学、河南科技大学、上海交通大学、扬州大学、浙江海洋大学、华南农业大学、哈尔滨商业大学

3★（83 个），2★（111 个），1★（28 个）：名单略

082702 食品质量与安全（236）

排名	学校名称	星级	排名	学校名称	星级	排名	学校名称	星级
1	江南大学	5★+	9	华南农业大学	5★	17	沈阳农业大学	5★−
2	南昌大学	5★+	10	华南理工大学	5★	18	常熟理工学院	5★−
3	华中农业大学	5★	11	北京工商大学	5★	19	中国计量大学	5★−
4	江苏大学	5★	12	福建农林大学	5★	20	滁州学院	5★−
5	南京农业大学	5★	13	西南大学	5★−	21	云南农业大学	5★−
6	浙江工商大学	5★	14	河南科技大学	5★−	22	扬州大学	5★−
7	中国农业大学	5★	15	青岛农业大学	5★−	23	天津农学院	5★−
8	大连工业大学	5★	16	合肥工业大学	5★−	24	石河子大学	5★−

4★（23 个）：广东海洋大学、山东农业大学、四川农业大学、成都中医药大学、西北农林科技大学、陕西师范大学、吉林大学、重庆师范大学、东北农业大学、天津科技大学、河北农业大学、内蒙古农业大学、黑龙江八一农垦大学、天津商业大学、海南大学、南京中医药大学、武汉轻工大学、湖南农业大学、苏州大学、广州工商学院、新疆农业大学、吉林农业大学、华东理工大学

3★（71 个），2★（94 个），1★（24 个）：名单略

082703 粮食工程（13）

排名	学校名称	星级	排名	学校名称	星级	排名	学校名称	星级
1	河南工业大学	5★						

4★（2 个）：吉林农业大学、东北农业大学

3★（4 个），2★（5 个），1★（1 个）：名单略

082705 酿酒工程(24)

排名	学校名称	星级	排名	学校名称	星级	排名	学校名称	星级
1	江南大学	5★	2	贵州大学	5★-			
4★(3个):北京工商大学、齐鲁工业大学、河北科技师范学院								
3★(7个),2★(10个),1★(2个):名单略								

082706T 葡萄与葡萄酒工程(16)

排名	学校名称	星级	排名	学校名称	星级	排名	学校名称	星级
1	中国农业大学	5★	2	西北农林科技大学	5★-			
4★(1个):宁夏大学								
3★(5个),2★(6个),1★(2个):名单略								

082708T 烹饪与营养教育(24)

排名	学校名称	星级	排名	学校名称	星级	排名	学校名称	星级
1	扬州大学	5★	2	四川旅游学院	5★-	3	哈尔滨商业大学	5★-
4★(2个):普洱学院、济南大学								
3★(8个),2★(10个),1★(2个):名单略								

082710T 食品营养与健康(26)

排名	学校名称	星级	排名	学校名称	星级	排名	学校名称	星级
1	中国药科大学	5★	2	江西师范大学	5★-	3	华中农业大学	5★-
4★(2个):中国农业大学、河南农业大学								
3★(8个),2★(10个),1★(3个):名单略								

082801 建筑学(291)

排名	学校名称	星级	排名	学校名称	星级	排名	学校名称	星级
1	清华大学	5★+	11	大连理工大学	5★	21	华侨大学	5★-
2	同济大学	5★+	12	武汉大学	5★	22	华中科技大学	5★-
3	东南大学	5★+	13	沈阳建筑大学	5★	23	内蒙古工业大学	5★-
4	西安建筑科技大学	5★	14	深圳大学	5★	24	中南大学	5★-
5	天津大学	5★	15	浙江大学	5★	25	青岛理工大学	5★-
6	哈尔滨工业大学	5★	16	山东建筑大学	5★-	26	南京工业大学	5★-
7	华南理工大学	5★	17	南京大学	5★-	27	合肥工业大学	5★-
8	北京建筑大学	5★	18	西南交通大学	5★-	28	河北工业大学	5★-
9	重庆大学	5★	19	昆明理工大学	5★-	29	苏州科技大学	5★-
10	湖南大学	5★	20	北京工业大学	5★-			
4★(29个):厦门大学、广东工业大学、北京交通大学、广州大学、郑州大学、中国美术学院、兰州理工大学、安徽建筑大学、浙江工业大学、吉林建筑大学、天津城建大学、西安交通大学、太原理工大学、中央美术学院、长沙理工大学、内蒙古科技大学、苏州大学、石家庄铁道大学、新疆大学、福州大学、北方工业大学、湖南科技大学、烟台大学、长安大学、中国矿业大学、四川大学、上海交通大学、广西大学、河南工业大学								
3★(88个),2★(116个),1★(29个):名单略								

082802 城乡规划（203）

排名	学校名称	星级	排名	学校名称	星级	排名	学校名称	星级
1	同济大学	5★+	8	华中科技大学	5★	15	武汉大学	5★-
2	东南大学	5★+	9	大连理工大学	5★	16	浙江工业大学	5★-
3	西安建筑科技大学	5★	10	清华大学	5★	17	北京工业大学	5★-
4	华南理工大学	5★	11	沈阳建筑大学	5★-	18	苏州科技大学	5★-
5	天津大学	5★	12	湖南大学	5★-	19	昆明理工大学	5★-
6	哈尔滨工业大学	5★	13	南京大学	5★-	20	西北大学	5★-
7	重庆大学	5★	14	山东建筑大学	5★-			
4★（21个）：中山大学、深圳大学、安徽建筑大学、南京工业大学、长安大学、北京建筑大学、南京林业大学、西南交通大学、北京交通大学、中南大学、华侨大学、福建工程学院、北京林业大学、浙江农林大学、福州大学、东北林业大学、河北农业大学、河北工业大学、浙江大学、西南科技大学、合肥工业大学								
3★（61个），2★（81个），1★（20个）：名单略								

082803 风景园林（185）

排名	学校名称	星级	排名	学校名称	星级	排名	学校名称	星级
1	同济大学	5★+	8	西安建筑科技大学	5★	15	东北林业大学	5★-
2	北京林业大学	5★+	9	浙江农林大学	5★	16	沈阳建筑大学	5★-
3	华南理工大学	5★	10	福建农林大学	5★-	17	北京建筑大学	5★-
4	东南大学	5★	11	清华大学	5★-	18	西北农林科技大学	5★-
5	哈尔滨工业大学	5★	12	华南农业大学	5★-	19	中南林业科技大学	5★-
6	华中农业大学	5★	13	重庆大学	5★-			
7	南京林业大学	5★	14	天津大学	5★-			
4★（18个）：四川农业大学、河南农业大学、西南大学、海南大学、苏州科技大学、西南林业大学、河北农业大学、西南交通大学、山东建筑大学、南京农业大学、东北农业大学、昆明理工大学、中国美术学院、上海交通大学、青岛农业大学、长江大学、山东农业大学、沈阳农业大学								
3★（56个），2★（74个），1★（18个）：名单略								

082901 安全工程（148）

排名	学校名称	星级	排名	学校名称	星级	排名	学校名称	星级
1	中国矿业大学	5★+	6	辽宁工程技术大学	5★	11	山东科技大学	5★-
2	安徽理工大学	5★	7	湖南科技大学	5★	12	武汉理工大学	5★-
3	南京工业大学	5★	8	太原理工大学	5★-	13	中国石油大学(北京)	5★-
4	西安科技大学	5★	9	北京科技大学	5★-	14	常州大学	5★-
5	河南理工大学	5★	10	中南大学	5★-	15	中国地质大学(武汉)	5★-
4★（15个）：重庆大学、南华大学、北京理工大学、黑龙江科技大学、中国石油大学(华东)、大连理工大学、中国科学技术大学、中国矿业大学(北京)、昆明理工大学、北京化工大学、西南交通大学、南京理工大学、东北大学、中国地质大学(北京)、西安建筑科技大学								
3★（44个），2★（59个），1★（15个）：名单略								

082902T 应急技术与管理(25)

排名	学校名称	星级	排名	学校名称	星级	排名	学校名称	星级
1	西华大学	5★	2	西南科技大学	5★-	3	太原科技大学	5★-
4★(2个):安徽理工大学、常熟理工学院								
3★(8个),2★(10个),1★(2个):名单略								

083001 生物工程(239)

排名	学校名称	星级	排名	学校名称	星级	排名	学校名称	星级
1	华东理工大学	5★+	9	华南理工大学	5★	17	烟台大学	5★-
2	北京化工大学	5★+	10	江南大学	5★	18	湖北工业大学	5★-
3	上海交通大学	5★	11	江西农业大学	5★	19	大连民族大学	5★-
4	天津科技大学	5★	12	齐鲁工业大学	5★	20	福建师范大学	5★-
5	华中农业大学	5★	13	河南农业大学	5★-	21	黑龙江大学	5★-
6	南京工业大学	5★	14	天津大学	5★-	22	三峡大学	5★-
7	大连理工大学	5★	15	西北农林科技大学	5★-	23	合肥学院	5★-
8	浙江工业大学	5★	16	大连工业大学	5★-	24	新疆大学	5★-
4★(24个):沈阳药科大学、常熟理工学院、山东大学、陕西科技大学、南京林业大学、福建农林大学、四川轻化工大学、湖北大学、西北大学、江西师范大学、淮北师范大学、河北工业大学、吉林农业大学、西南交通大学、郑州轻工业大学、浙江万里学院、武汉工程大学、遵义医科大学、聊城大学、西南科技大学、浙江大学、南昌大学、东南大学、燕山大学								
3★(72个),2★(95个),1★(24个):名单略								

083002T 生物制药(113)

排名	学校名称	星级	排名	学校名称	星级	排名	学校名称	星级
1	中国药科大学	5★+	5	华南理工大学	5★	9	浙江工业大学	5★-
2	武汉大学	5★	6	吉林大学	5★	10	武汉理工大学	5★-
3	华中科技大学	5★	7	温州医科大学	5★-	11	暨南大学	5★-
4	浙江理工大学	5★	8	山西医科大学	5★-			
4★(12个):南京中医药大学、黑龙江大学、沈阳药科大学、安徽农业大学、上海海洋大学、上海大学、安徽工程大学、温州大学、福建医科大学、广州大学、长春中医药大学、河北医科大学								
3★(34个),2★(45个),1★(11个):名单略								

083101K 刑事科学技术(27)

排名	学校名称	星级	排名	学校名称	星级	排名	学校名称	星级
1	中国人民公安大学	5★	2	中国刑事警察学院	5★-	3	江苏警官学院	5★-
4★(2个):广东警官学院、铁道警察学院								
3★(9个),2★(10个),1★(3个):名单略								

083102K 消防工程（20）

排名	学校名称	星级	排名	学校名称	星级	排名	学校名称	星级
1	中国人民警察大学	5★	2	中南大学	5★-			
4★(2个)：西安科技大学、中国矿业大学								
3★(6个)，2★(8个)，1★(2个)：名单略								

083103TK 交通管理工程（20）

排名	学校名称	星级	排名	学校名称	星级	排名	学校名称	星级
1	湖南警察学院	5★	2	浙江警察学院	5★-			
4★(2个)：四川警察学院、中国人民公安大学								
3★(6个)，2★(8个)，1★(2个)：名单略								

083108TK 网络安全与执法（24）

排名	学校名称	星级	排名	学校名称	星级	排名	学校名称	星级
1	中国人民公安大学	5★	2	辽宁警察学院	5★-			
4★(3个)：中国刑事警察学院、浙江警察学院、南京森林警察学院								
3★(7个)，2★(10个)，1★(2个)：名单略								

090101 农学（76）

排名	学校名称	星级	排名	学校名称	星级	排名	学校名称	星级
1	中国农业大学	5★+	4	华南农业大学	5★	7	福建农林大学	5★-
2	南京农业大学	5★	5	四川农业大学	5★-	8	西南大学	5★-
3	西北农林科技大学	5★	6	华中农业大学	5★-			
4★(7个)：甘肃农业大学、扬州大学、内蒙古农业大学、山东农业大学、海南大学、东北农业大学、沈阳农业大学								
3★(23个)，2★(30个)，1★(8个)：名单略								

090102 园艺（107）

排名	学校名称	星级	排名	学校名称	星级	排名	学校名称	星级
1	华中农业大学	5★+	5	华南农业大学	5★	9	西南大学	5★-
2	南京农业大学	5★	6	沈阳农业大学	5★-	10	山东农业大学	5★-
3	中国农业大学	5★	7	河南农业大学	5★-	11	河北农业大学	5★-
4	西北农林科技大学	5★	8	东北农业大学	5★-			
4★(10个)：湖南农业大学、福建农林大学、山西农业大学、四川农业大学、甘肃农业大学、宁夏大学、浙江大学、海南大学、塔里木大学、扬州大学								
3★(33个)，2★(42个)，1★(11个)：名单略								

090103 植物保护（55）

排名	学校名称	星级	排名	学校名称	星级	排名	学校名称	星级
1	南京农业大学	5★+	2	西北农林科技大学	5★	3	中国农业大学	5★

续表

排名	学校名称	星级	排名	学校名称	星级	排名	学校名称	星级
4	华南农业大学	5★-	5	福建农林大学	5★-	6	贵州大学	5★-
4★(5个):浙江大学、西南大学、云南农业大学、吉林农业大学、华中农业大学								
3★(17个),2★(22个),1★(5个):名单略								

090104 植物科学与技术(21)

排名	学校名称	星级	排名	学校名称	星级	排名	学校名称	星级
1	上海交通大学	5★	2	华中农业大学	5★-			
4★(2个):内蒙古农业大学、河南大学								
3★(7个),2★(8个),1★(2个):名单略								

090105 种子科学与工程(41)

排名	学校名称	星级	排名	学校名称	星级	排名	学校名称	星级
1	南京农业大学	5★	3	湖南农业大学	5★-			
2	扬州大学	5★	4	华南农业大学	5★-			
4★(4个):中国农业大学、华中农业大学、河南农业大学、甘肃农业大学								
3★(13个),2★(16个),1★(4个):名单略								

090106 设施农业科学与工程(39)

排名	学校名称	星级	排名	学校名称	星级	排名	学校名称	星级
1	西北农林科技大学	5★	3	中国农业大学	5★-			
2	沈阳农业大学	5★	4	南京农业大学	5★-			
4★(4个):华中农业大学、海南大学、河南农业大学、山东农业大学								
3★(12个),2★(15个),1★(4个):名单略								

090107T 茶学(29)

排名	学校名称	星级	排名	学校名称	星级	排名	学校名称	星级
1	福建农林大学	5★	2	安徽农业大学	5★-	3	湖南农业大学	5★-
4★(3个):云南农业大学、华南农业大学、四川农业大学								
3★(9个),2★(11个),1★(3个):名单略								

090109T 应用生物科学(13)

排名	学校名称	星级	排名	学校名称	星级	排名	学校名称	星级
1	安徽农业大学	5★						
4★(2个):东北农业大学、贵州师范学院								
3★(4个),2★(5个),1★(1个):名单略								

090112T 智慧农业（26）

排名	学校名称	星级	排名	学校名称	星级	排名	学校名称	星级
1	华中农业大学	5★	2	河北农业大学	5★-	3	福建农林大学	5★-
4★(2个)：吉林农业大学、青岛农业大学								
3★(8个)，2★(10个)，1★(3个)：名单略								

090201 农业资源与环境（51）

排名	学校名称	星级	排名	学校名称	星级	排名	学校名称	星级
1	南京农业大学	5★+	3	华中农业大学	5★	5	西南大学	5★-
2	浙江大学	5★	4	浙江农林大学	5★-			
4★(5个)：山东农业大学、沈阳农业大学、四川农业大学、吉林农业大学、山西农业大学								
3★(16个)，2★(20个)，1★(5个)：名单略								

090203 水土保持与荒漠化防治（19）

排名	学校名称	星级	排名	学校名称	星级	排名	学校名称	星级
1	西北农林科技大学	5★	2	内蒙古农业大学	5★-			
4★(2个)：北京林业大学、甘肃农业大学								
3★(6个)，2★(7个)，1★(2个)：名单略								

090301 动物科学（79）

排名	学校名称	星级	排名	学校名称	星级	排名	学校名称	星级
1	中国农业大学	5★+	4	南京农业大学	5★	7	四川农业大学	5★-
2	华中农业大学	5★	5	浙江大学	5★-	8	东北农业大学	5★-
3	西北农林科技大学	5★	6	华南农业大学	5★-			
4★(8个)：西南大学、扬州大学、湖南农业大学、吉林农业大学、内蒙古农业大学、广西大学、江西农业大学、山东农业大学								
3★(24个)，2★(31个)，1★(8个)：名单略								

090401 动物医学（73）

排名	学校名称	星级	排名	学校名称	星级	排名	学校名称	星级
1	华中农业大学	5★+	4	南京农业大学	5★	7	四川农业大学	5★-
2	扬州大学	5★	5	西北农林科技大学	5★-			
3	中国农业大学	5★	6	华南农业大学	5★-			
4★(8个)：山西农业大学、吉林大学、江西农业大学、甘肃农业大学、西南大学、吉林农业大学、广西大学、黑龙江八一农垦大学								
3★(22个)，2★(29个)，1★(7个)：名单略								

090402 动物药学（22）

排名	学校名称	星级	排名	学校名称	星级	排名	学校名称	星级
1	南京农业大学	5★	2	华南农业大学	5★-			

续表

4★(2个)：江西农业大学、武汉轻工大学
3★(7个)，2★(9个)，1★(2个)：名单略

090403T 动植物检疫(21)

排名	学校名称	星级	排名	学校名称	星级	排名	学校名称	星级
1	扬州大学	5★	2	中国计量大学	5★-			
4★(2个)：云南农业大学、山西农业大学								
3★(7个)，2★(8个)，1★(2个)：名单略								

090501 林学(47)

排名	学校名称	星级	排名	学校名称	星级	排名	学校名称	星级
1	东北林业大学	5★	3	南京林业大学	5★-	5	西北农林科技大学	5★-
2	北京林业大学	5★	4	华南农业大学	5★-			
4★(4个)：四川农业大学、内蒙古农业大学、江西农业大学、河北农业大学								
3★(15个)，2★(18个)，1★(5个)：名单略								

090502 园林(126)

排名	学校名称	星级	排名	学校名称	星级	排名	学校名称	星级
1	华中农业大学	5★+	6	江西农业大学	5★	11	福建农林大学	5★-
2	东北林业大学	5★	7	河南农业大学	5★-	12	浙江农林大学	5★-
3	南京林业大学	5★	8	华南农业大学	5★-	13	青岛农业大学	5★-
4	北京林业大学	5★	9	西南林业大学	5★-			
5	四川农业大学	5★	10	中南林业科技大学	5★-			
4★(12个)：海南大学、北京农学院、沈阳农业大学、中国农业大学、云南农业大学、吉林农业大学、安徽农业大学、河北农业大学、西北农林科技大学、内蒙古农业大学、南京农业大学、浙江大学								
3★(38个)，2★(50个)，1★(13个)：名单略								

090503 森林保护(17)

排名	学校名称	星级	排名	学校名称	星级	排名	学校名称	星级
1	北京林业大学	5★	2	东北林业大学	5★-			
4★(1个)：南京林业大学								
3★(6个)，2★(6个)，1★(2个)：名单略								

090601 水产养殖学(51)

排名	学校名称	星级	排名	学校名称	星级	排名	学校名称	星级
1	中国海洋大学	5★+	3	宁波大学	5★	5	西南大学	5★-
2	上海海洋大学	5★	4	华中农业大学	5★-			
4★(5个)：集美大学、广东海洋大学、南京农业大学、河南师范大学、大连海洋大学								
3★(16个)，2★(20个)，1★(5个)：名单略								

090603T 水族科学与技术（12）

排名	学校名称	星级	排名	学校名称	星级	排名	学校名称	星级
1	华中农业大学	5★						
4★(1个)：西南大学								
3★(4个)，2★(5个)，1★(1个)：名单略								

090701 草业科学（29）

排名	学校名称	星级	排名	学校名称	星级	排名	学校名称	星级
1	兰州大学	5★	2	内蒙古农业大学	5★−	3	北京林业大学	5★−
4★(3个)：西北农林科技大学、四川农业大学、中国农业大学								
3★(9个)，2★(11个)，1★(3个)：名单略								

100101K 基础医学（33）

排名	学校名称	星级	排名	学校名称	星级	排名	学校名称	星级
1	北京大学	5★	2	复旦大学	5★	3	中山大学	5★−
4★(4个)：哈尔滨医科大学、南方医科大学、中南大学、南京医科大学								
3★(10个)，2★(13个)，1★(3个)：名单略								

100201K 临床医学（194）

排名	学校名称	星级	排名	学校名称	星级	排名	学校名称	星级
1	北京大学	5★+	8	华中科技大学	5★	15	中国医科大学	5★−
2	中山大学	5★+	9	四川大学	5★	16	山东大学	5★−
3	上海交通大学	5★	10	中南大学	5★	17	重庆医科大学	5★−
4	浙江大学	5★	11	南方医科大学	5★−	18	山西医科大学	5★−
5	复旦大学	5★	12	同济大学	5★−	19	郑州大学	5★−
6	北京协和医学院	5★	13	温州医科大学	5★−			
7	首都医科大学	5★	14	武汉大学	5★−			
4★(20个)：安徽医科大学、西安交通大学、苏州大学、天津医科大学、哈尔滨医科大学、福建医科大学、吉林大学、河北医科大学、大连医科大学、广州医科大学、南通大学、徐州医科大学、广西医科大学、新疆医科大学、青岛大学、昆明医科大学、暨南大学、南京大学、南昌大学、兰州大学								
3★(58个)，2★(78个)，1★(19个)：名单略								

100202TK 麻醉学（61）

排名	学校名称	星级	排名	学校名称	星级	排名	学校名称	星级
1	中南大学	5★+	3	重庆医科大学	5★	5	安徽医科大学	5★−
2	徐州医科大学	5★	4	中国医科大学	5★−	6	山西医科大学	5★−
4★(6个)：河北医科大学、福建医科大学、遵义医科大学、温州医科大学、天津医科大学、哈尔滨医科大学								
3★(19个)，2★(24个)，1★(6个)：名单略								

100203TK 医学影像学(81)

排名	学校名称	星级	排名	学校名称	星级	排名	学校名称	星级
1	南方医科大学	5★+	4	中国医科大学	5★	7	南京医科大学	5★-
2	天津医科大学	5★	5	东南大学	5★-	8	温州医科大学	5★-
3	山西医科大学	5★	6	重庆医科大学	5★-			
4★(8个):安徽医科大学、广州医科大学、河北医科大学、大连医科大学、华中科技大学、南通大学、哈尔滨医科大学、南昌大学								
3★(25个),2★(32个),1★(8个):名单略								

100204TK 眼视光医学(27)

排名	学校名称	星级	排名	学校名称	星级	排名	学校名称	星级
1	温州医科大学	5★	2	天津医科大学	5★-	3	首都医科大学	5★-
4★(2个):中国医科大学、南开大学								
3★(9个),2★(10个),1★(3个):名单略								

100205TK 精神医学(35)

排名	学校名称	星级	排名	学校名称	星级	排名	学校名称	星级
1	中南大学	5★	3	温州医科大学	5★-			
2	齐齐哈尔医学院	5★	4	济宁医学院	5★-			
4★(3个):南京医科大学、首都医科大学、中国医科大学								
3★(11个),2★(14个),1★(3个):名单略								

100207TK 儿科学(46)

排名	学校名称	星级	排名	学校名称	星级	排名	学校名称	星级
1	重庆医科大学	5★	3	温州医科大学	5★-	5	首都医科大学	5★-
2	南京医科大学	5★	4	中国医科大学	5★-			
4★(4个):南方医科大学、上海交通大学、山西医科大学、郑州大学								
3★(14个),2★(18个),1★(5个):名单略								

100301K 口腔医学(116)

排名	学校名称	星级	排名	学校名称	星级	排名	学校名称	星级
1	四川大学	5★+	5	首都医科大学	5★	9	福建医科大学	5★-
2	北京大学	5★	6	武汉大学	5★	10	中国医科大学	5★-
3	上海交通大学	5★	7	南京医科大学	5★-	11	山东大学	5★-
4	中山大学	5★	8	重庆医科大学	5★-	12	吉林大学	5★-
4★(11个):同济大学、广西医科大学、哈尔滨医科大学、兰州大学、天津医科大学、南方医科大学、华中科技大学、昆明医科大学、西安交通大学、第四军医大学、大连医科大学								
3★(35个),2★(46个),1★(12个):名单略								

100401K 预防医学（121）

排名	学校名称	星级	排名	学校名称	星级	排名	学校名称	星级
1	北京大学	5★+	5	南京医科大学	5★	9	天津医科大学	5★-
2	中山大学	5★	6	复旦大学	5★	10	郑州大学	5★-
3	首都医科大学	5★	7	四川大学	5★-	11	中国医科大学	5★-
4	华中科技大学	5★	8	南方医科大学	5★-	12	上海交通大学	5★-

4★（12个）：河北医科大学、山东大学、哈尔滨医科大学、山西医科大学、重庆医科大学、吉林大学、广西医科大学、安徽医科大学、新疆医科大学、南昌大学、青岛大学、厦门大学

3★（37个），2★（48个），1★（12个）：名单略

100402 食品卫生与营养学（30）

排名	学校名称	星级	排名	学校名称	星级	排名	学校名称	星级
1	上海交通大学	5★	2	重庆医科大学	5★	3	四川大学	5★-

4★（3个）：安徽医科大学、河北医科大学、贵州医科大学

3★（9个），2★（12个），1★（3个）：名单略

100501K 中医学（64）

排名	学校名称	星级	排名	学校名称	星级	排名	学校名称	星级
1	北京中医药大学	5★+	3	黑龙江中医药大学	5★	5	山东中医药大学	5★-
2	南京中医药大学	5★	4	天津中医药大学	5★-	6	浙江中医药大学	5★-

4★（7个）：成都中医药大学、安徽中医药大学、河南中医药大学、辽宁中医药大学、长春中医药大学、上海中医药大学、福建中医药大学

3★（19个），2★（26个），1★（6个）：名单略

100502K 针灸推拿学（50）

排名	学校名称	星级	排名	学校名称	星级	排名	学校名称	星级
1	北京中医药大学	5★+	3	天津中医药大学	5★	5	湖南中医药大学	5★-
2	成都中医药大学	5★	4	广州中医药大学	5★-			

4★（5个）：黑龙江中医药大学、湖北中医药大学、浙江中医药大学、长春中医药大学、南京中医药大学

3★（15个），2★（20个），1★（5个）：名单略

100510TK 中医康复学（22）

排名	学校名称	星级	排名	学校名称	星级	排名	学校名称	星级
1	南京中医药大学	5★	2	黑龙江中医药大学	5★-			

4★（2个）：浙江中医药大学、安徽中医药大学

3★（7个），2★（9个），1★（2个）：名单略

100511TK 中医养生学（14）

排名	学校名称	星级	排名	学校名称	星级	排名	学校名称	星级
1	河南中医药大学	5★						
4★(2个)：江西中医药大学、广州中医药大学								
3★(4个)，2★(6个)，1★(1个)：名单略								

100513TK 中医骨伤科学（22）

排名	学校名称	星级	排名	学校名称	星级	排名	学校名称	星级
1	北京中医药大学	5★	2	江西中医药大学	5★-			
4★(2个)：河南中医药大学、贵州中医药大学								
3★(7个)，2★(9个)，1★(2个)：名单略								

100601K 中西医临床医学（50）

排名	学校名称	星级	排名	学校名称	星级	排名	学校名称	星级
1	湖南中医药大学	5★+	3	成都中医药大学	5★	5	黑龙江中医药大学	5★-
2	辽宁中医药大学	5★	4	南京中医药大学	5★-			
4★(5个)：天津中医药大学、南方医科大学、河北医科大学、安徽中医药大学、山东中医药大学								
3★(15个)，2★(20个)，1★(5个)：名单略								

100701 药学（240）

排名	学校名称	星级	排名	学校名称	星级	排名	学校名称	星级
1	中国药科大学	5★+	9	上海交通大学	5★	17	华东理工大学	5★-
2	复旦大学	5★+	10	温州医科大学	5★	18	西安交通大学	5★-
3	中山大学	5★	11	暨南大学	5★	19	南京医科大学	5★-
4	沈阳药科大学	5★	12	苏州大学	5★	20	新疆医科大学	5★-
5	四川大学	5★	13	中国海洋大学	5★-	21	天津医科大学	5★-
6	北京大学	5★	14	南方医科大学	5★-	22	武汉大学	5★-
7	华中科技大学	5★	15	安徽医科大学	5★-	23	南昌大学	5★-
8	中南大学	5★	16	山东大学	5★-	24	西南大学	5★-
4★(24个)：青岛大学、首都医科大学、浙江工业大学、黑龙江中医药大学、郑州大学、山西医科大学、广西医科大学、烟台大学、吉林大学、重庆医科大学、河北医科大学、天津大学、延边大学、兰州大学、昆明医科大学、南京中医药大学、北京中医药大学、江西中医药大学、福建医科大学、厦门大学、哈尔滨医科大学、浙江中医药大学、宁夏医科大学、贵州医科大学								
3★(72个)，2★(96个)，1★(24个)：名单略								

100702 药物制剂（86）

排名	学校名称	星级	排名	学校名称	星级	排名	学校名称	星级
1	中国药科大学	5★+	4	浙江工业大学	5★	7	河北医科大学	5★-
2	沈阳药科大学	5★	5	郑州大学	5★-	8	吉林大学	5★-
3	广东药科大学	5★	6	天津医科大学	5★-	9	中国医科大学	5★-

续表

4★（8 个）：黑龙江中医药大学、安徽中医药大学、天津中医药大学、延边大学、昆明医科大学、福建医科大学、南京中医药大学、江西中医药大学
3★（26 个），2★（34 个），1★（9 个）：名单略

100703TK 临床药学（52）

排名	学校名称	星级	排名	学校名称	星级	排名	学校名称	星级
1	中国药科大学	5★+	3	中国医科大学	5★	5	哈尔滨医科大学	5★−
2	沈阳药科大学	5★	4	首都医科大学	5★−			
4★（5 个）：南方医科大学、安徽医科大学、温州医科大学、徐州医科大学、天津中医药大学								
3★（16 个），2★（21 个），1★（5 个）：名单略								

100704T 药事管理（12）

排名	学校名称	星级	排名	学校名称	星级	排名	学校名称	星级
1	中国药科大学	5★						
4★（1 个）：沈阳药科大学								
3★（4 个），2★（5 个），1★（1 个）：名单略								

100705T 药物分析（17）

排名	学校名称	星级	排名	学校名称	星级	排名	学校名称	星级
1	中国药科大学	5★	2	沈阳药科大学	5★−			
4★（1 个）：河北医科大学								
3★（6 个），2★（6 个），1★（2 个）：名单略								

100801 中药学（115）

排名	学校名称	星级	排名	学校名称	星级	排名	学校名称	星级
1	浙江中医药大学	5★+	5	成都中医药大学	5★	9	黑龙江中医药大学	5★−
2	中国药科大学	5★	6	广州中医药大学	5★	10	江西中医药大学	5★−
3	北京中医药大学	5★	7	天津中医药大学	5★−	11	长春中医药大学	5★−
4	南京中医药大学	5★	8	安徽中医药大学	5★−	12	河南中医药大学	5★−
4★（11 个）：沈阳药科大学、湖北中医药大学、湖南中医药大学、南方医科大学、甘肃中医药大学、贵州中医药大学、云南中医药大学、山东中医药大学、上海中医药大学、西北大学、辽宁中医药大学								
3★（35 个），2★（46 个），1★（11 个）：名单略								

100802 中药资源与开发（35）

排名	学校名称	星级	排名	学校名称	星级	排名	学校名称	星级
1	中国药科大学	5★	3	成都中医药大学	5★−			
2	南京中医药大学	5★	4	广州中医药大学	5★−			
4★（3 个）：黑龙江中医药大学、天津中医药大学、吉林农业大学								
3★（11 个），2★（14 个），1★（3 个）：名单略								

100805T 中药制药（22）

排名	学校名称	星级	排名	学校名称	星级	排名	学校名称	星级
1	北京中医药大学	5★	2	天津中医药大学	5★-			
4★(2个)：中国药科大学、南京中医药大学								
3★(7个)，2★(9个)，1★(2个)：名单略								

100806T 中草药栽培与鉴定（17）

排名	学校名称	星级	排名	学校名称	星级	排名	学校名称	星级
1	浙江中医药大学	5★	2	辽宁中医药大学	5★-			
4★(1个)：山东中医药大学								
3★(6个)，2★(6个)，1★(2个)：名单略								

100901K 法医学（31）

排名	学校名称	星级	排名	学校名称	星级	排名	学校名称	星级
1	中国医科大学	5★	2	山西医科大学	5★	3	四川大学	5★-
4★(3个)：河北医科大学、中山大学、西安交通大学								
3★(10个)，2★(12个)，1★(3个)：名单略								

101001 医学检验技术（159）

排名	学校名称	星级	排名	学校名称	星级	排名	学校名称	星级
1	重庆医科大学	5★+	7	南方医科大学	5★	13	首都医科大学	5★-
2	温州医科大学	5★+	8	华中科技大学	5★	14	广东医科大学	5★-
3	北京大学	5★	9	南通大学	5★-	15	大连医科大学	5★-
4	天津医科大学	5★	10	中南大学	5★-	16	郑州大学	5★-
5	广州医科大学	5★	11	上海交通大学	5★-			
6	南京医科大学	5★	12	新乡医学院	5★-			
4★(16个)：安徽医科大学、江苏大学、福建医科大学、蚌埠医学院、广西医科大学、四川大学、中国医科大学、成都医学院、徐州医科大学、河北医科大学、宁夏医科大学、北华大学、贵州医科大学、山西医科大学、河北北方学院、青岛大学								
3★(48个)，2★(63个)，1★(16个)：名单略								

101002 医学实验技术（19）

排名	学校名称	星级	排名	学校名称	星级	排名	学校名称	星级
1	黑龙江中医药大学	5★	2	北京大学	5★-			
4★(2个)：浙江中医药大学、贵州中医药大学								
3★(6个)，2★(7个)，1★(2个)：名单略								

101003 医学影像技术（100）

排名	学校名称	星级	排名	学校名称	星级	排名	学校名称	星级
1	四川大学	5★+	5	河北医科大学	5★	9	重庆医科大学	5★−
2	福建医科大学	5★	6	山东第一医科大学	5★−	10	昆明医科大学	5★−
3	中国医科大学	5★	7	上海健康医学院	5★−			
4	天津医科大学	5★	8	川北医学院	5★−			
4★（10 个）：山西医科大学、首都医科大学、河南中医药大学、新乡医学院、郑州大学、南京医科大学、徐州医科大学、滨州医学院、浙江中医药大学、北京中医药大学东方学院								
3★（30 个），2★（40 个），1★（10 个）：名单略								

101004 眼视光学（29）

排名	学校名称	星级	排名	学校名称	星级	排名	学校名称	星级
1	南京医科大学	5★	2	四川大学	5★−	3	川北医学院	5★−
4★（3 个）：天津医科大学、滨州医学院、辽宁何氏医学院								
3★（9 个），2★（11 个），1★（3 个）：名单略								

101005 康复治疗学（177）

排名	学校名称	星级	排名	学校名称	星级	排名	学校名称	星级
1	南方医科大学	5★+	7	福建医科大学	5★	13	广州医科大学	5★−
2	黑龙江中医药大学	5★+	8	天津医科大学	5★	14	温州医科大学	5★−
3	南京医科大学	5★	9	福建中医药大学	5★	15	安徽医科大学	5★−
4	首都医科大学	5★	10	南京中医药大学	5★−	16	滨州医学院	5★−
5	河南中医药大学	5★	11	广州中医药大学	5★−	17	中国医科大学	5★−
6	四川大学	5★	12	成都中医药大学	5★−	18	重庆医科大学	5★−
4★（17 个）：河北医科大学、吉林大学、上海中医药大学、上海体育学院、浙江中医药大学、山西医科大学、南昌大学、山东中医药大学、南通大学、郑州大学、湖北医药学院、徐州医科大学、新乡医学院、承德医学院、北京中医药大学、北京中医药大学东方学院、华北理工大学								
3★（54 个），2★（70 个），1★（18 个）：名单略								

101006 口腔医学技术（26）

排名	学校名称	星级	排名	学校名称	星级	排名	学校名称	星级
1	北京大学	5★	2	重庆医科大学	5★−	3	四川大学	5★−
4★（2 个）：广东医科大学、西安外事学院								
3★（8 个），2★（10 个），1★（3 个）：名单略								

101007 卫生检验与检疫（53）

排名	学校名称	星级	排名	学校名称	星级	排名	学校名称	星级
1	温州医科大学	5★+	3	广东医科大学	5★	5	河北大学	5★−
2	河北医科大学	5★	4	南华大学	5★−			
4★（6 个）：四川大学、重庆医科大学、南京医科大学、浙江中医药大学、安徽医科大学、昆明医科大学								
3★（16 个），2★（21 个），1★（5 个）：名单略								

101008T 听力与言语康复学（12）

排名	学校名称	星级	排名	学校名称	星级	排名	学校名称	星级
1	浙江中医药大学	5★						
4★(1个)：上海中医药大学								
3★(4个)，2★(5个)，1★(1个)：名单略								

101009T 康复物理治疗（14）

排名	学校名称	星级	排名	学校名称	星级	排名	学校名称	星级
1	福建中医药大学	5★						
4★(2个)：昆明医科大学、上海中医药大学								
3★(4个)，2★(6个)，1★(1个)：名单略								

101011T 智能医学工程（62）

排名	学校名称	星级	排名	学校名称	星级	排名	学校名称	星级
1	天津大学	5★+	3	天津医科大学	5★	5	川北医学院	5★-
2	山东大学	5★	4	南京医科大学	5★-	6	重庆大学	5★-
4★(6个)：山西医科大学、北京航空航天大学、哈尔滨医科大学、上海中医药大学、西安电子科技大学、东北大学								
3★(19个)，2★(25个)，1★(6个)：名单略								

101101 护理学（290）

排名	学校名称	星级	排名	学校名称	星级	排名	学校名称	星级
1	北京协和医学院	5★+	11	华中科技大学	5★	21	福建医科大学	5★-
2	北京大学	5★+	12	上海交通大学	5★	22	浙江中医药大学	5★-
3	山西医科大学	5★+	13	哈尔滨医科大学	5★	23	中国医科大学	5★-
4	山东大学	5★	14	苏州大学	5★	24	广西医科大学	5★-
5	复旦大学	5★	15	南京中医药大学	5★	25	温州医科大学	5★-
6	重庆医科大学	5★	16	中南大学	5★-	26	成都中医药大学	5★-
7	首都医科大学	5★	17	南方医科大学	5★-	27	河北医科大学	5★-
8	中山大学	5★	18	天津医科大学	5★-	28	郑州大学	5★-
9	四川大学	5★	19	吉林大学	5★-	29	安徽医科大学	5★-
10	南京医科大学	5★	20	南昌大学	5★-			
4★(29个)：北京中医药大学、遵义医科大学、昆明医科大学、大连大学、天津中医药大学、大连医科大学、滨州医学院、福建中医药大学、杭州师范大学、广西中医药大学、华北理工大学、贵州医科大学、延边大学、广州医科大学、湖北医药学院、锦州医科大学、西安交通大学、宁夏医科大学、湖南中医药大学、山东第一医科大学、武汉大学、西南医科大学、南华大学、内蒙古医科大学、蚌埠医学院、河南大学、新乡医学院、第二军医大学、青岛大学								
3★(87个)，2★(116个)，1★(29个)：名单略								

101102T 助产学（71）

排名	学校名称	星级	排名	学校名称	星级	排名	学校名称	星级
1	浙江中医药大学	5★+	4	贵州医科大学	5★	7	黑龙江中医药大学	5★−
2	湖北中医药大学	5★	5	福建医科大学	5★−			
3	山西医科大学	5★	6	首都医科大学	5★−			

4★(7 个)：赣南医学院、川北医学院、温州医科大学、山东第一医科大学、遵义医科大学、徐州医科大学、河北医科大学

3★(22 个)，2★(28 个)，1★(7 个)：名单略

120101 管理科学（35）

排名	学校名称	星级	排名	学校名称	星级	排名	学校名称	星级
1	中国科学技术大学	5★	3	厦门大学	5★−			
2	南昌大学	5★	4	复旦大学	5★−			

4★(3 个)：四川大学、上海理工大学、上海大学

3★(11 个)，2★(14 个)，1★(3 个)：名单略

120102 信息管理与信息系统（343）

排名	学校名称	星级	排名	学校名称	星级	排名	学校名称	星级
1	武汉大学	5★+	13	北京交通大学	5★	25	西南交通大学	5★−
2	南京大学	5★+	14	北京大学	5★	26	深圳大学	5★−
3	北京航空航天大学	5★+	15	华中科技大学	5★	27	西北工业大学	5★−
4	中山大学	5★	16	华东理工大学	5★	28	山东财经大学	5★−
5	上海大学	5★	17	上海财经大学	5★	29	西安建筑科技大学	5★−
6	大连理工大学	5★	18	东南大学	5★−	30	南京信息工程大学	5★−
7	清华大学	5★	19	江西财经大学	5★−	31	中国医科大学	5★−
8	合肥工业大学	5★	20	西安电子科技大学	5★−	32	北京科技大学	5★−
9	南京航空航天大学	5★	21	哈尔滨工业大学	5★−	33	济南大学	5★−
10	中国人民大学	5★	22	重庆大学	5★−	34	山东师范大学	5★−
11	北京理工大学	5★	23	杭州电子科技大学	5★−			
12	同济大学	5★	24	东华大学	5★−			

4★(35 个)：浙江工商大学、上海外国语大学、南京邮电大学、兰州大学、广东工业大学、南京理工大学、昆明理工大学、天津大学、首都经济贸易大学、江苏科技大学、重庆邮电大学、哈尔滨理工大学、河海大学、浙江大学、天津财经大学、安徽财经大学、浙江理工大学、华东师范大学、徐州工程学院、北京信息科技大学、中南大学、西交利物浦大学、武汉科技大学、湘潭大学、中央财经大学、辽宁工程技术大学、上海应用技术大学、北京物资学院、中国传媒大学、北京工业大学、南开大学、上海交通大学、华中师范大学、西南大学、吉林大学

3★(103 个)，2★(137 个)，1★(34 个)：名单略

120103 工程管理（388）

排名	学校名称	星级	排名	学校名称	星级	排名	学校名称	星级
1	华中科技大学	5★+	2	天津大学	5★+	3	东南大学	5★+

续表

排名	学校名称	星级	排名	学校名称	星级	排名	学校名称	星级
4	大连理工大学	5★+	16	武汉大学	5★	28	北京建筑大学	5★-
5	北京交通大学	5★	17	三峡大学	5★	29	广州大学	5★-
6	中南大学	5★	18	沈阳建筑大学	5★	30	湖南工商大学	5★-
7	长沙理工大学	5★	19	西南交通大学	5★	31	山东建筑大学	5★-
8	中国矿业大学	5★	20	西安理工大学	5★-	32	徐州工程学院	5★-
9	同济大学	5★	21	华北电力大学	5★-	33	华侨大学	5★-
10	西北工业大学	5★	22	哈尔滨工业大学	5★-	34	重庆交通大学	5★-
11	重庆大学	5★	23	辽宁工程技术大学	5★-	35	北方工业大学	5★-
12	西安建筑科技大学	5★	24	长安大学	5★-	36	天津理工大学	5★-
13	东北财经大学	5★	25	深圳大学	5★-	37	江西财经大学	5★-
14	河海大学	5★	26	浙江工业大学	5★-	38	华北水利水电大学	5★-
15	太原理工大学	5★	27	福建工程学院	5★-	39	南京工业大学	5★-
4★(39个)：兰州交通大学、扬州大学、华东理工大学、河北工业大学、苏州科技大学、华南理工大学、吉林建筑大学、安徽建筑大学、贵州大学、华东交通大学、湖南城市学院、石家庄铁道大学、南京林业大学、中央财经大学、天津城建大学、西安科技大学、华中农业大学、辽宁工业大学、吉林大学、武汉理工大学、江苏大学、集美大学、福州大学、北京科技大学、山东大学、清华大学、河南理工大学、南京农业大学、中国地质大学(武汉)、郑州大学、重庆工商大学、河北工程技术学院、广东工业大学、河南工业大学、河北工程大学、河北科技师范学院、江苏科技大学、东北农业大学、山西工程技术学院								
3★(116个)，2★(155个)，1★(39个)：名单略								

120104 房地产开发与管理(41)

排名	学校名称	星级	排名	学校名称	星级	排名	学校名称	星级
1	重庆大学	5★	3	天津城建大学	5★-			
2	东北财经大学	5★	4	安徽建筑大学	5★-			
4★(4个)：广东工业大学、江西财经大学、华中师范大学、南京财经大学								
3★(13个)，2★(16个)，1★(4个)：名单略								

120105 工程造价(254)

排名	学校名称	星级	排名	学校名称	星级	排名	学校名称	星级
1	天津理工大学	5★+	10	九江学院	5★	19	北京建筑大学	5★-
2	山东建筑大学	5★+	11	河北建筑工程学院	5★	20	云南农业大学	5★-
3	青岛理工大学	5★+	12	重庆大学	5★	21	长安大学	5★-
4	沈阳建筑大学	5★	13	福建工程学院	5★	22	河南财政金融学院	5★-
5	重庆工程学院	5★	14	西安欧亚学院	5★-	23	福州外语外贸学院	5★-
6	四川师范大学	5★	15	成都师范学院	5★-	24	兰州理工大学	5★-
7	西南交通大学	5★	16	四川轻化工大学	5★-	25	南昌理工学院	5★-
8	重庆交通大学	5★	17	武汉纺织大学	5★-			
9	华北电力大学	5★	18	西华大学	5★-			

续表

4★(26个)：郑州财经学院、长春建筑学院、河北工程技术学院、黄河交通学院、山西应用科技学院、江西理工大学、西京学院、山东农业工程学院、西南石油大学、西安思源学院、西南科技大学、安徽财经大学、安徽理工大学、华北水利水电大学、中南财经政法大学、南昌工程学院、青岛黄海学院、西安翻译学院、云南经济管理学院、山东英才学院、新疆财经大学、山东协和学院、辽宁工业大学、中原工学院、成都工业学院、郑州科技学院
3★(76个)，2★(102个)，1★(25个)：名单略

120108T 大数据管理与应用（170）

排名	学校名称	星级	排名	学校名称	星级	排名	学校名称	星级
1	西安交通大学	5★+	7	河海大学	5★	13	江苏科技大学	5★-
2	合肥工业大学	5★+	8	广东工业大学	5★	14	东北财经大学	5★-
3	吉林大学	5★	9	天津理工大学	5★	15	上海外国语大学	5★-
4	山东财经大学	5★	10	成都理工大学	5★-	16	湖南工商大学	5★-
5	中国矿业大学	5★	11	大连海事大学	5★-	17	大连理工大学	5★-
6	哈尔滨工业大学	5★	12	华中师范大学	5★-			
4★(17个)：广东财经大学、南京财经大学、北京邮电大学、西安电子科技大学、北京工商大学、西安工程大学、广东东软学院、浙江越秀外国语学院、江西财经大学现代经济管理学院、桂林电子科技大学、重庆工商大学、西安建筑科技大学、湖北工业大学、南京邮电大学、广东科技学院、南京林业大学、北京大学								
3★(51个)，2★(68个)，1★(17个)：名单略								

120111T 应急管理（29）

排名	学校名称	星级	排名	学校名称	星级	排名	学校名称	星级
1	江西理工大学	5★	2	武汉理工大学	5★-	3	西华大学	5★-
4★(3个)：华北科技学院、中国矿业大学、南京信息工程大学								
3★(9个)，2★(11个)，1★(3个)：名单略								

120201K 工商管理（537）

排名	学校名称	星级	排名	学校名称	星级	排名	学校名称	星级
1	上海财经大学	5★+	13	华南理工大学	5★	25	东北大学	5★
2	中国人民大学	5★+	14	西安交通大学	5★	26	暨南大学	5★
3	南京大学	5★+	15	南开大学	5★	27	武汉理工大学	5★
4	上海交通大学	5★+	16	山东大学	5★	28	浙江工业大学	5★-
5	东北财经大学	5★+	17	中南财经政法大学	5★	29	云南大学	5★-
6	厦门大学	5★	18	吉林大学	5★	30	中央财经大学	5★-
7	西南财经大学	5★	19	北京交通大学	5★	31	北京理工大学	5★-
8	大连理工大学	5★	20	合肥工业大学	5★	32	中南大学	5★-
9	中山大学	5★	21	辽宁大学	5★	33	哈尔滨理工大学	5★-
10	首都经济贸易大学	5★	22	浙江工商大学	5★	34	华中科技大学	5★-
11	湖南大学	5★	23	对外经济贸易大学	5★	35	西安理工大学	5★-
12	天津财经大学	5★	24	广州大学	5★	36	重庆大学	5★-

续表

排名	学校名称	星级	排名	学校名称	星级	排名	学校名称	星级
37	武汉大学	5★-	43	西北大学	5★-	49	浙江财经大学	5★-
38	浙江大学	5★-	44	中国科学技术大学	5★-	50	上海外国语大学	5★-
39	江西财经大学	5★-	45	山东财经大学	5★-	51	燕山大学	5★-
40	山西财经大学	5★-	46	云南财经大学	5★-	52	华东理工大学	5★-
41	哈尔滨工业大学	5★-	47	华侨大学	5★-	53	哈尔滨工程大学	5★-
42	北京科技大学	5★-	48	河南大学	5★-	54	郑州大学	5★-
4★(53个):河北工业大学、江苏大学、海南大学、深圳大学、安徽财经大学、南京师范大学、江南大学、北京工商大学、武汉科技大学、湖南工商大学、南京财经大学、上海大学、安徽大学、广东外语外贸大学、南昌大学、西南大学、重庆工商大学、河北经贸大学、天津理工大学、中国地质大学(北京)、浙江师范大学、吉林财经大学、上海商学院、西安建筑科技大学、上海对外经贸大学、天津大学、广东工业大学、西南交通大学、河海大学、成都理工大学、中国海洋大学、广东财经大学、清华大学、福州大学、北方工业大学、复旦大学、华北电力大学、宁波大学、北京邮电大学、青岛大学、华东师范大学、西南科技大学、电子科技大学、新疆财经大学、东华大学、广西大学、扬州大学、杭州电子科技大学、北京化工大学、四川师范大学、山东工商学院、西安电子科技大学、山东科技大学								
3★(162个),2★(214个),1★(54个):名单略								

120202 市场营销(586)

排名	学校名称	星级	排名	学校名称	星级	排名	学校名称	星级
1	上海财经大学	5★+	21	云南财经大学	5★	41	湖南工业大学	5★-
2	西南财经大学	5★+	22	同济大学	5★	42	兰州理工大学	5★-
3	华中科技大学	5★+	23	深圳大学	5★	43	华南理工大学	5★-
4	对外经济贸易大学	5★+	24	浙江工商大学	5★	44	西南大学	5★-
5	中央财经大学	5★+	25	武汉大学	5★	45	上海对外经贸大学	5★-
6	中南财经政法大学	5★+	26	辽宁大学	5★	46	四川大学	5★-
7	北京大学	5★	27	河南财经政法大学	5★	47	贵州师范大学	5★-
8	复旦大学	5★	28	首都经济贸易大学	5★	48	上海应用技术大学	5★-
9	山西财经大学	5★	29	华北电力大学	5★	49	内蒙古财经大学	5★-
10	重庆工商大学	5★	30	华中农业大学	5★-	50	天津中医药大学	5★-
11	江西财经大学	5★	31	贵州财经大学	5★-	51	重庆邮电大学	5★-
12	广东财经大学	5★	32	山东财经大学	5★-	52	湖北经济学院	5★-
13	重庆大学	5★	33	湖北中医药大学	5★-	53	五邑大学	5★-
14	东北财经大学	5★	34	安徽财经大学	5★-	54	中国人民大学	5★-
15	广东外语外贸大学	5★	35	湖南农业大学	5★-	55	南京大学	5★-
16	福州大学	5★	36	东华理工大学	5★-	56	吉林大学	5★-
17	哈尔滨理工大学	5★	37	新疆财经大学	5★-	57	中南林业科技大学	5★-
18	天津财经大学	5★	38	长沙理工大学	5★-	58	东北大学	5★-
19	暨南大学	5★	39	湖北工业大学	5★-	59	南京财经大学	5★-
20	浙江财经大学	5★	40	武汉科技大学	5★-			

续表

4★(58 个)：哈尔滨工业大学、北京工商大学、中国农业大学、西安理工大学、南开大学、广东工业大学、武汉理工大学、沈阳师范大学、重庆工程学院、渤海大学、河北经贸大学、江苏大学、哈尔滨商业大学、中国石油大学(华东)、西南政法大学、湖南工商大学、东华大学、华东理工大学、中国矿业大学、吉利学院、中原工学院、上海工程技术大学、郑州大学、中国地质大学(武汉)、齐鲁工业大学、厦门大学、石河子大学、西安工业大学、中北大学、兰州大学、西北工业大学、兰州财经大学、河南理工大学、河海大学、河南牧业经济学院、成都理工大学、西南民族大学、沈阳药科大学、太原科技大学、贵州商学院、山东管理学院、南京邮电大学、广州工商学院、四川师范大学、北京第二外国语学院、大连大学、东北农业大学、辽宁石油化工大学、陕西科技大学、天津商业大学、合肥工业大学、大庆师范学院、桂林理工大学、青岛科技大学、青岛理工大学、西安电子科技大学、集美大学、河南大学
3★(176 个)，2★(234 个)，1★(59 个)：名单略

120203K 会计学（653）

排名	学校名称	星级	排名	学校名称	星级	排名	学校名称	星级
1	上海财经大学	5★+	23	中南财经政法大学	5★	45	杭州电子科技大学	5★−
2	北京大学	5★+	24	中南大学	5★	46	福州大学	5★−
3	对外经济贸易大学	5★+	25	南京大学	5★	47	南京财经大学	5★−
4	东北财经大学	5★+	26	重庆工商大学	5★	48	云南大学	5★−
5	江西财经大学	5★+	27	长沙理工大学	5★	49	广东财经大学	5★−
6	厦门大学	5★+	28	上海交通大学	5★	50	北京师范大学	5★−
7	中央财经大学	5★+	29	浙江财经大学	5★	51	贵州财经大学	5★−
8	云南财经大学	5★	30	首都经济贸易大学	5★	52	北京工商大学	5★−
9	西南财经大学	5★	31	广东外语外贸大学	5★	53	燕山大学	5★−
10	天津财经大学	5★	32	南开大学	5★	54	山东财经大学	5★−
11	复旦大学	5★	33	河南大学	5★	55	华东交通大学	5★−
12	西安交通大学	5★	34	西南交通大学	5★−	56	兰州财经大学	5★−
13	哈尔滨商业大学	5★	35	吉林财经大学	5★−	57	内蒙古财经大学	5★−
14	北京交通大学	5★	36	重庆理工大学	5★−	58	东南大学	5★−
15	山西财经大学	5★	37	合肥工业大学	5★−	59	湖南工商大学	5★−
16	中国人民大学	5★	38	山东大学	5★−	60	西安财经大学	5★−
17	中山大学	5★	39	同济大学	5★−	61	武汉纺织大学	5★−
18	中国海洋大学	5★	40	安徽财经大学	5★−	62	郑州航空工业管理学院	5★−
19	浙江工商大学	5★	41	河南财经政法大学	5★−	63	新疆财经大学	5★−
20	暨南大学	5★	42	中国矿业大学	5★−	64	黑龙江八一农垦大学	5★−
21	重庆大学	5★	43	河北经贸大学	5★−	65	深圳大学	5★−
22	湖南大学	5★	44	河海大学	5★−			
4★(66 个)：上海对外经贸大学、北方工业大学、东北师范大学、沈阳大学、南昌大学、武汉理工大学、华南师范大学、内蒙古农业大学、南京理工大学、安徽工业大学、兰州理工大学、兰州大学、南京审计大学、黑龙江科技大学、沈阳工业大学、湖南财政经济学院、上海立信会计金融学院、西安工业大学、广西财经学院、东北农业大学、湖南农业大学、集美大学、九江学院、华北水利水电大学、河北地质大学、浙江万里学院、湖北工业大学、南京航空航天大学金城学院、南京农业大学、安徽大学、吉林工商学院、北京化工大学、邵阳学院、湖南师范大学、中国石油大学(华东)、广州南方学院、江西理工大学、南京信息工程大学、广州华商学院、西华大学、济南大学、武汉轻工大学、西安培华学院、中南民族大学、无锡太湖学院、嘉兴学院、长春大学、广东外语外贸大学南国商学院、江苏科技大学、长春财经学院、								

续表

江苏理工学院、广东技术师范大学、成都大学、汕头大学、长春光华学院、宁波大学、西安石油大学、湖北经济学院、武汉大学、华南理工大学、中国矿业大学(北京)、西藏民族大学、郑州轻工业大学、海南大学、西安邮电大学、南华大学
3★(196个),2★(261个),1★(65个):名单略

120204 财务管理(680)

排名	学校名称	星级	排名	学校名称	星级	排名	学校名称	星级
1	中国人民大学	5★+	24	北京工商大学	5★	47	长沙理工大学	5★-
2	复旦大学	5★+	25	山东管理学院	5★	48	东华理工大学	5★-
3	厦门大学	5★+	26	浙江工业大学	5★	49	安徽师范大学	5★-
4	上海财经大学	5★+	27	北京联合大学	5★	50	四川大学	5★-
5	云南财经大学	5★+	28	首都经济贸易大学	5★	51	北京第二外国语学院	5★-
6	对外经济贸易大学	5★+	29	天津财经大学	5★	52	北京交通大学	5★-
7	东北财经大学	5★+	30	安徽新华学院	5★	53	天津商业大学	5★-
8	天津科技大学	5★	31	山东财经大学	5★	54	哈尔滨工业大学	5★-
9	西南财经大学	5★	32	杭州电子科技大学	5★	55	南京大学	5★-
10	山西财经大学	5★	33	重庆工商大学	5★	56	吉林大学	5★-
11	广东外语外贸大学	5★	34	北京信息科技大学	5★	57	华中科技大学	5★-
12	浙江财经大学	5★	35	河南财经政法大学	5★-	58	西安财经大学	5★-
13	中南财经政法大学	5★	36	贵州财经大学	5★-	59	东华大学	5★-
14	中央财经大学	5★	37	江西科技师范大学	5★-	60	华侨大学	5★-
15	广东财经大学	5★	38	湖南财政经济学院	5★-	61	武汉理工大学	5★-
16	暨南大学	5★	39	南京审计大学	5★-	62	武汉大学	5★-
17	兰州财经大学	5★	40	天津大学	5★-	63	福建江夏学院	5★-
18	浙江工商大学	5★	41	安徽科技学院	5★-	64	上海对外经贸大学	5★-
19	江西财经大学	5★	42	内蒙古财经大学	5★-	65	四川师范大学	5★-
20	哈尔滨商业大学	5★	43	郑州航空工业管理学院	5★-	66	南开大学	5★-
21	重庆大学	5★	44	湖北经济学院	5★-	67	青岛科技大学	5★-
22	安徽财经大学	5★	45	吉林财经大学	5★-	68	江苏大学	5★-
23	新疆财经大学	5★	46	中央民族大学	5★-			
4★(68个):福州大学、华南理工大学、大连财经学院、南京财经大学、哈尔滨理工大学、河海大学、张家口学院、上海立信会计金融学院、上海海事大学、山西师范大学、武汉科技大学、华北电力大学、中国石油大学(北京)、福建师范大学、中国海洋大学、河北经贸大学、湖南工商大学、云南大学、大连海事大学、河南大学、华南师范大学、河南理工大学、三峡大学、内蒙古工业大学、广州工商学院、青岛理工大学、郑州大学、四川农业大学、宁波财经学院、华东理工大学、重庆理工大学、广东科技学院、福建农林大学、西南民族大学、成都理工大学、潍坊科技学院、厦门理工学院、南通理工学院、西安思源学院、沈阳大学、江苏科技大学、湖南工业大学、中南民族大学、湖南信息学院、兰州理工大学、广东金融学院、山东建筑大学、浙江万里学院、河北地质大学、西安外事学院、云南民族大学、山东师范大学、甘肃政法大学、阜阳师范大学、山西工商学院、石河子大学、哈尔滨广厦学院、西京学院、上海电机学院、武汉商学院、上海大学、西南石油大学、山东英才学院、北京化工大学、四川工商学院、黑龙江外国语学院、景德镇陶瓷大学、洛阳理工学院								
3★(204个),2★(272个),1★(68个):名单略								

120205 国际商务（126）

排名	学校名称	星级	排名	学校名称	星级	排名	学校名称	星级
1	暨南大学	5★+	6	广东财经大学	5★	11	西交利物浦大学	5★-
2	西南财经大学	5★	7	新疆财经大学	5★-	12	安徽财经大学	5★-
3	厦门大学	5★	8	天津财经大学	5★-	13	中国政法大学	5★-
4	山东财经大学	5★	9	杭州师范大学	5★-			
5	广东外语外贸大学	5★	10	江西财经大学	5★-			

4★(12个)：贵州财经大学、浙江工商大学、华中科技大学、中南财经政法大学、中央财经大学、辽宁师范大学、上海对外经贸大学、辽宁大学、北京联合大学、上海第二工业大学、云南财经大学、山西财经大学

3★(38个)，2★(50个)，1★(13个)：名单略

120206 人力资源管理（414）

排名	学校名称	星级	排名	学校名称	星级	排名	学校名称	星级
1	厦门大学	5★+	15	华侨大学	5★	29	南京信息工程大学	5★-
2	中国人民大学	5★+	16	广东外语外贸大学	5★	30	武汉大学	5★-
3	山东财经大学	5★+	17	华东交通大学	5★	31	贵州财经大学	5★-
4	吉林大学	5★+	18	深圳大学	5★	32	湖北大学	5★-
5	江西财经大学	5★	19	安徽财经大学	5★	33	兰州大学	5★-
6	东北财经大学	5★	20	辽宁大学	5★	34	内蒙古财经大学	5★-
7	天津财经大学	5★	21	西安工业大学	5★	35	河北经贸大学	5★-
8	中国矿业大学	5★	22	湖南理工学院	5★-	36	中南财经政法大学	5★-
9	浙江工商大学	5★	23	四川大学	5★-	37	对外经济贸易大学	5★-
10	北京师范大学	5★	24	中国劳动关系学院	5★-	38	云南财经大学	5★-
11	西南民族大学	5★	25	哈尔滨理工大学	5★-	39	华南理工大学	5★-
12	首都经济贸易大学	5★	26	西南财经大学	5★-	40	江苏大学	5★-
13	中央财经大学	5★	27	郑州航空工业管理学院	5★-	41	南开大学	5★-
14	河海大学	5★	28	西安石油大学	5★-			

4★(42个)：浙江水利水电学院、山西财经大学、上海师范大学、浙江财经大学、华东师范大学、河南大学、湘潭大学、郑州大学、华中农业大学、福建江夏学院、陕西师范大学、西北大学、武汉理工大学、长沙理工大学、华东理工大学、北京联合大学、安徽大学、华北电力大学、广东财经大学、广东工业大学、上海交通大学、南京财经大学、重庆工商大学、天津商业大学、青海大学、广州工商学院、华南师范大学、河北大学、吉林财经大学、华中师范大学、东北师范大学、江西科技学院、上海立信会计金融学院、南京理工大学、云南民族大学、广西师范大学、南京师范大学、华南农业大学、陕西国际商贸学院、杭州电子科技大学、西南大学、新乡学院

3★(124个)，2★(166个)，1★(41个)：名单略

120207 审计学（191）

排名	学校名称	星级	排名	学校名称	星级	排名	学校名称	星级
1	南京审计大学	5★+	5	山东财经大学	5★	9	南京财经大学	5★
2	上海立信会计金融学院	5★+	6	西南财经大学	5★	10	山西财经大学	5★
3	广东财经大学	5★	7	浙江工商大学	5★	11	云南财经大学	5★-
4	浙江财经大学	5★	8	郑州航空工业管理学院	5★	12	安徽财经大学	5★-

续表

排名	学校名称	星级	排名	学校名称	星级	排名	学校名称	星级
13	吉林财经大学	5★-	16	厦门大学	5★-	19	哈尔滨商业大学	5★-
14	湖南工商大学	5★-	17	四川师范大学	5★-			
15	广东外语外贸大学	5★-	18	上海对外经贸大学	5★-			
4★(19个)：杭州电子科技大学、河北经贸大学、天津财经大学、西南政法大学、贵州财经大学、石河子大学、兰州财经大学、重庆工商大学、郑州商学院、广州商学院、福州外语外贸学院、长春财经学院、黑龙江财经学院、山西应用科技学院、山东工商学院、山东管理学院、太原学院、滁州学院、福建江夏学院								
3★(58个)，2★(76个)，1★(19个)：名单略								

120208 资产评估（69）

排名	学校名称	星级	排名	学校名称	星级	排名	学校名称	星级
1	首都经济贸易大学	5★+	4	山东财经大学	5★-	7	南京财经大学	5★-
2	东北财经大学	5★	5	中央财经大学	5★-			
3	广东财经大学	5★	6	上海对外经贸大学	5★-			
4★(7个)：山西财经大学、浙江财经大学、四川农业大学、内蒙古财经大学、河北经贸大学、云南财经大学、山东工商学院								
3★(21个)，2★(27个)，1★(7个)：名单略								

120209 物业管理（24）

排名	学校名称	星级	排名	学校名称	星级	排名	学校名称	星级
1	北京林业大学	5★	2	内蒙古财经大学	5★-			
4★(3个)：长沙学院、武汉科技大学、河南牧业经济学院								
3★(7个)，2★(10个)，1★(2个)：名单略								

120210 文化产业管理（135）

排名	学校名称	星级	排名	学校名称	星级	排名	学校名称	星级
1	中国传媒大学	5★+	6	山东工艺美术学院	5★	11	厦门理工学院	5★-
2	山东财经大学	5★	7	广西师范大学	5★	12	河南大学	5★-
3	西安建筑科技大学	5★	8	北京大学	5★-	13	济南大学	5★-
4	浙江传媒学院	5★	9	同济大学	5★-	14	西南大学	5★-
5	大连艺术学院	5★	10	华南师范大学	5★-			
4★(13个)：中国海洋大学、中央财经大学、山西传媒学院、暨南大学、浙江工商大学、山东农业大学、西南民族大学、湖南师范大学、广西艺术学院、广东财经大学、浙江师范大学、华东政法大学、信阳师范学院								
3★(41个)，2★(54个)，1★(13个)：名单略								

120212T 体育经济与管理（26）

排名	学校名称	星级	排名	学校名称	星级	排名	学校名称	星级
1	上海体育学院	5★	2	北京体育大学	5★-	3	首都体育学院	5★-
4★(2个)：中央财经大学、山东体育学院								
3★(8个)，2★(10个)，1★(3个)：名单略								

120213T 财务会计教育（12）

排名	学校名称	星级	排名	学校名称	星级	排名	学校名称	星级
1	华中师范大学	5★						
4★(1个)：汉口学院								
3★(4个)，2★(5个)，1★(1个)：名单略								

120301 农林经济管理（61）

排名	学校名称	星级	排名	学校名称	星级	排名	学校名称	星级
1	浙江大学	5★+	3	西北农林科技大学	5★	5	华南农业大学	5★-
2	南京农业大学	5★	4	华中农业大学	5★-	6	中国农业大学	5★-
4★(6个)：中国人民大学、北京林业大学、吉林农业大学、河北农业大学、东北林业大学、山东农业大学								
3★(19个)，2★(24个)，1★(6个)：名单略								

120302 农村区域发展（26）

排名	学校名称	星级	排名	学校名称	星级	排名	学校名称	星级
1	中国农业大学	5★	2	中国人民大学	5★-	3	南京农业大学	5★-
4★(2个)：扬州大学、西南大学								
3★(8个)，2★(10个)，1★(3个)：名单略								

120401 公共事业管理（252）

排名	学校名称	星级	排名	学校名称	星级	排名	学校名称	星级
1	北京师范大学	5★+	10	西南交通大学	5★	19	江苏大学	5★-
2	复旦大学	5★+	11	武汉大学	5★	20	哈尔滨医科大学	5★-
3	华中科技大学	5★+	12	首都医科大学	5★	21	华南师范大学	5★-
4	东北大学	5★	13	安徽医科大学	5★	22	中南财经政法大学	5★-
5	兰州大学	5★	14	华东师范大学	5★-	23	中国地质大学(武汉)	5★-
6	大连理工大学	5★	15	郑州大学	5★-	24	中央民族大学	5★-
7	云南大学	5★	16	南京医科大学	5★-	25	华东理工大学	5★-
8	广西大学	5★	17	湘潭大学	5★-			
9	南方医科大学	5★	18	山东大学	5★-			
4★(25个)：中国农业大学、中国政法大学、东北财经大学、江西师范大学、南京特殊教育师范学院、浙江中医药大学、中山大学、华东政法大学、湖南农业大学、广西医科大学、重庆医科大学、第四军医大学、燕山大学、杭州师范大学、上海理工大学、南京师范大学、潍坊医学院、河南理工大学、福建医科大学、华南农业大学、福州大学、中央财经大学、成都中医药大学、南京中医药大学、宁夏医科大学								
3★(76个)，2★(101个)，1★(25个)：名单略								

120402 行政管理(290)

排名	学校名称	星级	排名	学校名称	星级	排名	学校名称	星级
1	华南理工大学	5★+	11	武汉大学	5★	21	湘潭大学	5★-
2	上海交通大学	5★+	12	电子科技大学	5★	22	华中师范大学	5★-
3	中山大学	5★+	13	东北大学	5★	23	黑龙江大学	5★-
4	中南大学	5★	14	兰州大学	5★	24	广州大学	5★-
5	北京大学	5★	15	中国人民大学	5★	25	燕山大学	5★-
6	南京大学	5★	16	中国政法大学	5★-	26	南昌大学	5★-
7	华东师范大学	5★	17	郑州大学	5★-	27	暨南大学	5★-
8	南开大学	5★	18	西北大学	5★-	28	深圳大学	5★-
9	厦门大学	5★	19	山东大学	5★-	29	西南财经大学	5★-
10	四川大学	5★	20	北京航空航天大学	5★-			
4★(29个):南京农业大学、武汉科技大学、西南政法大学、华东政法大学、中国地质大学(武汉)、中央财经大学、湖南大学、云南大学、山东财经大学、湖南农业大学、内蒙古大学、华南农业大学、天津师范大学、河南大学、西安交通大学、浙江工商大学、华南师范大学、山东师范大学、中国矿业大学(北京)、南京信息工程大学、南京师范大学、安徽工业大学、上海财经大学、西南大学、广西民族大学、南京审计大学、浙江工业大学、中国海洋大学、华北水利水电大学								
3★(87个),2★(116个),1★(29个):名单略								

120403 劳动与社会保障(123)

排名	学校名称	星级	排名	学校名称	星级	排名	学校名称	星级
1	西安交通大学	5★+	5	武汉大学	5★	9	首都经济贸易大学	5★-
2	上海财经大学	5★	6	东北财经大学	5★	10	内蒙古大学	5★-
3	中南财经政法大学	5★	7	河海大学	5★-	11	山东财经大学	5★-
4	西北大学	5★	8	湖南农业大学	5★-	12	贵州财经大学	5★-
4★(13个):安徽财经大学、中央财经大学、江西财经大学、四川大学、南京大学、南京农业大学、浙江大学、中国人民大学、吉林大学、华中师范大学、东南大学、辽宁大学、华南农业大学								
3★(37个),2★(49个),1★(12个):名单略								

120404 土地资源管理(90)

排名	学校名称	星级	排名	学校名称	星级	排名	学校名称	星级
1	中国人民大学	5★+	4	武汉大学	5★	7	中国农业大学	5★-
2	南京农业大学	5★	5	中国地质大学(北京)	5★	8	中国地质大学(武汉)	5★-
3	中国矿业大学	5★	6	华中农业大学	5★-	9	江西农业大学	5★-
4★(9个):四川大学、东北农业大学、四川农业大学、河北农业大学、河北地质大学、山西农业大学、重庆工商大学、河海大学、内蒙古师范大学								
3★(27个),2★(36个),1★(9个):名单略								

120405 城市管理(50)

排名	学校名称	星级	排名	学校名称	星级	排名	学校名称	星级
1	中国人民大学	5★+	2	电子科技大学	5★	3	首都经济贸易大学	5★

续表

排名	学校名称	星级	排名	学校名称	星级	排名	学校名称	星级
4	北京大学	5★-	5	苏州大学	5★-			
4★(5个)：重庆大学、中南财经政法大学、南开大学、浙江财经大学、安徽建筑大学								
3★(15个)，2★(20个)，1★(5个)：名单略								

120407T 交通管理（12）

排名	学校名称	星级	排名	学校名称	星级	排名	学校名称	星级
1	上海海事大学	5★						
4★(1个)：大连海事大学、								
3★(4个)，2★(5个)，1★(1个)：名单略								

120410T 健康服务与管理（116）

排名	学校名称	星级	排名	学校名称	星级	排名	学校名称	星级
1	浙江中医药大学	5★+	5	成都医学院	5★	9	杭州师范大学	5★-
2	安徽医科大学	5★	6	湖北中医药大学	5★	10	南京中医药大学	5★-
3	贵州医科大学	5★	7	新疆医科大学	5★-	11	海南医学院	5★-
4	广州中医药大学	5★	8	广西师范大学	5★-	12	广东药科大学	5★-
4★(11个)：右江民族医学院、上海健康医学院、蚌埠医学院、成都中医药大学、广西医科大学、天津中医药大学、北京中医药大学东方学院、武汉轻工大学、中国医科大学、山西医科大学、成都东软学院								
3★(35个)，2★(46个)，1★(12个)：名单略								

120414T 养老服务管理（19）

排名	学校名称	星级	排名	学校名称	星级	排名	学校名称	星级
1	山东女子学院	5★	2	上海建桥学院	5★-			
4★(2个)：沈阳医学院、贵州中医药大学								
3★(6个)，2★(7个)，1★(2个)：名单略								

120501 图书馆学（18）

排名	学校名称	星级	排名	学校名称	星级	排名	学校名称	星级
1	北京大学	5★	2	武汉大学	5★-			
4★(2个)：南京大学、中山大学								
3★(5个)，2★(7个)，1★(2个)：名单略								

120502 档案学（34）

排名	学校名称	星级	排名	学校名称	星级	排名	学校名称	星级
1	中国人民大学	5★	2	武汉大学	5★	3	上海大学	5★-
4★(4个)：湘潭大学、南京大学、中山大学、吉林大学								
3★(10个)，2★(14个)，1★(3个)：名单略								

120503 信息资源管理(16)

排名	学校名称	星级	排名	学校名称	星级	排名	学校名称	星级
1	华中师范大学	5★	2	中国人民大学	5★-			

4★(1个):四川大学

3★(5个),2★(6个),1★(2个):名单略

120601 物流管理(434)

排名	学校名称	星级	排名	学校名称	星级	排名	学校名称	星级
1	东南大学	5★+	16	云南财经大学	5★	31	华东理工大学	5★-
2	北京物资学院	5★+	17	福州大学	5★	32	安庆师范大学	5★-
3	上海海事大学	5★+	18	湖南工商大学	5★	33	临沂大学	5★-
4	大连海事大学	5★+	19	西南交通大学	5★	34	石家庄铁道大学	5★-
5	东北财经大学	5★	20	上海对外经贸大学	5★	35	宁波大学	5★-
6	重庆工商大学	5★	21	江西财经大学	5★	36	兰州交通大学	5★-
7	北京交通大学	5★	22	北京工商大学	5★	37	南京信息工程大学	5★-
8	重庆交通大学	5★	23	同济大学	5★-	38	长江大学	5★-
9	南京财经大学	5★	24	对外经济贸易大学	5★-	39	曲阜师范大学	5★-
10	华中科技大学	5★	25	合肥工业大学	5★-	40	集美大学	5★-
11	哈尔滨商业大学	5★	26	成都工业学院	5★-	41	湖北经济学院	5★-
12	浙江工商大学	5★	27	天津科技大学	5★-	42	山东财经大学	5★-
13	浙江万里学院	5★	28	广州大学	5★-	43	华东交通大学	5★-
14	河南工业大学	5★	29	太原理工大学	5★-			
15	中南林业科技大学	5★	30	安徽大学	5★-			

4★(44个):郑州轻工业大学、西安邮电大学、贵州财经大学、南宁师范大学、新疆财经大学、内蒙古财经大学、常州工学院、广州工商学院、大连理工大学、苏州大学、武汉理工大学、中南财经政法大学、山西财经大学、天津财经大学、渤海大学、北京化工大学、重庆大学、华南师范大学、西南财经大学、武汉纺织大学、重庆第二师范学院、江苏大学、吉林大学、南开大学、武汉大学、武汉轻工大学、郑州科技学院、广州商学院、广东理工学院、桂林电子科技大学、广东科技学院、福州外语外贸学院、广东财经大学、浙江海洋大学、武汉商学院、信阳农林学院、河南财政金融学院、四川工业科技学院、长安大学、上海工程技术大学、郑州财经学院、中国民航大学、武夷学院、湖南应用技术学院

3★(130个),2★(174个),1★(43个):名单略

120602 物流工程(102)

排名	学校名称	星级	排名	学校名称	星级	排名	学校名称	星级
1	武汉理工大学	5★+	5	中南林业科技大学	5★	9	山东交通学院	5★-
2	上海海事大学	5★	6	大连海事大学	5★-	10	北京物资学院	5★-
3	西南交通大学	5★	7	北京交通大学	5★-			
4	天津大学	5★	8	华南理工大学	5★-			

4★(10个):长沙理工大学、厦门华厦学院、长安大学、北京科技大学、安徽工业大学、鲁东大学、太原学院、桂林航天工业学院、哈尔滨商业大学、吉林大学

3★(31个),2★(41个),1★(10个):名单略

120604T 供应链管理（49）

排名	学校名称	星级	排名	学校名称	星级	排名	学校名称	星级
1	中央财经大学	5★	3	北京物资学院	5★-	5	西南财经大学	5★-
2	广州城市理工学院	5★	4	合肥学院	5★-			
4★（5 个）：西交利物浦大学、广东科技学院、福州外语外贸学院、集美大学诚毅学院、广东金融学院								
3★（15 个），2★（19 个），1★（5 个）：名单略								

120701 工业工程（139）

排名	学校名称	星级	排名	学校名称	星级	排名	学校名称	星级
1	清华大学	5★+	6	北京理工大学	5★	11	电子科技大学	5★-
2	天津大学	5★	7	东北大学	5★	12	郑州大学	5★-
3	上海交通大学	5★	8	南京航空航天大学	5★-	13	温州大学	5★-
4	华中科技大学	5★	9	西北工业大学	5★-	14	西南交通大学	5★-
5	浙江工业大学	5★	10	南京大学	5★-			
4★（14 个）：西安交通大学、北京航空航天大学、山东科技大学、南昌航空大学、武汉科技大学、桂林电子科技大学、燕山大学、合肥工业大学、郑州航空工业管理学院、山东工商学院、江苏科技大学、湖南大学、大连交通大学、北京交通大学								
3★（42 个），2★（55 个），1★（14 个）：名单略								

120703T 质量管理工程（19）

排名	学校名称	星级	排名	学校名称	星级	排名	学校名称	星级
1	中国计量大学	5★	2	昆明理工大学	5★-			
4★（2 个）：南宁学院、南京财经大学								
3★（6 个），2★（7 个），1★（2 个）：名单略								

120801 电子商务（451）

排名	学校名称	星级	排名	学校名称	星级	排名	学校名称	星级
1	山东财经大学	5★+	14	北京交通大学	5★	27	武汉理工大学	5★-
2	杭州师范大学	5★+	15	江西财经大学	5★	28	东华大学	5★-
3	对外经济贸易大学	5★+	16	西安邮电大学	5★	29	南昌大学	5★-
4	中央财经大学	5★+	17	北京邮电大学	5★	30	华中师范大学	5★-
5	西安交通大学	5★+	18	合肥工业大学	5★	31	湖南人文科技学院	5★-
6	广东财经大学	5★	19	上海财经大学	5★	32	阳光学院	5★-
7	浙江工商大学	5★	20	南京大学	5★	33	西昌学院	5★-
8	厦门大学	5★	21	武汉大学	5★	34	洛阳师范学院	5★-
9	河南工业大学	5★	22	郑州大学	5★	35	浙江万里学院	5★-
10	云南财经大学	5★	23	河南财经政法大学	5★	36	吉林财经大学	5★-
11	东北财经大学	5★	24	闽江学院	5★-	37	湖北工业大学	5★-
12	湖南大学	5★	25	天津商业大学	5★-	38	武汉工程大学	5★-
13	西安财经大学	5★	26	浙江师范大学	5★-	39	南京邮电大学	5★-

续表

排名	学校名称	星级	排名	学校名称	星级	排名	学校名称	星级
40	上海商学院	5★-	42	西安科技大学	5★-	44	北京工商大学	5★-
41	广州南方学院	5★-	43	广州大学	5★-	45	天津大学	5★-
4★(45个)：北京联合大学、河北科技大学、五邑大学、华南理工大学、成都信息工程大学、安徽财经大学、安徽大学、首都经济贸易大学、大连海事大学、广东工业大学、成都东软学院、江西工程学院、华侨大学、哈尔滨工程大学、深圳大学、湖南信息学院、泉州信息工程学院、大连理工大学、中南财经政法大学、南京财经大学、东南大学、广东金融学院、西南财经大学、暨南大学、燕山大学、武汉商学院、郑州财经学院、华南师范大学、广东外语外贸大学、河南大学、哈尔滨工业大学、上海师范大学、广州商学院、郑州科技学院、重庆工程学院、大连东软信息学院、电子科技大学、湘潭大学、南通理工学院、南昌理工学院、西安培华学院、武汉工商学院、商丘师范学院、浙江财经大学、贵州商学院								
3★(136个)，2★(180个)，1★(45个)：名单略								

120802T 电子商务及法律（16）

排名	学校名称	星级	排名	学校名称	星级	排名	学校名称	星级
1	西北政法大学	5★	2	重庆理工大学	5★-			
4★(1个)：浙江万里学院								
3★(5个)，2★(6个)，1★(2个)：名单略								

120803T 跨境电子商务（67）

排名	学校名称	星级	排名	学校名称	星级	排名	学校名称	星级
1	黑龙江工程学院昆仑旅游学院	5★+	4	九江学院	5★-	7	滇西应用技术大学	5★-
2	湖南工商大学	5★	5	广东科技学院	5★-			
3	广西民族师范学院	5★	6	浙江外国语学院	5★-			
4★(6个)：浙江万里学院、四川外国语大学成都学院、广西外国语学院、郑州商学院、广州航海学院、阳光学院								
3★(21个)，2★(26个)，1★(7个)：名单略								

120901K 旅游管理（424）

排名	学校名称	星级	排名	学校名称	星级	排名	学校名称	星级
1	海南大学	5★+	12	桂林理工大学	5★	23	燕山大学	5★-
2	浙江工商大学	5★+	13	广州大学	5★	24	中南林业科技大学	5★-
3	南开大学	5★+	14	华南理工大学	5★	25	湘潭大学	5★-
4	中山大学	5★+	15	上海师范大学	5★	26	山西财经大学	5★-
5	云南大学	5★	16	湖南师范大学	5★	27	北京联合大学	5★-
6	陕西师范大学	5★	17	复旦大学	5★	28	西安外国语大学	5★-
7	湖北大学	5★	18	宁波大学	5★	29	新疆大学	5★-
8	暨南大学	5★	19	中南财经政法大学	5★	30	西北师范大学	5★-
9	北京第二外国语学院	5★	20	安徽师范大学	5★	31	南京师范大学	5★-
10	西南民族大学	5★	21	华侨大学	5★	32	青岛大学	5★-
11	厦门大学	5★	22	中国海洋大学	5★-	33	南昌大学	5★-

续表

排名	学校名称	星级	排名	学校名称	星级	排名	学校名称	星级
34	福建师范大学	5★-	37	贵州师范大学	5★-	40	内蒙古财经大学	5★-
35	河南大学	5★-	38	江西科技师范大学	5★-	41	山西大学	5★-
36	江西财经大学	5★-	39	新疆财经大学	5★-	42	重庆交通大学	5★-

4★(43 个)：吉首大学、哈尔滨商业大学、华南师范大学、贵州财经大学、黑龙江大学、新疆师范大学、河北经贸大学、中国地质大学(武汉)、成都信息工程大学、海南热带海洋学院、河南财经政法大学、贵州大学、浙江外国语学院、四川农业大学、黄山学院、长沙学院、北方民族大学、长春大学旅游学院、桂林旅游学院、西南财经大学、沈阳大学、珠海科技学院、鲁东大学、华中师范大学、成都大学、洛阳师范学院、重庆师范大学、泰山学院、三峡大学、安徽大学、河北地质大学、湖北经济学院、华东师范大学、青海民族大学、西安文理学院、内蒙古大学、大理大学、成都体育学院、南京晓庄学院、贺州学院、四川师范大学、四川大学、东北财经大学

3★(127 个)，2★(170 个)，1★(42 个)：名单略

120902 酒店管理（180）

排名	学校名称	星级	排名	学校名称	星级	排名	学校名称	星级
1	天津商业大学	5★+	7	上海商学院	5★	13	海南大学	5★-
2	桂林旅游学院	5★+	8	昆明学院	5★	14	四川旅游学院	5★-
3	广东财经大学	5★	9	沈阳城市学院	5★	15	黄山学院	5★-
4	北京第二外国语学院	5★	10	武汉商学院	5★-	16	浙江越秀外国语学院	5★-
5	华侨大学	5★	11	湖南工商大学	5★-	17	云南财经大学	5★-
6	北京联合大学	5★	12	湖南师范大学	5★-	18	厦门大学	5★-

4★(18 个)：桂林理工大学、太原学院、江西科技师范大学、哈尔滨商业大学、华南师范大学、沈阳师范大学、福建师范大学、郑州大学、贵州商学院、四川工业科技学院、武夷学院、广东金融学院、上海杉达学院、宁德师范学院、桂林航天工业学院、新疆大学、海南师范大学、三亚学院

3★(54 个)，2★(72 个)，1★(18 个)：名单略

120903 会展经济与管理（101）

排名	学校名称	星级	排名	学校名称	星级	排名	学校名称	星级
1	浙江万里学院	5★+	5	南开大学	5★	9	华南师范大学	5★-
2	中山大学	5★	6	云南财经大学	5★-	10	四川旅游学院	5★-
3	华南理工大学	5★	7	上海对外经贸大学	5★-			
4	四川大学	5★	8	桂林旅游学院	5★-			

4★(10 个)：上海理工大学、北京第二外国语学院、贵州商学院、海南大学、重庆文理学院、广东财经大学、湖南师范大学、浙江传媒学院、河北经贸大学、上海师范大学

3★(31 个)，2★(40 个)，1★(10 个)：名单略

120904T 旅游管理与服务教育（31）

排名	学校名称	星级	排名	学校名称	星级	排名	学校名称	星级
1	三明学院	5★	2	宁德师范学院	5★	3	湖北师范大学	5★-

4★(3 个)：成都银杏酒店管理学院、河北环境工程学院、福建商学院

3★(10 个)，2★(12 个)，1★(3 个)：名单略

130101 艺术史论（16）

排名	学校名称	星级	排名	学校名称	星级	排名	学校名称	星级
1	中国美术学院	5★	2	北京大学	5★-			
4★(1个)：南京艺术学院								
3★(5个)，2★(6个)，1★(2个)：名单略								

130102T 艺术管理（28）

排名	学校名称	星级	排名	学校名称	星级	排名	学校名称	星级
1	上海戏剧学院	5★	2	南京艺术学院	5★-	3	中央美术学院	5★-
4★(3个)：贵州商学院、广西艺术学院、云南艺术学院								
3★(8个)，2★(11个)，1★(3个)：名单略								

130201 音乐表演（237）

排名	学校名称	星级	排名	学校名称	星级	排名	学校名称	星级
1	上海音乐学院	5★+	9	四川音乐学院	5★	17	首都师范大学	5★-
2	湖南师范大学	5★+	10	浙江音乐学院	5★	18	武汉音乐学院	5★-
3	沈阳音乐学院	5★	11	中央音乐学院	5★	19	贵州民族大学	5★-
4	星海音乐学院	5★	12	南京艺术学院	5★	20	山东艺术学院	5★-
5	西安音乐学院	5★	13	江西师范大学	5★-	21	山西大学	5★-
6	天津音乐学院	5★	14	安徽师范大学	5★-	22	内蒙古艺术学院	5★-
7	广西艺术学院	5★	15	华南师范大学	5★-	23	洛阳师范学院	5★-
8	吉林艺术学院	5★	16	中国音乐学院	5★-	24	四川师范大学	5★-
4★(23个)：郑州大学、河南大学、沈阳师范大学、西北民族大学、上海师范大学、山东师范大学、西北师范大学、哈尔滨师范大学、佳木斯大学、齐齐哈尔大学、深圳大学、河南师范大学、西南大学、大连大学、重庆师范大学、燕山大学、云南艺术学院、西南民族大学、延边大学、内蒙古师范大学、海南大学、苏州大学、华东师范大学								
3★(72个)，2★(94个)，1★(24个)：名单略								

130202 音乐学（394）

排名	学校名称	星级	排名	学校名称	星级	排名	学校名称	星级
1	中央音乐学院	5★+	12	南京师范大学	5★	23	首都师范大学	5★-
2	中国音乐学院	5★+	13	浙江师范大学	5★	24	山东大学	5★-
3	上海音乐学院	5★+	14	哈尔滨师范大学	5★	25	吉林艺术学院	5★-
4	天津音乐学院	5★+	15	湖南师范大学	5★	26	山东艺术学院	5★-
5	武汉音乐学院	5★	16	新疆师范大学	5★	27	华中师范大学	5★-
6	上海师范大学	5★	17	西南大学	5★	28	四川音乐学院	5★-
7	福建师范大学	5★	18	济南大学	5★	29	延边大学	5★-
8	西安音乐学院	5★	19	星海音乐学院	5★	30	山西师范大学	5★-
9	东北师范大学	5★	20	山东师范大学	5★	31	四川师范大学	5★-
10	南京艺术学院	5★	21	北京师范大学	5★-	32	浙江音乐学院	5★-
11	安徽师范大学	5★	22	陕西师范大学	5★-	33	华东师范大学	5★-

续表

排名	学校名称	星级	排名	学校名称	星级	排名	学校名称	星级
34	江西师范大学	5★−	36	河北师范大学	5★−	38	周口师范学院	5★−
35	河南师范大学	5★−	37	广西师范大学	5★−	39	宁波大学	5★−
4★（40 个）：沈阳师范大学、中央民族大学、河南大学、青岛大学、哈尔滨音乐学院、沈阳音乐学院、肇庆学院、南昌大学、华南师范大学、广西艺术学院、中国传媒大学、兰州城市学院、西藏大学、江南大学、聊城大学、黄冈师范学院、邵阳学院、湖南人文科技学院、渭南师范学院、赣南师范大学、唐山师范学院、长沙师范学院、湖南文理学院、湖南涉外经济学院、怀化学院、嘉应学院、泉州师范学院、衡阳师范学院、广州大学、湖南科技大学、临沂大学、扬州大学、湖南城市学院、湖北科技学院、内蒙古师范大学、云南师范大学、天津师范大学、湖州师范学院、河北大学、江苏师范大学								
3★（118 个），2★（158 个），1★（39 个）：名单略								

130203 作曲与作曲技术理论（37）

排名	学校名称	星级	排名	学校名称	星级	排名	学校名称	星级
1	上海音乐学院	5★	3	四川音乐学院	5★−			
2	中央音乐学院	5★	4	沈阳音乐学院	5★−			
4★（3 个）：星海音乐学院、中国音乐学院、浙江音乐学院								
3★（12 个），2★（14 个），1★（4 个）：名单略								

130204 舞蹈表演（145）

排名	学校名称	星级	排名	学校名称	星级	排名	学校名称	星级
1	北京舞蹈学院	5★+	6	四川大学	5★	11	武汉体育学院	5★−
2	广西艺术学院	5★	7	山东艺术学院	5★	12	延边大学	5★−
3	上海戏剧学院	5★	8	西北民族大学	5★−	13	贵州民族大学	5★−
4	中央民族大学	5★	9	云南艺术学院	5★−	14	沈阳音乐学院	5★−
5	内蒙古艺术学院	5★	10	西南民族大学	5★−	15	四川师范大学	5★−
4★（14 个）：首都体育学院、哈尔滨体育学院、南京艺术学院、武汉音乐学院、西安音乐学院、云南师范大学、四川工商学院、山东体育学院、西安体育学院、四川音乐学院、临沂大学、沈阳体育学院、北京体育大学、星海音乐学院								
3★（44 个），2★（58 个），1★（14 个）：名单略								

130205 舞蹈学（202）

排名	学校名称	星级	排名	学校名称	星级	排名	学校名称	星级
1	北京舞蹈学院	5★+	8	西北民族大学	5★	15	云南艺术学院	5★−
2	山东师范大学	5★+	9	天津体育学院	5★	16	曲阜师范大学	5★−
3	陕西师范大学	5★	10	星海音乐学院	5★	17	上饶师范学院	5★−
4	北京师范大学	5★	11	沈阳音乐学院	5★−	18	首都师范大学	5★−
5	湖南师范大学	5★	12	四川师范大学	5★−	19	华南师范大学	5★−
6	福建师范大学	5★	13	潍坊学院	5★−	20	华中师范大学	5★−
7	南京艺术学院	5★	14	西安体育学院	5★−			

续表

4★(20个)：西南大学、上海师范大学、四川音乐学院、海口经济学院、云南民族大学、新疆师范大学、廊坊师范学院、天津师范大学、聊城大学、滨州学院、洛阳师范学院、河北民族师范学院、广西师范大学、江西师范大学、武汉体育学院、中央民族大学、浙江师范大学、浙江音乐学院、南京师范大学、济南大学
3★(61个)，2★(81个)，1★(20个)：名单略

130206 舞蹈编导（73）

排名	学校名称	星级	排名	学校名称	星级	排名	学校名称	星级
1	北京舞蹈学院	5★+	4	山西大学	5★	7	齐齐哈尔大学	5★-
2	东北师范大学	5★	5	深圳大学	5★-			
3	山东青年政治学院	5★	6	南京艺术学院	5★-			
4★(8个)：西安音乐学院、广东海洋大学、湖南文理学院、广州大学、哈尔滨师范大学、东北石油大学、浙江传媒学院、西南民族大学								
3★(22个)，2★(29个)，1★(7个)：名单略								

130208TK 航空服务艺术与管理（63）

排名	学校名称	星级	排名	学校名称	星级	排名	学校名称	星级
1	河北民族师范学院	5★+	3	滨州学院	5★	5	山西师范大学	5★-
2	郑州航空工业管理学院	5★	4	宁夏理工学院	5★-	6	中国民航大学	5★-
4★(7个)：贵州民族大学、内蒙古师范大学、安徽师范大学、山东师范大学、曲阜师范大学、北方民族大学、云南师范大学								
3★(19个)，2★(25个)，1★(6个)：名单略								

130212T 音乐教育(12)

排名	学校名称	星级	排名	学校名称	星级	排名	学校名称	星级
1	中国音乐学院	5★						
4★(1个)：武汉音乐学院								
3★(4个)，2★(5个)，1★(1个)：名单略								

130301 表演（142）

排名	学校名称	星级	排名	学校名称	星级	排名	学校名称	星级
1	上海戏剧学院	5★+	6	中国传媒大学	5★	11	四川师范大学	5★-
2	中央戏剧学院	5★	7	南京艺术学院	5★	12	云南艺术学院	5★-
3	北京电影学院	5★	8	沈阳师范大学	5★-	13	邢台学院	5★-
4	中国戏曲学院	5★	9	武汉大学	5★-	14	深圳大学	5★-
5	吉林艺术学院	5★	10	山西师范大学	5★-			
4★(14个)：天津音乐学院、广西艺术学院、北京联合大学、天津师范大学、吉林体育学院、重庆大学、江西师范大学、上海师范大学、河南大学、天津工业大学、辽宁大学、河北传媒学院、大连艺术学院、南昌理工学院								
3★(43个)，2★(57个)，1★(14个)：名单略								

130304 戏剧影视文学（93）

排名	学校名称	星级	排名	学校名称	星级	排名	学校名称	星级
1	北京师范大学	5★+	4	厦门大学	5★	7	武汉大学	5★−
2	上海戏剧学院	5★	5	中国传媒大学	5★	8	曲阜师范大学	5★−
3	北京电影学院	5★	6	中央戏剧学院	5★−	9	南京大学	5★−

4★（10 个）：浙江师范大学、北京大学、中国戏曲学院、河北大学、西南大学、山西大学、南京艺术学院、云南艺术学院、海南大学、山西师范大学

3★（28 个），2★（37 个），1★（9 个）：名单略

130305 广播电视编导（224）

排名	学校名称	星级	排名	学校名称	星级	排名	学校名称	星级
1	河北传媒学院	5★+	9	上海戏剧学院	5★	17	西北师范大学	5★−
2	中国传媒大学	5★+	10	成都大学	5★	18	江西师范大学	5★−
3	浙江传媒学院	5★	11	南京师范大学	5★	19	湖北文理学院	5★−
4	西南大学	5★	12	新乡学院	5★−	20	南京传媒学院	5★−
5	东北师范大学	5★	13	南京艺术学院	5★−	21	陕西师范大学	5★−
6	福建师范大学	5★	14	四川师范大学	5★−	22	南昌理工学院	5★−
7	华东师范大学	5★	15	上海师范大学	5★−			
8	上海大学	5★	16	山东师范大学	5★−			

4★（23 个）：吉林艺术学院、山西传媒学院、山东艺术学院、广州大学、哈尔滨师范大学、池州学院、云南艺术学院、新疆艺术学院、西北大学、黄冈师范学院、重庆邮电大学、成都文理学院、四川音乐学院、荆楚理工学院、湖北民族大学、陕西科技大学、内蒙古民族大学、重庆师范大学、临沂大学、河北美术学院、武汉传媒学院、聊城大学、武夷学院

3★（67 个），2★（90 个），1★（22 个）：名单略

130306 戏剧影视导演（31）

排名	学校名称	星级	排名	学校名称	星级	排名	学校名称	星级
1	北京电影学院	5★	2	中央戏剧学院	5★	3	上海戏剧学院	5★−

4★（3 个）：中国戏曲学院、暨南大学、中国传媒大学

3★（10 个），2★（12 个），1★（3 个）：名单略

130307 戏剧影视美术设计（49）

排名	学校名称	星级	排名	学校名称	星级	排名	学校名称	星级
1	北京电影学院	5★	3	上海戏剧学院	5★−	5	中国戏曲学院	5★−
2	中央戏剧学院	5★	4	四川美术学院	5★−			

4★（5 个）：山东艺术学院、中国传媒大学、天津音乐学院、上海大学、南京艺术学院

3★（15 个），2★（19 个），1★（5 个）：名单略

130308 录音艺术（34）

排名	学校名称	星级	排名	学校名称	星级	排名	学校名称	星级
1	中国传媒大学	5★	2	武汉音乐学院	5★	3	星海音乐学院	5★-
4★(4个)：北京电影学院、上海音乐学院、中国美术学院、南京艺术学院								
3★(10个)，2★(14个)，1★(3个)：名单略								

130309 播音与主持艺术（219）

排名	学校名称	星级	排名	学校名称	星级	排名	学校名称	星级
1	中国传媒大学	5★+	9	浙江工业大学	5★	17	福建师范大学	5★-
2	浙江传媒学院	5★+	10	重庆大学	5★	18	许昌学院	5★-
3	山西传媒学院	5★	11	新疆艺术学院	5★	19	武汉体育学院	5★-
4	西南大学	5★	12	河北传媒学院	5★-	20	山西师范大学	5★-
5	四川师范大学	5★	13	南京师范大学	5★-	21	沈阳音乐学院	5★-
6	陕西师范大学	5★	14	西安体育学院	5★-	22	乐山师范学院	5★-
7	山东青年政治学院	5★	15	四川音乐学院	5★-			
8	华东师范大学	5★	16	天津师范大学	5★-			
4★(22个)：内蒙古大学、南宁师范大学、中央戏剧学院、辽宁师范大学、安徽师范大学、郑州科技学院、广西外国语学院、海口经济学院、大连艺术学院、武汉传媒学院、汉口学院、西安培华学院、河南大学、广州大学、西安翻译学院、成都理工大学、武汉大学、吉林艺术学院、湖南师范大学、宝鸡文理学院、上海戏剧学院、邯郸学院								
3★(66个)，2★(87个)，1★(22个)：名单略								

130310 动画（256）

排名	学校名称	星级	排名	学校名称	星级	排名	学校名称	星级
1	北京电影学院	5★+	10	四川美术学院	5★	19	南京传媒学院	5★-
2	中国传媒大学	5★+	11	天津工业大学	5★	20	青岛农业大学	5★-
3	武汉理工大学	5★+	12	哈尔滨师范大学	5★	21	北京印刷学院	5★-
4	成都大学	5★	13	广州美术学院	5★	22	西安美术学院	5★-
5	浙江传媒学院	5★	14	南京艺术学院	5★-	23	内蒙古艺术学院	5★-
6	吉林动画学院	5★	15	杭州师范大学	5★-	24	江西师范大学	5★-
7	山西传媒学院	5★	16	鲁迅美术学院	5★-	25	同济大学	5★-
8	黄淮学院	5★	17	吉林艺术学院	5★-	26	郑州轻工业大学	5★-
9	中国美术学院	5★	18	南京信息工程大学	5★-			
4★(25个)：上海大学、北京服装学院、景德镇陶瓷大学、东南大学、江西科技师范大学、湖北美术学院、黄冈师范学院、成都东软学院、辽宁传媒学院、辽宁师范大学、福州外语外贸学院、西安工程大学、浙江师范大学、四川音乐学院、河北美术学院、长春师范大学、华南农业大学、吉林工程技术师范学院、武汉商学院、北海艺术设计学院、吉林工商学院、新乡学院、云南师范大学、天津美术学院、南京邮电大学								
3★(77个)，2★(102个)，1★(26个)：名单略								

130311T 影视摄影与制作（70）

排名	学校名称	星级	排名	学校名称	星级	排名	学校名称	星级
1	浙江传媒学院	5★+	4	中国传媒大学	5★	7	重庆大学	5★−
2	山西传媒学院	5★	5	南京艺术学院	5★−			
3	北京电影学院	5★	6	上海戏剧学院	5★−			

4★（7 个）：南京传媒学院、云南艺术学院、中国美术学院、上海大学、四川美术学院、华南农业大学珠江学院、汉口学院

3★（21 个），2★（28 个），1★（7 个）：名单略

130401 美术学（332）

排名	学校名称	星级	排名	学校名称	星级	排名	学校名称	星级
1	南京艺术学院	5★+	12	哈尔滨师范大学	5★	23	陕西师范大学	5★−
2	中央美术学院	5★+	13	西北师范大学	5★	24	华东师范大学	5★−
3	四川大学	5★+	14	南京师范大学	5★	25	四川师范大学	5★−
4	首都师范大学	5★	15	浙江师范大学	5★	26	南通大学	5★−
5	西安美术学院	5★	16	四川美术学院	5★	27	云南艺术学院	5★−
6	上海大学	5★	17	内蒙古师范大学	5★	28	上海师范大学	5★−
7	东北师范大学	5★	18	西南大学	5★−	29	河南大学	5★−
8	福建师范大学	5★	19	华中师范大学	5★−	30	河北师范大学	5★−
9	山东师范大学	5★	20	江苏师范大学	5★−	31	山东工艺美术学院	5★−
10	湖南师范大学	5★	21	中国美术学院	5★−	32	西藏大学	5★−
11	广州美术学院	5★	22	苏州大学	5★−	33	山东大学	5★−

4★（33 个）：中国人民大学、中央民族大学、广西艺术学院、新疆师范大学、聊城大学、深圳大学、东南大学、江西师范大学、杭州师范大学、湖南科技大学、山东艺术学院、华南师范大学、鲁迅美术学院、湖北美术学院、北京师范大学、河南师范大学、云南师范大学、广西师范大学、吉林艺术学院、沈阳师范大学、曲阜师范大学、安徽师范大学、扬州大学、渤海大学、山东建筑大学、浙江理工大学、景德镇陶瓷大学、淮北师范大学、江苏大学、云南大学、西南民族大学、西北大学、长沙师范学院

3★（100 个），2★（133 个），1★（33 个）：名单略

130402 绘画（164）

排名	学校名称	星级	排名	学校名称	星级	排名	学校名称	星级
1	中国美术学院	5★+	7	广西艺术学院	5★	13	湖南师范大学	5★−
2	西安美术学院	5★+	8	广州美术学院	5★	14	厦门大学	5★−
3	四川美术学院	5★	9	天津美术学院	5★−	15	云南艺术学院	5★−
4	南京艺术学院	5★	10	山东艺术学院	5★−	16	鲁迅美术学院	5★−
5	中央美术学院	5★	11	首都师范大学	5★−			
6	湖北美术学院	5★	12	吉林艺术学院	5★−			

4★（17 个）：云南大学、陕西师范大学、广西师范大学、青岛大学、西南大学、内蒙古艺术学院、中国人民大学、山东工艺美术学院、吉林大学、上海大学、四川大学、清华大学、哈尔滨师范大学、四川师范大学、沈阳师范大学、四川音乐学院、南京师范大学

3★（49 个），2★（66 个），1★（16 个）：名单略

130403 雕塑（50）

排名	学校名称	星级	排名	学校名称	星级	排名	学校名称	星级
1	中国美术学院	5★+	3	广州美术学院	5★	5	鲁迅美术学院	5★-
2	中央美术学院	5★	4	西安美术学院	5★-			
4★(5个)：四川美术学院、湖北美术学院、东北师范大学、景德镇陶瓷大学、广西艺术学院								
3★(15个)，2★(20个)，1★(5个)：名单略								

130404 摄影（75）

排名	学校名称	星级	排名	学校名称	星级	排名	学校名称	星级
1	浙江传媒学院	5★+	4	中国美术学院	5★	7	天津美术学院	5★-
2	北京电影学院	5★	5	哈尔滨师范大学	5★-	8	清华大学	5★-
3	鲁迅美术学院	5★	6	中国传媒大学	5★-			
4★(7个)：南京艺术学院、四川美术学院、上海工程技术大学、天津师范大学、广州美术学院、西安美术学院、丽水学院								
3★(23个)，2★(30个)，1★(7个)：名单略								

130405T 书法学（125）

排名	学校名称	星级	排名	学校名称	星级	排名	学校名称	星级
1	中国美术学院	5★+	6	山东艺术学院	5★	11	西北师范大学	5★-
2	中央美术学院	5★	7	曲阜师范大学	5★-	12	四川大学	5★-
3	南京艺术学院	5★	8	广西艺术学院	5★-	13	北京师范大学	5★-
4	西安交通大学	5★	9	哈尔滨师范大学	5★-			
5	广州美术学院	5★	10	西安美术学院	5★-			
4★(12个)：河北美术学院、山西师范大学、绍兴文理学院、郑州大学、临沂大学、淮北师范大学、湖北美术学院、鲁迅美术学院、杭州师范大学、肇庆学院、太原师范学院、重庆城市科技学院								
3★(38个)，2★(50个)，1★(12个)：名单略								

130406T 中国画（34）

排名	学校名称	星级	排名	学校名称	星级	排名	学校名称	星级
1	中国美术学院	5★	2	中央美术学院	5★	3	广西艺术学院	5★-
4★(4个)：西安美术学院、南京艺术学院、广州美术学院、天津美术学院								
3★(10个)，2★(14个)，1★(3个)：名单略								

130501 艺术设计学（47）

排名	学校名称	星级	排名	学校名称	星级	排名	学校名称	星级
1	南京艺术学院	5★	3	山东工艺美术学院	5★-	5	西安美术学院	5★-
2	四川美术学院	5★	4	武汉理工大学	5★-			
4★(4个)：苏州大学、湖南师范大学、广州美术学院、中国美术学院								
3★(15个)，2★(18个)，1★(5个)：名单略								

130502 视觉传达设计（702）

排名	学校名称	星级	排名	学校名称	星级	排名	学校名称	星级
1	中国美术学院	5★+	25	同济大学	5★	49	上海大学	5★-
2	江南大学	5★+	26	海南大学	5★	50	湖南工商大学	5★-
3	郑州轻工业大学	5★+	27	广州美术学院	5★	51	中原工学院	5★-
4	山东工艺美术学院	5★+	28	深圳大学	5★	52	江西科技师范大学	5★-
5	西安美术学院	5★+	29	上海理工大学	5★	53	郑州科技学院	5★-
6	鲁迅美术学院	5★+	30	长沙理工大学	5★	54	广西师范大学	5★-
7	浙江理工大学	5★+	31	湖北工业大学	5★	55	西安工程大学	5★-
8	湖北美术学院	5★	32	陕西科技大学	5★	56	山东艺术学院	5★-
9	清华大学	5★	33	湖南工业大学	5★	57	中南财经政法大学	5★-
10	吉林艺术学院	5★	34	兰州财经大学	5★	58	昆明学院	5★-
11	齐鲁工业大学	5★	35	浙江工商大学	5★	59	湖北理工学院	5★-
12	南京艺术学院	5★	36	湖南理工学院	5★-	60	商丘师范学院	5★-
13	四川师范大学	5★	37	北京印刷学院	5★-	61	上海建桥学院	5★-
14	云南大学	5★	38	北京航空航天大学	5★-	62	新余学院	5★-
15	徐州工程学院	5★	39	天津工业大学	5★-	63	渭南师范学院	5★-
16	大连工业大学	5★	40	黑龙江大学	5★-	64	许昌学院	5★-
17	中央美术学院	5★	41	汕头大学	5★-	65	郑州大学	5★-
18	天津美术学院	5★	42	景德镇陶瓷大学	5★-	66	黄淮学院	5★-
19	武汉理工大学	5★	43	宁波财经学院	5★-	67	西南科技大学	5★-
20	广西艺术学院	5★	44	曲阜师范大学	5★-	68	广东财经大学	5★-
21	云南艺术学院	5★	45	北京服装学院	5★-	69	安徽大学	5★-
22	上海视觉艺术学院	5★	46	中国传媒大学	5★-	70	武汉纺织大学	5★-
23	上海交通大学	5★	47	苏州科技大学	5★-			
24	内蒙古师范大学	5★	48	四川美术学院	5★-			

4★（70个）：青岛大学、大连艺术学院、浙江工业大学、浙江科技学院、安康学院、北京城市学院、华南农业大学、宜春学院、天津理工大学、西安工业大学、福州大学、临沂大学、成都大学、嘉兴学院、燕京理工学院、兰州工业学院、广东工业大学、湖北科技学院、辽东学院、河北美术学院、青岛农业大学、天津师范大学、哈尔滨理工大学、中南林业科技大学、中国地质大学(武汉)、山东女子学院、东北师范大学、淮阴师范学院、北京科技大学、郑州商学院、武汉东湖学院、闽南理工学院、山东大学、九江学院、咸阳师范学院、湖南工程学院、南京林业大学、西安欧亚学院、北海艺术设计学院、闽江学院、池州学院、河北民族师范学院、西安文理学院、哈尔滨广厦学院、湖南女子学院、北京理工大学、新乡学院、青岛科技大学、山东农业工程学院、山西应用科技学院、宁波大学、武汉轻工大学、云南财经大学、德州学院、河北工业大学、四川农业大学、湖北工程学院、邢台学院、西京学院、武夷学院、四川大学、安徽建筑大学、安徽文达信息工程学院、浙江农林大学、北京工业大学、河北环境工程学院、湘南学院、安徽工程大学、湖北经济学院、吉首大学

3★（211个），2★（281个），1★（70个）：名单略

130503 环境设计(701)

排名	学校名称	星级	排名	学校名称	星级	排名	学校名称	星级
1	南京林业大学	5★+	25	山西大学	5★	49	海南师范大学	5★−
2	吉林建筑大学	5★+	26	华南理工大学	5★	50	安徽建筑大学	5★−
3	西安美术学院	5★+	27	上海大学	5★	51	中原工学院	5★−
4	广西艺术学院	5★+	28	中南民族大学	5★	52	武汉大学	5★−
5	清华大学	5★+	29	北京工业大学	5★	53	长春建筑学院	5★−
6	中南林业科技大学	5★+	30	贺州学院	5★	54	大连艺术学院	5★−
7	西安建筑科技大学	5★+	31	景德镇陶瓷大学	5★	55	四川师范大学	5★−
8	郑州轻工业大学	5★	32	重庆文理学院	5★	56	德州学院	5★−
9	湖北美术学院	5★	33	安徽工程大学	5★	57	西南林业大学	5★−
10	鲁迅美术学院	5★	34	山东艺术学院	5★	58	西安工程大学	5★−
11	大连工业大学	5★	35	哈尔滨师范大学	5★	59	云南大学	5★−
12	南京艺术学院	5★	36	山东工艺美术学院	5★−	60	湖南工程学院	5★−

4★(70个):黄淮学院、九江学院、西安工业大学、商丘工学院、河北美术学院、南阳理工学院、齐鲁工业大学、华中科技大学、广西科技大学、湖南理工学院、湖北科技学院、宜春学院、北海艺术设计学院、沈阳建筑大学、北京城市学院、西安交通大学、中国矿业大学、桂林理工大学、哈尔滨理工大学、菏泽学院、北京联合大学、辽东学院、荆楚理工学院、中国地质大学(武汉)、北京农学院、山东农业大学、佳木斯大学、苏州大学、燕京理工学院、郑州科技学院、北京理工大学、武汉设计工程学院、中国美术学院、上海理工大学、西京学院、闽南理工学院、燕山大学、华东理工大学、哈尔滨广厦学院、西安石油大学、天津师范大学、烟台南山学院、河南工程学院、新乡学院、西安欧亚学院、四川工商学院、天津理工大学、武汉东湖学院、上饶师范学院、牡丹江师范学院、四川大学、杭州师范大学、嘉兴学院、哈尔滨商业大学、上海应用技术大学、上海视觉艺术学院、南开大学、沈阳师范大学、武汉生物工程学院、天津美术学院、许昌学院、武汉城市学院、黑龙江外国语学院、齐齐哈尔大学、厦门大学嘉庚学院、西南交通大学、湖南城市学院、乐山师范学院、成都大学、河南农业大学

3★(211个),2★(280个),1★(70个):名单略

130504 产品设计(390)

排名	学校名称	星级	排名	学校名称	星级	排名	学校名称	星级
1	江南大学	5★+	14	浙江理工大学	5★	27	西安工业大学	5★−
2	清华大学	5★+	15	桂林电子科技大学	5★	28	北京工业大学	5★−
3	广州美术学院	5★+	16	齐鲁工业大学	5★	29	西南交通大学	5★−
4	郑州轻工业大学	5★+	17	同济大学	5★	30	四川美术学院	5★−
5	山东工艺美术学院	5★	18	福州大学	5★	31	华南理工大学	5★−
6	鲁迅美术学院	5★	19	山东大学	5★	32	常州工学院	5★−
7	南京林业大学	5★	20	北京理工大学	5★	33	成都大学	5★−
8	湖北工业大学	5★	21	北京服装学院	5★−	34	大连民族大学	5★−
9	天津理工大学	5★	22	广东工业大学	5★−	35	河南工业大学	5★−
10	中央美术学院	5★	23	燕山大学	5★−	36	吉林艺术学院	5★−
11	武汉理工大学	5★	24	南京艺术学院	5★−	37	湖南科技大学	5★−
12	湖北美术学院	5★	25	景德镇陶瓷大学	5★−	38	江苏大学	5★−
13	湖南工业大学	5★	26	东南大学	5★−	39	云南艺术学院	5★−

续表

4★(39个)：中南林业科技大学、江西财经大学、华侨大学、西安工程大学、广西师范大学、华中科技大学、黄山学院、四川农业大学、上海第二工业大学、大连工业大学、西华大学、中国美术学院、南昌大学、山东科技大学、中国地质大学(北京)、华东师范大学、南京师范大学、武汉大学、沈阳航空航天大学、内蒙古师范大学、西北工业大学、陕西科技大学、华南农业大学、西安美术学院、北海艺术设计学院、哈尔滨商业大学、天津科技大学、北京工商大学、辽宁石油化工大学、北京城市学院、江汉大学、北京化工大学、北京林业大学、湖北工程学院、广西艺术学院、许昌学院、九江学院、重庆大学、杭州电子科技大学
3★(117个)，2★(156个)，1★(39个)：名单略

130505 服装与服饰设计(208)

排名	学校名称	星级	排名	学校名称	星级	排名	学校名称	星级
1	鲁迅美术学院	5★+	8	湖北美术学院	5★	15	西安美术学院	5★−
2	北京服装学院	5★+	9	西安工程大学	5★	16	四川大学	5★−
3	苏州大学	5★	10	江南大学	5★	17	中央民族大学	5★−
4	武汉纺织大学	5★	11	山东工艺美术学院	5★−	18	江西服装学院	5★−
5	浙江理工大学	5★	12	温州大学	5★−	19	金陵科技学院	5★−
6	大连工业大学	5★	13	中国美术学院	5★−	20	齐齐哈尔大学	5★−
7	河北科技大学	5★	14	东华大学	5★−	21	四川美术学院	5★−
4★(21个)：内蒙古艺术学院、闽江学院、中原工学院、湖南女子学院、上海工程技术大学、北京联合大学、太原理工大学、中央美术学院、西南大学、厦门理工学院、清华大学、华南理工大学、东北师范大学、郑州轻工业大学、大连艺术学院、四川师范大学、华南农业大学、陕西科技大学、齐鲁工业大学、德州学院、广东工业大学								
3★(62个)，2★(83个)，1★(21个)：名单略								

130506 公共艺术(60)

排名	学校名称	星级	排名	学校名称	星级	排名	学校名称	星级
1	华东师范大学	5★+	3	湖北美术学院	5★	5	江南大学	5★−
2	北京服装学院	5★	4	杭州师范大学	5★−	6	扬州大学	5★−
4★(6个)：中国美术学院、南京艺术学院、汕头大学、四川美术学院、浙江工业大学、湖北工业大学								
3★(18个)，2★(24个)，1★(6个)：名单略								

130507 工艺美术(92)

排名	学校名称	星级	排名	学校名称	星级	排名	学校名称	星级
1	南京艺术学院	5★+	4	西安美术学院	5★	7	山东艺术学院	5★−
2	山东工艺美术学院	5★	5	广州美术学院	5★	8	上海视觉艺术学院	5★−
3	鲁迅美术学院	5★	6	云南民族大学	5★−	9	湖北美术学院	5★−
4★(9个)：清华大学、郑州轻工业大学、景德镇陶瓷大学、中国美术学院、太原理工大学、南宁学院、桂林旅游学院、四川美术学院、桂林电子科技大学								
3★(28个)，2★(37个)，1★(9个)：名单略								

130508 数字媒体艺术(319)

排名	学校名称	星级	排名	学校名称	星级	排名	学校名称	星级
1	长沙理工大学	5★+	12	北京邮电大学	5★	23	山西传媒学院	5★-
2	吉林艺术学院	5★+	13	浙江理工大学	5★	24	鲁迅美术学院	5★-
3	中国传媒大学	5★+	14	江西财经大学	5★	25	南京信息工程大学	5★-
4	北京印刷学院	5★	15	南京艺术学院	5★	26	江南大学	5★-
5	北京联合大学	5★	16	山东艺术学院	5★	27	天津师范大学	5★-
6	湖南工业大学	5★	17	湖北大学	5★-	28	南华大学	5★-
7	四川美术学院	5★	18	郑州轻工业大学	5★-	29	北京工商大学	5★-
8	北京服装学院	5★	19	武汉纺织大学	5★-	30	上海工程技术大学	5★-
9	广东工业大学	5★	20	重庆工程学院	5★-	31	天津美术学院	5★-
10	吉林动画学院	5★	21	四川师范大学	5★-	32	东华大学	5★-
11	华东理工大学	5★	22	广州航海学院	5★-			
4★(32个):上海大学、北京林业大学、山西农业大学、首都师范大学、浙江越秀外国语学院、贺州学院、桂林电子科技大学、山西工商学院、哈尔滨工业大学、北海艺术设计学院、山东工艺美术学院、齐鲁工业大学、南京邮电大学、福州大学、江西理工大学、广州美术学院、苏州大学、金陵科技学院、广州大学、浙江师范大学、泉州信息工程学院、邯郸学院、北京交通大学、北京电影学院、重庆邮电大学、常州大学、汕头大学、湖南师范大学、北京师范大学、中国美术学院、大连工业大学、河北东方学院								
3★(96个),2★(127个),1★(32个):名单略								

130509T 艺术与科技(69)

排名	学校名称	星级	排名	学校名称	星级	排名	学校名称	星级
1	清华大学	5★+	4	中国美术学院	5★-	7	四川美术学院	5★-
2	北京服装学院	5★	5	西安美术学院	5★-			
3	山东工艺美术学院	5★	6	南京信息工程大学	5★-			
4★(7个):中国传媒大学、东华大学、上海大学、大连工业大学、广西艺术学院、上海音乐学院、浙江大学								
3★(21个),2★(27个),1★(7个):名单略								

130511T 新媒体艺术(16)

排名	学校名称	星级	排名	学校名称	星级	排名	学校名称	星级
1	南宁学院	5★	2	南京传媒学院	5★-			
4★(1个):重庆城市科技学院								
3★(5个),2★(6个),1★(2个):名单略								

第三部分

2023 年中国研究生教育及学科竞争力排行榜

中国研究生教育地区竞争力排行榜

排名	地区	学校数量	办学资源序	教研产出序	质量与影响序	学术声誉序
1	北京	58	1	1	1	1
2	江苏	34	2	2	2	2
3	上海	29	3	3	3	3
4	广东	27	4	4	4	4
5	湖北	29	6	6	5	5
6	陕西	29	5	5	8	8
7	浙江	22	8	8	6	6
8	山东	30	9	10	7	7
9	四川	24	11	7	10	9
10	辽宁	37	7	9	12	11
11	湖南	19	10	11	9	10
12	天津	18	12	12	11	12
13	安徽	20	14	13	13	13
14	黑龙江	21	13	16	14	14
15	河南	19	15	14	16	15
16	重庆	13	18	15	17	18
17	福建	12	17	17	15	16
18	吉林	19	16	19	18	17
19	河北	24	19	18	21	20
20	甘肃	10	20	20	19	21
21	江西	16	22	21	20	19
22	云南	13	21	22	23	23
23	山西	12	24	23	24	22
24	广西	14	25	24	22	24
25	新疆	11	23	25	26	25
26	贵州	9	27	26	25	27
27	内蒙古	10	26	27	28	26
28	宁夏	4	28	28	29	29
29	海南	4	29	29	27	28
30	青海	3	30	30	30	30
31	西藏	4	31	31	31	31

中国普通高校研究生教育竞争力排行榜

排名	院校名称	星级	地区内序		类型序	
1	清华大学	5★+	北京	1	理工	1
2	北京大学	5★+	北京	2	综合	1
3	浙江大学	5★+	浙江	1	综合	2
4	上海交通大学	5★+	上海	1	理工	2
5	复旦大学	5★+	上海	2	综合	3
6	武汉大学	5★	湖北	1	综合	4
7	中山大学	5★	广东	1	综合	5
8	华中科技大学	5★	湖北	2	理工	3
9	四川大学	5★	四川	1	综合	6
10	南京大学	5★	江苏	1	综合	7
11	西安交通大学	5★	陕西	1	理工	4
12	同济大学	5★	上海	3	理工	5
13	哈尔滨工业大学	5★	黑龙江	1	理工	6
14	天津大学	5★	天津	1	理工	7
15	吉林大学	5★	吉林	1	综合	8
16	中南大学	5★	湖南	1	理工	8
17	东南大学	5★	江苏	2	理工	9
18	中国科学技术大学	5★	安徽	1	理工	10
19	山东大学	5★	山东	1	综合	9
20	北京航空航天大学	5★	北京	3	理工	11
21	中国人民大学	5★	北京	4	文法	1
22	北京理工大学	5★	北京	5	理工	12
23	郑州大学	5★	河南	1	综合	10
24	华南理工大学	5★	广东	2	理工	13
25	北京师范大学	5★	北京	6	师范	1
26	大连理工大学	5★	辽宁	1	理工	14
27	电子科技大学	5★	四川	2	理工	15
28	厦门大学	5★	福建	1	综合	11
29	华东师范大学	5★	上海	4	师范	2
30	西北工业大学	5★-	陕西	2	理工	16
31	重庆大学	5★-	重庆	1	理工	17
32	南开大学	5★-	天津	2	综合	12
33	湖南大学	5★-	湖南	2	理工	18
34	中国农业大学	5★-	北京	7	农林	1
35	国防科技大学	5★-	湖南	3	理工	19
36	兰州大学	5★-	甘肃	1	综合	13
37	苏州大学	5★-	江苏	3	综合	14
38	南京航空航天大学	5★-	江苏	4	理工	20
39	东北大学	5★-	辽宁	2	理工	21
40	上海大学	5★-	上海	5	综合	15
41	中国海洋大学	5★-	山东	2	理工	22
42	西南大学	5★-	重庆	2	综合	16
43	武汉理工大学	5★-	湖北	3	理工	23
44	南京师范大学	5★-	江苏	5	师范	3
45	江南大学	5★-	江苏	6	综合	17
46	北京科技大学	5★-	北京	8	理工	24
47	河海大学	5★-	江苏	7	理工	25
48	中国矿业大学	5★-	江苏	8	理工	26
49	西北农林科技大学	5★-	陕西	3	农林	2
50	首都医科大学	5★-	北京	9	医药	1
51	华东理工大学	5★-	上海	6	理工	27
52	西南交通大学	5★-	四川	3	理工	28
53	南京农业大学	5★-	江苏	9	农林	3
54	江苏大学	5★-	江苏	10	综合	18
55	暨南大学	5★-	广东	3	综合	19
56	南京理工大学	5★-	江苏	11	理工	29
57	华南农业大学	5★-	广东	4	农林	4
58	华中农业大学	5★-	湖北	4	农林	5
59	西安电子科技大学	5★-	陕西	4	理工	30
60	云南大学	4★	云南	1	综合	20
61	华南师范大学	4★	广东	5	师范	4
62	北京工业大学	4★	北京	10	理工	31
63	北京协和医学院	4★	北京	11	医药	2
64	华中师范大学	4★	湖北	5	师范	5
65	浙江工业大学	4★	浙江	2	理工	32
66	南昌大学	4★	江西	1	综合	21
67	扬州大学	4★	江苏	12	综合	22
68	南京医科大学	4★	江苏	13	医药	3
69	燕山大学	4★	河北	1	理工	33
70	深圳大学	4★	广东	6	综合	23
71	河南大学	4★	河南	2	综合	24
72	南京工业大学	4★	江苏	14	理工	34
73	北京交通大学	4★	北京	12	理工	35
74	西北大学	4★	陕西	5	综合	25
75	东北师范大学	4★	吉林	2	师范	6
76	青岛大学	4★	山东	3	综合	26
77	福州大学	4★	福建	2	综合	27
78	合肥工业大学	4★	安徽	2	理工	36
79	陕西师范大学	4★	陕西	6	师范	7
80	昆明理工大学	4★	云南	2	理工	37

续表

排名	院校名称	星级	地区内序		类型序		排名	院校名称	星级	地区内序		类型序	
81	太原理工大学	4★	山西	1	理工	38	122	山东科技大学	3★	山东	6	理工	56
82	南京信息工程大学	4★	江苏	15	理工	39	123	河北工业大学	3★	河北	2	理工	57
83	宁波大学	4★	浙江	3	综合	28	124	西北师范大学	3★	甘肃	2	师范	14
84	哈尔滨工程大学	4★	黑龙江	2	理工	40	125	中央财经大学	3★	北京	21	财经	1
85	华北电力大学	4★	北京	13	理工	41	126	江西师范大学	3★	江西	2	师范	15
86	北京化工大学	4★	北京	14	理工	42	127	哈尔滨医科大学	3★	黑龙江	3	医药	8
87	南方医科大学	4★	广东	7	医药	4	128	东北农业大学	3★	黑龙江	4	农林	10
88	南京林业大学	4★	江苏	16	农林	6	129	上海财经大学	3★	上海	10	财经	2
89	东华大学	4★	上海	7	理工	43	130	湘潭大学	3★	湖南	5	综合	36
90	中国地质大学(武汉)	4★	湖北	6	理工	44	131	长沙理工大学	3★	湖南	6	理工	58
91	广西大学	4★	广西	1	综合	29	132	武汉科技大学	3★	湖北	7	理工	59
92	广东工业大学	4★	广东	8	理工	45	133	温州医科大学	3★	浙江	7	医药	9
93	新疆大学	4★	新疆	1	综合	30	134	西安理工大学	3★	陕西	9	理工	60
94	浙江师范大学	4★	浙江	4	师范	8	135	湖南农业大学	3★	湖南	7	农林	11
95	湖南师范大学	4★	湖南	4	师范	9	136	东北林业大学	3★	黑龙江	5	农林	12
96	杭州电子科技大学	4★	浙江	5	理工	46	137	南通大学	3★	江苏	18	综合	37
97	西安建筑科技大学	4★	陕西	7	理工	47	138	北京中医药大学	3★	北京	22	医药	10
98	贵州大学	4★	贵州	1	综合	31	139	海南大学	3★	海南	1	综合	38
99	南方科技大学	4★	广东	9	综合	32	140	大连海事大学	3★	辽宁	4	理工	61
100	山西大学	4★	山西	2	综合	33	141	西南石油大学	3★	四川	5	理工	62
101	北京邮电大学	4★	北京	15	理工	48	142	安徽医科大学	3★	安徽	4	医药	11
102	福建农林大学	4★	福建	3	农林	7	143	南京中医药大学	3★	江苏	19	医药	12
103	长安大学	4★	陕西	8	理工	49	144	广州医科大学	3★	广东	11	医药	13
104	中国石油大学(华东)	4★	山东	4	理工	50	145	河北大学	3★	河北	3	综合	39
105	上海理工大学	4★	上海	8	理工	51	146	上海中医药大学	3★	上海	11	医药	14
106	安徽大学	4★	安徽	3	综合	34	147	成都理工大学	3★	四川	6	理工	63
107	广州大学	4★	广东	10	综合	35	148	西南财经大学	3★	四川	7	财经	3
108	福建师范大学	4★	福建	4	师范	10	149	河南理工大学	3★	河南	3	理工	64
109	北京林业大学	4★	北京	16	农林	8	150	对外经济贸易大学	3★	北京	23	财经	4
110	上海师范大学	4★	上海	9	师范	11	151	兰州理工大学	3★	甘肃	3	理工	65
111	四川农业大学	4★	四川	4	农林	9	152	浙江工商大学	3★	浙江	8	财经	5
112	中国石油大学(北京)	4★	北京	17	理工	52	153	中南财经政法大学	3★	湖北	8	财经	6
113	重庆医科大学	4★	重庆	3	医药	5	154	湖北大学	3★	湖北	9	综合	40
114	浙江理工大学	4★	浙江	6	理工	53	155	石河子大学	3★	新疆	2	综合	41
115	中国医科大学	4★	辽宁	3	医药	6	156	宁夏大学	3★	宁夏	1	综合	42
116	中央民族大学	4★	北京	18	民族	1	157	曲阜师范大学	3★	山东	7	师范	16
117	南京邮电大学	4★	江苏	17	理工	54	158	河北医科大学	3★	河北	4	医药	15
118	首都师范大学	4★	北京	19	师范	12	159	广州中医药大学	3★	广东	12	医药	16
119	山东师范大学	4★	山东	5	师范	13	160	中国矿业大学(北京)	3★	北京	24	理工	66
120	中国地质大学(北京)	3★	北京	20	理工	55	161	安徽师范大学	3★	安徽	5	师范	17
121	天津医科大学	3★	天津	3	医药	7	162	中国药科大学	3★	江苏	20	医药	17

续表

排名	院校名称	星级	地区内序		类型序	
163	山西医科大学	3★	山西	3	医药	18
164	济南大学	3★	山东	8	综合	43
165	河南科技大学	3★	河南	4	理工	67
166	河南师范大学	3★	河南	5	师范	18
167	上海海洋大学	3★	上海	12	农林	13
168	中国政法大学	3★	北京	25	文法	2
169	江苏师范大学	3★	江苏	21	师范	19
170	华侨大学	3★	福建	5	综合	44
171	陕西科技大学	3★	陕西	10	理工	68
172	第二军医大学	3★	上海	13	医药	19
173	兰州交通大学	3★	甘肃	4	理工	69
174	福建医科大学	3★	福建	6	医药	20
175	辽宁大学	3★	辽宁	5	综合	45
176	山东农业大学	3★	山东	9	农林	14
177	西安科技大学	3★	陕西	11	理工	70
178	黑龙江大学	3★	黑龙江	6	综合	46
179	中北大学	3★	山西	4	理工	71
180	中国计量大学	3★	浙江	9	理工	72
181	河南农业大学	3★	河南	6	农林	15
182	天津工业大学	3★	天津	4	理工	73
183	天津科技大学	3★	天津	5	理工	74
184	浙江农林大学	3★	浙江	10	农林	16
185	长江大学	3★	湖北	10	综合	47
186	安徽农业大学	3★	安徽	6	农林	17
187	西南科技大学	3★	四川	8	理工	75
188	内蒙古大学	3★	内蒙古	1	综合	48
189	重庆邮电大学	3★	重庆	4	理工	76
190	广西医科大学	3★	广西	2	医药	21
191	第四军医大学	3★	陕西	12	医药	22
192	三峡大学	3★	湖北	11	综合	49
193	天津师范大学	3★	天津	6	师范	20
194	杭州师范大学	3★	浙江	11	师范	21
195	广西师范大学	3★	广西	3	师范	22
196	青岛科技大学	3★	山东	10	理工	77
197	南华大学	3★	湖南	8	综合	50
198	桂林电子科技大学	3★	广西	4	理工	78
199	内蒙古农业大学	3★	内蒙古	2	农林	18
200	温州大学	3★	浙江	12	综合	51
201	甘肃农业大学	3★	甘肃	5	农林	19
202	华北理工大学	3★	河北	5	综合	52
203	常州大学	3★	江苏	22	理工	79
204	四川师范大学	3★	四川	9	师范	23
205	沈阳农业大学	3★	辽宁	6	农林	20
206	汕头大学	3★	广东	13	综合	53
207	沈阳药科大学	3★	辽宁	7	医药	23
208	湖南科技大学	3★	湖南	9	理工	80
209	成都中医药大学	3★	四川	10	医药	24
210	河北农业大学	3★	河北	6	农林	21
211	江苏科技大学	3★	江苏	23	理工	81
212	重庆交通大学	3★	重庆	5	理工	82
213	辽宁工程技术大学	3★	辽宁	8	理工	83
214	华东交通大学	3★	江西	3	理工	84
215	湖北工业大学	3★	湖北	12	理工	85
216	北京工商大学	3★	北京	26	财经	7
217	中国传媒大学	3★	北京	27	文法	3
218	哈尔滨理工大学	3★	黑龙江	7	理工	86
219	安徽理工大学	3★	安徽	7	理工	87
220	山东财经大学	3★	山东	11	财经	8
221	广东外语外贸大学	3★	广东	14	文法	4
222	昆明医科大学	3★	云南	3	医药	25
223	桂林理工大学	3★	广西	5	理工	88
224	大连医科大学	3★	辽宁	9	医药	26
225	东北财经大学	3★	辽宁	10	财经	9
226	北京体育大学	3★	北京	28	体育	1
227	云南师范大学	3★	云南	4	师范	24
228	浙江中医药大学	3★	浙江	13	医药	27
229	江西理工大学	3★	江西	4	理工	89
230	安徽工业大学	3★	安徽	8	理工	90
231	河北师范大学	3★	河北	7	师范	25
232	中南民族大学	3★	湖北	13	民族	2
233	上海科技大学	3★	上海	14	理工	91
234	新疆医科大学	3★	新疆	3	医药	28
235	山东中医药大学	3★	山东	12	医药	29
236	上海海事大学	3★	上海	15	理工	92
237	沈阳工业大学	3★	辽宁	11	理工	93
238	新疆农业大学	3★	新疆	4	农林	22
239	长春理工大学	3★	吉林	3	理工	94
240	吉林农业大学	3★	吉林	4	农林	23
241	山西农业大学	3★	山西	5	农林	24
242	中央美术学院	3★	北京	29	艺术	1
243	天津中医药大学	3★	天津	7	医药	30
244	江西财经大学	3★	江西	5	财经	10

续表

排名	院校名称	星级	地区内序		类型序	
245	齐鲁工业大学	3★	山东	13	理工	95
246	上海体育学院	3★	上海	16	体育	2
247	上海工程技术大学	3★	上海	17	理工	96
248	山东理工大学	3★	山东	14	理工	97
249	南昌航空大学	3★	江西	6	理工	98
250	武汉工程大学	3★	湖北	14	理工	99
251	中南林业科技大学	3★	湖南	10	农林	25
252	青海大学	3★	青海	1	综合	54
253	中国社会科学院大学	3★	北京	30	综合	55
254	青岛理工大学	3★	山东	15	理工	100
255	中央音乐学院	3★	北京	31	艺术	2
256	江西农业大学	3★	江西	7	农林	26
257	烟台大学	3★	山东	16	综合	56
258	延边大学	3★	吉林	5	综合	57
259	徐州医科大学	3★	江苏	24	医药	31
260	河南中医药大学	3★	河南	7	医药	32
261	上海外国语大学	3★	上海	18	文法	5
262	华东政法大学	3★	上海	19	文法	6
263	辽宁师范大学	3★	辽宁	12	师范	26
264	青岛农业大学	3★	山东	17	农林	27
265	云南农业大学	3★	云南	5	农林	28
266	天津理工大学	3★	天津	8	理工	101
267	聊城大学	3★	山东	18	师范	27
268	南京财经大学	3★	江苏	25	财经	11
269	苏州科技大学	3★	江苏	26	综合	58
270	重庆工商大学	3★	重庆	6	财经	12
271	河南工业大学	3★	河南	8	理工	102
272	渤海大学	3★	辽宁	13	综合	59
273	重庆理工大学	3★	重庆	7	理工	103
274	哈尔滨师范大学	3★	黑龙江	8	师范	28
275	北京建筑大学	3★	北京	32	理工	104
276	贵州医科大学	3★	贵州	2	医药	33
277	贵州师范大学	3★	贵州	3	师范	29
278	上海电力大学	3★	上海	20	理工	105
279	中国美术学院	3★	浙江	14	艺术	3
280	东华理工大学	3★	江西	8	理工	106
281	重庆师范大学	3★	重庆	8	师范	30
282	南京艺术学院	3★	江苏	27	艺术	4
283	东北石油大学	3★	黑龙江	9	理工	107
284	武汉纺织大学	3★	湖北	15	理工	108
285	上海应用技术大学	3★	上海	21	理工	109
286	西南民族大学	3★	四川	11	民族	3
287	西南政法大学	3★	重庆	9	文法	7
288	中国民航大学	3★	天津	9	理工	110
289	湖南工业大学	3★	湖南	11	理工	111
290	湖南中医药大学	3★	湖南	12	医药	34
291	华北水利水电大学	3★	河南	9	理工	112
292	景德镇陶瓷大学	3★	江西	9	艺术	5
293	北京外国语大学	3★	北京	33	文法	8
294	西安工业大学	3★	陕西	13	理工	113
295	内蒙古科技大学	3★	内蒙古	3	理工	114
296	宁夏医科大学	3★	宁夏	2	医药	35
297	浙江海洋大学	3★	浙江	15	农林	29
298	大连工业大学	3★	辽宁	14	理工	115
299	内蒙古工业大学	2★	内蒙古	4	理工	116
300	首都经济贸易大学	2★	北京	34	财经	13
301	浙江财经大学	2★	浙江	16	财经	14
302	辽宁石油化工大学	2★	辽宁	15	理工	117
303	黑龙江中医药大学	2★	黑龙江	10	医药	36
304	东北电力大学	2★	吉林	6	理工	118
305	江西中医药大学	2★	江西	10	医药	37
306	集美大学	2★	福建	7	综合	60
307	山东第一医科大学	2★	山东	19	医药	38
308	新疆师范大学	2★	新疆	5	师范	31
309	安徽财经大学	2★	安徽	9	财经	15
310	西南医科大学	2★	四川	12	医药	39
311	遵义医科大学	2★	贵州	4	医药	40
312	内蒙古师范大学	2★	内蒙古	5	师范	32
313	沈阳建筑大学	2★	辽宁	16	理工	119
314	西南林业大学	2★	云南	6	农林	30
315	西安工程大学	2★	陕西	14	理工	120
316	西华师范大学	2★	四川	13	师范	33
317	山西师范大学	2★	山西	6	师范	34
318	西安邮电大学	2★	陕西	15	理工	121
319	太原科技大学	2★	山西	7	理工	122
320	长春工业大学	2★	吉林	7	理工	123
321	广东海洋大学	2★	广东	15	农林	31
322	绍兴文理学院	2★	浙江	17	综合	61
323	武汉轻工大学	2★	湖北	16	理工	124
324	安徽中医药大学	2★	安徽	10	医药	41
325	西安石油大学	2★	陕西	16	理工	125
326	广西中医药大学	2★	广西	6	医药	42

续表

排名	院校名称	星级	地区内序		类型序		排名	院校名称	星级	地区内序		类型序	
327	石家庄铁道大学	2★	河北	8	理工	126	368	新乡医学院	2★	河南	12	医药	53
328	山西财经大学	2★	山西	8	财经	16	369	海南师范大学	2★	海南	3	师范	40
329	西华大学	2★	四川	14	综合	62	370	吉林师范大学	2★	吉林	8	师范	41
330	北京语言大学	2★	北京	35	文法	9	371	大理大学	2★	云南	8	综合	65
331	广西民族大学	2★	广西	7	民族	4	372	哈尔滨商业大学	2★	黑龙江	11	财经	18
332	佛山科学技术学院	2★	广东	16	理工	127	373	内蒙古医科大学	2★	内蒙古	6	医药	54
333	鲁东大学	2★	山东	20	师范	35	374	广东财经大学	2★	广东	19	财经	19
334	河北科技大学	2★	河北	9	理工	128	375	西北政法大学	2★	陕西	18	文法	11
335	北京电影学院	2★	北京	36	艺术	6	376	广州美术学院	2★	广东	20	艺术	9
336	成都信息工程大学	2★	四川	15	理工	129	377	蚌埠医学院	2★	安徽	13	医药	55
337	福建中医药大学	2★	福建	8	医药	43	378	武汉体育学院	2★	湖北	18	体育	3
338	甘肃中医药大学	2★	甘肃	6	医药	44	379	上海对外经贸大学	2★	上海	23	财经	20
339	北方工业大学	2★	北京	37	理工	130	380	川北医学院	2★	四川	16	医药	56
340	辽宁工业大学	2★	辽宁	17	理工	131	381	河北经贸大学	2★	河北	11	财经	21
341	沈阳航空航天大学	2★	辽宁	18	理工	132	382	天津城建大学	2★	天津	11	理工	139
342	北京信息科技大学	2★	北京	38	理工	133	383	成都体育学院	2★	四川	17	体育	4
343	天津财经大学	2★	天津	10	财经	17	384	齐齐哈尔大学	2★	黑龙江	12	综合	66
344	西北民族大学	2★	甘肃	7	民族	5	385	四川轻化工大学	2★	四川	18	理工	140
345	湖北中医药大学	2★	湖北	17	医药	45	386	中央戏剧学院	2★	北京	41	艺术	10
346	郑州轻工业大学	2★	河南	10	理工	134	387	北方民族大学	2★	宁夏	3	民族	7
347	上海音乐学院	2★	上海	22	艺术	7	388	沈阳师范大学	2★	辽宁	22	师范	42
348	广东药科大学	2★	广东	17	医药	46	389	盐城工学院	2★	江苏	28	理工	141
349	青海师范大学	2★	青海	2	师范	36	390	南京审计大学	2★	江苏	29	财经	22
350	辽宁科技大学	2★	辽宁	19	理工	135	391	大连交通大学	2★	辽宁	23	理工	142
351	山东建筑大学	2★	山东	21	理工	136	392	吉首大学	2★	湖南	13	综合	67
352	河北工程大学	2★	河北	10	理工	137	393	陕西中医药大学	2★	陕西	19	医药	57
353	潍坊医学院	2★	山东	22	医药	47	394	上海戏剧学院	2★	上海	24	艺术	11
354	南宁师范大学	2★	广西	8	师范	37	395	黑龙江八一农垦大学	2★	黑龙江	13	农林	32
355	广东医科大学	2★	广东	18	医药	48	396	中原工学院	2★	河南	13	理工	143
356	滨州医学院	2★	山东	23	医药	49	397	湖北医药学院	2★	湖北	19	医药	58
357	云南民族大学	2★	云南	7	民族	6	398	江汉大学	2★	湖北	20	综合	68
358	辽宁中医药大学	2★	辽宁	20	医药	50	399	云南财经大学	2★	云南	9	财经	23
359	中国音乐学院	2★	北京	39	艺术	8	400	赣南师范大学	2★	江西	11	师范	43
360	安徽工程大学	2★	安徽	11	理工	138	401	大连海洋大学	2★	辽宁	24	农林	33
361	淮北师范大学	2★	安徽	12	师范	38	402	河北地质大学	2★	河北	12	理工	144
362	锦州医科大学	2★	辽宁	21	医药	51	403	五邑大学	2★	广东	21	综合	69
363	海南医学院	2★	海南	2	医药	52	404	沈阳化工大学	2★	辽宁	25	理工	145
364	中国人民公安大学	2★	北京	40	文法	10	405	皖南医学院	2★	安徽	14	医药	59
365	延安大学	2★	陕西	17	综合	63	406	长春中医药大学	2★	吉林	9	医药	60
366	信阳师范学院	2★	河南	11	师范	39	407	浙江科技学院	2★	浙江	18	理工	146
367	西藏大学	2★	西藏	1	综合	64	408	安徽建筑大学	2★	安徽	15	理工	147

续表

排名	院校名称	星级	地区内序		类型序		排名	院校名称	星级	地区内序		类型序	
409	大连大学	2★	辽宁	26	综合	70	450	安庆师范大学	2★	安徽	16	师范	47
410	内蒙古民族大学	2★	内蒙古	7	民族	8	451	四川美术学院	2★	重庆	10	艺术	14
411	东莞理工学院	2★	广东	22	理工	148	452	西安美术学院	2★	陕西	23	艺术	15
412	西安外国语大学	2★	陕西	20	文法	12	453	河南科技学院	2★	河南	15	师范	48
413	福建工程学院	2★	福建	9	理工	149	454	闽南师范大学	2★	福建	10	师范	49
414	成都大学	2★	四川	19	综合	71	455	沈阳大学	2★	辽宁	28	综合	77
415	湖州师范学院	2★	浙江	19	师范	44	456	厦门理工学院	2★	福建	11	理工	157
416	北华大学	2★	吉林	10	综合	72	457	郑州航空工业管理学院	2★	河南	16	理工	158
417	天津商业大学	2★	天津	12	财经	24	458	重庆科技学院	2★	重庆	11	理工	159
418	贵州中医药大学	2★	贵州	5	医药	61	459	西藏民族大学	2★	西藏	2	民族	11
419	广西科技大学	2★	广西	9	理工	150	460	湖北民族大学	2★	湖北	23	民族	12
420	江西科技师范大学	2★	江西	12	师范	45	461	四川外国语大学	2★	重庆	12	文法	13
421	广西艺术学院	2★	广西	10	艺术	12	462	太原师范学院	2★	山西	9	师范	50
422	贵州财经大学	2★	贵州	6	财经	25	463	大连民族大学	2★	辽宁	29	民族	13
423	湖南工商大学	2★	湖南	14	财经	26	464	江苏理工学院	2★	江苏	33	师范	51
424	佳木斯大学	2★	黑龙江	14	综合	73	465	长春师范大学	2★	吉林	11	师范	52
425	南京工程学院	2★	江苏	30	理工	151	466	外交学院	2★	北京	44	文法	14
426	塔里木大学	2★	新疆	6	农林	34	467	北京服装学院	2★	北京	45	理工	160
427	北京联合大学	2★	北京	42	综合	74	468	新疆财经大学	2★	新疆	7	财经	29
428	淮阴工学院	2★	江苏	31	理工	152	469	湖北经济学院	2★	湖北	24	财经	30
429	河南财经政法大学	2★	河南	14	财经	27	470	吉林建筑大学	2★	吉林	12	理工	161
430	湖南理工学院	2★	湖南	15	理工	153	471	济宁医学院	2★	山东	25	医药	68
431	河北中医学院	2★	河北	13	医药	62	472	重庆三峡学院	2★	重庆	13	综合	78
432	河北北方学院	2★	河北	14	综合	75	473	天津体育学院	2★	天津	14	体育	5
433	青海民族大学	2★	青海	3	民族	9	474	宝鸡文理学院	2★	陕西	24	师范	53
434	兰州财经大学	2★	甘肃	8	财经	28	475	天津职业技术师范大学	2★	天津	15	师范	54
435	北京农学院	2★	北京	43	农林	35	476	浙江传媒学院	2★	浙江	20	文法	15
436	陕西理工大学	2★	陕西	21	理工	154	477	山西中医药大学	2★	山西	10	医药	69
437	临沂大学	2★	山东	24	综合	76	478	西藏农牧学院	2★	西藏	3	农林	38
438	仲恺农业工程学院	2★	广东	23	农林	36	479	吉林财经大学	2★	吉林	13	财经	31
439	贵州民族大学	2★	贵州	7	民族	10	480	首都体育学院	2★	北京	46	体育	6
440	桂林医学院	2★	广西	11	医药	63	481	内蒙古财经大学	2★	内蒙古	8	财经	32
441	承德医学院	2★	河北	15	医药	64	482	河北科技师范学院	2★	河北	16	师范	55
442	成都医学院	2★	四川	20	医药	65	483	北京物资学院	2★	北京	47	财经	33
443	沈阳理工大学	2★	辽宁	27	理工	155	484	北京印刷学院	2★	北京	48	理工	162
444	湖北美术学院	2★	湖北	21	艺术	13	485	赣南医学院	2★	江西	13	医药	70
445	云南中医药大学	2★	云南	10	医药	66	486	黑龙江科技大学	2★	黑龙江	15	理工	163
446	天津农学院	2★	天津	13	农林	37	487	湖北文理学院	2★	湖北	25	综合	79
447	西安医学院	2★	陕西	22	医药	67	488	山东工商学院	2★	山东	26	财经	34
448	湖北师范大学	2★	湖北	22	师范	46	489	右江民族医学院	2★	广西	12	医药	71
449	江苏海洋大学	2★	江苏	32	理工	156	490	西京学院	2★	陕西	25	综合	80

续表

排名	院校名称	星级	地区内序		类型序		排名	院校名称	星级	地区内序		类型序	
491	西安财经大学	2★	陕西	26	财经	35	532	牡丹江医学院	2★	黑龙江	18	医药	73
492	牡丹江师范学院	2★	黑龙江	16	师范	56	533	湖南工程学院	2★	湖南	18	理工	170
493	北京石油化工学院	2★	北京	49	理工	164	534	安徽科技学院	2★	安徽	19	理工	171
494	上海政法学院	2★	上海	25	文法	16	535	华北科技学院	2★	河北	17	理工	172
495	中国戏曲学院	2★	北京	50	艺术	16	536	北京舞蹈学院	2★	北京	52	艺术	25
496	大连外国语大学	2★	辽宁	30	文法	17	537	浙江万里学院	1★	浙江	21	理工	173
497	山东交通学院	2★	山东	27	理工	165	538	宁夏师范学院	1★	宁夏	4	师范	66
498	广东技术师范大学	2★	广东	24	师范	57	539	榆林学院	1★	陕西	28	综合	84
499	武汉音乐学院	2★	湖北	26	艺术	17	540	中国青年政治学院	1★	北京	53	文法	22
500	中国民用航空飞行学院	2★	四川	21	理工	166	541	上海第二工业大学	1★	上海	27	理工	174
501	天津外国语大学	2★	天津	16	文法	18	542	西安音乐学院	1★	陕西	29	艺术	26
502	沈阳体育学院	2★	辽宁	31	体育	7	543	井冈山大学	1★	江西	15	综合	85
503	山东艺术学院	2★	山东	28	艺术	18	544	天津美术学院	1★	天津	17	艺术	27
504	阜阳师范大学	2★	安徽	17	师范	58	545	山东体育学院	1★	山东	29	体育	11
505	吉林艺术学院	2★	吉林	14	艺术	19	546	北部湾大学	1★	广西	13	综合	86
506	星海音乐学院	2★	广东	25	艺术	20	547	国际关系学院	1★	北京	54	文法	23
507	广东金融学院	2★	广东	26	财经	36	548	河北建筑工程学院	1★	河北	18	理工	175
508	甘肃政法大学	2★	甘肃	9	文法	19	549	上海立信会计金融学院	1★	上海	28	财经	37
509	喀什大学	2★	新疆	8	师范	59	550	齐齐哈尔医学院	1★	黑龙江	19	医药	74
510	南京体育学院	2★	江苏	34	体育	8	551	浙江音乐学院	1★	浙江	22	艺术	28
511	西安体育学院	2★	陕西	27	体育	9	552	昆明学院	1★	云南	12	师范	67
512	合肥学院	2★	安徽	18	综合	81	553	闽江学院	1★	福建	12	综合	87
513	伊犁师范大学	2★	新疆	9	师范	60	554	广西财经学院	1★	广西	14	财经	38
514	上海电机学院	2★	上海	26	理工	167	555	黄冈师范学院	1★	湖北	27	师范	68
515	北京第二外国语学院	2★	北京	51	文法	20	556	湖南人文科技学院	1★	湖南	19	师范	69
516	洛阳师范学院	2★	河南	17	师范	61	557	防灾科技学院	1★	河北	19	理工	176
517	内蒙古艺术学院	2★	内蒙古	9	艺术	21	558	湖北科技学院	1★	湖北	28	理工	177
518	安阳师范学院	2★	河南	18	师范	62	559	山西大同大学	1★	山西	11	师范	70
519	南阳师范学院	2★	河南	19	师范	63	560	宜春学院	1★	江西	16	综合	88
520	天水师范学院	2★	甘肃	10	师范	64	561	新疆艺术学院	1★	新疆	10	艺术	29
521	南昌工程学院	2★	江西	14	理工	168	562	天津音乐学院	1★	天津	18	艺术	30
522	长春大学	2★	吉林	15	综合	82	563	哈尔滨体育学院	1★	黑龙江	20	体育	12
523	吉林化工学院	2★	吉林	16	理工	169	564	合肥师范学院	1★	安徽	20	师范	71
524	云南艺术学院	2★	云南	11	艺术	22	565	湖北汽车工业学院	1★	湖北	29	理工	178
525	广州体育学院	2★	广东	27	体育	10	566	中国人民警察大学	1★	河北	20	文法	24
526	衡阳师范学院	2★	湖南	16	师范	65	567	北华航天工业学院	1★	河北	21	理工	179
527	中国刑事警察学院	2★	辽宁	32	文法	21	568	泉州师范学院	1★	福建	13	师范	72
528	邵阳学院	2★	湖南	17	综合	83	569	吉林外国语大学	1★	吉林	17	文法	25
529	哈尔滨音乐学院	2★	黑龙江	17	艺术	23	570	赤峰学院	1★	内蒙古	10	师范	73
530	鲁迅美术学院	2★	辽宁	33	艺术	24	571	山东工艺美术学院	1★	山东	30	艺术	31
531	沈阳医学院	2★	辽宁	34	医药	72	572	吉林体育学院	1★	吉林	18	体育	13

续表

排名	院校名称	星级	地区内序		类型序		排名	院校名称	星级	地区内序		类型序	
573	长春工程学院	1★	吉林	19	理工	180	585	山东政法学院	1★	山东	31	文法	27
574	沈阳音乐学院	1★	辽宁	35	艺术	32	586	河北传媒学院	1★	河北	22	文法	28
575	贵阳学院	1★	贵州	8	综合	89	587	中华女子学院	1★	北京	58	综合	92
576	长治医学院	1★	山西	12	医药	75	588	鞍山师范学院	1★	辽宁	37	师范	76
577	四川音乐学院	1★	四川	22	艺术	33	589	西藏藏医药大学	1★	西藏	4	医药	76
578	海南热带海洋学院	1★	海南	4	综合	90	590	昌吉学院	1★	新疆	11	师范	77
579	中国劳动关系学院	1★	北京	55	文法	26	591	中央司法警官学院	1★	河北	23	文法	29
580	沈阳工程学院	1★	辽宁	36	理工	181	592	上海海关学院	1★	上海	29	文法	30
581	北京电子科技学院	1★	北京	56	理工	182	593	四川警察学院	1★	四川	24	文法	31
582	绵阳师范学院	1★	四川	23	师范	74	594	云南警官学院	1★	云南	13	文法	32
583	北京城市学院	1★	北京	57	综合	91	595	河北金融学院	1★	河北	24	财经	39
584	黔南民族师范学院	1★	贵州	9	师范	75	596	黑龙江东方学院	1★	黑龙江	21	综合	93

中国高校一流学科建设综合竞争力排行榜

排名	学校名称	进入ESI学科数(5分)	中国5★+学科数(4分)	中国5★学科数(3分)	中国5★-学科数(2分)	中国4★学科数(1分)	实际得分
1	浙江大学	21	5	21	18	10	234
2	北京大学	22	2	23	12	4	215
3	清华大学	21	3	15	21	7	211
4	复旦大学	21	5	18	6	5	196
5	武汉大学	20	5	15	6	14	191
6	上海交通大学	21	3	14	9	11	188
7	四川大学	20	2	14	14	9	187
8	南京大学	20	3	11	13	10	181
9	中山大学	20	3	10	12	10	176
10	华中科技大学	20	2	9	13	15	176
11	厦门大学	19	1	8	9	11	152
12	吉林大学	18	1	6	9	16	146
13	中南大学	19	0	4	12	14	145
14	山东大学	19	0	4	10	17	144
15	北京师范大学	16	5	8	4	8	140
16	西安交通大学	17	3	5	7	10	136
17	中国科学技术大学	18	1	9	4	7	136
18	华东师范大学	17	0	7	7	14	134
19	同济大学	16	3	4	5	16	130
20	天津大学	14	2	8	10	8	130
21	东南大学	14	0	10	6	16	128
22	南开大学	16	2	5	6	11	126
23	中国人民大学	11	9	5	3	4	116
24	苏州大学	17	0	1	4	14	110
25	郑州大学	17	0	1	4	12	108
26	中国农业大学	14	2	6	2	7	107
27	重庆大学	13	0	3	6	18	104
28	电子科技大学	15	2	1	4	8	102
29	华南理工大学	13	0	3	8	11	101
30	暨南大学	17	0	1	4	5	101
31	大连理工大学	12	0	6	7	7	99
32	哈尔滨工业大学	12	1	5	5	8	97
33	兰州大学	15	0	3	3	7	97

续表

排名	学校名称	进入ESI学科数(5分)	中国5★+学科数(4分)	中国5★学科数(3分)	中国5★-学科数(2分)	中国4★学科数(1分)	实际得分
34	西南大学	15	0	3	2	7	95
35	西北农林科技大学	14	0	0	9	5	93
36	深圳大学	17	0	1	0	4	92
37	华中农业大学	12	0	6	3	6	90
38	北京理工大学	11	0	3	6	14	90
39	北京航空航天大学	10	1	4	9	4	88
40	湖南大学	11	0	1	9	8	84
41	南京师范大学	13	0	1	3	10	84
42	中国海洋大学	12	0	2	4	5	79
43	北京协和医学院	13	0	1	3	2	76
44	宁波大学	12	0	1	2	8	75
45	华南师范大学	11	0	3	3	4	74
46	华中师范大学	10	0	5	2	5	74
47	上海大学	10	0	0	5	12	72
48	南京农业大学	10	0	3	3	7	72
49	西北工业大学	10	0	2	3	8	70
50	华南农业大学	12	0	0	1	6	68
51	扬州大学	12	0	0	1	6	68
52	南京医科大学	12	0	0	1	5	67
53	南昌大学	12	0	1	1	2	67
54	江苏大学	13	0	0	0	2	67
55	首都医科大学	12	0	0	1	2	64
56	江南大学	10	1	1	2	2	63
57	青岛大学	12	0	0	0	2	62
58	东北师范大学	7	2	2	3	6	61
59	河海大学	9	1	1	1	7	61
60	华东理工大学	9	1	1	2	5	61
61	南方医科大学	12	0	0	0	1	61
62	河南大学	10	0	0	1	6	58
63	北京林业大学	9	1	1	1	4	58
64	西北大学	10	0	0	0	7	57
65	中国矿业大学	8	1	1	2	5	56
66	北京交通大学	8	0	1	2	9	56
67	陕西师范大学	9	0	1	3	2	56
68	南京航空航天大学	8	0	0	4	7	55
69	四川农业大学	9	0	1	1	3	53
70	浙江工业大学	9	0	0	2	3	52

续表

排名	学校名称	进入 ESI 学科数(5 分)	中国 5★+学科数(4 分)	中国 5★学科数(3 分)	中国 5★-学科数(2 分)	中国 4★学科数(1 分)	实际得分
71	武汉理工大学	8	0	2	1	4	52
72	温州医科大学	9	0	0	2	2	51
73	北京科技大学	8	1	0	1	5	51
74	东北农业大学	8	0	1	2	4	51
75	广州医科大学	10	0	0	0	1	51
76	西南交通大学	7	1	1	1	6	50
77	云南大学	6	0	2	3	8	50
78	杭州师范大学	10	0	0	0	0	50
79	福州大学	8	0	1	1	5	50
80	中国地质大学(武汉)	8	0	2	0	4	50
81	天津医科大学	9	0	0	0	4	49
82	重庆医科大学	9	0	0	0	4	49
83	福建农林大学	9	0	0	0	4	49
84	南京理工大学	7	0	0	2	9	48
85	北京化工大学	8	0	1	0	5	48
86	上海师范大学	7	0	0	5	3	48
87	首都师范大学	6	0	2	3	5	47
88	昆明理工大学	9	0	0	0	2	47
89	中国地质大学(北京)	8	0	1	1	2	47
90	中国石油大学(华东)	8	0	1	1	2	47
91	西安电子科技大学	7	0	2	1	3	46
92	北京工业大学	8	0	1	0	3	46
93	中国矿业大学(北京)	8	0	1	1	1	46
94	山西大学	8	0	0	1	3	45
95	山东师范大学	8	0	0	0	5	45
96	南通大学	9	0	0	0	0	45
97	汕头大学	9	0	0	0	0	45
98	合肥工业大学	7	0	1	0	5	43
99	东华大学	7	0	1	1	3	43
100	东北林业大学	7	0	2	0	2	43
101	湖南师范大学	7	0	1	0	5	43
102	安徽医科大学	8	0	0	0	1	41
103	中国药科大学	7	0	2	0	0	41
104	广州大学	8	0	0	0	1	41
105	南京林业大学	7	0	0	1	3	40
106	广西大学	7	0	0	1	3	40
107	福建师范大学	6	0	0	1	7	39

续表

排名	学校名称	进入 ESI 学科数(5 分)	中国 5★+学科数(4 分)	中国 5★学科数(3 分)	中国 5★−学科数(2 分)	中国 4★学科数(1 分)	实际得分
108	中南财经政法大学	5	0	3	2	1	39
109	华北电力大学	6	0	1	1	2	37
110	石河子大学	7	0	0	1	0	37
111	哈尔滨医科大学	7	0	0	0	1	36
112	海南大学	7	0	0	0	1	36
113	齐鲁工业大学	7	0	0	0	1	36
114	山东科技大学	7	0	0	0	1	36
115	济南大学	7	0	0	0	0	35
116	浙江工商大学	6	0	0	1	3	35
117	安徽大学	6	0	0	0	5	35
118	西南财经大学	5	1	0	1	4	35
119	上海理工大学	6	0	0	1	3	35
120	湖南农业大学	7	0	0	0	0	35
121	沈阳药科大学	6	1	0	0	1	35
122	北京邮电大学	4	1	2	0	4	34
123	长安大学	6	0	1	0	1	34
124	南京工业大学	6	0	0	1	2	34
125	贵州大学	6	0	0	1	2	34
126	江西师范大学	5	0	1	0	6	34
127	西安理工大学	6	0	0	0	3	33
128	上海财经大学	3	0	4	1	4	33
129	南京邮电大学	5	0	2	1	0	33
130	西安建筑科技大学	4	0	3	0	4	33
131	太原理工大学	5	0	1	0	4	32
132	福建医科大学	6	0	0	0	1	31
133	长沙理工大学	6	0	0	0	1	31
134	北京中医药大学	4	2	1	0	0	31
135	河南理工大学	6	0	0	0	1	31
136	华侨大学	6	0	0	0	1	31
137	长江大学	6	0	0	0	1	31
138	中南林业科技大学	6	0	0	0	1	31
139	东北大学	2	0	1	5	7	30
140	广东工业大学	5	0	0	0	5	30
141	河南科技大学	6	0	0	0	0	30
142	大连医科大学	6	0	0	0	0	30
143	哈尔滨工程大学	5	0	0	1	3	30
144	湘潭大学	5	0	0	1	3	30

续表

排名	学校名称	进入ESI学科数(5分)	中国5★+学科数(4分)	中国5★学科数(3分)	中国5★-学科数(2分)	中国4★学科数(1分)	实际得分
145	山东农业大学	6	0	0	0	0	30
146	浙江农林大学	6	0	0	0	0	30
147	徐州医科大学	6	0	0	0	0	30
148	江苏师范大学	6	0	0	0	0	30
149	燕山大学	4	0	1	0	6	29
150	武汉科技大学	5	0	0	1	2	29
151	曲阜师范大学	5	0	0	0	4	29
152	新疆大学	4	0	1	1	4	29
153	南京中医药大学	5	0	1	0	1	29
154	上海海洋大学	5	0	0	1	2	29
155	上海中医药大学	4	0	2	1	0	28
156	大连海事大学	5	0	0	1	1	28
157	成都理工大学	5	0	0	0	2	27
158	西安科技大学	5	0	0	1	0	27
159	河北医科大学	5	0	0	0	1	26
160	河北大学	5	0	0	0	1	26
161	南华大学	5	0	0	0	1	26
162	北京工商大学	5	0	0	0	1	26
163	杭州电子科技大学	4	0	0	0	5	25
164	中央财经大学	3	1	0	2	2	25
165	中国计量大学	4	0	1	0	2	25
166	天津科技大学	5	0	0	0	0	25
167	河南师范大学	5	0	0	0	0	25
168	华北理工大学	5	0	0	0	0	25
169	青岛农业大学	5	0	0	0	0	25
170	安徽农业大学	5	0	0	0	0	25
171	河南农业大学	5	0	0	0	0	25
172	广州中医药大学	4	0	0	2	1	25
173	广东医科大学	5	0	0	0	0	25
174	对外经济贸易大学	3	0	1	2	2	24
175	西南石油大学	4	0	1	1	1	23
176	青岛科技大学	4	0	0	0	3	23
177	江西财经大学	4	0	0	1	1	23
178	天津师范大学	4	0	0	1	1	23
179	浙江理工大学	3	0	0	2	3	22
180	内蒙古大学	4	0	0	1	0	22
181	天津工业大学	4	0	0	0	1	21

续表

排名	学校名称	进入ESI学科数(5分)	中国5★+学科数(4分)	中国5★学科数(3分)	中国5★-学科数(2分)	中国4★学科数(1分)	实际得分
182	湖北大学	4	0	0	0	1	21
183	陕西科技大学	4	0	0	0	1	21
184	沈阳农业大学	3	0	0	2	2	21
185	三峡大学	4	0	0	0	1	21
186	广西医科大学	4	0	0	0	1	21
187	湖南科技大学	4	0	0	0	1	21
188	天津理工大学	4	0	0	0	1	21
189	湖南工业大学	4	0	0	0	1	21
190	重庆工商大学	4	0	0	0	1	21
191	西北师范大学	3	0	0	0	5	20
192	黑龙江大学	3	0	0	1	3	20
193	渤海大学	4	0	0	0	0	20
194	西南科技大学	4	0	0	0	0	20
195	温州大学	4	0	0	0	0	20
196	烟台大学	4	0	0	0	0	20
197	桂林电子科技大学	4	0	0	0	0	20
198	上海应用技术大学	4	0	0	0	0	20
199	聊城大学	4	0	0	0	0	20
200	中央民族大学	2	0	1	3	1	20
201	河北农业大学	4	0	0	0	0	20
202	湖北工业大学	4	0	0	0	0	20
203	昆明医科大学	4	0	0	0	0	20
204	苏州科技大学	4	0	0	0	0	20
205	中国传媒大学	0	1	4	1	1	19
206	辽宁大学	2	0	1	0	6	19
207	安徽师范大学	3	0	0	0	4	19
208	浙江海洋大学	3	0	0	1	2	19
209	河北工业大学	3	0	0	1	1	18
210	上海海事大学	3	0	0	1	1	18
211	延边大学	3	0	1	0	0	18
212	兰州理工大学	3	0	0	0	2	17
213	中南民族大学	3	0	0	1	0	17
214	大连工业大学	3	0	0	0	2	17
215	山西医科大学	3	0	0	0	2	17
216	四川师范大学	3	0	0	0	2	17
217	东北财经大学	2	0	1	1	2	17
218	江西农业大学	3	0	0	0	2	17

续表

排名	学校名称	进入 ESI 学科数(5 分)	中国 5★+学科数(4 分)	中国 5★学科数(3 分)	中国 5★-学科数(2 分)	中国 4★学科数(1 分)	实际得分
219	武汉工程大学	3	0	0	0	1	16
220	河南工业大学	3	0	0	0	1	16
221	哈尔滨理工大学	3	0	0	0	1	16
222	上海电力大学	3	0	0	0	1	16
223	安徽理工大学	3	0	0	0	1	16
224	集美大学	3	0	0	0	1	16
225	兰州交通大学	3	0	0	0	1	16
226	宁夏大学	3	0	0	0	1	16
227	中北大学	3	0	0	0	0	15
228	常州大学	3	0	0	0	0	15
229	南昌航空大学	3	0	0	0	0	15
230	安徽工业大学	3	0	0	0	0	15
231	武汉纺织大学	3	0	0	0	0	15
232	浙江中医药大学	3	0	0	0	0	15
233	山西农业大学	3	0	0	0	0	15
234	上海工程技术大学	3	0	0	0	0	15
235	西华师范大学	3	0	0	0	0	15
236	江西理工大学	3	0	0	0	0	15
237	西南医科大学	3	0	0	0	0	15
238	内蒙古农业大学	3	0	0	0	0	15
239	南京财经大学	3	0	0	0	0	15
240	东华理工大学	3	0	0	0	0	15
241	太原科技大学	3	0	0	0	0	15
242	绍兴文理学院	3	0	0	0	0	15
243	重庆师范大学	3	0	0	0	0	15
244	鲁东大学	3	0	0	0	0	15
245	成都中医药大学	2	0	0	2	0	14
246	哈尔滨师范大学	2	0	0	0	3	13
247	甘肃农业大学	2	0	0	1	1	13
248	黑龙江中医药大学	2	0	0	0	3	13
249	广东外语外贸大学	2	0	1	0	0	13
250	广西师范大学	2	0	0	1	0	12
251	天津中医药大学	2	0	0	0	2	12
252	重庆邮电大学	2	0	0	0	2	12
253	山东财经大学	2	0	0	0	2	12
254	安徽中医药大学	2	0	0	0	2	12
255	青海大学	2	0	0	1	0	12

续表

排名	学校名称	进入ESI学科数(5分)	中国5★+学科数(4分)	中国5★学科数(3分)	中国5★-学科数(2分)	中国4★学科数(1分)	实际得分
256	河北师范大学	2	0	0	0	1	11
257	吉林农业大学	2	0	0	0	1	11
258	云南师范大学	2	0	0	0	1	11
259	浙江财经大学	2	0	0	0	1	11
260	沈阳工业大学	2	0	0	0	1	11
261	湖南中医药大学	2	0	0	0	1	11
262	第二军医大学	1	0	0	1	4	11
263	辽宁中医药大学	2	0	0	0	1	11
264	贵州医科大学	2	0	0	0	0	10
265	南京艺术学院	0	0	1	3	1	10
266	辽宁工业大学	2	0	0	0	0	10
267	云南农业大学	2	0	0	0	0	10
268	山东中医药大学	2	0	0	0	0	10
269	青岛理工大学	2	0	0	0	0	10
270	宁夏医科大学	2	0	0	0	0	10
271	重庆理工大学	2	0	0	0	0	10
272	遵义医科大学	2	0	0	0	0	10
273	辽宁石油化工大学	2	0	0	0	0	10
274	锦州医科大学	2	0	0	0	0	10
275	吉林师范大学	2	0	0	0	0	10
276	滨州医学院	2	0	0	0	0	10
277	西安医学院	2	0	0	0	0	10
278	第四军医大学	1	0	0	0	5	10
279	中国石油大学(北京)	1	0	0	2	1	10
280	新疆医科大学	2	0	0	0	0	10
281	信阳师范学院	2	0	0	0	0	10
282	潍坊医学院	2	0	0	0	0	10
283	蚌埠医学院	2	0	0	0	0	10
284	济宁医学院	2	0	0	0	0	10
285	辽宁师范大学	1	0	0	1	1	8
286	中央美术学院	0	2	0	0	0	8
287	重庆交通大学	1	0	0	1	1	8
288	上海体育学院	1	0	1	0	0	8
289	首都经济贸易大学	1	0	0	1	1	8
290	福建中医药大学	1	0	0	1	0	7
291	中国民航大学	1	0	0	1	0	7
292	中国美术学院	0	1	1	0	0	7

续表

排名	学校名称	进入ESI学科数(5分)	中国5★+学科数(4分)	中国5★学科数(3分)	中国5★-学科数(2分)	中国4★学科数(1分)	实际得分
293	西南民族大学	1	0	0	1	0	7
294	华北水利水电大学	1	0	0	0	1	6
295	辽宁工程技术大学	1	0	0	0	1	6
296	沈阳建筑大学	1	0	0	0	1	6
297	武汉轻工大学	1	0	0	0	1	6
298	长春中医药大学	1	0	0	0	1	6
299	东北石油大学	1	0	0	0	0	5
300	中国政法大学	0	1	0	0	1	5
301	华东交通大学	1	0	0	0	0	5
302	西华大学	1	0	0	0	0	5
303	东北电力大学	1	0	0	0	0	5
304	广东海洋大学	1	0	0	0	0	5
305	内蒙古医科大学	1	0	0	0	0	5
306	山东建筑大学	1	0	0	0	0	5
307	淮北师范大学	1	0	0	0	0	5
308	北方工业大学	1	0	0	0	0	5
309	大连大学	1	0	0	0	0	5
310	石家庄铁道大学	1	0	0	0	0	5
311	大连海洋大学	1	0	0	0	0	5
312	南京工程学院	1	0	0	0	0	5
313	海南医学院	1	0	0	0	0	5
314	皖南医学院	1	0	0	0	0	5
315	川北医学院	1	0	0	0	0	5
316	天津城建大学	1	0	0	0	0	5
317	安阳师范学院	1	0	0	0	0	5
318	西安美术学院	0	0	1	0	2	5
319	上海外国语大学	0	1	0	0	0	4
320	华东政法大学	0	0	1	0	1	4
321	北京外国语大学	0	1	0	0	0	4
322	北京语言大学	0	0	0	2	0	4
323	天津财经大学	0	0	0	2	0	4
324	北京体育大学	0	1	0	0	0	4
325	西南政法大学	0	0	1	0	1	4
326	上海音乐学院	0	1	0	0	0	4
327	中央戏剧学院	0	1	0	0	0	4
328	西安外国语大学	0	0	1	0	0	3
329	北京电影学院	0	0	0	1	1	3

续表

排名	学校名称	进入ESI学科数(5分)	中国5★+学科数(4分)	中国5★学科数(3分)	中国5★-学科数(2分)	中国4★学科数(1分)	实际得分
330	外交学院	0	0	1	0	0	3
331	广州美术学院	0	0	1	0	0	3
332	武汉体育学院	0	0	0	1	0	2
333	成都体育学院	0	0	0	1	0	2
334	四川外国语大学	0	0	0	1	0	2
335	景德镇陶瓷大学	0	0	0	1	0	2
336	西北政法大学	0	0	0	1	0	2
337	西藏大学	0	0	0	0	2	2
338	上海戏剧学院	0	0	0	1	0	2
339	天津外国语大学	0	0	0	1	0	2
340	北京服装学院	0	0	0	1	0	2
341	中国音乐学院	0	0	0	0	1	1
342	内蒙古师范大学	0	0	0	0	1	1
343	海南师范大学	0	0	0	0	1	1
344	云南财经大学	0	0	0	0	1	1
345	哈尔滨商业大学	0	0	0	0	1	1
346	天津体育学院	0	0	0	0	1	1
347	首都体育学院	0	0	0	0	1	1
348	新疆财经大学	0	0	0	0	1	1
349	大连外国语大学	0	0	0	0	1	1
350	哈尔滨体育学院	0	0	0	0	1	1
303	东北电力大学	1	0	0	0	0	5
304	广东海洋大学	1	0	0	0	0	5
305	内蒙古医科大学	1	0	0	0	0	5
306	山东建筑大学	1	0	0	0	0	5

中国研究生教育分一级学科竞争力排行榜

0101 哲学(133)

排名	学校名称	星级	排名	学校名称	星级	排名	学校名称	星级
1	中国人民大学	5★+	6	南京大学	5★	11	山东大学	5★-
2	中山大学	5★	7	北京师范大学	5★	12	清华大学	5★-
3	复旦大学	5★	8	浙江大学	5★-	13	南开大学	5★-
4	武汉大学	5★	9	山西大学	5★-			
5	北京大学	5★	10	华东师范大学	5★-			

4★(14个):东南大学、华中科技大学、四川大学、西安交通大学、吉林大学、同济大学、厦门大学、中南大学、湖南师范大学、上海师范大学、西南大学、黑龙江大学、首都师范大学、湖北大学

3★(40个),2★(53个),1★(13个):名单略

0201 理论经济学(111)

排名	学校名称	星级	排名	学校名称	星级	排名	学校名称	星级
1	中国人民大学	5★+	5	厦门大学	5★	9	浙江大学	5★-
2	武汉大学	5★	6	南京大学	5★	10	中央财经大学	5★-
3	南开大学	5★	7	复旦大学	5★-	11	中南财经政法大学	5★-
4	北京大学	5★	8	上海财经大学	5★-			

4★(11个):辽宁大学、湖南大学、吉林大学、中山大学、华中科技大学、山东大学、清华大学、四川大学、西南财经大学、北京师范大学、云南大学

3★(34个),2★(44个),1★(11个):名单略

0202 应用经济学(262)

排名	学校名称	星级	排名	学校名称	星级	排名	学校名称	星级
1	中国人民大学	5★+	10	北京大学	5★	19	吉林大学	5★-
2	西南财经大学	5★+	11	浙江大学	5★	20	南京大学	5★-
3	中央财经大学	5★+	12	中南财经政法大学	5★	21	首都经济贸易大学	5★-
4	南开大学	5★	13	辽宁大学	5★	22	暨南大学	5★-
5	对外经济贸易大学	5★	14	西安交通大学	5★-	23	重庆大学	5★-
6	上海财经大学	5★	15	东北财经大学	5★-	24	华中科技大学	5★-
7	复旦大学	5★	16	湖南大学	5★-	25	江西财经大学	5★-
8	厦门大学	5★	17	山东大学	5★-	26	天津财经大学	5★-
9	武汉大学	5★	18	中山大学	5★-			

4★(26个):同济大学、上海交通大学、东北大学、华南理工大学、河南大学、清华大学、新疆财经大学、北京工业大学、山东财经大学、华东师范大学、东南大学、北京理工大学、浙江工商大学、中南大学、中国农业大学、西北大学、浙江财经大学、宁波大学、重庆工商大学、西南大学、中国海洋大学、北京交通大学、南京农业大学、安徽大学、浙江工业大学、武汉理工大学

3★(79个),2★(105个),1★(26个):名单略

0301 法学（206）

排名	学校名称	星级	排名	学校名称	星级	排名	学校名称	星级
1	中国政法大学	5★+	8	西南政法大学	5★	15	山东大学	5★-
2	中国人民大学	5★+	9	清华大学	5★	16	重庆大学	5★-
3	武汉大学	5★	10	四川大学	5★	17	中山大学	5★-
4	北京大学	5★	11	浙江大学	5★-	18	复旦大学	5★-
5	吉林大学	5★	12	厦门大学	5★-	19	北京师范大学	5★-
6	中南财经政法大学	5★	13	南京大学	5★-	20	西北政法大学	5★-
7	华东政法大学	5★	14	上海交通大学	5★-	21	中南大学	5★-
4★(20 个)：湖南大学、西安交通大学、东南大学、郑州大学、南开大学、云南大学、北京航空航天大学、中国海洋大学、北京理工大学、对外经济贸易大学、上海财经大学、苏州大学、辽宁大学、南京师范大学、西南财经大学、湘潭大学、安徽大学、黑龙江大学、贵州大学、华中科技大学								
3★(62 个)，2★(82 个)，1★(21 个)：名单略								

0302 政治学（80）

排名	学校名称	星级	排名	学校名称	星级	排名	学校名称	星级
1	复旦大学	5★+	4	华中师范大学	5★	7	南开大学	5★-
2	中国人民大学	5★	5	南京大学	5★-	8	清华大学	5★-
3	外交学院	5★	6	北京大学	5★-			
4★(8 个)：中国政法大学、武汉大学、吉林大学、厦门大学、山东大学、云南大学、同济大学、对外经济贸易大学								
3★(24 个)，2★(32 个)，1★(8 个)：名单略								

0303 社会学（88）

排名	学校名称	星级	排名	学校名称	星级	排名	学校名称	星级
1	北京大学	5★+	4	复旦大学	5★	7	中央民族大学	5★-
2	中国人民大学	5★	5	南开大学	5★-	8	南京大学	5★-
3	华东师范大学	5★	6	中山大学	5★-	9	清华大学	5★-
4★(9 个)：吉林大学、华中科技大学、武汉大学、北京师范大学、厦门大学、上海大学、河海大学、华东理工大学、中南大学								
3★(26 个)，2★(35 个)，1★(9 个)：名单略								

0304 民族学（38）

排名	学校名称	星级	排名	学校名称	星级	排名	学校名称	星级
1	中央民族大学	5★	3	中南民族大学	5★-			
2	云南大学	5★	4	西南民族大学	5★-			
4★(4 个)：兰州大学、西藏大学、宁夏大学、内蒙古师范大学								
3★(11 个)，2★(15 个)，1★(4 个)：名单略								

0305 马克思主义理论（358）

排名	学校名称	星级	排名	学校名称	星级	排名	学校名称	星级
1	北京大学	5★+	13	西安交通大学	5★	25	国防科技大学	5★-
2	中国人民大学	5★+	14	浙江大学	5★	26	西南大学	5★-
3	武汉大学	5★+	15	江西师范大学	5★	27	同济大学	5★-
4	东北师范大学	5★+	16	北京师范大学	5★	28	武汉理工大学	5★-
5	吉林大学	5★	17	大连理工大学	5★	29	四川大学	5★-
6	清华大学	5★	18	兰州大学	5★	30	广西师范大学	5★-
7	南开大学	5★	19	湖南大学	5★-	31	电子科技大学	5★-
8	复旦大学	5★	20	华东师范大学	5★-	32	云南大学	5★-
9	中山大学	5★	21	中南大学	5★-	33	上海师范大学	5★-
10	山东大学	5★	22	华南师范大学	5★-	34	北京理工大学	5★-
11	南京大学	5★	23	首都师范大学	5★-	35	郑州大学	5★-
12	新疆大学	5★	24	华中师范大学	5★-	36	厦门大学	5★-

4★(36个)：南京师范大学、东南大学、福建师范大学、华南理工大学、东北大学、宁波大学、西北工业大学、陕西师范大学、天津大学、湘潭大学、湖南科技大学、华中科技大学、海南师范大学、浙江师范大学、上海财经大学、河北师范大学、合肥工业大学、天津师范大学、辽宁大学、山东师范大学、西南交通大学、扬州大学、中央财经大学、安徽师范大学、哈尔滨师范大学、西北大学、苏州大学、南昌大学、中国石油大学(华东)、上海交通大学、北京交通大学、曲阜师范大学、中国地质大学(武汉)、广西大学、中国科学院大学、中国农业大学

3★(107个)，2★(143个)，1★(36个)：名单略

0401 教育学（139）

排名	学校名称	星级	排名	学校名称	星级	排名	学校名称	星级
1	北京师范大学	5★+	6	西南大学	5★	11	华南师范大学	5★-
2	华东师范大学	5★	7	北京大学	5★	12	陕西师范大学	5★-
3	华中师范大学	5★	8	浙江大学	5★-	13	上海师范大学	5★-
4	东北师范大学	5★	9	浙江师范大学	5★-	14	华中科技大学	5★-
5	厦门大学	5★	10	南京师范大学	5★-			

4★(14个)：北京理工大学、15. 5、西北师范大学、江西师范大学、首都师范大学、湖南师范大学、四川师范大学、云南师范大学、天津大学、宁波大学、河南大学、安徽师范大学、曲阜师范大学、哈尔滨师范大学

3★(42个)，2★(55个)，1★(14个)：名单略

0402 心理学（102）

排名	学校名称	星级	排名	学校名称	星级	排名	学校名称	星级
1	北京师范大学	5★+	5	浙江大学	5★	9	辽宁师范大学	5★-
2	西南大学	5★	6	北京大学	5★-	10	陕西师范大学	5★-
3	华中师范大学	5★	7	清华大学	5★-			
4	华南师范大学	5★	8	天津师范大学	5★-			

4★(10个)：江西师范大学、华东师范大学、中国人民大学、上海师范大学、山东师范大学、浙江师范大学、首都师范大学、东北师范大学、河南大学、福建师范大学

3★(31个)，2★(41个)，1★(10个)：名单略

0403 体育学（106）

排名	学校名称	星级	排名	学校名称	星级	排名	学校名称	星级
1	北京体育大学	5★+	5	华南师范大学	5★	9	浙江大学	5★-
2	上海体育学院	5★	6	武汉体育学院	5★-	10	福建师范大学	5★-
3	华东师范大学	5★	7	清华大学	5★-	11	华中师范大学	5★-
4	北京师范大学	5★	8	成都体育学院	5★-			
4★（10个）：湖南师范大学、苏州大学、天津体育学院、河南大学、首都体育学院、哈尔滨体育学院、宁波大学、扬州大学、南京师范大学、山西大学								
3★（32个），2★（42个），1★（11个）：名单略								

0501 中国语言文学（183）

排名	学校名称	星级	排名	学校名称	星级	排名	学校名称	星级
1	北京师范大学	5★+	7	山东大学	5★	13	中央民族大学	5★-
2	南京大学	5★+	8	华东师范大学	5★	14	南开大学	5★-
3	复旦大学	5★	9	四川大学	5★	15	浙江大学	5★-
4	陕西师范大学	5★	10	清华大学	5★-	16	暨南大学	5★-
5	华中师范大学	5★	11	中国人民大学	5★-	17	北京语言大学	5★-
6	北京大学	5★	12	武汉大学	5★-	18	首都师范大学	5★-
4★（19个）：中山大学、吉林大学、上海交通大学、浙江师范大学、上海师范大学、厦门大学、云南大学、华中科技大学、南京师范大学、兰州大学、新疆大学、苏州大学、上海大学、西南大学、福建师范大学、江西师范大学、山东师范大学、安徽师范大学、黑龙江大学								
3★（55个），2★（73个），1★（18个）：名单略								

0502 外国语言文学（232）

排名	学校名称	星级	排名	学校名称	星级	排名	学校名称	星级
1	上海外国语大学	5★+	9	西安外国语大学	5★	17	山东大学	5★-
2	北京外国语大学	5★+	10	华东师范大学	5★	18	同济大学	5★-
3	南京大学	5★	11	武汉大学	5★	19	天津外国语大学	5★-
4	湖南师范大学	5★	12	吉林大学	5★	20	北京航空航天大学	5★-
5	北京大学	5★	13	厦门大学	5★-	21	上海交通大学	5★-
6	延边大学	5★	14	四川外国语大学	5★-	22	黑龙江大学	5★-
7	广东外语外贸大学	5★	15	北京语言大学	5★-	23	对外经济贸易大学	5★-
8	浙江大学	5★	16	北京师范大学	5★-			
4★（23个）：中国人民大学、复旦大学、中山大学、华中科技大学、四川大学、南京师范大学、南开大学、东南大学、大连外国语大学、郑州大学、湖南大学、清华大学、苏州大学、国防科技大学、陕西师范大学、华中师范大学、宁波大学、中国海洋大学、西南大学、江西师范大学、扬州大学、东北师范大学、首都师范大学								
3★（70个），2★（93个），1★（23个）：名单略								

0503 新闻传播学（116）

排名	学校名称	星级	排名	学校名称	星级	排名	学校名称	星级
1	中国传媒大学	5★+	5	南京大学	5★	9	华中科技大学	5★-
2	中国人民大学	5★	6	四川大学	5★	10	暨南大学	5★-
3	武汉大学	5★	7	浙江大学	5★-	11	厦门大学	5★-
4	复旦大学	5★	8	清华大学	5★-	12	北京大学	5★-
4★(11个)：北京师范大学、上海交通大学、华东师范大学、上海大学、山东大学、郑州大学、深圳大学、南京师范大学、西南政法大学、河北大学、安徽大学								
3★(35个)，2★(46个)，1★(12个)：名单略								

0601 考古学（40）

排名	学校名称	星级	排名	学校名称	星级	排名	学校名称	星级
1	北京大学	5★	3	复旦大学	5★-			
2	吉林大学	5★	4	四川大学	5★-			
4★(4个)：武汉大学、中国人民大学、中国科学院大学、山东大学								
3★(12个)，2★(16个)，1★(4个)：名单略								

0602 中国史（114）

排名	学校名称	星级	排名	学校名称	星级	排名	学校名称	星级
1	中国人民大学	5★+	5	华中师范大学	5★	9	武汉大学	5★-
2	复旦大学	5★	6	云南大学	5★	10	清华大学	5★-
3	北京师范大学	5★	7	中山大学	5★-	11	陕西师范大学	5★-
4	北京大学	5★	8	上海师范大学	5★-			
4★(12个)：四川大学、浙江大学、安徽师范大学、南京大学、华东师范大学、暨南大学、厦门大学、西北师范大学、中央民族大学、扬州大学、南开大学、山东大学								
3★(34个)，2★(46个)，1★(11个)：名单略								

0603 世界史（67）

排名	学校名称	星级	排名	学校名称	星级	排名	学校名称	星级
1	东北师范大学	5★+	4	复旦大学	5★-	7	中山大学	5★-
2	南开大学	5★	5	上海大学	5★-			
3	北京大学	5★	6	上海师范大学	5★-			
4★(6个)：南京大学、华东师范大学、北京师范大学、武汉大学、清华大学、云南大学								
3★(21个)，2★(26个)，1★(7个)：名单略								

0701 数学（262）

排名	学校名称	星级	排名	学校名称	星级	排名	学校名称	星级
1	复旦大学	5★+	4	山东大学	5★	7	中国科学技术大学	5★
2	中山大学	5★+	5	首都师范大学	5★	8	吉林大学	5★
3	南开大学	5★+	6	四川大学	5★	9	北京大学	5★

续表

排名	学校名称	星级	排名	学校名称	星级	排名	学校名称	星级
10	北京师范大学	5★	16	南京大学	5★-	22	武汉大学	5★-
11	上海交通大学	5★	17	西安交通大学	5★-	23	华中科技大学	5★-
12	中南大学	5★	18	湘潭大学	5★-	24	上海师范大学	5★-
13	清华大学	5★	19	电子科技大学	5★-	25	厦门大学	5★-
14	大连理工大学	5★-	20	哈尔滨工业大学	5★-	26	重庆大学	5★-
15	浙江大学	5★-	21	东北师范大学	5★-			

4★(27个)：南方科技大学、浙江师范大学、同济大学、天津大学、西北工业大学、中国科学院大学、兰州大学、东南大学、华南师范大学、华东师范大学、北京理工大学、湖南大学、中国矿业大学、华南理工大学、上海大学、南京师范大学、华中师范大学、国防科技大学、新疆大学、曲阜师范大学、苏州大学、西北师范大学、四川师范大学、南京理工大学、扬州大学、南京航空航天大学、杭州电子科技大学

3★(80个)，2★(105个)，1★(26个)：名单略

0702 物理学（197）

排名	学校名称	星级	排名	学校名称	星级	排名	学校名称	星级
1	中国科学技术大学	5★+	8	清华大学	5★	15	武汉大学	5★-
2	南京大学	5★+	9	中国科学院大学	5★	16	大连理工大学	5★-
3	吉林大学	5★	10	北京大学	5★	17	四川大学	5★-
4	复旦大学	5★	11	华中科技大学	5★-	18	东南大学	5★-
5	上海交通大学	5★	12	浙江大学	5★-	19	国防科技大学	5★-
6	北京理工大学	5★	13	苏州大学	5★-	20	中山大学	5★-
7	华南师范大学	5★	14	华东师范大学	5★-			

4★(19个)：山东大学、电子科技大学、山西大学、西安交通大学、哈尔滨工业大学、南开大学、北京航空航天大学、兰州大学、北京师范大学、厦门大学、华南理工大学、北京科技大学、宁波大学、同济大学、中南大学、重庆大学、华中师范大学、上海大学、北京工业大学

3★(60个)，2★(78个)，1★(20个)：名单略

0703 化学（228）

排名	学校名称	星级	排名	学校名称	星级	排名	学校名称	星级
1	南开大学	5★+	9	四川大学	5★	17	兰州大学	5★-
2	吉林大学	5★+	10	武汉大学	5★	18	中山大学	5★-
3	中国科学技术大学	5★	11	福州大学	5★	19	清华大学	5★-
4	复旦大学	5★	12	华东理工大学	5★-	20	山东大学	5★-
5	南京大学	5★	13	上海交通大学	5★-	21	中国科学院大学	5★-
6	厦门大学	5★	14	湖南大学	5★-	22	东北师范大学	5★-
7	浙江大学	5★	15	华南理工大学	5★-	23	大连理工大学	5★-
8	天津大学	5★	16	郑州大学	5★-			

4★(23个)：新疆大学、北京化工大学、北京师范大学、华中科技大学、北京理工大学、江西师范大学、同济大学、西安交通大学、苏州大学、华东师范大学、云南大学、华南师范大学、重庆大学、中南大学、北京航空航天大学、东北大学、南昌大学、河南大学、东华大学、西北大学、太原理工大学、西南大学、青岛科技大学

3★(68个)，2★(91个)，1★(23个)：名单略

0704 天文学（20）

排名	学校名称	星级	排名	学校名称	星级	排名	学校名称	星级
1	南京大学	5★	2	中国科学技术大学	5★-			
4★(2个)：中国科学院大学、北京大学								
3★(6个)，2★(8个)，1★(2个)：名单略								

0705 地理学（84）

排名	学校名称	星级	排名	学校名称	星级	排名	学校名称	星级
1	北京师范大学	5★+	4	武汉大学	5★	7	中山大学	5★-
2	南京师范大学	5★	5	华东师范大学	5★-	8	兰州大学	5★-
3	北京大学	5★	6	南京大学	5★-			
4★(9个)：福建师范大学、河南大学、新疆大学、首都师范大学、西北师范大学、华南师范大学、江西师范大学、辽宁师范大学、东北师范大学								
3★(25个)，2★(34个)，1★(8个)：名单略								

0706 大气科学（19）

排名	学校名称	星级	排名	学校名称	星级	排名	学校名称	星级
1	南京信息工程大学	5★	2	南京大学	5★-			
4★(2个)：兰州大学、中国科学院大学								
3★(6个)，2★(7个)，1★(2个)：名单略								

0707 海洋科学（29）

排名	学校名称	星级	排名	学校名称	星级	排名	学校名称	星级
1	中国海洋大学	5★	2	厦门大学	5★-	3	浙江海洋大学	5★-
4★(3个)：同济大学、上海交通大学、华东师范大学								
3★(9个)，2★(11个)，1★(3个)：名单略								

0708 地球物理学（21）

排名	学校名称	星级	排名	学校名称	星级	排名	学校名称	星级
1	武汉大学	5★	2	中国科学技术大学	5★-			
4★(2个)：北京大学、同济大学								
3★(7个)，2★(8个)，1★(2个)：名单略								

0709 地质学（36）

排名	学校名称	星级	排名	学校名称	星级	排名	学校名称	星级
1	中国地质大学(武汉)	5★	3	中国地质大学(北京)	5★-			
2	南京大学	5★	4	中国科学院大学	5★-			
4★(3个)：西北大学、成都理工大学、浙江大学								
3★(11个)，2★(14个)，1★(4个)：名单略								

0710 生物学（239）

排名	学校名称	星级	排名	学校名称	星级	排名	学校名称	星级
1	复旦大学	5★+	9	中山大学	5★	17	北京协和医学院	5★-
2	武汉大学	5★+	10	厦门大学	5★	18	四川大学	5★-
3	北京大学	5★	11	西南大学	5★	19	山东大学	5★-
4	浙江大学	5★	12	同济大学	5★	20	河南大学	5★-
5	清华大学	5★	13	中国科学院大学	5★-	21	西北农林科技大学	5★-
6	华中农业大学	5★	14	中国科学技术大学	5★-	22	中南大学	5★-
7	上海交通大学	5★	15	南京大学	5★-	23	中国海洋大学	5★-
8	中国农业大学	5★	16	华中科技大学	5★-	24	内蒙古大学	5★-

4★(24个)：南京农业大学、北京师范大学、兰州大学、南开大学、吉林大学、重庆大学、西安交通大学、华东师范大学、暨南大学、东北林业大学、四川农业大学、南方医科大学、云南大学、北京林业大学、昆明理工大学、东南大学、南京师范大学、上海海洋大学、南京医科大学、华南师范大学、青岛大学、第二军医大学、郑州大学、第四军医大学

3★(72个)，2★(95个)，1★(24个)：名单略

0711 系统科学（25）

排名	学校名称	星级	排名	学校名称	星级	排名	学校名称	星级
1	北京师范大学	5★	2	国防科技大学	5★-	3	北京交通大学	5★-

4★(2个)：北京邮电大学、上海理工大学

3★(8个)，2★(10个)，1★(2个)：名单略

0712 科学技术史（23）

排名	学校名称	星级	排名	学校名称	星级	排名	学校名称	星级
1	中国科学技术大学	5★	2	清华大学	5★-			

4★(3个)：北京大学、上海交通大学、中国科学院大学

3★(7个)，2★(9个)，1★(2个)：名单略

0713 生态学（109）

排名	学校名称	星级	排名	学校名称	星级	排名	学校名称	星级
1	浙江大学	5★+	5	厦门大学	5★	9	北京大学	5★-
2	兰州大学	5★	6	北京师范大学	5★-	10	北京林业大学	5★-
3	中山大学	5★	7	华东师范大学	5★-	11	云南大学	5★-
4	复旦大学	5★	8	青海大学	5★-			

4★(11个)：东北林业大学、南京大学、东北师范大学、福建农林大学、华南农业大学、南京农业大学、四川大学、西藏大学、华中农业大学、中国科学院大学、福建师范大学

3★(33个)，2★(43个)，1★(11个)：名单略

0714 统计学（121）

排名	学校名称	星级	排名	学校名称	星级	排名	学校名称	星级
1	厦门大学	5★+	5	中国科学技术大学	5★	9	中央财经大学	5★-
2	华东师范大学	5★	6	东北师范大学	5★	10	四川大学	5★-
3	上海财经大学	5★	7	南开大学	5★-	11	华中科技大学	5★-
4	中国人民大学	5★	8	中南财经政法大学	5★-	12	山东大学	5★-
4★(12个)：复旦大学、中山大学、中南大学、辽宁大学、西南财经大学、浙江工商大学、吉林大学、曲阜师范大学、武汉大学、北京理工大学、北京师范大学、北京交通大学								
3★(37个)，2★(48个)，1★(12个)：名单略								

0801 力学（95）

排名	学校名称	星级	排名	学校名称	星级	排名	学校名称	星级
1	清华大学	5★+	5	西安交通大学	5★	9	上海交通大学	5★-
2	北京大学	5★	6	北京航空航天大学	5★-	10	天津大学	5★-
3	大连理工大学	5★	7	南京航空航天大学	5★-			
4	哈尔滨工业大学	5★	8	宁波大学	5★-			
4★(9个)：北京理工大学、西北工业大学、湖南大学、浙江大学、南京理工大学、华中科技大学、河海大学、西南交通大学、中国科学院大学								
3★(29个)，2★(38个)，1★(9个)：名单略								

0802 机械工程（220）

排名	学校名称	星级	排名	学校名称	星级	排名	学校名称	星级
1	西安交通大学	5★+	9	湖南大学	5★	17	东北大学	5★-
2	上海交通大学	5★+	10	燕山大学	5★	18	东南大学	5★-
3	哈尔滨工业大学	5★	11	西北工业大学	5★	19	天津大学	5★-
4	重庆大学	5★	12	同济大学	5★-	20	浙江理工大学	5★-
5	浙江大学	5★	13	吉林大学	5★-	21	北京航空航天大学	5★-
6	华中科技大学	5★	14	上海大学	5★-	22	华南理工大学	5★-
7	清华大学	5★	15	北京理工大学	5★-			
8	大连理工大学	5★	16	南京航空航天大学	5★-			
4★(22个)：武汉理工大学、西南交通大学、中南大学、电子科技大学、合肥工业大学、山东大学、四川大学、广东工业大学、北京交通大学、南京理工大学、厦门大学、北京科技大学、太原理工大学、中国农业大学、北京工业大学、杭州电子科技大学、武汉大学、浙江工业大学、江苏大学、中国矿业大学、福州大学、上海理工大学								
3★(66个)，2★(88个)，1★(22个)：名单略								

0803 光学工程（92）

排名	学校名称	星级	排名	学校名称	星级	排名	学校名称	星级
1	浙江大学	5★+	4	深圳大学	5★	7	南京理工大学	5★-
2	天津大学	5★	5	南京邮电大学	5★	8	苏州大学	5★-
3	华中科技大学	5★	6	上海理工大学	5★-	9	南京大学	5★-

续表

4★(9个)：中国计量大学、中国科学技术大学、电子科技大学、复旦大学、东南大学、北京理工大学、暨南大学、北京邮电大学、西安电子科技大学
3★(28个)，2★(37个)，1★(9个)：名单略

0804 仪器科学与技术（69）

排名	学校名称	星级	排名	学校名称	星级	排名	学校名称	星级
1	北京航空航天大学	5★+	4	西安交通大学	5★−	7	哈尔滨工业大学	5★−
2	天津大学	5★	5	东南大学	5★−			
3	中国计量大学	5★	6	北京理工大学	5★−			
4★(7个)：重庆大学、电子科技大学、中国科学院大学、吉林大学、上海交通大学、燕山大学、南京航空航天大学								
3★(21个)，2★(27个)，1★(7个)：名单略								

0805 材料科学与工程（219）

排名	学校名称	星级	排名	学校名称	星级	排名	学校名称	星级
1	中国科学院大学	5★+	9	武汉理工大学	5★	17	苏州大学	5★−
2	北京科技大学	5★+	10	西北工业大学	5★	18	清华大学	5★−
3	四川大学	5★	11	华东理工大学	5★	19	北京航空航天大学	5★−
4	中国科学技术大学	5★	12	南京大学	5★−	20	中南大学	5★−
5	浙江大学	5★	13	哈尔滨工业大学	5★−	21	北京理工大学	5★−
6	上海交通大学	5★	14	西安交通大学	5★−	22	南昌大学	5★−
7	华中科技大学	5★	15	华南理工大学	5★−			
8	天津大学	5★	16	吉林大学	5★−			
4★(22个)：中山大学、复旦大学、东华大学、东南大学、南开大学、郑州大学、安徽大学、大连理工大学、山东大学、东北大学、同济大学、电子科技大学、北京化工大学、厦门大学、湖南大学、西安建筑科技大学、南京理工大学、燕山大学、武汉大学、重庆大学、太原理工大学、南京航空航天大学								
3★(66个)，2★(87个)，1★(22个)：名单略								

0806 冶金工程（28）

排名	学校名称	星级	排名	学校名称	星级	排名	学校名称	星级
1	中南大学	5★	2	北京科技大学	5★−	3	东北大学	5★−
4★(3个)：重庆大学、武汉科技大学、昆明理工大学								
3★(8个)，2★(11个)，1★(3个)：名单略								

0807 动力工程及工程热物理（104）

排名	学校名称	星级	排名	学校名称	星级	排名	学校名称	星级
1	西安交通大学	5★+	5	上海交通大学	5★	9	清华大学	5★−
2	浙江大学	5★	6	东南大学	5★−	10	北京航空航天大学	5★−
3	华中科技大学	5★	7	哈尔滨工业大学	5★−			
4	天津大学	5★	8	大连理工大学	5★−			

续表

4★(11个)：华北电力大学、华东理工大学、北京理工大学、重庆大学、东北大学、上海理工大学、北京化工大学、兰州理工大学、南京工业大学、北京科技大学、青岛科技大学
3★(31个)，2★(42个)，1★(10个)：名单略

0808 电气工程(109)

排名	学校名称	星级	排名	学校名称	星级	排名	学校名称	星级
1	华中科技大学	5★+	5	浙江大学	5★	9	上海交通大学	5★-
2	西安交通大学	5★	6	湖南大学	5★-	10	清华大学	5★-
3	重庆大学	5★	7	河北工业大学	5★-	11	西南交通大学	5★-
4	华北电力大学	5★	8	东南大学	5★-			
4★(11个)：武汉大学、天津大学、四川大学、华南理工大学、上海电力大学、山东大学、中国科学院大学、沈阳工业大学、大连理工大学、哈尔滨工业大学、哈尔滨理工大学								
3★(33个)，2★(43个)，1★(11个)：名单略								

0809 电子科学与技术(120)

排名	学校名称	星级	排名	学校名称	星级	排名	学校名称	星级
1	电子科技大学	5★+	5	中山大学	5★	9	西安电子科技大学	5★-
2	东南大学	5★	6	上海交通大学	5★	10	浙江大学	5★-
3	南京邮电大学	5★	7	复旦大学	5★-	11	西安交通大学	5★-
4	北京大学	5★	8	清华大学	5★-	12	北京航空航天大学	5★-
4★(12个)：北京理工大学、华东师范大学、华中科技大学、北京邮电大学、南京大学、杭州电子科技大学、中国科学技术大学、厦门大学、哈尔滨工业大学、华南理工大学、天津大学、国防科技大学								
3★(36个)，2★(48个)，1★(12个)：名单略								

0810 信息与通信工程(182)

排名	学校名称	星级	排名	学校名称	星级	排名	学校名称	星级
1	电子科技大学	5★+	7	清华大学	5★	13	西安交通大学	5★-
2	北京邮电大学	5★+	8	宁波大学	5★	14	北京航空航天大学	5★-
3	西安电子科技大学	5★	9	华中科技大学	5★	15	华南理工大学	5★-
4	上海交通大学	5★	10	北京理工大学	5★-	16	南京信息工程大学	5★-
5	东南大学	5★	11	北京大学	5★-	17	中国传媒大学	5★-
6	国防科技大学	5★	12	南京邮电大学	5★-	18	北京交通大学	5★-
4★(19个)：重庆邮电大学、南京大学、浙江大学、武汉大学、南京航空航天大学、华东师范大学、西北工业大学、西南交通大学、天津大学、河海大学、中山大学、上海大学、重庆大学、哈尔滨工业大学、大连理工大学、深圳大学、武汉理工大学、中国科学技术大学、杭州电子科技大学								
3★(55个)，2★(73个)，1★(18个)：名单略								

0811 控制科学与工程（184）

排名	学校名称	星级	排名	学校名称	星级	排名	学校名称	星级
1	浙江大学	5★+	8	哈尔滨工业大学	5★	15	南京航空航天大学	5★−
2	上海交通大学	5★+	9	东南大学	5★	16	中国科学技术大学	5★−
3	清华大学	5★	10	西北工业大学	5★−	17	华北电力大学	5★−
4	北京理工大学	5★	11	天津大学	5★−	18	湖南大学	5★−
5	北京航空航天大学	5★	12	华中科技大学	5★−	19	杭州电子科技大学	5★−
6	西安交通大学	5★	13	电子科技大学	5★−			
7	东北大学	5★	14	国防科技大学	5★−			
4★（18个）：同济大学、中国科学院大学、中南大学、大连理工大学、南京理工大学、重庆大学、华南理工大学、武汉大学、江南大学、山东大学、南开大学、北京化工大学、郑州大学、哈尔滨工程大学、广东工业大学、上海大学、中国计量大学、燕山大学								
3★（55个），2★（74个），1★（18个）：名单略								

0812 计算机科学与技术（263）

排名	学校名称	星级	排名	学校名称	星级	排名	学校名称	星级
1	国防科技大学	5★+	10	西安电子科技大学	5★	18	东北大学	5★−
2	清华大学	5★+	11	浙江大学	5★	19	华东师范大学	5★−
3	上海交通大学	5★+	12	哈尔滨工业大学	5★	20	天津大学	5★−
4	北京邮电大学	5★	13	东南大学	5★	21	吉林大学	5★−
5	华中科技大学	5★	14	电子科技大学	5★−	22	武汉大学	5★−
6	南京大学	5★	15	新疆大学	5★−	23	厦门大学	5★−
7	北京航空航天大学	5★	16	复旦大学	5★−	24	中国海洋大学	5★−
8	中国科学技术大学	5★	17	杭州电子科技大学	5★−	25	中国人民大学	5★−
9	北京大学	5★	18	四川大学	5★−	26	中山大学	5★−
4★（27个）：中南大学、北京理工大学、湖南大学、西北工业大学、西安交通大学、北京交通大学、重庆邮电大学、同济大学、华南理工大学、南京航空航天大学、上海大学、深圳大学、合肥工业大学、河海大学、安徽大学、浙江师范大学、苏州大学、山东大学、大连理工大学、重庆大学、福州大学、南开大学、燕山大学、太原理工大学、南京理工大学、哈尔滨工程大学								
3★（79个），2★（105个），1★（26个）：名单略								

0813 建筑学（70）

排名	学校名称	星级	排名	学校名称	星级	排名	学校名称	星级
1	同济大学	5★+	4	清华大学	5★	7	哈尔滨工业大学	5★−
2	东南大学	5★	5	重庆大学	5★−			
3	天津大学	5★	6	华南理工大学	5★−			
4★（7个）：西安建筑科技大学、南京大学、湖南大学、浙江大学、华中科技大学、深圳大学、厦门大学								
3★（21个），2★（28个），1★（7个）：名单略								

0814 土木工程（159）

排名	学校名称	星级	排名	学校名称	星级	排名	学校名称	星级
1	同济大学	5★+	7	北京工业大学	5★	13	中南大学	5★-
2	哈尔滨工业大学	5★+	8	上海交通大学	5★	14	四川大学	5★-
3	东南大学	5★	9	湖南大学	5★-	15	河海大学	5★-
4	浙江大学	5★	10	清华大学	5★-	16	广西大学	5★-
5	重庆大学	5★	11	天津大学	5★-			
6	西安建筑科技大学	5★	12	大连理工大学	5★-			

4★(16个)：华中科技大学、山东大学、华南理工大学、郑州大学、西南交通大学、福州大学、长安大学、广州大学、中国矿业大学、沈阳建筑大学、北京交通大学、兰州理工大学、河北工业大学、中国矿业大学(北京)、宁波大学、兰州交通大学

3★(48个)，2★(63个)，1★(16个)：名单略

0815 水利工程（64）

排名	学校名称	星级	排名	学校名称	星级	排名	学校名称	星级
1	河海大学	5★+	3	天津大学	5★	5	四川大学	5★-
2	武汉大学	5★	4	清华大学	5★-	6	大连理工大学	5★-

4★(7个)：西北农林科技大学、西安理工大学、郑州大学、中国农业大学、重庆交通大学、华北水利水电大学、三峡大学

3★(19个)，2★(26个)，1★(6个)：名单略

0816 测绘科学与技术（52）

排名	学校名称	星级	排名	学校名称	星级	排名	学校名称	星级
1	武汉大学	5★+	3	西南交通大学	5★	5	中国矿业大学	5★-
2	同济大学	5★	4	中南大学	5★-			

4★(5个)：河海大学、辽宁工程技术大学、中国地质大学(武汉)、电子科技大学、中国地质大学(北京)

3★(16个)，2★(21个)，1★(5个)：名单略

0817 化学工程与技术（178）

排名	学校名称	星级	排名	学校名称	星级	排名	学校名称	星级
1	天津大学	5★+	7	清华大学	5★	13	湖南大学	5★-
2	华东理工大学	5★+	8	浙江大学	5★	14	浙江工业大学	5★-
3	北京化工大学	5★	9	华南理工大学	5★	15	石河子大学	5★-
4	大连理工大学	5★	10	南京工业大学	5★-	16	江南大学	5★-
5	太原理工大学	5★	11	厦门大学	5★-	17	中南大学	5★-
6	上海交通大学	5★	12	四川大学	5★-	18	中国石油大学(北京)	5★-

4★(18个)：东南大学、中国科学院大学、郑州大学、福州大学、西安交通大学、中山大学、北京理工大学、西南石油大学、重庆大学、苏州大学、青岛科技大学、西北大学、广西大学、上海大学、南京理工大学、武汉工程大学、燕山大学、中国石油大学(华东)

3★(53个)，2★(71个)，1★(18个)：名单略

0818 地质资源与地质工程（46）

排名	学校名称	星级	排名	学校名称	星级	排名	学校名称	星级
1	中国地质大学(武汉)	5★	3	中国石油大学(华东)	5★-	5	吉林大学	5★-
2	中国地质大学(北京)	5★	4	中国石油大学(北京)	5★-			
4★(4个)：成都理工大学、长江大学、南京大学、中南大学								
3★(14个)，2★(18个)，1★(5个)：名单略								

0819 矿业工程（30）

排名	学校名称	星级	排名	学校名称	星级	排名	学校名称	星级
1	中国矿业大学	5★	2	中南大学	5★	3	中国矿业大学(北京)	5★-
4★(3个)：北京科技大学、重庆大学、武汉科技大学								
3★(9个)，2★(12个)，1★(3个)：名单略								

0820 石油与天然气工程（15）

排名	学校名称	星级	排名	学校名称	星级	排名	学校名称	星级
1	中国石油大学(华东)	5★	2	西南石油大学	5★-			
4★(1个)：中国石油大学(北京)								
3★(5个)，2★(6个)，1★(1个)：名单略								

0821 纺织科学与工程（22）

排名	学校名称	星级	排名	学校名称	星级	排名	学校名称	星级
1	东华大学	5★	2	浙江理工大学	5★-			
4★(2个)：天津工业大学、江南大学								
3★(7个)，2★(9个)，1★(2个)：名单略								

0822 轻工技术与工程（19）

排名	学校名称	星级	排名	学校名称	星级	排名	学校名称	星级
1	华南理工大学	5★	2	江南大学	5★-			
4★(2个)：陕西科技大学、广西大学								
3★(6个)，2★(7个)，1★(2个)：名单略								

0823 交通运输工程（64）

排名	学校名称	星级	排名	学校名称	星级	排名	学校名称	星级
1	西南交通大学	5★+	3	东南大学	5★	5	大连海事大学	5★-
2	长安大学	5★	4	重庆交通大学	5★-	6	北京航空航天大学	5★-
4★(7个)：中南大学、北京交通大学、同济大学、武汉理工大学、吉林大学、长沙理工大学、上海海事大学								
3★(19个)，2★(26个)，1★(6个)：名单略								

0824 船舶与海洋工程（24）

排名	学校名称	星级	排名	学校名称	星级	排名	学校名称	星级
1	上海交通大学	5★	2	哈尔滨工程大学	5★-			
4★(3个)：浙江海洋大学、大连海事大学、天津大学								
3★(7个)，2★(10个)，1★(2个)：名单略								

0825 航空宇航科学与技术（29）

排名	学校名称	星级	排名	学校名称	星级	排名	学校名称	星级
1	北京航空航天大学	5★	2	西北工业大学	5★-	3	国防科技大学	5★-
4★(3个)：哈尔滨工业大学、南京航空航天大学、中国科学院大学								
3★(9个)，2★(11个)，1★(3个)：名单略								

0826 兵器科学与技术（7）

排名	学校名称	星级	排名	学校名称	星级	排名	学校名称	星级
1	南京理工大学	5★-						
3★(3个)，2★(2个)，1★(1个)：名单略								

0827 核科学与技术（17）

排名	学校名称	星级	排名	学校名称	星级	排名	学校名称	星级
1	中国科学技术大学	5★	2	清华大学	5★-			
4★(1个)：南华大学								
3★(6个)，2★(6个)，1★(2个)：名单略								

0828 农业工程（44）

排名	学校名称	星级	排名	学校名称	星级	排名	学校名称	星级
1	中国农业大学	5★	3	华中农业大学	5★-			
2	浙江大学	5★	4	西北农林科技大学	5★-			
4★(5个)：吉林大学、华南农业大学、南京农业大学、东北农业大学、沈阳农业大学								
3★(13个)，2★(18个)，1★(4个)：名单略								

0829 林业工程（12）

排名	学校名称	星级	排名	学校名称	星级	排名	学校名称	星级
1	东北林业大学	5★						
4★(1个)：南京林业大学								
3★(4个)，2★(5个)，1★(1个)：名单略								

0830 环境科学与工程（193）

排名	学校名称	星级	排名	学校名称	星级	排名	学校名称	星级
1	南京大学	5★+	8	北京大学	5★	15	山东大学	5★-
2	北京师范大学	5★+	9	清华大学	5★	16	湖南大学	5★-
3	同济大学	5★	10	厦门大学	5★	17	华中科技大学	5★-
4	河海大学	5★	11	华南理工大学	5★-	18	上海交通大学	5★-
5	复旦大学	5★	12	中国海洋大学	5★-	19	中南大学	5★-
6	哈尔滨工业大学	5★	13	南开大学	5★-			
7	浙江大学	5★	14	天津大学	5★-			

4★（20 个）：西安建筑科技大学、东南大学、中国地质大学（武汉）、中国科学技术大学、南京信息工程大学、武汉大学、西北农林科技大学、四川大学、中国科学院大学、辽宁大学、重庆大学、中山大学、广东工业大学、大连理工大学、吉林大学、中国农业大学、中国矿业大学、华东理工大学、北京科技大学、暨南大学

3★（58 个），2★（77 个），1★（19 个）：名单略

0831 生物医学工程（74）

排名	学校名称	星级	排名	学校名称	星级	排名	学校名称	星级
1	四川大学	5★+	4	天津大学	5★	7	温州医科大学	5★-
2	东南大学	5★	5	清华大学	5★-			
3	浙江大学	5★	6	北京协和医学院	5★-			

4★（8 个）：复旦大学、上海交通大学、中国科学技术大学、中国科学院大学、暨南大学、第四军医大学、天津医科大学、首都医科大学

3★（22 个），2★（30 个），1★（7 个）：名单略

0832 食品科学与工程（99）

排名	学校名称	星级	排名	学校名称	星级	排名	学校名称	星级
1	江南大学	5★+	5	华中农业大学	5★	9	东北农业大学	5★-
2	中国农业大学	5★	6	西北农林科技大学	5★-	10	西南大学	5★-
3	华南理工大学	5★	7	浙江大学	5★-			
4	南昌大学	5★	8	南京农业大学	5★-			

4★（10 个）：北京工商大学、浙江工商大学、上海海洋大学、中国海洋大学、河南工业大学、江苏大学、宁波大学、大连工业大学、武汉轻工大学、合肥工业大学

3★（30 个），2★（39 个），1★（10 个）：名单略

0833 城乡规划学（60）

排名	学校名称	星级	排名	学校名称	星级	排名	学校名称	星级
1	同济大学	5★+	3	西安建筑科技大学	5★	5	清华大学	5★-
2	华中科技大学	5★	4	南京大学	5★-	6	天津大学	5★-

4★（6 个）：东南大学、华南理工大学、武汉大学、重庆大学、大连理工大学、哈尔滨工业大学

3★（18 个），2★（24 个），1★（6 个）：名单略

0834 风景园林学（56）

排名	学校名称	星级	排名	学校名称	星级	排名	学校名称	星级
1	北京林业大学	5★+	3	东南大学	5★	5	清华大学	5★-
2	西安建筑科技大学	5★	4	同济大学	5★-	6	四川农业大学	5★-
4★(5个)：重庆大学、华中农业大学、南京林业大学、福建农林大学、西北农林科技大学								
3★(17个)，2★(22个)，1★(6个)：名单略								

0835 软件工程（146）

排名	学校名称	星级	排名	学校名称	星级	排名	学校名称	星级
1	浙江大学	5★+	6	电子科技大学	5★	11	山东大学	5★-
2	国防科技大学	5★	7	南京大学	5★	12	大连理工大学	5★-
3	武汉大学	5★	8	天津大学	5★-	13	北京航空航天大学	5★-
4	华东师范大学	5★	9	东北大学	5★-	14	西北工业大学	5★-
5	清华大学	5★	10	北京大学	5★-	15	四川大学	5★-
4★(14个)：东南大学、上海财经大学、吉林大学、西安电子科技大学、中山大学、同济大学、南京航空航天大学、南京理工大学、北京邮电大学、浙江师范大学、河海大学、浙江理工大学、重庆大学、苏州大学								
3★(44个)，2★(58个)，1★(15个)：名单略								

0836 生物工程（22）

排名	学校名称	星级	排名	学校名称	星级	排名	学校名称	星级
1	华中农业大学	5★	2	华东理工大学	5★-			
4★(2个)：北京化工大学、南京工业大学								
3★(7个)，2★(9个)，1★(2个)：名单略								

0837 安全科学与工程（61）

排名	学校名称	星级	排名	学校名称	星级	排名	学校名称	星级
1	中国矿业大学	5★+	3	中国科学技术大学	5★	5	中国民航大学	5★-
2	中国矿业大学(北京)	5★	4	武汉科技大学	5★-	6	西安科技大学	5★-
4★(6个)：北京理工大学、安徽理工大学、重庆大学、河南理工大学、山东科技大学、清华大学								
3★(19个)，2★(24个)，1★(6个)：名单略								

0839 网络空间安全（70）

排名	学校名称	星级	排名	学校名称	星级	排名	学校名称	星级
1	武汉大学	5★+	4	复旦大学	5★	7	国防科技大学	5★-
2	中国科学技术大学	5★	5	清华大学	5★-			
3	北京邮电大学	5★	6	浙江大学	5★-			
4★(7个)：东南大学、西北工业大学、山东大学、北京交通大学、西安电子科技大学、华中科技大学、杭州电子科技大学								
3★(21个)，2★(28个)，1★(7个)：名单略								

0901 作物学（51）

排名	学校名称	星级	排名	学校名称	星级	排名	学校名称	星级
1	中国农业大学	5★+	3	四川农业大学	5★	5	西北农林科技大学	5★-
2	南京农业大学	5★	4	华南农业大学	5★-			
4★(5个)：海南大学、华中农业大学、甘肃农业大学、浙江大学、东北农业大学								
3★(16个)，2★(20个)，1★(5个)：名单略								

0902 园艺学（44）

排名	学校名称	星级	排名	学校名称	星级	排名	学校名称	星级
1	浙江大学	5★	3	南京农业大学	5★-			
2	华中农业大学	5★	4	沈阳农业大学	5★-			
4★(5个)：西北农林科技大学、中国农业大学、福建农林大学、上海交通大学、华南农业大学								
3★(13个)，2★(18个)，1★(4个)：名单略								

0903 农业资源与环境（40）

排名	学校名称	星级	排名	学校名称	星级	排名	学校名称	星级
1	中国农业大学	5★	3	东北农业大学	5★-			
2	南京农业大学	5★	4	沈阳农业大学	5★-			
4★(4个)：浙江大学、西北农林科技大学、华中农业大学、华南农业大学								
3★(12个)，2★(16个)，1★(4个)：名单略								

0904 植物保护（45）

排名	学校名称	星级	排名	学校名称	星级	排名	学校名称	星级
1	中国农业大学	5★	3	西北农林科技大学	5★-	5	华中农业大学	5★-
2	浙江大学	5★	4	贵州大学	5★-			
4★(4个)：南京农业大学、华南农业大学、沈阳农业大学、吉林农业大学								
3★(14个)，2★(18个)，1★(4个)：名单略								

0905 畜牧学（55）

排名	学校名称	星级	排名	学校名称	星级	排名	学校名称	星级
1	中国农业大学	5★+	3	东北农业大学	5★	5	浙江大学	5★-
2	华中农业大学	5★	4	西北农林科技大学	5★-	6	南京农业大学	5★-
4★(5个)：四川农业大学、华南农业大学、扬州大学、西南大学、江西农业大学								
3★(17个)，2★(22个)，1★(5个)：名单略								

0906 兽医学（43）

排名	学校名称	星级	排名	学校名称	星级	排名	学校名称	星级
1	中国农业大学	5★	3	扬州大学	5★-			
2	华中农业大学	5★	4	西北农林科技大学	5★-			
4★(5个)：浙江大学、南京农业大学、四川农业大学、东北农业大学、吉林大学								
3★(13个)，2★(17个)，1★(4个)：名单略								

0907 林学（36）

排名	学校名称	星级	排名	学校名称	星级	排名	学校名称	星级
1	北京林业大学	5★	3	南京林业大学	5★-			
2	东北林业大学	5★	4	西北农林科技大学	5★-			
4★(3个)：福建农林大学、中南林业科技大学、江西农业大学								
3★(11个)，2★(14个)，1★(4个)：名单略								

0908 水产（28）

排名	学校名称	星级	排名	学校名称	星级	排名	学校名称	星级
1	中国海洋大学	5★	2	上海海洋大学	5★-	3	宁波大学	5★-
4★(3个)：集美大学、浙江海洋大学、华中农业大学								
3★(8个)，2★(11个)，1★(3个)：名单略								

0909 草学（25）

排名	学校名称	星级	排名	学校名称	星级	排名	学校名称	星级
1	兰州大学	5★	2	甘肃农业大学	5★-	3	中国农业大学	5★-
4★(2个)：东北师范大学、北京林业大学								
3★(8个)，2★(10个)，1★(2个)：名单略								

1001 基础医学（108）

排名	学校名称	星级	排名	学校名称	星级	排名	学校名称	星级
1	中山大学	5★+	5	四川大学	5★	9	山东大学	5★-
2	复旦大学	5★	6	浙江大学	5★-	10	中国科学院大学	5★-
3	华中科技大学	5★	7	上海交通大学	5★-	11	第二军医大学	5★-
4	北京大学	5★	8	中南大学	5★-			
4★(11个)：北京协和医学院、武汉大学、郑州大学、苏州大学、吉林大学、南京医科大学、中国医科大学、天津医科大学、重庆医科大学、广西医科大学、第四军医大学								
3★(32个)，2★(43个)，1★(11个)：名单略								

1002 临床医学（110）

排名	学校名称	星级	排名	学校名称	星级	排名	学校名称	星级
1	复旦大学	5★+	5	北京大学	5★	9	四川大学	5★-
2	上海交通大学	5★	6	浙江大学	5★	10	中南大学	5★-
3	中山大学	5★	7	华中科技大学	5★-	11	首都医科大学	5★-
4	郑州大学	5★	8	北京协和医学院	5★-			
4★(11个)：天津医科大学、第四军医大学、武汉大学、山东大学、同济大学、南京医科大学、重庆医科大学、温州医科大学、中国医科大学、广州医科大学、吉林大学								
3★(33个)，2★(44个)，1★(11个)：名单略								

1003 口腔医学（47）

排名	学校名称	星级	排名	学校名称	星级	排名	学校名称	星级
1	四川大学	5★	3	北京大学	5★−	5	中山大学	5★−
2	武汉大学	5★	4	上海交通大学	5★−			
4★(4个)：同济大学、南京医科大学、首都医科大学、第四军医大学								
3★(15个)，2★(18个)，1★(5个)：名单略								

1004 公共卫生与预防医学（74）

排名	学校名称	星级	排名	学校名称	星级	排名	学校名称	星级
1	复旦大学	5★+	4	中山大学	5★	7	吉林大学	5★−
2	华中科技大学	5★	5	四川大学	5★−			
3	北京大学	5★	6	南京医科大学	5★−			
4★(8个)：浙江大学、北京协和医学院、中国医科大学、中南大学、西安交通大学、东南大学、安徽医科大学、第二军医大学								
3★(22个)，2★(30个)，1★(7个)：名单略								

1005 中医学（42）

排名	学校名称	星级	排名	学校名称	星级	排名	学校名称	星级
1	北京中医药大学	5★	3	广州中医药大学	5★−			
2	上海中医药大学	5★	4	成都中医药大学	5★−			
4★(4个)：黑龙江中医药大学、南京中医药大学、安徽中医药大学、湖南中医药大学								
3★(13个)，2★(17个)，1★(4个)：名单略								

1006 中西医结合（61）

排名	学校名称	星级	排名	学校名称	星级	排名	学校名称	星级
1	北京中医药大学	5★+	3	上海中医药大学	5★	5	广州中医药大学	5★−
2	复旦大学	5★	4	华中科技大学	5★−	6	福建中医药大学	5★−
4★(6个)：天津中医药大学、北京大学、黑龙江中医药大学、四川大学、辽宁中医药大学、安徽中医药大学								
3★(19个)，2★(24个)，1★(6个)：名单略								

1007 药学（142）

排名	学校名称	星级	排名	学校名称	星级	排名	学校名称	星级
1	沈阳药科大学	5★+	6	北京协和医学院	5★	11	北京大学	5★−
2	中国药科大学	5★	7	山东大学	5★	12	华中科技大学	5★−
3	复旦大学	5★	8	浙江大学	5★−	13	郑州大学	5★−
4	中山大学	5★	9	暨南大学	5★−	14	吉林大学	5★−
5	上海交通大学	5★	10	四川大学	5★−			
4★(14个)：中国海洋大学、西安交通大学、中南大学、南京大学、西南大学、哈尔滨医科大学、华东理工大学、南开大学、苏州大学、温州医科大学、河北医科大学、第二军医大学、青岛大学、中国科学院大学								
3★(43个)，2★(57个)，1★(14个)：名单略								

1008 中药学（50）

排名	学校名称	星级	排名	学校名称	星级	排名	学校名称	星级
1	北京中医药大学	5★+	3	南京中医药大学	5★	5	上海中医药大学	5★-
2	中国药科大学	5★	4	成都中医药大学	5★-			
4★(5个)：黑龙江中医药大学、天津中医药大学、广州中医药大学、长春中医药大学、沈阳药科大学								
3★(15个)，2★(20个)，1★(5个)：名单略								

1009 特种医学（14）

排名	学校名称	星级	排名	学校名称	星级	排名	学校名称	星级
1	苏州大学	5★						
4★(2个)：山西医科大学、第二军医大学								
3★(4个)，2★(6个)，1★(1个)：名单略								

1010 医学技术（35）

排名	学校名称	星级	排名	学校名称	星级	排名	学校名称	星级
1	中山大学	5★	3	温州医科大学	5★-			
2	四川大学	5★	4	北京大学	5★-			
4★(3个)：天津医科大学、重庆医科大学、南京医科大学								
3★(11个)，2★(14个)，1★(3个)：名单略								

1011 护理学（70）

排名	学校名称	星级	排名	学校名称	星级	排名	学校名称	星级
1	四川大学	5★+	4	北京大学	5★	7	上海交通大学	5★-
2	复旦大学	5★	5	中山大学	5★-			
3	中南大学	5★	6	武汉大学	5★-			
4★(7个)：浙江大学、华中科技大学、西安交通大学、重庆医科大学、福建医科大学、山西医科大学、郑州大学								
3★(21个)，2★(28个)，1★(7个)：名单略								

1201 管理科学与工程（202）

排名	学校名称	星级	排名	学校名称	星级	排名	学校名称	星级
1	浙江大学	5★+	8	上海交通大学	5★	15	上海海事大学	5★-
2	天津大学	5★+	9	上海财经大学	5★	16	南京航空航天大学	5★-
3	合肥工业大学	5★	10	北京航空航天大学	5★	17	四川大学	5★-
4	西安交通大学	5★	11	华南理工大学	5★-	18	同济大学	5★-
5	大连理工大学	5★	12	上海大学	5★-	19	华中科技大学	5★-
6	武汉大学	5★	13	福州大学	5★-	20	东南大学	5★-
7	北京交通大学	5★	14	中国矿业大学	5★-			
4★(20个)：南京理工大学、西南财经大学、厦门大学、中山大学、清华大学、重庆大学、南京信息工程大学、电子科技大学、山东师范大学、东北财经大学、西北工业大学、山东大学、广东工业大学、中南大学、西安建筑科技大学、中国科学技术大学、北京理工大学、杭州电子科技大学、哈尔滨工程大学、南京大学								
3★(61个)，2★(81个)，1★(20个)：名单略								

1202 工商管理（307）

排名	学校名称	星级	排名	学校名称	星级	排名	学校名称	星级
1	中国人民大学	5★+	12	复旦大学	5★	23	中国海洋大学	5★-
2	西安交通大学	5★+	13	中南财经政法大学	5★	24	中南大学	5★-
3	中山大学	5★+	14	暨南大学	5★	25	华南理工大学	5★-
4	上海交通大学	5★	15	上海财经大学	5★	26	天津大学	5★-
5	厦门大学	5★	16	西南财经大学	5★-	27	浙江工商大学	5★-
6	南开大学	5★	17	北京大学	5★-	28	云南大学	5★-
7	东北财经大学	5★	18	吉林大学	5★-	29	浙江大学	5★-
8	四川大学	5★	19	湖南大学	5★-	30	天津财经大学	5★-
9	清华大学	5★	20	对外经济贸易大学	5★-	31	浙江工业大学	5★-
10	武汉大学	5★	21	北京理工大学	5★-			
11	大连理工大学	5★	22	重庆大学	5★-			

4★（30 个）：南京大学、同济大学、华中科技大学、中央财经大学、华东师范大学、兰州大学、哈尔滨工业大学、东北大学、北京交通大学、合肥工业大学、河海大学、首都经济贸易大学、山东大学、山东财经大学、江西财经大学、辽宁大学、哈尔滨商业大学、福州大学、云南财经大学、西安理工大学、西北大学、华北电力大学、电子科技大学、中国科学技术大学、东华大学、西南交通大学、华侨大学、燕山大学、苏州大学、杭州电子科技大学

3★（92 个），2★（122 个），1★（31 个）：名单略

1203 农林经济管理（51）

排名	学校名称	星级	排名	学校名称	星级	排名	学校名称	星级
1	中国人民大学	5★+	3	南京农业大学	5★	5	西北农林科技大学	5★-
2	浙江大学	5★	4	华中农业大学	5★-			

4★（5 个）：北京林业大学、中国农业大学、南京林业大学、贵州大学、东北农业大学

3★（16 个），2★（20 个），1★（5 个）：名单略

1204 公共管理（209）

排名	学校名称	星级	排名	学校名称	星级	排名	学校名称	星级
1	中国人民大学	5★+	8	四川大学	5★	15	中南大学	5★-
2	华中科技大学	5★+	9	北京师范大学	5★	16	兰州大学	5★-
3	北京大学	5★	10	中山大学	5★	17	郑州大学	5★-
4	清华大学	5★	11	厦门大学	5★-	18	天津大学	5★-
5	复旦大学	5★	12	西安交通大学	5★-	19	中国农业大学	5★-
6	浙江大学	5★	13	南京大学	5★-	20	重庆大学	5★-
7	武汉大学	5★	14	吉林大学	5★-	21	东北大学	5★-

4★（21 个）：上海交通大学、南开大学、山东大学、中国矿业大学、北京航空航天大学、南京农业大学、华东师范大学、中南财经政法大学、华中农业大学、华南理工大学、云南大学、华东政法大学、上海财经大学、中国地质大学（北京）、华中师范大学、哈尔滨工业大学、中国地质大学（武汉）、湘潭大学、东北财经大学、浙江师范大学、中国科学院大学

3★（63 个），2★（83 个），1★（21 个）：名单略

1205 图书情报与档案管理（50）

排名	学校名称	星级	排名	学校名称	星级	排名	学校名称	星级
1	武汉大学	5★+	3	中国人民大学	5★	5	北京大学	5★-
2	南京大学	5★	4	中山大学	5★-			
4★(5个)：吉林大学、南开大学、华中师范大学、郑州大学、上海大学								
3★(15个)，2★(20个)，1★(5个)：名单略								

1301 艺术学理论（70）

排名	学校名称	星级	排名	学校名称	星级	排名	学校名称	星级
1	中国美术学院	5★+	4	四川大学	5★	7	南京艺术学院	5★-
2	中国传媒大学	5★	5	浙江大学	5★-			
3	东南大学	5★	6	北京大学	5★-			
4★(7个)：清华大学、上海大学、浙江理工大学、中国音乐学院、山西大学、东北大学、西安美术学院								
3★(21个)，2★(28个)，1★(7个)：名单略								

1302 音乐与舞蹈学（82）

排名	学校名称	星级	排名	学校名称	星级	排名	学校名称	星级
1	上海音乐学院	5★+	4	中国传媒大学	5★	7	中央民族大学	5★-
2	南京艺术学院	5★	5	东北师范大学	5★-	8	华南师范大学	5★-
3	首都师范大学	5★	6	北京师范大学	5★-			
4★(8个)：南京师范大学、湖南师范大学、福建师范大学、星海音乐学院、西安音乐学院、浙江师范大学、浙江音乐学院、华东师范大学								
3★(25个)，2★(33个)，1★(8个)：名单略								

1303 戏剧与影视学（61）

排名	学校名称	星级	排名	学校名称	星级	排名	学校名称	星级
1	中央戏剧学院	5★+	3	北京师范大学	5★	5	北京电影学院	5★-
2	中国传媒大学	5★	4	上海戏剧学院	5★-	6	南京大学	5★-
4★(6个)：上海大学、中国人民大学、南京师范大学、南京艺术学院、西北大学、山西师范大学								
3★(19个)，2★(24个)，1★(6个)：名单略								

1304 美术学（115）

排名	学校名称	星级	排名	学校名称	星级	排名	学校名称	星级
1	中央美术学院	5★+	5	四川大学	5★	9	上海大学	5★-
2	中国美术学院	5★	6	清华大学	5★	10	南京艺术学院	5★-
3	西安美术学院	5★	7	中国人民大学	5★-	11	首都师范大学	5★-
4	广州美术学院	5★	8	南京师范大学	5★-	12	华东师范大学	5★-
4★(11个)：西北师范大学、哈尔滨师范大学、北京电影学院、山东师范大学、福建师范大学、东北师范大学、中国传媒大学、浙江师范大学、苏州大学、四川美术学院、湖南师范大学								
3★(35个)，2★(46个)，1★(11个)：名单略								

1305 设计学（161）

排名	学校名称	星级	排名	学校名称	星级	排名	学校名称	星级
1	中央美术学院	5★+	7	武汉理工大学	5★	13	景德镇陶瓷大学	5★-
2	清华大学	5★+	8	中国传媒大学	5★	14	北京服装学院	5★-
3	江南大学	5★	9	苏州大学	5★-	15	东华大学	5★-
4	同济大学	5★	10	上海大学	5★-	16	南京师范大学	5★-
5	四川大学	5★	11	浙江大学	5★-			
6	北京理工大学	5★	12	南京艺术学院	5★-			
4★（16 个）：西安美术学院、广东工业大学、大连工业大学、浙江工业大学、浙江理工大学、湖南工业大学、中原工学院、北京林业大学、天津理工大学、华东理工大学、上海交通大学、四川美术学院、鲁迅美术学院、天津大学、齐鲁工业大学、西安理工大学								
3★（49 个），2★（64 个），1★（16 个）：名单略								

第四部分

2023 年中国高职高专院校竞争力排行榜

中国高职高专教育地区竞争力排行榜

地区	排名	高职高专院校数量	职业本科数量
江苏	1	90	1
广东	2	93	2
山东	3	83	3
河南	4	99	1
湖南	5	78	1
四川	6	81	1
浙江	7	49	2
安徽	8	75	0
河北	9	63	3
湖北	10	62	0
江西	11	61	3
福建	12	49	1
辽宁	13	51	1
重庆	14	44	1
陕西	15	40	2
广西	16	47	2
山西	17	48	2
云南	18	50	0
贵州	19	46	1
黑龙江	20	39	0
北京	21	25	0
内蒙古	22	37	0
新疆	23	35	1
天津	24	26	0
甘肃	25	27	2
上海	26	24	1
吉林	27	29	0
海南	28	13	1
宁夏	29	12	0
青海	30	8	0
西藏	31	3	0

中国职业本科院校竞争力排行榜(32强)

学校名称	排名	地区	院校类型	院校性质
南京工业职业技术大学	1	江苏	理工	公办
河北科技工程职业技术大学	2	河北	理工	公办
海南科技职业大学	3	海南	理工	民办
兰州资源环境职业技术大学	4	甘肃	综合	公办
河北石油职业技术大学	5	河北	理工	公办
兰州石化职业技术大学	6	甘肃	理工	公办
河北工业职业技术大学	7	河北	理工	公办
浙江药科职业大学	8	浙江	医药	公办
山西工程科技职业大学	9	山西	理工	公办
广西城市职业大学	10	广西	综合	民办
广州科技职业技术大学	11	广东	综合	民办
广西农业职业技术大学	12	广西	农林	公办
浙江广厦建设职业技术大学	13	浙江	理工	民办
南昌职业大学	14	江西	综合	民办
山东外事职业大学	15	山东	综合	民办
泉州职业技术大学	16	福建	综合	民办
广东工商职业技术大学	17	广东	财经	民办
重庆机电职业技术大学	18	重庆	理工	民办
山东外国语职业技术大学	19	山东	语言	民办
河南科技职业大学	20	河南	理工	民办
山东工程职业技术大学	21	山东	理工	民办
西安信息职业大学	22	陕西	理工	民办
西安汽车职业大学	23	陕西	理工	民办
成都艺术职业大学	24	四川	艺术	民办
贵阳康养职业大学	25	贵州	医药	公办
上海中侨职业技术大学	26	上海	综合	民办
江西软件职业技术大学	27	江西	理工	民办
运城职业技术大学	28	山西	综合	民办
湖南软件职业技术大学	29	湖南	理工	民办
新疆天山职业技术大学	30	新疆	理工	民办
辽宁理工职业大学	31	辽宁	理工	民办
景德镇艺术职业大学	32	江西	艺术	民办

中国职业专科院校竞争力排行榜

排名	院校名称	星级	地区内序		排名	院校名称	星级	地区内序	
1	深圳职业技术学院	5★+	广东	1	37	西安航空职业技术学院	5★	陕西	3
2	无锡职业技术学院	5★+	江苏	1	38	南宁职业技术学院	5★	广西	1
3	淄博职业学院	5★+	山东	1	39	浙江交通职业技术学院	5★	浙江	5
4	广东轻工职业技术学院	5★+	广东	2	40	江苏经贸职业技术学院	5★	江苏	6
5	北京电子科技职业学院	5★+	北京	1	41	温州职业技术学院	5★	浙江	6
6	金华职业技术学院	5★+	浙江	1	42	北京信息职业技术学院	5★	北京	3
7	黄河水利职业技术学院	5★+	河南	1	43	常州机电职业技术学院	5★	江苏	7
8	深圳信息职业技术学院	5★+	广东	3	44	河南工业职业技术学院	5★	河南	2
9	重庆电子工程职业学院	5★+	重庆	1	45	杭州职业技术学院	5★	浙江	7
10	陕西工业职业技术学院	5★+	陕西	1	46	成都航空职业技术学院	5★	四川	1
11	山东商业职业技术学院	5★+	山东	2	47	重庆工程职业技术学院	5★	重庆	3
12	浙江金融职业学院	5★+	浙江	2	48	北京财贸职业学院	5★	北京	4
13	江苏农牧科技职业学院	5★+	江苏	2	49	湖南汽车工程职业学院	5★	湖南	2
14	广州番禺职业技术学院	5★+	广东	4	50	广东机电职业技术学院	5★	广东	6
15	天津市职业大学	5★	天津	1	51	陕西铁路工程职业技术学院	5★	陕西	4
16	重庆工业职业技术学院	5★	重庆	2	52	广东科学技术职业学院	5★	广东	7
17	北京工业职业技术学院	5★	北京	2	53	四川工程职业技术学院	5★	四川	2
18	顺德职业技术学院	5★	广东	5	54	长春职业技术学院	5★	吉林	1
19	杨凌职业技术学院	5★	陕西	2	55	广州铁路职业技术学院	5★	广东	8
20	昆明冶金高等专科学校	5★	云南	1	56	滨州职业学院	5★	山东	5
21	新疆农业职业技术学院	5★	新疆	1	57	武汉船舶职业技术学院	5★	湖北	2
22	常州信息职业技术学院	5★	江苏	3	58	湖南铁道职业技术学院	5★	湖南	3
23	江苏农林职业技术学院	5★	江苏	4	59	威海职业学院	5★	山东	6
24	南京信息职业技术学院	5★	江苏	5	60	柳州职业技术学院	5★	广西	2
25	九江职业技术学院	5★	江西	1	61	宁夏职业技术学院	5★	宁夏	1
26	日照职业技术学院	5★	山东	3	62	郑州铁路职业技术学院	5★	河南	3
27	宁波职业技术学院	5★	浙江	3	63	江苏海事职业技术学院	5★	江苏	8
28	浙江机电职业技术学院	5★	浙江	4	64	江苏建筑职业技术学院	5★	江苏	9
29	哈尔滨职业技术学院	5★	黑龙江	1	65	河北化工医药职业技术学院	5★	河北	1
30	潍坊职业学院	5★	山东	4	66	青岛职业技术学院	5★	山东	7
31	长沙民政职业技术学院	5★	湖南	1	67	重庆城市管理职业学院	5★	重庆	4
32	芜湖职业技术学院	5★	安徽	1	68	襄阳职业技术学院	5★	湖北	3
33	贵州交通职业技术学院	5★	贵州	1	69	山东科技职业学院	5★	山东	8
34	辽宁省交通高等专科学校	5★	辽宁	1	70	江西应用技术职业学院	5★	江西	2
35	武汉职业技术学院	5★	湖北	1	71	福建信息职业技术学院	5★	福建	2
36	福建船政交通职业学院	5★	福建	1	72	黑龙江建筑职业技术学院	5★	黑龙江	2

续表

排名	院校名称	星级	地区内序		排名	院校名称	星级	地区内序	
73	济南职业学院	5★	山东	9	114	南京铁道职业技术学院	5★-	江苏	15
74	河南职业技术学院	5★	河南	4	115	山西工程职业学院	5★-	山西	2
75	北京农业职业学院	5★-	北京	5	116	天津现代职业技术学院	5★-	天津	5
76	武汉软件工程职业学院	5★-	湖北	4	117	徐州工业职业技术学院	5★-	江苏	16
77	天津轻工职业技术学院	5★-	天津	2	118	北京交通运输职业学院	5★-	北京	6
78	江苏航运职业技术学院	5★-	江苏	10	119	宁夏工商职业技术学院	5★-	宁夏	2
79	广东水利电力职业技术学院	5★-	广东	9	120	湖南工艺美术职业学院	5★-	湖南	6
80	天津医学高等专科学校	5★-	天津	3	121	浙江经贸职业技术学院	5★-	浙江	13
81	四川建筑职业技术学院	5★-	四川	3	122	广东交通职业技术学院	5★-	广东	10
82	内蒙古机电职业技术学院	5★-	内蒙古	1	123	上海电子信息职业技术学院	5★-	上海	1
83	天津电子信息职业技术学院	5★-	天津	4	124	江苏食品药品职业技术学院	5★-	江苏	17
84	长春汽车工业高等专科学校	5★-	吉林	2	125	安徽职业技术学院	5★-	安徽	3
85	唐山工业职业技术学院	5★-	河北	2	126	漯河医学高等专科学校	5★-	河南	6
86	常州工程职业技术学院	5★-	江苏	11	127	黑龙江职业学院	5★-	黑龙江	5
87	浙江旅游职业学院	5★-	浙江	8	128	安徽机电职业技术学院	5★-	安徽	4
88	苏州农业职业技术学院	5★-	江苏	12	129	广州民航职业技术学院	5★-	广东	11
89	湖南工业职业技术学院	5★-	湖南	4	130	湖南交通职业技术学院	5★-	湖南	7
90	烟台职业学院	5★-	山东	10	131	许昌职业技术学院	5★-	河南	7
91	四川交通职业技术学院	5★-	四川	4	132	上海工艺美术职业学院	5★-	上海	2
92	黑龙江农业经济职业学院	5★-	黑龙江	3	133	湖南化工职业技术学院	5★-	湖南	8
93	广西职业技术学院	5★-	广西	3	134	成都纺织高等专科学校	5★-	四川	6
94	无锡商业职业技术学院	5★-	江苏	13	135	辽宁农业职业技术学院	5★-	辽宁	2
95	江苏工程职业技术学院	5★-	江苏	14	136	海南经贸职业技术学院	5★-	海南	1
96	浙江建设职业技术学院	5★-	浙江	9	137	江西交通职业技术学院	5★-	江西	4
97	武汉城市职业学院	5★-	湖北	5	138	山东交通职业学院	5★-	山东	11
98	河北交通职业技术学院	5★-	河北	3	139	上海城建职业学院	5★-	上海	3
99	浙江工贸职业技术学院	5★-	浙江	10	140	石家庄铁路职业技术学院	5★-	河北	4
100	安徽商贸职业技术学院	5★-	安徽	2	141	山东外贸职业学院	5★-	山东	12
101	浙江经济职业技术学院	5★-	浙江	11	142	重庆三峡医药高等专科学校	5★-	重庆	5
102	成都职业技术学院	5★-	四川	5	143	湖北交通职业技术学院	5★-	湖北	8
103	武汉铁路职业技术学院	5★-	湖北	6	144	广西交通职业技术学院	5★-	广西	4
104	山西省财政税务专科学校	5★-	山西	1	145	广东农工商职业技术学院	5★-	广东	12
105	铜仁职业技术学院	5★-	贵州	2	146	湖北职业技术学院	5★-	湖北	9
106	黄冈职业技术学院	5★-	湖北	7	147	江西外语外贸职业学院	5★-	江西	5
107	黑龙江农业工程职业学院	5★-	黑龙江	4	148	辽宁机电职业技术学院	5★-	辽宁	3
108	黎明职业大学	5★-	福建	3	149	河南经贸职业学院	4★	河南	8
109	陕西国防工业职业技术学院	5★-	陕西	5	150	内蒙古建筑职业技术学院	4★	内蒙古	2
110	浙江商业职业技术学院	5★-	浙江	12	151	扬州工业职业技术学院	4★	江苏	18
111	长沙航空职业技术学院	5★-	湖南	5	152	南京科技职业学院	4★	江苏	19
112	江西环境工程职业学院	5★-	江西	3	153	天津交通职业学院	4★	天津	6
113	河南农业职业学院	5★-	河南	5	154	重庆工商职业学院	4★	重庆	6

续表

排名	院校名称	星级	地区内序		排名	院校名称	星级	地区内序	
155	中山职业技术学院	4★	广东	13	196	浙江工业职业技术学院	4★	浙江	16
156	山东畜牧兽医职业学院	4★	山东	13	197	吉林铁道职业技术学院	4★	吉林	3
157	娄底职业技术学院	4★	湖南	9	198	重庆航天职业技术学院	4★	重庆	8
158	石家庄职业技术学院	4★	河北	5	199	无锡城市职业技术学院	4★	江苏	26
159	湖北三峡职业技术学院	4★	湖北	10	200	河北旅游职业学院	4★	河北	8
160	四川邮电职业技术学院	4★	四川	7	201	贵州轻工职业技术学院	4★	贵州	3
161	秦皇岛职业技术学院	4★	河北	6	202	浙江工商职业技术学院	4★	浙江	17
162	山东职业学院	4★	山东	14	203	柳州铁道职业技术学院	4★	广西	6
163	福州职业技术学院	4★	福建	4	204	山东水利职业学院	4★	山东	17
164	新疆轻工职业技术学院	4★	新疆	2	205	云南机电职业技术学院	4★	云南	3
165	广东工贸职业技术学院	4★	广东	14	206	河北对外经贸职业学院	4★	河北	9
166	常州工业职业技术学院	4★	江苏	20	207	长沙商贸旅游职业技术学院	4★	湖南	11
167	天津渤海职业技术学院	4★	天津	7	208	酒泉职业技术学院	4★	甘肃	1
168	中山火炬职业技术学院	4★	广东	15	209	苏州经贸职业技术学院	4★	江苏	27
169	东莞职业技术学院	4★	广东	16	210	辽宁经济职业技术学院	4★	辽宁	5
170	重庆医药高等专科学校	4★	重庆	7	211	咸阳职业技术学院	4★	陕西	8
171	沈阳职业技术学院	4★	辽宁	4	212	河南交通职业技术学院	4★	河南	12
172	东营职业学院	4★	山东	15	213	包头职业技术学院	4★	内蒙古	3
173	漳州职业技术学院	4★	福建	5	214	成都农业科技职业学院	4★	四川	9
174	陕西交通职业技术学院	4★	陕西	6	215	江苏医药职业学院	4★	江苏	28
175	陕西职业技术学院	4★	陕西	7	216	南通职业大学	4★	江苏	29
176	武汉电力职业技术学院	4★	湖北	11	217	岳阳职业技术学院	4★	湖南	12
177	青岛酒店管理职业技术学院	4★	山东	16	218	上海出版印刷高等专科学校	4★	上海	4
178	广西建设职业技术学院	4★	广西	5	219	威海海洋职业学院	4★	山东	18
179	义乌工商职业技术学院	4★	浙江	14	220	山西职业技术学院	4★	山西	3
180	浙江警官职业学院	4★	浙江	15	221	咸宁职业技术学院	4★	湖北	12
181	广东食品药品职业学院	4★	广东	17	222	武汉交通职业学院	4★	湖北	13
182	湖南机电职业技术学院	4★	湖南	10	223	哈尔滨铁道职业技术学院	4★	黑龙江	6
183	南京交通职业技术学院	4★	江苏	21	224	苏州职业大学	4★	江苏	30
184	商丘职业技术学院	4★	河南	9	225	宜宾职业技术学院	4★	四川	10
185	平顶山工业职业技术学院	4★	河南	10	226	莱芜职业技术学院	4★	山东	19
186	北京劳动保障职业学院	4★	北京	7	227	浙江艺术职业学院	4★	浙江	18
187	绵阳职业技术学院	4★	四川	8	228	甘肃林业职业技术学院	4★	甘肃	2
188	石家庄邮电职业技术学院	4★	河北	7	229	青海交通职业技术学院	4★	青海	1
189	苏州工艺美术职业技术学院	4★	江苏	22	230	广西机电职业技术学院	4★	广西	7
190	安徽水利水电职业技术学院	4★	安徽	5	231	山东理工职业学院	4★	山东	20
191	江苏电子信息职业学院	4★	江苏	23	232	佛山职业技术学院	4★	广东	18
192	三门峡职业技术学院	4★	河南	11	233	江西财经职业学院	4★	江西	6
193	苏州工业职业技术学院	4★	江苏	24	234	渤海船舶职业学院	4★	辽宁	6
194	云南交通职业技术学院	4★	云南	2	235	厦门城市职业学院	4★	福建	6
195	江苏信息职业技术学院	4★	江苏	25	236	宁波城市职业技术学院	4★	浙江	19

续表

排名	院校名称	星级	地区内序		排名	院校名称	星级	地区内序	
237	大连职业技术学院	4★	辽宁	7	268	山东药品食品职业学院	4★	山东	21
238	广东职业技术学院	4★	广东	19	269	天津机电职业技术学院	4★	天津	8
239	锡林郭勒职业学院	4★	内蒙古	4	270	沧州医学高等专科学校	4★	河北	12
240	安徽医学高等专科学校	4★	安徽	6	271	台州职业技术学院	4★	浙江	23
241	西安铁路职业技术学院	4★	陕西	9	272	山东工业职业学院	4★	山东	22
242	合肥职业技术学院	4★	安徽	7	273	珠海城市职业技术学院	4★	广东	22
243	江西现代职业技术学院	4★	江西	7	274	四川工商职业技术学院	4★	四川	11
244	杭州科技职业技术学院	4★	浙江	20	275	济宁职业技术学院	4★	山东	23
245	山西机电职业技术学院	4★	山西	4	276	常州纺织服装职业技术学院	4★	江苏	33
246	河北软件职业技术学院	4★	河北	10	277	北京社会管理职业学院	4★	北京	10
247	陕西能源职业技术学院	4★	陕西	10	278	广西工业职业技术学院	4★	广西	10
248	扬州市职业大学	4★	江苏	31	279	河源职业技术学院	4★	广东	23
249	盐城工业职业技术学院	4★	江苏	32	280	海南职业技术学院	4★	海南	2
250	湖南铁路科技职业技术学院	4★	湖南	13	281	广东建设职业技术学院	4★	广东	24
251	湖南生物机电职业技术学院	4★	湖南	14	282	湖南环境生物职业技术学院	4★	湖南	16
252	广州城建职业学院	4★	广东	20	283	徐州幼儿师范高等专科学校	4★	江苏	34
253	浙江纺织服装职业技术学院	4★	浙江	21	284	烟台汽车工程职业学院	4★	山东	24
254	安徽工商职业学院	4★	安徽	8	285	宝鸡职业技术学院	4★	陕西	11
255	永州职业技术学院	4★	湖南	15	286	广东工程职业技术学院	4★	广东	25
256	广西水利电力职业技术学院	4★	广西	8	287	石家庄信息工程职业学院	4★	河北	13
257	唐山职业技术学院	4★	河北	11	288	安徽交通职业技术学院	4★	安徽	9
258	鄂州职业大学	4★	湖北	14	289	江西旅游商贸职业学院	4★	江西	8
259	克拉玛依职业技术学院	4★	新疆	3	290	山东城市建设职业学院	4★	山东	25
260	广西电力职业技术学院	4★	广西	9	291	重庆三峡职业学院	4★	重庆	9
261	福建林业职业技术学院	4★	福建	7	292	肇庆医学高等专科学校	4★	广东	26
262	广州城市职业学院	4★	广东	21	293	江苏财经职业技术学院	4★	江苏	35
263	温州科技职业学院	4★	浙江	22	294	云南农业职业技术学院	4★	云南	4
264	湖北城市建设职业技术学院	4★	湖北	15	295	辽宁石化职业技术学院	4★	辽宁	8
265	北京经济管理职业学院	4★	北京	8	296	福建水利电力职业技术学院	4★	福建	8
266	北京政法职业学院	4★	北京	9	297	济南工程职业技术学院	4★	山东	26
267	河南应用技术职业学院	4★	河南	13					

3★(445个)：吉林工业职业技术学院、浙江同济科技职业学院、湖南大众传媒职业技术学院、济源职业技术学院、新疆石河子职业技术学院、泉州医学高等专科学校、湖南科技职业学院、苏州卫生职业技术学院、山东商务职业学院、云南林业职业技术学院、内蒙古化工职业学院、内蒙古商贸职业学院、青岛港湾职业技术学院、江苏城市职业学院、重庆电力高等专科学校、吉林交通职业技术学院、甘肃工业职业技术学院、安徽国际商务职业学院、昆明工业职业技术学院、上海旅游高等专科学校、邯郸职业技术学院、嘉兴职业技术学院、黑龙江农垦职业学院、新疆交通职业技术学院、呼和浩特职业学院、山东电力高等专科学校、广东理工职业学院、闽西职业技术学院、北京青年政治学院、德州职业技术学院、厦门海洋职业技术学院、山东中医药高等专科学校、贵州电子信息职业技术学院、丽水职业技术学院、濮阳职业技术学院、山东医学高等专科学校、安徽财贸职业学院、新乡职业技术学院、广东岭南职业技术学院、无锡科技职业学院、重庆水利电力职业技术学院、镇江市高等专科学校、湖北水利水电职业技术学院、北京科技职业学院、兰州职业技术学院、吉林电子信息职业技术学院、荆州职业技术学院、苏州工业园区服务外包职业学院、泰州职业技术学院、内蒙古电子信息职业技术学院、天津海运职业学院、开封大学、聊城职业技术学院、河南机电职业学院、江门职业技术学

续表

院、江西陶瓷工艺美术职业技术学院、枣庄职业学院、潍坊工程职业学院、辽宁建筑职业学院、湖北工业职业技术学院、鹤壁职业技术学院、湖南三一工业职业技术学院、无锡工艺职业技术学院、广东科贸职业学院、曲靖医学高等专科学校、湖州职业技术学院、青海建筑职业技术学院、乐山职业技术学院、泸州职业技术学院、黑龙江交通职业技术学院、郑州电力高等专科学校、西安电力高等专科学校、西藏职业技术学院、山东劳动职业技术学院、郑州职业技术学院、广东省外语艺术职业学院、南阳医学高等专科学校、武威职业学院、山东电子职业技术学院、天津城市职业学院、上海农林职业技术学院、浙江国际海运职业技术学院、江苏城乡建设职业学院、广州工程技术职业学院、天津铁道职业技术学院、阜阳职业技术学院、天津商务职业学院、宁波卫生职业技术学院、衢州职业技术学院、湖北生态工程职业技术学院、江西工业贸易职业技术学院、共青科技职业学院、包头轻工职业技术学院、湖南工程职业技术学院、信阳职业技术学院、大庆职业学院、山东信息职业技术学院、辽宁生态工程职业学院、南京旅游职业学院、贵阳职业技术学院、湖南信息职业技术学院、哈尔滨科学技术职业学院、南通科技职业学院、常德职业技术学院、乌鲁木齐职业大学、江西电力职业技术学院、河北政法职业学院、江西新能源科技职业学院、重庆财经职业学院、绍兴职业技术学院、漯河职业技术学院、广东松山职业技术学院、延安职业技术学院、石家庄医学高等专科学校、甘肃建筑职业技术学院、上海济光职业技术学院、烟台工程职业技术学院、泰山职业技术学院、长江职业学院、三亚航空旅游职业学院、仙桃职业学院、安徽电气工程职业技术学院、广西生态工程职业技术学院、广西国际商务职业技术学院、广安职业技术学院、焦作大学、湖北生物科技职业学院、邢台医学高等专科学校、江苏卫生健康职业学院、云南国防工业职业技术学院、四川化工职业技术学院、四川信息职业技术学院、四川城市职业学院、长沙环境保护职业技术学院、江西机电职业技术学院、浙江长征职业技术学院、四川职业技术学院、广州华立科技职业学院、湖南城建职业技术学院、重庆科创职业学院、福建农业职业技术学院、九江职业大学、临沂职业学院、甘肃卫生职业学院、新疆职业大学、闽江师范高等专科学校、重庆建筑科技职业学院、苏州健雄职业技术学院、泉州幼儿师范高等专科学校、郑州旅游职业学院、广东女子职业技术学院、云南能源职业技术学院、苏州工业园区职业技术学院、福建卫生职业技术学院、焦作师范高等专科学校、漯河食品职业学院、山西药科职业学院、北京戏曲艺术职业学院、云南经贸外事职业学院、淄博师范高等专科学校、湖南现代物流职业技术学院、广东环境保护工程职业学院、广州科技贸易职业学院、湄洲湾职业技术学院、重庆建筑工程职业学院、渭南职业技术学院、成都工业职业技术学院、河北机电职业技术学院、盘锦职业技术学院、江阴职业技术学院、湖南高速铁路职业技术学院、宜春职业技术学院、宁夏财经职业技术学院、安徽中医药高等专科学校、安庆职业技术学院、沧州职业技术学院、辽宁铁道职业技术学院、廊坊职业技术学院、清远职业技术学院、上海行健职业学院、菏泽医学专科学校、山西电力职业技术学院、江西生物科技职业学院、江西卫生职业学院、江西航空职业技术学院、连云港师范高等专科学校、佳木斯职业学院、保定职业技术学院、黔东南民族职业技术学院、包头铁道职业技术学院、汕尾职业技术学院、晋城职业技术学院、山西艺术职业学院、白城职业技术学院、贵州工商职业学院、黑龙江护理高等专科学校、江西工业工程职业技术学院、陕西财经职业技术学院、北京卫生职业学院、江西工业职业技术学院、甘肃交通职业技术学院、江西泰豪动漫职业学院、漳州卫生职业学院、湖北中医药高等专科学校、重庆交通职业学院、北京体育职业学院、天津工程职业技术学院、黑龙江林业职业技术学院、许昌电气职业学院、三明医学科技职业学院、连云港职业技术学院、沙洲职业工学院、南通师范高等专科学校、阿克苏职业技术学院、台州科技职业学院、辽宁职业学院、广西经贸职业技术学院、临汾职业技术学院、青海卫生职业技术学院、青海农牧科技职业学院、晋中职业技术学院、广东创新科技职业学院、山东旅游职业学院、广西工商职业技术学院、上海交通职业技术学院、江西制造职业技术学院、六安职业技术学院、四川科技职业学院、昌吉职业技术学院、山西林业职业技术学院、西安职业技术学院、白城医学高等专科学校、商丘医学高等专科学校、洛阳职业技术学院、黑龙江农业职业技术学院、上海思博职业技术学院、北京京北职业技术学院、云南国土资源职业学院、河南医学高等专科学校、湖南安全技术职业学院、天津工业职业学院、河北建材职业技术学院、贵州建设职业技术学院、成都工贸职业技术学院、吉安职业技术学院、广东南方职业学院、南阳农业职业学院、徐州生物工程职业技术学院、浙江体育职业技术学院、恩施职业技术学院、贵州职业技术学院、四川航天职业技术学院、山东轻工职业学院、上海海事职业技术学院、德州科技职业学院、贵州电力职业技术学院、海南软件职业技术学院、丽江师范高等专科学校、铜陵职业技术学院、周口职业技术学院、合肥幼儿师范高等专科学校、湖南水利水电职业技术学院、皖西卫生职业学院、长春金融高等专科学校、四川水利职业技术学院、陕西工商职业学院、郑州澍青医学高等专科学校、湖南财经工业职业技术学院、湖南网络工程职业学院、广州南洋理工职业学院、上海科学技术职业学院、宿州职业技术学院、广东生态工程职业学院、新疆师范高等专科学校、上海东海职业技术学院、通辽职业学院、汉中职业技术学院、湖北科技职业学院、兴安职业技术学院、保定电力职业技术学院、山东胜利职业学院、天津滨海职业学院、山东经贸职业学院、广东南华工商职业学院、青岛远洋船员职业学院、雅安职业技术学院、上海工商职业技术学院、长沙职业技术学院、张家界航空工业职业技术学院、武汉商贸职业学院、河南建筑职业技术学院、淮北职业技术学院、贵州工业职业技术学院、青海警官职业学院、陇南师范高等专科学校、北京交通职业技术学院、辽宁装备制造职业

技术学院、遵义职业技术学院、民办合肥财经职业学院、福建电力职业技术学院、河南水利与环境职业学院、四川中医药高等专科学校、湖南外贸职业学院、浙江邮电职业技术学院、遵义医药高等专科学校、滁州职业技术学院、榆林职业技术学院、汕头职业技术学院、营口职业技术学院、抚顺职业技术学院、重庆能源职业学院、郑州信息科技职业学院、浙江东方职业技术学院、桂林师范高等专科学校、杭州万向职业技术学院、内蒙古警察职业学院、南充职业技术学院、四川财经职业学院、江苏商贸职业学院、安徽警官职业学院、贵州水利水电职业技术学院、辽源职业技术学院、内蒙古交通职业技术学院、黔南民族职业技术学院、湖南电子科技职业学院、兰州现代职业学院、安顺职业技术学院、泉州轻工职业学院、湖南邮电职业技术学院、湖南国防工业职业技术学院、辽宁城市建设职业技术学院、赤峰工业职业技术学院、怀化职业技术学院、海南政法职业学院、内江职业技术学院、黔南民族医学高等专科学校、重庆工贸职业技术学院、安阳职业技术学院、山西财贸职业技术学院、淮南联合大学、南京城市职业学院、河南工业贸易职业学院、黑龙江民族职业学院、广东文理职业学院、辽宁轻工职业学院、湖南中医药高等专科学校、江苏护理职业学院、湖北国土资源职业学院、阳江职业技术学院、江苏联合职业技术学院、安徽国防科技职业学院、朝阳师范高等专科学校、福建生物工程职业技术学院、德宏师范高等专科学校、河北能源职业技术学院、重庆城市职业学院、山东力明科技职业学院、哈尔滨电力职业技术学院、甘肃畜牧工程职业技术学院、甘肃农业职业技术学院、黑龙江公安警官职业学院、湖南商务职业技术学院、吉林工程职业学院、甘肃钢铁职业技术学院、新疆铁道职业技术学院、湖南电气职业技术学院、黑龙江幼儿师范高等专科学校、苏州信息职业技术学院、山东铝业职业学院、济南幼儿师范高等专科学校、长沙电力职业技术学院、浙江特殊教育职业学院、重庆商务职业学院、鹤岗师范高等专科学校、辽宁轨道交通职业学院、西宁城市职业技术学院、郴州职业技术学院、长沙卫生职业学院、江苏财会职业学院、湘西民族职业技术学院、宁夏民族职业技术学院、昆明铁道职业技术学院、泉州华光职业学院、四川护理职业学院、巴音郭楞职业技术学院、呼伦贝尔职业技术学院、重庆化工职业学院、长春医学高等专科学校、湖北工程职业学院、福建幼儿师范高等专科学校、安徽城市管理职业学院、湖南民族职业学院、湖北轻工职业技术学院、民办四川天一学院、重庆公共运输职业学院、福建艺术职业学院、云南工程职业学院、眉山职业技术学院、广西理工职业技术学院、四川文化产业职业学院、江西建设职业技术学院、黑龙江生态工程职业学院、罗定职业技术学院、毕节职业技术学院、广东司法警官职业学院、抚州职业技术学院、辽宁政法职业学院、泉州工艺美术职业学院、太原旅游职业学院、江西师范高等专科学校、安徽工业经济职业技术学院、广西卫生职业技术学院、江苏旅游职业学院、马鞍山职业技术学院、马鞍山师范高等专科学校、石家庄财经职业学院、徽商职业学院、陕西机电职业技术学院、重庆电讯职业学院、云南文化艺术职业学院、湖南艺术职业学院、四川现代职业学院、湖北艺术职业学院、苏州幼儿师范高等专科学校、漳州理工职业学院、惠州城市职业学院、郑州电力职业技术学院、铁岭师范高等专科学校、北京北大方正软件职业技术学院、山西经贸职业学院、宁德职业技术学院、武汉工程职业技术学院、四川文轩职业学院、浙江农业商贸职业学院、安徽电子信息职业技术学院、洛阳科技职业学院、商洛职业技术学院、张家口职业技术学院、安庆医药高等专科学校、淮南职业技术学院、天津城市建设管理职业技术学院、上海电影艺术职业学院、湖南外国语职业学院、长江工程职业技术学院、江苏安全技术职业学院、广州华商职业学院
2★(257 个),1★(175 个):名单略

第五部分

中国本科院校各类排名结果、学科专业等级分布及优势专业

北京市

一流大学

10001 北京大学

在中国本科院校竞争力排行榜中的名次 1，北京市内排名 1/66，综合类排名 1/270。

共 96 个专业参评，其中 5★+专业 21 个，5★专业 15 个，5★-专业 31 个，4★专业 18 个，3★专业 10 个。

在中国普通高校研究生教育竞争力排行榜中的名次：总排名 2/596，北京市内排名 2/58，综合类排名 1/93。

共 50 个一级学科(学术学位)参评，其中 5★+学科 2 个，5★学科 23 个，5★-学科 12 个，4★学科 4 个，学科优秀率为 82%。

一级学科排名

哲学 5/133、理论经济学 4/111、应用经济学 10/262、法学 4/206、政治学 6/80、社会学 1/88、马克思主义理论 1/358、教育学 7/139、心理学 6/102、中国语言文学 6/183、外国语言文学 5/232、新闻传播学 12/116、考古学 1/40、中国史 4/114、世界史 3/67、数学 9/262、物理学 10/197、化学 57/228、天文学 4/20、地理学 3/84、大气科学 7/19、地球物理学 3/21、地质学 8/36、生物学 3/239、科学技术史 3/23、生态学 9/109、统计学 26/121、力学 2/95、材料科学与工程 47/219、电子科学与技术 4/120、信息与通信工程 11/182、计算机科学与技术 9/263、测绘科学与技术 14/52、核科学与技术 7/17、环境科学与工程 8/193、生物医学工程 21/74、软件工程 10/146、基础医学 4/108、临床医学 5/110、口腔医学 3/47、公共卫生与预防医学 3/74、中西医结合 8/61、药学 11/142、医学技术 4/35、护理学 4/70、工商管理 17/306、农林经济管理 27/51、公共管理 3/209、图书情报与档案管理 5/50、艺术学理论 6/70。

本科优势专业排名

5★+专业：哲学 1/73、政治学与行政学 1/82、社会工作 2/251、汉语言文学 3/615、英语 6/928、俄语 2/157、日语 5/450、数学与应用数学 1/514、物理学 1/282、生物科学 2/280、生物技术 2/285、微电子科学与工程 1/107、计算机科学与技术 4/922、环境科学 1/173、护理学 2/290、法学 4/583、智能科学与技术 1/175、数据科学与大数据技术 6/680、临床医学 1/194、预防医学 1/121、会计学 2/653。

5★专业：经济学 5/348、国际政治 1/36、社会学 2/89、汉语言 1/26、法语 3/137、阿拉伯语 1/39、新闻学 13/310、历史学 3/246、世界史 1/19、信息与计算科学 11/303、化学 7/304、自然地理与资源环境 1/49、人文地理与城乡规划 3/108、生态学 2/80、统计学 4/205、理论与应用力学 1/12、环境科学与工程 2/48、环境工程 10/345、药学 6/240、医学检验技术 3/159、口腔医学技术 1/26、信息管理与信息系统 14/343、市场营销 7/586、行政管理 5/290、图书馆学 1/18、金融学 5/387、金融数学 2/71、电子信息科学与技术 3/164、机器人工程 4/307、基础医学 1/33、口腔医学 2/116。

5★-专业：德语 9/110、西班牙语 6/96、朝鲜语 9/93、泰语 4/44、考古学 3/29、地理科学 11/170、材料化学 9/125、软件工程 32/595、生物医学工程 12/119、医学实验技术 2/19、文化产业管理 8/135、城市管理 4/50、艺术史论 2/16、财政学 7/84、化学生物学 2/22。

4★专业：保险学 15/98、国际经济与贸易 89/670、印度尼西亚语 2/12、广播电视学 27/152、广告学 32/254、传播学 12/69、文物与博物馆学 10/53、应用化学 53/373、地理信息科学 22/166、地质学 4/24、心理学 8/72、应用心理学 32/248、材料科学与工程 29/229、电子信息工程 118/633、通信工程 87/490、戏剧影视文学 11/93、地球信息科学与技术 2/13、大数据管理与应用 34/170。

10003 清华大学

在中国本科院校竞争力排行榜中的名次 2，北京市内排名 2/66，理工类排名 1/365。

共 58 个专业参评，其中 5★+专业 20 个，5★专业 5 个，5★-专业 12 个，4★专业 9 个，3★专业 11 个。

在中国普通高校研究生教育竞争力排行榜中的名次：总排名 1/596，北京市内排名 1/58，理工类排名 1/182。

共 57 个一级学科(学术学位)参评，其中 5★+

学科3个，5★学科15个，5★-学科21个，4★学科7个，学科优秀率为80.7%。

一级学科排名

哲学12/133、理论经济学18/111、应用经济学32/262、法学9/206、政治学8/80、社会学9/88、马克思主义理论6/358、教育学30/139、心理学7/102、体育学7/106、中国语言文学10/183、外国语言文学35/232、新闻传播学8/116、中国史10/114、世界史12/67、数学13/262、物理学8/197、化学19/228、天文学10/20、生物学5/239、科学技术史2/23、生态学46/109、统计学35/121、力学1/95、机械工程7/220、光学工程41/92、仪器科学与技术34/69、材料科学与工程18/219、动力工程及工程热物理9/104、电气工程10/109、电子科学与技术8/120、信息与通信工程7/182、控制科学与工程3/184、计算机科学与技术2/263、建筑学4/70、土木工程10/159、水利工程4/64、测绘科学与技术13/52、化学工程与技术7/178、交通运输工程41/64、航空宇航科学与技术8/29、核科学与技术2/17、环境科学与工程9/193、生物医学工程5/74、城乡规划学5/60、风景园林学5/56、软件工程5/146、安全科学与工程12/61、网络空间安全5/70、基础医学25/108、临床医学37/110、管理科学与工程25/202、工商管理9/306、公共管理4/209、艺术学理论8/70、美术学6/115、设计学2/161。

本科优势专业排名

5★+专业：英语9/928、物理学2/282、生物科学1/280、工程力学1/80、机械工程1/120、车辆工程1/254、材料科学与工程1/229、能源与动力工程2/188、自动化2/437、计算机科学与技术1/922、土木工程3/525、建筑环境与能源应用工程1/165、环境工程1/345、建筑学1/291、工业工程1/139、环境设计5/701、产品设计2/390、经济与金融1/78、电子信息科学与技术1/164、艺术与科技1/69。

5★专业：哲学2/73、经济学8/348、汉语言文学26/615、新闻学5/310、历史学12/246、数学与应用数学12/514、电气工程及其自动化12/569、软件工程8/595、城乡规划10/203、信息管理与信息系统7/343、视觉传达设计9/702、法学11/583。

5★-专业：日语36/450、测控技术与仪器10/186、高分子材料与工程11/184、风景园林11/185、摄影8/75。

4★专业：社会学10/89、航空航天工程4/18、核工程与核技术5/30、工程管理65/388、绘画28/164、服装与服饰设计32/208、工艺美术10/92、化学生物学4/22、工商管理87/537。

10006 北京航空航天大学

在中国本科院校竞争力排行榜中的名次18，北京市内排名3/66，理工类排名9/365。

共63个专业参评，其中5★+专业8个，5★专业6个，5★-专业18个，4★专业11个，3★专业18个。

在中国普通高校研究生教育竞争力排行榜中的名次：总排名20/596，北京市内排名3/58，理工类排名11/182。

共39个一级学科(学术学位)参评，其中5★+学科1个，5★学科4个，5★-学科9个，4★学科4个，学科优秀率为46.15%。

一级学科排名

哲学79/133、理论经济学98/111、应用经济学231/262、法学28/206、马克思主义理论73/358、教育学54/139、心理学88/102、外国语言文学20/232、数学55/262、物理学27/197、化学38/228、地球物理学7/21、统计学33/121、力学6/95、机械工程21/220、光学工程36/92、仪器科学与技术1/69、材料科学与工程19/219、动力工程及工程热物理10/104、电气工程30/109、电子科学与技术12/120、信息与通信工程14/182、控制科学与工程5/184、计算机科学与技术7/263、土木工程117/159、化学工程与技术171/178、交通运输工程6/64、航空宇航科学与技术1/29、环境科学与工程124/193、生物医学工程34/74、软件工程13/146、安全科学与工程30/61、网络空间安全20/70、基础医学55/108、特种医学11/14、管理科学与工程10/202、工商管理87/306、公共管理26/209、设计学45/161。

本科优势专业排名

5★+专业：信息与计算科学1/303、通信工程5/490、计算机科学与技术6/922、软件工程2/595、信息管理与信息系统3/343、智能制造工程2/252、人工智能4/411、机器人工程3/307。

5★专业：英语27/928、数学与应用数学16/514、应用物理学3/151、机械工程6/120、车辆工程7/254、测控技术与仪器4/186、材料科学与工程 6/229、电气工程及其自动化 28/569、电子信息工程 9/633、自动化 9/437、飞行器设计与工程 1/28、飞行器动力工程 1/24、生物医学工程 3/119、法学 24/583、信息安全 2/119、虚拟现实技术 1/18、飞行器控制与信息工程 1/14、无人驾驶航空器系统工程 1/15。

5★-专业：德语 8/110、工程力学 6/80、遥感科学与技术 5/56、环境工程 31/345、行政管理 20/290、视觉传达设计 38/702。

4★专业：翻译 29/261、化学 52/304、工业设计 34/209、能源与动力工程 23/188、土木工程 56/525、交通运输 15/107、飞行器制造工程 7/36、工业工程 16/139、纳米材料与技术 2/14、集成电路设计与集成系统 10/70、智能医学工程 8/62。

10002 中国人民大学

在中国本科院校竞争力排行榜中的名次 21，北京市内排名 4/66，文法类排名 1/68。

共 70 个专业参评，其中 5★+专业 13 个，5★专业 11 个，5★-专业 20 个，4★专业 10 个，3★专业 14 个。

在中国普通高校研究生教育竞争力排行榜中的名次：总排名 21/596，北京市内排名 4/58，文法类排名 1/32。

共 33 个一级学科(学术学位)参评，其中 5★+学科 9 个，5★学科 5 个，5★-学科 3 个，4★学科 4 个，学科优秀率为 63.64%。

一级学科排名

哲学 1/133、理论经济学 1/111、应用经济学 1/262、法学 2/206、政治学 2/80、社会学 2/88、马克思主义理论 2/358、教育学 41/139、心理学 13/102、中国语言文学 11/183、外国语言文学 24/232、新闻传播学 2/116、考古学 6/40、中国史 1/114、世界史 23/67、数学 57/262、物理学 58/197、化学 59/228、生态学 75/109、统计学 4/121、计算机科学与技术 26/263、环境科学与工程 60/193、公共卫生与预防医学 52/74、管理科学与工程 100/202、工商管理 1/306、农林经济管理 1/51、公共管理 1/209、图书情报与档案管理 3/50、艺术学理论 27/70、音乐与舞蹈学 48/82、戏剧与影视学 8/61、美术学 7/115、设计学 64/161。

本科优势专业排名

5★+专业：经济学 1/348、社会学 1/89、社会工作 1/251、新闻学 1/310、统计学 2/205、财务管理 1/680、人力资源管理 2/414、土地资源管理 1/90、城市管理 1/50、财政学 1/84、金融学 1/387、法学 3/583、工商管理 2/537。

5★专业：经济统计学 3/134、税收学 4/90、金融工程 12/259、国际经济与贸易 11/670、政治学与行政学 4/82、中国共产党历史 1/13、汉语言文学 9/615、英语 31/928、广播电视学 3/152、广告学 9/254、历史学 7/246、应用统计学 6/183、信息管理与信息系统 10/343、行政管理 15/290、档案学 1/34、能源经济 1/15、数字经济 2/63、马克思主义理论 1/39、数据科学与大数据技术 32/680、会计学 16/653。

5★-专业：哲学 5/73、国际政治 4/36、日语 38/450、传播学 4/69、数学与应用数学 32/514、计算机科学与技术 65/922、环境科学与工程 5/48、市场营销 54/586、农村区域发展 2/26、信息资源管理 2/16、信用管理 2/23。

4★专业：保险学 16/98、德语 19/110、法语 22/137、西班牙语 18/96、物理学 30/282、应用心理学 26/248、农林经济管理 7/61、劳动与社会保障 20/123、美术学 34/332、绘画 23/164。

10007 北京理工大学

在中国本科院校竞争力排行榜中的名次 22，北京市内排名 5/66，理工类排名 12/365。

共 60 个专业参评，其中 5★+专业 4 个，5★专业 10 个，5★-专业 13 个，4★专业 18 个，3★专业 12 个。

在中国普通高校研究生教育竞争力排行榜中的名次：总排名 22/596，北京市内排名 5/58，理工类排名 12/182。

共 30 个一级学科(学术学位)参评，其中 5★+学科 0 个，5★学科 3 个，5★-学科 6 个，4★学科 14 个，学科优秀率为 76.67%。

一级学科排名

理论经济学 79/111、应用经济学 38/262、法学 30/206、马克思主义理论 34/358、教育学 15/139、外国语言文学 61/232、数学 37/262、物理学 6/197、化学 28/228、生物学 88/239、统计学 22/121、力学 11/95、机械工程 15/220、光学工程 15/92、仪器科学与技术 6/69、材料科学与工程 21/219、动力工程及工程热物理 13/104、电子科学与技术 13/120、信息与通信工程 10/182、控制科学与工程 4/184、计算机科学与技术 29/263、化学工程与技术 25/178、航空宇航科学与技术 9/29、兵器科学与技术 2/7、生物医学工程 33/74、安全科学与工程 7/61、网络空间安全 26/70、管理科学与工程 37/202、工商管理 21/306、设计学 6/161。

本科优势专业排名

5★+专业：车辆工程 3/254、电子信息工程 3/633、自动化 1/437、计算机科学与技术 9/922。

5★专业：应用物理学 5/151、机械电子工程 7/297、通信工程 13/490、光电信息科学与工程 7/213、软件工程 16/595、信息对抗技术 1/13、信息管理与信息系统 11/343、工业工程 6/139、产品设计 20/390、智能制造工程 5/252、人工智能 12/411、数据科学与大数据技术 8/680、能源化学工程 3/60。

5★-专业：数学与应用数学 31/514、机械工程 12/120、测控技术与仪器 12/186、材料科学与工程 13/229、高分子材料与工程 12/184、化学工程与工艺 24/325、生物医学工程 10/119、法学 37/583、新能源材料与器件 11/105、工商管理 31/537。

4★专业：经济学 46/348、国际经济与贸易 96/670、英语 161/928、德语 14/110、日语 83/450、化学 31/304、统计学 37/205、工程力学 9/80、工业设计 38/209、材料化学 19/125、能源与动力工程 22/188、电气工程及其自动化 75/569、飞行器设计与工程 5/28、安全工程 18/148、视觉传达设计 116/702、环境设计 101/701、智能感知工程 4/22、网络空间安全 18/100。

10027 北京师范大学

在中国本科院校竞争力排行榜中的名次 30，北京市内排名 7/66，师范类排名 1/175。

共 50 个专业参评，其中 5★+专业 11 个，5★专业 9 个，5★-专业 13 个，4★专业 9 个，3★专业 8 个。

在中国普通高校研究生教育竞争力排行榜中的名次：总排名 25/596，北京市内排名 6/58，师范类排名 1/77。

共 36 个一级学科(学术学位)参评，其中 5★+学科 5 个，5★学科 8 个，5★-学科 4 个，4★学科 8 个，学科优秀率为 69.44%。

一级学科排名

哲学 7/133、理论经济学 21/111、应用经济学 55/262、法学 19/206、社会学 13/88、马克思主义理论 16/358、教育学 1/139、心理学 1/102、体育学 4/106、中国语言文学 1/183、外国语言文学 16/232、新闻传播学 13/116、考古学 23/40、中国史 3/114、世界史 10/67、数学 10/262、物理学 29/197、化学 26/228、天文学 6/20、地理学 1/84、生物学 26/239、系统科学 1/25、生态学 6/109、统计学 23/121、信息与通信工程 61/182、计算机科学与技术 58/263、水利工程 14/64、核科学与技术 6/17、环境科学与工程 2/193、工商管理 65/306、公共管理 9/209、图书情报与档案管理 16/50、艺术学理论 24/70、音乐与舞蹈学 6/82、戏剧与影视学 3/61、美术学 31/115。

本科优势专业排名

5★+专业：思想政治教育 1/292、教育学 1/82、学前教育 2/418、特殊教育 1/58、汉语言文学 1/615、历史学 2/246、数学与应用数学 2/514、地理科学 1/170、心理学 1/72、公共事业管理 1/252、戏剧影视文学 1/93。

5★专业：经济学 12/348、国际经济与贸易 13/670、体育教育 5/323、英语 10/928、物理学 10/282、自然地理与资源环境 2/49、生物科学 9/280、生物技术 8/285、环境工程 6/345、环境科学 4/173、人力资源管理 10/414、舞蹈学 4/202、法学 17/583。

5★-专业：传播学 6/69、化学 16/304、统计学 17/205、计算机科学与技术 49/922、环境生态工程 4/68、音乐学 21/394、人工智能 38/411、会计学 50/653、书法学 13/125。

4★专业：哲学 10/73、教育技术学 15/130、天文学 3/14、人文地理与城乡规划 15/108、地理信息科学 24/166、美术学 48/332、数字媒体艺术 61/319、金融学 57/387、数据科学与大数据技术 124/680。

10019 中国农业大学

在中国本科院校竞争力排行榜中的名次 41，北京市内排名 8/66，农林类排名 1/47。

共 54 个专业参评，其中 5★+专业 3 个，5★专业 8 个，5★-专业 10 个，4★专业 13 个，3★专业 16 个。

在中国普通高校研究生教育竞争力排行榜中的名次：总排名34/596，北京市内排名7/58，农林类排名1/38。

共31个一级学科(学术学位)参评，其中5★+学科2个，5★学科6个，5★-学科2个，4★学科7个，学科优秀率为54.84%。

一级学科排名

应用经济学41/262、法学173/206、社会学22/88、马克思主义理论72/358、新闻传播学90/116、数学251/262、化学73/228、大气科学12/19、生物学8/239、生态学37/109、力学65/95、机械工程36/220、电气工程62/109、计算机科学与技术57/263、土木工程132/159、水利工程10/64、农业工程1/44、环境科学与工程35/193、食品科学与工程2/99、风景园林学28/56、作物学1/51、园艺学6/44、农业资源与环境1/40、植物保护1/45、畜牧学1/55、兽医学1/43、草学3/25、工商管理263/306、农林经济管理7/51、公共管理19/209、图书情报与档案管理18/50。

本科优势专业排名

5★+专业：食品科学与工程3/278、农学1/76、动物科学1/79。

5★专业：生物科学11/280、农业水利工程1/33、食品质量与安全7/236、园艺3/107、植物保护3/55、动物医学3/73、农村区域发展1/26、数据科学与大数据技术17/680、资源环境科学1/14、葡萄与葡萄酒工程1/16。

5★-专业：化学29/304、生态学7/80、机械电子工程30/297、计算机科学与技术79/922、设施农业科学与工程3/39、农林经济管理6/61、土地资源管理7/90、金融学23/387。

4★专业：国际经济与贸易69/670、社会学13/89、生物技术39/285、机械设计制造及其自动化67/513、车辆工程36/254、农业机械化及其自动化5/37、种子科学与工程5/41、园林17/126、草业科学6/29、市场营销62/586、公共事业管理26/252、人工智能72/411、食品营养与健康4/26。

10052 中央民族大学

在中国本科院校竞争力排行榜中的名次161，北京市内排名27/66，民族类排名1/17。

共54个专业参评，其中5★+专业0个，5★专业5个，5★-专业2个，4★专业13个，3★专业21个。

在中国普通高校研究生教育竞争力排行榜中的名次：总排名116/596，北京市内排名18/58，民族类排名1/13。

共27个一级学科(学术学位)参评，其中5★+学科0个，5★学科1个，5★-学科3个，4★学科1个，学科优秀率为18.52%。

一级学科排名

哲学35/133、理论经济学48/111、应用经济学145/262、法学68/206、社会学7/88、民族学1/38、马克思主义理论112/358、教育学45/139、中国语言文学13/183、外国语言文学79/232、新闻传播学37/116、考古学28/40、中国史20/114、世界史67/67、数学124/262、生物学178/239、生态学91/109、统计学76/121、光学工程82/92、计算机科学与技术142/263、环境科学与工程129/193、软件工程127/146、中药学37/50、工商管理120/306、公共管理70/209、音乐与舞蹈学7/82、美术学69/115。

本科优势专业排名

5★专业：中国少数民族语言文学1/33、舞蹈表演4/145。

5★-专业：民族学2/27、汉语言文学58/615、财务管理46/680、公共事业管理24/252、服装与服饰设计17/208。

4★专业：经济学51/348、国际经济与贸易68/670、社会学12/89、社会工作46/251、汉语国际教育47/320、俄语27/157、新闻学33/310、历史学41/246、计算机科学与技术145/922、音乐学41/394、舞蹈学36/202、美术学35/332、法学60/583。

一般大学

14430 中国科学院大学

在中国本科院校竞争力排行榜中的名次26，北京市内排名6/66，综合类排名10/270。

共15个专业参评，其中5★+专业0个，5★专业4个，5★-专业0个，4★专业5个，3★专业6个。

共54个一级学科(学术学位)参评，其中5★+学科1个，5★学科1个，5★-学科4个，4★学科17个，学科优秀率为42.59%。

本科优势专业排名

5★-专业：物理学 21/282、计算机科学与技术 57/922、人工智能 36/411、网络空间安全 6/100。

4★专业：数学与应用数学 83/514、人文地理与城乡规划 13/108、电气工程及其自动化 86/569、电子信息工程 101/633、环境科学 20/173。

10008 北京科技大学

在中国本科院校竞争力排行榜中的名次 54，北京市内排名 9/66，理工类排名 29/365。

共 45 个专业参评，其中 5★+专业 0 个，5★专业 11 个，5★-专业 7 个，4★专业 12 个，3★专业 15 个。

在中国普通高校研究生教育竞争力排行榜中的名次：总排名 46/596，北京市内排名 8/58，理工类排名 24/182。

共 31 个一级学科(学术学位)参评，其中 5★+学科 1 个，5★学科 0 个，5★-学科 1 个，4★学科 5 个，学科优秀率为 22.58%。

一级学科排名

哲学 117/133、应用经济学 175/262、法学 124/206、社会学 70/88、马克思主义理论 83/358、外国语言文学 58/232、数学 132/262、物理学 32/197、化学 51/228、地质学 30/36、生物学 225/239、科学技术史 14/23、统计学 110/121、力学 49/95、机械工程 34/220、仪器科学与技术 28/69、材料科学与工程 2/219、冶金工程 2/28、动力工程及工程热物理 20/104、信息与通信工程 55/182、控制科学与工程 38/184、计算机科学与技术 54/263、土木工程 48/159、化学工程与技术 94/178、矿业工程 4/30、环境科学与工程 38/193、安全科学与工程 23/61、管理科学与工程 92/202、工商管理 187/306、公共管理 72/209、设计学 85/161。

本科优势专业排名

5★专业：社会工作 11/251、英语 28/928、工业设计 4/209、材料科学与工程 11/229、冶金工程 1/41、通信工程 10/490、人工智能 15/411。

5★-专业：国际经济与贸易 38/670、日语 40/450、能源与动力工程 18/188、自动化 29/437、计算机科学与技术 50/922、物联网工程 33/481、土木工程 35/525、环境工程 26/345、安全工程 9/148、信息管理与信息系统 32/343、工商管理 42/537。

4★专业：金融工程 31/259、应用物理学 19/151、机械工程 14/120、车辆工程 46/254、采矿工程 6/45、矿物加工工程 6/35、工程管理 63/388、物流工程 14/102、视觉传达设计 99/702、新能源科学与工程 21/126、储能科学与工程 8/38、机器人工程 56/307。

10004 北京交通大学

在中国本科院校竞争力排行榜中的名次 56，北京市内排名 10/66，理工类排名 30/365。

共 47 个专业参评，其中 5★+专业 4 个，5★专业 13 个，5★-专业 11 个，4★专业 10 个，3★专业 7 个。

在中国普通高校研究生教育竞争力排行榜中的名次：总排名 73/596，北京市内排名 12/58，理工类排名 35/182。

共 33 个一级学科(学术学位)参评，其中 5★+学科 0 个，5★学科 1 个，5★-学科 2 个，4★学科 9 个，学科优秀率为 36.36%。

一级学科排名

哲学 98/133、应用经济学 48/262、法学 91/206、马克思主义理论 67/358、外国语言文学 146/232、新闻传播学 45/116、数学 56/262、物理学 61/197、生物学 220/239、系统科学 3/25、统计学 24/121、力学 44/95、机械工程 31/220、光学工程 34/92、材料科学与工程 119/219、动力工程及工程热物理 82/104、电气工程 23/109、电子科学与技术 48/120、信息与通信工程 18/182、控制科学与工程 42/184、计算机科学与技术 33/263、建筑学 27/70、土木工程 27/159、交通运输工程 8/64、环境科学与工程 102/193、城乡规划学 26/60、软件工程 41/146、安全科学与工程 20/61、网络空间安全 11/70、管理科学与工程 7/202、工商管理 40/306、公共管理 147/209、设计学 73/161。

本科优势专业排名

5★+专业：信息与计算科学 3/303、物联网工程 5/481、交通运输 1/107、轨道交通信号与控制 1/52。

5★专业：通信工程 6/490、计算机科学与技术 17/922、软件工程 10/595、土木工程 12/525、交通工程 3/106、信息管理与信息系统 13/343、工程管理 5/388、物流管理 7/434、电子商务 14/451、工商管理 19/537、会计学 14/653。

5★-专业：经济学 34/348、英语 62/928、统计学 19/205、车辆工程 17/254、电气工程及其自动化 29/569、光电信息科学与工程 16/213、自动化 28/437、财务管理 52/680、物流工程 7/102、金融学 33/387、网络与新媒体 18/316、人工智能 26/411、信息安全 9/119。

4★专业：传播学 11/69、机械工程 21/120、机械电子工程 33/297、电子科学与技术 17/149、建筑学 32/291、城乡规划 29/203、工业工程 28/139、数字媒体艺术 55/319、法学 78/583、纳米材料与技术 3/14。

10005 北京工业大学

在中国本科院校竞争力排行榜中的名次 57，北京市内排名 11/66，理工类排名 31/365。

共 57 个专业参评，其中 5★+专业 1 个，5★专业 11 个，5★-专业 10 个，4★专业 13 个，3★专业 19 个。

在中国普通高校研究生教育竞争力排行榜中的名次：总排名 62/596，北京市内排名 10/58，理工类排名 31/182。

共 33 个一级学科(学术学位)参评，其中 5★+学科 0 个，5★学科 1 个，5★-学科 0 个，4★学科 3 个，学科优秀率为 12. 12%。

一级学科排名

应用经济学 34/262、社会学 39/88、马克思主义理论 275/358、教育学 47/139、外国语言文学 182/232、数学 62/262、物理学 39/197、化学 185/228、生物学 120/239、统计学 42/121、力学 38/95、机械工程 37/220、光学工程 37/92、仪器科学与技术 66/69、材料科学与工程 65/219、动力工程及工程热物理 33/104、电子科学与技术 46/120、信息与通信工程 84/182、控制科学与工程 62/184、计算机科学与技术 61/263、建筑学 24/70、土木工程 7/159、水利工程 39/64、化学工程与技术 45/178、交通运输工程 18/64、环境科学与工程 40/193、生物医学工程 36/74、城乡规划学 15/60、软件工程 45/146、网络空间安全 67/70、管理科学与工程 52/202、工商管理 193/306、设计学 67/161。

本科优势专业排名

5★+专业：智能制造工程 1/252。

5★专业：电子信息工程 16/633、计算机科学与技术 31/922、软件工程 14/595、物联网工程 15/481、数字媒体技术 10/221、土木工程 11/525、建筑环境与能源应用工程 5/165、环境工程 9/345、环境设计 29/701、新能源科学与工程 4/126。

5★-专业：信息与计算科学 24/303、材料科学与工程 15/229、电子科学与技术 10/149、自动化 42/437、给排水科学与工程 13/159、交通工程 7/106、建筑学 20/291、城乡规划 17/203、产品设计 28/390、机器人工程 17/307、信息安全 10/119。

4★专业：经济统计学 21/134、国际经济与贸易 76/670、社会工作 36/251、应用物理学 22/151、机械工程 13/120、工业设计 35/209、通信工程 94/490、环境科学 32/173、信息管理与信息系统 64/343、视觉传达设计 135/702、人工智能 55/411、智能建造 12/65、交通设备与控制工程 3/14。

10054 华北电力大学

在中国本科院校竞争力排行榜中的名次 85，北京市内排名 12/66，理工类排名 42/365。

共 55 个专业参评，其中 5★+专业 0 个，5★专业 7 个，5★-专业 8 个，4★专业 9 个，3★专业 27 个。

在中国普通高校研究生教育竞争力排行榜中的名次：总排名 85/596，北京市内排名 13/58，理工类排名 41/182。

共 24 个一级学科(学术学位)参评，其中 5★+学科 0 个，5★学科 1 个，5★-学科 1 个，4★学科 2 个，学科优秀率为 16. 67%。

一级学科排名

应用经济学 166/262、法学 180/206、马克思主义理论 136/358、外国语言文学 133/232、数学 112/262、物理学 130/197、机械工程 143/220、材料科学与工程 176/219、动力工程及工程热物理 11/104、电气工程 4/109、电子科学与技术 103/120、信息与通信工程 76/182、控制科学与工程 17/184、计算机科学与技术 97/263、土木工程 141/159、水利工程 21/64、化学工程与技术 108/178、核科学与技术 15/17、农业工程 39/44、环境科学与工程 80/193、软件工程 83/146、管理科学与工程 73/202、工商管理 53/306、公共管理 115/209。

本科优势专业排名

5★专业：能源与动力工程 3/188、电气工程及其自动化 9/569、工程造价 9/254、市场营销 29/586、新能源科学与工程 2/126、储能科学与工程 1/38、智能电网信息工程 1/34、机器人工程 9/307。

5★-专业：信息与计算科学 23/303、通信工程 30/490、自动化 34/437、工程管理 21/388、新能源材料与器件 6/105、智能科学与技术 13/175、数据科学与大数据技术 39/680。

4★专业：社会工作 43/251、计算机科学与技术 94/922、物联网工程 73/481、环境工程 54/345、财务管理 80/680、人力资源管理 59/414、智能制造工程 26/252、能源化学工程 10/60、工商管理 91/537。

10013 北京邮电大学

在中国本科院校竞争力排行榜中的名次 96，北京市内排名 13/66，理工类排名 49/365。

共 33 个专业参评，其中 5★+专业 4 个，5★专业 5 个，5★-专业 9 个，4★专业 8 个，3★专业 7 个。

在中国普通高校研究生教育竞争力排行榜中的名次：总排名 101/596，北京市内排名 15/58，理工类排名 48/182。

共 21 个一级学科(学术学位)参评，其中 5★+学科 1 个，5★学科 2 个，5★-学科 0 个，4★学科 4 个，学科优秀率为 33.33%。

一级学科排名

应用经济学 93/262、法学 184/206、马克思主义理论 199/358、外国语言文学 125/232、新闻传播学 84/116、数学 196/262、物理学 99/197、系统科学 4/25、机械工程 61/220、光学工程 17/92、材料科学与工程 136/219、电子科学与技术 16/120、信息与通信工程 2/182、控制科学与工程 53/184、计算机科学与技术 4/263、生物医学工程 70/74、软件工程 24/146、网络空间安全 3/70、工商管理 96/306、公共管理 126/209、设计学 101/161。

本科优势专业排名

5★+专业：通信工程 4/490、网络工程 1/276、电子信息科学与技术 2/164、信息安全 1/119。

5★专业：电子信息工程 10/633、计算机科学与技术 20/922、软件工程 25/595、物联网工程 7/481、数字媒体技术 3/221、电子商务 17/451、数字媒体艺术 12/319、智能科学与技术 9/175、数据科学与大数据技术 10/680。

5★-专业：电子科学与技术 14/149、光电信息科学与工程 15/213、信息工程 5/55、金融科技 5/78、人工智能 41/411。

4★专业：英语 172/928、日语 71/450、机械工程 20/120、自动化 51/437、网络与新媒体 57/316、网络空间安全 12/100、大数据管理与应用 20/170、工商管理 93/537。

10034 中央财经大学

在中国本科院校竞争力排行榜中的名次 98，北京市内排名 14/66，财经类排名 1/109。

共 50 个专业参评，其中 5★+专业 3 个，5★专业 7 个，5★-专业 11 个，4★专业 10 个，3★专业 15 个。

在中国普通高校研究生教育竞争力排行榜中的名次：总排名 125/596，北京市内排名 21/58，财经类排名 1/39。

共 16 个一级学科(学术学位)参评，其中 5★+学科 1 个，5★学科 0 个，5★-学科 2 个，4★学科 2 个，学科优秀率为 31.25%。

一级学科排名

理论经济学 10/111、应用经济学 3/262、法学 65/206、社会学 35/88、马克思主义理论 59/358、心理学 40/102、中国语言文学 169/183、外国语言文学 198/232、新闻传播学 51/116、数学 204/262、统计学 9/121、网络空间安全 35/70、管理科学与工程 54/202、工商管理 35/306、公共管理 79/209、艺术学理论 26/70。

本科优势专业排名

5★+专业：市场营销 5/586、电子商务 4/451、会计学 7/653。

5★专业：经济学 10/348、税收学 3/90、金融工程 10/259、保险学 5/98、投资学 5/127、国际经济与贸易 17/670、财务管理 14/680、人力资源管理 13/414、金融学 10/387、金融科技 2/78、供应链管理 1/49。

5★-专业：应用心理学 16/248、资产评估 5/69、财政学 5/84、精算学 2/17、法学 48/583、数据科学与大数据技术 51/680、工商管理 30/537。

4★专业：经济统计学 23/134、统计学 35/205、信息管理与信息系统 59/343、工程管理 53/388、国际商务 18/126、文化产业管理 16/135、公共事业管理 47/252、行政管理 35/290、劳动与社会保障 14/123、体育经济与管理 4/26。

10010 北京化工大学

在中国本科院校竞争力排行榜中的名次 104，北京市内排名 15/66，理工类排名 52/365。

共 41 个专业参评，其中 5★+专业 3 个，5★专业 4 个，5★-专业 7 个，4★专业 10 个，3★专业 11 个。

在中国普通高校研究生教育竞争力排行榜中的名次：总排名 86/596，北京市内排名 14/58，理工类排名 42/182。

共 22 个一级学科(学术学位)参评，其中 5★+学科 0 个，5★学科 1 个，5★-学科 0 个，4★学科 5 个，学科优秀率为 27.27%。

一级学科排名

法学 171/206、马克思主义理论 194/358、数学 120/262、物理学 85/197、化学 25/228、力学 68/95、机械工程 118/220、材料科学与工程 35/219、动力工程及工程热物理 17/104、信息与通信工程 128/182、控制科学与工程 31/184、计算机科学与技术 124/263、化学工程与技术 3/178、轻工技术与工程 12/19、环境科学与工程 43/193、软件工程 120/146、生物工程 3/22、安全科学与工程 43/61、药学 92/142、管理科学与工程 45/202、工商管理 227/306、公共管理 159/209。

本科优势专业排名

5★+专业：应用化学 4/373、生物工程 2/239、能源化学工程 1/60。

5★专业：过程装备与控制工程 5/91、高分子材料与工程 5/184、化学工程与工艺 5/325、制药工程 5/252、环境工程 14/345、功能材料 2/46、数据科学与大数据技术 33/680。

5★-专业：自动化 37/437、金融数学 5/71、人工智能 27/411、机器人工程 28/307。

4★专业：机械设计制造及其自动化 59/513、材料科学与工程 24/229、电子信息工程 76/633、计算机科学与技术 98/922、安全工程 25/148、财务管理 132/680、物流管理 59/434、产品设计 71/390、工商管理 103/537、会计学 97/653。

10025 首都医科大学

在中国本科院校竞争力排行榜中的名次 108，北京市内排名 16/66，医药类排名 1/108。

共 22 个专业参评，其中 5★+专业 0 个，5★专业 5 个，5★-专业 6 个，4★专业 4 个，3★专业 3 个。

在中国普通高校研究生教育竞争力排行榜中的名次：总排名 50/596，北京市内排名 9/58，医药类排名 1/76。

共 14 个一级学科(学术学位)参评，其中 5★+学科 0 个，5★学科 0 个，5★-学科 1 个，4★学科 2 个，学科优秀率为 21.43%。

一级学科排名

马克思主义理论 322/358、心理学 58/102、生物学 85/239、生物医学工程 15/74、基础医学 29/108、临床医学 11/110、口腔医学 8/47、公共卫生与预防医学 17/74、中医学 30/42、中西医结合 30/61、药学 33/142、中药学 36/50、护理学 20/70、公共管理 146/209。

本科优势专业排名

5★专业：康复治疗学 4/177、护理学 7/290、公共事业管理 12/252、临床医学 7/194、口腔医学 5/116、预防医学 3/121。

5★-专业：医学检验技术 13/159、眼视光医学 3/27、儿科学 5/46、临床药学 4/52、助产学 6/71。

4★专业：生物医学工程 24/119、药学 26/240、医学影像技术 12/100、精神医学 6/35。

10045 中央音乐学院

在中国本科院校竞争力排行榜中的名次 109，北京市内排名 17/66，艺术类排名 1/48。

共 3 个专业参评，其中 5★+专业 1 个，5★专业 0 个，5★-专业 2 个，4★专业 0 个，3★专业 0 个。

在中国普通高校研究生教育竞争力排行榜中的名次：总排名 255/596，北京市内排名 31/58，艺术类排名 2/33。

本科优势专业排名

5★+专业：音乐学 1/394。

5★专业：音乐表演 11/237、作曲与作曲技术理论 2/37。

10047 中央美术学院

在中国本科院校竞争力排行榜中的名次 111，北京市内排名 18/66，艺术类排名 2/48。

共 12 个专业参评，其中 5★+专业 1 个，5★专业 1 个，5★-专业 6 个，4★专业 2 个，3★专业 1 个。

在中国普通高校研究生教育竞争力排行榜中的名次：总排名 242/596，北京市内排名 29/58，艺术类排名 1/33。

共 6 个一级学科(学术学位)参评，其中 5★+学科 2 个，5★学科 0 个，5★-学科 0 个，4★学科 0 个，学科优秀率为 33.33%。

一级学科排名

建筑学 68/70、城乡规划学 56/60、风景园林学 55/56、艺术学理论 29/70、美术学 1/115、设计学 1/161。

本科优势专业排名

5★+专业：美术学 2/332。

5★专业：绘画 5/164、雕塑 2/50、视觉传达设计 17/702、产品设计 10/390、书法学 2/125、中国画 2/34。

5★-专业：艺术管理 3/28。

4★专业：建筑学 43/291、服装与服饰设计 29/208。

10022 北京林业大学

在中国本科院校竞争力排行榜中的名次 118，北京市内排名 19/66，农林类排名 7/47。

共 52 个专业参评，其中 5★+专业 1 个，5★专业 5 个，5★-专业 4 个，4★专业 12 个，3★专业 28 个。

在中国普通高校研究生教育竞争力排行榜中的名次：总排名 109/596，北京市内排名 16/58，农林类排名 8/38。

共 25 个一级学科(学术学位)参评，其中 5★+学科 1 个，5★学科 1 个，5★-学科 1 个，4★学科 4 个，学科优秀率为 28%。

一级学科排名

哲学 101/133、应用经济学 180/262、法学 178/206、马克思主义理论 281/358、心理学 83/102、外国语言文学 177/232、数学 201/262、地理学 59/84、生物学 38/239、生态学 10/109、机械工程 63/220、计算机科学与技术 199/263、建筑学 29/70、土木工程 133/159、林业工程 3/12、环境科学与工程 86/193、食品科学与工程 82/99、城乡规划学 19/60、风景园林学 1/56、农业资源与环境 28/40、林学 1/36、草学 5/25、工商管理 219/306、农林经济管理 6/51、设计学 24/161。

本科优势专业排名

5★+专业：风景园林 2/185。

5★专业：林学 2/47、园林 4/126、森林保护 1/17、物业管理 1/24。

5★-专业：国际经济与贸易 56/670、生物科学 17/280、数字媒体技术 15/221、草业科学 3/29、数据科学与大数据技术 48/680。

4★专业：英语 116/928、商务英语 40/362、应用心理学 34/248、计算机科学与技术 155/922、网络工程 51/276、物联网工程 69/481、食品科学与工程 36/278、城乡规划 33/203、水土保持与荒漠化防治 3/19、农林经济管理 8/61、产品设计 72/390、数字媒体艺术 34/319。

10023 北京协和医学院

在中国本科院校竞争力排行榜中的名次 121，北京市内排名 20/66，医药类排名 4/108。

共 2 个专业参评，其中 5★+专业 1 个，5★专业 0 个，5★-专业 1 个，4★专业 0 个，3★专业 0 个。

在中国普通高校研究生教育竞争力排行榜中的名次：总排名 63/596，北京市内排名 11/58，医药类排名 2/76。

共 13 个一级学科(学术学位)参评，其中 5★+学科 0 个，5★学科 1 个，5★-学科 3 个，4★学科 2 个，学科优秀率为 46.15%。

一级学科排名

哲学 132/133、生物学 17/239、生物医学工程 6/74、基础医学 12/108、临床医学 8/110、公共卫生与预防医学 9/74、中西医结合 31/61、药学 6/142、中药学 42/50、医学技术 8/35、护理学 25/

70、公共管理 171/209、图书情报与档案管理 48/50。

本科优势专业排名

5★+专业：护理学 1/290。

5★专业：临床医学 6/194。

10028 首都师范大学

在中国本科院校竞争力排行榜中的名次 130，北京市内排名 21/66，师范类排名 14/175。

共 54 个专业参评，其中 5★+专业 1 个，5★专业 10 个，5★-专业 8 个，4★专业 13 个，3★专业 14 个。

在中国普通高校研究生教育竞争力排行榜中的名次：总排名 118/596，北京市内排名 19/58，师范类排名 12/77。

共 27 个一级学科(学术学位)参评，其中 5★+学科 0 个，5★学科 2 个，5★-学科 3 个，4★学科 5 个，学科优秀率为 37.04%。

一级学科排名

哲学 26/133、法学 157/206、马克思主义理论 23/358、教育学 19/139、心理学 17/102、中国语言文学 18/183、外国语言文学 46/232、考古学 20/40、中国史 33/114、世界史 20/67、数学 5/262、物理学 74/197、化学 133/228、地理学 12/84、生物学 66/239、科学技术史 17/23、生态学 35/109、统计学 46/121、信息与通信工程 147/182、计算机科学与技术 94/263、环境科学与工程 81/193、软件工程 73/146、工商管理 290/306、公共管理 95/209、音乐与舞蹈学 3/82、美术学 11/115、设计学 130/161。

本科优势专业排名

5★+专业：小学教育 2/301。

5★专业：学前教育 8/418、汉语言文学 15/615、汉语国际教育 6/320、英语 42/928、俄语 5/157、地理信息科学 8/166、美术学 4/332、秘书学 3/89。

5★-专业：思想政治教育 21/292、教育学 6/82、日语 39/450、历史学 15/246、世界史 2/19、数学与应用数学 35/514、音乐表演 17/237、音乐学 23/394、舞蹈学 18/202、绘画 11/164。

4★专业：社会工作 47/251、教育技术学 16/130、德语 21/110、西班牙语 11/96、物理学 49/282、地理科学 18/170、生物科学 37/280、生物技术 30/285、统计学 22/205、计算机科学与技术 112/922、数字媒体艺术 36/319、法学 114/583、人工智能 69/411。

10053 中国政法大学

在中国本科院校竞争力排行榜中的名次 136，北京市内排名 22/66，文法类排名 2/68。

共 22 个专业参评，其中 5★+专业 1 个，5★专业 7 个，5★-专业 0 个，4★专业 5 个，3★专业 7 个。

在中国普通高校研究生教育竞争力排行榜中的名次：总排名 168/596，北京市内排名 25/58，文法类排名 2/32。

共 13 个一级学科(学术学位)参评，其中 5★+学科 1 个，5★学科 0 个，5★-学科 0 个，4★学科 1 个，学科优秀率为 15.38%。

一级学科排名

哲学 57/133、理论经济学 42/111、应用经济学 157/262、法学 1/206、政治学 9/80、社会学 84/88、马克思主义理论 76/358、心理学 45/102、外国语言文学 101/232、新闻传播学 61/116、中国史 61/114、工商管理 231/306、公共管理 99/209。

本科优势专业排名

5★+专业：法学 1/583。

5★-专业：经济学 32/348、政治学与行政学 6/82、英语 69/928、新闻学 30/310、国际商务 13/126、行政管理 16/290、网络与新媒体 17/316。

4★专业：金融工程 46/259、国际政治 6/36、思想政治教育 33/292、应用心理学 37/248、公共事业管理 27/252。

10033 中国传媒大学

在中国本科院校竞争力排行榜中的名次 138，北京市内排名 23/66，文法类排名 3/68。

共 57 个专业参评，其中 5★+专业 9 个，5★专业 3 个，5★-专业 7 个，4★专业 11 个，3★专业 14 个。

在中国普通高校研究生教育竞争力排行榜中的名次：总排名 217/596，北京市内排名 27/58，文法类排名 3/32。

共 18 个一级学科(学术学位)参评，其中 5★+

学科1个，5★学科4个，5★-学科1个，4★学科1个，学科优秀率为38.89%。

一级学科排名

应用经济学252/262、政治学66/80、马克思主义理论276/358、中国语言文学58/183、外国语言文学142/232、新闻传播学1/116、数学255/262、电子科学与技术61/120、信息与通信工程17/182、计算机科学与技术240/263、网络空间安全62/70、管理科学与工程124/202、公共管理208/209、艺术学理论2/70、音乐与舞蹈学4/82、戏剧与影视学2/61、美术学19/115、设计学8/161。

本科优势专业排名

5★+专业：广播电视学2/152、广告学1/254、数字媒体技术2/221、文化产业管理1/135、广播电视编导2/224、播音与主持艺术1/219、动画2/256、数字媒体艺术3/319、网络与新媒体1/316。

5★专业：新闻学4/310、传播学2/69、编辑出版学2/33、表演6/142、戏剧影视文学5/93、录音艺术1/34、影视摄影与制作4/70。

5★-专业：汉语言文学52/615、摄影6/75、视觉传达设计46/702。

4★专业：汉语国际教育58/320、英语114/928、电子信息工程99/633、通信工程98/490、物联网工程49/481、信息管理与信息系统63/343、音乐学50/394、戏剧影视导演6/31、戏剧影视美术设计7/49、广播电视工程2/12、艺术与科技8/69。

10036 对外经济贸易大学

在中国本科院校竞争力排行榜中的名次141，北京市内排名24/66，财经类排名6/109。

共47个专业参评，其中5★+专业7个，5★专业4个，5★-专业9个，4★专业8个，3★专业13个。

在中国普通高校研究生教育竞争力排行榜中的名次：总排名150/596，北京市内排名23/58，财经类排名4/39。

共11个一级学科(学术学位)参评，其中5★+学科0个，5★学科1个，5★-学科2个，4★学科2个，学科优秀率为45.45%。

一级学科排名

理论经济学24/111、应用经济学5/262、法学31/206、政治学16/80、马克思主义理论179/358、中国语言文学167/183、外国语言文学23/232、统计学45/121、管理科学与工程94/202、工商管理20/306、公共管理52/209。

本科优势专业排名

5★+专业：投资学1/127、国际经济与贸易1/670、市场营销4/586、财务管理6/680、电子商务3/451、金融学3/387、会计学3/653。

5★专业：经济统计学2/134、金融工程7/259、保险学2/98、日语21/450、商务英语11/362、经济与金融2/78、精算学1/17、法学18/583、工商管理23/537。

5★-专业：德语10/110、人力资源管理37/414、物流管理24/434、金融数学7/71。

4★专业：税收学13/90、英语125/928、西班牙语19/96、阿拉伯语6/39、意大利语4/22、翻译38/261、财政学17/84、数据科学与大数据技术72/680。

11414 中国石油大学(北京)

在中国本科院校竞争力排行榜中的名次143，北京市内排名25/66，理工类排名63/365。

共29个专业参评，其中5★+专业0个，5★专业5个，5★-专业3个，4★专业8个，3★专业10个。

在中国普通高校研究生教育竞争力排行榜中的名次：总排名112/596，北京市内排名17/58，理工类排名52/182。

共23个一级学科(学术学位)参评，其中5★+学科0个，5★学科0个，5★-学科2个，4★学科1个，学科优秀率为13.04%。

一级学科排名

应用经济学247/262、政治学73/80、马克思主义理论96/358、外国语言文学205/232、数学167/262、物理学92/197、化学71/228、地球物理学17/21、地质学20/36、力学40/95、机械工程71/220、材料科学与工程62/219、动力工程及工程热物理46/104、信息与通信工程90/182、控制科学与工程65/184、计算机科学与技术111/263、化学工程与技术18/178、地质资源与地质工程4/46、石油与天然气工程3/15、环境科学与工程135/193、安全科学与工程26/61、管理科学与工程56/202、工商管理212/306。

本科优势专业排名

5★专业：化学工程与工艺 9/325、石油工程 1/21、油气储运工程 1/33。

5★-专业：应用化学 22/373、机械设计制造及其自动化 41/513、过程装备与控制工程 8/91、安全工程 13/148、能源经济 2/15。

4★专业：材料科学与工程 41/229、能源与动力工程 37/188、电子信息工程 67/633、自动化 58/437、计算机科学与技术 166/922、勘查技术与工程 5/31、财务管理 81/680、能源化学工程 7/60。

11415 中国地质大学(北京)

在中国本科院校竞争力排行榜中的名次 147，北京市内排名 26/66，理工类排名 65/365。

共 41 个专业参评，其中 5★+专业 1 个，5★专业 4 个，5★-专业 5 个，4★专业 9 个，3★专业 17 个。

在中国普通高校研究生教育竞争力排行榜中的名次：总排名 120/596，北京市内排名 20/58，理工类排名 55/182。

共 33 个一级学科(学术学位)参评，其中 5★+学科 0 个，5★学科 1 个，5★-学科 1 个，4★学科 2 个，学科优秀率为 12.12%。

一级学科排名

应用经济学 74/262、法学 168/206、马克思主义理论 85/358、教育学 138/139、心理学 101/102、体育学 106/106、外国语言文学 171/232、数学 259/262、物理学 184/197、化学 132/228、地理学 84/84、大气科学 19/19、海洋科学 18/29、地球物理学 15/21、地质学 3/36、生物学 132/239、机械工程 141/220、材料科学与工程 75/219、信息与通信工程 100/182、控制科学与工程 75/184、计算机科学与技术 134/263、土木工程 63/159、水利工程 30/64、测绘科学与技术 10/52、地质资源与地质工程 2/46、石油与天然气工程 8/15、环境科学与工程 54/193、软件工程 93/146、安全科学与工程 49/61、管理科学与工程 84/202、工商管理 174/306、公共管理 35/209、设计学 53/161。

本科优势专业排名

5★+专业：资源勘查工程 1/50。

5★专业：地理信息科学 4/166、地质工程 2/55、勘查技术与工程 1/31、土地资源管理 5/90、地下水科学与工程 1/14。

5★-专业：水文与水资源工程 4/48、测绘工程 13/143、数据计算及应用 2/22、宝石及材料工艺学 2/20。

4★专业：英语 164/928、海洋科学 6/33、地质学 3/24、土木工程 61/525、安全工程 29/148、产品设计 54/390、数据科学与大数据技术 127/680、土地整治工程 3/14、工商管理 74/537。

10046 中国音乐学院

在中国本科院校竞争力排行榜中的名次 164，北京市内排名 28/66，艺术类排名 4/48。

共 4 个专业参评，其中 5★+专业 1 个，5★专业 1 个，5★-专业 1 个，4★专业 1 个，3★专业 0 个。

在中国普通高校研究生教育竞争力排行榜中的名次：总排名 359/596，北京市内排名 39/58，艺术类排名 8/33。

共 1 个一级学科(学术学位)参评，其中 5★+学科 0 个，5★学科 0 个，5★-学科 0 个，4★学科 1 个，学科优秀率为 100%。

一级学科排名

艺术学理论 11/70。

本科优势专业排名

5★+专业：音乐学 2/394。

5★专业：音乐教育 1/12。

5★-专业：音乐表演 16/237。

4★专业：作曲与作曲技术理论 6/37。

10032 北京语言大学

在中国本科院校竞争力排行榜中的名次 182，北京市内排名 29/66，文法类排名 4/68。

共 34 个专业参评，其中 5★+专业 0 个，5★专业 2 个，5★-专业 5 个，4★专业 5 个，3★专业 6 个。

在中国普通高校研究生教育竞争力排行榜中的名次：总排名 330/596，北京市内排名 35/58，文法类排名 9/32。

共 9 个一级学科(学术学位)参评，其中 5★+学科 0 个，5★学科 0 个，5★-学科 2 个，4★学科 0 个，学科优秀率为 22.22%。

一级学科排名

政治学 67/80、马克思主义理论 351/358、教育学 109/139、心理学 95/102、中国语言文学 17/183、外国语言文学 15/232、新闻传播学 114/116、中国史 114/114、计算机科学与技术 185/263。

本科优势专业排名

5★专业：汉语言文学 14/615、汉语国际教育 4/320、英语 20/928、日语 19/450、翻译 8/261。

5★-专业：法语 9/137、阿拉伯语 4/39。

4★专业：西班牙语 16/96、朝鲜语 12/93、葡萄牙语 5/33、计算机科学与技术 180/922、网络与新媒体 46/316。

11413 中国矿业大学(北京)

在中国本科院校竞争力排行榜中的名次 194，北京市内排名 30/66，理工类排名 79/365。

共 31 个专业参评，其中 5★+专业 0 个，5★专业 1 个，5★-专业 0 个，4★专业 9 个，3★专业 17 个。

在中国普通高校研究生教育竞争力排行榜中的名次：总排名 160/596，北京市内排名 24/58，理工类排名 66/182。

共 26 个一级学科(学术学位)参评，其中 5★+学科 0 个，5★学科 1 个，5★-学科 1 个，4★学科 1 个，学科优秀率为 11.54%。

一级学科排名

马克思主义理论 100/358、体育学 85/106、外国语言文学 186/232、数学 86/262、物理学 191/197、化学 181/228、地质学 22/36、统计学 92/121、力学 53/95、机械工程 87/220、材料科学与工程 150/219、电气工程 41/109、信息与通信工程 64/182、控制科学与工程 70/184、计算机科学与技术 84/263、土木工程 30/159、测绘科学与技术 18/52、化学工程与技术 65/178、地质资源与地质工程 16/46、矿业工程 3/30、环境科学与工程 70/193、城乡规划学 14/60、安全科学与工程 2/61、管理科学与工程 197/202、工商管理 166/306、公共管理 48/209。

本科优势专业排名

5★-专业：遥感科学与技术 4/56。

4★专业：信息与计算科学 43/303、电气工程及其自动化 83/569、土木工程 88/525、测绘工程 18/143、安全工程 23/148、行政管理 48/290、人工智能 57/411、城市地下空间工程 9/73、会计学 126/653。

10030 北京外国语大学

在中国本科院校竞争力排行榜中的名次 212，北京市内排名 31/66，文法类排名 6/68。

共 27 个专业参评，其中 5★+专业 4 个，5★专业 2 个，5★-专业 7 个，4★专业 3 个，3★专业 7 个。

在中国普通高校研究生教育竞争力排行榜中的名次：总排名 293/596，北京市内排名 33/58，文法类排名 8/32。

共 11 个一级学科(学术学位)参评，其中 5★+学科 1 个，5★学科 0 个，5★-学科 0 个，4★学科 0 个，学科优秀率为 9.09%。

一级学科排名

应用经济学 234/262、法学 116/206、政治学 49/80、马克思主义理论 159/358、教育学 95/139、中国语言文学 89/183、外国语言文学 2/232、新闻传播学 65/116、世界史 54/67、管理科学与工程 90/202、工商管理 266/306。

本科优势专业排名

5★+专业：英语 3/928、德语 1/110、西班牙语 1/96、日语 4/450。

5★专业：汉语国际教育 11/320、俄语 3/157、法语 2/137、阿拉伯语 2/39、朝鲜语 4/93、葡萄牙语 1/33、意大利语 1/22。

5★-专业：翻译 15/261、新闻学 28/310。

4★专业：国际经济与贸易 70/670、汉语言文学 83/615、法学 79/583。

10026 北京中医药大学

在中国本科院校竞争力排行榜中的名次 224，北京市内排名 32/66，医药类排名 16/108。

共 16 个专业参评，其中 5★+专业 2 个，5★专业 0 个，5★-专业 3 个，4★专业 3 个，3★专业 3 个。

在中国普通高校研究生教育竞争力排行榜中的名次：总排名 138/596，北京市内排名 22/58，医药类排名 10/76。

共7个一级学科(学术学位)参评，其中5★+学科2个，5★学科1个，5★-学科0个，4★学科0个，学科优秀率为42.86%。

一级学科排名

马克思主义理论336/358、中医学1/42、中西医结合1/61、药学49/142、中药学1/50、护理学26/70、公共管理176/209。

本科优势专业排名

5★+专业：中医学1/64、针灸推拿学1/50。

5★专业：中药学3/115、中医骨伤科学1/22、中药制药1/22。

4★专业：药学41/240、康复治疗学33/177、护理学30/290。

10011 北京工商大学

在中国本科院校竞争力排行榜中的名次243，北京市内排名33/66，财经类排名10/109。

共47个专业参评，其中5★+专业0个，5★专业6个，5★-专业5个，4★专业10个，3★专业16个。

在中国普通高校研究生教育竞争力排行榜中的名次：总排名216/596，北京市内排名26/58，财经类排名7/39。

共18个一级学科(学术学位)参评，其中5★+学科0个，5★学科0个，5★-学科0个，4★学科1个，学科优秀率为5.56%。

一级学科排名

理论经济学100/111、应用经济学76/262、法学139/206、马克思主义理论300/358、新闻传播学102/116、化学183/228、系统科学11/25、统计学104/121、机械工程191/220、材料科学与工程179/219、控制科学与工程148/184、计算机科学与技术247/263、化学工程与技术140/178、轻工技术与工程10/19、环境科学与工程144/193、食品科学与工程11/99、管理科学与工程123/202、工商管理73/306。

本科优势专业排名

5★专业：贸易经济1/44、食品质量与安全11/236、财务管理24/680、物流管理22/434、化妆品技术与工程1/13。

5★-专业：金融工程25/259、应用统计学10/183、食品科学与工程16/278、电子商务44/451、数字媒体艺术29/319、会计学52/653。

4★专业：经济学53/348、新闻学39/310、广告学46/254、计算机科学与技术160/922、酿酒工程3/24、市场营销61/586、产品设计67/390、金融学76/387、大数据管理与应用22/170、工商管理62/537。

10043 北京体育大学

在中国本科院校竞争力排行榜中的名次248，北京市内排名34/66，体育类排名1/16。

共26个专业参评，其中5★+专业2个，5★专业1个，5★-专业3个，4★专业2个，3★专业5个。

在中国普通高校研究生教育竞争力排行榜中的名次：总排名226/596，北京市内排名28/58，体育类排名1/13。

共6个一级学科(学术学位)参评，其中5★+学科1个，5★学科0个，5★-学科0个，4★学科0个，学科优秀率为16.67%。

一级学科排名

马克思主义理论188/358、教育学100/139、心理学62/102、体育学1/106、临床医学102/110、公共管理206/209。

本科优势专业排名

5★+专业：体育教育2/323、运动康复1/79。

5★专业：运动人体科学1/16、运动训练3/53、武术与民族传统体育2/39。

5★-专业：体育经济与管理2/26。

4★专业：应用心理学49/248、舞蹈表演28/145。

10038 首都经济贸易大学

在中国本科院校竞争力排行榜中的名次259，北京市内排名35/66，财经类排名13/109。

共36个专业参评，其中5★+专业1个，5★专业5个，5★-专业9个，4★专业7个，3★专业10个。

在中国普通高校研究生教育竞争力排行榜中的名次：总排名300/596，北京市内排名34/58，财经类排名13/39。

共11个一级学科(学术学位)参评，其中5★+

学科0个，5★学科0个，5★-学科1个，4★学科1个，学科优秀率为18.18%。

一级学科排名

理论经济学45/111、应用经济学21/262、法学97/206、马克思主义理论176/358、外国语言文学147/232、新闻传播学98/116、统计学44/121、安全科学与工程33/61、管理科学与工程42/202、工商管理43/306、公共管理81/209。

本科优势专业排名

5★+专业：资产评估1/69。

5★专业：国际经济与贸易31/670、商务英语16/362、统计学5/205、市场营销28/586、财务管理28/680、人力资源管理12/414、城市管理3/50、工商管理10/537、会计学30/653。

5★-专业：经济学35/348、金融工程19/259、社会工作16/251、劳动与社会保障9/123、金融学24/387。

4★专业：经济统计学14/134、税收学16/90、保险学12/98、贸易经济5/44、信息管理与信息系统43/343、电子商务53/451、法学90/583。

10048 中央戏剧学院

在中国本科院校竞争力排行榜中的名次288，北京市内排名36/66，艺术类排名8/48。

共7个专业参评，其中5★+专业0个，5★专业1个，5★-专业3个，4★专业1个，3★专业1个。

在中国普通高校研究生教育竞争力排行榜中的名次：总排名386/596，北京市内排名41/58，艺术类排名10/33。

共2个一级学科(学术学位)参评，其中5★+学科1个，5★学科0个，5★-学科0个，4★学科0个，学科优秀率为50%。

一级学科排名

艺术学理论21/70、戏剧与影视学1/61。

本科优势专业排名

5★专业：表演2/142、戏剧影视导演2/31、戏剧影视美术设计2/49。

5★-专业：戏剧影视文学6/93。

4★专业：播音与主持艺术25/219。

10049 中国戏曲学院

在中国本科院校竞争力排行榜中的名次293，北京市内排名37/66，艺术类排名9/48。

共14个专业参评，其中5★+专业0个，5★专业1个，5★-专业1个，4★专业2个，3★专业4个。

在中国普通高校研究生教育竞争力排行榜中的名次：总排名495/596，北京市内排名50/58，艺术类排名16/33。

共3个一级学科(学术学位)参评。

一级学科排名

艺术学理论67/70、音乐与舞蹈学70/82、戏剧与影视学16/61。

本科优势专业排名

5★专业：表演4/142。

5★-专业：戏剧影视美术设计5/49。

4★专业：戏剧影视文学12/93、戏剧影视导演4/31。

10040 外交学院

在中国本科院校竞争力排行榜中的名次302，北京市内排名38/66，文法类排名10/68。

共10个专业参评，其中5★+专业0个，5★专业0个，5★-专业1个，4★专业2个，3★专业5个。

在中国普通高校研究生教育竞争力排行榜中的名次：总排名466/596，北京市内排名44/58，文法类排名14/32。

共4个一级学科(学术学位)参评，其中5★+学科0个，5★学科1个，5★-学科0个，4★学科0个，学科优秀率为25%。

一级学科排名

理论经济学81/111、法学187/206、政治学3/80、外国语言文学83/232。

本科优势专业排名

5★专业：外交学1/15。

4★专业：英语115/928、法学116/583。

10050 北京电影学院

在中国本科院校竞争力排行榜中的名次304，

北京市内排名 39/66，艺术类排名 10/48。

共 15 个专业参评，其中 5★+专业 1 个，5★专业 0 个，5★-专业 6 个，4★专业 2 个，3★专业 2 个。

在中国普通高校研究生教育竞争力排行榜中的名次：总排名 335/596，北京市内排名 36/58，艺术类排名 6/33。

共 3 个一级学科(学术学位)参评，其中 5★+学科 0 个，5★学科 0 个，5★-学科 1 个，4★学科 1 个，学科优秀率为 66.67%。

一级学科排名

艺术学理论 18/70、戏剧与影视学 5/61、美术学 15/115。

本科优势专业排名

5★+专业：动画 1/256。

5★专业：表演 3/142、戏剧影视文学 3/93、戏剧影视导演 1/31、戏剧影视美术设计 1/49、摄影 2/75、影视摄影与制作 3/70。

4★专业：录音艺术 4/34、数字媒体艺术 56/319。

10016 北京建筑大学

在中国本科院校竞争力排行榜中的名次 305，北京市内排名 40/66，理工类排名 120/365。

共 33 个专业参评，其中 5★+专业 0 个，5★专业 7 个，5★-专业 2 个，4★专业 6 个，3★专业 10 个。

在中国普通高校研究生教育竞争力排行榜中的名次：总排名 275/596，北京市内排名 32/58，理工类排名 104/182。

共 14 个一级学科(学术学位)参评。

一级学科排名

马克思主义理论 307/358、数学 217/262、机械工程 193/220、控制科学与工程 136/184、建筑学 16/70、土木工程 38/159、测绘科学与技术 19/52、交通运输工程 29/64、环境科学与工程 89/193、城乡规划学 50/60、风景园林学 29/56、管理科学与工程 155/202、工商管理 279/306、设计学 149/161。

本科优势专业排名

5★专业：建筑电气与智能化 3/64、建筑学 8/291。

5★-专业：土木工程 27/525、给排水科学与工程 10/159、测绘工程 11/143、风景园林 17/185、工程管理 28/388、工程造价 19/254、智能建造 5/65。

4★专业：机械电子工程 53/297、车辆工程 40/254、建筑环境与能源应用工程 22/165、交通工程 21/106、环境工程 57/345、城乡规划 26/203。

10009 北方工业大学

在中国本科院校竞争力排行榜中的名次 320，北京市内排名 41/66，理工类排名 126/365。

共 38 个专业参评，其中 5★+专业 0 个，5★专业 3 个，5★-专业 0 个，4★专业 9 个，3★专业 16 个。

在中国普通高校研究生教育竞争力排行榜中的名次：总排名 339/596，北京市内排名 37/58，理工类排名 130/182。

共 17 个一级学科(学术学位)参评。

一级学科排名

应用经济学 204/262、法学 105/206、马克思主义理论 223/358、外国语言文学 140/232、数学 199/262、统计学 91/121、机械工程 173/220、电气工程 74/109、电子科学与技术 89/120、信息与通信工程 115/182、控制科学与工程 59/184、计算机科学与技术 154/263、建筑学 59/70、土木工程 120/159、网络空间安全 63/70、工商管理 211/306、设计学 124/161。

本科优势专业排名

5★-专业：电子信息工程 47/633、数字媒体技术 16/221、工程管理 35/388。

4★专业：英语 118/928、机械设计制造及其自动化 80/513、电气工程及其自动化 69/569、自动化 57/437、计算机科学与技术 129/922、建筑学 50/291、城市地下空间工程 11/73、工商管理 89/537、会计学 67/653。

11232 北京信息科技大学

在中国本科院校竞争力排行榜中的名次 331，北京市内排名 42/66，理工类排名 130/365。

共 39 个专业参评，其中 5★+专业 0 个，5★专业 2 个，5★-专业 1 个，4★专业 9 个，3★专业

17 个。

在中国普通高校研究生教育竞争力排行榜中的名次：总排名 342/596，北京市内排名 38/58，理工类排名 133/182。

共 13 个一级学科(学术学位)参评。

一级学科排名

应用经济学 224/262、马克思主义理论 254/358、数学 172/262、机械工程 147/220、光学工程 77/92、仪器科学与技术 36/69、电子科学与技术 96/120、信息与通信工程 124/182、控制科学与工程 122/184、计算机科学与技术 186/263、网络空间安全 55/70、管理科学与工程 147/202、工商管理 237/306。

本科优势专业排名

5★专业：财务管理 34/680。

5★-专业：通信工程 46/490、网络工程 28/276。

4★专业：机械设计制造及其自动化 70/513、车辆工程 45/254、测控技术与仪器 25/186、电气工程及其自动化 107/569、自动化 71/437、计算机科学与技术 104/922、软件工程 98/595、信息管理与信息系统 54/343、智能科学与技术 21/175。

11417 北京联合大学

在中国本科院校竞争力排行榜中的名次 337，北京市内排名 43/66，综合类排名 63/270。

共 60 个专业参评，其中 5★+专业 0 个，5★专业 4 个，5★-专业 3 个，4★专业 9 个，3★专业 25 个。

在中国普通高校研究生教育竞争力排行榜中的名次：总排名 427/596，北京市内排名 42/58，综合类排名 74/93。

共 9 个一级学科(学术学位)参评。

一级学科排名

马克思主义理论 308/358、考古学 30/40、中国史 108/114、地理学 49/84、计算机科学与技术 169/263、食品科学与工程 68/99、软件工程 88/146、工商管理 135/306、设计学 34/161。

本科优势专业排名

5★专业：财务管理 27/680、酒店管理 6/180、数字媒体艺术 5/319。

5★-专业：人文地理与城乡规划 7/108、应用心理学 23/248、网络与新媒体 26/316、旅游管理 27/424。

4★专业：国际经济与贸易 122/670、软件工程 74/595、国际商务 22/126、人力资源管理 57/414、电子商务 46/451、表演 17/142、环境设计 91/701、服装与服饰设计 27/208、金融学 64/387。

10017 北京石油化工学院

在中国本科院校竞争力排行榜中的名次 353，北京市内排名 44/66，理工类排名 136/365。

共 23 个专业参评，其中 5★+专业 0 个，5★专业 0 个，5★-专业 0 个，4★专业 2 个，3★专业 12 个。

在中国普通高校研究生教育竞争力排行榜中的名次：总排名 493/596，北京市内排名 49/58，理工类排名 164/182。

共 4 个一级学科(学术学位)参评。

一级学科排名

机械工程 170/220、材料科学与工程 167/219、控制科学与工程 166/184、工商管理 165/306。

本科优势专业排名

4★专业：高分子材料与工程 26/184、制药工程 41/252。

14596 中国社会科学院大学

在中国本科院校竞争力排行榜中的名次 384，北京市内排名 45/66，综合类排名 67/270。

共 16 个专业参评，其中 5★+专业 0 个，5★专业 0 个，5★-专业 0 个，4★专业 9 个，3★专业 2 个。

在中国普通高校研究生教育竞争力排行榜中的名次：总排名 253/596，北京市内排名 30/58，综合类排名 55/93。

共 17 个一级学科(学术学位)参评。

一级学科排名

哲学 30/133、理论经济学 26/111、应用经济学 65/262、法学 51/206、政治学 21/80、社会学 29/88、民族学 14/38、马克思主义理论 74/358、中国语言文学 74/183、外国语言文学 60/232、新闻传播学 33/116、考古学 13/40、中国史 47/114、世界史 24/67、工商管理 81/306、农林经济管理 36/51、公共管理 120/209。

本科优势专业排名

4★专业：经济学 50/348、政治学与行政学 14/82、思想政治教育 55/292、汉语言文学 97/615、英语 123/928、新闻学 42/310、广播电视学 21/152、历史学 44/246、法学 95/583。

10041 中国人民公安大学

在中国本科院校竞争力排行榜中的名次 389，北京市内排名 46/66，文法类排名 12/68。

共 7 个专业参评，其中 5★+专业 0 个，5★专业 1 个，5★-专业 4 个，4★专业 2 个，3★专业 0 个。

在中国普通高校研究生教育竞争力排行榜中的名次：总排名 364/596，北京市内排名 40/58，文法类排名 10/32。

共 1 个一级学科(学术学位)参评。

一级学科排名

法学 54/206。

本科优势专业排名

5★专业：治安学 1/24、侦查学 2/31、刑事科学技术 1/27、网络安全与执法 1/24。

5★-专业：法学 58/583。

4★专业：警务指挥与战术 3/17、交通管理工程 4/20。

10031 北京第二外国语学院

在中国本科院校竞争力排行榜中的名次 427，北京市内排名 47/66，文法类排名 16/68。

共 27 个专业参评，其中 5★+专业 0 个，5★专业 5 个，5★-专业 3 个，4★专业 6 个，3★专业 6 个。

在中国普通高校研究生教育竞争力排行榜中的名次：总排名 515/596，北京市内排名 51/58，文法类排名 20/32。

共 5 个一级学科(学术学位)参评。

一级学科排名

哲学 123/133、应用经济学 168/262、中国语言文学 134/183、外国语言文学 57/232、工商管理 94/306。

本科优势专业排名

5★专业：日语 12/450、酒店管理 4/180、旅游管理 9/424。

5★-专业：英语 93/928、俄语 16/157、西班牙语 8/96、翻译 20/261、财务管理 51/680。

4★专业：德语 13/110、阿拉伯语 5/39、朝鲜语 14/93、商务英语 39/362、市场营销 104/586、会展经济与管理 12/101。

10029 首都体育学院

在中国本科院校竞争力排行榜中的名次 433，北京市内排名 48/66，体育类排名 4/16。

共 12 个专业参评，其中 5★+专业 1 个，5★专业 3 个，5★-专业 2 个，4★专业 2 个，3★专业 2 个。

在中国普通高校研究生教育竞争力排行榜中的名次：总排名 480/596，北京市内排名 46/58，体育类排名 6/13。

共 2 个一级学科(学术学位)参评，其中 5★+学科 0 个，5★学科 0 个，5★-学科 0 个，4★学科 1 个，学科优秀率为 50%。

一级学科排名

心理学 102/102、体育学 16/106。

本科优势专业排名

5★+专业：休闲体育 1/89。

5★专业：体育教育 9/323、社会体育指导与管理 6/231。

5★-专业：武术与民族传统体育 4/39、运动康复 8/79、体育经济与管理 3/26。

4★专业：舞蹈表演 16/145、运动训练 6/53。

10015 北京印刷学院

在中国本科院校竞争力排行榜中的名次 435，北京市内排名 49/66，理工类排名 159/365。

共 25 个专业参评，其中 5★+专业 0 个，5★专业 4 个，5★-专业 2 个，4★专业 0 个，3★专业 11 个。

在中国普通高校研究生教育竞争力排行榜中的名次：总排名 484/596，北京市内排名 48/58，理工类排名 162/182。

共 12 个一级学科(学术学位)参评。

一级学科排名

马克思主义理论 285/358、新闻传播学 49/116、科学技术史 21/23、机械工程 206/220、材料科学与工程 175/219、信息与通信工程 167/182、轻工技术与工程 17/19、网络空间安全 69/70、工商管理 302/306、艺术学理论 47/70、美术学 55/115、设计学 87/161。

本科优势专业排名

5★专业：数字媒体艺术 4/319、数字出版 1/15。

5★-专业：编辑出版学 3/33、动画 21/256、视觉传达设计 37/702、网络与新媒体 23/316。

10012 北京服装学院

在中国本科院校竞争力排行榜中的名次 469，北京市内排名 50/66，理工类排名 168/365。

共 25 个专业参评，其中 5★+专业 1 个，5★专业 4 个，5★-专业 3 个，4★专业 3 个，3★专业 8 个。

在中国普通高校研究生教育竞争力排行榜中的名次：总排名 467/596，北京市内排名 45/58，理工类排名 160/182。

共 8 个一级学科(学术学位)参评，其中 5★+学科 0 个，5★学科 0 个，5★-学科 1 个，4★学科 0 个，学科优秀率为 12.5%。

一级学科排名

民族学 38/38、机械工程 217/220、材料科学与工程 169/219、纺织科学与工程 17/22、工商管理 257/306、艺术学理论 42/70、美术学 68/115、设计学 14/161。

本科优势专业排名

5★+专业：服装与服饰设计 2/208。

5★专业：公共艺术 2/60、数字媒体艺术 8/319、艺术与科技 2/69。

5★-专业：服装设计与工程 4/56、视觉传达设计 45/702、环境设计 47/701、产品设计 21/390。

4★专业：工业设计 22/209、高分子材料与工程 34/184、动画 28/256。

10051 北京舞蹈学院

在中国本科院校竞争力排行榜中的名次 471，北京市内排名 51/66，艺术类排名 25/48。

共 5 个专业参评，其中 5★+专业 3 个，5★专业 0 个，5★-专业 0 个，4★专业 0 个，3★专业 0 个。

在中国普通高校研究生教育竞争力排行榜中的名次：总排名 536/596，北京市内排名 52/58，艺术类排名 25/33。

共 2 个一级学科(学术学位)参评。

一级学科排名

艺术学理论 58/70、音乐与舞蹈学 41/82。

本科优势专业排名

5★+专业：舞蹈表演 1/145、舞蹈学 1/202、舞蹈编导 1/73。

10020 北京农学院

在中国本科院校竞争力排行榜中的名次 483，北京市内排名 52/66，农林类排名 35/47。

共 27 个专业参评，其中 5★+专业 0 个，5★专业 0 个，5★-专业 0 个，4★专业 2 个，3★专业 9 个。

在中国普通高校研究生教育竞争力排行榜中的名次：总排名 435/596，北京市内排名 43/58，农林类排名 35/38。

共 11 个一级学科(学术学位)参评。

一级学科排名

食品科学与工程 83/99、风景园林学 40/56、生物工程 19/22、作物学 43/51、园艺学 38/44、植物保护 44/45、畜牧学 45/55、兽医学 34/43、林学 31/36、工商管理 292/306、农林经济管理 39/51。

本科优势专业排名

4★专业：园林 15/126、环境设计 95/701。

10037 北京物资学院

在中国本科院校竞争力排行榜中的名次 521，北京市内排名 53/66，财经类排名 37/109。

共 23 个专业参评，其中 5★+专业 1 个，5★专业 2 个，5★-专业 1 个，4★专业 1 个，3★专业 13 个。

在中国普通高校研究生教育竞争力排行榜中的名次：总排名 483/596，北京市内排名 47/58，财经类排名 33/39。

共 5 个一级学科(学术学位)参评。

一级学科排名

理论经济学 99/111、应用经济学 118/262、计算机科学与技术 207/263、管理科学与工程 104/202、工商管理 223/306。

本科优势专业排名

5★+专业：物流管理 2/434。

5★专业：物联网工程 18/481。

5★-专业：物流工程 10/102、供应链管理 3/49。

4★专业：信息管理与信息系统 62/343。

10042 国际关系学院

在中国本科院校竞争力排行榜中的名次 522，北京市内排名 54/66，文法类排名 20/68。

共 10 个专业参评，其中 5★+专业 0 个，5★专业 0 个，5★-专业 0 个，4★专业 4 个，3★专业 2 个。

在中国普通高校研究生教育竞争力排行榜中的名次：总排名 547/596，北京市内排名 54/58，文法类排名 23/32。

共 4 个一级学科(学术学位)参评。

一级学科排名

理论经济学 94/111、政治学 43/80、外国语言文学 151/232、网络空间安全 61/70。

本科优势专业排名

4★专业：国际经济与贸易 86/670、英语 117/928、法语 16/137、日语 90/450。

12453 中国劳动关系学院

在中国本科院校竞争力排行榜中的名次 605，北京市内排名 56/66，文法类排名 25/68。

共 20 个专业参评，其中 5★+专业 0 个，5★专业 1 个，5★-专业 0 个，4★专业 0 个，3★专业 5 个。

在中国普通高校研究生教育竞争力排行榜中的名次：总排名 579/596，北京市内排名 55/58，文法类排名 26/32。

本科优势专业排名

5★-专业：人力资源管理 24/414。

10018 北京电子科技学院

在中国本科院校竞争力排行榜中的名次 623，北京市内排名 57/66，理工类排名 197/365。

共 6 个专业参评，其中 5★+专业 0 个，5★专业 0 个，5★-专业 0 个，4★专业 2 个，3★专业 0 个。

在中国普通高校研究生教育竞争力排行榜中的名次：总排名 581/596，北京市内排名 56/58，理工类排名 182/182。

共 1 个一级学科(学术学位)参评。

一级学科排名

网络空间安全 40/70。

本科优势专业排名

4★专业：电子信息工程 112/633、信息安全 22/119。

11149 中华女子学院

在中国本科院校竞争力排行榜中的名次 768，北京市内排名 58/66，综合类排名 145/270。

共 16 个专业参评，其中 5★+专业 0 个，5★专业 0 个，5★-专业 1 个，4★专业 0 个，3★专业 3 个。

在中国普通高校研究生教育竞争力排行榜中的名次：总排名 587/596，北京市内排名 58/58，综合类排名 92/93。

本科优势专业排名

5★专业：学前教育 20/418。

14019 北京警察学院

在中国本科院校竞争力排行榜中的名次 845，北京市内排名 59/66，文法类排名 49/68。

共 5 个专业参评，其中 5★+专业 0 个，5★专业 0 个，5★-专业 0 个，4★专业 0 个，3★专业 2 个。

10039 中国消防救援学院

在中国本科院校竞争力排行榜中的名次 986，北京市内排名 61/66，理工类排名 286/365。

共 3 个专业参评，其中 5★+专业 0 个，5★专业 0 个，5★-专业 0 个，4★专业 0 个，3★专业 1 个。

民办院校

11418 北京城市学院

在中国民办院校竞争力排行榜中的名次 4，北京市内排名 55/66，综合类排名 103/270。

共 58 个专业参评，其中 5★+专业 0 个，5★专业 0 个，5★-专业 0 个，4★专业 3 个，3★专业 16 个。

在中国普通高校研究生教育竞争力排行榜中的名次：总排名 583/596，北京市内排名 57/58，综合类排名 91/93。

本科优势专业排名

4★专业：视觉传达设计 76/702、环境设计 85/701、产品设计 69/390。

12802 吉利学院

在中国民办院校竞争力排行榜中的名次 112，北京市内排名 60/66，理工类排名 268/365。

共 38 个专业参评，其中 5★+专业 0 个，5★专业 0 个，5★-专业 0 个，4★专业 2 个，3★专业 15 个。

本科优势专业排名

4★专业：市场营销 79/586、运动康复 14/79。

江苏省

一流大学

10284 南京大学

在中国本科院校竞争力排行榜中的名次 16，江苏省内排名 1/73，综合类排名 9/270。

共 80 个专业参评，其中 5★+专业 6 个，5★专业 19 个，5★-专业 21 个，4★专业 15 个，3★专业 16 个。

在中国普通高校研究生教育竞争力排行榜中的名次：总排名 10/596，江苏省内排名 1/34，综合类排名 7/93。

共 44 个一级学科(学术学位)参评，其中 5★+学科 3 个，5★学科 11 个，5★-学科 13 个，4★学科 10 个，学科优秀率为 84.09%。

一级学科排名

哲学 6/133、理论经济学 6/111、应用经济学 20/262、法学 13/206、政治学 5/80、社会学 8/88、马克思主义理论 11/358、教育学 32/139、心理学 59/102、中国语言文学 2/183、外国语言文学 3/232、新闻传播学 5/116、考古学 14/40、中国史 15/114、世界史 8/67、数学 16/262、物理学 2/197、化学 5/228、天文学 1/20、地理学 6/84、大气科学 2/19、地质学 2/36、生物学 15/239、生态学 13/109、光学工程 9/92、材料科学与工程 12/219、电子科学与技术 17/120、信息与通信工程 20/182、计算机科学与技术 6/263、建筑学 9/70、地质资源与地质工程 8/46、环境科学与工程 1/193、城乡规划学 4/60、软件工程 7/146、基础医学 24/108、临床医学 27/110、口腔医学 25/47、药学 18/142、管理科学与工程 40/202、工商管理 32/306、公共管理 13/209、图书情报与档案管理 2/50、戏剧与影视学 6/61、美术学 29/115。

本科优势专业排名

5★+专业：汉语言文学 2/615、英语 5/928、信息管理与信息系统 2/343、数字经济 1/63、人工智能 1/411、工商管理 3/537。

5★专业：哲学 3/73、经济学 7/348、金融工程 11/259、法语 4/137、新闻学 6/310、广告学 5/254、历史学 8/246、物理学 7/282、化学 9/304、应用化学 8/373、天文学 1/14、地理信息科学 6/166、材料物理 3/67、计算机科学与技术 21/922、软件工程 11/595、环境工程 4/345、环境科学 3/173、行政管理 6/290、电子商务 20/451、电子信息科学与技术 4/164、会计学 25/653。

5★-专业：国际经济与贸易 51/670、汉语国际教育 20/320、西班牙语 10/96、广播电视学 11/152、数学与应用数学 28/514、信息与计算科学 28/303、应用物理学 11/151、自然地理与资源环境 5/49、大气科学 2/17、生物科学 16/280、材料化学 8/125、微电子科学与工程 10/107、建筑学 17/291、城乡规划 13/203、市场营销 55/586、财务管理 55/680、工业工程 10/139、戏剧影视文学 9/93、法学 57/583。

4★专业：社会工作 39/251、德语 15/110、地理科学 27/170、人文地理与城乡规划 14/108、地质学 5/24、应用心理学 41/248、通信工程 83/490、水文与水资源工程 10/48、地质工程 10/55、劳动与社会保障 17/123、图书馆学 3/18、档案学 5/34、新能源科学与工程 17/126、集成电路设计与集成系统 14/70、临床医学 37/194。

10286 东南大学

在中国本科院校竞争力排行榜中的名次 19，江苏省内排名 2/73，理工类排名 10/365。

共 72 个专业参评，其中 5★+专业 9 个，5★专业 12 个，5★-专业 13 个，4★专业 10 个，3★专业 25 个。

在中国普通高校研究生教育竞争力排行榜中的名次：总排名 17/596，江苏省内排名 2/34，理工类排名 9/182。

共 48 个一级学科(学术学位)参评，其中 5★+学科 0 个，5★学科 10 个，5★-学科 6 个，4★学科 15 个，学科优秀率为 64.58%。

一级学科排名

哲学 14/133、应用经济学 37/262、法学 24/206、社会学 51/88、马克思主义理论 38/358、教育学 65/139、心理学 50/102、体育学 59/106、中国语言文学 88/183、外国语言文学 31/232、中国史 89/114、数学 34/262、物理学 18/197、化学 94/228、生物学 40/239、统计学 53/121、力学 25/95、机械工程 18/220、光学工程 14/92、仪器科学

与技术 5/69、材料科学与工程 26/219、动力工程及工程热物理 6/104、电气工程 8/109、电子科学与技术 2/120、信息与通信工程 5/182、控制科学与工程 9/184、计算机科学与技术 13/263、建筑学 2/70、土木工程 3/159、测绘科学与技术 29/52、化学工程与技术 19/178、交通运输工程 3/64、环境科学与工程 21/193、生物医学工程 2/74、城乡规划学 7/60、风景园林学 3/56、软件工程 16/146、网络空间安全 8/70、基础医学 35/108、临床医学 36/110、公共卫生与预防医学 13/74、护理学 28/70、管理科学与工程 20/202、工商管理 62/306、公共管理 65/209、图书情报与档案管理 20/50、艺术学理论 3/70、设计学 39/161。

本科优势专业排名

5★+专业：测控技术与仪器 1/186、电子科学与技术 1/149、信息工程 1/55、土木工程 4/525、建筑学 3/291、城乡规划 2/203、工程管理 3/388、物流管理 1/434、机器人工程 1/307。

5★专业：能源与动力工程 5/188、电气工程及其自动化 11/569、自动化 11/437、计算机科学与技术 10/922、软件工程 27/595、物联网工程 23/481、交通工程 5/106、风景园林 4/185、人工智能 9/411、网络空间安全 2/100、城市地下空间工程 2/73、道路桥梁与渡河工程 2/77、智能建造 3/65。

5★-专业：金融工程 14/259、日语 43/450、机械工程 7/120、材料科学与工程 18/229、建筑环境与能源应用工程 11/165、化学工程与工艺 17/325、生物医学工程 7/119、信息管理与信息系统 18/343、产品设计 26/390、法学 40/583、医学影像学 5/81、会计学 58/653。

4★专业：英语 103/928、数学与应用数学 60/514、应用物理学 17/151、生物信息学 7/44、交通运输 16/107、生物工程 47/239、劳动与社会保障 23/123、电子商务 66/451、动画 30/256、美术学 40/332。

一般大学

10287 南京航空航天大学

在中国本科院校竞争力排行榜中的名次 29，江苏省内排名 3/73，理工类排名 17/365。

共 52 个专业参评，其中 5★+专业 1 个，5★专业 16 个，5★-专业 9 个，4★专业 6 个，3★专业 19 个。

在中国普通高校研究生教育竞争力排行榜中的名次：总排名 38/596，江苏省内排名 4/34，理工类排名 20/182。

共 34 个一级学科(学术学位)参评，其中 5★+学科 0 个，5★学科 0 个，5★-学科 4 个，4★学科 7 个，学科优秀率为 32.35%。

一级学科排名

应用经济学 128/262、法学 136/206、马克思主义理论 87/358、教育学 105/139、外国语言文学 111/232、数学 52/262、物理学 44/197、化学 112/228、力学 7/95、机械工程 16/220、光学工程 39/92、仪器科学与技术 14/69、材料科学与工程 44/219、动力工程及工程热物理 38/104、电气工程 31/109、电子科学与技术 80/120、信息与通信工程 23/182、控制科学与工程 15/184、计算机科学与技术 37/263、土木工程 127/159、交通运输工程 22/64、航空宇航科学与技术 5/29、兵器科学与技术 6/7、核科学与技术 16/17、生物医学工程 49/74、软件工程 22/146、网络空间安全 27/70、管理科学与工程 16/202、工商管理 218/306、公共管理 124/209、音乐与舞蹈学 22/82、戏剧与影视学 20/61、美术学 35/115、设计学 69/161。

本科优势专业排名

5★+专业：工业设计 1/209。

5★专业：信息与计算科学 9/303、机械工程 5/120、车辆工程 6/254、电气工程及其自动化 16/569、自动化 10/437、计算机科学与技术 38/922、物联网工程 22/481、航空航天工程 1/18、信息管理与信息系统 9/343。

5★-专业：英语 60/928、应用物理学 13/151、工程力学 5/80、测控技术与仪器 18/186、材料科学与工程 19/229、能源与动力工程 12/188、软件工程 31/595、交通运输 9/107、飞行器设计与工程 3/28、飞行器制造工程 3/36、工业工程 8/139、智能制造工程 24/252、新能源材料与器件 8/105、人工智能 24/411、机器人工程 16/307、飞行技术 2/16。

4★专业：国际经济与贸易 106/670、日语 53/450、土木工程 62/525、飞行器动力工程 3/24、法学 97/583、信息安全 21/119。

10285 苏州大学

在中国本科院校竞争力排行榜中的名次 38，

江苏省内排名 4/73，综合类排名 14/270。

共 110 个专业参评，其中 5★+专业 0 个，5★专业 12 个，5★-专业 10 个，4★专业 21 个，3★专业 55 个。

在中国普通高校研究生教育竞争力排行榜中的名次：总排名 37/596，江苏省内排名 3/34，综合类排名 14/93。

共 50 个一级学科(学术学位)参评，其中 5★+学科 0 个，5★学科 1 个，5★-学科 4 个，4★学科 14 个，学科优秀率为 38%。

一级学科排名

哲学 37/133、应用经济学 80/262、法学 33/206、政治学 27/80、社会学 72/88、马克思主义理论 63/358、教育学 44/139、心理学 42/102、体育学 13/106、中国语言文学 30/183、外国语言文学 36/232、新闻传播学 56/116、中国史 42/114、世界史 40/67、数学 47/262、物理学 13/197、化学 32/228、生物学 100/239、统计学 25/121、机械工程 124/220、光学工程 8/92、材料科学与工程 17/219、冶金工程 21/28、电子科学与技术 99/120、信息与通信工程 57/182、控制科学与工程 113/184、计算机科学与技术 44/263、建筑学 52/70、化学工程与技术 28/178、纺织科学与工程 7/22、交通运输工程 39/64、环境科学与工程 67/193、生物医学工程 41/74、食品科学与工程 67/99、风景园林学 48/56、软件工程 29/146、畜牧学 29/55、基础医学 15/108、临床医学 29/110、公共卫生与预防医学 26/74、药学 23/142、特种医学 1/14、护理学 16/70、管理科学与工程 148/202、工商管理 60/306、公共管理 58/209、图书情报与档案管理 31/50、音乐与舞蹈学 35/82、美术学 21/115、设计学 9/161。

本科优势专业排名

5★专业：体育教育 6/323、汉语言文学 22/615、英语 12/928、计算机科学与技术 46/922、软件工程 23/595、药学 12/240、护理学 14/290、服装与服饰设计 3/208、纳米材料与技术 1/14、电气工程与智能控制 1/33。

5★-专业：汉语国际教育 19/320、数学与应用数学 49/514、物理学 23/282、化学 18/304、电子信息工程 36/633、服装设计与工程 6/56、城市管理 5/50、美术学 22/332、法学 35/583、知识产权 8/92、运动康复 7/79、新能源材料与器件 10/105。

4★专业：日语 51/450、翻译 47/261、新闻学 32/310、历史学 31/246、应用心理学 38/248、机械电子工程 37/297、高分子材料与工程 19/184、通信工程 52/490、化学工程与工艺 51/325、纺织工程 6/39、食品质量与安全 43/236、建筑学 46/291、物流管理 53/434、音乐表演 46/237、艺术设计学 6/47、环境设计 98/701、数字媒体艺术 49/319、网络与新媒体 39/316、智能制造工程 36/252、轨道交通信号与控制 6/52、临床医学 22/194。

10295 江南大学

在中国本科院校竞争力排行榜中的名次 49，江苏省内排名 5/73，综合类排名 20/270。

共 49 个专业参评，其中 5★+专业 4 个，5★专业 10 个，5★-专业 11 个，4★专业 8 个，3★专业 15 个。

在中国普通高校研究生教育竞争力排行榜中的名次：总排名 45/596，江苏省内排名 6/34，综合类排名 17/93。

共 29 个一级学科(学术学位)参评，其中 5★+学科 1 个，5★学科 1 个，5★-学科 2 个，4★学科 2 个，学科优秀率为 20.69%。

一级学科排名

应用经济学 239/262、法学 67/206、马克思主义理论 111/358、教育学 71/139、中国语言文学 174/183、外国语言文学 184/232、数学 145/262、生物学 106/239、机械工程 100/220、光学工程 66/92、材料科学与工程 140/219、电气工程 80/109、电子科学与技术 106/120、控制科学与工程 28/184、计算机科学与技术 91/263、化学工程与技术 16/178、纺织科学与工程 4/22、轻工技术与工程 2/19、环境科学与工程 55/193、食品科学与工程 1/99、软件工程 51/146、临床医学 97/110、公共卫生与预防医学 68/74、药学 62/142、管理科学与工程 126/202、工商管理 250/306、音乐与舞蹈学 76/82、美术学 76/115、设计学 3/161。

本科优势专业排名

5★+专业：食品科学与工程 1/278、食品质量与安全 1/236、视觉传达设计 2/702、产品设计 1/390。

5★专业：应用化学 11/373、生物技术 7/285、自动化 20/437、数字媒体技术 4/221、制药工程 6/

252、包装工程 1/37、环境工程 17/345、酿酒工程 1/24、生物工程 10/239、环境设计 14/701、服装与服饰设计 10/208。

5★-专业：教育技术学 13/130、工业设计 12/209、高分子材料与工程 17/184、计算机科学与技术 84/922、物联网工程 27/481、化学工程与工艺 22/325、纺织工程 4/39、轻化工程 3/41、公共艺术 5/60、数字媒体艺术 26/319。

4★专业：国际经济与贸易 101/670、小学教育 57/301、英语 154/928、机械工程 19/120、电气工程及其自动化 73/569、服装设计与工程 9/56、音乐学 53/394、工商管理 61/537。

10288 南京理工大学

在中国本科院校竞争力排行榜中的名次 50，江苏省内排名 6/73，理工类排名 26/365。

共 57 个专业参评，其中 5★+专业 0 个，5★专业 8 个，5★-专业 10 个，4★专业 16 个，3★专业 21 个。

在中国普通高校研究生教育竞争力排行榜中的名次：总排名 56/596，江苏省内排名 11/34，理工类排名 29/182。

共 35 个一级学科(学术学位)参评，其中 5★+学科 0 个，5★学科 0 个，5★-学科 2 个，4★学科 9 个，学科优秀率为 31.43%。

一级学科排名

应用经济学 134/262、法学 189/206、社会学 56/88、马克思主义理论 97/358、外国语言文学 119/232、数学 50/262、物理学 91/197、化学 100/228、统计学 96/121、力学 15/95、机械工程 32/220、光学工程 7/92、仪器科学与技术 16/69、材料科学与工程 39/219、动力工程及工程热物理 42/104、电气工程 54/109、电子科学与技术 35/120、信息与通信工程 42/182、控制科学与工程 24/184、计算机科学与技术 52/263、土木工程 116/159、化学工程与技术 33/178、交通运输工程 38/64、航空宇航科学与技术 15/29、兵器科学与技术 1/7、环境科学与工程 45/193、生物医学工程 47/74、软件工程 23/146、安全科学与工程 45/61、网络空间安全 29/70、管理科学与工程 21/202、工商管理 195/306、公共管理 186/209、图书情报与档案管理 21/50、设计学 55/161。

本科优势专业排名

5★专业：社会工作 12/251、工业设计 10/209、电子信息工程 12/633、通信工程 16/490、光电信息科学与工程 3/213、自动化 16/437、计算机科学与技术 22/922、软件工程 21/595、化学工程与工艺 11/325、智能制造工程 13/252。

5★-专业：信息与计算科学 27/303、机械工程 11/120、材料成型及控制工程 20/221、材料科学与工程 21/229、电气工程及其自动化 31/569、环境工程 18/345、轨道交通信号与控制 4/52、智能科学与技术 11/175。

4★专业：国际经济与贸易 129/670、英语 166/928、应用化学 60/373、车辆工程 49/254、测控技术与仪器 34/186、材料化学 20/125、能源与动力工程 24/188、土木工程 82/525、安全工程 27/148、信息管理与信息系统 40/343、人力资源管理 75/414、新能源科学与工程 16/126、智能电网信息工程 5/34、机器人工程 34/307、数据科学与大数据技术 112/680、会计学 74/653。

10294 河海大学

在中国本科院校竞争力排行榜中的名次 59，江苏省内排名 7/73，理工类排名 32/365。

共 61 个专业参评，其中 5★+专业 2 个，5★专业 9 个，5★-专业 12 个，4★专业 21 个，3★专业 13 个。

在中国普通高校研究生教育竞争力排行榜中的名次：总排名 47/596，江苏省内排名 7/34，理工类排名 25/182。

共 40 个一级学科(学术学位)参评，其中 5★+学科 1 个，5★学科 1 个，5★-学科 1 个，4★学科 7 个，学科优秀率为 25%。

一级学科排名

哲学 64/133、理论经济学 95/111、应用经济学 117/262、法学 83/206、社会学 16/88、马克思主义理论 77/358、教育学 124/139、心理学 99/102、体育学 95/106、外国语言文学 170/232、新闻传播学 69/116、数学 116/262、物理学 183/197、地理学 38/84、海洋科学 13/29、地质学 24/36、统计学 54/121、力学 17/95、机械工程 155/220、材料科学与工程 113/219、动力工程及工程热物理 70/104、电气工程 29/109、电子科学与技术 110/120、信息与通信工程 28/182、控制科学与工程

101/184、计算机科学与技术 41/263、土木工程 15/159、水利工程 1/64、测绘科学与技术 6/52、地质资源与地质工程 18/46、交通运输工程 44/64、船舶与海洋工程 19/24、农业工程 11/44、环境科学与工程 4/193、软件工程 26/146、农业资源与环境 24/40、管理科学与工程 58/202、工商管理 42/306、公共管理 106/209、图书情报与档案管理 30/50。

本科优势专业排名

5★+专业：水利水电工程 1/83、机器人工程 2/307。

5★专业：思想政治教育 6/292、计算机科学与技术 37/922、物联网工程 21/481、土木工程 6/525、给排水科学与工程 5/159、水文与水资源工程 1/48、港口航道与海岸工程 2/32、农业水利工程 2/33、环境科学 9/173、工程管理 14/388、人力资源管理 14/414、大数据管理与应用 7/170。

5★-专业：自然地理与资源环境 4/49、地理信息科学 14/166、电气工程及其自动化 39/569、测绘工程 8/143、交通工程 9/106、环境工程 25/345、劳动与社会保障 7/123、新能源科学与工程 13/126、会计学 44/653。

4★专业：金融工程 33/259、国际经济与贸易 92/670、英语 168/928、广播电视学 29/152、工程力学 14/80、材料科学与工程 43/229、能源与动力工程 32/188、电子信息工程 108/633、通信工程 69/490、遥感科学与技术 9/56、地质工程 7/55、环境生态工程 10/68、信息管理与信息系统 47/343、市场营销 93/586、财务管理 74/680、土地资源管理 17/90、法学 102/583、智能制造工程 29/252、智能科学与技术 20/175、土地整治工程 2/14、工商管理 83/537。

10307 南京农业大学

在中国本科院校竞争力排行榜中的名次 60，江苏省内排名 8/73，农林类排名 4/47。

共 61 个专业参评，其中 5★+专业 2 个，5★专业 6 个，5★-专业 11 个，4★专业 10 个，3★专业 30 个。

在中国普通高校研究生教育竞争力排行榜中的名次：总排名 53/596，江苏省内排名 9/34，农林类排名 3/38。

共 31 个一级学科(学术学位)参评，其中 5★+学科 0 个，5★学科 3 个，5★-学科 3 个，4★学科 7 个，学科优秀率为 41.94%。

一级学科排名

哲学 110/133、应用经济学 49/262、法学 191/206、社会学 42/88、马克思主义理论 302/358、外国语言文学 97/232、数学 246/262、化学 135/228、生物学 25/239、科学技术史 8/23、生态学 17/109、机械工程 105/220、计算机科学与技术 237/263、农业工程 7/44、环境科学与工程 85/193、食品科学与工程 8/99、风景园林学 32/56、作物学 2/51、园艺学 3/44、农业资源与环境 2/40、植物保护 6/45、畜牧学 6/55、兽医学 6/43、水产 7/28、草学 10/25、中药学 29/50、管理科学与工程 165/202、工商管理 140/306、农林经济管理 3/51、公共管理 27/209、图书情报与档案管理 13/50。

本科优势专业排名

5★+专业：植物保护 1/55、农业资源与环境 1/51。

5★专业：食品科学与工程 11/278、食品质量与安全 5/236、农学 2/76、园艺 2/107、种子科学与工程 1/41、动物科学 4/79、动物医学 4/73、动物药学 1/22、农林经济管理 2/61、土地资源管理 2/90、金融学 15/387。

5★-专业：投资学 10/127、生物科学 22/280、生物技术 17/285、设施农业科学与工程 4/39、农村区域发展 3/26、人工智能 34/411。

4★专业：国际经济与贸易 93/670、英语 176/928、日语 66/450、风景园林 29/185、园林 24/126、水产养殖学 8/51、工程管理 67/388、行政管理 30/290、劳动与社会保障 18/123、会计学 94/653。

10299 江苏大学

在中国本科院校竞争力排行榜中的名次 62，江苏省内排名 9/73，综合类排名 21/270。

共 85 个专业参评，其中 5★+专业 0 个，5★专业 11 个，5★-专业 7 个，4★专业 17 个，3★专业 42 个。

在中国普通高校研究生教育竞争力排行榜中的名次：总排名 54/596，江苏省内排名 10/34，综合类排名 18/93。

共 43 个一级学科(学术学位)参评，其中 5★+学科 0 个，5★学科 0 个，5★-学科 0 个，4★学科 2 个，学科优秀率为 4.65%。

一级学科排名

哲学89/133、应用经济学178/262、法学160/206、马克思主义理论121/358、教育学96/139、中国语言文学156/183、外国语言文学110/232、数学163/262、物理学104/197、化学111/228、生物学137/239、生态学66/109、统计学117/121、力学43/95、机械工程41/220、光学工程81/92、仪器科学与技术32/69、材料科学与工程79/219、冶金工程19/28、动力工程及工程热物理29/104、电气工程36/109、电子科学与技术107/120、信息与通信工程126/182、控制科学与工程60/184、计算机科学与技术70/263、土木工程129/159、水利工程45/64、化学工程与技术105/178、交通运输工程23/64、农业工程10/44、环境科学与工程64/193、生物医学工程44/74、食品科学与工程16/99、安全科学与工程40/61、基础医学74/108、临床医学57/110、药学83/142、中药学32/50、管理科学与工程55/202、工商管理182/306、公共管理150/209、图书情报与档案管理22/50、美术学56/115。

本科优势专业排名

5★专业：机械电子工程11/297、电气工程及其自动化20/569、食品科学与工程12/278、食品质量与安全4/236、智能制造工程12/252、新能源科学与工程6/126、环保设备工程1/14。

5★-专业：国际经济与贸易60/670、机械设计制造及其自动化28/513、车辆工程14/254、能源与动力工程11/188、自动化43/437、计算机科学与技术61/922、物联网工程35/481、财务管理68/680、人力资源管理40/414、公共事业管理19/252、产品设计38/390。

4★专业：数学与应用数学82/514、材料成型及控制工程42/221、工业设计40/209、测控技术与仪器21/186、金属材料工程11/76、复合材料与工程6/41、土木工程91/525、交通运输19/107、环境工程42/345、医学检验技术18/159、工程管理60/388、市场营销71/586、物流管理65/434、美术学62/332、法学115/583、智能科学与技术23/175、工商管理56/537。

10319 南京师范大学

在中国本科院校竞争力排行榜中的名次63，江苏省内排名10/73，师范类排名5/175。

共70个专业参评，其中5★+专业1个，5★专业10个，5★-专业13个，4★专业20个，3★专业22个。

在中国普通高校研究生教育竞争力排行榜中的名次：总排名44/596，江苏省内排名5/34，师范类排名3/77。

共39个一级学科(学术学位)参评，其中5★+学科0个，5★学科1个，5★-学科3个，4★学科10个，学科优秀率为35.9%。

一级学科排名

哲学41/133、应用经济学62/262、法学35/206、政治学23/80、社会学40/88、马克思主义理论37/358、教育学10/139、心理学31/102、体育学20/106、中国语言文学27/183、外国语言文学29/232、新闻传播学20/116、考古学19/40、中国史30/114、数学42/262、物理学45/197、化学58/228、地理学2/84、海洋科学20/29、生物学41/239、生态学30/109、统计学31/121、动力工程及工程热物理50/104、电气工程59/109、电子科学与技术41/120、计算机科学与技术203/263、测绘科学与技术33/52、化学工程与技术144/178、环境科学与工程50/193、食品科学与工程74/99、网络空间安全46/70、水产13/28、药学106/142、工商管理113/306、公共管理89/209、音乐与舞蹈学9/82、戏剧与影视学9/61、美术学8/115、设计学16/161。

本科优势专业排名

5★+专业：思想政治教育3/292。

5★专业：学前教育7/418、小学教育5/301、社会体育指导与管理7/231、汉语言文学28/615、英语21/928、新闻学10/310、地理信息科学5/166、应用心理学4/248、音乐学12/394、广播电视编导11/224、美术学14/332、法学15/583、网络与新媒体16/316。

5★-专业：教育技术学9/130、体育教育20/323、汉语国际教育29/320、俄语13/157、文物与博物馆学5/53、生物科学28/280、电气工程及其自动化40/569、播音与主持艺术13/219、秘书学6/89、旅游管理31/424。

4★专业：哲学13/73、国际经济与贸易116/670、日语48/450、广告学35/254、历史学49/246、数学与应用数学55/514、物理学34/282、化学53/304、地理科学30/170、人文地理与城乡规划16/108、统计学36/205、计算机科学与技术

120/922、人力资源管理 78/414、公共事业管理 41/252、行政管理 50/290、舞蹈学 39/202、绘画 33/164、产品设计 56/390、人工智能 48/411、工商管理 60/537。

11117 扬州大学

在中国本科院校竞争力排行榜中的名次 66，江苏省内排名 11/73，综合类排名 22/270。

共 112 个专业参评，其中 5★+专业 1 个，5★专业 9 个，5★-专业 7 个，4★专业 32 个，3★专业 38 个。

在中国普通高校研究生教育竞争力排行榜中的名次：总排名 67/596，江苏省内排名 12/34，综合类排名 22/93。

共 51 个一级学科(学术学位)参评，其中 5★+学科 0 个，5★学科 0 个，5★-学科 1 个，4★学科 6 个，学科优秀率为 13.73%。

一级学科排名

哲学 90/133、应用经济学 194/262、法学 82/206、马克思主义理论 58/358、教育学 69/139、心理学 93/102、体育学 19/106、中国语言文学 41/183、外国语言文学 44/232、中国史 21/114、数学 51/262、物理学 55/197、化学 52/228、生物学 54/239、生态学 79/109、统计学 120/121、机械工程 144/220、材料科学与工程 121/219、动力工程及工程热物理 78/104、电气工程 94/109、控制科学与工程 123/184、计算机科学与技术 118/263、土木工程 57/159、水利工程 22/64、化学工程与技术 115/178、农业工程 26/44、环境科学与工程 150/193、食品科学与工程 32/99、软件工程 32/146、作物学 16/51、园艺学 17/44、农业资源与环境 31/40、植物保护 23/45、畜牧学 9/55、兽医学 3/43、水产 18/28、草学 20/25、基础医学 89/108、临床医学 60/110、公共卫生与预防医学 64/74、中西医结合 56/61、药学 91/142、中药学 46/50、护理学 61/70、管理科学与工程 181/202、工商管理 146/306、农林经济管理 38/51、艺术学理论 55/70、音乐与舞蹈学 62/82、戏剧与影视学 26/61、美术学 84/115。

本科优势专业排名

5★+专业：翻译 1/261。

5★专业：社会体育指导与管理 8/231、汉语言文学 30/615、种子科学与工程 2/41、动物医学 2/73、环境设计 13/701、烹饪与营养教育 1/25、动植物检疫 1/21。

5★-专业：小学教育 21/301、体育教育 26/323、汉语国际教育 28/320、英语 87/928、化学 21/304、机械设计制造及其自动化 50/513、食品质量与安全 22/236、公共艺术 6/60、秘书学 8/89。

4★专业：经济学 65/348、社会工作 48/251、思想政治教育 42/292、法语 25/137、日语 64/450、商务英语 57/362、历史学 40/246、数学与应用数学 72/514、信息与计算科学 54/303、物理学 52/282、应用化学 47/373、生物科学 48/280、生物技术 50/285、车辆工程 43/254、高分子材料与工程 28/184、电气工程及其自动化 114/569、自动化 87/437、计算机科学与技术 100/922、软件工程 85/595、土木工程 57/525、水利水电工程 11/83、农业水利工程 4/33、食品科学与工程 53/278、农学 10/76、园艺 21/107、动物科学 10/79、工程管理 41/388、农村区域发展 4/26、音乐学 71/394、美术学 56/332、法学 69/583、工商管理 101/537。

10291 南京工业大学

在中国本科院校竞争力排行榜中的名次 69，江苏省内排名 12/73，理工类排名 35/365。

共 87 个专业参评，其中 5★+专业 1 个，5★专业 5 个，5★-专业 5 个，4★专业 14 个，3★专业 40 个。

在中国普通高校研究生教育竞争力排行榜中的名次：总排名 72/596，江苏省内排名 14/34，理工类排名 34/182。

共 29 个一级学科(学术学位)参评，其中 5★+学科 0 个，5★学科 0 个，5★-学科 1 个，4★学科 2 个，学科优秀率为 10.34%。

一级学科排名

法学 146/206、马克思主义理论 309/358、外国语言文学 189/232、化学 72/228、生物学 190/239、力学 81/95、机械工程 126/220、光学工程 51/92、材料科学与工程 50/219、动力工程及工程热物理 19/104、电气工程 101/109、控制科学与工程 80/184、计算机科学与技术 163/263、建筑学 37/70、土木工程 41/159、测绘科学与技术 39/52、化学工程与技术 10/178、地质资源与地质工程 33/46、环境科学与工程 118/193、食品科学与工程 85/99、城乡规划学 31/60、风景园林学 45/56、生物工程 4/22、安全科学与工程 16/61、药学 93/

142、管理科学与工程 138/202、工商管理 215/306、公共管理 190/209、图书情报与档案管理 44/50。

本科优势专业排名

5★+专业：制药工程 3/252。

5★专业：无机非金属材料工程 3/75、土木工程 24/525、化学工程与工艺 8/325、安全工程 3/148、生物工程 6/239。

5★-专业：过程装备与控制工程 7/91、建筑环境与能源应用工程 16/165、建筑学 26/291、工程管理 39/388、人工智能 31/411。

4★专业：化学 35/304、材料科学与工程 28/229、高分子材料与工程 27/184、能源与动力工程 35/188、电气工程及其自动化 61/569、自动化 85/437、计算机科学与技术 131/922、给排水科学与工程 27/159、测绘工程 24/143、城乡规划 24/203、智能制造工程 42/252、新能源材料与器件 18/105、新能源科学与工程 18/126、城市地下空间工程 8/73。

10290 中国矿业大学

在中国本科院校竞争力排行榜中的名次 73，江苏省内排名 13/73，理工类排名 36/365。

共 61 个专业参评，其中 5★+专业 1 个，5★专业 7 个，5★-专业 12 个，4★专业 13 个，3★专业 26 个。

在中国普通高校研究生教育竞争力排行榜中的名次：总排名 48/596，江苏省内排名 8/34，理工类排名 26/182。

共 35 个一级学科(学术学位)参评，其中 5★+学科 1 个，5★学科 1 个，5★-学科 2 个，4★学科 5 个，学科优秀率为 25.71%。

一级学科排名

应用经济学 151/262、马克思主义理论 95/358、体育学 71/106、中国语言文学 162/183、外国语言文学 86/232、数学 39/262、物理学 133/197、化学 152/228、地理学 63/84、地球物理学 18/21、地质学 18/36、统计学 58/121、力学 39/95、机械工程 42/220、材料科学与工程 110/219、动力工程及工程热物理 49/104、电气工程 35/109、电子科学与技术 104/120、信息与通信工程 52/182、控制科学与工程 58/184、计算机科学与技术 62/263、土木工程 25/159、水利工程 46/64、测绘科学与技术 5/52、化学工程与技术 53/178、地质资源与地质工程 11/46、矿业工程 1/30、环境科学与工程 36/193、城乡规划学 24/60、软件工程 71/146、安全科学与工程 1/61、管理科学与工程 14/202、工商管理 185/306、公共管理 25/209、设计学 40/161。

本科优势专业排名

5★+专业：安全工程 1/148。

5★专业：电子信息工程 30/633、测绘工程 3/143、采矿工程 1/45、矿物加工工程 1/35、工程管理 8/388、人力资源管理 8/414、土地资源管理 3/90、智能制造工程 4/252、人工智能 20/411、机器人工程 8/307、数据科学与大数据技术 13/680、大数据管理与应用 5/170。

5★-专业：社会体育指导与管理 15/231、应用化学 27/373、电气工程及其自动化 38/569、计算机科学与技术 72/922、土木工程 40/525、地质工程 6/55、会计学 42/653。

4★专业：数学与应用数学 77/514、应用物理学 29/151、机械工程 18/120、过程装备与控制工程 18/91、自动化 45/437、化学工程与工艺 38/325、环境工程 47/345、建筑学 54/291、市场营销 78/586、环境设计 87/701、储能科学与工程 6/38、消防工程 4/20、应急管理 5/29。

10293 南京邮电大学

在中国本科院校竞争力排行榜中的名次 92，江苏省内排名 14/73，理工类排名 46/365。

共 54 个专业参评，其中 5★+专业 3 个，5★专业 8 个，5★-专业 7 个，4★专业 11 个，3★专业 20 个。

在中国普通高校研究生教育竞争力排行榜中的名次：总排名 117/596，江苏省内排名 17/34，理工类排名 54/182。

共 21 个一级学科(学术学位)参评，其中 5★+学科 0 个，5★学科 2 个，5★-学科 1 个，4★学科 0 个，学科优秀率为 14.29%。

一级学科排名

应用经济学 189/262、社会学 41/88、马克思主义理论 192/358、教育学 110/139、外国语言文学 212/232、数学 243/262、物理学 169/197、化学 104/228、光学工程 5/92、仪器科学与技术 37/69、材料科学与工程 115/219、电子科学与技术 3/120、信息与通信工程 12/182、控制科学与工程 103/184、计算机科学与技术 89/263、测绘科学与技术 36/52、生物医学工程 63/74、软件工程 59/146、网络空间安全 24/70、管理科学与工程 112/202、工商管理 287/306。

本科优势专业排名

5★+专业：电子信息工程 5/633、通信工程 1/490、网络工程 3/276。

5★专业：信息与计算科学 15/303、微电子科学与工程 4/107、光电信息科学与工程 4/213、计算机科学与技术 43/922、数字媒体技术 11/221、广播电视工程 1/12、电磁场与无线技术 1/12。

5★-专业：社会工作 25/251、应用统计学 15/183、电子科学与技术 8/149、软件工程 52/595、物联网工程 42/481、电子商务 39/451、智能电网信息工程 3/34、数据科学与大数据技术 37/680。

4★专业：英语 130/928、高分子材料与工程 33/184、自动化 52/437、信息管理与信息系统 37/343、市场营销 101/586、动画 51/256、数字媒体艺术 45/319、集成电路设计与集成系统 11/70、人工智能 61/411、信息安全 14/119、大数据管理与应用 31/170。

10300 南京信息工程大学

在中国本科院校竞争力排行榜中的名次 106，江苏省内排名 15/73，理工类排名 53/365。

共 70 个专业参评，其中 5★+专业 0 个，5★专业 14 个，5★-专业 3 个，4★专业 13 个，3★专业 27 个。

在中国普通高校研究生教育竞争力排行榜中的名次：总排名 82/596，江苏省内排名 15/34，理工类排名 39/182。

共 22 个一级学科(学术学位)参评，其中 5★+学科 0 个，5★学科 1 个，5★-学科 1 个，4★学科 2 个，学科优秀率为 18.18%。

一级学科排名

应用经济学 141/262、马克思主义理论 239/358、中国语言文学 149/183、外国语言文学 127/232、数学 65/262、地理学 35/84、大气科学 1/19、海洋科学 19/29、科学技术史 7/23、生态学 65/109、光学工程 52/92、材料科学与工程 133/219、信息与通信工程 16/182、控制科学与工程 84/184、计算机科学与技术 78/263、水利工程 42/64、测绘科学与技术 23/52、环境科学与工程 24/193、软件工程 58/146、农业资源与环境 22/40、管理科学与工程 27/202、工商管理 99/306。

本科优势专业排名

5★专业：大气科学 1/17、应用统计学 9/183、数据科学与大数据技术 29/680。

5★-专业：翻译 26/261、信息与计算科学 30/303、电子信息工程 46/633、计算机科学与技术 88/922、网络工程 27/276、物联网工程 46/481、环境科学 16/173、信息管理与信息系统 30/343、人力资源管理 29/414、物流管理 37/434、动画 18/256、数字媒体艺术 25/319、地理空间信息工程 2/15、艺术与科技 6/69。

4★专业：金融工程 34/259、国际经济与贸易 99/670、地理信息科学 18/166、材料物理 13/67、光电信息科学与工程 40/213、软件工程 66/595、测绘工程 27/143、环境科学与工程 10/48、行政管理 49/290、人工智能 45/411、机器人工程 38/307、应急管理 6/29、会计学 103/653。

10312 南京医科大学

在中国本科院校竞争力排行榜中的名次 114，江苏省内排名 16/73，医药类排名 3/108。

共 23 个专业参评，其中 5★+专业 0 个，5★专业 5 个，5★-专业 8 个，4★专业 4 个，3★专业 5 个。

在中国普通高校研究生教育竞争力排行榜中的名次：总排名 68/596，江苏省内排名 13/34，医药类排名 3/76。

共 13 个一级学科(学术学位)参评，其中 5★+学科 0 个，5★学科 0 个，5★-学科 1 个，4★学科 5 个，学科优秀率为 46.15%。

一级学科排名

马克思主义理论 321/358、心理学 37/102、生物学 43/239、生物医学工程 17/74、基础医学 17/108、临床医学 17/110、口腔医学 7/47、公共卫生与预防医学 6/74、中医学 32/42、药学 34/142、医学技术 7/35、护理学 15/70、公共管理 169/209。

本科优势专业排名

5★专业：生物信息学 2/44、应用统计学 5/183、医学检验技术 6/159、眼视光学 1/29、康复治疗学 3/177、护理学 10/290、儿科学 2/46、预防医学 5/121。

5★-专业：药学 19/240、公共事业管理 16/252、医学影像学 7/81、口腔医学 7/116、智能医学工程 4/62。

4★专业：医学影像技术 16/100、卫生检验与检疫 8/53、基础医学 7/33、精神医学 5/35。

10298 南京林业大学

在中国本科院校竞争力排行榜中的名次 145，江苏省内排名 17/73，农林类排名 10/47。

共 63 个专业参评，其中 5★+专业 1 个，5★专业 3 个，5★-专业 6 个，4★专业 11 个，3★专业 34 个。

在中国普通高校研究生教育竞争力排行榜中的名次：总排名 88/596，江苏省内排名 16/34，农林类排名 6/38。

共 25 个一级学科(学术学位)参评，其中 5★+学科 0 个，5★学科 0 个，5★-学科 1 个，4★学科 3 个，学科优秀率为 16%。

一级学科排名

应用经济学 133/262、马克思主义理论 190/358、新闻传播学 82/116、生物学 65/239、生态学 24/109、机械工程 86/220、材料科学与工程 134/219、动力工程及工程热物理 68/104、电子科学与技术 81/120、控制科学与工程 145/184、土木工程 83/159、化学工程与技术 73/178、轻工技术与工程 8/19、交通运输工程 42/64、林业工程 2/12、环境科学与工程 148/193、食品科学与工程 73/99、城乡规划学 47/60、风景园林学 9/56、软件工程 128/146、林学 3/36、管理科学与工程 173/202、工商管理 295/306、农林经济管理 8/51、设计学 59/161。

本科优势专业排名

5★+专业：环境设计 1/701。

5★专业：广告学 12/254、机械电子工程 8/297、木材科学与工程 1/16、风景园林 7/185、园林 3/126、产品设计 7/390。

5★-专业：金融工程 23/259、机械设计制造及其自动化 38/513、林学 3/47。

4★专业：生态学 9/80、土木工程 63/525、轻化工程 7/41、交通工程 17/106、食品科学与工程 37/278、城乡规划 27/203、生物工程 29/239、森林保护 3/17、工程管理 52/388、视觉传达设计 107/702、大数据管理与应用 33/170。

10304 南通大学

在中国本科院校竞争力排行榜中的名次 151，江苏省内排名 18/73，综合类排名 42/270。

共 77 个专业参评，其中 5★+专业 0 个，5★专业 5 个，5★-专业 0 个，4★专业 14 个，3★专业 43 个。

在中国普通高校研究生教育竞争力排行榜中的名次：总排名 137/596，江苏省内排名 18/34，综合类排名 37/93。

共 22 个一级学科(学术学位)参评。

一级学科排名

应用经济学 159/262、马克思主义理论 236/358、教育学 58/139、体育学 46/106、中国语言文学 108/183、外国语言文学 162/232、数学 187/262、物理学 118/197、生物学 129/239、机械工程 132/220、信息与通信工程 59/182、控制科学与工程 89/184、土木工程 119/159、纺织科学与工程 10/22、基础医学 32/108、临床医学 46/110、公共卫生与预防医学 42/74、药学 82/142、特种医学 7/14、医学技术 23/35、公共管理 138/209、美术学 80/115。

本科优势专业排名

5★-专业：国际经济与贸易 49/670、电子信息工程 41/633、通信工程 35/490、医学检验技术 9/159、美术学 26/332。

4★专业：学前教育 52/418、小学教育 35/301、体育教育 48/323、汉语言文学 74/615、英语 140/928、日语 78/450、电气工程及其自动化 80/569、康复治疗学 27/177、秘书学 12/89、人工智能 65/411、数据科学与大数据技术 108/680、非织造材料与工程 3/13、临床医学 30/194、医学影像学 14/81。

10315 南京中医药大学

在中国本科院校竞争力排行榜中的名次 173，江苏省内排名 19/73，医药类排名 9/108。

共 31 个专业参评，其中 5★+专业 0 个，5★专业 3 个，5★-专业 5 个，4★专业 7 个，3★专业 7 个。

在中国普通高校研究生教育竞争力排行榜中

的名次：总排名 143/596，江苏省内排名 19/34，医药类排名 12/76。

共 10 个一级学科(学术学位)参评，其中 5★+学科 0 个，5★学科 1 个，5★-学科 0 个，4★学科 1 个，学科优秀率为 20%。

一级学科排名

生物学 160/239、科学技术史 16/23、软件工程 57/146、基础医学 86/108、临床医学 55/110、中医学 6/42、中西医结合 16/61、药学 50/142、中药学 3/50、公共管理 185/209。

本科优势专业排名

5★专业：中药学 4/115、中药资源与开发 2/35、护理学 15/290、中医学 2/64、中医康复学 1/22。

5★-专业：康复治疗学 10/177、中西医临床医学 4/50、健康服务与管理 10/116。

4★专业：食品质量与安全 40/236、药学 40/240、药物制剂 16/86、公共事业管理 49/252、生物制药 12/113、针灸推拿学 10/50、中药制药 4/22。

10320 江苏师范大学

在中国本科院校竞争力排行榜中的名次 179，江苏省内排名 20/73，师范类排名 21/175。

共 60 个专业参评，其中 5★+专业 0 个，5★专业 4 个，5★-专业 4 个，4★专业 7 个，3★专业 30 个。

在中国普通高校研究生教育竞争力排行榜中的名次：总排名 169/596，江苏省内排名 21/34，师范类排名 19/77。

共 33 个一级学科(学术学位)参评。

一级学科排名

哲学 74/133、应用经济学 147/262、法学 114/206、马克思主义理论 143/358、教育学 53/139、体育学 77/106、中国语言文学 78/183、外国语言文学 85/232、新闻传播学 86/116、考古学 29/40、中国史 68/114、世界史 39/67、数学 121/262、物理学 134/197、化学 103/228、地理学 46/84、生物学 119/239、生态学 87/109、统计学 60/121、机械工程 190/220、光学工程 57/92、电气工程 61/109、测绘科学与技术 32/52、城乡规划学 38/60、软件工程 112/146、管理科学与工程 187/202、工商管理 181/306、公共管理 134/209、艺术学理论 33/70、音乐与舞蹈学 42/82、戏剧与影视学 27/61、美术学 58/115、设计学 123/161。

本科优势专业排名

5★专业：金融工程 8/259、社会工作 13/251、小学教育 7/301、汉语国际教育 5/320。

5★-专业：汉语言文学 62/615、英语 75/928、广告学 21/254、美术学 20/332。

4★专业：教育技术学 19/130、学前教育 68/418、广播电视学 30/152、数学与应用数学 87/514、机械设计制造及其自动化 101/513、音乐学 79/394、秘书学 15/89。

10316 中国药科大学

在中国本科院校竞争力排行榜中的名次 185，江苏省内排名 21/73，医药类排名 11/108。

共 21 个专业参评，其中 5★+专业 4 个，5★专业 0 个，5★-专业 6 个，4★专业 1 个，3★专业 6 个。

在中国普通高校研究生教育竞争力排行榜中的名次：总排名 162/596，江苏省内排名 20/34，医药类排名 17/76。

共 7 个一级学科(学术学位)参评，其中 5★+学科 0 个，5★学科 2 个，5★-学科 0 个，4★学科 0 个，学科优秀率为 28.57%。

一级学科排名

马克思主义理论 358/358、化学 143/228、生物学 104/239、基础医学 57/108、药学 2/142、中药学 2/50、公共管理 168/209。

本科优势专业排名

5★+专业：药学 1/240、药物制剂 1/86、生物制药 1/113、临床药学 1/52。

5★专业：制药工程 4/252、中药学 2/115、中药资源与开发 1/35、食品营养与健康 1/26、药事管理 1/12、药物分析 1/17。

4★专业：中药制药 3/22。

10331 南京艺术学院

在中国本科院校竞争力排行榜中的名次 192，江苏省内排名 22/73，艺术类排名 5/48。

共 36 个专业参评，其中 5★+专业 2 个，5★

专业6个，5★-专业10个，4★专业8个，3★专业5个。

在中国普通高校研究生教育竞争力排行榜中的名次：总排名282/596，江苏省内排名27/34，艺术类排名4/33。

共5个一级学科(学术学位)参评，其中5★+学科0个，5★学科1个，5★-学科3个，4★学科1个，学科优秀率为100%。

一级学科排名

艺术学理论7/70、音乐与舞蹈学2/82、戏剧与影视学10/61、美术学10/115、设计学12/161。

本科优势专业排名

5★+专业：美术学1/332、工艺美术1/92。

5★专业：音乐表演12/237、音乐学10/394、舞蹈学7/202、表演7/142、绘画4/164、艺术设计学1/47、视觉传达设计12/702、环境设计12/701、数字媒体艺术15/319、书法学3/125。

5★-专业：舞蹈编导6/73、广播电视编导13/224、动画14/256、产品设计24/390、艺术管理2/28、影视摄影与制作5/70。

4★专业：艺术史论3/16、舞蹈表演18/145、戏剧影视文学16/93、戏剧影视美术设计10/49、录音艺术7/34、摄影9/75、公共艺术8/60、中国画5/34。

10289 江苏科技大学

在中国本科院校竞争力排行榜中的名次203，江苏省内排名23/73，理工类排名84/365。

共64个专业参评，其中5★+专业0个，5★专业2个，5★-专业1个，4★专业12个，3★专业34个。

在中国普通高校研究生教育竞争力排行榜中的名次：总排名211/596，江苏省内排名23/34，理工类排名81/182。

共22个一级学科(学术学位)参评。

一级学科排名

理论经济学80/111、外国语言文学191/232、物理学142/197、化学215/228、生物学148/239、科学技术史19/23、力学95/95、机械工程184/220、材料科学与工程96/219、冶金工程25/28、动力工程及工程热物理101/104、电气工程106/109、信息与通信工程154/182、控制科学与工程95/184、计算机科学与技术176/263、土木工程137/159、化学工程与技术97/178、船舶与海洋工程15/24、软件工程124/146、畜牧学32/55、管理科学与工程74/202、工商管理217/306。

本科优势专业排名

5★专业：焊接技术与工程2/41。

5★-专业：应用化学34/373、大数据管理与应用13/170。

4★专业：机械设计制造及其自动化53/513、机械电子工程47/297、计算机科学与技术153/922、土木工程85/525、船舶与海洋工程4/33、信息管理与信息系统44/343、工程管理76/388、财务管理109/680、工业工程25/139、智能制造工程28/252、人工智能67/411、会计学114/653。

10292 常州大学

在中国本科院校竞争力排行榜中的名次204，江苏省内排名24/73，理工类排名85/365。

共67个专业参评，其中5★+专业0个，5★专业3个，5★-专业0个，4★专业7个，3★专业34个。

在中国普通高校研究生教育竞争力排行榜中的名次：总排名203/596，江苏省内排名22/34，理工类排名79/182。

共13个一级学科(学术学位)参评。

一级学科排名

法学107/206、化学115/228、机械工程129/220、材料科学与工程68/219、动力工程及工程热物理55/104、电子科学与技术86/120、计算机科学与技术125/263、土木工程121/159、化学工程与技术78/178、石油与天然气工程12/15、环境科学与工程127/193、安全科学与工程21/61、工商管理101/306。

本科优势专业排名

5★-专业：制药工程18/252、安全工程14/148、休闲体育9/89。

4★专业：过程装备与控制工程16/91、高分子材料与工程22/184、计算机科学与技术107/922、化学工程与工艺57/325、环境工程41/345、数字媒体艺术58/319、数据科学与大数据技术85/680。

10327 南京财经大学

在中国本科院校竞争力排行榜中的名次287，江苏省内排名25/73，财经类排名17/109。

共48个专业参评，其中5★+专业0个，5★专业6个，5★-专业4个，4★专业15个，3★专业20个。

在中国普通高校研究生教育竞争力排行榜中的名次：总排名268/596，江苏省内排名25/34，财经类排名11/39。

共11个一级学科(学术学位)参评。

一级学科排名

理论经济学46/111、应用经济学59/262、法学109/206、马克思主义理论183/358、外国语言文学172/232、数学122/262、计算机科学与技术172/263、食品科学与工程34/99、软件工程133/146、管理科学与工程119/202、工商管理89/306。

本科优势专业排名

5★专业：金融工程6/259、审计学9/191、物流管理9/434、金融数学3/71。

5★-专业：经济统计学9/134、国际经济与贸易44/670、市场营销59/586、资产评估7/69、网络与新媒体21/316、会计学47/653。

4★专业：经济学41/348、税收学14/90、贸易经济7/44、英语186/928、商务英语54/362、物联网工程62/481、食品科学与工程42/278、房地产开发与管理8/41、财务管理72/680、人力资源管理63/414、电子商务65/451、金融学51/387、大数据管理与应用19/170、工商管理65/537、质量管理工程4/19。

10332 苏州科技大学

在中国本科院校竞争力排行榜中的名次315，江苏省内排名26/73，综合类排名59/270。

共63个专业参评，其中5★+专业0个，5★专业5个，5★-专业0个，4★专业7个，3★专业28个。

在中国普通高校研究生教育竞争力排行榜中的名次：总排名269/596，江苏省内排名26/34，综合类排名58/93。

共16个一级学科(学术学位)参评。

一级学科排名

哲学78/133、中国史92/114、世界史48/67、数学193/262、物理学140/197、机械工程201/220、光学工程63/92、材料科学与工程185/219、计算机科学与技术229/263、建筑学34/70、土木工程70/159、化学工程与技术153/178、环境科学与工程100/193、城乡规划学28/60、风景园林学50/56、管理科学与工程129/202。

本科优势专业排名

5★-专业：应用心理学21/248、建筑电气与智能化6/64、建筑学29/291、城乡规划18/203、视觉传达设计47/702。

4★专业：金融工程45/259、土木工程74/525、给排水科学与工程23/159、环境工程51/345、环境科学23/173、风景园林24/185、工程管理44/388。

10313 徐州医科大学

在中国本科院校竞争力排行榜中的名次328，江苏省内排名27/73，医药类排名28/108。

共26个专业参评，其中5★+专业0个，5★专业0个，5★-专业1个，4★专业6个，3★专业12个。

在中国普通高校研究生教育竞争力排行榜中的名次：总排名259/596，江苏省内排名24/34，医药类排名31/76。

共7个一级学科(学术学位)参评。

一级学科排名

生物学77/239、生物医学工程43/74、基础医学56/108、临床医学41/110、公共卫生与预防医学55/74、药学67/142、医学技术29/35。

本科优势专业排名

5★专业：麻醉学2/61。

4★专业：医学检验技术25/159、医学影像技术17/100、康复治疗学30/177、临床医学31/194、临床药学9/52、助产学13/71。

11287 南京审计大学

在中国本科院校竞争力排行榜中的名次335，江苏省内排名28/73，财经类排名21/109。

共35个专业参评，其中5★+专业1个，5★专业4个，5★-专业0个，4★专业5个，3★专业19个。

在中国普通高校研究生教育竞争力排行榜中的名次：总排名390/596，江苏省内排名29/34，财经类排名22/39。

共7个一级学科(学术学位)参评。

一级学科排名

理论经济学57/111、应用经济学91/262、法学143/206、统计学70/121、计算机科学与技术155/263、工商管理171/306、公共管理156/209。

本科优势专业排名

5★+专业：审计学1/191。

5★-专业：投资学8/127、国际经济与贸易58/670、财务管理39/680、数据科学与大数据技术60/680。

4★专业：金融工程47/259、行政管理55/290、金融学67/387、法学103/583、会计学78/653。

11276 南京工程学院

在中国本科院校竞争力排行榜中的名次343，江苏省内排名29/73，理工类排名135/365。

共63个专业参评，其中5★+专业0个，5★专业0个，5★-专业0个，4★专业3个，3★专业28个。

在中国普通高校研究生教育竞争力排行榜中的名次：总排名425/596，江苏省内排名30/34，理工类排名151/182。

本科优势专业排名

4★专业：电气工程及其自动化103/569、网络工程50/276、电气工程与智能控制5/33。

10305 盐城工学院

在中国本科院校竞争力排行榜中的名次355，江苏省内排名30/73，理工类排名138/365。

共67个专业参评，其中5★+专业0个，5★专业1个，5★-专业0个，4★专业1个，3★专业19个。

在中国普通高校研究生教育竞争力排行榜中的名次：总排名389/596，江苏省内排名28/34，理工类排名141/182。

共1个一级学科(学术学位)参评。

一级学科排名

化学工程与技术39/178。

本科优势专业排名

5★-专业：环境设计37/701。

4★专业：电气工程及其自动化99/569。

10333 常熟理工学院

在中国本科院校竞争力排行榜中的名次409，江苏省内排名31/73，理工类排名149/365。

共52个专业参评，其中5★+专业0个，5★专业2个，5★-专业0个，4★专业3个，3★专业19个。

本科优势专业排名

5★-专业：食品质量与安全18/236、新能源科学与工程12/126。

4★专业：电子信息工程94/633、生物工程26/239、应急技术与管理5/25。

11998 徐州工程学院

在中国本科院校竞争力排行榜中的名次429，江苏省内排名32/73，理工类排名157/365。

共65个专业参评，其中5★+专业0个，5★专业2个，5★-专业1个，4★专业4个，3★专业22个。

本科优势专业排名

5★专业：视觉传达设计15/702。

5★-专业：应用统计学13/183、工程管理32/388。

4★专业：电气工程及其自动化105/569、信息管理与信息系统53/343、经济与金融12/78、化妆品技术与工程3/13。

11055 常州工学院

在中国本科院校竞争力排行榜中的名次463，江苏省内排名33/73，理工类排名165/365。

共46个专业参评，其中5★+专业0个，5★专业1个，5★-专业0个，4★专业3个，3★专业

11 个。

本科优势专业排名

5★-专业：产品设计 32/390。

4★专业：电气工程及其自动化 91/569、电子信息工程 79/633、物流管理 50/434。

11463 江苏理工学院

在中国本科院校竞争力排行榜中的名次 464，江苏省内排名 34/73，师范类排名 53/175。

共 53 个专业参评，其中 5★+专业 0 个，5★专业 1 个，5★-专业 1 个，4★专业 4 个，3★专业 15 个。

在中国普通高校研究生教育竞争力排行榜中的名次：总排名 464/596，江苏省内排名 33/34，师范类排名 51/77。

本科优势专业排名

5★专业：汽车服务工程 2/111。

5★-专业：商务英语 24/362。

4★专业：小学教育 55/301、应用化学 74/373、电子信息工程 98/633、会计学 116/653。

11049 淮阴工学院

在中国本科院校竞争力排行榜中的名次 466，江苏省内排名 35/73，理工类排名 166/365。

共 54 个专业参评，其中 5★+专业 0 个，5★专业 0 个，5★-专业 0 个，4★专业 0 个，3★专业 23 个。

在中国普通高校研究生教育竞争力排行榜中的名次：总排名 428/596，江苏省内排名 31/34，理工类排名 152/182。

10323 淮阴师范学院

在中国本科院校竞争力排行榜中的名次 472，江苏省内排名 36/73，师范类排名 56/175。

共 60 个专业参评，其中 5★+专业 0 个，5★专业 0 个，5★-专业 0 个，4★专业 1 个，3★专业 26 个。

本科优势专业排名

4★专业：视觉传达设计 98/702。

11641 江苏海洋大学

在中国本科院校竞争力排行榜中的名次 477，江苏省内排名 37/73，理工类排名 169/365。

共 56 个专业参评，其中 5★+专业 0 个，5★专业 0 个，5★-专业 0 个，4★专业 0 个，3★专业 14 个。

在中国普通高校研究生教育竞争力排行榜中的名次：总排名 449/596，江苏省内排名 32/34，理工类排名 156/182。

共 6 个一级学科(学术学位)参评。

一级学科排名

中国语言文学 148/183、海洋科学 23/29、机械工程 174/220、材料科学与工程 203/219、控制科学与工程 179/184、化学工程与技术 121/178。

10324 盐城师范学院

在中国本科院校竞争力排行榜中的名次 485，江苏省内排名 38/73，师范类排名 57/175。

共 62 个专业参评，其中 5★+专业 0 个，5★专业 0 个，5★-专业 0 个，4★专业 4 个，3★专业 17 个。

本科优势专业排名

4★专业：学前教育 59/418、小学教育 51/301、社会体育指导与管理 35/231、英语 170/928。

13573 金陵科技学院

在中国本科院校竞争力排行榜中的名次 507，江苏省内排名 39/73，理工类排名 180/365。

共 61 个专业参评，其中 5★+专业 0 个，5★专业 1 个，5★-专业 0 个，4★专业 3 个，3★专业 14 个。

本科优势专业排名

5★-专业：服装与服饰设计 19/208。

4★专业：软件工程 110/595、数字媒体艺术 50/319、数字出版 3/15。

11460 南京晓庄学院

在中国本科院校竞争力排行榜中的名次 542，

江苏省内排名 40/73，师范类排名 66/175。

共 40 个专业参评，其中 5★+专业 0 个，5★专业 1 个，5★-专业 1 个，4★专业 1 个，3★专业 8 个。

本科优势专业排名

5★专业：小学教育 8/301。

5★-专业：学前教育 28/418。

4★专业：旅游管理 81/424。

10330 南京体育学院

在中国本科院校竞争力排行榜中的名次 566，江苏省内排名 41/73，体育类排名 9/16。

共 13 个专业参评，其中 5★+专业 0 个，5★专业 2 个，5★-专业 0 个，4★专业 3 个，3★专业 4 个。

在中国普通高校研究生教育竞争力排行榜中的名次：总排名 510/596，江苏省内排名 34/34，体育类排名 8/13。

共 1 个一级学科(学术学位)参评。

一级学科排名

体育学 43/106。

本科优势专业排名

5★-专业：运动人体科学 2/16、休闲体育 8/89。

4★专业：体育教育 38/323、社会体育指导与管理 37/231、运动训练 10/53。

10329 江苏警官学院

在中国本科院校竞争力排行榜中的名次 643，江苏省内排名 42/73，文法类排名 27/68。

共 10 个专业参评，其中 5★+专业 0 个，5★专业 1 个，5★-专业 0 个，4★专业 0 个，3★专业 6 个。

本科优势专业排名

5★-专业：刑事科学技术 3/27。

12048 南京特殊教育师范学院

在中国本科院校竞争力排行榜中的名次 687，江苏省内排名 43/73，师范类排名 104/175。

共 19 个专业参评，其中 5★+专业 0 个，5★专业 0 个，5★-专业 0 个，4★专业 2 个，3★专业 6 个。

本科优势专业排名

4★专业：特殊教育 7/58、公共事业管理 30/252。

14436 江苏第二师范学院

在中国本科院校竞争力排行榜中的名次 766，江苏省内排名 46/73，师范类排名 126/175。

共 34 个专业参评，其中 5★+专业 0 个，5★专业 0 个，5★-专业 0 个，4★专业 0 个，3★专业 5 个。

12213 南京森林警察学院

在中国本科院校竞争力排行榜中的名次 769，江苏省内排名 47/73，文法类排名 41/68。

共 5 个专业参评，其中 5★+专业 0 个，5★专业 0 个，5★-专业 1 个，4★专业 2 个，3★专业 2 个。

本科优势专业排名

5★专业：警务指挥与战术 1/17。

4★专业：治安学 5/24、网络安全与执法 5/24。

13982 无锡学院

在中国本科院校竞争力排行榜中的名次 930，江苏省内排名 55/73，理工类排名 269/365。

共 41 个专业参评，其中 5★+专业 0 个，5★专业 0 个，5★-专业 0 个，4★专业 0 个，3★专业 1 个。

12917 泰州学院

在中国本科院校竞争力排行榜中的名次 933，江苏省内排名 56/73，综合类排名 190/270。

共 31 个专业参评，其中 5★+专业 0 个，5★专业 0 个，5★-专业 0 个，4★专业 0 个，3★专业 12 个。

13983 苏州城市学院

在中国本科院校竞争力排行榜中的名次 1175，江苏省内排名 71/73，综合类排名 262/270。

共 35 个专业参评，其中 5★+专业 0 个，5★专业 0 个，5★-专业 0 个，4★专业 0 个，3★专业 1 个。

民办院校

13571 无锡太湖学院

在中国民办院校竞争力排行榜中的名次 30，江苏省内排名 44/73，综合类排名 139/270。

共 36 个专业参评，其中 5★+专业 0 个，5★专业 0 个，5★-专业 1 个，4★专业 1 个，3★专业 21 个。

本科优势专业排名

5★专业：物联网工程 14/481。

4★专业：会计学 110/653。

13687 南京传媒学院

在中国民办院校竞争力排行榜中的名次 36，江苏省内排名 45/73，艺术类排名 40/48。

共 34 个专业参评，其中 5★+专业 0 个，5★专业 3 个，5★-专业 0 个，4★专业 1 个，3★专业 7 个。

本科优势专业排名

5★-专业：广播电视编导 20/224、动画 19/256、新媒体艺术 2/16。

4★专业：影视摄影与制作 8/70。

11122 三江学院

在中国民办院校竞争力排行榜中的名次 40，江苏省内排名 48/73，综合类排名 146/270。

共 48 个专业参评，其中 5★+专业 0 个，5★专业 0 个，5★-专业 0 个，4★专业 1 个，3★专业 15 个。

本科优势专业排名

4★专业：新闻学 62/310。

12056 南通理工学院

在中国民办院校竞争力排行榜中的名次 43，江苏省内排名 49/73，理工类排名 228/365。

共 37 个专业参评，其中 5★+专业 0 个，5★专业 1 个，5★-专业 0 个，4★专业 3 个，3★专业 24 个。

本科优势专业排名

5★-专业：新能源汽车工程 3/28。

4★专业：汽车服务工程 16/111、财务管理 106/680、电子商务 84/451。

14160 宿迁学院

在中国民办院校竞争力排行榜中的名次 103，江苏省内排名 54/73，综合类排名 184/270。

共 42 个专业参评，其中 5★+专业 0 个，5★专业 0 个，5★-专业 0 个，4★专业 0 个，3★专业 7 个。

湖北省

一流大学

10486 武汉大学

在中国本科院校竞争力排行榜中的名次 6，湖北省内排名 1/68，综合类排名 3/270。

共 109 个专业参评，其中 5★+专业 9 个，5★专业 24 个，5★-专业 35 个，4★专业 20 个，3★专业 20 个。

在中国普通高校研究生教育竞争力排行榜中的名次：总排名 6/596，湖北省内排名 1/29，综合类排名 4/93。

共 55 个一级学科(学术学位)参评，其中 5★+学科 5 个，5★学科 15 个，5★-学科 6 个，4★学科 14 个，学科优秀率为 72.73%。

一级学科排名

哲学 4/133、理论经济学 2/111、应用经济学 9/262、法学 3/206、政治学 10/80、社会学 12/88、马克思主义理论 3/358、教育学 46/139、心理学 33/102、中国语言文学 12/183、外国语言文学 11/232、新闻传播学 3/116、考古学 5/40、中国史 9/114、世界史 11/67、数学 22/262、物理学 15/197、化学 10/228、地理学 4/84、地球物理学 1/21、生物学 2/239、生态学 25/109、统计学 21/121、力学 32/95、机械工程 39/220、仪器科学与技术 56/69、材料科学与工程 41/219、动力工程及工程热物理 30/104、电气工程 12/109、电子科学与技术 30/120、信息与通信工程 22/182、控制科学与工程 27/184、计算机科学与技术 23/263、建筑学 15/70、土木工程 35/159、水利工程 2/64、测绘科学与技术 1/52、化学工程与技术 76/178、轻工技术与工程 11/19、环境科学与工程 25/193、城乡规划学 9/60、软件工程 3/146、网络空间安全 1/70、基础医学 13/108、临床医学 14/110、口腔医学 2/47、公共卫生与预防医学 25/74、药学 115/142、护理学 6/70、管理科学与工程 6/202、工商管理 10/306、公共管理 7/209、图书情报与档案管理 1/50、戏剧与影视学 13/61、设计学 58/161。

本科优势专业排名

5★+专业：汉语言文学 4/615、广告学 2/254、地理信息科学 1/166、生物技术 3/285、电子信息工程 6/633、测绘工程 1/143、遥感科学与技术 1/56、信息管理与信息系统 1/343、法学 2/583。

5★专业：经济学 6/348、金融工程 13/259、思想政治教育 4/292、汉语国际教育 8/320、英语 40/928、新闻学 11/310、编辑出版学 1/33、历史学 6/246、数学与应用数学 20/514、信息与计算科学 7/303、物理学 9/282、化学 11/304、地理科学 8/170、地球物理学 1/22、生物科学 4/280、电气工程及其自动化 14/569、通信工程 12/490、计算机科学与技术 24/922、软件工程 15/595、土木工程 22/525、水利水电工程 2/83、环境工程 16/345、建筑学 12/291、工程管理 16/388、市场营销 25/586、公共事业管理 11/252、行政管理 11/290、劳动与社会保障 5/123、土地资源管理 4/90、档案学 2/34、电子商务 21/451、人工智能 16/411、数据科学与大数据技术 11/680、生物制药 2/113、口腔医学 6/116。

5★-专业：国际经济与贸易 39/670、外交学 2/15、法语 10/137、日语 27/450、翻译 18/261、传播学 5/69、机械设计制造及其自动化 39/513、微电子科学与工程 11/107、给排水科学与工程 9/159、城乡规划 15/203、药学 22/240、财务管理 62/680、人力资源管理 30/414、图书馆学 2/18、表演 9/142、戏剧影视文学 7/93、环境设计 52/701、马克思主义理论 3/39、储能科学与工程 4/38、信息安全 7/119、网络空间安全 7/100、智能建造 6/65、临床医学 14/194、工商管理 37/537。

4★专业：哲学 11/73、政治学与行政学 13/82、广播电视学 23/152、世界史 3/19、考古学 6/29、应用化学 51/373、统计学 38/205、能源与动力工程 29/188、水文与水资源工程 6/48、港口航道与海岸工程 4/32、环境科学 18/173、护理学 50/290、物流管理 68/434、播音与主持艺术 39/219、产品设计 57/390、金融学 77/387、智能制造工程 27/252、电子信息科学与技术 33/164、能源化学工程 8/60、会计学 124/653。

10487 华中科技大学

在中国本科院校竞争力排行榜中的名次 8，湖北省内排名 2/68，理工类排名 4/365。

共 100 个专业参评，其中 5★+专业 8 个，5★

专业 15 个，5★-专业 28 个，4★专业 24 个，3★专业 17 个。

在中国普通高校研究生教育竞争力排行榜中的名次：总排名 8/596，湖北省内排名 2/29，理工类排名 3/182。

共 45 个一级学科(学术学位)参评，其中 5★+学科 2 个，5★学科 9 个，5★-学科 13 个，4★学科 15 个，学科优秀率为 86.67%。

一级学科排名

哲学 15/133、理论经济学 16/111、应用经济学 24/262、法学 41/206、社会学 11/88、马克思主义理论 48/358、教育学 14/139、中国语言文学 26/183、外国语言文学 27/232、新闻传播学 9/116、数学 23/262、物理学 11/197、化学 27/228、生物学 16/239、统计学 11/121、力学 16/95、机械工程 6/220、光学工程 3/92、材料科学与工程 7/219、动力工程及工程热物理 3/104、电气工程 1/109、电子科学与技术 15/120、信息与通信工程 9/182、控制科学与工程 12/184、计算机科学与技术 5/263、建筑学 12/70、土木工程 17/159、水利工程 15/64、船舶与海洋工程 8/24、航空宇航科学与技术 16/29、环境科学与工程 17/193、生物医学工程 19/74、城乡规划学 2/60、风景园林学 22/56、网络空间安全 13/70、基础医学 3/108、临床医学 7/110、口腔医学 12/47、公共卫生与预防医学 2/74、中西医结合 4/61、药学 12/142、护理学 9/70、管理科学与工程 19/202、工商管理 34/306、公共管理 2/209。

本科优势专业排名

5★+专业：机械设计制造及其自动化 1/513、材料成型及控制工程 1/221、电气工程及其自动化 1/569、电子信息工程 4/633、光电信息科学与工程 1/213、工程管理 1/388、市场营销 3/586、公共事业管理 3/252。

5★专业：翻译 9/261、广播电视学 7/152、物理学 12/282、生物技术 4/285、材料科学与工程 7/229、能源与动力工程 9/188、电子科学与技术 7/149、通信工程 24/490、自动化 18/437、计算机科学与技术 11/922、软件工程 22/595、土木工程 19/525、生物医学工程 6/119、城乡规划 8/203、药学 7/240、医学检验技术 8/159、护理学 11/290、信息管理与信息系统 15/343、物流管理 10/434、工业工程 4/139、新能源科学与工程 3/126、集成电路设计与集成系统 2/70、人工智能 17/411、信息安全 6/119、智能建造 2/65、生物制药 3/113、临床医学 8/194、预防医学 4/121。

5★-专业：经济学 24/348、社会学 8/89、日语 45/450、新闻学 18/310、数学与应用数学 51/514、信息与计算科学 20/303、化学 27/304、生物科学 15/280、物联网工程 26/481、给排水科学与工程 12/159、建筑学 22/291、财务管理 57/680、法学 41/583、储能科学与工程 3/38、工商管理 34/537。

4★专业：经济统计学 27/134、金融工程 39/259、国际经济与贸易 109/670、社会工作 44/251、汉语言文学 105/615、汉语国际教育 52/320、英语 109/928、德语 22/110、广告学 33/254、传播学 14/69、生物信息学 6/44、统计学 39/205、工程力学 16/80、水利水电工程 17/83、船舶与海洋工程 6/33、环境工程 37/345、国际商务 16/126、环境设计 78/701、产品设计 45/390、金融学 49/387、数据科学与大数据技术 104/680、网络空间安全 13/100、医学影像学 13/81、口腔医学 19/116。

一 般 大 学

10497 武汉理工大学

在中国本科院校竞争力排行榜中的名次 37，湖北省内排名 3/68，理工类排名 21/365。

共 91 个专业参评，其中 5★+专业 3 个，5★专业 20 个，5★-专业 13 个，4★专业 20 个，3★专业 32 个。

在中国普通高校研究生教育竞争力排行榜中的名次：总排名 43/596，湖北省内排名 3/29，理工类排名 23/182。

共 45 个一级学科(学术学位)参评，其中 5★+学科 0 个，5★学科 2 个，5★-学科 1 个，4★学科 4 个，学科优秀率为 15.56%。

一级学科排名

哲学 70/133、应用经济学 52/262、法学 167/206、政治学 53/80、马克思主义理论 28/358、教育学 102/139、体育学 62/106、外国语言文学 103/232、新闻传播学 78/116、中国史 77/114、数学 109/262、物理学 77/197、化学 82/228、地理学 55/84、系统科学 16/25、统计学 109/121、力学 35/95、机械工程 23/220、仪器科学与技术 26/69、材料科学与工程 9/219、动力工程及工程热物理 44/104、电气工程 73/109、电子科学与技术 75/

120、信息与通信工程 35/182、控制科学与工程 77/184、计算机科学与技术 73/263、建筑学 26/70、土木工程 44/159、水利工程 38/64、化学工程与技术 86/178、矿业工程 17/30、交通运输工程 10/64、船舶与海洋工程 7/24、环境科学与工程 59/193、生物医学工程 55/74、城乡规划学 36/60、软件工程 63/146、安全科学与工程 19/61、药学 97/142、管理科学与工程 53/202、工商管理 85/306、公共管理 152/209、艺术学理论 43/70、美术学 93/115、设计学 7/161。

本科优势专业排名

5★+专业：无机非金属材料工程 1/75、物流工程 1/102、动画 3/256。

5★专业：信息与计算科学 14/303、车辆工程 5/254、材料科学与工程 10/229、高分子材料与工程 9/184、复合材料与工程 2/41、能源与动力工程 7/188、通信工程 21/490、制药工程 12/252、视觉传达设计 19/702、环境设计 15/701、产品设计 11/390、新能源材料与器件 2/105、工商管理 27/537。

5★-专业：思想政治教育 26/292、工业设计 17/209、汽车服务工程 10/111、测控技术与仪器 19/186、电气工程及其自动化 43/569、电子信息工程 34/633、计算机科学与技术 48/922、物联网工程 40/481、土木工程 38/525、船舶与海洋工程 3/33、安全工程 12/148、财务管理 61/680、电子商务 27/451、艺术设计学 4/47、智能制造工程 20/252、人工智能 33/411、数据科学与大数据技术 38/680、轮机工程 2/20、生物制药 10/113、应急管理 2/29。

4★专业：国际经济与贸易 115/670、英语 111/928、广告学 48/254、材料成型及控制工程 38/221、材料物理 8/67、材料化学 17/125、光电信息科学与工程 22/213、自动化 63/437、软件工程 113/595、交通运输 12/107、工程管理 59/388、市场营销 66/586、人力资源管理 54/414、物流管理 54/434、法学 94/583、网络与新媒体 59/316、储能科学与工程 7/38、道路桥梁与渡河工程 15/77、航海技术 3/18、会计学 71/653。

10504 华中农业大学

在中国本科院校竞争力排行榜中的名次 55，湖北省内排名 4/68，农林类排名 2/47。

共 63 个专业参评，其中 5★+专业 4 个，5★专业 10 个，5★-专业 11 个，4★专业 9 个，3★专业 25 个。

在中国普通高校研究生教育竞争力排行榜中的名次：总排名 58/596，湖北省内排名 4/29，农林类排名 5/38。

共 27 个一级学科(学术学位)参评，其中 5★+学科 0 个，5★学科 6 个，5★-学科 3 个，4★学科 6 个，学科优秀率为 55.56%。

一级学科排名

应用经济学 103/262、法学 161/206、社会学 36/88、马克思主义理论 193/358、外国语言文学 187/232、新闻传播学 87/116、数学 192/262、化学 117/228、生物学 6/239、生态学 20/109、计算机科学与技术 102/263、农业工程 3/44、环境科学与工程 78/193、食品科学与工程 5/99、风景园林学 8/56、生物工程 1/22、作物学 7/51、园艺学 2/44、农业资源与环境 7/40、植物保护 5/45、畜牧学 2/55、兽医学 2/43、林学 13/36、水产 6/28、工商管理 205/306、农林经济管理 4/51、公共管理 30/209。

本科优势专业排名

5★+专业：食品科学与工程 2/278、园艺 1/107、动物医学 1/73、园林 1/126。

5★专业：社会工作 5/251、生物科学 14/280、生物技术 12/285、农业机械化及其自动化 2/37、食品质量与安全 3/236、风景园林 6/185、生物工程 5/239、农业资源与环境 3/51、动物科学 2/79、智慧农业 1/26、水族科学与技术 1/12。

5★-专业：商务英语 22/362、机械电子工程 24/297、农学 6/76、植物科学与技术 2/21、水产养殖学 4/51、市场营销 30/586、农林经济管理 4/61、土地资源管理 6/90、数据科学与大数据技术 36/680、食品营养与健康 3/26。

4★专业：国际经济与贸易 103/670、广告学 26/254、生物信息学 9/44、环境生态工程 14/68、植物保护 11/55、种子科学与工程 6/41、设施农业科学与工程 5/39、工程管理 56/388、人力资源管理 50/414。

10511 华中师范大学

在中国本科院校竞争力排行榜中的名次 71，湖北省内排名 5/68，师范类排名 7/175。

共 74 个专业参评，其中 5★+专业 0 个，5★专业 13 个，5★-专业 16 个，4★专业 20 个，3★

专业 20 个。

在中国普通高校研究生教育竞争力排行榜中的名次：总排名 64/596，湖北省内排名 5/29，师范类排名 5/77。

共 34 个一级学科(学术学位)参评，其中 5★+学科 0 个，5★学科 5 个，5★-学科 2 个，4★学科 5 个，学科优秀率为 35.29%。

一级学科排名

哲学 44/133、应用经济学 108/262、法学 103/206、政治学 4/80、社会学 24/88、马克思主义理论 24/358、教育学 3/139、心理学 3/102、体育学 11/106、中国语言文学 5/183、外国语言文学 39/232、新闻传播学 48/116、中国史 5/114、世界史 21/67、数学 43/262、物理学 37/197、化学 79/228、天文学 20/20、地理学 25/84、生物学 84/239、生态学 70/109、统计学 29/121、电子科学与技术 52/120、信息与通信工程 72/182、计算机科学与技术 87/263、化学工程与技术 150/178、植物保护 16/45、管理科学与工程 60/202、工商管理 262/306、公共管理 36/209、图书情报与档案管理 8/50、音乐与舞蹈学 25/82、美术学 40/115、设计学 83/161。

本科优势专业排名

5★专业：社会工作 10/251、思想政治教育 7/292、教育学 3/82、教育技术学 4/130、学前教育 5/418、体育教育 14/323、汉语言文学 25/615、英语 17/928、日语 18/450、历史学 11/246、数学与应用数学 26/514、数字媒体技术 8/221、信息资源管理 1/16、网络与新媒体 8/316、数据科学与大数据技术 19/680、财务会计教育 1/12。

5★-专业：社会学 7/89、科学教育 4/43、汉语言 3/26、物理学 27/282、化学 26/304、心理学 6/72、物联网工程 39/481、行政管理 22/290、电子商务 30/451、音乐学 27/394、舞蹈学 20/202、美术学 19/332、大数据管理与应用 12/170。

4★专业：金融工程 38/259、特殊教育 11/58、俄语 18/157、法语 19/137、朝鲜语 17/93、翻译 33/261、新闻学 36/310、广播电视学 28/152、地理科学 25/170、自然地理与资源环境 8/49、生物科学 44/280、应用心理学 27/248、统计学 24/205、计算机科学与技术 97/922、信息管理与信息系统 67/343、房地产开发与管理 7/41、人力资源管理 71/414、劳动与社会保障 22/123、法学 61/583、旅游管理 66/424。

10491 中国地质大学(武汉)

在中国本科院校竞争力排行榜中的名次 80，湖北省内排名 6/68，理工类排名 39/365。

共 64 个专业参评，其中 5★+专业 2 个，5★专业 12 个，5★-专业 5 个，4★专业 18 个，3★专业 20 个。

在中国普通高校研究生教育竞争力排行榜中的名次：总排名 90/596，湖北省内排名 6/29，理工类排名 44/182。

共 34 个一级学科(学术学位)参评，其中 5★+学科 0 个，5★学科 2 个，5★-学科 0 个，4★学科 4 个，学科优秀率为 17.65%。

一级学科排名

应用经济学 82/262、法学 164/206、马克思主义理论 69/358、教育学 98/139、心理学 90/102、体育学 83/106、外国语言文学 166/232、新闻传播学 99/116、数学 229/262、物理学 129/197、化学 121/228、地理学 69/84、大气科学 16/19、海洋科学 17/29、地球物理学 14/21、地质学 1/36、生物学 229/239、机械工程 183/220、材料科学与工程 107/219、信息与通信工程 82/182、控制科学与工程 68/184、计算机科学与技术 104/263、土木工程 65/159、水利工程 34/64、测绘科学与技术 8/52、地质资源与地质工程 1/46、石油与天然气工程 9/15、环境科学与工程 22/193、软件工程 78/146、安全科学与工程 24/61、管理科学与工程 83/202、工商管理 286/306、公共管理 38/209、设计学 52/161。

本科优势专业排名

5★+专业：地理信息科学 2/166、地质工程 1/55。

5★专业：勘查技术与工程 2/31、资源勘查工程 3/50、地球信息科学与技术 1/13、宝石及材料工艺学 1/20、空间信息与数字技术 1/14。

5★-专业：社会体育指导与管理 16/231、应用化学 28/373、海洋科学 3/33、地质学 2/24、自动化 40/437、土木工程 41/525、水文与水资源工程 5/48、测绘工程 12/143、环境工程 32/345、安全工程 15/148、公共事业管理 23/252、土地资源管理 8/90。

4★专业：经济学 38/348、国际经济与贸易 124/670、英语 159/928、广播电视学 18/152、地理科学 31/170、地球物理学 3/22、机械设计制造及其自动化 76/513、电子信息工程 121/633、计算机科学与技术 137/922、软件工程 109/595、工程管理 68/388、市场营销 83/586、行政管理 34/290、视觉传达设计 95/702、环境设计 94/701、智能科学与技术 34/175、地下水科学与工程 2/14、旅游管理 50/424。

10488 武汉科技大学

在中国本科院校竞争力排行榜中的名次 131，湖北省内排名 7/68，理工类排名 58/365。

共 71 个专业参评，其中 5★+专业 0 个，5★专业 7 个，5★-专业 0 个，4★专业 19 个，3★专业 33 个。

在中国普通高校研究生教育竞争力排行榜中的名次：总排名 132/596，湖北省内排名 7/29，理工类排名 59/182。

共 32 个一级学科(学术学位)参评，其中 5★+学科 0 个，5★学科 0 个，5★-学科 1 个，4★学科 2 个，学科优秀率为 9.38%。

一级学科排名

哲学 125/133、应用经济学 254/262、马克思主义理论 151/358、外国语言文学 208/232、数学 221/262、物理学 113/197、化学 129/228、生物学 133/239、系统科学 10/25、统计学 87/121、力学 89/95、机械工程 45/220、仪器科学与技术 68/69、材料科学与工程 55/219、冶金工程 5/28、电气工程 104/109、信息与通信工程 112/182、控制科学与工程 66/184、计算机科学与技术 95/263、建筑学 64/70、土木工程 88/159、化学工程与技术 42/178、矿业工程 6/30、交通运输工程 60/64、环境科学与工程 162/193、软件工程 108/146、安全科学与工程 4/61、基础医学 79/108、公共卫生与预防医学 48/74、工商管理 148/306、公共管理 128/209、设计学 131/161。

本科优势专业排名

5★-专业：机械电子工程 29/297、无机非金属材料工程 5/75、电子信息工程 60/633、自动化 32/437、计算机科学与技术 75/922、市场营销 40/586、智能制造工程 16/252。

4★专业：投资学 24/127、英语 96/928、信息与计算科学 51/303、机械工程 17/120、车辆工程 29/254、材料化学 23/125、电气工程及其自动化 72/569、软件工程 65/595、网络工程 33/276、土木工程 89/525、化学工程与工艺 39/325、矿物加工工程 7/35、信息管理与信息系统 57/343、财务管理 79/680、物业管理 4/24、行政管理 31/290、工业工程 19/139、机器人工程 57/307、工商管理 63/537。

10520 中南财经政法大学

在中国本科院校竞争力排行榜中的名次 152，湖北省内排名 8/68，财经类排名 7/109。

共 58 个专业参评，其中 5★+专业 1 个，5★专业 7 个，5★-专业 13 个，4★专业 13 个，3★专业 15 个。

在中国普通高校研究生教育竞争力排行榜中的名次：总排名 153/596，湖北省内排名 8/29，财经类排名 6/39。

共 18 个一级学科(学术学位)参评，其中 5★+学科 0 个，5★学科 3 个，5★-学科 2 个，4★学科 1 个，学科优秀率为 33.33%。

一级学科排名

哲学 36/133、理论经济学 11/111、应用经济学 12/262、法学 6/206、政治学 39/80、社会学 47/88、马克思主义理论 118/358、中国语言文学 143/183、外国语言文学 73/232、新闻传播学 55/116、中国史 98/114、统计学 8/121、计算机科学与技术 243/263、环境科学与工程 119/193、管理科学与工程 105/202、工商管理 13/306、农林经济管理 37/51、公共管理 29/209。

本科优势专业排名

5★+专业：市场营销 6/586。

5★专业：经济学 17/348、经济统计学 5/134、税收学 5/90、金融工程 4/259、国际经济与贸易 8/670、商务英语 8/362、财务管理 13/680、劳动与社会保障 3/123、金融学 11/387、法学 12/583、工商管理 17/537、会计学 23/653、旅游管理 19/424。

5★-专业：投资学 7/127、人力资源管理 36/414、公共事业管理 22/252、视觉传达设计 57/702、数字经济 4/63、财政学 6/84、数据科学与大数据技术 53/680。

4★专业：保险学 13/98、英语 184/928、日语 88/450、统计学 28/205、工程造价 40/254、国际商务 17/126、城市管理 7/50、物流管理 55/434、

电子商务64/451、金融数学8/71、知识产权16/92、侦查学6/31、网络与新媒体45/316。

10489 长江大学

在中国本科院校竞争力排行榜中的名次160，湖北省内排名9/68，综合类排名43/270。

共95个专业参评，其中5★+专业0个，5★专业4个，5★-专业0个，4★专业10个，3★专业48个。

在中国普通高校研究生教育竞争力排行榜中的名次：总排名185/596，湖北省内排名10/29，综合类排名47/93。

共35个一级学科(学术学位)参评，其中5★+学科0个，5★学科0个，5★-学科0个，4★学科1个，学科优秀率为2.86%。

一级学科排名

应用经济学211/262、马克思主义理论210/358、教育学94/139、体育学87/106、中国语言文学141/183、外国语言文学219/232、中国史81/114、数学184/262、物理学119/197、地球物理学19/21、地质学28/36、生物学128/239、生态学103/109、机械工程158/220、光学工程70/92、动力工程及工程热物理86/104、信息与通信工程121/182、计算机科学与技术187/263、土木工程81/159、水利工程57/64、测绘科学与技术28/52、化学工程与技术85/178、地质资源与地质工程7/46、石油与天然气工程4/15、食品科学与工程79/99、风景园林学27/56、作物学15/51、园艺学28/44、农业资源与环境33/40、植物保护29/45、水产16/28、基础医学77/108、临床医学96/110、工商管理167/306、农林经济管理40/51。

本科优势专业排名

5★-专业：商务英语27/362、电子信息工程43/633、资源勘查工程5/50、物流管理38/434。

4★专业：学前教育73/418、体育教育60/323、汉语言文学108/615、应用化学67/373、生物技术55/285、机械设计制造及其自动化86/513、土木工程83/525、勘查技术与工程6/31、油气储运工程6/33、风景园林35/185。

10512 湖北大学

在中国本科院校竞争力排行榜中的名次165，湖北省内排名10/68，综合类排名45/270。

共78个专业参评，其中5★+专业0个，5★专业5个，5★-专业3个，4★专业14个，3★专业43个。

在中国普通高校研究生教育竞争力排行榜中的名次：总排名154/596，湖北省内排名9/29，综合类排名40/93。

共31个一级学科(学术学位)参评，其中5★+学科0个，5★学科0个，5★-学科0个，4★学科1个，学科优秀率为3.23%。

一级学科排名

哲学27/133、理论经济学36/111、应用经济学246/262、法学134/206、马克思主义理论81/358、教育学101/139、心理学60/102、体育学68/106、中国语言文学69/183、外国语言文学141/232、新闻传播学83/116、中国史26/114、世界史63/67、数学89/262、物理学138/197、化学120/228、地理学66/84、生物学89/239、生态学27/109、材料科学与工程49/219、电子科学与技术57/120、信息与通信工程123/182、化学工程与技术162/178、软件工程89/146、网络空间安全45/70、药学132/142、工商管理147/306、公共管理103/209、图书情报与档案管理47/50、美术学106/115、设计学140/161。

本科优势专业排名

5★专业：思想政治教育13/292、材料化学3/125、旅游管理7/424。

5★-专业：国际经济与贸易40/670、社会体育指导与管理13/231、汉语言文学50/615、人力资源管理32/414、数字媒体艺术17/319。

4★专业：经济学63/348、英语102/928、新闻学52/310、历史学43/246、数学与应用数学79/514、生物科学50/280、高分子材料与工程31/184、电子科学与技术27/149、通信工程73/490、软件工程87/595、物联网工程68/481、生物工程32/239、法学113/583、数据科学与大数据技术76/680。

11075 三峡大学

在中国本科院校竞争力排行榜中的名次176，湖北省内排名11/68，综合类排名46/270。

共56个专业参评，其中5★+专业0个，5★专业5个，5★-专业1个，4★专业9个，3★专业

29 个。

在中国普通高校研究生教育竞争力排行榜中的名次：总排名 192/596，湖北省内排名 11/29，综合类排名 49/93。

共 27 个一级学科(学术学位)参评，其中 5★+学科 0 个，5★学科 0 个，5★-学科 0 个，4★学科 1 个，学科优秀率为 3.7%。

一级学科排名

应用经济学 245/262、法学 154/206、民族学 35/38、马克思主义理论 135/358、教育学 115/139、中国语言文学 138/183、外国语言文学 193/232、数学 133/262、物理学 139/197、化学 154/228、生物学 195/239、生态学 49/109、力学 77/95、机械工程 139/220、材料科学与工程 165/219、动力工程及工程热物理 81/104、电气工程 40/109、信息与通信工程 172/182、控制科学与工程 91/184、计算机科学与技术 252/263、土木工程 55/159、水利工程 13/64、地质资源与地质工程 41/46、基础医学 67/108、临床医学 89/110、管理科学与工程 196/202、工商管理 159/306。

本科优势专业排名

5★专业：工程管理 17/388。

5★-专业：电气工程及其自动化 36/569、计算机科学与技术 89/922、土木工程 28/525、水利水电工程 8/83、生物工程 22/239。

4★专业：社会体育指导与管理 31/231、汉语言文学 96/615、英语 157/928、机械设计制造及其自动化 64/513、通信工程 58/490、财务管理 91/680、智能制造工程 35/252、智能电网信息工程 7/34、旅游管理 71/424。

10495 武汉纺织大学

在中国本科院校竞争力排行榜中的名次 200，湖北省内排名 12/68，理工类排名 83/365。

共 60 个专业参评，其中 5★+专业 0 个，5★专业 4 个，5★-专业 1 个，4★专业 6 个，3★专业 25 个。

在中国普通高校研究生教育竞争力排行榜中的名次：总排名 284/596，湖北省内排名 15/29，理工类排名 108/182。

共 14 个一级学科(学术学位)参评。

一级学科排名

应用经济学 191/262、马克思主义理论 196/358、数学 254/262、化学 196/228、机械工程 189/220、电子科学与技术 71/120、计算机科学与技术 218/263、化学工程与技术 165/178、纺织科学与工程 5/22、环境科学与工程 164/193、管理科学与工程 159/202、工商管理 155/306、艺术学理论 54/70、设计学 68/161。

本科优势专业排名

5★专业：服装与服饰设计 4/208。

5★-专业：工程造价 17/254、视觉传达设计 70/702、数字媒体艺术 19/319、会计学 61/653。

4★专业：应用化学 61/373、电气工程及其自动化 94/569、服装设计与工程 10/56、环境工程 58/345、物流管理 63/434、智能制造工程 46/252。

10500 湖北工业大学

在中国本科院校竞争力排行榜中的名次 215，湖北省内排名 13/68，理工类排名 90/365。

共 55 个专业参评，其中 5★+专业 0 个，5★专业 5 个，5★-专业 2 个，4★专业 14 个，3★专业 21 个。

在中国普通高校研究生教育竞争力排行榜中的名次：总排名 215/596，湖北省内排名 12/29，理工类排名 85/182。

共 21 个一级学科(学术学位)参评。

一级学科排名

应用经济学 172/262、马克思主义理论 115/358、教育学 127/139、外国语言文学 195/232、机械工程 109/220、仪器科学与技术 62/69、材料科学与工程 142/219、电气工程 50/109、电子科学与技术 78/120、控制科学与工程 96/184、计算机科学与技术 101/263、建筑学 62/70、土木工程 106/159、化学工程与技术 89/178、轻工技术与工程 9/19、食品科学与工程 76/99、生物工程 13/22、药学 129/142、管理科学与工程 167/202、工商管理 209/306、设计学 37/161。

本科优势专业排名

5★专业：视觉传达设计 31/702、产品设计 8/390。

5★-专业：电气工程及其自动化 50/569、电子信息工程 63/633、生物工程 18/239、市场营销 39/586、电子商务 37/451。

4★专业：英语 185/928、机械设计制造及其自动化 55/513、材料成型及控制工程 27/221、测控技术与仪器 33/186、微电子科学与工程 14/107、计算机科学与技术 113/922、软件工程 91/595、土木工程 66/525、制药工程 38/252、环境工程 60/345、公共艺术 12/60、机器人工程 47/307、大数据管理与应用 30/170、会计学 92/653。

10524 中南民族大学

在中国本科院校竞争力排行榜中的名次 247，湖北省内排名 14/68，民族类排名 2/17。

共 82 个专业参评，其中 5★+专业 0 个，5★专业 1 个，5★-专业 1 个，4★专业 11 个，3★专业 42 个。

在中国普通高校研究生教育竞争力排行榜中的名次：总排名 232/596，湖北省内排名 13/29，民族类排名 2/13。

共 24 个一级学科(学术学位)参评，其中 5★+学科 0 个，5★学科 0 个，5★-学科 1 个，4★学科 0 个，学科优秀率为 4.17%。

一级学科排名

理论经济学 73/111、应用经济学 165/262、法学 101/206、社会学 55/88、民族学 3/38、马克思主义理论 144/358、教育学 82/139、中国语言文学 61/183、外国语言文学 181/232、新闻传播学 70/116、中国史 88/114、数学 234/262、化学 99/228、生物学 131/239、信息与通信工程 170/182、计算机科学与技术 188/263、环境科学与工程 152/193、生物医学工程 46/74、药学 120/142、中药学 49/50、管理科学与工程 143/202、工商管理 128/306、公共管理 111/209、设计学 65/161。

本科优势专业排名

5★专业：环境设计 28/701。

5★-专业：民族学 3/27。

4★专业：思想政治教育 58/292、汉语言文学 110/615、汉语国际教育 43/320、英语 155/928、广告学 49/254、应用统计学 25/183、通信工程 55/490、计算机科学与技术 172/922、财务管理 111/680、法学 70/583、会计学 109/653。

10490 武汉工程大学

在中国本科院校竞争力排行榜中的名次 254，湖北省内排名 15/68，理工类排名 103/365。

共 64 个专业参评，其中 5★+专业 0 个，5★专业 2 个，5★-专业 3 个，4★专业 5 个，3★专业 34 个。

在中国普通高校研究生教育竞争力排行榜中的名次：总排名 250/596，湖北省内排名 14/29，理工类排名 99/182。

共 22 个一级学科(学术学位)参评，其中 5★+学科 0 个，5★学科 0 个，5★-学科 0 个，4★学科 1 个，学科优秀率为 4.55%。

一级学科排名

法学 145/206、马克思主义理论 181/358、外国语言文学 175/232、化学 97/228、机械工程 182/220、光学工程 62/92、材料科学与工程 72/219、动力工程及工程热物理 52/104、信息与通信工程 129/182、控制科学与工程 92/184、计算机科学与技术 168/263、土木工程 91/159、化学工程与技术 34/178、矿业工程 24/30、环境科学与工程 158/193、软件工程 104/146、安全科学与工程 60/61、药学 123/142、管理科学与工程 176/202、工商管理 255/306、公共管理 73/209、设计学 147/161。

本科优势专业排名

5★专业：应用化学 17/373、制药工程 13/252、智能科学与技术 7/175。

5★-专业：化学工程与工艺 26/325、电子商务 38/451。

4★专业：高分子材料与工程 24/184、电气工程及其自动化 92/569、信息工程 11/55、软件工程 71/595、生物工程 41/239。

10496 武汉轻工大学

在中国本科院校竞争力排行榜中的名次 280，湖北省内排名 16/68，理工类排名 115/365。

共 51 个专业参评，其中 5★+专业 0 个，5★专业 0 个，5★-专业 0 个，4★专业 8 个，3★专业 23 个。

在中国普通高校研究生教育竞争力排行榜中的名次：总排名 323/596，湖北省内排名 16/29，理工类排名 124/182。

共 13 个一级学科(学术学位)参评，其中 5★+

学科0个，5★学科0个，5★-学科0个，4★学科1个，学科优秀率为7.69%。

一级学科排名

应用经济学222/262、马克思主义理论204/358、生物学110/239、机械工程168/220、信息与通信工程148/182、土木工程142/159、化学工程与技术152/178、食品科学与工程19/99、软件工程118/146、畜牧学41/55、药学114/142、工商管理183/306、公共管理202/209。

本科优势专业排名

4★专业：国际经济与贸易117/670、食品科学与工程44/278、食品质量与安全41/236、动物药学4/22、物流管理69/434、视觉传达设计122/702、会计学107/653、健康服务与管理20/116。

10523 湖北美术学院

在中国本科院校竞争力排行榜中的名次348，湖北省内排名17/68，艺术类排名14/48。

共24个专业参评，其中5★+专业0个，5★专业1个，5★-专业6个，4★专业4个，3★专业1个。

在中国普通高校研究生教育竞争力排行榜中的名次：总排名444/596，湖北省内排名21/29，艺术类排名13/33。

共3个一级学科(学术学位)参评。

一级学科排名

艺术学理论22/70、美术学27/115、设计学46/161。

本科优势专业排名

5★专业：绘画6/164、视觉传达设计8/702、环境设计9/701、产品设计12/390、服装与服饰设计8/208、公共艺术3/60。

5★-专业：工艺美术9/92。

4★专业：动画32/256、美术学47/332、雕塑7/50、书法学20/125。

11600 湖北经济学院

在中国本科院校竞争力排行榜中的名次379，湖北省内排名18/68，财经类排名28/109。

共47个专业参评，其中5★+专业0个，5★专业3个，5★-专业2个，4★专业9个，3★专业11个。

在中国普通高校研究生教育竞争力排行榜中的名次：总排名469/596，湖北省内排名24/29，财经类排名30/39。

本科优势专业排名

5★专业：商务英语14/362、休闲体育4/89。

5★-专业：市场营销52/586、财务管理44/680、物流管理41/434。

4★专业：新闻学58/310、软件工程111/595、视觉传达设计139/702、商务经济学3/19、金融学66/387、法学112/583、数据科学与大数据技术109/680、会计学123/653、旅游管理74/424。

10519 湖北文理学院

在中国本科院校竞争力排行榜中的名次413，湖北省内排名19/68，综合类排名72/270。

共52个专业参评，其中5★+专业0个，5★专业1个，5★-专业0个，4★专业4个，3★专业19个。

在中国普通高校研究生教育竞争力排行榜中的名次：总排名487/596，湖北省内排名25/29，综合类排名79/93。

共1个一级学科(学术学位)参评。

一级学科排名

中国语言文学163/183。

本科优势专业排名

5★-专业：广播电视编导19/224。

4★专业：社会工作35/251、社会体育指导与管理34/231、机械设计制造及其自动化99/513、车辆工程51/254。

10522 武汉体育学院

在中国本科院校竞争力排行榜中的名次418，湖北省内排名20/68，体育类排名3/16。

共20个专业参评，其中5★+专业1个，5★专业2个，5★-专业2个，4★专业2个，3★专业6个。

在中国普通高校研究生教育竞争力排行榜中的名次：总排名378/596，湖北省内排名18/29，体育类排名3/13。

共6个一级学科(学术学位)参评，其中5★+学科0个，5★学科0个，5★-学科1个，4★学科0个，学科优秀率为16.67%。

一级学科排名

心理学92/102、体育学6/106、新闻传播学95/116、特种医学10/14、工商管理303/306、音乐与舞蹈学53/82。

本科优势专业排名

5★+专业：运动训练1/53。

5★专业：武术与民族传统体育1/39、运动康复2/79。

5★-专业：舞蹈表演11/145、播音与主持艺术19/219。

4★专业：新闻学56/310、舞蹈学35/202。

10507 湖北中医药大学

在中国本科院校竞争力排行榜中的名次428，湖北省内排名21/68，医药类排名43/108。

共34个专业参评，其中5★+专业0个，5★专业1个，5★-专业2个，4★专业3个，3★专业20个。

在中国普通高校研究生教育竞争力排行榜中的名次：总排名345/596，湖北省内排名17/29，医药类排名45/76。

共7个一级学科(学术学位)参评。

一级学科排名

中医学12/42、中西医结合32/61、药学98/142、中药学13/50、医学技术14/35、护理学43/70、管理科学与工程193/202。

本科优势专业排名

5★专业：助产学2/71、健康服务与管理6/116。

5★-专业：市场营销33/586。

4★专业：中药学14/115、运动康复9/79、针灸推拿学7/50。

10513 湖北师范大学

在中国本科院校竞争力排行榜中的名次434，湖北省内排名22/68，师范类排名46/175。

共54个专业参评，其中5★+专业0个，5★专业1个，5★-专业0个，4★专业3个，3★专业19个。

在中国普通高校研究生教育竞争力排行榜中的名次：总排名448/596，湖北省内排名22/29，师范类排名46/77。

共11个一级学科(学术学位)参评。

一级学科排名

应用经济学238/262、马克思主义理论280/358、教育学56/139、中国语言文学112/183、外国语言文学216/232、中国史106/114、数学152/262、化学178/228、地理学82/84、生物学237/239、光学工程88/92。

本科优势专业排名

5★-专业：旅游管理与服务教育3/31。

4★专业：思想政治教育49/292、学前教育83/418、小学教育40/301。

10929 湖北医药学院

在中国本科院校竞争力排行榜中的名次446，湖北省内排名23/68，医药类排名46/108。

共20个专业参评，其中5★+专业0个，5★专业0个，5★-专业0个，4★专业2个，3★专业8个。

在中国普通高校研究生教育竞争力排行榜中的名次：总排名397/596，湖北省内排名19/29，医药类排名58/76。

共3个一级学科(学术学位)参评。

一级学科排名

基础医学47/108、临床医学44/110、医学技术11/35。

本科优势专业排名

4★专业：康复治疗学29/177、护理学44/290。

11072 江汉大学

在中国本科院校竞争力排行榜中的名次457，湖北省内排名24/68，综合类排名77/270。

共56个专业参评，其中5★+专业0个，5★专业0个，5★-专业0个，4★专业2个，3★专业21个。

在中国普通高校研究生教育竞争力排行榜中的名次：总排名 398/596，湖北省内排名 20/29，综合类排名 68/93。

共 8 个一级学科(学术学位)参评。

一级学科排名

中国语言文学 161/183、中国史 79/114、生物学 222/239、材料科学与工程 217/219、化学工程与技术 143/178、环境科学与工程 140/193、基础医学 100/108、管理科学与工程 162/202。

本科优势专业排名

4★专业：材料成型及控制工程 34/221、产品设计 70/390。

11524 武汉音乐学院

在中国本科院校竞争力排行榜中的名次 478，湖北省内排名 25/68，艺术类排名 26/48。

共 8 个专业参评，其中 5★+专业 0 个，5★专业 1 个，5★-专业 2 个，4★专业 2 个，3★专业 1 个。

在中国普通高校研究生教育竞争力排行榜中的名次：总排名 499/596，湖北省内排名 26/29，艺术类排名 17/33。

共 2 个一级学科(学术学位)参评。

一级学科排名

马克思主义理论 356/358、音乐与舞蹈学 51/82。

本科优势专业排名

5★专业：音乐学 5/394、录音艺术 2/34。

5★-专业：音乐表演 18/237。

4★专业：舞蹈表演 19/145、音乐教育 2/12。

10525 湖北汽车工业学院

在中国本科院校竞争力排行榜中的名次 496，湖北省内排名 26/68，理工类排名 176/365。

共 35 个专业参评，其中 5★+专业 0 个，5★专业 0 个，5★-专业 0 个，4★专业 1 个，3★专业 7 个。

在中国普通高校研究生教育竞争力排行榜中的名次：总排名 565/596，湖北省内排名 29/29，理工类排名 178/182。

共 4 个一级学科(学术学位)参评。

一级学科排名

机械工程 172/220、光学工程 92/92、材料科学与工程 201/219、管理科学与工程 182/202。

本科优势专业排名

4★专业：车辆工程 26/254。

10528 湖北工程学院

在中国本科院校竞争力排行榜中的名次 545，湖北省内排名 27/68，理工类排名 187/365。

共 59 个专业参评，其中 5★+专业 0 个，5★专业 0 个，5★-专业 0 个，4★专业 3 个，3★专业 5 个。

本科优势专业排名

4★专业：金融工程 44/259、视觉传达设计 127/702、产品设计 73/390。

10514 黄冈师范学院

在中国本科院校竞争力排行榜中的名次 553，湖北省内排名 28/68，师范类排名 68/175。

共 66 个专业参评，其中 5★+专业 0 个，5★专业 1 个，5★-专业 0 个，4★专业 4 个，3★专业 11 个。

在中国普通高校研究生教育竞争力排行榜中的名次：总排名 555/596，湖北省内排名 27/29，师范类排名 68/77。

本科优势专业排名

5★-专业：经济与金融 7/78。

4★专业：电子信息工程 120/633、音乐学 55/394、广播电视编导 32/224、动画 33/256。

10517 湖北民族大学

在中国本科院校竞争力排行榜中的名次 568，湖北省内排名 29/68，民族类排名 13/17。

共 50 个专业参评，其中 5★+专业 0 个，5★专业 0 个，5★-专业 0 个，4★专业 2 个，3★专业 11 个。

在中国普通高校研究生教育竞争力排行榜中的名次：总排名 460/596，湖北省内排名 23/29，民族类排名 12/13。

共 8 个一级学科(学术学位)参评。

一级学科排名

民族学 27/38、马克思主义理论 201/358、中国语言文学 171/183、数学 168/262、化学工程与技术 155/178、食品科学与工程 63/99、林学 36/36、中医学 38/42。

本科优势专业排名

4★专业：英语 150/928、广播电视编导 37/224。

14099 湖北第二师范学院

在中国本科院校竞争力排行榜中的名次 608，湖北省内排名 30/68，师范类排名 86/175。

共 50 个专业参评，其中 5★+专业 0 个，5★专业 0 个，5★-专业 0 个，4★专业 1 个，3★专业 12 个。

本科优势专业排名

4★专业：小学教育 38/301。

10927 湖北科技学院

在中国本科院校竞争力排行榜中的名次 609，湖北省内排名 31/68，理工类排名 193/365。

共 57 个专业参评，其中 5★+专业 0 个，5★专业 0 个，5★-专业 0 个，4★专业 4 个，3★专业 8 个。

在中国普通高校研究生教育竞争力排行榜中的名次：总排名 558/596，湖北省内排名 28/29，理工类排名 177/182。

本科优势专业排名

4★专业：音乐学 73/394、视觉传达设计 88/702、环境设计 81/701、网络与新媒体 44/316。

10920 湖北理工学院

在中国本科院校竞争力排行榜中的名次 624，湖北省内排名 32/68，理工类排名 198/365。

共 56 个专业参评，其中 5★+专业 0 个，5★专业 1 个，5★-专业 0 个，4★专业 0 个，3★专业 9 个。

本科优势专业排名

5★-专业：视觉传达设计 59/702。

11654 武汉商学院

在中国本科院校竞争力排行榜中的名次 626，湖北省内排名 33/68，财经类排名 40/109。

共 32 个专业参评，其中 5★+专业 0 个，5★专业 1 个，5★-专业 0 个，4★专业 6 个，3★专业 8 个。

本科优势专业排名

5★-专业：酒店管理 10/180。

4★专业：商务英语 52/362、财务管理 128/680、物流管理 78/434、电子商务 71/451、动画 45/256、休闲体育 11/89。

11332 湖北警官学院

在中国本科院校竞争力排行榜中的名次 759，湖北省内排名 38/68，文法类排名 40/68。

共 10 个专业参评，其中 5★+专业 0 个，5★专业 0 个，5★-专业 0 个，4★专业 1 个，3★专业 4 个。

本科优势专业排名

4★专业：侦查学 5/31。

11336 荆楚理工学院

在中国本科院校竞争力排行榜中的名次 801，湖北省内排名 41/68，理工类排名 231/365。

共 39 个专业参评，其中 5★+专业 0 个，5★专业 0 个，5★-专业 0 个，4★专业 2 个，3★专业 8 个。

本科优势专业排名

4★专业：广播电视编导 36/224、环境设计 93/701。

10518 汉江师范学院

在中国本科院校竞争力排行榜中的名次 992，湖北省内排名 53/68，师范类排名 161/175。

共 37 个专业参评，其中 5★+专业 0 个，5★

专业0个，5★-专业0个，4★专业0个，3★专业2个。

民办院校

11798 武汉东湖学院

在中国民办院校竞争力排行榜中的名次9，湖北省内排名34/68，理工类排名207/365。

共39个专业参评，其中5★+专业0个，5★专业0个，5★-专业0个，4★专业2个，3★专业10个。

本科优势专业排名

4★专业：视觉传达设计101/702、环境设计118/701。

13686 武汉传媒学院

在中国民办院校竞争力排行榜中的名次10，湖北省内排名35/68，艺术类排名34/48。

共28个专业参评，其中5★+专业0个，5★专业0个，5★-专业0个，4★专业2个，3★专业10个。

本科优势专业排名

4★专业：广播电视编导43/224、播音与主持艺术32/219。

12310 武昌理工学院

在中国民办院校竞争力排行榜中的名次20，湖北省内排名36/68，理工类排名215/365。

共39个专业参评，其中5★+专业0个，5★专业0个，5★-专业0个，4★专业0个，3★专业13个。

13242 武汉工商学院

在中国民办院校竞争力排行榜中的名次28，湖北省内排名37/68，综合类排名136/270。

共38个专业参评，其中5★+专业0个，5★专业0个，5★-专业0个，4★专业2个，3★专业9个。

本科优势专业排名

4★专业：电子商务87/451、网络与新媒体33/316。

11800 汉口学院

在中国民办院校竞争力排行榜中的名次42，湖北省内排名39/68，理工类排名227/365。

共31个专业参评，其中5★+专业0个，5★专业0个，5★-专业1个，4★专业3个，3★专业9个。

本科优势专业排名

5★专业：经济与金融4/78。

4★专业：播音与主持艺术33/219、财务会计教育2/12、影视摄影与制作14/70。

13262 文华学院

在中国民办院校竞争力排行榜中的名次50，湖北省内排名40/68，理工类排名230/365。

共36个专业参评，其中5★+专业0个，5★专业0个，5★-专业0个，4★专业1个，3★专业7个。

本科优势专业排名

4★专业：通信工程78/490。

12362 武汉生物工程学院

在中国民办院校竞争力排行榜中的名次60，湖北省内排名42/68，理工类排名235/365。

共40个专业参评，其中5★+专业0个，5★专业0个，5★-专业0个，4★专业1个，3★专业9个。

本科优势专业排名

4★专业：环境设计129/701。

12309 武昌首义学院

在中国民办院校竞争力排行榜中的名次61，湖北省内排名43/68，综合类排名160/270。

共35个专业参评，其中5★+专业0个，5★专业2个，5★-专业0个，4★专业0个，3★专业

7 个。

本科优势专业排名

5★-专业：机械电子工程 27/297、网络与新媒体 31/316。

13664 武汉工程科技学院

在中国民办院校竞争力排行榜中的名次 67，湖北省内排名 44/68，理工类排名 239/365。

共 28 个专业参评，其中 5★+专业 0 个，5★专业 0 个，5★-专业 0 个，4★专业 0 个，3★专业 7 个。

13634 武汉学院

在中国民办院校竞争力排行榜中的名次 74，湖北省内排名 45/68，综合类排名 167/270。

共 34 个专业参评，其中 5★+专业 0 个，5★专业 0 个，5★-专业 0 个，4★专业 0 个，3★专业 12 个。

13235 武汉城市学院

在中国民办院校竞争力排行榜中的名次 104，湖北省内排名 47/68，理工类排名 263/365。

共 36 个专业参评，其中 5★+专业 0 个，5★专业 0 个，5★-专业 0 个，4★专业 1 个，3★专业 3 个。

本科优势专业排名

4★专业：环境设计 132/701。

13666 武汉华夏理工学院

在中国民办院校竞争力排行榜中的名次 108，湖北省内排名 48/68，理工类排名 265/365。

共 37 个专业参评，其中 5★+专业 0 个，5★专业 0 个，5★-专业 0 个，4★专业 1 个，3★专业 7 个。

本科优势专业排名

4★专业：休闲体育 18/89。

13247 湖北商贸学院

在中国民办院校竞争力排行榜中的名次 127，湖北省内排名 49/68，综合类排名 196/270。

共 28 个专业参评，其中 5★+专业 0 个，5★专业 0 个，5★-专业 0 个，4★专业 0 个，3★专业 7 个。

14035 武汉设计工程学院

在中国民办院校竞争力排行榜中的名次 139，湖北省内排名 51/68，综合类排名 200/270。

共 29 个专业参评，其中 5★+专业 0 个，5★专业 0 个，5★-专业 0 个，4★专业 1 个，3★专业 11 个。

本科优势专业排名

4★专业：环境设计 102/701。

13245 荆州学院

在中国民办院校竞争力排行榜中的名次 146，湖北省内排名 52/68，理工类排名 289/365。

共 32 个专业参评，其中 5★+专业 0 个，5★专业 0 个，5★-专业 0 个，4★专业 0 个，3★专业 0 个。

13241 武昌工学院

在中国民办院校竞争力排行榜中的名次 150，湖北省内排名 54/68，理工类排名 292/365。

共 36 个专业参评，其中 5★+专业 0 个，5★专业 0 个，5★-专业 0 个，4★专业 0 个，3★专业 6 个。

13250 湖北恩施学院

在中国民办院校竞争力排行榜中的名次 159，湖北省内排名 55/68，综合类排名 208/270。

共 25 个专业参评，其中 5★+专业 0 个，5★专业 0 个，5★-专业 0 个，4★专业 0 个，3★专业 2 个。

13237 武汉文理学院

在中国民办院校竞争力排行榜中的名次 171，湖北省内排名 57/68，综合类排名 217/270。

共 34 个专业参评，其中 5★+专业 0 个，5★专业 0 个，5★-专业 0 个，4★专业 0 个，3★专业 2 个。

13188 武汉晴川学院

在中国民办院校竞争力排行榜中的名次 179，湖北省内排名 58/68，综合类排名 229/270。

共 28 个专业参评，其中 5★+专业 0 个，5★专业 0 个，5★-专业 0 个，4★专业 0 个，3★专业 7 个。

山东省

一流大学

10422 山东大学

在中国本科院校竞争力排行榜中的名次 11，山东省内排名 1/67，综合类排名 6/270。

共 82 个专业参评，其中 5★+专业 7 个，5★专业 20 个，5★-专业 27 个，4★专业 14 个，3★专业 13 个。

在中国普通高校研究生教育竞争力排行榜中的名次：总排名 19/596，山东省内排名 1/31，综合类排名 9/93。

共 51 个一级学科(学术学位)参评，其中 5★+学科 0 个，5★学科 4 个，5★-学科 10 个，4★学科 17 个，学科优秀率为 60.78%。

一级学科排名

哲学 11/133、理论经济学 17/111、应用经济学 17/262、法学 15/206、政治学 13/80、社会学 19/88、马克思主义理论 10/358、体育学 29/106、中国语言文学 7/183、外国语言文学 17/232、新闻传播学 17/116、考古学 8/40、中国史 23/114、世界史 37/67、数学 4/262、物理学 21/197、化学 20/228、海洋科学 7/29、地球物理学 9/21、生物学 19/239、生态学 69/109、统计学 12/121、力学 52/95、机械工程 28/220、光学工程 31/92、材料科学与工程 31/219、动力工程及工程热物理 26/104、电气工程 17/109、电子科学与技术 31/120、信息与通信工程 47/182、控制科学与工程 29/184、计算机科学与技术 45/263、土木工程 18/159、水利工程 37/64、化学工程与技术 75/178、交通运输工程 32/64、环境科学与工程 15/193、生物医学工程 26/74、软件工程 11/146、网络空间安全 10/70、基础医学 9/108、临床医学 15/110、口腔医学 14/47、公共卫生与预防医学 23/74、药学 7/142、护理学 24/70、管理科学与工程 32/202、工商管理 44/306、公共管理 24/209、艺术学理论 23/70、设计学 93/161。

本科优势专业排名

5★+专业：社会体育指导与管理 1/231、汉语国际教育 3/320、数学与应用数学 5/514、信息与计算科学 2/303、数字媒体技术 1/221、数据科学与大数据技术 5/680、城市地下空间工程 1/73。

5★专业：经济学 14/348、国际经济与贸易 9/670、汉语言文学 11/615、英语 26/928、日语 15/450、新闻学 12/310、生物科学 6/280、统计学 3/205、机械设计制造及其自动化 7/513、材料成型及控制工程 4/221、电气工程及其自动化 18/569、光电信息科学与工程 11/213、自动化 17/437、计算机科学与技术 16/922、软件工程 26/595、环境工程 13/345、护理学 4/290、产品设计 19/390、法学 14/583、马克思主义理论 2/39、智能制造工程 6/252、储能科学与工程 2/38、集成电路设计与集成系统 3/70、人工智能 5/411、网络空间安全 4/100、智能医学工程 2/62、工商管理 16/537。

5★-专业：社会工作 21/251、法语 12/137、朝鲜语 7/93、翻译 16/261、历史学 23/246、物理学 20/282、化学 17/304、能源与动力工程 17/188、药学 16/240、公共事业管理 18/252、行政管理 19/290、音乐学 24/394、美术学 33/332、财政学 8/84、金融学 21/387、能源与环境系统工程 2/17、机器人工程 30/307、临床医学 16/194、口腔医学 11/116、会计学 38/653。

4★专业：哲学 8/73、政治学与行政学 11/82、社会学 18/89、俄语 20/157、西班牙语 17/96、考古学 4/29、通信工程 92/490、环境科学 31/173、生物医学工程 18/119、生物工程 27/239、工程管理 64/388、视觉传达设计 103/702、新能源科学与工程 22/126、预防医学 14/121。

10423 中国海洋大学

在中国本科院校竞争力排行榜中的名次 74，山东省内排名 2/67，理工类排名 37/365。

共 63 个专业参评，其中 5★+专业 1 个，5★专业 4 个，5★-专业 7 个，4★专业 17 个，3★专业 32 个。

在中国普通高校研究生教育竞争力排行榜中的名次：总排名 41/596，山东省内排名 2/31，理工类排名 22/182。

共 34 个一级学科(学术学位)参评，其中 5★+学科 0 个，5★学科 2 个，5★-学科 4 个，4★学科 5 个，学科优秀率为 32.35%。

一级学科排名

应用经济学47/262、法学29/206、政治学40/80、马克思主义理论232/358、中国语言文学62/183、外国语言文学41/232、中国史95/114、数学66/262、物理学109/197、化学123/228、地理学56/84、大气科学10/19、海洋科学1/29、地质学15/36、生物学23/239、生态学31/109、机械工程192/220、材料科学与工程116/219、信息与通信工程93/182、控制科学与工程85/184、计算机科学与技术25/263、土木工程100/159、水利工程19/64、化学工程与技术103/178、地质资源与地质工程30/46、船舶与海洋工程17/24、环境科学与工程12/193、食品科学与工程14/99、软件工程39/146、水产1/28、药学15/142、工商管理23/306、农林经济管理31/51、公共管理53/209。

本科优势专业排名

5★+专业：水产养殖学1/51。

5★专业：海洋科学1/33、海洋技术1/24、计算机科学与技术42/922、食品科学与工程7/278、法学19/583、海洋资源与环境1/15、会计学18/653。

5★-专业：英语66/928、环境科学11/173、药学13/240、旅游管理22/424。

4★专业：国际经济与贸易110/670、汉语言文学116/615、法语24/137、日语47/450、朝鲜语11/93、信息与计算科学33/303、生物科学36/280、电子信息工程125/633、港口航道与海岸工程5/32、环境工程45/345、财务管理83/680、文化产业管理15/135、行政管理57/290、金融学41/387、智能科学与技术22/175、数据科学与大数据技术116/680、工商管理85/537。

一般大学

10425 中国石油大学(华东)

在中国本科院校竞争力排行榜中的名次91，山东省内排名3/67，理工类排名45/365。

共57个专业参评，其中5★+专业0个，5★专业7个，5★-专业1个，4★专业13个，3★专业29个。

在中国普通高校研究生教育竞争力排行榜中的名次：总排名104/596，山东省内排名4/31，理工类排名50/182。

共32个一级学科(学术学位)参评，其中5★+学科0个，5★学科1个，5★-学科1个，4★学科2个，学科优秀率为12.5%。

一级学科排名

应用经济学167/262、法学170/206、马克思主义理论65/358、体育学80/106、外国语言文学165/232、数学208/262、物理学190/197、化学85/228、海洋科学28/29、地球物理学16/21、地质学19/36、统计学115/121、力学55/95、机械工程101/220、光学工程91/92、材料科学与工程57/219、动力工程及工程热物理40/104、电气工程66/109、信息与通信工程92/182、控制科学与工程57/184、计算机科学与技术108/263、土木工程136/159、测绘科学与技术35/52、化学工程与技术36/178、地质资源与地质工程3/46、石油与天然气工程1/15、船舶与海洋工程24/24、环境科学与工程92/193、软件工程87/146、安全科学与工程28/61、管理科学与工程76/202、工商管理127/306。

本科优势专业排名

5★专业：化学工程与工艺6/325。

5★-专业：应用化学23/373、地球物理学2/22、机械设计制造及其自动化47/513、电气工程及其自动化57/569、智能制造工程23/252、数据科学与大数据技术35/680、能源化学工程5/60。

4★专业：材料成型及控制工程41/221、材料科学与工程30/229、能源与动力工程36/188、计算机科学与技术141/922、勘查技术与工程4/31、资源勘查工程8/50、石油工程3/21、油气储运工程4/33、环境工程59/345、安全工程20/148、市场营销73/586、环保设备工程2/14、会计学100/653。

10445 山东师范大学

在中国本科院校竞争力排行榜中的名次100，山东省内排名4/67，师范类排名11/175。

共67个专业参评，其中5★+专业1个，5★专业10个，5★-专业9个，4★专业15个，3★专业28个。

在中国普通高校研究生教育竞争力排行榜中的名次：总排名119/596，山东省内排名5/31，师范类排名13/77。

共35个一级学科(学术学位)参评，其中5★+

学科0个，5★学科0个，5★-学科0个，4★学科5个，学科优秀率为14.29%。

一级学科排名

哲学73/133、理论经济学35/111、法学138/206、政治学56/80、马克思主义理论56/358、教育学35/139、心理学15/102、体育学67/106、中国语言文学35/183、外国语言文学72/232、新闻传播学109/116、中国史65/114、世界史33/67、数学69/262、物理学60/197、化学87/228、天文学11/20、地理学29/84、生物学101/239、生态学76/109、统计学86/121、光学工程45/92、电子科学与技术66/120、信息与通信工程66/182、计算机科学与技术59/263、化学工程与技术101/178、环境科学与工程97/193、食品科学与工程71/99、管理科学与工程29/202、工商管理137/306、公共管理119/209、艺术学理论66/70、音乐与舞蹈学24/82、戏剧与影视学30/61、美术学16/115。

本科优势专业排名

5★+专业：舞蹈学2/202。

5★专业：思想政治教育14/292、学前教育18/418、汉语言文学31/615、汉语国际教育12/320、地理科学5/170、应用心理学11/248、音乐学20/394、美术学9/332、数据科学与大数据技术30/680。

5★-专业：体育教育31/323、英语67/928、日语25/450、数学与应用数学42/514、电子信息工程37/633、通信工程40/490、计算机科学与技术74/922、信息管理与信息系统34/343、广播电视编导16/224、秘书学7/89。

4★专业：国际经济与贸易85/670、教育学13/82、教育技术学17/130、社会体育指导与管理27/231、新闻学60/310、历史学42/246、物理学29/282、化学38/304、地理信息科学27/166、生物科学46/280、物联网工程57/481、财务管理120/680、行政管理47/290、音乐表演30/237、航空服务艺术与管理10/63。

11065 青岛大学

在中国本科院校竞争力排行榜中的名次105，山东省内排名5/67，综合类排名35/270。

共78个专业参评，其中5★+专业0个，5★专业5个，5★-专业1个，4★专业28个，3★专业32个。

在中国普通高校研究生教育竞争力排行榜中的名次：总排名76/596，山东省内排名3/31，综合类排名26/93。

共41个一级学科(学术学位)参评，其中5★+学科0个，5★学科0个，5★-学科0个，4★学科2个，学科优秀率为4.88%。

一级学科排名

理论经济学50/111、应用经济学66/262、法学92/206、政治学60/80、马克思主义理论312/358、教育学66/139、心理学84/102、中国语言文学94/183、外国语言文学74/232、中国史56/114、数学103/262、物理学79/197、化学206/228、生物学45/239、系统科学8/25、机械工程159/220、材料科学与工程81/219、动力工程及工程热物理80/104、电气工程64/109、电子科学与技术70/120、控制科学与工程97/184、计算机科学与技术107/263、化学工程与技术93/178、纺织科学与工程6/22、环境科学与工程106/193、软件工程31/146、网络空间安全34/70、基础医学44/108、临床医学39/110、口腔医学35/47、公共卫生与预防医学29/74、中西医结合43/61、药学27/142、特种医学8/14、护理学49/70、管理科学与工程51/202、工商管理114/306、公共管理131/209、音乐与舞蹈学38/82、美术学82/115、设计学117/161。

本科优势专业排名

5★专业：微电子科学与工程3/107。

5★-专业：英语68/928、电气工程及其自动化45/569、电子信息工程49/633、软件工程43/595、旅游管理32/424。

4★专业：经济学58/348、国际经济与贸易111/670、小学教育39/301、汉语言文学76/615、德语12/110、日语85/450、数学与应用数学67/514、应用化学52/373、生物技术46/285、应用心理学44/248、高分子材料与工程20/184、复合材料与工程7/41、自动化60/437、计算机科学与技术116/922、纺织工程7/39、药学25/240、医学检验技术32/159、护理学58/290、音乐学43/394、绘画20/164、视觉传达设计71/702、金融学72/387、法学83/583、智能制造工程33/252、新能源科学与工程25/126、临床医学34/194、预防医学23/121、工商管理94/537。

10427 济南大学

在中国本科院校竞争力排行榜中的名次 122，山东省内排名 6/67，综合类排名 38/270。

共 81 个专业参评，其中 5★+专业 0 个，5★专业 6 个，5★-专业 2 个，4★专业 14 个，3★专业 44 个。

在中国普通高校研究生教育竞争力排行榜中的名次：总排名 164/596，山东省内排名 8/31，综合类排名 43/93。

共 22 个一级学科(学术学位)参评。

一级学科排名

应用经济学 240/262、社会学 62/88、马克思主义理论 316/358、心理学 74/102、中国语言文学 173/183、外国语言文学 223/232、数学 247/262、物理学 94/197、化学 78/228、生物学 188/239、机械工程 154/220、材料科学与工程 66/219、信息与通信工程 178/182、控制科学与工程 133/184、计算机科学与技术 160/263、土木工程 95/159、水利工程 26/64、化学工程与技术 56/178、环境科学与工程 137/193、管理科学与工程 153/202、工商管理 221/306、设计学 148/161。

本科优势专业排名

5★专业：网络工程 6/276、音乐学 18/394。

5★-专业：社会工作 17/251、应用化学 21/373、计算机科学与技术 80/922、信息管理与信息系统 33/343、文化产业管理 13/135、金融数学 6/71。

4★专业：汉语言文学 98/615、汉语国际教育 49/320、物理学 53/282、材料科学与工程 32/229、高分子材料与工程 35/184、通信工程 64/490、土木工程 102/525、给排水科学与工程 29/159、化学工程与工艺 37/325、舞蹈学 40/202、新能源科学与工程 24/126、数据科学与大数据技术 132/680、烹饪与营养教育 5/25、会计学 106/653。

10424 山东科技大学

在中国本科院校竞争力排行榜中的名次 126，山东省内排名 7/67，理工类排名 57/365。

共 72 个专业参评，其中 5★+专业 0 个，5★专业 7 个，5★-专业 1 个，4★专业 12 个，3★专业 41 个。

在中国普通高校研究生教育竞争力排行榜中的名次：总排名 122/596，山东省内排名 6/31，理工类排名 56/182。

共 29 个一级学科(学术学位)参评，其中 5★+学科 0 个，5★学科 0 个，5★-学科 0 个，4★学科 1 个，学科优秀率为 3.45%。

一级学科排名

应用经济学 241/262、法学 118/206、马克思主义理论 169/358、外国语言文学 96/232、数学 104/262、地理学 67/84、地质学 27/36、系统科学 7/25、统计学 56/121、力学 71/95、机械工程 95/220、材料科学与工程 114/219、动力工程及工程热物理 63/104、电气工程 53/109、电子科学与技术 88/120、信息与通信工程 81/182、控制科学与工程 52/184、计算机科学与技术 68/263、土木工程 58/159、测绘科学与技术 11/52、化学工程与技术 81/178、地质资源与地质工程 25/46、矿业工程 10/30、交通运输工程 52/64、船舶与海洋工程 20/24、环境科学与工程 126/193、安全科学与工程 11/61、管理科学与工程 66/202、工商管理 190/306。

本科优势专业排名

5★专业：机械电子工程 10/297。

5★-专业：地理信息科学 15/166、通信工程 44/490、网络工程 25/276、安全工程 11/148、智能制造工程 21/252、电气工程与智能控制 3/33、数据科学与大数据技术 50/680。

4★专业：统计学 25/205、电气工程及其自动化 58/569、软件工程 64/595、物联网工程 53/481、土木工程 60/525、测绘工程 17/143、环境工程 61/345、工业工程 17/139、产品设计 53/390、机器人工程 60/307、智能科学与技术 30/175、工商管理 107/537。

10434 山东农业大学

在中国本科院校竞争力排行榜中的名次 158，山东省内排名 8/67，农林类排名 12/47。

共 75 个专业参评，其中 5★+专业 0 个，5★专业 3 个，5★-专业 0 个，4★专业 14 个，3★专业 36 个。

在中国普通高校研究生教育竞争力排行榜中的名次：总排名 176/596，山东省内排名 9/31，农林类排名 14/38。

共 24 个一级学科(学术学位)参评。

一级学科排名

应用经济学 206/262、马克思主义理论 240/358、化学 105/228、生物学 60/239、生态学 44/109、机械工程 180/220、计算机科学与技术 213/263、土木工程 158/159、水利工程 50/64、测绘科学与技术 51/52、农业工程 16/44、环境科学与工程 108/193、食品科学与工程 28/99、风景园林学 38/56、作物学 25/51、园艺学 11/44、农业资源与环境 17/40、植物保护 19/45、畜牧学 23/55、兽医学 16/43、林学 19/36、工商管理 274/306、农林经济管理 26/51、公共管理 163/209。

本科优势专业排名

5★-专业：食品科学与工程 25/278、园艺 10/107、数字经济 6/63。

4★专业：国际经济与贸易 132/670、应用化学 66/373、生物技术 36/285、机械电子工程 31/297、计算机科学与技术 173/922、食品质量与安全 26/236、风景园林 36/185、农学 12/76、设施农业科学与工程 8/39、农业资源与环境 6/51、动物科学 16/79、文化产业管理 20/135、农林经济管理 12/61、环境设计 96/701。

10426 青岛科技大学

在中国本科院校竞争力排行榜中的名次 159，山东省内排名 9/67，理工类排名 69/365。

共 72 个专业参评，其中 5★+专业 0 个，5★专业 7 个，5★-专业 1 个，4★专业 10 个，3★专业 36 个。

在中国普通高校研究生教育竞争力排行榜中的名次：总排名 196/596，山东省内排名 10/31，理工类排名 77/182。

共 24 个一级学科(学术学位)参评，其中 5★+学科 0 个，5★学科 0 个，5★-学科 0 个，4★学科 3 个，学科优秀率为 12.5%。

一级学科排名

应用经济学 158/262、法学 150/206、马克思主义理论 213/358、外国语言文学 148/232、数学 240/262、化学 46/228、海洋科学 29/29、统计学 100/121、力学 70/95、机械工程 102/220、材料科学与工程 58/219、动力工程及工程热物理 21/104、控制科学与工程 131/184、计算机科学与技术 219/263、化学工程与技术 29/178、石油与天然气工程 15/15、轻工技术与工程 16/19、环境科学与工程 149/193、软件工程 117/146、安全科学与工程 42/61、药学 137/142、工商管理 169/306、戏剧与影视学 56/61、美术学 94/115。

本科优势专业排名

5★专业：应用化学 16/373。

5★-专业：材料化学 7/125、高分子材料与工程 14/184、化学工程与工艺 33/325、制药工程 19/252、财务管理 67/680、新能源科学与工程 10/126、人工智能 35/411。

4★专业：国际经济与贸易 123/670、英语 178/928、应用统计学 29/183、过程装备与控制工程 13/91、金属材料工程 15/76、信息工程 8/55、计算机科学与技术 169/922、软件工程 86/595、市场营销 113/586、视觉传达设计 118/702。

10446 曲阜师范大学

在中国本科院校竞争力排行榜中的名次 175，山东省内排名 10/67，师范类排名 20/175。

共 69 个专业参评，其中 5★+专业 0 个，5★专业 11 个，5★-专业 2 个，4★专业 14 个，3★专业 28 个。

在中国普通高校研究生教育竞争力排行榜中的名次：总排名 157/596，山东省内排名 7/31，师范类排名 16/77。

共 25 个一级学科(学术学位)参评，其中 5★+学科 0 个，5★学科 0 个，5★-学科 0 个，4★学科 4 个，学科优秀率为 16%。

一级学科排名

哲学 50/133、理论经济学 75/111、马克思主义理论 68/358、教育学 27/139、心理学 55/102、体育学 26/106、中国语言文学 76/183、外国语言文学 69/232、中国史 49/114、世界史 46/67、数学 46/262、物理学 68/197、化学 109/228、地理学 68/84、生物学 158/239、生态学 55/109、统计学 20/121、控制科学与工程 47/184、计算机科学与技术 112/263、软件工程 52/146、图书情报与档案管理 38/50、艺术学理论 60/70、音乐与舞蹈学 52/82、戏剧与影视学 37/61、美术学 59/115。

本科优势专业排名

5★专业：教育技术学 6/130、体育教育 15/323。

5★-专业：思想政治教育 25/292、汉语言文学 44/615、英语 86/928、统计学 16/205、物流管理 39/434、舞蹈学 16/202、戏剧影视文学 8/93、视觉传达设计 44/702、休闲体育 7/89、数据科学与大数据技术 44/680、书法学 7/125。

4★专业：教育学 15/82、学前教育 84/418、汉语国际教育 60/320、日语 67/450、翻译 45/261、商务英语 50/362、数学与应用数学 73/514、物理学 35/282、自动化 68/437、计算机科学与技术 179/922、软件工程 79/595、物联网工程 88/481、美术学 54/332、航空服务艺术与管理 11/63。

10456 山东财经大学

在中国本科院校竞争力排行榜中的名次 195，山东省内排名 11/67，财经类排名 9/109。

共 52 个专业参评，其中 5★+专业 4 个，5★专业 12 个，5★-专业 8 个，4★专业 8 个，3★专业 13 个。

在中国普通高校研究生教育竞争力排行榜中的名次：总排名 220/596，山东省内排名 11/31，财经类排名 8/39。

共 10 个一级学科(学术学位)参评，其中 5★+学科 0 个，5★学科 0 个，5★-学科 0 个，4★学科 2 个，学科优秀率为 20%。

一级学科排名

理论经济学 51/111、应用经济学 35/262、法学 128/206、马克思主义理论 214/358、外国语言文学 88/232、统计学 51/121、计算机科学与技术 83/263、管理科学与工程 67/202、工商管理 45/306、公共管理 54/209。

本科优势专业排名

5★+专业：金融工程 3/259、人力资源管理 3/414、电子商务 1/451、金融科技 1/78。

5★专业：国际经济与贸易 20/670、商务英语 13/362、财务管理 31/680、国际商务 4/126、审计学 5/191、文化产业管理 2/135、金融数学 4/71、大数据管理与应用 4/170。

5★-专业：贸易经济 4/44、统计学 21/205、数字媒体技术 14/221、信息管理与信息系统 28/343、市场营销 32/586、资产评估 4/69、劳动与社会保障 11/123、物流管理 42/434、金融学 34/387、数据科学与大数据技术 66/680、工商管理 45/537、会计学 54/653。

4★专业：经济学 44/348、经济统计学 22/134、税收学 12/90、英语 99/928、日语 58/450、计算机科学与技术 168/922、行政管理 38/290、财政学 12/84。

10429 青岛理工大学

在中国本科院校竞争力排行榜中的名次 214，山东省内排名 12/67，理工类排名 89/365。

共 55 个专业参评，其中 5★+专业 1 个，5★专业 6 个，5★-专业 0 个，4★专业 4 个，3★专业 33 个。

在中国普通高校研究生教育竞争力排行榜中的名次：总排名 254/596，山东省内排名 15/31，理工类排名 100/182。

共 16 个一级学科(学术学位)参评。

一级学科排名

应用经济学 255/262、马克思主义理论 292/358、力学 76/95、机械工程 84/220、材料科学与工程 180/219、信息与通信工程 175/182、控制科学与工程 178/184、计算机科学与技术 253/263、建筑学 31/70、土木工程 61/159、水利工程 60/64、交通运输工程 53/64、环境科学与工程 123/193、风景园林学 56/56、安全科学与工程 55/61、工商管理 235/306。

本科优势专业排名

5★+专业：工程造价 3/254。

5★-专业：机械设计制造及其自动化 27/513、土木工程 30/525、建筑环境与能源应用工程 13/165、给排水科学与工程 11/159、建筑学 25/291、智能建造 7/65。

4★专业：车辆工程 47/254、建筑电气与智能化 12/64、市场营销 114/586、财务管理 94/680。

10433 山东理工大学

在中国本科院校竞争力排行榜中的名次 221，山东省内排名 13/67，理工类排名 93/365。

共 74 个专业参评，其中 5★+专业 0 个，5★专业 2 个，5★-专业 0 个，4★专业 7 个，3★专业 49 个。

在中国普通高校研究生教育竞争力排行榜中的名次：总排名 248/596，山东省内排名 14/31，理工类排名 97/182。

共 24 个一级学科(学术学位)参评。

一级学科排名

应用经济学 130/262、法学 199/206、社会学 76/88、马克思主义理论 209/358、中国语言文学 124/183、数学 178/262、物理学 185/197、化学 216/228、生物学 226/239、机械工程 70/220、仪器科学与技术 67/69、材料科学与工程 155/219、动力工程及工程热物理 95/104、电气工程 44/109、控制科学与工程 173/184、计算机科学与技术 182/263、测绘科学与技术 47/52、化学工程与技术 54/178、矿业工程 29/30、交通运输工程 58/64、农业工程 20/44、食品科学与工程 90/99、工商管理 222/306、图书情报与档案管理 23/50。

本科优势专业排名

5★-专业：社会工作 23/251、机械设计制造及其自动化 42/513。

4★专业：广告学 34/254、应用化学 63/373、机械电子工程 42/297、电气工程及其自动化 89/569、计算机科学与技术 125/922、化学工程与工艺 45/325、法学 108/583。

10431 齐鲁工业大学

在中国本科院校竞争力排行榜中的名次 231，山东省内排名 14/67，理工类排名 97/365。

共 66 个专业参评，其中 5★+专业 0 个，5★专业 0 个，5★-专业 4 个，4★专业 9 个，3★专业 35 个。

在中国普通高校研究生教育竞争力排行榜中的名次：总排名 245/596，山东省内排名 13/31，理工类排名 95/182。

共 15 个一级学科(学术学位)参评，其中 5★+学科 0 个，5★学科 0 个，5★-学科 0 个，4★学科 1 个，学科优秀率为 6.67%。

一级学科排名

应用经济学 96/262、马克思主义理论 323/358、数学 123/262、化学 96/228、生物学 123/239、机械工程 107/220、材料科学与工程 129/219、控制科学与工程 71/184、计算机科学与技术 221/263、化学工程与技术 74/178、轻工技术与工程 14/19、环境科学与工程 110/193、食品科学与工程 44/99、工商管理 84/306、设计学 31/161。

本科优势专业排名

5★专业：物联网工程 16/481、生物工程 12/239、视觉传达设计 11/702、产品设计 16/390。

4★专业：应用统计学 24/183、无机非金属材料工程 12/75、电子信息工程 111/633、食品科学与工程 39/278、酿酒工程 4/24、市场营销 84/586、环境设计 77/701、服装与服饰设计 40/208、数字媒体艺术 44/319。

11066 烟台大学

在中国本科院校竞争力排行榜中的名次 239，山东省内排名 15/67，综合类排名 54/270。

共 58 个专业参评，其中 5★+专业 0 个，5★专业 3 个，5★-专业 1 个，4★专业 9 个，3★专业 30 个。

在中国普通高校研究生教育竞争力排行榜中的名次：总排名 257/596，山东省内排名 16/31，综合类排名 56/93。

共 22 个一级学科(学术学位)参评。

一级学科排名

法学 74/206、民族学 37/38、马克思主义理论 311/358、中国语言文学 114/183、外国语言文学 131/232、数学 202/262、物理学 132/197、化学 114/228、海洋科学 27/29、生物学 181/239、机械工程 134/220、材料科学与工程 138/219、电子科学与技术 92/120、计算机科学与技术 217/263、建筑学 57/70、土木工程 93/159、化学工程与技术 130/178、环境科学与工程 142/193、食品科学与工程 97/99、生物工程 16/22、药学 30/142、工商管理 175/306。

本科优势专业排名

5★专业：知识产权 4/92。

5★-专业：生物工程 17/239、法学 50/583、电子信息科学与技术 14/164。

4★专业：投资学 23/127、英语 181/928、机械设计制造及其自动化 102/513、计算机科学与技术 130/922、软件工程 93/595、物联网工程 51/481、土木工程 98/525、建筑学 52/291、药学 32/240。

10430 山东建筑大学

在中国本科院校竞争力排行榜中的名次 262，

山东省内排名 16/67，理工类排名 108/365。

共 60 个专业参评，其中 5★+专业 1 个，5★专业 5 个，5★-专业 0 个，4★专业 7 个，3★专业 28 个。

在中国普通高校研究生教育竞争力排行榜中的名次：总排名 351/596，山东省内排名 21/31，理工类排名 136/182。

共 16 个一级学科(学术学位)参评。

一级学科排名

马克思主义理论 298/358、物理学 175/197、机械工程 152/220、材料科学与工程 184/219、动力工程及工程热物理 75/104、控制科学与工程 143/184、计算机科学与技术 259/263、建筑学 19/70、土木工程 101/159、测绘科学与技术 48/52、交通运输工程 50/64、环境科学与工程 146/193、城乡规划学 45/60、风景园林学 54/56、工商管理 239/306、美术学 100/115。

本科优势专业排名

5★+专业：工程造价 2/254。

5★-专业：建筑学 16/291、城乡规划 14/203、工程管理 31/388、城市地下空间工程 6/73、道路桥梁与渡河工程 7/77。

4★专业：土木工程 65/525、建筑环境与能源应用工程 19/165、给排水科学与工程 20/159、测绘工程 28/143、风景园林 28/185、财务管理 115/680、美术学 58/332。

10435 青岛农业大学

在中国本科院校竞争力排行榜中的名次 285，山东省内排名 17/67，农林类排名 26/47。

共 65 个专业参评，其中 5★+专业 0 个，5★专业 3 个，5★-专业 0 个，4★专业 6 个，3★专业 27 个。

在中国普通高校研究生教育竞争力排行榜中的名次：总排名 264/596，山东省内排名 17/31，农林类排名 27/38。

共 14 个一级学科(学术学位)参评。

一级学科排名

生物学 147/239、化学工程与技术 109/178、农业工程 30/44、食品科学与工程 58/99、风景园林学 31/56、作物学 41/51、园艺学 26/44、农业资源与环境 34/40、植物保护 27/45、畜牧学 42/55、兽医学 31/43、水产 19/28、草学 18/25、农林经济管理 46/51。

本科优势专业排名

5★-专业：食品质量与安全 15/236、园林 13/126、动画 20/256。

4★专业：应用化学 58/373、食品科学与工程 46/278、风景园林 34/185、视觉传达设计 91/702、经济与金融 15/78、智慧农业 5/26。

10451 鲁东大学

在中国本科院校竞争力排行榜中的名次 291，山东省内排名 18/67，师范类排名 32/175。

共 61 个专业参评，其中 5★+专业 0 个，5★专业 2 个，5★-专业 0 个，4★专业 6 个，3★专业 31 个。

在中国普通高校研究生教育竞争力排行榜中的名次：总排名 333/596，山东省内排名 20/31，师范类排名 35/77。

共 18 个一级学科(学术学位)参评。

一级学科排名

马克思主义理论 218/358、教育学 39/139、体育学 91/106、中国语言文学 128/183、外国语言文学 185/232、中国史 94/114、世界史 53/67、数学 236/262、物理学 148/197、化学 172/228、地理学 61/84、生物学 231/239、生态学 99/109、材料科学与工程 153/219、计算机科学与技术 135/263、水利工程 52/64、园艺学 36/44、水产 28/28。

本科优势专业排名

5★-专业：小学教育 19/301、英语 82/928。

4★专业：学前教育 74/418、体育教育 40/323、汉语言文学 86/615、地理科学 33/170、物流工程 16/102、旅游管理 65/424。

10447 聊城大学

在中国本科院校竞争力排行榜中的名次 292，山东省内排名 19/67，师范类排名 33/175。

共 75 个专业参评，其中 5★+专业 0 个，5★专业 2 个，5★-专业 0 个，4★专业 9 个，3★专业 38 个。

在中国普通高校研究生教育竞争力排行榜中的名次：总排名 267/596，山东省内排名 18/31，师范类排名 27/77。

共 25 个一级学科(学术学位)参评。

一级学科排名

应用经济学 160/262、政治学 51/80、马克思主义理论 278/358、教育学 59/139、心理学 69/102、体育学 102/106、中国语言文学 118/183、外国语言文学 137/232、中国史 91/114、世界史 49/67、数学 190/262、物理学 111/197、化学 163/228、地理学 77/84、生物学 175/239、系统科学 18/25、光学工程 42/92、材料科学与工程 139/219、信息与通信工程 135/182、化学工程与技术 166/178、软件工程 119/146、生物工程 15/22、作物学 51/51、音乐与舞蹈学 72/82、美术学 81/115。

本科优势专业排名

5★-专业：小学教育 25/301、通信工程 41/490。

4★专业：思想政治教育 56/292、学前教育 64/418、汉语言文学 85/615、英语 146/928、生物工程 43/239、音乐学 54/394、舞蹈学 29/202、广播电视编导 44/224、美术学 38/332。

10441 山东中医药大学

在中国本科院校竞争力排行榜中的名次 345，山东省内排名 20/67，医药类排名 29/108。

共 34 个专业参评，其中 5★+专业 0 个，5★专业 1 个，5★-专业 0 个，4★专业 7 个，3★专业 16 个。

在中国普通高校研究生教育竞争力排行榜中的名次：总排名 235/596，山东省内排名 12/31，医药类排名 29/76。

共 8 个一级学科(学术学位)参评。

一级学科排名

马克思主义理论 339/358、心理学 81/102、临床医学 61/110、中医学 10/42、中西医结合 14/61、药学 66/142、中药学 31/50、护理学 41/70。

本科优势专业排名

5★-专业：中医学 5/64。

4★专业：应用心理学 40/248、中药学 20/115、康复治疗学 26/177、运动康复 12/79、数据科学与大数据技术 106/680、中西医临床医学 10/50、中草药栽培与鉴定 3/17。

10452 临沂大学

在中国本科院校竞争力排行榜中的名次 396，山东省内排名 21/67，综合类排名 70/270。

共 73 个专业参评，其中 5★+专业 0 个，5★专业 2 个，5★-专业 0 个，4★专业 6 个，3★专业 29 个。

在中国普通高校研究生教育竞争力排行榜中的名次：总排名 437/596，山东省内排名 24/31，综合类排名 76/93。

共 1 个一级学科(学术学位)参评。

一级学科排名

化学 106/228。

本科优势专业排名

5★-专业：小学教育 22/301、物流管理 33/434。

4★专业：制药工程 33/252、音乐学 70/394、舞蹈表演 26/145、广播电视编导 41/224、视觉传达设计 82/702、书法学 18/125。

11688 山东工商学院

在中国本科院校竞争力排行榜中的名次 403，山东省内排名 22/67，财经类排名 29/109。

共 54 个专业参评，其中 5★+专业 0 个，5★专业 1 个，5★-专业 0 个，4★专业 6 个，3★专业 24 个。

在中国普通高校研究生教育竞争力排行榜中的名次：总排名 488/596，山东省内排名 26/31，财经类排名 34/39。

共 4 个一级学科(学术学位)参评。

一级学科排名

应用经济学 114/262、计算机科学与技术 215/263、工商管理 136/306、公共管理 182/209。

本科优势专业排名

5★-专业：应用统计学 16/183。

4★专业：国际经济与贸易 77/670、计算机科学与技术 183/922、审计学 34/191、资产评估 14/69、工业工程 24/139、工商管理 105/537。

10908 山东工艺美术学院

在中国本科院校竞争力排行榜中的名次 405，山东省内排名 23/67，艺术类排名 18/48。

共 30 个专业参评，其中 5★+专业 1 个，5★专业 4 个，5★-专业 4 个，4★专业 3 个，3★专业 3 个。

在中国普通高校研究生教育竞争力排行榜中的名次：总排名 571/596，山东省内排名 30/31，艺术类排名 31/33。

共 3 个一级学科(学术学位)参评。

一级学科排名

艺术学理论 39/70、美术学 54/115、设计学 75/161。

本科优势专业排名

5★+专业：视觉传达设计 4/702。

5★专业：文化产业管理 6/135、产品设计 5/390、工艺美术 2/92、艺术与科技 3/69。

5★-专业：美术学 31/332、艺术设计学 3/47、环境设计 36/701、服装与服饰设计 11/208。

4★专业：工业设计 26/209、绘画 24/164、数字媒体艺术 43/319。

10439 山东第一医科大学

在中国本科院校竞争力排行榜中的名次 407，山东省内排名 24/67，医药类排名 41/108。

共 37 个专业参评，其中 5★+专业 0 个，5★专业 1 个，5★-专业 0 个，4★专业 2 个，3★专业 14 个。

在中国普通高校研究生教育竞争力排行榜中的名次：总排名 307/596，山东省内排名 19/31，医药类排名 38/76。

共 7 个一级学科(学术学位)参评。

一级学科排名

生物学 212/239、基础医学 62/108、临床医学 70/110、公共卫生与预防医学 59/74、中西医结合 60/61、药学 53/142、护理学 51/70。

本科优势专业排名

5★-专业：医学影像技术 6/100。

4★专业：护理学 49/290、助产学 11/71。

10458 山东艺术学院

在中国本科院校竞争力排行榜中的名次 437，山东省内排名 25/67，艺术类排名 22/48。

共 29 个专业参评，其中 5★+专业 0 个，5★专业 5 个，5★-专业 4 个，4★专业 3 个，3★专业 6 个。

在中国普通高校研究生教育竞争力排行榜中的名次：总排名 503/596，山东省内排名 28/31，艺术类排名 18/33。

本科优势专业排名

5★专业：舞蹈表演 7/145、环境设计 34/701、数字媒体艺术 16/319、书法学 6/125。

5★-专业：音乐表演 20/237、音乐学 26/394、绘画 10/164、视觉传达设计 56/702、工艺美术 7/92。

4★专业：广播电视编导 25/224、戏剧影视美术设计 6/49、美术学 44/332。

11510 山东交通学院

在中国本科院校竞争力排行榜中的名次 479，山东省内排名 26/67，理工类排名 170/365。

共 52 个专业参评，其中 5★+专业 0 个，5★专业 1 个，5★-专业 0 个，4★专业 0 个，3★专业 11 个。

在中国普通高校研究生教育竞争力排行榜中的名次：总排名 497/596，山东省内排名 27/31，理工类排名 165/182。

共 1 个一级学科(学术学位)参评。

一级学科排名

交通运输工程 64/64。

本科优势专业排名

5★-专业：物流工程 9/102。

10438 潍坊医学院

在中国本科院校竞争力排行榜中的名次 482，山东省内排名 27/67，医药类排名 50/108。

共 31 个专业参评，其中 5★+专业 0 个，5★专业 0 个，5★-专业 0 个，4★专业 3 个，3★专业 16 个。

在中国普通高校研究生教育竞争力排行榜中

的名次：总排名 353/596，山东省内排名 22/31，医药类排名 47/76。

共 10 个一级学科(学术学位)参评。

一级学科排名

心理学 97/102、生物学 154/239、基础医学 70/108、临床医学 63/110、口腔医学 40/47、公共卫生与预防医学 41/74、中西医结合 44/61、药学 74/142、护理学 63/70、公共管理 178/209。

本科优势专业排名

4★专业：应用心理学 43/248、公共事业管理 42/252、运动康复 13/79。

10440 滨州医学院

在中国本科院校竞争力排行榜中的名次 499，山东省内排名 28/67，医药类排名 52/108。

共 28 个专业参评，其中 5★+专业 0 个，5★专业 1 个，5★-专业 0 个，4★专业 3 个，3★专业 11 个。

在中国普通高校研究生教育竞争力排行榜中的名次：总排名 356/596，山东省内排名 23/31，医药类排名 49/76。

共 7 个一级学科(学术学位)参评。

一级学科排名

生物学 176/239、基础医学 65/108、临床医学 73/110、口腔医学 34/47、中西医结合 36/61、医学技术 13/35、护理学 39/70。

本科优势专业排名

5★-专业：康复治疗学 16/177。

4★专业：医学影像技术 18/100、眼视光学 5/29、护理学 36/290。

10448 德州学院

在中国本科院校竞争力排行榜中的名次 554，山东省内排名 29/67，综合类排名 92/270。

共 50 个专业参评，其中 5★+专业 0 个，5★专业 1 个，5★-专业 0 个，4★专业 4 个，3★专业 8 个。

本科优势专业排名

5★-专业：环境设计 56/701。

4★专业：服装设计与工程 8/56、视觉传达设计 124/702、服装与服饰设计 41/208、数据科学与大数据技术 86/680。

12331 山东女子学院

在中国本科院校竞争力排行榜中的名次 572，山东省内排名 30/67，文法类排名 24/68。

共 43 个专业参评，其中 5★+专业 0 个，5★专业 1 个，5★-专业 1 个，4★专业 1 个，3★专业 8 个。

本科优势专业排名

5★专业：养老服务管理 1/19。

5★-专业：学前教育 36/418。

4★专业：视觉传达设计 96/702。

10449 滨州学院

在中国本科院校竞争力排行榜中的名次 575，山东省内排名 31/67，综合类排名 96/270。

共 51 个专业参评，其中 5★+专业 0 个，5★专业 0 个，5★-专业 1 个，4★专业 1 个，3★专业 10 个。

本科优势专业排名

5★专业：航空服务艺术与管理 3/63。

4★专业：舞蹈学 30/202。

10443 济宁医学院

在中国本科院校竞争力排行榜中的名次 577，山东省内排名 32/67，医药类排名 63/108。

共 31 个专业参评，其中 5★+专业 0 个，5★专业 1 个，5★-专业 0 个，4★专业 0 个，3★专业 8 个。

在中国普通高校研究生教育竞争力排行榜中的名次：总排名 471/596，山东省内排名 25/31，医药类排名 68/76。

本科优势专业排名

5★-专业：精神医学 4/35。

10457 山东体育学院

在中国本科院校竞争力排行榜中的名次 593，

山东省内排名 33/67，体育类排名 11/16。

共 16 个专业参评，其中 5★+专业 0 个，5★专业 1 个，5★-专业 2 个，4★专业 4 个，3★专业 0 个。

在中国普通高校研究生教育竞争力排行榜中的名次：总排名 545/596，山东省内排名 29/31，体育类排名 11/13。

共 1 个一级学科(学术学位)参评。

一级学科排名

体育学 44/106。

本科优势专业排名

5★专业：社会体育指导与管理 5/231、休闲体育 3/89。

5★-专业：运动训练 5/53。

4★专业：体育教育 64/323、舞蹈表演 23/145、武术与民族传统体育 7/39、体育经济与管理 5/26。

11067 潍坊学院

在中国本科院校竞争力排行榜中的名次 613，山东省内排名 34/67，综合类排名 110/270。

共 62 个专业参评，其中 5★+专业 0 个，5★专业 1 个，5★-专业 0 个，4★专业 1 个，3★专业 19 个。

本科优势专业排名

5★-专业：舞蹈学 13/202。

4★专业：小学教育 59/301。

10453 泰山学院

在中国本科院校竞争力排行榜中的名次 614，山东省内排名 35/67，综合类排名 111/270。

共 49 个专业参评，其中 5★+专业 0 个，5★专业 0 个，5★-专业 0 个，4★专业 2 个，3★专业 9 个。

本科优势专业排名

4★专业：电子信息科学与技术 21/164、旅游管理 70/424。

14277 山东青年政治学院

在中国本科院校竞争力排行榜中的名次 665，山东省内排名 36/67，文法类排名 29/68。

共 33 个专业参评，其中 5★+专业 0 个，5★专业 0 个，5★-专业 2 个，4★专业 2 个，3★专业 5 个。

本科优势专业排名

5★专业：舞蹈编导 3/73、播音与主持艺术 7/219。

4★专业：社会工作 27/251、广播电视学 19/152。

11324 山东警察学院

在中国本科院校竞争力排行榜中的名次 685，山东省内排名 37/67，文法类排名 33/68。

共 6 个专业参评，其中 5★+专业 0 个，5★专业 1 个，5★-专业 0 个，4★专业 1 个，3★专业 4 个。

本科优势专业排名

5★-专业：治安学 2/24。

4★专业：经济犯罪侦查 3/17。

10455 菏泽学院

在中国本科院校竞争力排行榜中的名次 689，山东省内排名 38/67，综合类排名 127/270。

共 54 个专业参评，其中 5★+专业 0 个，5★专业 0 个，5★-专业 0 个，4★专业 1 个，3★专业 8 个。

本科优势专业排名

4★专业：环境设计 90/701。

10904 枣庄学院

在中国本科院校竞争力排行榜中的名次 724，山东省内排名 41/67，综合类排名 132/270。

共 56 个专业参评，其中 5★+专业 0 个，5★专业 0 个，5★-专业 0 个，4★专业 1 个，3★专业 3 个。

本科优势专业排名

4★专业：网络工程 52/276。

10454 济宁学院

在中国本科院校竞争力排行榜中的名次 741，山东省内排名 42/67，师范类排名 123/175。

共 48 个专业参评，其中 5★+专业 0 个，5★专业 0 个，5★-专业 0 个，4★专业 1 个，3★专业 6 个。

本科优势专业排名

4★专业：商务英语 47/362。

14439 山东农业工程学院

在中国本科院校竞争力排行榜中的名次 746，山东省内排名 43/67，农林类排名 40/47。

共 30 个专业参评，其中 5★+专业 0 个，5★专业 0 个，5★-专业 0 个，4★专业 3 个，3★专业 8 个。

本科优势专业排名

4★专业：物联网工程 96/481、工程造价 33/254、视觉传达设计 119/702。

14100 山东政法学院

在中国本科院校竞争力排行榜中的名次 773，山东省内排名 45/67，文法类排名 42/68。

共 18 个专业参评，其中 5★+专业 0 个，5★专业 0 个，5★-专业 0 个，4★专业 1 个，3★专业 5 个。

在中国普通高校研究生教育竞争力排行榜中的名次：总排名 585/596，山东省内排名 31/31，文法类排名 27/32。

本科优势专业排名

4★专业：法学 101/583。

14438 山东管理学院

在中国本科院校竞争力排行榜中的名次 786，山东省内排名 47/67，综合类排名 150/270。

共 28 个专业参评，其中 5★+专业 0 个，5★专业 0 个，5★-专业 1 个，4★专业 2 个，3★专业 6 个。

本科优势专业排名

5★专业：财务管理 25/680。

4★专业：市场营销 100/586、审计学 35/191。

14276 齐鲁师范学院

在中国本科院校竞争力排行榜中的名次 812，山东省内排名 48/67，师范类排名 137/175。

共 40 个专业参评，其中 5★+专业 0 个，5★专业 0 个，5★-专业 0 个，4★专业 0 个，3★专业 9 个。

13386 山东石油化工学院

在中国本科院校竞争力排行榜中的名次 988，山东省内排名 56/67，理工类排名 287/365。

共 25 个专业参评，其中 5★+专业 0 个，5★专业 0 个，5★-专业 0 个，4★专业 0 个，3★专业 0 个。

民办院校

13624 泰山科技学院

在中国民办院校竞争力排行榜中的名次 19，山东省内排名 39/67，综合类排名 130/270。

共 23 个专业参评，其中 5★+专业 0 个，5★专业 0 个，5★-专业 0 个，4★专业 0 个，3★专业 1 个。

12843 潍坊科技学院

在中国民办院校竞争力排行榜中的名次 24，山东省内排名 40/67，理工类排名 218/365。

共 43 个专业参评，其中 5★+专业 0 个，5★专业 0 个，5★-专业 0 个，4★专业 2 个，3★专业 8 个。

本科优势专业排名

4★专业：艺术教育 6/29、财务管理 104/680。

12332 烟台南山学院

在中国民办院校竞争力排行榜中的名次 35，

山东省内排名 44/67，综合类排名 140/270。

共 50 个专业参评，其中 5★+专业 0 个，5★专业 0 个，5★-专业 0 个，4★专业 1 个，3★专业 6 个。

本科优势专业排名

4★专业：环境设计 112/701。

13320 青岛黄海学院

在中国民办院校竞争力排行榜中的名次 45，山东省内排名 46/67，综合类排名 148/270。

共 31 个专业参评，其中 5★+专业 0 个，5★专业 0 个，5★-专业 0 个，4★专业 1 个，3★专业 12 个。

本科优势专业排名

4★专业：工程造价 42/254。

10868 青岛滨海学院

在中国民办院校竞争力排行榜中的名次 63，山东省内排名 49/67，综合类排名 161/270。

共 46 个专业参评，其中 5★+专业 0 个，5★专业 0 个，5★-专业 0 个，4★专业 0 个，3★专业 3 个。

13006 山东英才学院

在中国民办院校竞争力排行榜中的名次 66，山东省内排名 50/67，综合类排名 163/270。

共 31 个专业参评，其中 5★+专业 0 个，5★专业 0 个，5★-专业 0 个，4★专业 3 个，3★专业 3 个。

本科优势专业排名

4★专业：学前教育 58/418、工程造价 45/254、财务管理 131/680。

13322 山东现代学院

在中国民办院校竞争力排行榜中的名次 75，山东省内排名 51/67，综合类排名 168/270。

共 22 个专业参评，其中 5★+专业 0 个，5★专业 0 个，5★-专业 0 个，4★专业 0 个，3★专业 5 个。

13324 山东协和学院

在中国民办院校竞争力排行榜中的名次 91，山东省内排名 52/67，医药类排名 84/108。

共 37 个专业参评，其中 5★+专业 0 个，5★专业 0 个，5★-专业 0 个，4★专业 1 个，3★专业 7 个。

本科优势专业排名

4★专业：工程造价 47/254。

10825 齐鲁医药学院

在中国民办院校竞争力排行榜中的名次 121，山东省内排名 53/67，医药类排名 86/108。

共 23 个专业参评，其中 5★+专业 0 个，5★专业 0 个，5★-专业 0 个，4★专业 0 个，3★专业 1 个。

13378 青岛城市学院

在中国民办院校竞争力排行榜中的名次 140，山东省内排名 54/67，理工类排名 284/365。

共 32 个专业参评，其中 5★+专业 0 个，5★专业 0 个，5★-专业 0 个，4★专业 0 个，3★专业 4 个。

13998 齐鲁理工学院

在中国民办院校竞争力排行榜中的名次 141，山东省内排名 55/67，综合类排名 201/270。

共 40 个专业参评，其中 5★+专业 0 个，5★专业 0 个，5★-专业 0 个，4★专业 0 个，3★专业 5 个。

13857 山东华宇工学院

在中国民办院校竞争力排行榜中的名次 148，山东省内排名 57/67，理工类排名 291/365。

共 29 个专业参评，其中 5★+专业 0 个，5★专业 0 个，5★-专业 0 个，4★专业 0 个，3★专业 7 个。

14002 烟台科技学院

在中国民办院校竞争力排行榜中的名次 178，山东省内排名 58/67，综合类排名 225/270。

共 23 个专业参评，其中 5★+专业 0 个，5★专业 0 个，5★-专业 0 个，4★专业 0 个，3★专业 2 个。

13359 烟台理工学院

在中国民办院校竞争力排行榜中的名次 192，山东省内排名 61/67，综合类排名 245/270。

共 38 个专业参评，其中 5★+专业 0 个，5★专业 0 个，5★-专业 0 个，4★专业 0 个，3★专业 1 个。

13995 青岛工学院

在中国民办院校竞争力排行榜中的名次 194，山东省内排名 62/67，理工类排名 330/365。

共 37 个专业参评，其中 5★+专业 0 个，5★专业 0 个，5★-专业 0 个，4★专业 0 个，3★专业 2 个。

13015 青岛恒星科技学院

在中国民办院校竞争力排行榜中的名次 203，山东省内排名 63/67，综合类排名 252/270。

共 39 个专业参评，其中 5★+专业 0 个，5★专业 0 个，5★-专业 0 个，4★专业 0 个，3★专业 3 个。

14327 青岛电影学院

在中国民办院校竞争力排行榜中的名次 218，山东省内排名 65/67，艺术类排名 48/48。

共 17 个专业参评，其中 5★+专业 0 个，5★专业 0 个，5★-专业 0 个，4★专业 0 个，3★专业 2 个。

13379 潍坊理工学院

在中国民办院校竞争力排行榜中的名次 222，山东省内排名 66/67，综合类排名 269/270。

共 40 个专业参评，其中 5★+专业 0 个，5★专业 0 个，5★-专业 0 个，4★专业 0 个，3★专业 4 个。

广东省

一流大学

10558 中山大学

在中国本科院校竞争力排行榜中的名次 9，广东省内排名 1/61，综合类排名 5/270。

共 83 个专业参评，其中 5★+专业 3 个，5★专业 8 个，5★-专业 29 个，4★专业 19 个，3★专业 15 个。

在中国普通高校研究生教育竞争力排行榜中的名次：总排名 7/596，广东省内排名 1/27，综合类排名 5/93。

共 60 个一级学科(学术学位)参评，其中 5★+学科 3 个，5★学科 10 个，5★-学科 11 个，4★学科 11 个，学科优秀率为 58.33%。

一级学科排名

哲学 2/133、理论经济学 15/111、应用经济学 18/262、法学 17/206、政治学 18/80、社会学 6/88、民族学 22/38、马克思主义理论 9/358、心理学 26/102、体育学 63/106、中国语言文学 19/183、外国语言文学 26/232、新闻传播学 24/116、考古学 16/40、中国史 7/114、世界史 7/67、数学 2/262、物理学 20/197、化学 18/228、天文学 12/20、地理学 7/84、大气科学 9/19、海洋科学 11/29、地球物理学 10/21、地质学 12/36、生物学 9/239、生态学 3/109、统计学 14/121、力学 24/95、光学工程 28/92、材料科学与工程 23/219、电子科学与技术 5/120、信息与通信工程 29/182、控制科学与工程 74/184、计算机科学与技术 27/263、土木工程 76/159、水利工程 16/64、化学工程与技术 24/178、交通运输工程 28/64、航空宇航科学与技术 25/29、核科学与技术 12/17、环境科学与工程 31/193、生物医学工程 22/74、城乡规划学 27/60、软件工程 20/146、网络空间安全 22/70、植物保护 11/45、基础医学 1/108、临床医学 3/110、口腔医学 5/47、公共卫生与预防医学 4/74、中西医结合 13/61、药学 4/142、特种医学 4/14、医学技术 1/35、护理学 5/70、管理科学与工程 24/202、工商管理 3/306、公共管理 10/209、图书情报与档案管理 4/50。

本科优势专业排名

5★+专业：行政管理 3/290、临床医学 2/194、旅游管理 4/424。

5★专业：汉语言文学 7/615、英语 35/928、新闻学 15/310、历史学 10/246、数学与应用数学 13/514、信息与计算科学 10/303、物理学 6/282、化学 6/304、人文地理与城乡规划 2/108、地理信息科学 7/166、生物科学 5/280、生物技术 6/285、生态学 3/80、高分子材料与工程 3/184、光电信息科学与工程 6/213、计算机科学与技术 29/922、软件工程 28/595、药学 3/240、护理学 8/290、信息管理与信息系统 4/343、会展经济与管理 2/101、金融学 8/387、法学 22/583、电子信息科学与技术 7/164、智能科学与技术 8/175、口腔医学 4/116、预防医学 2/121、工商管理 9/537、会计学 17/653。

5★-专业：哲学 6/73、政治学与行政学 7/82、社会学 5/89、日语 35/450、传播学 7/69、环境工程 33/345、环境科学 12/173、基础医学 3/33。

4★专业：经济学 55/348、国际政治 7/36、地理科学 29/170、自然地理与资源环境 6/49、海洋科学 4/33、统计学 34/205、材料化学 16/125、通信工程 66/490、微电子科学与工程 13/107、遥感科学与技术 8/56、化学工程与工艺 35/325、生物医学工程 14/119、城乡规划 21/203、公共事业管理 32/252、图书馆学 4/18、档案学 6/34、人工智能 43/411、网络空间安全 11/100、法医学 5/31。

10561 华南理工大学

在中国本科院校竞争力排行榜中的名次 24，广东省内排名 2/61，理工类排名 14/365。

共 83 个专业参评，其中 5★+专业 5 个，5★专业 11 个，5★-专业 28 个，4★专业 24 个，3★专业 11 个。

在中国普通高校研究生教育竞争力排行榜中的名次：总排名 24/596，广东省内排名 2/27，理工类排名 13/182。

共 38 个一级学科(学术学位)参评，其中 5★+学科 0 个，5★学科 3 个，5★-学科 8 个，4★学科 11 个，学科优秀率为 57.89%。

一级学科排名

应用经济学 30/262、法学 44/206、马克思主义理论 40/358、体育学 31/106、外国语言文学 55/

232、新闻传播学 35/116、数学 40/262、物理学 31/197、化学 15/228、生物学 59/239、力学 30/95、机械工程 22/220、材料科学与工程 15/219、动力工程及工程热物理 28/104、电气工程 15/109、电子科学与技术 22/120、信息与通信工程 15/182、控制科学与工程 26/184、计算机科学与技术 36/263、建筑学 6/70、土木工程 19/159、化学工程与技术 9/178、轻工技术与工程 1/19、交通运输工程 17/64、船舶与海洋工程 11/24、环境科学与工程 11/193、生物医学工程 32/74、食品科学与工程 3/99、城乡规划学 8/60、风景园林学 19/56、软件工程 38/146、安全科学与工程 32/61、临床医学 79/110、管理科学与工程 11/202、工商管理 25/306、公共管理 31/209、音乐与舞蹈学 19/82、设计学 33/161。

本科优势专业排名

5★+专业：商务英语 1/362、应用化学 2/373、机械电子工程 2/297、高分子材料与工程 2/184、行政管理 1/290。

5★专业：数学与应用数学 15/514、应用物理学 6/151、生物技术 13/285、工业设计 7/209、材料科学与工程 5/229、电气工程及其自动化 10/569、信息工程 2/55、计算机科学与技术 12/922、软件工程 13/595、土木工程 20/525、化学工程与工艺 10/325、轻化工程 1/41、食品科学与工程 6/278、食品质量与安全 10/236、建筑学 7/291、城乡规划 4/203、风景园林 3/185、生物工程 9/239、会展经济与管理 3/101、环境设计 26/701、知识产权 5/92、智能制造工程 10/252、机器人工程 14/307、智能科学与技术 5/175、能源化学工程 2/60、生物制药 5/113、工商管理 13/537、旅游管理 14/424。

5★-专业：广告学 16/254、自动化 30/437、网络工程 15/276、环境科学与工程 4/48、环境工程 20/345、市场营销 43/586、人力资源管理 39/414、物流工程 8/102、产品设计 31/390、法学 54/583、功能材料 3/46。

4★专业：国际经济与贸易 108/670、传播学 8/69、信息与计算科学 60/303、机械工程 15/120、材料成型及控制工程 37/221、过程装备与控制工程 17/91、车辆工程 50/254、能源与动力工程 21/188、微电子科学与工程 15/107、光电信息科学与工程 23/213、制药工程 50/252、交通运输 18/107、交通工程 12/106、生物医学工程 20/119、工程管理 45/388、财务管理 70/680、电子商务 49/451、服装与服饰设计 33/208、运动训练 9/53、集成电路设计与集成系统 13/70、人工智能 42/411、数据科学与大数据技术 110/680、智能建造 9/65、会计学 125/653。

一般大学

10559 暨南大学

在中国本科院校竞争力排行榜中的名次 48，广东省内排名 3/61，综合类排名 19/270。

共 81 个专业参评，其中 5★+专业 2 个，5★专业 12 个，5★-专业 15 个，4★专业 11 个，3★专业 32 个。

在中国普通高校研究生教育竞争力排行榜中的名次：总排名 55/596，广东省内排名 3/27，综合类排名 19/93。

共 41 个一级学科(学术学位)参评，其中 5★+学科 0 个，5★学科 1 个，5★-学科 4 个，4★学科 5 个，学科优秀率为 24.39%。

一级学科排名

哲学 108/133、理论经济学 28/111、应用经济学 22/262、法学 53/206、政治学 20/80、社会学 60/88、马克思主义理论 149/358、心理学 54/102、中国语言文学 16/183、外国语言文学 84/232、新闻传播学 10/116、中国史 17/114、世界史 34/67、数学 106/262、物理学 108/197、化学 65/228、生物学 33/239、生态学 34/109、统计学 103/121、力学 54/95、光学工程 16/92、材料科学与工程 122/219、电子科学与技术 115/120、信息与通信工程 131/182、计算机科学与技术 85/263、土木工程 147/159、环境科学与工程 39/193、生物医学工程 12/74、食品科学与工程 64/99、网络空间安全 25/70、基础医学 45/108、临床医学 53/110、公共卫生与预防医学 47/74、中医学 40/42、中西医结合 28/61、药学 9/142、护理学 70/70、管理科学与工程 85/202、工商管理 14/306、公共管理 77/209、艺术学理论 30/70。

本科优势专业排名

5★+专业：新闻学 2/310、国际商务 1/126。

5★专业：经济学 16/348、经济统计学 7/134、国际经济与贸易 28/670、汉语言文学 18/615、汉语国际教育 9/320、广播电视学 6/152、广告学 7/254、药学 11/240、市场营销 19/586、财务管理

16/680、网络与新媒体 7/316、网络空间安全 5/100、工商管理 26/537、会计学 20/653、旅游管理 8/424。

5★-专业：英语 73/928、商务英语 20/362、历史学 17/246、应用化学 29/373、光电信息科学与工程 20/213、计算机科学与技术 83/922、包装工程 4/37、行政管理 27/290、金融学 25/387、法学 47/583、国际事务与国际关系 2/16、生物制药 11/113。

4★专业：国际政治 5/36、翻译 32/261、生物科学 33/280、生物技术 32/285、物联网工程 56/481、环境科学与工程 7/48、文化产业管理 18/135、电子商务 69/451、戏剧影视导演 5/31、知识产权 11/92、临床医学 36/194。

10574 华南师范大学

在中国本科院校竞争力排行榜中的名次 53，广东省内排名 4/61，师范类排名 3/175。

共 83 个专业参评，其中 5★+专业 0 个，5★专业 14 个，5★-专业 10 个，4★专业 25 个，3★专业 28 个。

在中国普通高校研究生教育竞争力排行榜中的名次：总排名 61/596，广东省内排名 5/27，师范类排名 4/77。

共 33 个一级学科(学术学位)参评，其中 5★+学科 0 个，5★学科 3 个，5★-学科 3 个，4★学科 4 个，学科优秀率为 30.3%。

一级学科排名

哲学 34/133、理论经济学 84/111、应用经济学 81/262、法学 84/206、政治学 38/80、马克思主义理论 22/358、教育学 11/139、心理学 4/102、体育学 5/106、中国语言文学 47/183、外国语言文学 54/232、新闻传播学 38/116、中国史 38/114、世界史 22/67、数学 35/262、物理学 7/197、化学 35/228、地理学 14/84、生物学 44/239、生态学 39/109、光学工程 54/92、材料科学与工程 143/219、电子科学与技术 32/120、计算机科学与技术 141/263、环境科学与工程 95/193、软件工程 34/146、水产 15/28、药学 79/142、工商管理 76/306、公共管理 46/209、图书情报与档案管理 27/50、音乐与舞蹈学 8/82、美术学 33/115。

本科优势专业排名

5★专业：思想政治教育 9/292、教育学 4/82、教育技术学 3/130、小学教育 9/301、体育教育 10/323、社会体育指导与管理 3/231、汉语言文学 29/615、英语 30/928、心理学 2/72、应用心理学 6/248。

5★-专业：数学与应用数学 45/514、物理学 22/282、化学 19/304、地理科学 13/170、人文地理与城乡规划 8/108、软件工程 58/595、文化产业管理 10/135、公共事业管理 21/252、会展经济与管理 9/101、音乐表演 15/237、舞蹈学 19/202、网络与新媒体 29/316、电子信息科学与技术 16/164、人工智能 22/411。

4★专业：经济学 45/348、学前教育 48/418、日语 63/450、翻译 39/261、历史学 30/246、自然地理与资源环境 7/49、地理信息科学 32/166、生物科学 35/280、生物技术 35/285、材料化学 22/125、光电信息科学与工程 25/213、计算机科学与技术 95/922、网络工程 43/276、财务管理 89/680、人力资源管理 68/414、行政管理 46/290、物流管理 61/434、电子商务 73/451、酒店管理 23/180、音乐学 48/394、美术学 45/332、金融科技 16/78、法学 86/583、会计学 72/653、旅游管理 45/424。

10564 华南农业大学

在中国本科院校竞争力排行榜中的名次 58，广东省内排名 5/61，农林类排名 3/47。

共 87 个专业参评，其中 5★+专业 0 个，5★专业 13 个，5★-专业 4 个，4★专业 15 个，3★专业 43 个。

在中国普通高校研究生教育竞争力排行榜中的名次：总排名 57/596，广东省内排名 4/27，农林类排名 4/38。

共 29 个一级学科(学术学位)参评，其中 5★+学科 0 个，5★学科 0 个，5★-学科 1 个，4★学科 6 个，学科优秀率为 24.14%。

一级学科排名

应用经济学 86/262、马克思主义理论 222/358、中国史 104/114、数学 82/262、生物学 62/239、科学技术史 18/23、生态学 16/109、机械工程 97/220、光学工程 49/92、计算机科学与技术 88/263、化学工程与技术 68/178、农业工程 6/44、林业工程 7/12、环境科学与工程 52/193、食品科学与工程 21/99、风景园林学 15/56、作物学 4/51、园艺学 9/44、农业资源与环境 8/40、植物保护 7/45、畜牧学 8/55、兽医学 11/43、林学 17/36、水产 23/28、草学 23/25、工商管理 238/306、农林经济管理 17/51、公共管理 78/209、设计学 121/161。

本科优势专业排名

5★专业：农业机械化及其自动化 1/37、食品质量与安全 9/236、农学 4/76、园艺 5/107。

5★-专业：社会工作 15/251、应用化学 24/373、生态学 8/80、风景园林 12/185、植物保护 4/55、种子科学与工程 4/41、动物科学 6/79、动物医学 6/73、动物药学 2/22、林学 4/47、园林 8/126、农林经济管理 5/61、金融学 37/387。

4★专业：数学与应用数学 86/514、生物技术 57/285、机械设计制造及其自动化 63/513、电子信息工程 73/633、食品科学与工程 55/278、人力资源管理 79/414、公共事业管理 45/252、行政管理 41/290、劳动与社会保障 25/123、动画 43/256、视觉传达设计 77/702、产品设计 62/390、服装与服饰设计 38/208、数据科学与大数据技术 89/680、茶学 5/29。

10590 深圳大学

在中国本科院校竞争力排行榜中的名次 75，广东省内排名 6/61，综合类排名 26/270。

共 80 个专业参评，其中 5★+专业 0 个，5★专业 11 个，5★-专业 11 个，4★专业 18 个，3★专业 30 个。

在中国普通高校研究生教育竞争力排行榜中的名次：总排名 70/596，广东省内排名 6/27，综合类排名 23/93。

共 38 个一级学科(学术学位)参评，其中 5★+学科 0 个，5★学科 1 个，5★-学科 0 个，4★学科 4 个，学科优秀率为 13.16%。

一级学科排名

哲学 56/133、理论经济学 40/111、应用经济学 139/262、法学 71/206、政治学 48/80、马克思主义理论 145/358、教育学 64/139、心理学 23/102、体育学 38/106、中国语言文学 56/183、外国语言文学 80/232、新闻传播学 19/116、数学 141/262、物理学 72/197、化学 190/228、生物学 93/239、生态学 58/109、统计学 118/121、机械工程 120/220、光学工程 4/92、材料科学与工程 104/219、电子科学与技术 77/120、信息与通信工程 34/182、控制科学与工程 172/184、计算机科学与技术 39/263、建筑学 13/70、土木工程 36/159、生物医学工程 25/74、城乡规划学 20/60、基础医学 54/108、管理科学与工程 88/202、工商管理 116/306、公共管理 181/209、艺术学理论 35/70、音乐与舞蹈学 33/82、戏剧与影视学 23/61、美术学 39/115、设计学 62/161。

本科优势专业排名

5★专业：广告学 4/254、电子信息工程 31/633、通信工程 23/490、光电信息科学与工程 9/213、土木工程 26/525、建筑学 14/291、市场营销 23/586、人力资源管理 18/414、视觉传达设计 28/702、网络与新媒体 4/316、地理空间信息工程 1/15。

5★-专业：经济学 31/348、英语 53/928、计算机科学与技术 52/922、生物医学工程 11/119、信息管理与信息系统 26/343、工程管理 25/388、行政管理 28/290、舞蹈编导 5/73、表演 14/142、金融科技 6/78、会计学 65/653。

4★专业：国际经济与贸易 98/670、学前教育 77/418、体育教育 58/323、汉语言文学 107/615、日语 76/450、新闻学 49/310、生物科学 55/280、生物技术 40/285、心理学 9/72、软件工程 73/595、城乡规划 22/203、电子商务 60/451、音乐表演 35/237、美术学 39/332、金融学 43/387、休闲体育 12/89、机器人工程 52/307、工商管理 58/537。

11845 广东工业大学

在中国本科院校竞争力排行榜中的名次 79，广东省内排名 7/61，理工类排名 38/365。

共 81 个专业参评，其中 5★+专业 0 个，5★专业 13 个，5★-专业 8 个，4★专业 28 个，3★专业 28 个。

在中国普通高校研究生教育竞争力排行榜中的名次：总排名 92/596，广东省内排名 8/27，理工类排名 45/182。

共 23 个一级学科(学术学位)参评，其中 5★+学科 0 个，5★学科 0 个，5★-学科 0 个，4★学科 5 个，学科优秀率为 21.74%。

一级学科排名

应用经济学 184/262、数学 71/262、机械工程 30/220、光学工程 60/92、仪器科学与技术 45/69、材料科学与工程 53/219、动力工程及工程热物理 53/104、电气工程 57/109、电子科学与技术 68/120、信息与通信工程 51/182、控制科学与工程

34/184、计算机科学与技术 74/263、建筑学 58/70、土木工程 74/159、测绘科学与技术 40/52、化学工程与技术 40/178、环境科学与工程 32/193、城乡规划学 42/60、软件工程 70/146、管理科学与工程 33/202、工商管理 111/306、公共管理 144/209、设计学 18/161。

本科优势专业排名

5★专业：应用化学 12/373、机械设计制造及其自动化 22/513、机械电子工程 9/297、自动化 14/437、物联网工程 6/481、环境生态工程 3/68、数字媒体艺术 9/319、大数据管理与应用 8/170。

5★-专业：商务英语 34/362、材料成型及控制工程 19/221、工业设计 13/209、电气工程及其自动化 47/569、通信工程 32/490、计算机科学与技术 56/922、网络工程 23/276、建筑环境与能源应用工程 17/165、化学工程与工艺 18/325、环境设计 41/701、产品设计 22/390、人工智能 23/411、数据科学与大数据技术 61/680。

4★专业：国际经济与贸易 75/670、翻译 41/261、信息与计算科学 31/303、应用统计学 28/183、金属材料工程 9/76、高分子材料与工程 32/184、电子信息工程 126/633、软件工程 106/595、数字媒体技术 34/221、土木工程 64/525、制药工程 32/252、环境工程 36/345、建筑学 31/291、信息管理与信息系统 39/343、工程管理 72/388、房地产开发与管理 5/41、市场营销 65/586、人力资源管理 61/414、电子商务 55/451、视觉传达设计 87/702、服装与服饰设计 42/208、智能制造工程 50/252、新能源材料与器件 12/105、集成电路设计与集成系统 12/70、机器人工程 32/307、道路桥梁与渡河工程 11/77、能源化学工程 12/60、工商管理 81/537。

11078 广州大学

在中国本科院校竞争力排行榜中的名次 99，广东省内排名 8/61，综合类排名 32/270。

共 74 个专业参评，其中 5★+专业 0 个，5★专业 12 个，5★-专业 4 个，4★专业 20 个，3★专业 32 个。

在中国普通高校研究生教育竞争力排行榜中的名次：总排名 107/596，广东省内排名 10/27，综合类排名 35/93。

共 35 个一级学科(学术学位)参评，其中 5★+学科 0 个，5★学科 0 个，5★-学科 0 个，4★学科 1 个，学科优秀率为 2.86%。

一级学科排名

哲学 112/133、应用经济学 90/262、法学 76/206、社会学 38/88、马克思主义理论 152/358、教育学 31/139、心理学 39/102、体育学 72/106、中国语言文学 91/183、外国语言文学 201/232、新闻传播学 53/116、中国史 76/114、数学 70/262、物理学 162/197、化学 147/228、天文学 8/20、地理学 41/84、生物学 149/239、统计学 39/121、力学 62/95、机械工程 186/220、材料科学与工程 135/219、信息与通信工程 65/182、建筑学 25/70、土木工程 24/159、化学工程与技术 127/178、环境科学与工程 84/193、城乡规划学 33/60、网络空间安全 16/70、工商管理 66/306、公共管理 96/209、音乐与舞蹈学 18/82、戏剧与影视学 15/61、美术学 46/115、设计学 94/161。

本科优势专业排名

5★专业：应用心理学 3/248、统计学 8/205、工商管理 24/537、旅游管理 13/424。

5★-专业：广播电视学 12/152、数学与应用数学 34/514、信息与计算科学 25/303、人文地理与城乡规划 6/108、土木工程 37/525、建筑环境与能源应用工程 12/165、给排水科学与工程 15/159、工程管理 29/388、行政管理 24/290、物流管理 28/434、电子商务 43/451、网络与新媒体 30/316。

4★专业：思想政治教育 47/292、教育技术学 14/130、学前教育 54/418、汉语言文学 71/615、英语 142/928、机械设计制造及其自动化 56/513、电子信息工程 82/633、化学工程与工艺 59/325、环境工程 56/345、建筑学 33/291、音乐学 68/394、舞蹈编导 11/73、广播电视编导 26/224、播音与主持艺术 36/219、数字媒体艺术 51/319、法学 66/583、机器人工程 33/307、信息安全 15/119、数据科学与大数据技术 74/680、生物制药 21/113。

12121 南方医科大学

在中国本科院校竞争力排行榜中的名次 110，广东省内排名 9/61，医药类排名 2/108。

共 28 个专业参评，其中 5★+专业 2 个，5★专业 6 个，5★-专业 4 个，4★专业 7 个，3★专业 8 个。

在中国普通高校研究生教育竞争力排行榜中的名次：总排名 87/596，广东省内排名 7/27，医药类排名 4/76。

共 15 个一级学科(学术学位)参评，其中 5★+学科 0 个，5★学科 0 个，5★-学科 0 个，4★学科 1 个，学科优秀率为 6.67%。

一级学科排名

马克思主义理论 116/358、生物学 36/239、生物医学工程 16/74、基础医学 27/108、临床医学 24/110、口腔医学 21/47、公共卫生与预防医学 24/74、中医学 23/42、中西医结合 20/61、药学 43/142、中药学 19/50、特种医学 14/14、医学技术 15/35、护理学 21/70、公共管理 179/209。

本科优势专业排名

5★+专业：康复治疗学 1/177、医学影像学 1/81。

5★专业：生物技术 10/285、生物信息学 1/44、医学检验技术 7/159、公共事业管理 9/252。

5★-专业：应用心理学 17/248、生物医学工程 8/119、药学 14/240、护理学 17/290、临床医学 11/194、预防医学 8/121。

4★专业：应用统计学 20/183、中药学 16/115、基础医学 5/33、儿科学 6/46、口腔医学 18/116、中西医临床医学 7/50、临床药学 6/52。

14325 南方科技大学

在中国本科院校竞争力排行榜中的名次 177，广东省内排名 10/61，综合类排名 47/270。

共 32 个专业参评，其中 5★+专业 0 个，5★专业 0 个，5★-专业 0 个，4★专业 2 个，3★专业 21 个。

在中国普通高校研究生教育竞争力排行榜中的名次：总排名 99/596，广东省内排名 9/27，综合类排名 32/93。

共 8 个一级学科(学术学位)参评，其中 5★+学科 0 个，5★学科 0 个，5★-学科 0 个，4★学科 1 个，学科优秀率为 12.5%。

一级学科排名

数学 27/262、物理学 41/197、化学 55/228、地球物理学 5/21、生物学 79/239、力学 20/95、材料科学与工程 78/219、电子科学与技术 37/120。

本科优势专业排名

4★专业：物理学 50/282、光电信息科学与工程 38/213。

11846 广东外语外贸大学

在中国本科院校竞争力排行榜中的名次 188，广东省内排名 11/61，文法类排名 5/68。

共 53 个专业参评，其中 5★+专业 3 个，5★专业 5 个，5★-专业 15 个，4★专业 9 个，3★专业 12 个。

在中国普通高校研究生教育竞争力排行榜中的名次：总排名 221/596，广东省内排名 14/27，文法类排名 4/32。

共 11 个一级学科(学术学位)参评，其中 5★+学科 0 个，5★学科 1 个，5★-学科 0 个，4★学科 0 个，学科优秀率为 9.09%。

一级学科排名

理论经济学 74/111、应用经济学 58/262、法学 45/206、政治学 45/80、马克思主义理论 265/358、中国语言文学 113/183、外国语言文学 7/232、新闻传播学 66/116、网络空间安全 47/70、管理科学与工程 145/202、工商管理 102/306。

本科优势专业排名

5★+专业：英语 2/928、翻译 3/261、商务英语 3/362。

5★专业：国际经济与贸易 15/670、俄语 8/157、德语 4/110、西班牙语 2/96、日语 8/450、朝鲜语 5/93、印度尼西亚语 1/12、泰语 2/44、市场营销 15/586、财务管理 11/680、国际商务 5/126、人力资源管理 16/414、法学 27/583、网络与新媒体 10/316、会计学 31/653。

5★-专业：保险学 8/98、越南语 2/22、葡萄牙语 3/33、意大利语 2/22、审计学 15/191。

4★专业：经济学 62/348、金融工程 32/259、汉语言文学 70/615、法语 17/137、缅甸语 3/13、新闻学 54/310、电子商务 74/451、金融学 44/387、工商管理 68/537。

10560 汕头大学

在中国本科院校竞争力排行榜中的名次 189，广东省内排名 12/61，综合类排名 48/270。

共 45 个专业参评，其中 5★+专业 0 个，5★专业 3 个，5★-专业 0 个，4★专业 10 个，3★专业 18 个。

在中国普通高校研究生教育竞争力排行榜中的名次：总排名 206/596，广东省内排名 13/27，综合类排名 53/93。

共 25 个一级学科(学术学位)参评。

一级学科排名

应用经济学 260/262、马克思主义理论 334/358、教育学 112/139、中国语言文学 135/183、外国语言文学 227/232、新闻传播学 108/116、数学 85/262、化学 145/228、海洋科学 15/29、生物学 81/239、机械工程 140/220、光学工程 56/92、材料科学与工程 199/219、信息与通信工程 98/182、计算机科学与技术 210/263、土木工程 82/159、化学工程与技术 147/178、基础医学 40/108、临床医学 58/110、公共卫生与预防医学 70/74、药学 69/142、工商管理 207/306、公共管理 194/209、美术学 113/115、设计学 132/161。

本科优势专业排名

5★-专业：生物技术 22/285、电子信息工程 45/633、视觉传达设计 41/702。

4★专业：汉语言文学 91/615、英语 173/928、数学与应用数学 68/514、应用化学 69/373、机械设计制造及其自动化 57/513、土木工程 55/525、公共艺术 9/60、数字媒体艺术 59/319、数据科学与大数据技术 135/680、会计学 119/653。

10570 广州医科大学

在中国本科院校竞争力排行榜中的名次 245，广东省内排名 13/61，医药类排名 19/108。

共 22 个专业参评，其中 5★+专业 0 个，5★专业 1 个，5★-专业 1 个，4★专业 4 个，3★专业 12 个。

在中国普通高校研究生教育竞争力排行榜中的名次：总排名 144/596，广东省内排名 11/27，医药类排名 13/76。

共 8 个一级学科(学术学位)参评，其中 5★+学科 0 个，5★学科 0 个，5★-学科 0 个，4★学科 1 个，学科优秀率为 12.5%。

一级学科排名

生物学 135/239、生物医学工程 28/74、基础医学 50/108、临床医学 21/110、公共卫生与预防医学 30/74、中西医结合 35/61、药学 72/142、护理学 42/70。

本科优势专业排名

5★专业：医学检验技术 5/159。

5★-专业：康复治疗学 13/177。

4★专业：生物技术 44/285、护理学 43/290、临床医学 29/194、医学影像学 10/81。

10572 广州中医药大学

在中国本科院校竞争力排行榜中的名次 275，广东省内排名 14/61，医药类排名 22/108。

共 24 个专业参评，其中 5★+专业 0 个，5★专业 3 个，5★-专业 2 个，4★专业 3 个，3★专业 9 个。

在中国普通高校研究生教育竞争力排行榜中的名次：总排名 159/596，广东省内排名 12/27，医药类排名 16/76。

共 9 个一级学科(学术学位)参评，其中 5★+学科 0 个，5★学科 0 个，5★-学科 2 个，4★学科 1 个，学科优秀率为 33.33%。

一级学科排名

哲学 128/133、基础医学 98/108、临床医学 49/110、中医学 3/42、中西医结合 5/61、药学 63/142、中药学 8/50、护理学 35/70、公共管理 191/209。

本科优势专业排名

5★专业：中药学 6/115、健康服务与管理 4/116。

5★-专业：中药资源与开发 4/35、康复治疗学 11/177、针灸推拿学 4/50。

4★专业：应用心理学 46/248、医学信息工程 9/52、中医养生学 3/14。

10592 广东财经大学

在中国本科院校竞争力排行榜中的名次 284，广东省内排名 15/61，财经类排名 16/109。

共 60 个专业参评，其中 5★+专业 0 个，5★专业 4 个，5★-专业 9 个，4★专业 9 个，3★专业 24 个。

在中国普通高校研究生教育竞争力排行榜中的名次：总排名 374/596，广东省内排名 19/27，财经类排名 19/39。

共 9 个一级学科(学术学位)参评。

一级学科排名

理论经济学 65/111、应用经济学 101/262、法学 87/206、马克思主义理论 274/358、外国语言文学 194/232、统计学 64/121、管理科学与工程 142/202、工商管理 88/306、设计学 122/161。

本科优势专业排名

5★专业：投资学 6/127、国际经济与贸易 30/670、市场营销 12/586、财务管理 15/680、国际商务 6/126、审计学 3/191、资产评估 3/69、电子商务 6/451、酒店管理 3/180。

5★-专业：税收学 8/90、视觉传达设计 68/702、金融学 30/387、会计学 49/653。

4★专业：人力资源管理 60/414、文化产业管理 24/135、物流管理 76/434、会展经济与管理 16/101、数字经济 11/63、法学 59/583、数据科学与大数据技术 119/680、大数据管理与应用 18/170、工商管理 86/537。

10566 广东海洋大学

在中国本科院校竞争力排行榜中的名次 327，广东省内排名 16/61，农林类排名 28/47。

共 74 个专业参评，其中 5★+专业 0 个，5★专业 1 个，5★-专业 0 个，4★专业 3 个，3★专业 40 个。

在中国普通高校研究生教育竞争力排行榜中的名次：总排名 321/596，广东省内排名 15/27，农林类排名 31/38。

共 9 个一级学科(学术学位)参评。

一级学科排名

应用经济学 201/262、马克思主义理论 342/358、海洋科学 16/29、机械工程 215/220、计算机科学与技术 190/263、食品科学与工程 36/99、作物学 50/51、畜牧学 36/55、水产 10/28。

本科优势专业排名

5★-专业：食品科学与工程 24/278。

4★专业：食品质量与安全 25/236、水产养殖学 7/51、舞蹈编导 9/73。

11819 东莞理工学院

在中国本科院校竞争力排行榜中的名次 357，广东省内排名 17/61，理工类排名 139/365。

共 50 个专业参评，其中 5★+专业 0 个，5★专业 1 个，5★-专业 1 个，4★专业 5 个，3★专业 23 个。

在中国普通高校研究生教育竞争力排行榜中的名次：总排名 411/596，广东省内排名 22/27，理工类排名 148/182。

共 1 个一级学科(学术学位)参评。

一级学科排名

计算机科学与技术 200/263。

本科优势专业排名

5★专业：经济与金融 3/78。

5★-专业：通信工程 48/490。

4★专业：社会工作 37/251、应用化学 49/373、机械设计制造及其自动化 97/513、电子信息工程 74/633、软件工程 97/595。

10573 广东药科大学

在中国本科院校竞争力排行榜中的名次 359，广东省内排名 18/61，医药类排名 32/108。

共 43 个专业参评，其中 5★+专业 0 个，5★专业 1 个，5★-专业 1 个，4★专业 0 个，3★专业 25 个。

在中国普通高校研究生教育竞争力排行榜中的名次：总排名 348/596，广东省内排名 17/27，医药类排名 46/76。

共 5 个一级学科(学术学位)参评。

一级学科排名

生物工程 17/22、基础医学 97/108、公共卫生与预防医学 54/74、中西医结合 39/61、药学 51/142。

本科优势专业排名

5★专业：药物制剂 3/86。

5★-专业：健康服务与管理 12/116。

10588 广东技术师范大学

在中国本科院校竞争力排行榜中的名次 392，广东省内排名 19/61，师范类排名 43/175。

共 64 个专业参评，其中 5★+专业 0 个，5★专业 1 个，5★-专业 2 个，4★专业 4 个，3★专业

40 个。

在中国普通高校研究生教育竞争力排行榜中的名次：总排名 498/596，广东省内排名 24/27，师范类排名 57/77。

共 4 个一级学科(学术学位)参评。

一级学科排名

民族学 25/38、教育学 106/139、新闻传播学 57/116、控制科学与工程 169/184。

本科优势专业排名

5★专业：网络与新媒体 15/316、新能源汽车工程 1/28。

5★-专业：机器人工程 27/307。

4★专业：通信工程 76/490、网络工程 41/276、物联网工程 71/481、会计学 117/653。

11847 佛山科学技术学院

在中国本科院校竞争力排行榜中的名次 416，广东省内排名 20/61，理工类排名 153/365。

共 52 个专业参评，其中 5★+专业 0 个，5★专业 0 个，5★-专业 0 个，4★专业 2 个，3★专业 23 个。

在中国普通高校研究生教育竞争力排行榜中的名次：总排名 332/596，广东省内排名 16/27，理工类排名 127/182。

共 6 个一级学科(学术学位)参评。

一级学科排名

机械工程 123/220、光学工程 64/92、材料科学与工程 162/219、土木工程 109/159、畜牧学 39/55、兽医学 25/43。

本科优势专业排名

4★专业：光电信息科学与工程 35/213、数据科学与大数据技术 105/680。

10586 广州美术学院

在中国本科院校竞争力排行榜中的名次 422，广东省内排名 21/61，艺术类排名 19/48。

共 24 个专业参评，其中 5★+专业 1 个，5★专业 0 个，5★-专业 8 个，4★专业 5 个，3★专业 4 个。

在中国普通高校研究生教育竞争力排行榜中的名次：总排名 376/596，广东省内排名 20/27，艺术类排名 9/33。

共 3 个一级学科(学术学位)参评，其中 5★+学科 0 个，5★学科 1 个，5★-学科 0 个，4★学科 0 个，学科优秀率为 33.33%。

一级学科排名

艺术学理论 44/70、美术学 4/115、设计学 42/161。

本科优势专业排名

5★+专业：产品设计 3/390。

5★专业：动画 13/256、美术学 11/332、绘画 8/164、雕塑 3/50、视觉传达设计 27/702、环境设计 23/701、工艺美术 5/92、书法学 5/125。

4★专业：工业设计 30/209、摄影 13/75、艺术设计学 8/47、数字媒体艺术 48/319、中国画 6/34。

10571 广东医科大学

在中国本科院校竞争力排行榜中的名次 443，广东省内排名 22/61，医药类排名 45/108。

共 34 个专业参评，其中 5★+专业 0 个，5★专业 1 个，5★-专业 1 个，4★专业 1 个，3★专业 17 个。

在中国普通高校研究生教育竞争力排行榜中的名次：总排名 355/596，广东省内排名 18/27，医药类排名 48/76。

共 6 个一级学科(学术学位)参评。

一级学科排名

生物学 216/239、基础医学 83/108、临床医学 50/110、公共卫生与预防医学 61/74、药学 78/142、医学技术 17/35。

本科优势专业排名

5★专业：卫生检验与检疫 3/53。

5★-专业：医学检验技术 14/159。

4★专业：口腔医学技术 4/26。

11349 五邑大学

在中国本科院校竞争力排行榜中的名次 450，广东省内排名 23/61，综合类排名 75/270。

共 41 个专业参评，其中 5★+专业 0 个，5★

专业 2 个，5★-专业 0 个，4★专业 1 个，3★专业 12 个。

在中国普通高校研究生教育竞争力排行榜中的名次：总排名 403/596，广东省内排名 21/27，综合类排名 69/93。

共 10 个一级学科(学术学位)参评。

一级学科排名

数学 237/262、机械工程 214/220、材料科学与工程 154/219、信息与通信工程 176/182、控制科学与工程 183/184、化学工程与技术 170/178、纺织科学与工程 15/22、药学 124/142、管理科学与工程 150/202、工商管理 296/306。

本科优势专业排名

5★-专业：通信工程 36/490、市场营销 53/586。

4★专业：电子商务 48/451。

10587 星海音乐学院

在中国本科院校竞争力排行榜中的名次 460，广东省内排名 24/61，艺术类排名 24/48。

共 11 个专业参评，其中 5★+专业 0 个，5★专业 1 个，5★-专业 3 个，4★专业 2 个，3★专业 2 个。

在中国普通高校研究生教育竞争力排行榜中的名次：总排名 506/596，广东省内排名 25/27，艺术类排名 20/33。

共 1 个一级学科(学术学位)参评，其中 5★+学科 0 个，5★学科 0 个，5★-学科 0 个，4★学科 1 个，学科优秀率为 100%。

一级学科排名

音乐与舞蹈学 12/82。

本科优势专业排名

5★专业：音乐表演 4/237、音乐学 19/394、舞蹈学 10/202。

5★-专业：录音艺术 3/34。

4★专业：作曲与作曲技术理论 5/37、舞蹈表演 29/145。

11540 广东金融学院

在中国本科院校竞争力排行榜中的名次 497，广东省内排名 25/61，财经类排名 35/109。

共 48 个专业参评，其中 5★+专业 0 个，5★专业 3 个，5★-专业 1 个，4★专业 12 个，3★专业 29 个。

在中国普通高校研究生教育竞争力排行榜中的名次：总排名 507/596，广东省内排名 26/27，财经类排名 36/39。

本科优势专业排名

5★专业：互联网金融 2/55。

5★-专业：投资学 11/127、经济与金融 5/78、金融科技 8/78。

4★专业：保险学 18/98、商务英语 46/362、财务管理 114/680、电子商务 67/451、酒店管理 30/180、金融学 47/387、金融数学 11/71、信用管理 3/23、精算学 3/17、网络与新媒体 54/316、数据科学与大数据技术 96/680、供应链管理 10/49。

10578 韩山师范学院

在中国本科院校竞争力排行榜中的名次 511，广东省内排名 26/61，师范类排名 60/175。

共 58 个专业参评，其中 5★+专业 0 个，5★专业 0 个，5★-专业 0 个，4★专业 1 个，3★专业 12 个。

本科优势专业排名

4★专业：秘书学 18/89。

11656 广东石油化工学院

在中国本科院校竞争力排行榜中的名次 519，广东省内排名 27/61，综合类排名 83/270。

共 56 个专业参评，其中 5★+专业 0 个，5★专业 0 个，5★-专业 0 个，4★专业 0 个，3★专业 19 个。

10577 惠州学院

在中国本科院校竞争力排行榜中的名次 527，广东省内排名 28/61，综合类排名 86/270。

共 50 个专业参评，其中 5★+专业 0 个，5★专业 0 个，5★-专业 0 个，4★专业 0 个，3★专业 13 个。

11347 仲恺农业工程学院

在中国本科院校竞争力排行榜中的名次538，广东省内排名29/61，农林类排名37/47。

共60个专业参评，其中5★+专业0个，5★专业0个，5★-专业0个，4★专业0个，3★专业22个。

在中国普通高校研究生教育竞争力排行榜中的名次：总排名438/596，广东省内排名23/27，农林类排名36/38。

共9个一级学科(学术学位)参评。

一级学科排名

化学工程与技术176/178、农业工程42/44、环境科学与工程176/193、食品科学与工程84/99、作物学49/51、园艺学42/44、植物保护43/45、畜牧学38/55、林学26/36。

10579 岭南师范学院

在中国本科院校竞争力排行榜中的名次548，广东省内排名30/61，师范类排名67/175。

共67个专业参评，其中5★+专业0个，5★专业0个，5★-专业0个，4★专业1个，3★专业20个。

本科优势专业排名

4★专业：小学教育33/301。

10582 嘉应学院

在中国本科院校竞争力排行榜中的名次603，广东省内排名31/61，综合类排名105/270。

共57个专业参评，其中5★+专业0个，5★专业0个，5★-专业0个，4★专业1个，3★专业12个。

本科优势专业排名

4★专业：音乐学65/394。

10576 韶关学院

在中国本科院校竞争力排行榜中的名次607，广东省内排名32/61，综合类排名107/270。

共61个专业参评，其中5★+专业0个，5★专业0个，5★-专业0个，4★专业1个，3★专业14个。

本科优势专业排名

4★专业：商务英语71/362。

10585 广州体育学院

在中国本科院校竞争力排行榜中的名次615，广东省内排名33/61，体育类排名13/16。

共17个专业参评，其中5★+专业0个，5★专业1个，5★-专业1个，4★专业2个，3★专业4个。

在中国普通高校研究生教育竞争力排行榜中的名次：总排名525/596，广东省内排名27/27，体育类排名10/13。

共2个一级学科(学术学位)参评。

一级学科排名

体育学36/106、临床医学109/110。

本科优势专业排名

5★专业：休闲体育2/89。

5★-专业：体育教育30/323。

4★专业：社会体育指导与管理26/231、运动训练11/53。

10580 肇庆学院

在中国本科院校竞争力排行榜中的名次654，广东省内排名34/61，综合类排名116/270。

共62个专业参评，其中5★+专业0个，5★专业0个，5★-专业0个，4★专业2个，3★专业19个。

本科优势专业排名

4★专业：音乐学46/394、书法学23/125。

11110 广东警官学院

在中国本科院校竞争力排行榜中的名次683，广东省内排名36/61，文法类排名32/68。

共12个专业参评，其中5★+专业0个，5★专业2个，5★-专业0个，4★专业1个，3★专业5个。

本科优势专业排名

5★-专业：侦查学3/31、经济犯罪侦查2/17。

4★专业：刑事科学技术 4/27。

14278 广东第二师范学院

在中国本科院校竞争力排行榜中的名次 693，广东省内排名 38/61，师范类排名 106/175。

共 41 个专业参评，其中 5★+专业 0 个，5★专业 0 个，5★-专业 0 个，4★专业 1 个，3★专业 9 个。

本科优势专业排名

4★专业：体育教育 54/323。

11106 广州航海学院

在中国本科院校竞争力排行榜中的名次 701，广东省内排名 39/61，理工类排名 214/365。

共 32 个专业参评，其中 5★+专业 0 个，5★专业 2 个，5★-专业 0 个，4★专业 1 个，3★专业 7 个。

本科优势专业排名

5★-专业：商务英语 19/362、数字媒体艺术 22/319。

4★专业：跨境电子商务 12/67。

14655 深圳技术大学

在中国本科院校竞争力排行榜中的名次 1193，广东省内排名 60/61，理工类排名 354/365。

共 29 个专业参评，其中 5★+专业 0 个，5★专业 0 个，5★-专业 0 个，4★专业 0 个，3★专业 14 个。

民办院校

13719 广东科技学院

在中国民办院校竞争力排行榜中的名次 13，广东省内排名 35/61，理工类排名 210/365。

共 45 个专业参评，其中 5★+专业 0 个，5★专业 1 个，5★-专业 0 个，4★专业 8 个，3★专业 24 个。

本科优势专业排名

5★-专业：跨境电子商务 5/67。

4★专业：金融工程 41/259、投资学 18/127、商务英语 42/362、财务管理 100/680、物流管理 74/434、数据科学与大数据技术 79/680、大数据管理与应用 32/170、供应链管理 7/49。

13714 广州工商学院

在中国民办院校竞争力排行榜中的名次 16，广东省内排名 37/61，综合类排名 128/270。

共 27 个专业参评，其中 5★+专业 0 个，5★专业 1 个，5★-专业 0 个，4★专业 7 个，3★专业 12 个。

本科优势专业排名

5★-专业：商务英语 21/362。

4★专业：网络工程 42/276、数字媒体技术 29/221、食品质量与安全 44/236、市场营销 102/586、财务管理 93/680、人力资源管理 67/414、物流管理 51/434。

12574 广东东软学院

在中国民办院校竞争力排行榜中的名次 27，广东省内排名 41/61，理工类排名 220/365。

共 22 个专业参评，其中 5★+专业 0 个，5★专业 0 个，5★-专业 0 个，4★专业 2 个，3★专业 14 个。

本科优势专业排名

4★专业：机器人工程 46/307、大数据管理与应用 24/170。

12617 广州城市理工学院

在中国民办院校竞争力排行榜中的名次 41，广东省内排名 42/61，理工类排名 226/365。

共 43 个专业参评，其中 5★+专业 0 个，5★专业 0 个，5★-专业 1 个，4★专业 0 个，3★专业 9 个。

本科优势专业排名

5★专业：供应链管理 2/49。

13667 广州商学院

在中国民办院校竞争力排行榜中的名次 56，

广东省内排名44/61，综合类排名157/270。

共29个专业参评，其中5★+专业1个，5★专业2个，5★-专业0个，4★专业4个，3★专业18个。

本科优势专业排名

5★+专业：互联网金融1/55。

5★-专业：商务英语28/362、数据科学与大数据技术42/680。

4★专业：审计学29/191、物流管理71/434、电子商务78/451、智能科学与技术35/175。

10822 广东白云学院

在中国民办院校竞争力排行榜中的名次57，广东省内排名45/61，理工类排名234/365。

共52个专业参评，其中5★+专业0个，5★专业0个，5★-专业0个，4★专业0个，3★专业23个。

12059 广东培正学院

在中国民办院校竞争力排行榜中的名次82，广东省内排名46/61，财经类排名60/109。

共44个专业参评，其中5★+专业0个，5★专业1个，5★-专业0个，4★专业0个，3★专业19个。

本科优势专业排名

5★-专业：商务英语30/362。

13684 珠海科技学院

在中国民办院校竞争力排行榜中的名次88，广东省内排名47/61，综合类排名174/270。

共64个专业参评，其中5★+专业0个，5★专业0个，5★-专业0个，4★专业1个，3★专业15个。

本科优势专业排名

4★专业：旅游管理64/424。

12619 广州南方学院

在中国民办院校竞争力排行榜中的名次102，广东省内排名49/61，综合类排名183/270。

共41个专业参评，其中5★+专业0个，5★专业1个，5★-专业0个，4★专业1个，3★专业6个。

本科优势专业排名

5★-专业：电子商务41/451。

4★专业：会计学101/653。

13902 广州新华学院

在中国民办院校竞争力排行榜中的名次122，广东省内排名50/61，综合类排名194/270。

共50个专业参评，其中5★+专业0个，5★专业0个，5★-专业0个，4★专业0个，3★专业5个。

12668 广州理工学院

在中国民办院校竞争力排行榜中的名次126，广东省内排名51/61，综合类排名195/270。

共35个专业参评，其中5★+专业0个，5★专业0个，5★-专业0个，4★专业1个，3★专业11个。

本科优势专业排名

4★专业：互联网金融10/55。

12621 广州华商学院

在中国民办院校竞争力排行榜中的名次129，广东省内排名52/61，财经类排名67/109。

共42个专业参评，其中5★+专业0个，5★专业0个，5★-专业0个，4★专业2个，3★专业6个。

本科优势专业排名

4★专业：金融科技14/78、会计学104/653。

12618 广州软件学院

在中国民办院校竞争力排行榜中的名次135，广东省内排名53/61，理工类排名279/365。

共29个专业参评，其中5★+专业0个，5★专业0个，5★-专业0个，4★专业0个，3★专业4个。

13844 东莞城市学院

在中国民办院校竞争力排行榜中的名次 170，广东省内排名 54/61，理工类排名 306/365。

共 32 个专业参评，其中 5★+专业 0 个，5★专业 0 个，5★-专业 0 个，4★专业 0 个，3★专业 0 个。

13720 广东理工学院

在中国民办院校竞争力排行榜中的名次 183，广东省内排名 56/61，理工类排名 320/365。

共 33 个专业参评，其中 5★+专业 0 个，5★专业 2 个，5★-专业 0 个，4★专业 4 个，3★专业 20 个。

本科优势专业排名

5★-专业：汽车服务工程 11/111、互联网金融 5/55。

4★专业：金融工程 29/259、商务英语 41/362、物流管理 72/434、机器人工程 54/307。

12622 湛江科技学院

在中国民办院校竞争力排行榜中的名次 184，广东省内排名 57/61，财经类排名 90/109。

共 45 个专业参评，其中 5★+专业 0 个，5★专业 0 个，5★-专业 0 个，4★专业 0 个，3★专业 6 个。

13657 广州应用科技学院

在中国民办院校竞争力排行榜中的名次 199，广东省内排名 58/61，综合类排名 250/270。

共 39 个专业参评，其中 5★+专业 0 个，5★专业 0 个，5★-专业 0 个，4★专业 0 个，3★专业 3 个。

13656 广州华立学院

在中国民办院校竞争力排行榜中的名次 217，广东省内排名 61/61，理工类排名 357/365。

共 35 个专业参评，其中 5★+专业 0 个，5★专业 0 个，5★-专业 0 个，4★专业 0 个，3★专业 0 个。

上海市

一流大学

10248 上海交通大学

在中国本科院校竞争力排行榜中的名次4，上海市内排名1/39，理工类排名2/365。

共65个专业参评，其中5★+专业8个，5★专业7个，5★-专业27个，4★专业13个，3★专业10个。

在中国普通高校研究生教育竞争力排行榜中的名次：总排名4/596，上海市内排名1/29，理工类排名2/182。

共56个一级学科(学术学位)参评，其中5★+学科3个，5★学科14个，5★-学科9个，4★学科11个，学科优秀率为66.07%。

一级学科排名

哲学63/133、应用经济学28/262、法学14/206、政治学36/80、马克思主义理论66/358、教育学67/139、心理学22/102、体育学35/106、中国语言文学21/183、外国语言文学21/232、新闻传播学14/116、中国史67/114、数学11/262、物理学5/197、化学13/228、天文学5/20、海洋科学5/29、生物学7/239、科学技术史4/23、生态学42/109、统计学38/121、力学9/95、机械工程2/220、仪器科学与技术12/69、材料科学与工程6/219、动力工程及工程热物理5/104、电气工程9/109、电子科学与技术6/120、信息与通信工程4/182、控制科学与工程2/184、计算机科学与技术3/263、建筑学30/70、土木工程8/159、化学工程与技术6/178、交通运输工程27/64、船舶与海洋工程1/24、航空宇航科学与技术14/29、核科学与技术13/17、环境科学与工程18/193、生物医学工程9/74、食品科学与工程26/99、风景园林学26/56、生物工程6/22、网络空间安全33/70、园艺学8/44、畜牧学34/55、基础医学7/108、临床医学2/110、口腔医学4/47、公共卫生与预防医学34/74、药学5/142、护理学7/70、管理科学与工程8/202、工商管理4/306、公共管理22/209、设计学27/161。

本科优势专业排名

5★+专业：英语4/928、生物技术1/285、材料科学与工程2/229、计算机科学与技术3/922、软件工程5/595、生物医学工程1/119、行政管理2/290、工商管理4/537。

5★专业：传播学3/69、数学与应用数学18/514、物理学5/282、生物科学12/280、机械工程2/120、工业设计8/209、测控技术与仪器8/186、电子科学与技术4/149、微电子科学与工程2/107、自动化5/437、土木工程17/525、化学工程与工艺16/325、船舶与海洋工程1/33、环境科学与工程1/48、生物工程3/239、植物科学与技术1/21、食品卫生与营养学1/30、药学9/240、护理学12/290、工业工程3/139、视觉传达设计23/702、法学10/583、人工智能11/411、信息安全3/119、临床医学3/194、口腔医学3/116、会计学28/653。

5★-专业：日语34/450、化学24/304、工程力学8/80、能源与动力工程10/188、信息工程4/55、医学检验技术11/159、预防医学12/121。

4★专业：国际经济与贸易90/670、汉语言文学104/615、法语23/137、电气工程及其自动化79/569、航空航天工程3/18、核工程与核技术4/30、食品科学与工程52/278、建筑学56/291、风景园林33/185、信息管理与信息系统66/343、人力资源管理62/414、金融学70/387、儿科学7/46。

10246 复旦大学

在中国本科院校竞争力排行榜中的名次7，上海市内排名2/39，综合类排名4/270。

共73个专业参评，其中5★+专业17个，5★专业11个，5★-专业20个，4★专业11个，3★专业13个。

在中国普通高校研究生教育竞争力排行榜中的名次：总排名5/596，上海市内排名2/29，综合类排名3/93。

共42个一级学科(学术学位)参评，其中5★+学科5个，5★学科18个，5★-学科6个，4★学科5个，学科优秀率为80.95%。

一级学科排名

哲学3/133、理论经济学7/111、应用经济学7/262、法学18/206、政治学1/80、社会学4/88、马克思主义理论8/358、教育学52/139、心理学30/102、中国语言文学3/183、外国语言文学25/

232、新闻传播学 4/116、考古学 3/40、中国史 2/114、世界史 4/67、数学 1/262、物理学 4/197、化学 4/228、大气科学 6/19、生物学 1/239、生态学 4/109、统计学 13/121、光学工程 13/92、材料科学与工程 24/219、冶金工程 15/28、电子科学与技术 7/120、信息与通信工程 48/182、计算机科学与技术 16/263、航空宇航科学与技术 7/29、环境科学与工程 5/193、生物医学工程 8/74、网络空间安全 4/70、基础医学 2/108、临床医学 1/110、公共卫生与预防医学 1/74、中西医结合 2/61、药学 3/142、护理学 2/70、管理科学与工程 44/202、工商管理 12/306、公共管理 5/209、戏剧与影视学 14/61。

本科优势专业排名

5★+专业：经济学 2/348、国际经济与贸易 5/670、汉语言文学 5/615、朝鲜语 1/93、新闻学 3/310、传播学 1/69、历史学 1/246、文物与博物馆学 1/53、数学与应用数学 3/514、化学 3/304、生物科学 3/280、高分子材料与工程 1/184、环境科学 2/173、药学 2/240、财务管理 2/680、公共事业管理 2/252、数据科学与大数据技术 4/680。

5★专业：哲学 4/73、国际政治 2/36、社会学 4/89、社会工作 4/251、英语 38/928、翻译 11/261、信息与计算科学 6/303、物理学 4/282、材料化学 5/125、光电信息科学与工程 10/213、计算机科学与技术 34/922、生物医学工程 2/119、护理学 5/290、市场营销 8/586、电子信息科学与技术 5/164、基础医学 2/33、临床医学 5/194、预防医学 6/121、会计学 11/653、旅游管理 17/424。

5★-专业：政治学与行政学 5/82、汉语言 2/26、广告学 25/254、生态学 5/80、统计学 20/205、微电子科学与工程 6/107、软件工程 42/595、管理科学 4/35、金融学 28/387、法学 34/583、智能科学与技术 12/175。

4★专业：保险学 14/98、俄语 29/157、法语 27/137、日语 46/450、广播电视学 22/152、材料物理 10/67、通信工程 85/490、马克思主义理论 8/39、人工智能 44/411、信息安全 19/119、工商管理 90/537。

10247 同济大学

在中国本科院校竞争力排行榜中的名次 14，上海市内排名 3/39，理工类排名 6/365。

共 78 个专业参评，其中 5★+专业 8 个，5★专业 12 个，5★-专业 23 个，4★专业 12 个，3★专业 19 个。

在中国普通高校研究生教育竞争力排行榜中的名次：总排名 12/596，上海市内排名 3/29，理工类排名 5/182。

共 45 个一级学科(学术学位)参评，其中 5★+学科 3 个，5★学科 4 个，5★-学科 5 个，4★学科 16 个，学科优秀率为 62.22%。

一级学科排名

哲学 19/133、应用经济学 27/262、法学 59/206、政治学 15/80、马克思主义理论 27/358、教育学 42/139、中国语言文学 158/183、外国语言文学 18/232、新闻传播学 97/116、数学 29/262、物理学 34/197、化学 30/228、海洋科学 4/29、地球物理学 4/21、生物学 12/239、力学 22/95、机械工程 12/220、光学工程 85/92、材料科学与工程 33/219、动力工程及工程热物理 25/104、电气工程 71/109、信息与通信工程 45/182、控制科学与工程 20/184、计算机科学与技术 35/263、建筑学 1/70、土木工程 1/159、测绘科学与技术 2/52、地质资源与地质工程 15/46、交通运输工程 9/64、航空宇航科学与技术 23/29、环境科学与工程 3/193、城乡规划学 1/60、风景园林学 4/56、软件工程 21/146、基础医学 23/108、临床医学 16/110、口腔医学 6/47、公共卫生与预防医学 53/74、药学 125/142、医学技术 25/35、管理科学与工程 18/202、工商管理 33/306、公共管理 67/209、艺术学理论 31/70、设计学 4/161。

本科优势专业排名

5★+专业：土木工程 1/525、给排水科学与工程 1/159、交通工程 1/106、环境工程 2/345、建筑学 2/291、城乡规划 1/203、风景园林 1/185、智能建造 1/65。

5★专业：英语 36/928、德语 3/110、数学与应用数学 19/514、应用化学 6/373、机械设计制造及其自动化 12/513、车辆工程 8/254、汽车服务工程 4/111、自动化 21/437、计算机科学与技术 27/922、软件工程 9/595、建筑环境与能源应用工程 3/165、测绘工程 2/143、交通运输 4/107、环境科学 6/173、信息管理与信息系统 12/343、工程管理 9/388、市场营销 22/586、视觉传达设计 25/702、环境设计 24/701、产品设计 17/390、智能制造工程 11/252、人工智能 7/411、数据科学与大数据技术 21/680。

5★-专业：国际经济与贸易 48/670、日语 42/450、应用物理学 10/151、生物信息学 4/44、机械电子工程 28/297、工业设计 11/209、地质工程 4/55、文化产业管理 9/135、物流管理 23/434、动画 25/256、临床医学 12/194、会计学 39/653。

4★专业：广告学 44/254、海洋科学 7/33、工程力学 13/80、能源与动力工程 25/188、电气工程及其自动化 90/569、电子信息工程 123/633、通信工程 89/490、建筑电气与智能化 8/64、金融学 60/387、法学 98/583、新能源材料与器件 20/105、口腔医学 13/116。

10269 华东师范大学

在中国本科院校竞争力排行榜中的名次 31，上海市内排名 4/39，师范类排名 2/175。

共 67 个专业参评，其中 5★+专业 9 个，5★专业 14 个，5★-专业 20 个，4★专业 15 个，3★专业 9 个。

在中国普通高校研究生教育竞争力排行榜中的名次：总排名 29/596，上海市内排名 4/29，师范类排名 2/77。

共 38 个一级学科(学术学位)参评，其中 5★+学科 0 个，5★学科 7 个，5★-学科 7 个，4★学科 14 个，学科优秀率为 73.68%。

一级学科排名

哲学 10/133、应用经济学 36/262、法学 49/206、政治学 19/80、社会学 3/88、马克思主义理论 20/358、教育学 2/139、心理学 12/102、体育学 3/106、中国语言文学 8/183、外国语言文学 10/232、新闻传播学 15/116、中国史 16/114、世界史 9/67、数学 36/262、物理学 14/197、化学 33/228、地理学 5/84、大气科学 13/19、海洋科学 6/29、生物学 32/239、生态学 7/109、统计学 2/121、电子科学与技术 14/120、信息与通信工程 24/182、计算机科学与技术 20/263、水利工程 44/64、化学工程与技术 135/178、环境科学与工程 65/193、软件工程 4/146、药学 52/142、工商管理 36/306、公共管理 28/209、图书情报与档案管理 15/50、音乐与舞蹈学 16/82、戏剧与影视学 21/61、美术学 12/115、设计学 99/161。

本科优势专业排名

5★+专业：教育技术学 1/130、学前教育 1/418、社会体育指导与管理 2/231、汉语国际教育 1/320、数学与应用数学 4/514、地理科学 2/170、人文地理与城乡规划 1/108、公共艺术 1/60、数据科学与大数据技术 1/680。

5★专业：社会工作 7/251、思想政治教育 8/292、艺术教育 1/29、特殊教育 2/58、体育教育 4/323、汉语言文学 8/615、英语 19/928、日语 22/450、化学 12/304、地理信息科学 3/166、应用心理学 8/248、统计学 10/205、软件工程 12/595、环境科学 7/173、环境生态工程 2/68、行政管理 7/290、广播电视编导 7/224、播音与主持艺术 8/219、环境设计 21/701、金融学 12/387。

5★-专业：保险学 7/98、社会学 6/89、俄语 15/157、法语 8/137、翻译 14/261、新闻学 19/310、历史学 13/246、物理学 15/282、生物技术 29/285、心理学 5/72、微电子科学与工程 8/107、公共事业管理 14/252、音乐学 33/394、美术学 24/332。

4★专业：哲学 9/73、政治学与行政学 12/82、德语 20/110、编辑出版学 6/33、生物科学 38/280、生态学 12/80、通信工程 81/490、信息管理与信息系统 52/343、人力资源管理 46/414、音乐表演 47/237、产品设计 55/390、法学 62/583、电子信息科学与技术 31/164、工商管理 95/537、旅游管理 75/424。

一般大学

10280 上海大学

在中国本科院校竞争力排行榜中的名次 42，上海市内排名 5/39，综合类排名 17/270。

共 89 个专业参评，其中 5★+专业 2 个，5★专业 10 个，5★-专业 14 个，4★专业 22 个，3★专业 36 个。

在中国普通高校研究生教育竞争力排行榜中的名次：总排名 40/596，上海市内排名 5/29，综合类排名 15/93。

共 44 个一级学科(学术学位)参评，其中 5★+学科 0 个，5★学科 0 个，5★-学科 5 个，4★学科 12 个，学科优秀率为 38.64%。

一级学科排名

哲学 58/133、理论经济学 62/111、应用经济学 69/262、法学 81/206、政治学 41/80、社会学 15/88、马克思主义理论 86/358、中国语言文学 31/183、外国语言文学 99/232、新闻传播学 16/

116、中国史 36/114、世界史 5/67、数学 41/262、物理学 38/197、化学 83/228、生物学 136/239、统计学 59/121、力学 29/95、机械工程 14/220、仪器科学与技术 51/69、材料科学与工程 48/219、冶金工程 7/28、电气工程 42/109、电子科学与技术 34/120、信息与通信工程 30/182、控制科学与工程 35/184、计算机科学与技术 38/263、建筑学 39/70、土木工程 56/159、化学工程与技术 32/178、核科学与技术 17/17、环境科学与工程 44/193、生物医学工程 53/74、食品科学与工程 96/99、软件工程 72/146、药学 128/142、管理科学与工程 12/202、工商管理 141/306、图书情报与档案管理 10/50、艺术学理论 9/70、音乐与舞蹈学 31/82、戏剧与影视学 7/61、美术学 9/115、设计学 10/161。

本科优势专业排名

5★+专业：社会工作 3/251、应用物理学 2/151。

5★专业：国际经济与贸易 27/670、社会学 3/89、汉语言文学 19/615、广播电视学 8/152、应用化学 19/373、金属材料工程 3/76、通信工程 15/490、数字媒体技术 7/221、信息管理与信息系统 5/343、广播电视编导 8/224、美术学 6/332、环境设计 27/701、网络与新媒体 12/316、数据科学与大数据技术 14/680。

5★-专业：汉语国际教育 17/320、机械设计制造及其自动化 36/513、机械电子工程 16/297、电气工程及其自动化 35/569、土木工程 48/525、档案学 3/34、视觉传达设计 49/702、金融学 38/387、智能制造工程 17/252、智能科学与技术 16/175。

4★专业：英语 153/928、日语 82/450、新闻学 44/310、广告学 29/254、历史学 28/246、数学与应用数学 54/514、无机非金属材料工程 10/75、电子信息工程 93/633、自动化 82/437、管理科学 7/35、财务管理 129/680、戏剧影视美术设计 9/49、动画 27/256、绘画 26/164、数字媒体艺术 33/319、电子信息科学与技术 32/164、人工智能 62/411、机器人工程 48/307、生物制药 17/113、工商管理 66/537、影视摄影与制作 11/70、艺术与科技 10/69。

10251 华东理工大学

在中国本科院校竞争力排行榜中的名次 51，上海市内排名 6/39，理工类排名 27/365。

共 63 个专业参评，其中 5★+专业 2 个，5★专业 13 个，5★-专业 8 个，4★专业 16 个，3★专业 21 个。

在中国普通高校研究生教育竞争力排行榜中的名次：总排名 51/596，上海市内排名 6/29，理工类排名 27/182。

共 32 个一级学科(学术学位)参评，其中 5★+学科 1 个，5★学科 1 个，5★-学科 2 个，4★学科 5 个，学科优秀率为 28.13%。

一级学科排名

哲学 107/133、应用经济学 78/262、法学 188/206、社会学 17/88、马克思主义理论 93/358、教育学 125/139、体育学 82/106、外国语言文学 126/232、数学 63/262、物理学 127/197、化学 12/228、生物学 108/239、生态学 53/109、机械工程 52/220、材料科学与工程 11/219、动力工程及工程热物理 12/104、信息与通信工程 141/182、控制科学与工程 39/184、计算机科学与技术 69/263、化学工程与技术 2/178、石油与天然气工程 13/15、环境科学与工程 37/193、食品科学与工程 75/99、生物工程 2/22、安全科学与工程 56/61、植物保护 12/45、药学 21/142、管理科学与工程 49/202、工商管理 105/306、公共管理 123/209、图书情报与档案管理 41/50、设计学 26/161。

本科优势专业排名

5★+专业：制药工程 1/252、生物工程 1/239。

5★专业：应用化学 10/373、过程装备与控制工程 4/91、化学工程与工艺 4/325、环境工程 8/345、信息管理与信息系统 16/343、数字媒体艺术 11/319、新能源材料与器件 5/105、资源循环科学与工程 1/32。

5★-专业：社会工作 14/251、生物技术 26/285、材料化学 12/125、高分子材料与工程 15/184、复合材料与工程 4/41、能源与动力工程 16/188、自动化 24/437、计算机科学与技术 81/922、油气储运工程 3/33、药学 17/240、公共事业管理 25/252、物流管理 31/434、工商管理 52/537。

4★专业：国际经济与贸易 81/670、英语 163/928、数学与应用数学 71/514、机械设计制造及其自动化 52/513、工业设计 24/209、无机非金属材料工程 9/75、信息工程 7/55、食品质量与安全 47/236、工程管理 42/388、市场营销 77/586、财务管理 98/680、人力资源管理 56/414、环境设计 108/701、智能制造工程 43/252、机器人工程 61/

307、智能科学与技术 27/175。

10255 东华大学

在中国本科院校竞争力排行榜中的名次 86，上海市内排名 7/39，理工类排名 43/365。

共 54 个专业参评，其中 5★+专业 1 个，5★专业 9 个，5★-专业 4 个，4★专业 11 个，3★专业 23 个。

在中国普通高校研究生教育竞争力排行榜中的名次：总排名 89/596，上海市内排名 7/29，理工类排名 43/182。

共 31 个一级学科(学术学位)参评，其中 5★+学科 0 个，5★学科 1 个，5★-学科 1 个，4★学科 3 个，学科优秀率为 16.13%。

一级学科排名

应用经济学 144/262、马克思主义理论 186/358、外国语言文学 173/232、新闻传播学 106/116、中国史 84/114、数学 93/262、物理学 164/197、化学 42/228、生物学 209/239、系统科学 24/25、科学技术史 20/23、统计学 62/121、力学 88/95、机械工程 68/220、光学工程 58/92、材料科学与工程 25/219、电气工程 99/109、信息与通信工程 87/182、控制科学与工程 54/184、计算机科学与技术 120/263、土木工程 67/159、化学工程与技术 132/178、纺织科学与工程 1/22、环境科学与工程 42/193、软件工程 80/146、管理科学与工程 57/202、工商管理 56/306、公共管理 198/209、艺术学理论 49/70、美术学 104/115、设计学 15/161。

本科优势专业排名

5★+专业：服装设计与工程 1/56。

5★专业：应用化学 15/373、工业设计 9/209、高分子材料与工程 7/184、纺织工程 1/39。

5★-专业：复合材料与工程 3/41、自动化 38/437、环境工程 23/345、信息管理与信息系统 24/343、财务管理 59/680、电子商务 28/451、环境设计 42/701、服装与服饰设计 14/208、数字媒体艺术 32/319。

4★专业：数学与应用数学 89/514、机械工程 16/120、无机非金属材料工程 15/75、电子信息工程 124/633、建筑环境与能源应用工程 24/165、市场营销 76/586、功能材料 9/46、能源与环境系统工程 3/17、非织造材料与工程 2/13、工商管理 99/537、艺术与科技 9/69。

10270 上海师范大学

在中国本科院校竞争力排行榜中的名次 112，上海市内排名 8/39，师范类排名 12/175。

共 81 个专业参评，其中 5★+专业 0 个，5★专业 4 个，5★-专业 6 个，4★专业 18 个，3★专业 35 个。

在中国普通高校研究生教育竞争力排行榜中的名次：总排名 110/596，上海市内排名 9/29，师范类排名 11/77。

共 34 个一级学科(学术学位)参评，其中 5★+学科 0 个，5★学科 0 个，5★-学科 5 个，4★学科 3 个，学科优秀率为 23.53%。

一级学科排名

哲学 23/133、应用经济学 125/262、法学 98/206、政治学 50/80、社会学 65/88、马克思主义理论 33/358、教育学 13/139、心理学 14/102、体育学 55/106、中国语言文学 23/183、外国语言文学 102/232、新闻传播学 58/116、中国史 8/114、世界史 6/67、数学 24/262、物理学 107/197、化学 125/228、天文学 9/20、地理学 51/84、生物学 112/239、生态学 101/109、光学工程 48/92、信息与通信工程 146/182、计算机科学与技术 181/263、土木工程 135/159、化学工程与技术 98/178、环境科学与工程 69/193、工商管理 124/306、公共管理 66/209、艺术学理论 63/70、音乐与舞蹈学 20/82、戏剧与影视学 29/61、美术学 74/115、设计学 160/161。

本科优势专业排名

5★专业：小学教育 12/301、汉语言文学 27/615、英语 44/928、应用心理学 5/248、音乐学 6/394、旅游管理 15/424。

5★-专业：汉语国际教育 21/320、历史学 16/246、广播电视编导 15/224、美术学 28/332。

4★专业：社会工作 50/251、思想政治教育 45/292、科学教育 5/43、教育技术学 23/130、学前教育 45/418、社会体育指导与管理 24/231、日语 70/450、广播电视学 26/152、广告学 28/254、数学与应用数学 69/514、汽车服务工程 21/111、计算机科学与技术 139/922、人力资源管理 44/414、电子商务 77/451、会展经济与管理 20/101、音乐表演 29/237、舞蹈学 22/202、表演 22/142。

10272 上海财经大学

在中国本科院校竞争力排行榜中的名次 120，上海市内排名 9/39，财经类排名 2/109。

共 26 个专业参评，其中 5★+专业 6 个，5★专业 2 个，5★-专业 10 个，4★专业 4 个，3★专业 2 个。

在中国普通高校研究生教育竞争力排行榜中的名次：总排名 129/596，上海市内排名 10/29，财经类排名 2/39。

共 15 个一级学科(学术学位)参评，其中 5★+学科 0 个，5★学科 4 个，5★-学科 1 个，4★学科 4 个，学科优秀率为 60%。

一级学科排名

哲学 43/133、理论经济学 8/111、应用经济学 6/262、法学 32/206、社会学 37/88、马克思主义理论 51/358、中国语言文学 115/183、外国语言文学 77/232、新闻传播学 47/116、数学 160/262、统计学 3/121、软件工程 17/146、管理科学与工程 9/202、工商管理 15/306、公共管理 34/209。

本科优势专业排名

5★+专业：经济统计学 1/134、统计学 1/205、市场营销 1/586、财务管理 4/680、工商管理 1/537、会计学 1/653。

5★专业：经济学 4/348、保险学 3/98、投资学 4/127、国际经济与贸易 19/670、信息管理与信息系统 17/343、劳动与社会保障 2/123、电子商务 19/451、财政学 3/84、金融学 6/387、数据科学与大数据技术 22/680。

5★-专业：税收学 7/90、法学 43/583。

4★专业：商务英语 55/362、新闻学 51/310、数学与应用数学 93/514、行政管理 52/290。

10252 上海理工大学

在中国本科院校竞争力排行榜中的名次 135，上海市内排名 10/39，理工类排名 60/365。

共 57 个专业参评，其中 5★+专业 0 个，5★专业 4 个，5★-专业 2 个，4★专业 16 个，3★专业 32 个。

在中国普通高校研究生教育竞争力排行榜中的名次：总排名 105/596，上海市内排名 8/29，理工类排名 51/182。

共 27 个一级学科(学术学位)参评，其中 5★+学科 0 个，5★学科 0 个，5★-学科 1 个，4★学科 3 个，学科优秀率为 14.81%。

一级学科排名

应用经济学 92/262、马克思主义理论 237/358、外国语言文学 108/232、新闻传播学 42/116、数学 136/262、物理学 128/197、化学 146/228、系统科学 5/25、力学 87/95、机械工程 44/220、光学工程 6/92、仪器科学与技术 41/69、材料科学与工程 100/219、动力工程及工程热物理 16/104、电气工程 87/109、信息与通信工程 151/182、控制科学与工程 43/184、计算机科学与技术 127/263、土木工程 71/159、交通运输工程 49/64、环境科学与工程 90/193、生物医学工程 20/74、食品科学与工程 30/99、软件工程 134/146、管理科学与工程 48/202、工商管理 118/306、公共管理 166/209。

本科优势专业排名

5★专业：机械设计制造及其自动化 17/513、视觉传达设计 29/702。

5★-专业：电子信息工程 61/633、光电信息科学与工程 14/213、人工智能 32/411、机器人工程 29/307。

4★专业：国际经济与贸易 94/670、英语 144/928、广告学 45/254、编辑出版学 4/33、车辆工程 32/254、测控技术与仪器 28/186、能源与动力工程 26/188、数字媒体技术 32/221、建筑环境与能源应用工程 30/165、环境工程 49/345、生物医学工程 17/119、管理科学 6/35、公共事业管理 40/252、会展经济与管理 11/101、环境设计 104/701、数据科学与大数据技术 131/680。

10268 上海中医药大学

在中国本科院校竞争力排行榜中的名次 202，上海市内排名 11/39，医药类排名 13/108。

共 14 个专业参评，其中 5★+专业 0 个，5★专业 0 个，5★-专业 0 个，4★专业 6 个，3★专业 5 个。

在中国普通高校研究生教育竞争力排行榜中的名次：总排名 146/596，上海市内排名 11/29，医药类排名 14/76。

共 8 个一级学科(学术学位)参评，其中 5★+学科 0 个，5★学科 2 个，5★-学科 1 个，4★学科 0 个，学科优秀率为 37.5%。

一级学科排名

马克思主义理论 343/358、科学技术史 6/23、基础医学 61/108、中医学 2/42、中西医结合 3/61、药学 81/142、中药学 5/50、医学技术 10/35。

本科优势专业排名

4★专业：中药学 21/115、康复治疗学 21/177、中医学 12/64、听力与言语康复学 2/12、康复物理治疗 3/14、智能医学工程 10/62。

91020 第二军医大学

在中国本科院校竞争力排行榜中的名次 207，上海市内排名 12/39，医药类排名 14/108。

共 11 个专业参评，其中 5★+专业 0 个，5★专业 0 个，5★-专业 0 个，4★专业 1 个，3★专业 7 个。

在中国普通高校研究生教育竞争力排行榜中的名次：总排名 172/596，上海市内排名 13/29，医药类排名 19/76。

共 12 个一级学科(学术学位)参评，其中 5★+学科 0 个，5★学科 0 个，5★-学科 1 个，4★学科 4 个，学科优秀率为 41.67%。

一级学科排名

生物学 46/239、生物医学工程 68/74、基础医学 11/108、临床医学 30/110、口腔医学 44/47、公共卫生与预防医学 15/74、中西医结合 29/61、药学 26/142、中药学 27/50、特种医学 3/14、护理学 22/70、公共管理 122/209。

本科优势专业排名

4★专业：护理学 57/290。

10278 上海音乐学院

在中国本科院校竞争力排行榜中的名次 226，上海市内排名 13/39，艺术类排名 6/48。

共 7 个专业参评，其中 5★+专业 2 个，5★专业 0 个，5★-专业 1 个，4★专业 2 个，3★专业 1 个。

在中国普通高校研究生教育竞争力排行榜中的名次：总排名 347/596，上海市内排名 22/29，艺术类排名 7/33。

共 3 个一级学科(学术学位)参评，其中 5★+学科 1 个，5★学科 0 个，5★-学科 0 个，4★学科 0 个，学科优秀率为 33.33%。

一级学科排名

艺术学理论 17/70、音乐与舞蹈学 1/82、戏剧与影视学 58/61。

本科优势专业排名

5★+专业：音乐表演 1/237、音乐学 3/394。

5★专业：作曲与作曲技术理论 1/37。

4★专业：录音艺术 5/34、艺术与科技 13/69。

10271 上海外国语大学

在中国本科院校竞争力排行榜中的名次 235，上海市内排名 14/39，文法类排名 7/68。

共 31 个专业参评，其中 5★+专业 3 个，5★专业 6 个，5★-专业 7 个，4★专业 4 个，3★专业 6 个。

在中国普通高校研究生教育竞争力排行榜中的名次：总排名 261/596，上海市内排名 18/29，文法类排名 5/32。

共 8 个一级学科(学术学位)参评，其中 5★+学科 1 个，5★学科 0 个，5★-学科 0 个，4★学科 0 个，学科优秀率为 12.5%。

一级学科排名

应用经济学 181/262、政治学 17/80、马克思主义理论 333/358、教育学 80/139、中国语言文学 85/183、外国语言文学 1/232、新闻传播学 43/116、工商管理 67/306。

本科优势专业排名

5★+专业：汉语国际教育 2/320、英语 1/928、法语 1/137。

5★专业：俄语 4/157、德语 5/110、西班牙语 5/96、日语 6/450、葡萄牙语 2/33、翻译 4/261、商务英语 7/362。

5★-专业：国际政治 3/36、阿拉伯语 3/39、朝鲜语 6/93、网络与新媒体 20/316、大数据管理与应用 15/170、工商管理 50/537。

4★专业：国际经济与贸易 127/670、意大利语 3/22、新闻学 48/310、信息管理与信息系统 36/343。

10254 上海海事大学

在中国本科院校竞争力排行榜中的名次 238，上海市内排名 15/39，理工类排名 98/365。

共 45 个专业参评，其中 5★+专业 1 个，5★专业 1 个，5★-专业 2 个，4★专业 13 个，3★专业 19 个。

在中国普通高校研究生教育竞争力排行榜中的名次：总排名 236/596，上海市内排名 15/29，理工类排名 92/182。

共 17 个一级学科(学术学位)参评，其中 5★+学科 0 个，5★学科 0 个，5★-学科 1 个，4★学科 1 个，学科优秀率为 11.76%。

一级学科排名

应用经济学 171/262、法学 72/206、马克思主义理论 337/358、外国语言文学 49/232、数学 211/262、机械工程 156/220、动力工程及工程热物理 61/104、电气工程 39/109、信息与通信工程 83/182、控制科学与工程 158/184、计算机科学与技术 103/263、水利工程 59/64、交通运输工程 13/64、船舶与海洋工程 13/24、安全科学与工程 31/61、管理科学与工程 15/202、工商管理 95/306。

本科优势专业排名

5★+专业：物流管理 3/434。

5★专业：物流工程 2/102、交通管理 1/12。

5★-专业：航海技术 2/18。

4★专业：英语 167/928、日语 61/450、翻译 52/261、商务英语 38/362、机械电子工程 56/297、电气工程及其自动化 100/569、网络工程 35/276、交通运输 13/107、交通工程 20/106、财务管理 77/680、法学 76/583、人工智能 73/411、轮机工程 4/20。

10264 上海海洋大学

在中国本科院校竞争力排行榜中的名次 253，上海市内排名 16/39，农林类排名 22/47。

共 37 个专业参评，其中 5★+专业 0 个，5★专业 1 个，5★-专业 1 个，4★专业 4 个，3★专业 18 个。

在中国普通高校研究生教育竞争力排行榜中的名次：总排名 167/596，上海市内排名 12/29，农林类排名 13/38。

共 14 个一级学科(学术学位)参评，其中 5★+学科 0 个，5★学科 0 个，5★-学科 1 个，4★学科 2 个，学科优秀率为 21.43%。

一级学科排名

应用经济学 243/262、法学 185/206、外国语言文学 218/232、海洋科学 14/29、生物学 42/239、生态学 68/109、动力工程及工程热物理 93/104、计算机科学与技术 230/263、船舶与海洋工程 16/24、环境科学与工程 103/193、食品科学与工程 13/99、软件工程 111/146、水产 2/28、农林经济管理 32/51。

本科优势专业排名

5★专业：水产养殖学 2/51。

5★-专业：食品科学与工程 19/278。

4★专业：海洋技术 4/24、生物科学 41/280、海洋资源与环境 3/15、生物制药 16/113。

10856 上海工程技术大学

在中国本科院校竞争力排行榜中的名次 258，上海市内排名 17/39，理工类排名 107/365。

共 56 个专业参评，其中 5★+专业 0 个，5★专业 3 个，5★-专业 1 个，4★专业 7 个，3★专业 34 个。

在中国普通高校研究生教育竞争力排行榜中的名次：总排名 247/596，上海市内排名 17/29，理工类排名 96/182。

共 11 个一级学科(学术学位)参评。

一级学科排名

马克思主义理论 212/358、统计学 67/121、机械工程 110/220、材料科学与工程 131/219、控制科学与工程 117/184、化学工程与技术 88/178、纺织科学与工程 13/22、交通运输工程 34/64、工商管理 90/306、公共管理 91/209、设计学 41/161。

本科优势专业排名

5★专业：数据计算及应用 1/22。

5★-专业：服装设计与工程 5/56、数字媒体艺术 30/319、数据科学与大数据技术 47/680。

4★专业：车辆工程 34/254、汽车服务工程 15/111、制药工程 37/252、市场营销 81/586、物流管理 83/434、摄影 11/75、服装与服饰设计 26/208。

10277 上海体育学院

在中国本科院校竞争力排行榜中的名次 276，上海市内排名 18/39，体育类排名 2/16。

共 17 个专业参评，其中 5★+专业 1 个，5★专业 3 个，5★-专业 3 个，4★专业 2 个，3★专业 3 个。

在中国普通高校研究生教育竞争力排行榜中的名次：总排名 246/596，上海市内排名 16/29，体育类排名 2/13。

共 4 个一级学科(学术学位)参评，其中 5★+学科 0 个，5★学科 1 个，5★-学科 0 个，4★学科 0 个，学科优秀率为 25%。

一级学科排名

心理学 78/102、体育学 2/106、新闻传播学 100/116、医学技术 9/35。

本科优势专业排名

5★+专业：体育教育 1/323。

5★专业：运动康复 3/79、体能训练 1/13、体育经济与管理 1/26。

5★-专业：社会体育指导与管理 14/231、应用心理学 15/248、休闲体育 5/89。

4★专业：康复治疗学 22/177、数据科学与大数据技术 83/680。

10276 华东政法大学

在中国本科院校竞争力排行榜中的名次 294，上海市内排名 19/39，文法类排名 9/68。

共 21 个专业参评，其中 5★+专业 0 个，5★专业 0 个，5★-专业 2 个，4★专业 5 个，3★专业 9 个。

在中国普通高校研究生教育竞争力排行榜中的名次：总排名 262/596，上海市内排名 19/29，文法类排名 6/32。

共 8 个一级学科(学术学位)参评，其中 5★+学科 0 个，5★学科 1 个，5★-学科 0 个，4★学科 1 个，学科优秀率为 25%。

一级学科排名

应用经济学 137/262、法学 7/206、政治学 46/80、社会学 73/88、马克思主义理论 162/358、外国语言文学 59/232、新闻传播学 44/116、公共管理 33/209。

本科优势专业排名

5★专业：法学 7/583、知识产权 2/92。

4★专业：翻译 37/261、新闻学 38/310、文化产业管理 26/135、公共事业管理 33/252、行政管理 33/290。

10279 上海戏剧学院

在中国本科院校竞争力排行榜中的名次 306，上海市内排名 20/39，艺术类排名 11/48。

共 14 个专业参评，其中 5★+专业 1 个，5★专业 3 个，5★-专业 4 个，4★专业 1 个，3★专业 2 个。

在中国普通高校研究生教育竞争力排行榜中的名次：总排名 394/596，上海市内排名 24/29，艺术类排名 11/33。

共 4 个一级学科(学术学位)参评，其中 5★+学科 0 个，5★学科 0 个，5★-学科 1 个，4★学科 0 个，学科优秀率为 25%。

一级学科排名

艺术学理论 19/70、音乐与舞蹈学 66/82、戏剧与影视学 4/61、设计学 145/161。

本科优势专业排名

5★+专业：表演 1/142。

5★专业：舞蹈表演 3/145、戏剧影视文学 2/93、广播电视编导 9/224、艺术管理 1/28。

5★-专业：戏剧影视导演 3/31、戏剧影视美术设计 3/49、影视摄影与制作 6/70。

4★专业：播音与主持艺术 43/219。

10256 上海电力大学

在中国本科院校竞争力排行榜中的名次 312，上海市内排名 21/39，理工类排名 123/365。

共 35 个专业参评，其中 5★+专业 0 个，5★专业 0 个，5★-专业 0 个，4★专业 2 个，3★专业 14 个。

在中国普通高校研究生教育竞争力排行榜中的名次：总排名 278/596，上海市内排名 20/29，理工类排名 105/182。

共 7 个一级学科(学术学位)参评，其中 5★+学科 0 个，5★学科 0 个，5★-学科 0 个，4★学科 1 个，学科优秀率为 14.29%。

一级学科排名

物理学 160/197、动力工程及工程热物理 48/104、电气工程 16/109、信息与通信工程 97/182、控制科学与工程 73/184、化学工程与技术 96/178、管理科学与工程 128/202。

本科优势专业排名

4★专业：电气工程及其自动化 63/569、电子科学与技术 26/149。

14423 上海科技大学

在中国本科院校竞争力排行榜中的名次 333，上海市内排名 22/39，理工类排名 131/365。

共 10 个专业参评，其中 5★+专业 0 个，5★专业 0 个，5★-专业 0 个，4★专业 0 个，3★专业 6 个。

在中国普通高校研究生教育竞争力排行榜中的名次：总排名 233/596，上海市内排名 14/29，理工类排名 91/182。

共 6 个一级学科(学术学位)参评。

一级学科排名

物理学 67/197、化学 48/228、生物学 70/239、材料科学与工程 46/219、电子科学与技术 43/120、计算机科学与技术 76/263。

10273 上海对外经贸大学

在中国本科院校竞争力排行榜中的名次 342，上海市内排名 23/39，财经类排名 23/109。

共 33 个专业参评，其中 5★+专业 1 个，5★专业 5 个，5★-专业 4 个，4★专业 7 个，3★专业 8 个。

在中国普通高校研究生教育竞争力排行榜中的名次：总排名 379/596，上海市内排名 23/29，财经类排名 20/39。

共 7 个一级学科(学术学位)参评。

一级学科排名

理论经济学 56/111、应用经济学 77/262、法学 79/206、马克思主义理论 324/358、外国语言文学 78/232、统计学 74/121、工商管理 75/306。

本科优势专业排名

5★+专业：应用统计学 2/183。

5★专业：国际经济与贸易 12/670、商务英语 15/362、物流管理 20/434、数据科学与大数据技术 34/680。

5★-专业：市场营销 45/586、财务管理 64/680、审计学 18/191、资产评估 6/69、会展经济与管理 7/101。

4★专业：英语 149/928、日语 79/450、国际商务 20/126、金融学 45/387、法学 93/583、工商管理 79/537、会计学 66/653。

10259 上海应用技术大学

在中国本科院校竞争力排行榜中的名次 360，上海市内排名 24/39，理工类排名 140/365。

共 50 个专业参评，其中 5★+专业 0 个，5★专业 1 个，5★-专业 0 个，4★专业 5 个，3★专业 19 个。

在中国普通高校研究生教育竞争力排行榜中的名次：总排名 285/596，上海市内排名 21/29，理工类排名 109/182。

共 8 个一级学科(学术学位)参评。

一级学科排名

数学 130/262、生态学 71/109、机械工程 113/220、材料科学与工程 189/219、控制科学与工程 168/184、化学工程与技术 67/178、轻工技术与工程 15/19、管理科学与工程 107/202。

本科优势专业排名

5★-专业：市场营销 48/586。

4★专业：软件工程 119/595、信息管理与信息系统 61/343、环境设计 125/701、机器人工程 53/307、化妆品技术与工程 2/13。

11047 上海立信会计金融学院

在中国本科院校竞争力排行榜中的名次 480，上海市内排名 25/39，财经类排名 33/109。

共 39 个专业参评，其中 5★+专业 1 个，5★专业 2 个，5★-专业 2 个，4★专业 6 个，3★专业 10 个。

在中国普通高校研究生教育竞争力排行榜中的名次：总排名 549/596，上海市内排名 28/29，财经类排名 37/39。

本科优势专业排名

5★+专业：审计学 2/191。

5★专业：国际经济与贸易 26/670、金融科技 4/78。

5★-专业：金融工程 24/259、应用统计学 11/183。

4★专业：商务英语 58/362、财务管理 76/680、人力资源管理 74/414、金融学 50/387、信用管理 4/23、会计学 82/653。

11458 上海电机学院

在中国本科院校竞争力排行榜中的名次 518，上海市内排名 26/39，理工类排名 183/365。

共 31 个专业参评，其中 5★+专业 0 个，5★专业 0 个，5★-专业 0 个，4★专业 1 个，3★专业 17 个。

在中国普通高校研究生教育竞争力排行榜中的名次：总排名 514/596，上海市内排名 26/29，理工类排名 167/182。

本科优势专业排名

4★专业：财务管理 127/680。

11835 上海政法学院

在中国本科院校竞争力排行榜中的名次 567，上海市内排名 27/39，文法类排名 23/68。

共 27 个专业参评，其中 5★+专业 0 个，5★专业 0 个，5★-专业 0 个，4★专业 2 个，3★专业 8 个。

在中国普通高校研究生教育竞争力排行榜中的名次：总排名 494/596，上海市内排名 25/29，文法类排名 16/32。

共 3 个一级学科(学术学位)参评。

一级学科排名

法学 61/206、马克思主义理论 215/358、新闻传播学 107/116。

本科优势专业排名

4★专业：法学 67/583、知识产权 18/92。

12044 上海第二工业大学

在中国本科院校竞争力排行榜中的名次 619，上海市内排名 28/39，理工类排名 195/365。

共 40 个专业参评，其中 5★+专业 0 个，5★专业 0 个，5★-专业 0 个，4★专业 2 个，3★专业 7 个。

在中国普通高校研究生教育竞争力排行榜中的名次：总排名 541/596，上海市内排名 27/29，理工类排名 174/182。

本科优势专业排名

4★专业：国际商务 23/126、产品设计 48/390。

12050 上海商学院

在中国本科院校竞争力排行榜中的名次 639，上海市内排名 29/39，财经类排名 42/109。

共 28 个专业参评，其中 5★+专业 0 个，5★专业 1 个，5★-专业 1 个，4★专业 1 个，3★专业 2 个。

本科优势专业排名

5★专业：酒店管理 7/180。

5★-专业：电子商务 40/451。

4★专业：工商管理 77/537。

10262 上海健康医学院

在中国本科院校竞争力排行榜中的名次 647，上海市内排名 30/39，医药类排名 69/108。

共 16 个专业参评，其中 5★+专业 0 个，5★专业 1 个，5★-专业 0 个，4★专业 2 个，3★专业 5 个。

本科优势专业排名

5★-专业：医学影像技术 7/100。

4★专业：数据科学与大数据技术 101/680、健康服务与管理 14/116。

10274 上海海关学院

在中国本科院校竞争力排行榜中的名次 690，上海市内排名 31/39，文法类排名 35/68。

共 5 个专业参评，其中 5★+专业 0 个，5★专业 0 个，5★-专业 0 个，4★专业 0 个，3★专业 1 个。

在中国普通高校研究生教育竞争力排行榜中的名次：总排名 592/596，上海市内排名 29/29，文法类排名 30/32。

10283 上海公安学院

在中国本科院校竞争力排行榜中的名次 911，上海市内排名 35/39，文法类排名 57/68。

共 5 个专业参评，其中 5★+专业 0 个，5★专业 0 个，5★-专业 0 个，4★专业 0 个，3★专业 1 个。

民办院校

13632 上海视觉艺术学院

在中国民办院校竞争力排行榜中的名次 62，上海市内排名 32/39，艺术类排名 45/48。

共 16 个专业参评，其中 5★+专业 0 个，5★专业 1 个，5★-专业 1 个，4★专业 1 个，3★专业 6 个。

本科优势专业排名

5★专业：视觉传达设计 22/702。

5★-专业：工艺美术 8/92。

4★专业：环境设计 126/701。

12799 上海建桥学院

在中国民办院校竞争力排行榜中的名次 71，上海市内排名 33/39，综合类排名 165/270。

共 36 个专业参评，其中 5★+专业 0 个，5★专业 2 个，5★-专业 0 个，4★专业 0 个，3★专业 19 个。

本科优势专业排名

5★-专业：视觉传达设计 61/702、养老服务管理 2/19。

11833 上海杉达学院

在中国民办院校竞争力排行榜中的名次 94，上海市内排名 34/39，财经类排名 63/109。

共 36 个专业参评，其中 5★+专业 0 个，5★专业 0 个，5★-专业 0 个，4★专业 1 个，3★专业 9 个。

本科优势专业排名

4★专业：酒店管理 31/180。

12587 上海立达学院

在中国民办院校竞争力排行榜中的名次 169，上海市内排名 37/39，财经类排名 82/109。

共 12 个专业参评，其中 5★+专业 0 个，5★专业 0 个，5★-专业 0 个，4★专业 0 个，3★专业 8 个。

12914 上海兴伟学院

在中国民办院校竞争力排行榜中的名次 209，上海市内排名 38/39，理工类排名 348/365。

共 2 个专业参评，其中 5★+专业 0 个，5★专业 0 个，5★-专业 0 个，4★专业 0 个，3★专业 1 个。

陕西省

一流大学

10698 西安交通大学

在中国本科院校竞争力排行榜中的名次 10，陕西省内排名 1/55，理工类排名 5/365。

共 72 个专业参评，其中 5★+专业 9 个，5★专业 10 个，5★-专业 23 个，4★专业 17 个，3★专业 13 个。

在中国普通高校研究生教育竞争力排行榜中的名次：总排名 11/596，陕西省内排名 1/29，理工类排名 4/182。

共 40 个一级学科(学术学位)参评，其中 5★+学科 3 个，5★学科 5 个，5★-学科 7 个，4★学科 10 个，学科优秀率为 62.5%。

一级学科排名

哲学 17/133、理论经济学 43/111、应用经济学 14/262、法学 23/206、社会学 30/88、马克思主义理论 13/358、外国语言文学 63/232、新闻传播学 93/116、数学 17/262、物理学 24/197、化学 31/228、生物学 31/239、统计学 34/121、力学 5/95、机械工程 1/220、仪器科学与技术 4/69、材料科学与工程 14/219、动力工程及工程热物理 1/104、电气工程 2/109、电子科学与技术 11/120、信息与通信工程 13/182、控制科学与工程 6/184、计算机科学与技术 32/263、建筑学 35/70、土木工程 68/159、化学工程与技术 23/178、航空宇航科学与技术 12/29、核科学与技术 8/17、环境科学与工程 58/193、生物医学工程 23/74、网络空间安全 21/70、基础医学 26/108、临床医学 25/110、口腔医学 27/47、公共卫生与预防医学 12/74、药学 16/142、护理学 10/70、管理科学与工程 4/202、工商管理 2/306、公共管理 12/209。

本科优势专业排名

5★+专业：工业设计 2/209、材料物理 1/67、能源与动力工程 1/188、电气工程及其自动化 2/569、劳动与社会保障 1/123、电子商务 5/451、网络与新媒体 2/316、新能源科学与工程 1/126、大数据管理与应用 1/170。

5★专业：国际经济与贸易 16/670、数学与应用数学 9/514、信息与计算科学 8/303、应用物理学 7/151、应用化学 14/373、工程力学 3/80、机械工程 3/120、过程装备与控制工程 2/91、车辆工程 4/254、测控技术与仪器 3/186、材料科学与工程 4/229、电子科学与技术 6/149、微电子科学与工程 5/107、信息工程 3/55、自动化 8/437、计算机科学与技术 14/922、物联网工程 10/481、核工程与核技术 1/30、金融学 7/387、人工智能 6/411、工商管理 14/537、会计学 12/653、书法学 4/125。

5★-专业：金融工程 16/259、贸易经济 3/44、日语 33/450、统计学 14/205、软件工程 36/595、化学工程与工艺 23/325、生物医学工程 9/119、药学 18/240、法学 46/583、智能制造工程 25/252。

4★专业：经济学 57/348、经济统计学 15/134、英语 129/928、光电信息科学与工程 34/213、制药工程 28/252、飞行器设计与工程 6/28、建筑学 41/291、护理学 46/290、行政管理 44/290、工业工程 15/139、环境设计 86/701、马克思主义理论 7/39、储能科学与工程 5/38、网络空间安全 17/100、临床医学 21/194、口腔医学 21/116、法医学 6/31。

10699 西北工业大学

在中国本科院校竞争力排行榜中的名次 23，陕西省内排名 2/55，理工类排名 13/365。

共 55 个专业参评，其中 5★+专业 2 个，5★专业 15 个，5★-专业 13 个，4★专业 8 个，3★专业 13 个。

在中国普通高校研究生教育竞争力排行榜中的名次：总排名 30/596，陕西省内排名 2/29，理工类排名 16/182。

共 36 个一级学科(学术学位)参评，其中 5★+学科 0 个，5★学科 2 个，5★-学科 3 个，4★学科 7 个，学科优秀率为 33.33%。

一级学科排名

应用经济学 212/262、法学 174/206、马克思主义理论 43/358、教育学 113/139、体育学 97/106、外国语言文学 121/232、数学 31/262、物理学 42/197、化学 50/228、生物学 145/239、生态学 84/109、力学 12/95、机械工程 11/220、光学工程 29/92、材料科学与工程 10/219、动力工程及工程热物理 27/104、电气工程 56/109、电子科学与技术 25/120、信息与通信工程 25/182、控制科学与工程 10/184、计算机科学与技术 31/263、建筑学 54/70、土木工程 139/159、化学工程与技术 112/178、交通运输工程 20/64、船舶与海洋工程 12/24、航空宇航科学与技术 2/29、兵器科学与技术 3/7、生物医学工程 31/74、软件工程 14/146、网络空间安全 9/70、药学 130/142、管理科学与工程 31/202、工商管理 79/306、公共管理 137/209、设计学 128/161。

本科优势专业排名

5★+专业：机械设计制造及其自动化 5/513、软件工程 4/595。

5★专业：机械电子工程 13/297、工业设计 5/209、材料科学与工程 9/229、电气工程及其自动化 25/569、通信工程 9/490、自动化 13/437、计算机科学与技术 18/922、物联网工程 11/481、飞行器制造工程 1/36、探测制导与控制技术 1/14、工程管理 10/388、人工智能 18/411、数据科学与大数据技术 28/680。

5★-专业：英语 47/928、数学与应用数学 40/514、材料成型及控制工程 14/221、材料物理 5/67、高分子材料与工程 16/184、能源与动力工程 13/188、电子科学与技术 11/149、光电信息科学与工程 18/213、航空航天工程 2/18、飞行器设计与工程 2/28、飞行器动力工程 2/24、信息管理与信息系统 27/343、工业工程 9/139、机器人工程 25/307、信息安全 11/119。

4★专业：信息与计算科学 59/303、工程力学 11/80、复合材料与工程 5/41、电子信息工程 85/633、信息工程 10/55、市场营销 90/586、产品设计 60/390、网络空间安全 14/100。

10712 西北农林科技大学

在中国本科院校竞争力排行榜中的名次 88，陕西省内排名 6/55，农林类排名 5/47。

共 65 个专业参评，其中 5★+专业 0 个，5★专业 8 个，5★-专业 8 个，4★专业 7 个，3★专业 35 个。

在中国普通高校研究生教育竞争力排行榜中的名次：总排名 49/596，陕西省内排名 3/29，农林类排名 2/38。

共 27 个一级学科（学术学位）参评，其中 5★+学科 0 个，5★学科 0 个，5★-学科 9 个，4★学科 5 个，学科优秀率为 51.85%。

一级学科排名

应用经济学 111/262、社会学 26/88、马克思主义理论 270/358、数学 233/262、化学 126/228、生物学 21/239、科学技术史 15/23、机械工程 93/220、计算机科学与技术 140/263、土木工程 111/159、水利工程 7/64、农业工程 4/44、林业工程 10/12、环境科学与工程 26/193、食品科学与工程 6/99、风景园林学 11/56、作物学 5/51、园艺学 5/44、农业资源与环境 6/40、植物保护 3/45、畜牧学 4/55、兽医学 4/43、林学 4/36、水产 22/28、草学 6/25、药学 71/142、农林经济管理 5/51。

本科优势专业排名

5★专业：食品科学与工程 14/278、农学 3/76、园艺 4/107、植物保护 2/55、设施农业科学与工程 1/39、水土保持与荒漠化防治 1/19、动物科学 3/79、农林经济管理 3/61。

5★-专业：生物技术 15/285、农业水利工程 3/33、风景园林 18/185、生物工程 15/239、动物医学 5/73、林学 5/47、环境设计 69/701、葡萄与葡萄酒工程 2/16。

4★专业：英语 179/928、应用化学 41/373、水利水电工程 13/83、食品质量与安全 29/236、园林 22/126、草业科学 4/29、资源环境科学 2/14。

一般大学

10701 西安电子科技大学

在中国本科院校竞争力排行榜中的名次 44，陕西省内排名 3/55，理工类排名 23/365。

共 54 个专业参评，其中 5★+专业 5 个，5★专业 7 个，5★-专业 9 个，4★专业 12 个，3★专业 13 个。

在中国普通高校研究生教育竞争力排行榜中的名次：总排名 59/596，陕西省内排名 4/29，理工类排名 30/182。

共 25 个一级学科（学术学位）参评，其中 5★+学科 0 个，5★学科 2 个，5★-学科 1 个，4★学科 3 个，学科优秀率为 24%。

一级学科排名

哲学 94/133、应用经济学 210/262、马克思主义理论 289/358、体育学 69/106、外国语言文学 160/232、数学 75/262、物理学 66/197、统计学

71/121、力学85/95、机械工程67/220、光学工程18/92、仪器科学与技术19/69、材料科学与工程89/219、电气工程84/109、电子科学与技术9/120、信息与通信工程3/182、控制科学与工程63/184、计算机科学与技术10/263、交通运输工程54/64、生物医学工程51/74、软件工程19/146、网络空间安全12/70、管理科学与工程62/202、工商管理249/306、图书情报与档案管理32/50。

本科优势专业排名

5★+专业：电子信息工程2/633、通信工程3/490、计算机科学与技术5/922、网络工程2/276、人工智能2/411。

5★专业：电子科学与技术5/149、软件工程18/595、物联网工程24/481、集成电路设计与集成系统4/70、电子信息科学与技术8/164、信息安全5/119、智能科学与技术4/175、数据科学与大数据技术20/680、网络空间安全3/100。

5★-专业：数学与应用数学41/514、机械设计制造及其自动化30/513、测控技术与仪器14/186、微电子科学与工程7/107、信息工程6/55、自动化44/437、信息管理与信息系统20/343。

4★专业：信息与计算科学56/303、电气工程及其自动化98/569、光电信息科学与工程28/213、遥感科学与技术7/56、探测制导与控制技术2/14、信息对抗技术2/13、市场营销115/586、机器人工程37/307、空间信息与数字技术2/14、智能医学工程11/62、大数据管理与应用21/170、工商管理106/537。

10697 西北大学

在中国本科院校竞争力排行榜中的名次67，陕西省内排名4/55，综合类排名23/270。

共82个专业参评，其中5★+专业1个，5★专业16个，5★-专业6个，4★专业19个，3★专业25个。

在中国普通高校研究生教育竞争力排行榜中的名次：总排名74/596，陕西省内排名5/29，综合类排名25/93。

共38个一级学科(学术学位)参评，其中5★+学科0个，5★学科0个，5★-学科0个，4★学科7个，学科优秀率为18.42%。

一级学科排名

哲学62/133、理论经济学27/111、应用经济学42/262、法学62/206、马克思主义理论62/358、心理学70/102、中国语言文学43/183、外国语言文学149/232、新闻传播学74/116、考古学9/40、中国史29/114、世界史28/67、数学79/262、物理学73/197、化学43/228、地理学21/84、地质学5/36、生物学52/239、科学技术史13/23、生态学32/109、统计学48/121、光学工程55/92、动力工程及工程热物理73/104、电子科学与技术64/120、信息与通信工程95/182、计算机科学与技术75/263、化学工程与技术30/178、地质资源与地质工程12/46、环境科学与工程155/193、食品科学与工程60/99、城乡规划学21/60、软件工程43/146、中药学11/50、工商管理52/306、公共管理105/209、图书情报与档案管理34/50、戏剧与影视学11/61、美术学34/115。

本科优势专业排名

5★+专业：材料化学1/125。

5★专业：汉语言文学23/615、考古学1/29、人文地理与城乡规划5/108、地质学1/24、物联网工程8/481、劳动与社会保障4/123。

5★-专业：经济学22/348、汉语国际教育27/320、新闻学31/310、历史学20/246、数学与应用数学44/514、物理学25/282、化学23/304、应用化学31/373、生物科学27/280、计算机科学与技术55/922、软件工程35/595、制药工程25/252、城乡规划20/203、行政管理18/290、网络与新媒体22/316、工商管理43/537。

4★专业：经济统计学24/134、国际经济与贸易102/670、日语84/450、应用物理学23/151、自然地理与资源环境9/49、地理信息科学30/166、电子信息工程122/633、电子科学与技术25/149、化学工程与工艺42/325、资源勘查工程6/50、生物工程33/239、中药学22/115、人力资源管理53/414、广播电视编导31/224、美术学65/332、金融学56/387、法学84/583、智能科学与技术25/175、能源化学工程11/60。

10718 陕西师范大学

在中国本科院校竞争力排行榜中的名次70，陕西省内排名5/55，师范类排名6/175。

共64个专业参评，其中5★+专业2个，5★专业16个，5★-专业11个，4★专业11个，3★专业20个。

在中国普通高校研究生教育竞争力排行榜中

的名次：总排名 79/596，陕西省内排名 6/29，师范类排名 7/77。

共 35 个一级学科(学术学位)参评，其中 5★+学科 0 个，5★学科 1 个，5★-学科 3 个，4★学科 2 个，学科优秀率为 17.14%。

一级学科排名

哲学 39/133、理论经济学 39/111、应用经济学 71/262、社会学 48/88、民族学 12/38、马克思主义理论 44/358、教育学 12/139、心理学 10/102、体育学 40/106、中国语言文学 4/183、外国语言文学 38/232、新闻传播学 32/116、考古学 12/40、中国史 11/114、世界史 14/67、数学 76/262、物理学 75/197、化学 54/228、地理学 22/84、生物学 49/239、生态学 38/109、统计学 106/121、材料科学与工程 91/219、信息与通信工程 144/182、计算机科学与技术 67/263、化学工程与技术 59/178、环境科学与工程 104/193、食品科学与工程 38/99、软件工程 64/146、工商管理 77/306、公共管理 62/209、音乐与舞蹈学 29/82、戏剧与影视学 28/61、美术学 42/115、设计学 100/161。

本科优势专业排名

5★+专业：学前教育 3/418、秘书学 1/89。

5★专业：思想政治教育 11/292、教育技术学 5/130、体育教育 16/323、汉语言文学 12/615、英语 25/928、文物与博物馆学 2/53、数学与应用数学 24/514、地理科学 4/170、舞蹈学 3/202、播音与主持艺术 6/219、旅游管理 6/424。

5★-专业：经济学 23/348、教育学 8/82、翻译 21/261、新闻学 23/310、历史学 14/246、物理学 24/282、化学 22/304、地理信息科学 10/166、心理学 7/72、应用心理学 14/248、材料化学 13/125、计算机科学与技术 68/922、音乐学 22/394、广播电视编导 21/224、美术学 23/332、网络与新媒体 24/316。

4★专业：俄语 21/157、信息与计算科学 49/303、应用化学 62/373、生物科学 39/280、生物技术 51/285、软件工程 102/595、食品质量与安全 30/236、人力资源管理 52/414、绘画 18/164、电子信息科学与技术 23/164、人工智能 64/411。

10703 西安建筑科技大学

在中国本科院校竞争力排行榜中的名次 93，陕西省内排名 7/55，理工类排名 47/365。

共 62 个专业参评，其中 5★+专业 3 个，5★专业 3 个，5★-专业 9 个，4★专业 13 个，3★专业 25 个。

在中国普通高校研究生教育竞争力排行榜中的名次：总排名 97/596，陕西省内排名 7/29，理工类排名 47/182。

共 26 个一级学科(学术学位)参评，其中 5★+学科 0 个，5★学科 3 个，5★-学科 0 个，4★学科 4 个，学科优秀率为 26.92%。

一级学科排名

哲学 102/133、马克思主义理论 157/358、中国语言文学 137/183、数学 125/262、物理学 126/197、力学 66/95、机械工程 80/220、材料科学与工程 38/219、冶金工程 9/28、控制科学与工程 87/184、计算机科学与技术 137/263、建筑学 8/70、土木工程 6/159、化学工程与技术 100/178、矿业工程 25/30、交通运输工程 47/64、环境科学与工程 20/193、城乡规划学 3/60、风景园林学 2/56、安全科学与工程 48/61、管理科学与工程 35/202、工商管理 226/306、公共管理 133/209、戏剧与影视学 43/61、美术学 77/115、设计学 48/161。

本科优势专业排名

5★+专业：建筑环境与能源应用工程 2/165、建筑电气与智能化 1/64、环境设计 7/701。

5★专业：土木工程 7/525、给排水科学与工程 7/159、环境工程 5/345、建筑学 4/291、城乡规划 3/203、风景园林 8/185、工程管理 12/388、文化产业管理 3/135、城市地下空间工程 4/73。

5★-专业：机械设计制造及其自动化 48/513、材料成型及控制工程 12/221、信息管理与信息系统 29/343。

4★专业：机械电子工程 43/297、材料科学与工程 33/229、冶金工程 7/41、电气工程及其自动化 111/569、自动化 84/437、计算机科学与技术 149/922、交通运输 20/107、环境科学 35/173、安全工程 30/148、人工智能 80/411、资源循环科学与工程 4/32、大数据管理与应用 29/170、工商管理 78/537。

10710 长安大学

在中国本科院校竞争力排行榜中的名次 95，陕西省内排名 8/55，理工类排名 48/365。

共77个专业参评，其中5★+专业1个，5★专业7个，5★-专业8个，4★专业13个，3★专业40个。

在中国普通高校研究生教育竞争力排行榜中的名次：总排名103/596，陕西省内排名8/29，理工类排名49/182。

共33个一级学科(学术学位)参评，其中5★+学科0个，5★学科1个，5★-学科0个，4★学科1个，学科优秀率为6.06%。

一级学科排名

哲学66/133、应用经济学248/262、法学201/206、马克思主义理论168/358、外国语言文学206/232、数学135/262、地理学64/84、地球物理学13/21、地质学10/36、统计学111/121、力学60/95、机械工程62/220、材料科学与工程117/219、动力工程及工程热物理74/104、电气工程98/109、信息与通信工程117/182、控制科学与工程83/184、计算机科学与技术130/263、土木工程23/159、水利工程20/64、测绘科学与技术15/52、化学工程与技术173/178、地质资源与地质工程17/46、交通运输工程2/64、环境科学与工程49/193、城乡规划学22/60、风景园林学47/56、软件工程123/146、安全科学与工程34/61、网络空间安全56/70、管理科学与工程140/202、工商管理151/306、公共管理92/209。

本科优势专业排名

5★+专业：道路桥梁与渡河工程1/77。

5★专业：机械设计制造及其自动化24/513、车辆工程13/254、水文与水资源工程2/48、遥感科学与技术2/56、地质工程3/55、交通运输3/107、交通工程4/106、土地整治工程1/14。

5★-专业：计算机科学与技术86/922、土木工程29/525、资源勘查工程4/50、环境工程24/345、工程管理24/388、工程造价21/254、人工智能29/411。

4★专业：材料成型及控制工程30/221、机械电子工程39/297、汽车服务工程17/111、自动化59/437、物联网工程76/481、建筑环境与能源应用工程26/165、给排水科学与工程22/159、测绘工程15/143、建筑学53/291、城乡规划25/203、物流管理82/434、物流工程13/102、机器人工程42/307。

10700 西安理工大学

在中国本科院校竞争力排行榜中的名次116，陕西省内排名9/55，理工类排名54/365。

共66个专业参评，其中5★+专业0个，5★专业9个，5★-专业4个，4★专业20个，3★专业25个。

在中国普通高校研究生教育竞争力排行榜中的名次：总排名134/596，陕西省内排名9/29，理工类排名60/182。

共27个一级学科(学术学位)参评，其中5★+学科0个，5★学科0个，5★-学科0个，4★学科3个，学科优秀率为11.11%。

一级学科排名

应用经济学153/262、马克思主义理论79/358、外国语言文学178/232、数学99/262、物理学176/197、力学64/95、机械工程66/220、光学工程79/92、仪器科学与技术31/69、材料科学与工程93/219、动力工程及工程热物理90/104、电气工程43/109、电子科学与技术45/120、信息与通信工程113/182、控制科学与工程45/184、计算机科学与技术82/263、土木工程49/159、水利工程8/64、化学工程与技术175/178、轻工技术与工程13/19、农业工程24/44、环境科学与工程63/193、软件工程129/146、林学32/36、管理科学与工程71/202、工商管理51/306、设计学32/161。

本科优势专业排名

5★专业：机械设计制造及其自动化21/513、自动化19/437、计算机科学与技术36/922、数据科学与大数据技术12/680。

5★-专业：材料成型及控制工程18/221、工业设计20/209、电气工程及其自动化37/569、物联网工程45/481、土木工程44/525、水利水电工程5/83、工程管理20/388、机器人工程22/307、工商管理35/537。

4★专业：英语122/928、应用物理学27/151、应用统计学35/183、测控技术与仪器22/186、材料科学与工程36/229、材料物理11/67、电子信息工程113/633、电子科学与技术20/149、通信工程53/490、软件工程72/595、网络工程36/276、数字媒体技术30/221、水文与水资源工程7/48、包装工程5/37、环境工程48/345、市场营销63/586、智能制造工程48/252、电气工程与智能控制4/33、人工智能51/411、城市地下空间工程10/73。

10708 陕西科技大学

在中国本科院校竞争力排行榜中的名次 170，陕西省内排名 10/55，理工类排名 70/365。

共 60 个专业参评，其中 5★+专业 0 个，5★专业 4 个，5★-专业 2 个，4★专业 12 个，3★专业 28 个。

在中国普通高校研究生教育竞争力排行榜中的名次：总排名 171/596，陕西省内排名 10/29，理工类排名 68/182。

共 19 个一级学科(学术学位)参评，其中 5★+学科 0 个，5★学科 0 个，5★-学科 0 个，4★学科 1 个，学科优秀率为 5.26%。

一级学科排名

马克思主义理论 217/358、数学 175/262、物理学 173/197、化学 93/228、机械工程 112/220、材料科学与工程 83/219、动力工程及工程热物理 66/104、电气工程 95/109、电子科学与技术 100/120、控制科学与工程 135/184、化学工程与技术 47/178、轻工技术与工程 3/19、环境科学与工程 125/193、食品科学与工程 51/99、软件工程 132/146、药学 134/142、工商管理 152/306、艺术学理论 65/70、设计学 77/161。

本科优势专业排名

5★专业：无机非金属材料工程 4/75、视觉传达设计 32/702。

5★-专业：应用化学 26/373、工业设计 21/209、轻化工程 4/41、食品科学与工程 28/278。

4★专业：信息与计算科学 39/303、机械电子工程 55/297、材料物理 12/67、电气工程及其自动化 76/569、化学工程与工艺 34/325、生物工程 28/239、市场营销 108/586、广播电视编导 38/224、产品设计 61/390、服装与服饰设计 39/208、人工智能 74/411、数据科学与大数据技术 87/680。

10704 西安科技大学

在中国本科院校竞争力排行榜中的名次 191，陕西省内排名 11/55，理工类排名 77/365。

共 59 个专业参评，其中 5★+专业 0 个，5★专业 7 个，5★-专业 1 个，4★专业 11 个，3★专业 23 个。

在中国普通高校研究生教育竞争力排行榜中的名次：总排名 177/596，陕西省内排名 11/29，理工类排名 70/182。

共 26 个一级学科(学术学位)参评，其中 5★+学科 0 个，5★学科 0 个，5★-学科 1 个，4★学科 0 个，学科优秀率为 3.85%。

一级学科排名

应用经济学 251/262、马克思主义理论 90/358、数学 252/262、物理学 95/197、化学 200/228、地理学 53/84、力学 93/95、机械工程 89/220、仪器科学与技术 46/69、材料科学与工程 120/219、电气工程 78/109、电子科学与技术 98/120、信息与通信工程 102/182、控制科学与工程 106/184、计算机科学与技术 191/263、土木工程 64/159、测绘科学与技术 22/52、化学工程与技术 69/178、地质资源与地质工程 22/46、矿业工程 8/30、环境科学与工程 75/193、软件工程 105/146、安全科学与工程 6/61、管理科学与工程 127/202、工商管理 117/306、设计学 91/161。

本科优势专业排名

5★专业：安全工程 4/148。

5★-专业：机械设计制造及其自动化 46/513、机械电子工程 18/297、电子信息工程 50/633、土木工程 45/525、测绘工程 10/143、采矿工程 5/45、电子商务 42/451。

4★专业：电气工程及其自动化 77/569、通信工程 61/490、计算机科学与技术 135/922、软件工程 68/595、网络工程 54/276、物联网工程 95/481、化学工程与工艺 55/325、地质工程 8/55、工程管理 55/388、智能科学与技术 28/175、消防工程 3/20。

91030 第四军医大学

在中国本科院校竞争力排行榜中的名次 218，陕西省内排名 12/55，医药类排名 15/108。

共 9 个专业参评，其中 5★+专业 0 个，5★专业 0 个，5★-专业 0 个，4★专业 2 个，3★专业 6 个。

在中国普通高校研究生教育竞争力排行榜中的名次：总排名 191/596，陕西省内排名 12/29，医药类排名 22/76。

共 12 个一级学科(学术学位)参评，其中 5★+学科 0 个，5★学科 0 个，5★-学科 0 个，4★学科 5 个，学科优秀率为 41.67%。

一级学科排名

心理学 53/102、生物学 48/239、生物医学工程 13/74、基础医学 22/108、临床医学 13/110、口腔医学 9/47、公共卫生与预防医学 28/74、药学 29/142、中药学 26/50、特种医学 6/14、护理学 23/70、公共管理 108/209。

本科优势专业排名

4★专业：公共事业管理 37/252、口腔医学 22/116。

10702 西安工业大学

在中国本科院校竞争力排行榜中的名次 263，陕西省内排名 13/55，理工类排名 109/365。

共 50 个专业参评，其中 5★+专业 0 个，5★专业 5 个，5★-专业 2 个，4★专业 10 个，3★专业 21 个。

在中国普通高校研究生教育竞争力排行榜中的名次：总排名 294/596，陕西省内排名 13/29，理工类排名 113/182。

共 17 个一级学科(学术学位)参评。

一级学科排名

应用经济学 199/262、马克思主义理论 207/358、中国语言文学 178/183、数学 232/262、物理学 112/197、机械工程 98/220、光学工程 40/92、仪器科学与技术 42/69、材料科学与工程 99/219、信息与通信工程 174/182、控制科学与工程 100/184、计算机科学与技术 194/263、土木工程 114/159、兵器科学与技术 7/7、软件工程 75/146、管理科学与工程 144/202、工商管理 208/306。

本科优势专业排名

5★专业：机械电子工程 14/297、人力资源管理 21/414。

5★-专业：机械设计制造及其自动化 29/513、金属材料工程 8/76、计算机科学与技术 82/922、产品设计 27/390、智能制造工程 18/252。

4★专业：测控技术与仪器 31/186、电子信息工程 92/633、光电信息科学与工程 31/213、自动化 76/437、软件工程 112/595、市场营销 87/586、视觉传达设计 80/702、环境设计 73/701、机器人工程 44/307、会计学 83/653。

11664 西安邮电大学

在中国本科院校竞争力排行榜中的名次 298，陕西省内排名 14/55，理工类排名 118/365。

共 44 个专业参评，其中 5★+专业 0 个，5★专业 1 个，5★-专业 2 个，4★专业 4 个，3★专业 21 个。

在中国普通高校研究生教育竞争力排行榜中的名次：总排名 318/596，陕西省内排名 15/29，理工类排名 121/182。

共 12 个一级学科(学术学位)参评。

一级学科排名

应用经济学 183/262、马克思主义理论 117/358、物理学 87/197、光学工程 89/92、电子科学与技术 84/120、信息与通信工程 104/182、控制科学与工程 111/184、计算机科学与技术 119/263、软件工程 142/146、网络空间安全 59/70、管理科学与工程 163/202、工商管理 264/306。

本科优势专业排名

5★专业：电子商务 16/451、智能科学与技术 6/175。

5★-专业：通信工程 31/490。

4★专业：网络工程 46/276、物流管理 45/434、集成电路设计与集成系统 8/70、会计学 130/653。

10709 西安工程大学

在中国本科院校竞争力排行榜中的名次 321，陕西省内排名 15/55，理工类排名 127/365。

共 57 个专业参评，其中 5★+专业 0 个，5★专业 2 个，5★-专业 2 个，4★专业 7 个，3★专业 22 个。

在中国普通高校研究生教育竞争力排行榜中的名次：总排名 315/596，陕西省内排名 14/29，理工类排名 120/182。

共 16 个一级学科(学术学位)参评。

一级学科排名

马克思主义理论 138/358、外国语言文学 213/232、数学 194/262、物理学 174/197、机械工程 194/220、材料科学与工程 195/219、电气工程 108/109、控制科学与工程 104/184、计算机科学与技术 223/263、土木工程 154/159、化学工程与技术 174/178、纺织科学与工程 8/22、环境科学与工程 143/193、管理科学与工程 111/202、工商管理 224/306、设计学 57/161。

本科优势专业排名

5★专业：服装设计与工程 3/56、服装与服饰设计 9/208。

5★-专业：视觉传达设计 55/702、环境设计 58/701。

4★专业：材料成型及控制工程 32/221、电气工程及其自动化 78/569、计算机科学与技术 109/922、纺织工程 5/39、动画 38/256、产品设计 43/390、大数据管理与应用 23/170。

10705 西安石油大学

在中国本科院校竞争力排行榜中的名次 339，陕西省内排名 16/55，理工类排名 133/365。

共 56 个专业参评，其中 5★+专业 0 个，5★专业 2 个，5★-专业 0 个，4★专业 6 个，3★专业 26 个。

在中国普通高校研究生教育竞争力排行榜中的名次：总排名 325/596，陕西省内排名 16/29，理工类排名 125/182。

共 16 个一级学科(学术学位)参评。

一级学科排名

应用经济学 219/262、马克思主义理论 122/358、地质学 34/36、机械工程 160/220、光学工程 83/92、仪器科学与技术 63/69、材料科学与工程 147/219、动力工程及工程热物理 67/104、电气工程 100/109、控制科学与工程 118/184、计算机科学与技术 166/263、化学工程与技术 107/178、地质资源与地质工程 36/46、石油与天然气工程 7/15、管理科学与工程 168/202、工商管理 220/306。

本科优势专业排名

5★-专业：人力资源管理 28/414、焊接技术与工程 4/41。

4★专业：英语 158/928、机械设计制造及其自动化 90/513、计算机科学与技术 117/922、石油工程 4/21、环境设计 110/701、会计学 122/653。

10729 西安美术学院

在中国本科院校竞争力排行榜中的名次 367，陕西省内排名 17/55，艺术类排名 15/48。

共 21 个专业参评，其中 5★+专业 3 个，5★专业 6 个，5★-专业 2 个，4★专业 3 个，3★专业 3 个。

在中国普通高校研究生教育竞争力排行榜中的名次：总排名 452/596，陕西省内排名 23/29，艺术类排名 15/33。

共 3 个一级学科(学术学位)参评，其中 5★+学科 0 个，5★学科 1 个，5★-学科 0 个，4★学科 2 个，学科优秀率为 100%。

一级学科排名

艺术学理论 14/70、美术学 3/115、设计学 17/161。

本科优势专业排名

5★+专业：绘画 2/164、视觉传达设计 5/702、环境设计 3/701。

5★专业：美术学 5/332、工艺美术 4/92。

5★-专业：动画 22/256、雕塑 4/50、艺术设计学 5/47、服装与服饰设计 15/208、书法学 10/125、艺术与科技 5/69。

4★专业：摄影 14/75、产品设计 63/390、中国画 4/34。

10724 西安外国语大学

在中国本科院校竞争力排行榜中的名次 377，陕西省内排名 18/55，文法类排名 11/68。

共 40 个专业参评，其中 5★+专业 2 个，5★专业 3 个，5★-专业 4 个，4★专业 4 个，3★专业 20 个。

在中国普通高校研究生教育竞争力排行榜中的名次：总排名 412/596，陕西省内排名 20/29，文法类排名 12/32。

共 8 个一级学科(学术学位)参评，其中 5★+学科 0 个，5★学科 1 个，5★-学科 0 个，4★学科 0 个，学科优秀率为 12.5%。

一级学科排名

应用经济学 196/262、马克思主义理论 288/358、教育学 81/139、中国语言文学 93/183、外国语言文学 9/232、新闻传播学 91/116、地理学 73/84、工商管理 228/306。

本科优势专业排名

5★+专业：日语 3/450、翻译 2/261。

5★专业：英语 32/928、法语 7/137、西班牙语 3/96、商务英语 5/362。

5★-专业：俄语 10/157、德语 7/110、旅游管理 28/424。

4★专业：汉语国际教育 38/320、朝鲜语 19/93、葡萄牙语 4/33、网络与新媒体 40/316。

10726 西北政法大学

在中国本科院校竞争力排行榜中的名次 473，陕西省内排名 19/55，文法类排名 19/68。

共 24 个专业参评，其中 5★+专业 0 个，5★专业 0 个，5★-专业 2 个，4★专业 3 个，3★专业 9 个。

在中国普通高校研究生教育竞争力排行榜中的名次：总排名 375/596，陕西省内排名 18/29，文法类排名 11/32。

共 7 个一级学科(学术学位)参评，其中 5★+学科 0 个，5★学科 0 个，5★-学科 1 个，4★学科 0 个，学科优秀率为 14.29%。

一级学科排名

哲学 84/133、理论经济学 72/111、法学 20/206、政治学 71/80、马克思主义理论 303/358、新闻传播学 64/116、公共管理 104/209。

本科优势专业排名

5★专业：法学 9/583、电子商务及法律 1/16。

4★专业：英语 139/928、新闻学 45/310、网络与新媒体 51/316。

10719 延安大学

在中国本科院校竞争力排行榜中的名次 474，陕西省内排名 20/55，综合类排名 78/270。

共 56 个专业参评，其中 5★+专业 0 个，5★专业 0 个，5★-专业 0 个，4★专业 2 个，3★专业 22 个。

在中国普通高校研究生教育竞争力排行榜中的名次：总排名 365/596，陕西省内排名 17/29，综合类排名 63/93。

共 18 个一级学科(学术学位)参评。

一级学科排名

哲学 103/133、应用经济学 227/262、政治学 59/80、马克思主义理论 131/358、教育学 133/139、体育学 98/106、中国语言文学 126/183、中国史 96/114、数学 203/262、物理学 186/197、化学 195/228、生物学 183/239、生态学 78/109、信息与通信工程 118/182、化学工程与技术 141/178、基础医学 96/108、工商管理 247/306、公共管理 192/209。

本科优势专业排名

4★专业：中国共产党历史 3/13、汉语言文学 92/615。

10720 陕西理工大学

在中国本科院校竞争力排行榜中的名次 503，陕西省内排名 21/55，理工类排名 179/365。

共 61 个专业参评，其中 5★+专业 0 个，5★专业 0 个，5★-专业 0 个，4★专业 1 个，3★专业 18 个。

在中国普通高校研究生教育竞争力排行榜中的名次：总排名 436/596，陕西省内排名 21/29，理工类排名 154/182。

共 9 个一级学科(学术学位)参评。

一级学科排名

应用经济学 225/262、马克思主义理论 279/358、中国语言文学 103/183、物理学 196/197、化学 194/228、生物学 169/239、机械工程 142/220、材料科学与工程 163/219、食品科学与工程 94/99。

本科优势专业排名

4★专业：材料成型及控制工程 33/221。

10716 陕西中医药大学

在中国本科院校竞争力排行榜中的名次 514，陕西省内排名 22/55，医药类排名 56/108。

共 25 个专业参评，其中 5★+专业 0 个，5★专业 0 个，5★-专业 0 个，4★专业 0 个，3★专业 10 个。

在中国普通高校研究生教育竞争力排行榜中的名次：总排名 393/596，陕西省内排名 19/29，医药类排名 57/76。

共5个一级学科(学术学位)参评。

一级学科排名

临床医学83/110、中医学28/42、中西医结合38/61、药学107/142、中药学48/50。

11560 西安财经大学

在中国本科院校竞争力排行榜中的名次515，陕西省内排名23/55，财经类排名36/109。

共42个专业参评，其中5★+专业0个，5★专业3个，5★-专业1个，4★专业2个，3★专业23个。

在中国普通高校研究生教育竞争力排行榜中的名次：总排名491/596，陕西省内排名26/29，财经类排名35/39。

共5个一级学科(学术学位)参评。

一级学科排名

应用经济学98/262、法学140/206、统计学68/121、工商管理122/306、公共管理80/209。

本科优势专业排名

5★专业：电子商务13/451。

5★-专业：财务管理58/680、金融学39/387、会计学60/653。

4★专业：商务英语60/362、应用统计学36/183。

10723 渭南师范学院

在中国本科院校竞争力排行榜中的名次516，陕西省内排名24/55，师范类排名61/175。

共56个专业参评，其中5★+专业0个，5★专业3个，5★-专业0个，4★专业2个，3★专业10个。

本科优势专业排名

5★-专业：学前教育37/418、视觉传达设计63/702、环境设计70/701。

4★专业：数字媒体技术41/221、音乐学58/394。

11080 西安文理学院

在中国本科院校竞争力排行榜中的名次520，陕西省内排名25/55，师范类排名62/175。

共47个专业参评，其中5★+专业0个，5★专业1个，5★-专业0个，4★专业3个，3★专业8个。

本科优势专业排名

5★-专业：经济与金融6/78。

4★专业：学前教育78/418、视觉传达设计113/702、旅游管理77/424。

10728 西安音乐学院

在中国本科院校竞争力排行榜中的名次529，陕西省内排名26/55，艺术类排名29/48。

共10个专业参评，其中5★+专业0个，5★专业0个，5★-专业2个，4★专业2个，3★专业2个。

在中国普通高校研究生教育竞争力排行榜中的名次：总排名542/596，陕西省内排名29/29，艺术类排名26/33。

共2个一级学科(学术学位)参评，其中5★+学科0个，5★学科0个，5★-学科0个，4★学科1个，学科优秀率为50%。

一级学科排名

艺术学理论48/70、音乐与舞蹈学13/82。

本科优势专业排名

5★专业：音乐表演5/237、音乐学8/394。

4★专业：舞蹈表演20/145、舞蹈编导8/73。

10727 西安体育学院

在中国本科院校竞争力排行榜中的名次561，陕西省内排名28/55，体育类排名8/16。

共15个专业参评，其中5★+专业0个，5★专业4个，5★-专业0个，4★专业1个，3★专业8个。

在中国普通高校研究生教育竞争力排行榜中的名次：总排名511/596，陕西省内排名27/29，体育类排名9/13。

共4个一级学科(学术学位)参评。

一级学科排名

教育学139/139、心理学100/102、体育学42/106、临床医学110/110。

本科优势专业排名

5★-专业：体育教育 29/323、社会体育指导与管理 18/231、舞蹈学 14/202、播音与主持艺术 14/219。

4★专业：舞蹈表演 24/145。

11736 西安航空学院

在中国本科院校竞争力排行榜中的名次 589，陕西省内排名 29/55，理工类排名 191/365。

共 35 个专业参评，其中 5★+专业 0 个，5★专业 1 个，5★-专业 0 个，4★专业 1 个，3★专业 7 个。

本科优势专业排名

5★-专业：机械电子工程 22/297。

4★专业：汽车服务工程 14/111。

10721 宝鸡文理学院

在中国本科院校竞争力排行榜中的名次 591，陕西省内排名 30/55，师范类排名 82/175。

共 63 个专业参评，其中 5★+专业 0 个，5★专业 0 个，5★-专业 0 个，4★专业 2 个，3★专业 15 个。

在中国普通高校研究生教育竞争力排行榜中的名次：总排名 474/596，陕西省内排名 24/29，师范类排名 53/77。

共 7 个一级学科(学术学位)参评。

一级学科排名

哲学 106/133、教育学 128/139、中国语言文学 155/183、数学 215/262、物理学 166/197、化学 197/228、地理学 76/84。

本科优势专业排名

4★专业：汉语言文学 122/615、播音与主持艺术 42/219。

11395 榆林学院

在中国本科院校竞争力排行榜中的名次 600，陕西省内排名 31/55，综合类排名 104/270。

共 50 个专业参评，其中 5★+专业 0 个，5★专业 0 个，5★-专业 0 个，4★专业 0 个，3★专业 9 个。

在中国普通高校研究生教育竞争力排行榜中的名次：总排名 539/596，陕西省内排名 28/29，综合类排名 84/93。

11840 西安医学院

在中国本科院校竞争力排行榜中的名次 602，陕西省内排名 32/55，医药类排名 65/108。

共 19 个专业参评，其中 5★+专业 0 个，5★专业 0 个，5★-专业 0 个，4★专业 0 个，3★专业 7 个。

在中国普通高校研究生教育竞争力排行榜中的名次：总排名 447/596，陕西省内排名 22/29，医药类排名 67/76。

10722 咸阳师范学院

在中国本科院校竞争力排行榜中的名次 727，陕西省内排名 35/55，师范类排名 119/175。

共 47 个专业参评，其中 5★+专业 0 个，5★专业 1 个，5★-专业 0 个，4★专业 1 个，3★专业 9 个。

本科优势专业排名

5★-专业：学前教育 41/418。

4★专业：视觉传达设计 105/702。

11397 安康学院

在中国本科院校竞争力排行榜中的名次 781，陕西省内排名 37/55，师范类排名 128/175。

共 36 个专业参评，其中 5★+专业 0 个，5★专业 0 个，5★-专业 0 个，4★专业 1 个，3★专业 5 个。

本科优势专业排名

4★专业：视觉传达设计 75/702。

14390 陕西学前师范学院

在中国本科院校竞争力排行榜中的名次 797，陕西省内排名 38/55，师范类排名 134/175。

共 27 个专业参评，其中 5★+专业 0 个，5★专业 0 个，5★-专业 1 个，4★专业 0 个，3★专业 10 个。

本科优势专业排名

5★专业：学前教育 10/418。

11396 商洛学院

在中国本科院校竞争力排行榜中的名次 820，陕西省内排名 40/55，师范类排名 139/175。

共 38 个专业参评，其中 5★+专业 0 个，5★专业 0 个，5★-专业 0 个，4★专业 0 个，3★专业 7 个。

民办院校

12715 西京学院

在中国民办院校竞争力排行榜中的名次 3，陕西省内排名 27/55，综合类排名 87/270。

共 36 个专业参评，其中 5★+专业 0 个，5★专业 0 个，5★-专业 0 个，4★专业 4 个，3★专业 25 个。

在中国普通高校研究生教育竞争力排行榜中的名次：总排名 490/596，陕西省内排名 25/29，综合类排名 80/93。

本科优势专业排名

4★专业：工程造价 32/254、财务管理 126/680、视觉传达设计 129/702、环境设计 105/701。

12712 西安欧亚学院

在中国民办院校竞争力排行榜中的名次 18，陕西省内排名 33/55，财经类排名 43/109。

共 37 个专业参评，其中 5★+专业 0 个，5★专业 2 个，5★-专业 0 个，4★专业 2 个，3★专业 14 个。

本科优势专业排名

5★-专业：工程造价 14/254、网络与新媒体 32/316。

4★专业：视觉传达设计 108/702、环境设计 115/701。

12714 西安翻译学院

在中国民办院校竞争力排行榜中的名次 23，陕西省内排名 34/55，文法类排名 38/68。

共 36 个专业参评，其中 5★+专业 0 个，5★专业 1 个，5★-专业 0 个，4★专业 5 个，3★专业 11 个。

本科优势专业排名

5★-专业：翻译 17/261。

4★专业：国际经济与贸易 87/670、英语 128/928、商务英语 69/362、工程造价 43/254、播音与主持艺术 37/219。

11400 西安培华学院

在中国民办院校竞争力排行榜中的名次 44，陕西省内排名 36/55，文法类排名 44/68。

共 34 个专业参评，其中 5★+专业 0 个，5★专业 0 个，5★-专业 0 个，4★专业 3 个，3★专业 11 个。

本科优势专业排名

4★专业：电子商务 86/451、播音与主持艺术 34/219、会计学 108/653。

12713 西安外事学院

在中国民办院校竞争力排行榜中的名次 53，陕西省内排名 39/55，财经类排名 51/109。

共 43 个专业参评，其中 5★+专业 0 个，5★专业 0 个，5★-专业 0 个，4★专业 2 个，3★专业 13 个。

本科优势专业排名

4★专业：口腔医学技术 5/26、财务管理 118/680。

13894 西安明德理工学院

在中国民办院校竞争力排行榜中的名次 64，陕西省内排名 41/55，综合类排名 162/270。

共 26 个专业参评，其中 5★+专业 0 个，5★专业 0 个，5★-专业 0 个，4★专业 1 个，3★专业 1 个。

本科优势专业排名

4★专业：通信工程 71/490。

13123 陕西国际商贸学院

在中国民办院校竞争力排行榜中的名次 80，陕西省内排名 42/55，财经类排名 59/109。

共 33 个专业参评，其中 5★+专业 0 个，5★专业 0 个，5★-专业 0 个，4★专业 1 个，3★专业 11 个。

本科优势专业排名

4★专业：人力资源管理 80/414。

13121 西安思源学院

在中国民办院校竞争力排行榜中的名次 86，陕西省内排名 43/55，理工类排名 253/365。

共 28 个专业参评，其中 5★+专业 0 个，5★专业 0 个，5★-专业 0 个，4★专业 2 个，3★专业 7 个。

本科优势专业排名

4★专业：工程造价 35/254、财务管理 107/680。

13125 陕西服装工程学院

在中国民办院校竞争力排行榜中的名次 100，陕西省内排名 44/55，理工类排名 261/365。

共 27 个专业参评，其中 5★+专业 0 个，5★专业 0 个，5★-专业 0 个，4★专业 0 个，3★专业 4 个。

13682 西安工商学院

在中国民办院校竞争力排行榜中的名次 131，陕西省内排名 47/55，综合类排名 197/270。

共 17 个专业参评，其中 5★+专业 0 个，5★专业 0 个，5★-专业 0 个，4★专业 0 个，3★专业 6 个。

13569 西安交通工程学院

在中国民办院校竞争力排行榜中的名次 163，陕西省内排名 49/55，理工类排名 302/365。

共 19 个专业参评，其中 5★+专业 0 个，5★专业 0 个，5★-专业 0 个，4★专业 0 个，3★专业 6 个。

浙江省

一流大学

10335 浙江大学

在中国本科院校竞争力排行榜中的名次 3，浙江省内排名 1/55，综合类排名 2/270。

共 85 个专业参评，其中 5★+专业 8 个，5★专业 5 个，5★-专业 21 个，4★专业 23 个，3★专业 24 个。

在中国普通高校研究生教育竞争力排行榜中的名次：总排名 3/596，浙江省内排名 1/22，综合类排名 2/93。

共 59 个一级学科(学术学位)参评，其中 5★+学科 5 个，5★学科 21 个，5★-学科 18 个，4★学科 10 个，学科优秀率为 91.53%。

一级学科排名

哲学 8/133、理论经济学 9/111、应用经济学 11/262、法学 11/206、社会学 20/88、马克思主义理论 14/358、教育学 8/139、心理学 5/102、体育学 9/106、中国语言文学 15/183、外国语言文学 8/232、新闻传播学 7/116、考古学 10/40、中国史 13/114、世界史 15/67、数学 15/262、物理学 12/197、化学 7/228、地质学 7/36、生物学 4/239、生态学 1/109、力学 14/95、机械工程 5/220、光学工程 1/92、材料科学与工程 5/219、动力工程及工程热物理 2/104、电气工程 5/109、电子科学与技术 10/120、信息与通信工程 21/182、控制科学与工程 1/184、计算机科学与技术 11/263、建筑学 11/70、土木工程 4/159、化学工程与技术 8/178、航空宇航科学与技术 11/29、农业工程 2/44、环境科学与工程 7/193、生物医学工程 3/74、食品科学与工程 7/99、软件工程 1/146、网络空间安全 6/70、作物学 9/51、园艺学 1/44、农业资源与环境 5/40、植物保护 2/45、畜牧学 5/55、兽医学 5/43、基础医学 6/108、临床医学 6/110、口腔医学 10/47、公共卫生与预防医学 8/74、药学 8/142、护理学 8/70、管理科学与工程 1/202、工商管理 29/306、农林经济管理 2/51、公共管理 6/209、艺术学理论 5/70、设计学 11/161。

本科优势专业排名

5★+专业：汉语言文学 6/615、光电信息科学与工程 2/213、自动化 3/437、计算机科学与技术 2/922、软件工程 3/595、土木工程 2/525、化学工程与工艺 3/325、农林经济管理 1/61。

5★专业：国际经济与贸易 21/670、新闻学 8/310、数学与应用数学 11/514、物理学 8/282、化学 4/304、心理学 4/72、工程力学 4/80、机械工程 4/120、材料科学与工程 3/229、电气工程及其自动化 8/569、电子科学与技术 3/149、环境科学 5/173、生物医学工程 5/119、食品科学与工程 9/278、建筑学 15/291、农业资源与环境 2/51、法学 8/583、能源与环境系统工程 1/17、人工智能 14/411、机器人工程 5/307、临床医学 4/194。

5★-专业：英语 48/928、日语 41/450、生物科学 25/280、动物科学 5/79、工商管理 38/537。

4★专业：经济学 54/348、俄语 28/157、德语 16/110、法语 20/137、西班牙语 15/96、翻译 30/261、历史学 46/246、文物与博物馆学 8/53、信息与计算科学 37/303、生态学 14/80、工业设计 32/209、车辆工程 48/254、电子信息工程 87/633、信息工程 9/55、城乡规划 39/203、生物工程 45/239、园艺 18/107、植物保护 7/55、园林 25/126、信息管理与信息系统 48/343、劳动与社会保障 19/123、信息安全 18/119、艺术与科技 14/69。

一般大学

10337 浙江工业大学

在中国本科院校竞争力排行榜中的名次 64，浙江省内排名 2/55，理工类排名 33/365。

共 65 个专业参评，其中 5★+专业 1 个，5★专业 16 个，5★-专业 11 个，4★专业 19 个，3★专业 18 个。

在中国普通高校研究生教育竞争力排行榜中的名次：总排名 65/596，浙江省内排名 2/22，理工类排名 32/182。

共 31 个一级学科(学术学位)参评，其中 5★+学科 0 个，5★学科 0 个，5★-学科 2 个，4★学科 3 个，学科优秀率为 16.13%。

一级学科排名

哲学 113/133、应用经济学 51/262、法学 151/206、马克思主义理论 295/358、教育学 88/139、

中国语言文学 82/183、新闻传播学 73/116、数学 118/262、物理学 103/197、化学 95/228、生物学 223/239、机械工程 40/220、光学工程 68/92、材料科学与工程 105/219、动力工程及工程热物理 36/104、信息与通信工程 88/182、控制科学与工程 49/184、计算机科学与技术 56/263、建筑学 51/70、土木工程 40/159、化学工程与技术 14/178、环境科学与工程 41/193、食品科学与工程 50/99、城乡规划学 44/60、软件工程 69/146、生物工程 9/22、药学 31/142、管理科学与工程 130/202、工商管理 31/306、公共管理 101/209、设计学 20/161。

本科优势专业排名

5★+专业：国际经济与贸易 6/670。

5★专业：应用化学 5/373、网络工程 5/276、数字媒体技术 6/221、化学工程与工艺 12/325、制药工程 7/252、生物工程 8/239、药物制剂 4/86、财务管理 26/680、工业工程 5/139、播音与主持艺术 9/219、数据科学与大数据技术 31/680。

5★-专业：广播电视学 13/152、机械工程 9/120、工业设计 14/209、过程装备与控制工程 9/91、车辆工程 19/254、自动化 31/437、软件工程 46/595、物联网工程 34/481、土木工程 42/525、给排水科学与工程 16/159、环境工程 35/345、城乡规划 16/203、工程管理 26/388、能源化学工程 4/60、生物制药 9/113、工商管理 28/537。

4★专业：汉语言文学 82/615、广告学 43/254、信息与计算科学 52/303、应用物理学 24/151、生物技术 42/285、材料科学与工程 40/229、高分子材料与工程 29/184、电子信息工程 127/633、通信工程 95/490、光电信息科学与工程 30/213、建筑学 38/291、药学 27/240、行政管理 56/290、视觉传达设计 73/702、公共艺术 11/60、金融学 62/387、知识产权 15/92、机器人工程 51/307、智能科学与技术 19/175。

11646 宁波大学

在中国本科院校竞争力排行榜中的名次 72，浙江省内排名 3/55，综合类排名 25/270。

共 57 个专业参评，其中 5★+专业 0 个，5★专业 7 个，5★-专业 4 个，4★专业 18 个，3★专业 22 个。

在中国普通高校研究生教育竞争力排行榜中的名次：总排名 83/596，浙江省内排名 3/22，综合类排名 28/93。

共 30 个一级学科(学术学位)参评，其中 5★+学科 0 个，5★学科 1 个，5★-学科 2 个，4★学科 8 个，学科优秀率为 36.67%。

一级学科排名

应用经济学 44/262、法学 89/206、马克思主义理论 42/358、教育学 24/139、心理学 35/102、体育学 18/106、中国语言文学 87/183、外国语言文学 40/232、中国史 51/114、数学 77/262、物理学 33/197、化学 91/228、地理学 43/84、生物学 87/239、力学 8/95、机械工程 78/220、电子科学与技术 42/120、信息与通信工程 8/182、计算机科学与技术 109/263、土木工程 31/159、交通运输工程 31/64、船舶与海洋工程 10/24、食品科学与工程 17/99、水产 3/28、临床医学 56/110、公共卫生与预防医学 43/74、工商管理 115/306、公共管理 100/209、音乐与舞蹈学 45/82、设计学 74/161。

本科优势专业排名

5★专业：小学教育 13/301、通信工程 11/490、水产养殖学 3/51、旅游管理 18/424。

5★-专业：国际经济与贸易 42/670、体育教育 17/323、英语 49/928、物流管理 35/434、音乐学 39/394、法学 53/583、电子信息科学与技术 11/164。

4★专业：思想政治教育 57/292、学前教育 47/418、汉语言文学 77/615、日语 62/450、数学与应用数学 56/514、物理学 39/282、化学 57/304、生物技术 48/285、应用心理学 31/248、工程力学 15/80、机械设计制造及其自动化 54/513、电气工程及其自动化 102/569、计算机科学与技术 121/922、土木工程 75/525、食品科学与工程 31/278、视觉传达设计 121/702、工商管理 92/537、会计学 121/653。

10345 浙江师范大学

在中国本科院校竞争力排行榜中的名次 76，浙江省内排名 4/55，师范类排名 8/175。

共 58 个专业参评，其中 5★+专业 1 个，5★专业 11 个，5★-专业 7 个，4★专业 17 个，3★专业 19 个。

在中国普通高校研究生教育竞争力排行榜中的名次：总排名 94/596，浙江省内排名 4/22，师范类排名 8/77。

共 28 个一级学科(学术学位)参评，其中 5★+

学科0个，5★学科0个，5★-学科1个，4★学科9个，学科优秀率为35.71%。

一级学科排名

应用经济学102/262、法学135/206、政治学70/80、社会学63/88、马克思主义理论50/358、教育学9/139、心理学16/102、体育学49/106、中国语言文学22/183、外国语言文学67/232、中国史34/114、世界史42/67、数学28/262、物理学50/197、化学49/228、地理学34/84、生物学116/239、生态学64/109、机械工程108/220、光学工程47/92、计算机科学与技术43/263、环境科学与工程111/193、软件工程25/146、工商管理132/306、公共管理41/209、音乐与舞蹈学14/82、戏剧与影视学31/61、美术学20/115。

本科优势专业排名

5★+专业：学前教育4/418。

5★专业：社会工作9/251、小学教育10/301、特殊教育3/58、汉语言文学17/615、应用心理学7/248、音乐学13/394、美术学15/332。

5★-专业：科学教育3/43、教育技术学10/130、体育教育24/323、社会体育指导与管理21/231、汉语国际教育18/320、英语50/928、数学与应用数学37/514、物理学18/282、地理科学17/170、软件工程59/595、电子商务26/451。

4★专业：国际经济与贸易131/670、思想政治教育38/292、翻译46/261、历史学29/246、化学36/304、生物科学54/280、计算机科学与技术110/922、环境科学与工程6/48、文化产业管理25/135、舞蹈学37/202、戏剧影视文学10/93、动画39/256、数字媒体艺术52/319、智能制造工程32/252、机器人工程36/307、智能科学与技术31/175、工商管理75/537。

10336 杭州电子科技大学

在中国本科院校竞争力排行榜中的名次84，浙江省内排名5/55，理工类排名41/365。

共45个专业参评，其中5★+专业0个，5★专业12个，5★-专业8个，4★专业11个，3★专业11个。

在中国普通高校研究生教育竞争力排行榜中的名次：总排名96/596，浙江省内排名5/22，理工类排名46/182。

共19个一级学科(学术学位)参评，其中5★+学科0个，5★学科0个，5★-学科2个，4★学科8个，学科优秀率为47.37%。

一级学科排名

应用经济学60/262、马克思主义理论180/358、外国语言文学90/232、数学53/262、物理学70/197、统计学66/121、机械工程38/220、仪器科学与技术40/69、材料科学与工程45/219、电气工程58/109、电子科学与技术18/120、信息与通信工程37/182、控制科学与工程19/184、计算机科学与技术17/263、生物医学工程48/74、软件工程55/146、网络空间安全14/70、管理科学与工程38/202、工商管理61/306。

本科优势专业排名

5★专业：机械设计制造及其自动化15/513、电子信息工程13/633、通信工程8/490、自动化7/437、计算机科学与技术23/922、软件工程29/595、网络工程4/276、财务管理32/680。

5★-专业：英语54/928、信息与计算科学22/303、电子科学与技术13/149、数字媒体技术22/221、信息管理与信息系统23/343、智能制造工程14/252、集成电路设计与集成系统7/70、医学信息工程4/52、信息安全8/119、智能科学与技术10/175、网络空间安全9/100、会计学45/653。

4★专业：国际经济与贸易107/670、汉语国际教育62/320、数学与应用数学103/514、工业设计41/209、车辆工程27/254、测控技术与仪器29/186、电气工程及其自动化60/569、人力资源管理81/414、审计学20/191、产品设计78/390、工商管理102/537。

10338 浙江理工大学

在中国本科院校竞争力排行榜中的名次97，浙江省内排名6/55，理工类排名50/365。

共55个专业参评，其中5★+专业1个，5★专业3个，5★-专业10个，4★专业14个，3★专业24个。

在中国普通高校研究生教育竞争力排行榜中的名次：总排名114/596，浙江省内排名6/22，理工类排名53/182。

共24个一级学科(学术学位)参评，其中5★+学科0个，5★学科0个，5★-学科2个，4★学科3个，学科优秀率为20.83%。

一级学科排名

应用经济学 64/262、法学 131/206、马克思主义理论 89/358、心理学 57/102、外国语言文学 116/232、数学 92/262、物理学 100/197、化学 64/228、生物学 113/239、机械工程 20/220、仪器科学与技术 44/69、材料科学与工程 90/219、动力工程及工程热物理 54/104、信息与通信工程 99/182、控制科学与工程 76/184、计算机科学与技术 115/263、土木工程 123/159、纺织科学与工程 2/22、软件工程 27/146、管理科学与工程 125/202、工商管理 214/306、艺术学理论 10/70、美术学 50/115、设计学 21/161。

本科优势专业排名

5★+专业：视觉传达设计 7/702。

5★专业：机械设计制造及其自动化 13/513、机械电子工程 6/297、工业设计 6/209、纺织工程 2/39、服装设计与工程 2/56、环境设计 17/701、产品设计 14/390、服装与服饰设计 5/208、数字媒体艺术 13/319、生物制药 4/113。

5★-专业：电子信息工程 55/633、智能制造工程 15/252、机器人工程 24/307。

4★专业：国际经济与贸易 73/670、英语 126/928、数学与应用数学 100/514、应用物理学 28/151、应用化学 38/373、应用心理学 47/248、材料科学与工程 35/229、材料化学 24/125、自动化 83/437、计算机科学与技术 133/922、数字媒体技术 24/221、信息管理与信息系统 51/343、美术学 59/332、新能源材料与器件 14/105。

10355 中国美术学院

在中国本科院校竞争力排行榜中的名次 117，浙江省内排名 7/55，艺术类排名 3/48。

共 24 个专业参评，其中 5★+专业 4 个，5★专业 3 个，5★-专业 4 个，4★专业 10 个，3★专业 1 个。

在中国普通高校研究生教育竞争力排行榜中的名次：总排名 279/596，浙江省内排名 14/22，艺术类排名 3/33。

共 5 个一级学科(学术学位)参评，其中 5★+学科 1 个，5★学科 1 个，5★-学科 0 个，4★学科 0 个，学科优秀率为 40%。

一级学科排名

建筑学 70/70、艺术学理论 1/70、戏剧与影视学 34/61、美术学 2/115、设计学 35/161。

本科优势专业排名

5★+专业：绘画 1/164、雕塑 1/50、视觉传达设计 1/702、书法学 1/125。

5★专业：艺术史论 1/16、动画 9/256、摄影 4/75、中国画 1/34。

5★-专业：美术学 21/332、服装与服饰设计 13/208、艺术与科技 4/69。

4★专业：建筑学 35/291、风景园林 32/185、录音艺术 6/34、艺术设计学 9/47、环境设计 103/701、产品设计 51/390、公共艺术 7/60、工艺美术 13/92、数字媒体艺术 62/319、影视摄影与制作 10/70。

10353 浙江工商大学

在中国本科院校竞争力排行榜中的名次 129，浙江省内排名 8/55，财经类排名 3/109。

共 57 个专业参评，其中 5★+专业 2 个，5★专业 4 个，5★-专业 17 个，4★专业 11 个，3★专业 15 个。

在中国普通高校研究生教育竞争力排行榜中的名次：总排名 152/596，浙江省内排名 8/22，财经类排名 5/39。

共 15 个一级学科(学术学位)参评，其中 5★+学科 0 个，5★学科 0 个，5★-学科 1 个，4★学科 3 个，学科优秀率为 26.67%。

一级学科排名

理论经济学 59/111、应用经济学 39/262、法学 48/206、马克思主义理论 154/358、中国语言文学 97/183、外国语言文学 52/232、统计学 18/121、信息与通信工程 74/182、计算机科学与技术 98/263、环境科学与工程 82/193、食品科学与工程 12/99、城乡规划学 18/60、工商管理 27/306、公共管理 117/209、设计学 89/161。

本科优势专业排名

5★+专业：应用统计学 1/183、旅游管理 2/424。

5★专业：国际经济与贸易 22/670、英语 46/928、日语 13/450、商务英语 6/362、食品质量与安全 6/236、市场营销 24/586、财务管理 18/680、人力资源管理 9/414、审计学 7/191、物流管理 12/434、电子商务 7/451、视觉传达设计 35/702、数字经济 3/63、金融学 13/387、法学 25/583、工商管理 22/537、会计学 19/653。

5★-专业：经济统计学 12/134、金融工程 22/259、投资学 9/127、数据科学与大数据技术 64/680。

4★专业：经济学 36/348、计算机科学与技术 111/922、软件工程 94/595、环境工程 52/345、环境科学 26/173、食品科学与工程 50/278、信息管理与信息系统 35/343、国际商务 15/126、文化产业管理 19/135、行政管理 45/290、知识产权 13/92。

10343 温州医科大学

在中国本科院校竞争力排行榜中的名次 134，浙江省内排名 9/55，医药类排名 5/108。

共 27 个专业参评，其中 5★+专业 2 个，5★专业 8 个，5★-专业 2 个，4★专业 4 个，3★专业 9 个。

在中国普通高校研究生教育竞争力排行榜中的名次：总排名 133/596，浙江省内排名 7/22，医药类排名 9/76。

共 12 个一级学科(学术学位)参评，其中 5★+学科 0 个，5★学科 0 个，5★-学科 2 个，4★学科 2 个，学科优秀率为 33.33%。

一级学科排名

生物学 78/239、生物医学工程 7/74、基础医学 33/108、临床医学 19/110、口腔医学 38/47、公共卫生与预防医学 51/74、中西医结合 26/61、药学 24/142、中药学 40/50、医学技术 3/35、护理学 53/70、公共管理 140/209。

本科优势专业排名

5★+专业：医学检验技术 2/159、卫生检验与检疫 1/53。

5★专业：药学 10/240、眼视光医学 1/27。

5★-专业：应用心理学 20/248、康复治疗学 14/177、护理学 25/290、生物制药 7/113、临床医学 13/194、医学影像学 8/81、精神医学 3/35、儿科学 3/46。

4★专业：生物医学工程 23/119、麻醉学 10/61、临床药学 8/52、助产学 10/71。

10356 中国计量大学

在中国本科院校竞争力排行榜中的名次 155，浙江省内排名 10/55，理工类排名 68/365。

共 46 个专业参评，其中 5★+专业 1 个，5★专业 5 个，5★-专业 1 个，4★专业 11 个，3★专业 15 个。

在中国普通高校研究生教育竞争力排行榜中的名次：总排名 180/596，浙江省内排名 9/22，理工类排名 72/182。

共 15 个一级学科(学术学位)参评，其中 5★+学科 0 个，5★学科 1 个，5★-学科 0 个，4★学科 2 个，学科优秀率为 20%。

一级学科排名

哲学 80/133、法学 147/206、马克思主义理论 250/358、数学 101/262、生物学 94/239、机械工程 146/220、光学工程 10/92、仪器科学与技术 3/69、材料科学与工程 77/219、电子科学与技术 55/120、信息与通信工程 58/182、控制科学与工程 36/184、计算机科学与技术 139/263、安全科学与工程 35/61、管理科学与工程 68/202。

本科优势专业排名

5★+专业：知识产权 1/92。

5★专业：质量管理工程 1/19。

5★-专业：测控技术与仪器 17/186、电子信息工程 56/633、食品质量与安全 19/236、数据科学与大数据技术 58/680、动植物检疫 2/21。

4★专业：金融工程 40/259、广告学 47/254、数学与应用数学 101/514、机械设计制造及其自动化 74/513、机械电子工程 44/297、电气工程及其自动化 96/569、电子科学与技术 24/149、通信工程 97/490、光电信息科学与工程 26/213、自动化 61/437、计算机科学与技术 162/922。

10346 杭州师范大学

在中国本科院校竞争力排行榜中的名次 199，浙江省内排名 11/55，师范类排名 23/175。

共 66 个专业参评，其中 5★+专业 2 个，5★专业 6 个，5★-专业 2 个，4★专业 15 个，3★专业 25 个。

在中国普通高校研究生教育竞争力排行榜中的名次：总排名 194/596，浙江省内排名 11/22，师范类排名21/77。

共25个一级学科(学术学位)参评。

一级学科排名

哲学85/133、应用经济学185/262、法学159/206、马克思主义理论195/358、教育学55/139、心理学49/102、体育学41/106、中国语言文学77/183、外国语言文学87/232、中国史73/114、数学157/262、物理学147/197、化学108/228、生物学118/239、生态学59/109、计算机科学与技术220/263、网络空间安全15/70、公共卫生与预防医学45/74、护理学27/70、管理科学与工程152/202、公共管理55/209、艺术学理论41/70、戏剧与影视学50/61、美术学41/115、设计学153/161。

本科优势专业排名

5★+专业：小学教育3/301、电子商务2/451。

5★专业：学前教育15/418、英语45/928。

5★-专业：社会工作18/251、国际商务9/126、动画15/256、公共艺术4/60、数据科学与大数据技术68/680、健康服务与管理9/116。

4★专业：科学教育8/43、体育教育42/323、汉语言文学72/615、汉语国际教育34/320、日语59/450、翻译48/261、数学与应用数学80/514、应用心理学35/248、高分子材料与工程36/184、计算机科学与技术134/922、护理学38/290、公共事业管理39/252、美术学42/332、环境设计122/701、书法学22/125。

10341 浙江农林大学

在中国本科院校竞争力排行榜中的名次250，浙江省内排名12/55，农林类排名21/47。

共51个专业参评，其中5★+专业0个，5★专业2个，5★-专业1个，4★专业3个，3★专业33个。

在中国普通高校研究生教育竞争力排行榜中的名次：总排名184/596，浙江省内排名10/22，农林类排名16/38。

共17个一级学科(学术学位)参评。

一级学科排名

法学195/206、马克思主义理论251/358、生物学151/239、生态学57/109、光学工程53/92、建筑学28/70、林业工程4/12、食品科学与工程69/99、城乡规划学30/60、风景园林学13/56、作物学35/51、园艺学27/44、农业资源与环境11/40、兽医学27/43、林学9/36、农林经济管理16/51、设计学107/161。

本科优势专业排名

5★专业：风景园林9/185。

5★-专业：农业资源与环境4/51、园林12/126。

4★专业：木材科学与工程3/16、城乡规划34/203、视觉传达设计134/702。

11482 浙江财经大学

在中国本科院校竞争力排行榜中的名次269，浙江省内排名13/55，财经类排名15/109。

共45个专业参评，其中5★+专业0个，5★专业4个，5★-专业6个，4★专业11个，3★专业19个。

在中国普通高校研究生教育竞争力排行榜中的名次：总排名301/596，浙江省内排名16/22，财经类排名14/39。

共11个一级学科(学术学位)参评，其中5★+学科0个，5★学科0个，5★-学科0个，4★学科1个，学科优秀率为9.09%。

一级学科排名

哲学116/133、理论经济学55/111、应用经济学43/262、法学94/206、中国语言文学133/183、外国语言文学164/232、统计学79/121、城乡规划学17/60、管理科学与工程117/202、工商管理108/306、公共管理86/209。

本科优势专业排名

5★专业：国际经济与贸易25/670、市场营销20/586、财务管理12/680、审计学4/191、财政学4/84、会计学29/653。

5★-专业：税收学9/90、金融学29/387、数据科学与大数据技术56/680、工商管理49/537。

4★专业：经济学39/348、经济统计学20/134、金融工程27/259、英语162/928、商务英语51/362、应用统计学31/183、人力资源管理45/414、资产评估9/69、城市管理9/50、电子商务89/451、数字经济8/63。

10340 浙江海洋大学

在中国本科院校竞争力排行榜中的名次274，

浙江省内排名 14/55，农林类排名 23/47。

共 39 个专业参评，其中 5★+专业 0 个，5★专业 1 个，5★-专业 0 个，4★专业 5 个，3★专业 13 个。

在中国普通高校研究生教育竞争力排行榜中的名次：总排名 297/596，浙江省内排名 15/22，农林类排名 29/38。

共 9 个一级学科(学术学位)参评，其中 5★+学科 0 个，5★学科 0 个，5★-学科 1 个，4★学科 2 个，学科优秀率为 33.33%。

一级学科排名

数学 111/262、海洋科学 3/29、机械工程 162/220、水利工程 41/64、石油与天然气工程 11/15、船舶与海洋工程 3/24、食品科学与工程 46/99、水产 5/28、农林经济管理 35/51。

本科优势专业排名

5★-专业：海洋资源与环境 2/15。

4★专业：海洋科学 5/33、海洋技术 3/24、食品科学与工程 54/278、物流管理 77/434、数据科学与大数据技术 91/680。

10347 湖州师范学院

在中国本科院校竞争力排行榜中的名次 277，浙江省内排名 15/55，师范类排名 30/175。

共 46 个专业参评，其中 5★+专业 0 个，5★专业 1 个，5★-专业 0 个，4★专业 4 个，3★专业 14 个。

在中国普通高校研究生教育竞争力排行榜中的名次：总排名 415/596，浙江省内排名 19/22，师范类排名 44/77。

共 2 个一级学科(学术学位)参评。

一级学科排名

教育学 74/139、水产 14/28。

本科优势专业排名

5★-专业：小学教育 29/301。

4★专业：学前教育 60/418、数学与应用数学 92/514、音乐学 77/394、数据科学与大数据技术 111/680。

10344 浙江中医药大学

在中国本科院校竞争力排行榜中的名次 290，浙江省内排名 16/55，医药类排名 23/108。

共 31 个专业参评，其中 5★+专业 3 个，5★专业 2 个，5★-专业 3 个，4★专业 8 个，3★专业 10 个。

在中国普通高校研究生教育竞争力排行榜中的名次：总排名 228/596，浙江省内排名 13/22，医药类排名 27/76。

共 8 个一级学科(学术学位)参评。

一级学科排名

基础医学 87/108、临床医学 66/110、中医学 14/42、中西医结合 17/61、药学 60/142、中药学 14/50、医学技术 31/35、护理学 54/70。

本科优势专业排名

5★+专业：中药学 1/115、助产学 1/71、健康服务与管理 1/116。

5★专业：医学信息工程 2/52、中草药栽培与鉴定 1/17、听力与言语康复学 1/12。

5★-专业：护理学 22/290、中医学 6/64。

4★专业：药学 46/240、医学实验技术 3/19、医学影像技术 19/100、康复治疗学 23/177、卫生检验与检疫 9/53、公共事业管理 31/252、针灸推拿学 8/50、中医康复学 3/22。

10351 温州大学

在中国本科院校竞争力排行榜中的名次 300，浙江省内排名 17/55，综合类排名 58/270。

共 52 个专业参评，其中 5★+专业 0 个，5★专业 4 个，5★-专业 2 个，4★专业 11 个，3★专业 26 个。

在中国普通高校研究生教育竞争力排行榜中的名次：总排名 200/596，浙江省内排名 12/22，综合类排名 51/93。

共 17 个一级学科(学术学位)参评。

一级学科排名

应用经济学 188/262、法学 133/206、马克思主义理论 202/358、教育学 61/139、体育学 51/106、中国语言文学 95/183、中国史 100/114、数学 137/262、物理学 170/197、化学 90/228、生物学 172/239、机械工程 116/220、材料科学与工程 125/219、电气工程 47/109、计算机科学与技术 114/263、音乐与舞蹈学 23/82、设计学 146/161。

本科优势专业排名

5★专业：金融工程 9/259、网络工程 7/276。

5★-专业：小学教育 17/301、工业工程 13/139、环境设计 64/701、服装与服饰设计 12/208。

4★专业：国际经济与贸易 84/670、思想政治教育 54/292、学前教育 65/418、汉语言文学 80/615、广告学 40/254、化学 56/304、电气工程及其自动化 70/569、智能制造工程 31/252、人工智能 52/411、数据科学与大数据技术 81/680、生物制药 19/113。

11057 浙江科技学院

在中国本科院校竞争力排行榜中的名次 378，浙江省内排名 18/55，理工类排名 146/365。

共 50 个专业参评，其中 5★+专业 0 个，5★专业 1 个，5★-专业 0 个，4★专业 1 个，3★专业 23 个。

在中国普通高校研究生教育竞争力排行榜中的名次：总排名 407/596，浙江省内排名 18/22，理工类排名 146/182。

共 5 个一级学科(学术学位)参评。

一级学科排名

数学 115/262、物理学 152/197、机械工程 130/220、土木工程 107/159、化学工程与技术 102/178。

本科优势专业排名

5★-专业：工业设计 18/209。

4★专业：视觉传达设计 74/702。

10354 嘉兴学院

在中国本科院校竞争力排行榜中的名次 387，浙江省内排名 19/55，综合类排名 69/270。

共 57 个专业参评，其中 5★+专业 0 个，5★专业 0 个，5★-专业 0 个，4★专业 4 个，3★专业 22 个。

本科优势专业排名

4★专业：应用统计学 26/183、视觉传达设计 84/702、环境设计 123/701、会计学 111/653。

11647 浙江传媒学院

在中国本科院校竞争力排行榜中的名次 395，浙江省内排名 20/55，文法类排名 14/68。

共 32 个专业参评，其中 5★+专业 3 个，5★专业 0 个，5★-专业 6 个，4★专业 4 个，3★专业 12 个。

在中国普通高校研究生教育竞争力排行榜中的名次：总排名 476/596，浙江省内排名 20/22，文法类排名 15/32。

本科优势专业排名

5★+专业：播音与主持艺术 2/219、摄影 1/75、影视摄影与制作 1/70。

5★专业：广播电视学 5/152、数字媒体技术 9/221、文化产业管理 4/135、广播电视编导 3/224、动画 5/256、网络与新媒体 9/316。

4★专业：编辑出版学 5/33、网络工程 49/276、会展经济与管理 18/101、舞蹈编导 14/73。

10349 绍兴文理学院

在中国本科院校竞争力排行榜中的名次 430，浙江省内排名 21/55，综合类排名 74/270。

共 52 个专业参评，其中 5★+专业 0 个，5★专业 0 个，5★-专业 0 个，4★专业 2 个，3★专业 25 个。

在中国普通高校研究生教育竞争力排行榜中的名次：总排名 322/596，浙江省内排名 17/22，综合类排名 61/93。

共 7 个一级学科(学术学位)参评。

一级学科排名

中国语言文学 131/183、数学 238/262、物理学 179/197、化学 189/228、生物学 238/239、纺织科学与工程 12/22、工商管理 230/306。

本科优势专业排名

4★专业：汉语言文学 90/615、书法学 16/125。

14535 浙江音乐学院

在中国本科院校竞争力排行榜中的名次 436，浙江省内排名 22/55，艺术类排名 21/48。

共 8 个专业参评，其中 5★+专业 0 个，5★专业 1 个，5★-专业 1 个，4★专业 2 个，3★专业 1 个。

在中国普通高校研究生教育竞争力排行榜中的名次：总排名 551/596，浙江省内排名 22/22，艺术类排名 28/33。

共 1 个一级学科(学术学位)参评，其中 5★+学科 0 个，5★学科 0 个，5★-学科 0 个，4★学科 1 个，学科优秀率为 100%。

一级学科排名

音乐与舞蹈学 15/82。

本科优势专业排名

5★专业：音乐表演 10/237。

5★-专业：音乐学 32/394。

4★专业：作曲与作曲技术理论 7/37、舞蹈学 38/202。

11058 宁波工程学院

在中国本科院校竞争力排行榜中的名次 455，浙江省内排名 23/55，理工类排名 163/365。

共 44 个专业参评，其中 5★+专业 0 个，5★专业 1 个，5★-专业 0 个，4★专业 1 个，3★专业 11 个。

本科优势专业排名

5★-专业：汽车服务工程 9/111。

4★专业：商务英语 56/362。

10876 浙江万里学院

在中国本科院校竞争力排行榜中的名次 502，浙江省内排名 24/55，理工类排名 178/365。

共 51 个专业参评，其中 5★+专业 1 个，5★专业 3 个，5★-专业 2 个，4★专业 7 个，3★专业 13 个。

在中国普通高校研究生教育竞争力排行榜中的名次：总排名 537/596，浙江省内排名 21/22，理工类排名 173/182。

本科优势专业排名

5★+专业：会展经济与管理 1/101。

5★专业：物联网工程 17/481、物流管理 13/434。

5★-专业：国际经济与贸易 55/670、电子商务 35/451、环境设计 38/701。

4★专业：商务英语 70/362、生物工程 40/239、财务管理 116/680、网络与新媒体 37/316、会计学 91/653、电子商务及法律 3/16、跨境电子商务 8/67。

14275 浙江外国语学院

在中国本科院校竞争力排行榜中的名次 540，浙江省内排名 25/55，文法类排名 21/68。

共 30 个专业参评，其中 5★+专业 0 个，5★专业 3 个，5★-专业 0 个，4★专业 4 个，3★专业 11 个。

本科优势专业排名

5★-专业：小学教育 30/301、翻译 25/261、跨境电子商务 6/67。

4★专业：国际经济与贸易 125/670、科学教育 7/43、英语 134/928、旅游管理 55/424。

10350 台州学院

在中国本科院校竞争力排行榜中的名次 549，浙江省内排名 26/55，综合类排名 89/270。

共 48 个专业参评，其中 5★+专业 0 个，5★专业 0 个，5★-专业 0 个，4★专业 2 个，3★专业 10 个。

本科优势专业排名

4★专业：商务英语 59/362、制药工程 27/252。

10352 丽水学院

在中国本科院校竞争力排行榜中的名次 558，浙江省内排名 27/55，综合类排名 94/270。

共 37 个专业参评，其中 5★+专业 0 个，5★专业 0 个，5★-专业 0 个，4★专业 1 个，3★专业 6 个。

本科优势专业排名

4★专业：摄影 15/75。

11483 浙江警察学院

在中国本科院校竞争力排行榜中的名次 618，

浙江省内排名28/55，文法类排名26/68。

共7个专业参评，其中5★+专业0个，5★专业1个，5★-专业0个，4★专业1个，3★专业4个。

本科优势专业排名

5★-专业：交通管理工程2/20。

4★专业：网络安全与执法4/24。

11481 浙江水利水电学院

在中国本科院校竞争力排行榜中的名次655，浙江省内排名31/55，理工类排名205/365。

共31个专业参评，其中5★+专业0个，5★专业0个，5★-专业0个，4★专业2个，3★专业15个。

本科优势专业排名

4★专业：商务英语67/362、人力资源管理42/414。

13023 杭州医学院

在中国本科院校竞争力排行榜中的名次672，浙江省内排名32/55，医药类排名71/108。

共19个专业参评，其中5★+专业0个，5★专业0个，5★-专业0个，4★专业0个，3★专业6个。

13021 浙大城市学院

在中国本科院校竞争力排行榜中的名次676，浙江省内排名33/55，理工类排名209/365。

共38个专业参评，其中5★+专业0个，5★专业0个，5★-专业0个，4★专业0个，3★专业9个。

11488 衢州学院

在中国本科院校竞争力排行榜中的名次731，浙江省内排名35/55，综合类排名134/270。

共28个专业参评，其中5★+专业0个，5★专业0个，5★-专业0个，4★专业0个，3★专业4个。

13022 浙大宁波理工学院

在中国本科院校竞争力排行榜中的名次864，浙江省内排名38/55，理工类排名246/365。

共28个专业参评，其中5★+专业0个，5★专业0个，5★-专业0个，4★专业0个，3★专业7个。

13287 湖州学院

在中国本科院校竞争力排行榜中的名次937，浙江省内排名42/55，师范类排名153/175。

共22个专业参评，其中5★+专业0个，5★专业0个，5★-专业0个，4★专业0个，3★专业1个。

13289 温州理工学院

在中国本科院校竞争力排行榜中的名次1003，浙江省内排名46/55，理工类排名296/365。

共25个专业参评，其中5★+专业0个，5★专业0个，5★-专业0个，4★专业0个，3★专业2个。

13291 嘉兴南湖学院

在中国本科院校竞争力排行榜中的名次1113，浙江省内排名51/55，综合类排名246/270。

共33个专业参评，其中5★+专业0个，5★专业0个，5★-专业0个，4★专业0个，3★专业0个。

民办院校

13001 宁波财经学院

在中国民办院校竞争力排行榜中的名次5，浙江省内排名29/55，财经类排名41/109。

共37个专业参评，其中5★+专业0个，5★专业1个，5★-专业0个，4★专业2个，3★专业16个。

本科优势专业排名

5★-专业：视觉传达设计43/702。

4★专业：金融工程43/259、财务管理97/680。

11842 浙江树人学院

在中国民办院校竞争力排行榜中的名次7，浙江省内排名30/55，理工类排名204/365。

共43个专业参评，其中5★+专业0个，5★专业0个，5★-专业0个，4★专业0个，3★专业8个。

12792 浙江越秀外国语学院

在中国民办院校竞争力排行榜中的名次15，浙江省内排名34/55，文法类排名34/68。

共39个专业参评，其中5★+专业0个，5★专业3个，5★-专业1个，4★专业3个，3★专业15个。

本科优势专业排名

5★专业：汉语国际教育15/320。

5★-专业：翻译19/261、商务英语23/362、酒店管理16/180。

4★专业：数字媒体艺术37/319、网络与新媒体55/316、大数据管理与应用25/170。

13637 温州商学院

在中国民办院校竞争力排行榜中的名次118，浙江省内排名43/55，财经类排名65/109。

共20个专业参评，其中5★+专业0个，5★专业0个，5★-专业0个，4★专业0个，3★专业13个。

辽宁省

一流大学

10141 大连理工大学

在中国本科院校竞争力排行榜中的名次 25，辽宁省内排名 1/60，理工类排名 15/365。

共 75 个专业参评，其中 5★+专业 4 个，5★专业 14 个，5★-专业 25 个，4★专业 15 个，3★专业 14 个。

在中国普通高校研究生教育竞争力排行榜中的名次：总排名 26/596，辽宁省内排名 1/37，理工类排名 14/182。

共 41 个一级学科(学术学位)参评，其中 5★+学科 0 个，5★学科 6 个，5★-学科 7 个，4★学科 7 个，学科优秀率为 48.78%。

一级学科排名

哲学 29/133、应用经济学 87/262、法学 172/206、马克思主义理论 17/358、教育学 117/139、体育学 78/106、中国语言文学 172/183、外国语言文学 91/232、数学 14/262、物理学 16/197、化学 23/228、生物学 139/239、力学 3/95、机械工程 8/220、光学工程 35/92、仪器科学与技术 15/69、材料科学与工程 30/219、动力工程及工程热物理 8/104、电气工程 20/109、电子科学与技术 56/120、信息与通信工程 33/182、控制科学与工程 23/184、计算机科学与技术 46/263、建筑学 20/70、土木工程 12/159、水利工程 6/64、化学工程与技术 4/178、交通运输工程 24/64、船舶与海洋工程 6/24、航空宇航科学与技术 24/29、环境科学与工程 33/193、生物医学工程 18/74、城乡规划学 11/60、软件工程 12/146、生物工程 5/22、安全科学与工程 15/61、管理科学与工程 5/202、工商管理 11/306、公共管理 57/209、美术学 44/115、设计学 51/161。

本科优势专业排名

5★+专业：应用化学 3/373、机械设计制造及其自动化 2/513、化学工程与工艺 2/325、工程管理 4/388。

5★专业：数学与应用数学 23/514、应用物理学 4/151、工程力学 2/80、材料成型及控制工程 3/221、过程装备与控制工程 3/91、金属材料工程 2/76、电气工程及其自动化 24/569、电子信息工程 7/633、计算机科学与技术 19/922、软件工程 7/595、土木工程 10/525、建筑环境与能源应用工程 8/165、水利水电工程 4/83、制药工程 10/252、环境工程 7/345、环境科学 8/173、建筑学 11/291、城乡规划 9/203、生物工程 7/239、信息管理与信息系统 6/343、公共事业管理 6/252、环境设计 22/701、人工智能 19/411、资源循环科学与工程 2/32、工商管理 8/537。

5★-专业：商务英语 36/362、广播电视学 10/152、信息与计算科学 21/303、车辆工程 25/254、高分子材料与工程 13/184、能源与动力工程 15/188、自动化 27/437、网络工程 17/276、数字媒体技术 21/221、港口航道与海岸工程 3/32、环境生态工程 5/68、运动康复 6/79、集成电路设计与集成系统 6/70、大数据管理与应用 17/170。

4★专业：国际经济与贸易 130/670、英语 101/928、日语 87/450、工业设计 36/209、测控技术与仪器 30/186、交通工程 16/106、船舶与海洋工程 7/33、安全工程 21/148、物流管理 52/434、电子商务 63/451、金融学 54/387、知识产权 12/92、智能制造工程 34/252、功能材料 6/46、能源化学工程 9/60。

10145 东北大学

在中国本科院校竞争力排行榜中的名次 45，辽宁省内排名 2/60，理工类排名 24/365。

共 67 个专业参评，其中 5★+专业 2 个，5★专业 9 个，5★-专业 13 个，4★专业 14 个，3★专业 25 个。

在中国普通高校研究生教育竞争力排行榜中的名次：总排名 39/596，辽宁省内排名 2/37，理工类排名 21/182。

共 37 个一级学科(学术学位)参评，其中 5★+学科 0 个，5★学科 1 个，5★-学科 5 个，4★学科 7 个，学科优秀率为 35.14%。

一级学科排名

哲学 33/133、应用经济学 29/262、法学 126/206、民族学 36/38、马克思主义理论 41/358、体育学 52/106、外国语言文学 65/232、数学 117/262、物理学 56/197、化学 39/228、生物学 170/239、力学 33/95、机械工程 17/220、材料科学与

工程32/219、冶金工程3/28、动力工程及工程热物理15/104、电气工程24/109、电子科学与技术74/120、信息与通信工程49/182、控制科学与工程7/184、计算机科学与技术19/263、建筑学42/70、土木工程37/159、测绘科学与技术27/52、化学工程与技术83/178、地质资源与地质工程14/46、矿业工程7/30、环境科学与工程96/193、生物医学工程24/74、软件工程9/146、安全科学与工程18/61、管理科学与工程50/202、工商管理39/306、公共管理21/209、艺术学理论13/70、音乐与舞蹈学82/82、设计学116/161。

本科优势专业排名

5★+专业：过程装备与控制工程1/91、软件工程1/595。

5★专业：应用化学18/373、材料成型及控制工程5/221、冶金工程2/41、电子信息工程26/633、自动化12/437、计算机科学与技术15/922、公共事业管理4/252、行政管理13/290、工业工程7/139、智能制造工程7/252、人工智能10/411、机器人工程6/307、工商管理25/537。

5★-专业：信息与计算科学26/303、机械工程10/120、车辆工程21/254、物联网工程28/481、数字媒体技术19/221、土木工程39/525、矿物加工工程4/35、市场营销58/586、资源循环科学与工程3/32。

4★专业：国际经济与贸易112/670、社会体育指导与管理36/231、英语174/928、日语50/450、应用物理学20/151、工业设计37/209、材料科学与工程25/229、能源与动力工程30/188、电气工程及其自动化81/569、通信工程82/490、测绘工程20/143、生物医学工程16/119、安全工程28/148、智能医学工程12/62。

一般大学

10151 大连海事大学

在中国本科院校竞争力排行榜中的名次148，辽宁省内排名3/60，理工类排名66/365。

共51个专业参评，其中5★+专业1个，5★专业6个，5★-专业3个，4★专业9个，3★专业23个。

在中国普通高校研究生教育竞争力排行榜中的名次：总排名140/596，辽宁省内排名4/37，理工类排名61/182。

共21个一级学科(学术学位)参评，其中5★+学科0个，5★学科0个，5★-学科1个，4★学科1个，学科优秀率为9.52%。

一级学科排名

应用经济学213/262、法学42/206、马克思主义理论82/358、外国语言文学66/232、数学128/262、物理学105/197、生物学233/239、机械工程133/220、材料科学与工程178/219、电气工程82/109、信息与通信工程53/182、控制科学与工程67/184、计算机科学与技术71/263、土木工程118/159、交通运输工程5/64、船舶与海洋工程4/24、环境科学与工程74/193、软件工程68/146、管理科学与工程97/202、工商管理131/306、公共管理94/209。

本科优势专业排名

5★+专业：物流管理4/434。

5★专业：法学29/583、航海技术1/18、轮机工程1/20。

5★-专业：电子信息工程33/633、网络工程26/276、物联网工程29/481、交通运输7/107、物流工程6/102、大数据管理与应用11/170。

4★专业：国际经济与贸易118/670、英语108/928、日语74/450、通信工程96/490、财务管理87/680、电子商务54/451、智能科学与技术26/175、数据科学与大数据技术120/680、交通管理2/12。

10159 中国医科大学

在中国本科院校竞争力排行榜中的名次154，辽宁省内排名4/60，医药类排名6/108。

共24个专业参评，其中5★+专业0个，5★专业9个，5★-专业4个，4★专业5个，3★专业4个。

在中国普通高校研究生教育竞争力排行榜中的名次：总排名115/596，辽宁省内排名3/37，医药类排名6/76。

共12个一级学科(学术学位)参评，其中5★+学科0个，5★学科0个，5★-学科0个，4★学科3个，学科优秀率为25%。

一级学科排名

心理学94/102、生物学61/239、生物医学工程42/74、基础医学18/108、临床医学20/110、口腔医学 15/47、公共卫生与预防医学 10/74、中西医结合 42/61、药学 38/142、护理学 19/70、公共管理 174/209、图书情报与档案管理 26/50。

本科优势专业排名

5★专业：医学影像技术 3/100、医学影像学 4/81、临床药学 3/52、法医学 1/31。

5★-专业：药物制剂 9/86、康复治疗学 17/177、护理学 23/290、信息管理与信息系统 31/343、临床医学 15/194、麻醉学 4/61、儿科学 4/46、口腔医学 10/116、预防医学 11/121。

4★专业：生物科学 45/280、医学检验技术 23/159、眼视光医学 4/27、精神医学 7/35、健康服务与管理 21/116。

10173 东北财经大学

在中国本科院校竞争力排行榜中的名次 169，辽宁省内排名 5/60，财经类排名 8/109。

共 39 个专业参评，其中 5★+专业 4 个，5★专业 3 个，5★-专业 12 个，4★专业 9 个，3★专业 9 个。

在中国普通高校研究生教育竞争力排行榜中的名次：总排名 225/596，辽宁省内排名 10/37，财经类排名 9/39。

共 9 个一级学科(学术学位)参评，其中 5★+学科 0 个，5★学科 1 个，5★-学科 1 个，4★学科 2 个，学科优秀率为 44.44%。

一级学科排名

理论经济学 29/111、应用经济学 15/262、法学 117/206、马克思主义理论 123/358、外国语言文学 134/232、新闻传播学 89/116、管理科学与工程 30/202、工商管理 7/306、公共管理 40/209。

本科优势专业排名

5★+专业：金融工程 1/259、财务管理 7/680、工商管理 5/537、会计学 4/653。

5★专业：经济统计学 6/134、国际经济与贸易 32/670、应用统计学 3/183、工程管理 13/388、房地产开发与管理 2/41、市场营销 14/586、人力资源管理 6/414、资产评估 2/69、劳动与社会保障 6/123、物流管理 5/434、电子商务 11/451、金融学 19/387。

5★-专业：经济学 20/348、税收学 6/90、大数据管理与应用 14/170。

4★专业：保险学 17/98、投资学 17/127、公共事业管理 28/252、财政学 13/84、金融数学 13/71、金融科技 11/78、法学 74/583、数据科学与大数据技术 121/680、旅游管理 85/424。

10140 辽宁大学

在中国本科院校竞争力排行榜中的名次 205，辽宁省内排名 6/60，综合类排名 51/270。

共 61 个专业参评，其中 5★+专业 0 个，5★专业 3 个，5★-专业 5 个，4★专业 10 个，3★专业 29 个。

在中国普通高校研究生教育竞争力排行榜中的名次：总排名 175/596，辽宁省内排名 5/37，综合类排名 45/93。

共 31 个一级学科(学术学位)参评，其中 5★+学科 0 个，5★学科 1 个，5★-学科 0 个，4★学科 6 个，学科优秀率为 22.58%。

一级学科排名

哲学 45/133、理论经济学 12/111、应用经济学 13/262、法学 34/206、政治学 42/80、社会学 69/88、马克思主义理论 55/358、中国语言文学 54/183、外国语言文学 81/232、新闻传播学 72/116、考古学 33/40、中国史 59/114、世界史 43/67、数学 218/262、物理学 81/197、化学 77/228、生物学 201/239、生态学 106/109、统计学 16/121、仪器科学与技术 50/69、电子科学与技术 105/120、计算机科学与技术 157/263、化学工程与技术 168/178、环境科学与工程 29/193、软件工程 137/146、药学 136/142、管理科学与工程 157/202、工商管理 47/306、公共管理 64/209、图书情报与档案管理 45/50、戏剧与影视学 44/61。

本科优势专业排名

5★专业：经济学 15/348、国际经济与贸易 10/670、市场营销 26/586、人力资源管理 20/414、工商管理 21/537。

5★-专业：汉语言文学 51/615、应用化学 37/373、法学 30/583。

4★专业：经济统计学 25/134、汉语国际教育 59/320、英语 151/928、日语 68/450、翻译 43/261、商务英语 62/362、国际商务 21/126、劳动与社会保障 24/123、表演 25/142、财政学 16/84。

10147 辽宁工程技术大学

在中国本科院校竞争力排行榜中的名次 227，辽宁省内排名 7/60，理工类排名 94/365。

共 63 个专业参评，其中 5★+专业 0 个，5★专业 4 个，5★-专业 2 个，4★专业 5 个，3★专业 27 个。

在中国普通高校研究生教育竞争力排行榜中的名次：总排名 213/596，辽宁省内排名 8/37，理工类排名 83/182。

共 20 个一级学科(学术学位)参评，其中 5★+学科 0 个，5★学科 0 个，5★-学科 0 个，4★学科 1 个，学科优秀率为 5%。

一级学科排名

应用经济学 253/262、数学 235/262、力学 50/95、机械工程 88/220、材料科学与工程 171/219、动力工程及工程热物理 69/104、电气工程 70/109、信息与通信工程 133/182、控制科学与工程 162/184、计算机科学与技术 232/263、土木工程 62/159、测绘科学与技术 7/52、地质资源与地质工程 44/46、矿业工程 12/30、环境科学与工程 151/193、软件工程 56/146、安全科学与工程 14/61、林学 34/36、管理科学与工程 70/202、工商管理 170/306。

本科优势专业排名

5★专业：测绘工程 6/143、安全工程 6/148。

5★-专业：电气工程及其自动化 53/569、软件工程 57/595、土木工程 52/525、工程管理 23/388。

4★专业：机械设计制造及其自动化 79/513、机械电子工程 59/297、网络工程 45/276、采矿工程 7/45、信息管理与信息系统 60/343。

10142 沈阳工业大学

在中国本科院校竞争力排行榜中的名次 228，辽宁省内排名 8/60，理工类排名 95/365。

共 58 个专业参评，其中 5★+专业 0 个，5★专业 4 个，5★-专业 2 个，4★专业 7 个，3★专业 27 个。

在中国普通高校研究生教育竞争力排行榜中的名次：总排名 237/596，辽宁省内排名 11/37，理工类排名 93/182。

共 20 个一级学科(学术学位)参评，其中 5★+学科 0 个，5★学科 0 个，5★-学科 0 个，4★学科 1 个，学科优秀率为 5%。

一级学科排名

应用经济学 223/262、法学 106/206、马克思主义理论 197/358、数学 200/262、物理学 181/197、机械工程 47/220、仪器科学与技术 24/69、材料科学与工程 60/219、动力工程及工程热物理 94/104、电气工程 19/109、电子科学与技术 114/120、信息与通信工程 173/182、控制科学与工程 119/184、计算机科学与技术 235/263、土木工程 151/159、化学工程与技术 142/178、环境科学与工程 185/193、生物医学工程 65/74、管理科学与工程 64/202、工商管理 254/306。

本科优势专业排名

5★专业：机械设计制造及其自动化 18/513、电气工程及其自动化 22/569。

5★-专业：国际经济与贸易 61/670、材料成型及控制工程 13/221、电子信息工程 54/633、互联网金融 6/55。

4★专业：应用化学 65/373、测控技术与仪器 35/186、土木工程 103/525、化学工程与工艺 63/325、焊接技术与工程 6/41、功能材料 7/46、会计学 80/653。

10157 沈阳农业大学

在中国本科院校竞争力排行榜中的名次 240，辽宁省内排名 9/60，农林类排名 19/47。

共 41 个专业参评，其中 5★+专业 0 个，5★专业 2 个，5★-专业 1 个，4★专业 5 个，3★专业 19 个。

在中国普通高校研究生教育竞争力排行榜中的名次：总排名 205/596，辽宁省内排名 6/37，农林类排名 20/38。

共 19 个一级学科(学术学位)参评，其中 5★+学科 0 个，5★学科 0 个，5★-学科 2 个，4★学科 2 个，学科优秀率为 21.05%。

一级学科排名

马克思主义理论 330/358、大气科学 17/19、生物学 64/239、生态学 72/109、水利工程 40/64、农业工程 9/44、食品科学与工程 37/99、风景园林学 39/56、作物学 31/51、园艺学 4/44、农业资源与环境 4/40、植物保护 8/45、畜牧学 43/55、兽医学 17/43、林学 16/36、草学 24/25、工商管理 198/306、农林经济管理 19/51、公共管理 199/209。

本科优势专业排名

5★专业：设施农业科学与工程 2/39。

5★-专业：食品质量与安全 17/236、园艺 6/107。

4★专业：食品科学与工程 30/278、风景园林 37/185、农学 15/76、农业资源与环境 7/51、园林 16/126。

10165 辽宁师范大学

在中国本科院校竞争力排行榜中的名次 264，辽宁省内排名 10/60，师范类排名 29/175。

共 56 个专业参评，其中 5★+专业 0 个，5★专业 1 个，5★-专业 1 个，4★专业 17 个，3★专业 16 个。

在中国普通高校研究生教育竞争力排行榜中的名次：总排名 263/596，辽宁省内排名 12/37，师范类排名 26/77。

共 25 个一级学科(学术学位)参评，其中 5★+学科 0 个，5★学科 0 个，5★-学科 1 个，4★学科 1 个，学科优秀率为 8%。

一级学科排名

应用经济学 221/262、法学 176/206、政治学 31/80、马克思主义理论 92/358、教育学 33/139、心理学 9/102、体育学 22/106、中国语言文学 51/183、外国语言文学 82/232、考古学 40/40、中国史 90/114、世界史 65/67、数学 127/262、物理学 84/197、化学 70/228、地理学 16/84、生物学 99/239、生态学 100/109、计算机科学与技术 136/263、工商管理 288/306、图书情报与档案管理 49/50、音乐与舞蹈学 63/82、戏剧与影视学 52/61、美术学 92/115、设计学 120/161。

本科优势专业排名

5★专业：地理科学 6/170。

5★-专业：汉语言文学 60/615。

4★专业：思想政治教育 44/292、教育学 12/82、学前教育 56/418、体育教育 44/323、社会体育指导与管理 25/231、汉语国际教育 54/320、英语 177/928、日语 65/450、物理学 31/282、化学 39/304、地理信息科学 28/166、心理学 12/72、应用心理学 28/248、国际商务 19/126、播音与主持艺术 26/219、动画 36/256、法学 77/583。

10166 沈阳师范大学

在中国本科院校竞争力排行榜中的名次 286，辽宁省内排名 11/60，师范类排名 31/175。

共 55 个专业参评，其中 5★+专业 0 个，5★专业 3 个，5★-专业 1 个，4★专业 17 个，3★专业 24 个。

在中国普通高校研究生教育竞争力排行榜中的名次：总排名 388/596，辽宁省内排名 22/37，师范类排名 42/77。

共 25 个一级学科(学术学位)参评。

一级学科排名

哲学 104/133、理论经济学 108/111、法学 77/206、社会学 66/88、马克思主义理论 205/358、教育学 49/139、心理学 73/102、体育学 94/106、中国语言文学 79/183、外国语言文学 183/232、数学 225/262、物理学 114/197、化学 202/228、生物学 180/239、生态学 86/109、材料科学与工程 218/219、计算机科学与技术 262/263、化学工程与技术 169/178、食品科学与工程 89/99、工商管理 268/306、公共管理 130/209、音乐与舞蹈学 65/82、戏剧与影视学 61/61、美术学 75/115、设计学 106/161。

本科优势专业排名

5★专业：学前教育 9/418。

5★-专业：英语 71/928、应用心理学 19/248、表演 8/142。

4★专业：国际经济与贸易 121/670、社会工作 38/251、思想政治教育 52/292、体育教育 59/323、汉语言文学 87/615、汉语国际教育 45/320、软件工程 107/595、环境生态工程 12/68、市场营销 67/586、酒店管理 24/180、音乐表演 27/237、音乐学 40/394、美术学 53/332、绘画 31/164、环境设计 128/701、法学 65/583、网络与新媒体 49/316。

10152 大连工业大学

在中国本科院校竞争力排行榜中的名次 289，辽宁省内排名 12/60，理工类排名 116/365。

共 43 个专业参评，其中 5★+专业 0 个，5★

专业1个，5★-专业5个，4★专业6个，3★专业16个。

在中国普通高校研究生教育竞争力排行榜中的名次：总排名298/596，辽宁省内排名14/37，理工类排名115/182。

共14个一级学科(学术学位)参评，其中5★+学科0个，5★学科0个，5★-学科0个，4★学科2个，学科优秀率为14.29%。

一级学科排名

化学176/228、生物学179/239、机械工程185/220、光学工程69/92、材料科学与工程172/219、控制科学与工程163/184、化学工程与技术139/178、纺织科学与工程9/22、轻工技术与工程5/19、环境科学与工程179/193、食品科学与工程18/99、工商管理261/306、美术学101/115、设计学19/161。

本科优势专业排名

5★专业：食品科学与工程8/278、食品质量与安全8/236、视觉传达设计16/702、环境设计11/701、服装与服饰设计6/208。

5★-专业：生物工程16/239。

4★专业：通信工程72/490、纺织工程8/39、轻化工程8/41、产品设计49/390、数字媒体艺术63/319、艺术与科技11/69。

10153 沈阳建筑大学

在中国本科院校竞争力排行榜中的名次296，辽宁省内排名13/60，理工类排名117/365。

共41个专业参评，其中5★+专业0个，5★专业6个，5★-专业3个，4★专业6个，3★专业11个。

在中国普通高校研究生教育竞争力排行榜中的名次：总排名313/596，辽宁省内排名16/37，理工类排名119/182。

共16个一级学科(学术学位)参评，其中5★+学科0个，5★学科0个，5★-学科0个，4★学科1个，学科优秀率为6.25%。

一级学科排名

马克思主义理论255/358、力学61/95、机械工程92/220、材料科学与工程192/219、控制科学与工程151/184、计算机科学与技术189/263、建筑学17/70、土木工程26/159、测绘科学与技术52/52、交通运输工程57/64、环境科学与工程153/193、城乡规划学16/60、风景园林学21/56、软件工程125/146、管理科学与工程133/202、设计学60/161。

本科优势专业排名

5★专业：建筑学13/291、工程管理18/388、工程造价4/254。

5★-专业：机械设计制造及其自动化51/513、无机非金属材料工程8/75、土木工程34/525、建筑环境与能源应用工程10/165、城乡规划11/203、风景园林16/185。

4★专业：机械工程23/120、机械电子工程58/297、计算机科学与技术147/922、给排水科学与工程18/159、建筑电气与智能化7/64、环境设计84/701。

10143 沈阳航空航天大学

在中国本科院校竞争力排行榜中的名次301，辽宁省内排名14/60，理工类排名119/365。

共49个专业参评，其中5★+专业0个，5★专业2个，5★-专业0个，4★专业7个，3★专业22个。

在中国普通高校研究生教育竞争力排行榜中的名次：总排名341/596，辽宁省内排名18/37，理工类排名132/182。

共14个一级学科(学术学位)参评。

一级学科排名

马克思主义理论230/358、力学84/95、机械工程128/220、材料科学与工程164/219、动力工程及工程热物理65/104、信息与通信工程142/182、控制科学与工程108/184、计算机科学与技术138/263、交通运输工程55/64、航空宇航科学与技术13/29、安全科学与工程54/61、工商管理133/306、美术学79/115、设计学108/161。

本科优势专业排名

5★-专业：机械电子工程26/297、飞行器制造工程4/36。

4★专业：机械设计制造及其自动化73/513、工业设计27/209、电子信息工程66/633、计算机科学与技术132/922、飞行器动力工程4/24、产品设计58/390、新能源科学与工程14/126。

10163 沈阳药科大学

在中国本科院校竞争力排行榜中的名次 303，辽宁省内排名 15/60，医药类排名 25/108。

共 19 个专业参评，其中 5★+专业 0 个，5★专业 1 个，5★-专业 4 个，4★专业 5 个，3★专业 6 个。

在中国普通高校研究生教育竞争力排行榜中的名次：总排名 207/596，辽宁省内排名 7/37，医药类排名 23/76。

共 7 个一级学科(学术学位)参评，其中 5★+学科 1 个，5★学科 0 个，5★-学科 0 个，4★学科 1 个，学科优秀率为 28.57%。

一级学科排名

化学 148/228、生物学 211/239、化学工程与技术 106/178、食品科学与工程 40/99、药学 1/142、中药学 10/50、工商管理 243/306。

本科优势专业排名

5★专业：制药工程 11/252、药学 4/240、药物制剂 2/86、临床药学 2/52。

5★-专业：药物分析 2/17。

4★专业：生物工程 25/239、中药学 13/115、市场营销 97/586、生物制药 14/113、药事管理 2/12。

10161 大连医科大学

在中国本科院校竞争力排行榜中的名次 313，辽宁省内排名 16/60，医药类排名 26/108。

共 24 个专业参评，其中 5★+专业 0 个，5★专业 1 个，5★-专业 0 个，4★专业 4 个，3★专业 7 个。

在中国普通高校研究生教育竞争力排行榜中的名次：总排名 224/596，辽宁省内排名 9/37，医药类排名 26/76。

共 12 个一级学科(学术学位)参评。

一级学科排名

哲学 133/133、马克思主义理论 262/358、心理学 85/102、生物学 53/239、基础医学 51/108、临床医学 42/110、口腔医学 33/47、公共卫生与预防医学 58/74、中西医结合 18/61、药学 76/142、医学技术 32/35、护理学 57/70。

本科优势专业排名

5★-专业：医学检验技术 15/159。

4★专业：护理学 35/290、临床医学 28/194、医学影像学 12/81、口腔医学 23/116。

11258 大连大学

在中国本科院校竞争力排行榜中的名次 318，辽宁省内排名 17/60，综合类排名 60/270。

共 52 个专业参评，其中 5★+专业 0 个，5★专业 0 个，5★-专业 1 个，4★专业 6 个，3★专业 22 个。

在中国普通高校研究生教育竞争力排行榜中的名次：总排名 409/596，辽宁省内排名 26/37，综合类排名 70/93。

共 19 个一级学科(学术学位)参评。

一级学科排名

马克思主义理论 318/358、体育学 50/106、中国语言文学 181/183、外国语言文学 214/232、化学 175/228、生物学 197/239、机械工程 209/220、控制科学与工程 128/184、计算机科学与技术 150/263、土木工程 145/159、环境科学与工程 192/193、软件工程 121/146、网络空间安全 70/70、基础医学 95/108、临床医学 94/110、护理学 46/70、工商管理 275/306、音乐与舞蹈学 77/82、美术学 108/115。

本科优势专业排名

5★专业：日语 14/450。

4★专业：小学教育 58/301、汉语言文学 112/615、机械设计制造及其自动化 93/513、护理学 33/290、市场营销 105/586、音乐表演 38/237。

10167 渤海大学

在中国本科院校竞争力排行榜中的名次 319，辽宁省内排名 18/60，综合类排名 61/270。

共 52 个专业参评，其中 5★+专业 0 个，5★专业 0 个，5★-专业 0 个，4★专业 8 个，3★专业 25 个。

在中国普通高校研究生教育竞争力排行榜中的名次：总排名 272/596，辽宁省内排名 13/37，综合类排名 59/93。

共 18 个一级学科(学术学位)参评。

一级学科排名

哲学 119/133、政治学 74/80、马克思主义理论 203/358、教育学 75/139、中国语言文学 132/183、外国语言文学 161/232、新闻传播学 81/116、中国史 86/114、数学 189/262、物理学 172/197、化学 155/228、材料科学与工程 207/219、控制科学与工程 94/184、化学工程与技术 151/178、食品科学与工程 45/99、软件工程 47/146、工商管理 245/306、美术学 47/115。

本科优势专业排名

4★专业：小学教育 32/301、汉语言文学 93/615、计算机科学与技术 150/922、食品科学与工程 33/278、市场营销 69/586、物流管理 58/434、美术学 57/332、智能科学与技术 32/175。

10148 辽宁石油化工大学

在中国本科院校竞争力排行榜中的名次 323，辽宁省内排名 19/60，理工类排名 128/365。

共 47 个专业参评，其中 5★+专业 0 个，5★专业 0 个，5★-专业 1 个，4★专业 7 个，3★专业 14 个。

在中国普通高校研究生教育竞争力排行榜中的名次：总排名 302/596，辽宁省内排名 15/37，理工类排名 117/182。

共 14 个一级学科(学术学位)参评。

一级学科排名

马克思主义理论 164/358、物理学 157/197、化学 131/228、机械工程 171/220、材料科学与工程 160/219、动力工程及工程热物理 51/104、控制科学与工程 102/184、计算机科学与技术 164/263、土木工程 99/159、化学工程与技术 90/178、石油与天然气工程 10/15、环境科学与工程 166/193、安全科学与工程 51/61、工商管理 153/306。

本科优势专业排名

5★专业：油气储运工程 2/33。

4★专业：应用化学 50/373、电气工程及其自动化 101/569、自动化 69/437、计算机科学与技术 148/922、化学工程与工艺 62/325、市场营销 107/586、产品设计 68/390。

10154 辽宁工业大学

在中国本科院校竞争力排行榜中的名次 354，辽宁省内排名 20/60，理工类排名 137/365。

共 44 个专业参评，其中 5★+专业 0 个，5★专业 0 个，5★-专业 0 个，4★专业 7 个，3★专业 18 个。

在中国普通高校研究生教育竞争力排行榜中的名次：总排名 340/596，辽宁省内排名 17/37，理工类排名 131/182。

共 14 个一级学科(学术学位)参评。

一级学科排名

马克思主义理论 314/358、数学 226/262、机械工程 127/220、材料科学与工程 206/219、动力工程及工程热物理 87/104、电气工程 107/109、信息与通信工程 86/182、控制科学与工程 147/184、计算机科学与技术 96/263、土木工程 138/159、交通运输工程 59/64、环境科学与工程 193/193、管理科学与工程 195/202、工商管理 188/306。

本科优势专业排名

4★专业：机械设计制造及其自动化 89/513、机械电子工程 34/297、电气工程及其自动化 88/569、电子信息工程 71/633、环境科学与工程 9/48、工程管理 57/388、工程造价 48/254。

10150 大连交通大学

在中国本科院校竞争力排行榜中的名次 363，辽宁省内排名 21/60，理工类排名 142/365。

共 41 个专业参评，其中 5★+专业 0 个，5★专业 2 个，5★-专业 0 个，4★专业 3 个，3★专业 20 个。

在中国普通高校研究生教育竞争力排行榜中的名次：总排名 391/596，辽宁省内排名 23/37，理工类排名 142/182。

共 13 个一级学科(学术学位)参评。

一级学科排名

马克思主义理论 141/358、数学 170/262、力学 59/95、机械工程 54/220、材料科学与工程 106/219、电气工程 75/109、控制科学与工程 125/184、计算机科学与技术 198/263、交通运输工程 36/64、环境科学与工程 180/193、软件工程 102/146、管理科学与工程 149/202、工商管理 163/306。

本科优势专业排名

5★-专业：车辆工程 15/254、软件工程 60/595。

4★专业：环境工程 67/345、工业工程 27/139、焊接技术与工程 5/41。

10144 沈阳理工大学

在中国本科院校竞争力排行榜中的名次 393，辽宁省内排名 22/60，理工类排名 148/365。

共 34 个专业参评，其中 5★+专业 0 个，5★专业 0 个，5★-专业 0 个，4★专业 2 个，3★专业 16 个。

在中国普通高校研究生教育竞争力排行榜中的名次：总排名 443/596，辽宁省内排名 27/37，理工类排名 155/182。

共 14 个一级学科(学术学位)参评。

一级学科排名

应用经济学 262/262、马克思主义理论 340/358、力学 75/95、机械工程 125/220、光学工程 90/92、材料科学与工程 161/219、信息与通信工程 110/182、控制科学与工程 116/184、计算机科学与技术 171/263、化学工程与技术 126/178、兵器科学与技术 5/7、环境科学与工程 183/193、工商管理 240/306、设计学 72/161。

本科优势专业排名

4★专业：计算机科学与技术 144/922、探测制导与控制技术 3/14。

10178 鲁迅美术学院

在中国本科院校竞争力排行榜中的名次 397，辽宁省内排名 23/60，艺术类排名 17/48。

共 21 个专业参评，其中 5★+专业 2 个，5★专业 4 个，5★-专业 4 个，4★专业 2 个，3★专业 4 个。

在中国普通高校研究生教育竞争力排行榜中的名次：总排名 530/596，辽宁省内排名 33/37，艺术类排名 24/33。

共 3 个一级学科(学术学位)参评，其中 5★+学科 0 个，5★学科 0 个，5★-学科 0 个，4★学科 1 个，学科优秀率为 33.33%。

一级学科排名

艺术学理论 40/70、美术学 25/115、设计学 29/161。

本科优势专业排名

5★+专业：视觉传达设计 6/702、服装与服饰设计 1/208。

5★专业：摄影 3/75、环境设计 10/701、产品设计 6/390、工艺美术 3/92。

5★-专业：动画 16/256、绘画 16/164、雕塑 5/50、数字媒体艺术 24/319。

4★专业：美术学 46/332、书法学 21/125。

10146 辽宁科技大学

在中国本科院校竞争力排行榜中的名次 415，辽宁省内排名 24/60，理工类排名 152/365。

共 55 个专业参评，其中 5★+专业 0 个，5★专业 0 个，5★-专业 1 个，4★专业 2 个，3★专业 20 个。

在中国普通高校研究生教育竞争力排行榜中的名次：总排名 350/596，辽宁省内排名 19/37，理工类排名 135/182。

共 10 个一级学科(学术学位)参评。

一级学科排名

数学 129/262、机械工程 196/220、材料科学与工程 158/219、冶金工程 16/28、动力工程及工程热物理 97/104、控制科学与工程 159/184、计算机科学与技术 257/263、化学工程与技术 60/178、矿业工程 27/30、工商管理 273/306。

本科优势专业排名

5★专业：网络工程 9/276。

4★专业：自动化 65/437、数据计算及应用 4/22。

10172 大连外国语大学

在中国本科院校竞争力排行榜中的名次 426，辽宁省内排名 25/60，文法类排名 15/68。

共 33 个专业参评，其中 5★+专业 2 个，5★专业 1 个，5★-专业 6 个，4★专业 1 个，3★专业 9 个。

在中国普通高校研究生教育竞争力排行榜中

的名次：总排名 496/596，辽宁省内排名 30/37，文法类排名 17/32。

共 3 个一级学科(学术学位)参评，其中 5★+学科 0 个，5★学科 0 个，5★-学科 0 个，4★学科 1 个，学科优秀率为 33.33%。

一级学科排名

马克思主义理论 328/358、中国语言文学 125/183、外国语言文学 32/232。

本科优势专业排名

5★+专业：俄语 1/157、日语 2/450。

5★专业：英语 14/928、德语 2/110、法语 5/137、朝鲜语 2/93、翻译 5/261、商务英语 18/362。

5★-专业：西班牙语 9/96。

4★专业：泰语 8/44。

10162 辽宁中医药大学

在中国本科院校竞争力排行榜中的名次 431，辽宁省内排名 26/60，医药类排名 44/108。

共 23 个专业参评，其中 5★+专业 0 个，5★专业 1 个，5★-专业 1 个，4★专业 2 个，3★专业 6 个。

在中国普通高校研究生教育竞争力排行榜中的名次：总排名 358/596，辽宁省内排名 20/37，医药类排名 50/76。

共 5 个一级学科(学术学位)参评，其中 5★+学科 0 个，5★学科 0 个，5★-学科 0 个，4★学科 1 个，学科优秀率为 20%。

一级学科排名

马克思主义理论 352/358、中医学 17/42、中西医结合 11/61、药学 75/142、中药学 18/50。

本科优势专业排名

5★专业：中西医临床医学 2/50。

5★-专业：中草药栽培与鉴定 2/17。

4★专业：中药学 23/115、中医学 10/64。

10149 沈阳化工大学

在中国本科院校竞争力排行榜中的名次 432，辽宁省内排名 27/60，理工类排名 158/365。

共 43 个专业参评，其中 5★+专业 0 个，5★专业 0 个，5★-专业 0 个，4★专业 4 个，3★专业 12 个。

在中国普通高校研究生教育竞争力排行榜中的名次：总排名 404/596，辽宁省内排名 25/37，理工类排名 145/182。

共 12 个一级学科(学术学位)参评。

一级学科排名

应用经济学 259/262、外国语言文学 68/232、化学 164/228、机械工程 198/220、材料科学与工程 213/219、动力工程及工程热物理 99/104、信息与通信工程 169/182、控制科学与工程 177/184、计算机科学与技术 250/263、化学工程与技术 129/178、环境科学与工程 181/193、管理科学与工程 177/202。

本科优势专业排名

4★专业：过程装备与控制工程 10/91、高分子材料与工程 25/184、电气工程及其自动化 109/569、化学工程与工艺 61/325。

10158 大连海洋大学

在中国本科院校竞争力排行榜中的名次 439，辽宁省内排名 28/60，农林类排名 34/47。

共 34 个专业参评，其中 5★+专业 0 个，5★专业 0 个，5★-专业 0 个，4★专业 1 个，3★专业 13 个。

在中国普通高校研究生教育竞争力排行榜中的名次：总排名 401/596，辽宁省内排名 24/37，农林类排名 33/38。

共 10 个一级学科(学术学位)参评。

一级学科排名

法学 202/206、马克思主义理论 244/358、海洋科学 25/29、生物学 184/239、控制科学与工程 129/184、水利工程 61/64、船舶与海洋工程 23/24、农业工程 40/44、水产 12/28、工商管理 280/306。

本科优势专业排名

4★专业：水产养殖学 10/51。

10177 沈阳音乐学院

在中国本科院校竞争力排行榜中的名次 447，辽宁省内排名 29/60，艺术类排名 23/48。

共15个专业参评，其中5★+专业0个，5★专业4个，5★-专业1个，4★专业1个，3★专业3个。

在中国普通高校研究生教育竞争力排行榜中的名次：总排名574/596，辽宁省内排名35/37，艺术类排名32/33。

共2个一级学科(学术学位)参评。

一级学科排名

艺术学理论34/70、音乐与舞蹈学57/82。

本科优势专业排名

5★专业：音乐表演3/237。

5★-专业：作曲与作曲技术理论4/37、舞蹈表演14/145、舞蹈学11/202、播音与主持艺术21/219。

4★专业：音乐学45/394。

10175 中国刑事警察学院

在中国本科院校竞争力排行榜中的名次459，辽宁省内排名30/60，文法类排名18/68。

共6个专业参评，其中5★+专业0个，5★专业1个，5★-专业2个，4★专业2个，3★专业1个。

在中国普通高校研究生教育竞争力排行榜中的名次：总排名527/596，辽宁省内排名32/37，文法类排名21/32。

共2个一级学科(学术学位)参评。

一级学科排名

法学121/206、基础医学108/108。

本科优势专业排名

5★专业：侦查学1/31、经济犯罪侦查1/17。

5★-专业：刑事科学技术2/27。

4★专业：禁毒学2/13、网络安全与执法3/24。

12026 大连民族大学

在中国本科院校竞争力排行榜中的名次461，辽宁省内排名31/60，民族类排名10/17。

共56个专业参评，其中5★+专业0个，5★专业2个，5★-专业1个，4★专业2个，3★专业10个。

在中国普通高校研究生教育竞争力排行榜中的名次：总排名463/596，辽宁省内排名29/37，民族类排名13/13。

共2个一级学科(学术学位)参评。

一级学科排名

民族学33/38、生物工程8/22。

本科优势专业排名

5★专业：网络工程10/276。

5★-专业：生物工程19/239、产品设计34/390。

4★专业：工业设计31/209、电子信息工程91/633。

11035 沈阳大学

在中国本科院校竞争力排行榜中的名次488，辽宁省内排名32/60，综合类排名79/270。

共58个专业参评，其中5★+专业0个，5★专业0个，5★-专业0个，4★专业7个，3★专业11个。

在中国普通高校研究生教育竞争力排行榜中的名次：总排名455/596，辽宁省内排名28/37，综合类排名77/93。

共8个一级学科(学术学位)参评。

一级学科排名

应用经济学179/262、生物学239/239、材料科学与工程212/219、控制科学与工程155/184、土木工程148/159、环境科学与工程77/193、工商管理196/306、美术学88/115。

本科优势专业排名

4★专业：小学教育44/301、材料成型及控制工程35/221、土木工程99/525、环境生态工程11/68、财务管理108/680、会计学69/653、旅游管理63/424。

10160 锦州医科大学

在中国本科院校竞争力排行榜中的名次531，辽宁省内排名33/60，医药类排名58/108。

共23个专业参评，其中5★+专业0个，5★专业0个，5★-专业0个，4★专业1个，3★专业10个。

在中国普通高校研究生教育竞争力排行榜中的名次：总排名 362/596，辽宁省内排名 21/37，医药类排名 51/76。

共 10 个一级学科(学术学位)参评。

一级学科排名

哲学 131/133、马克思主义理论 327/358、生物学 161/239、基础医学 66/108、临床医学 72/110、口腔医学 39/47、公共卫生与预防医学 72/74、中西医结合 52/61、药学 80/142、护理学 58/70。

本科优势专业排名

4★专业：护理学 45/290。

10176 沈阳体育学院

在中国本科院校竞争力排行榜中的名次 533，辽宁省内排名 34/60，体育类排名 7/16。

共 12 个专业参评，其中 5★+专业 0 个，5★专业 2 个，5★-专业 1 个，4★专业 3 个，3★专业 3 个。

在中国普通高校研究生教育竞争力排行榜中的名次：总排名 502/596，辽宁省内排名 31/37，体育类排名 7/13。

共 1 个一级学科(学术学位)参评。

一级学科排名

体育学 34/106。

本科优势专业排名

5★专业：社会体育指导与管理 4/231。

5★-专业：体育教育 32/323、运动训练 4/53。

4★专业：舞蹈表演 27/145、武术与民族传统体育 6/39、休闲体育 13/89。

11779 辽东学院

在中国本科院校竞争力排行榜中的名次 610，辽宁省内排名 35/60，综合类排名 108/270。

共 37 个专业参评，其中 5★+专业 0 个，5★专业 0 个，5★-专业 0 个，4★专业 2 个，3★专业 7 个。

本科优势专业排名

4★专业：视觉传达设计 89/702、环境设计 92/701。

10164 沈阳医学院

在中国本科院校竞争力排行榜中的名次 636，辽宁省内排名 36/60，医药类排名 68/108。

共 18 个专业参评，其中 5★+专业 0 个，5★专业 0 个，5★-专业 0 个，4★专业 1 个，3★专业 2 个。

在中国普通高校研究生教育竞争力排行榜中的名次：总排名 531/596，辽宁省内排名 34/37，医药类排名 72/76。

共 2 个一级学科(学术学位)参评。

一级学科排名

基础医学 78/108、公共卫生与预防医学 44/74。

本科优势专业排名

4★专业：养老服务管理 3/19。

11632 沈阳工程学院

在中国本科院校竞争力排行榜中的名次 646，辽宁省内排名 37/60，理工类排名 203/365。

共 32 个专业参评，其中 5★+专业 0 个，5★专业 0 个，5★-专业 0 个，4★专业 1 个，3★专业 5 个。

在中国普通高校研究生教育竞争力排行榜中的名次：总排名 580/596，辽宁省内排名 36/37，理工类排名 181/182。

本科优势专业排名

4★专业：电气工程与智能控制 6/33。

10169 鞍山师范学院

在中国本科院校竞争力排行榜中的名次 718，辽宁省内排名 40/60，师范类排名 116/175。

共 39 个专业参评，其中 5★+专业 0 个，5★专业 0 个，5★-专业 0 个，4★专业 1 个，3★专业 3 个。

在中国普通高校研究生教育竞争力排行榜中的名次：总排名 588/596，辽宁省内排名 37/37，师范类排名 76/77。

本科优势专业排名

4★专业：学前教育 62/418。

13957 辽宁传媒学院

在中国本科院校竞争力排行榜中的名次 748，辽宁省内排名 41/60，艺术类排名 38/48。

共 36 个专业参评，其中 5★+专业 0 个，5★专业 1 个，5★-专业 0 个，4★专业 1 个，3★专业 5 个。

本科优势专业排名

5★-专业：网络与新媒体 19/316。

4★专业：动画 35/256。

11430 辽宁科技学院

在中国本科院校竞争力排行榜中的名次 755，辽宁省内排名 43/60，理工类排名 221/365。

共 33 个专业参评，其中 5★+专业 0 个，5★专业 0 个，5★-专业 0 个，4★专业 0 个，3★专业 4 个。

11432 辽宁警察学院

在中国本科院校竞争力排行榜中的名次 966，辽宁省内排名 47/60，文法类排名 62/68。

共 9 个专业参评，其中 5★+专业 0 个，5★专业 1 个，5★-专业 0 个，4★专业 0 个，3★专业 3 个。

本科优势专业排名

5★-专业：网络安全与执法 2/24。

14435 营口理工学院

在中国本科院校竞争力排行榜中的名次 978，辽宁省内排名 49/60，理工类排名 283/365。

共 24 个专业参评，其中 5★+专业 0 个，5★专业 0 个，5★-专业 0 个，4★专业 0 个，3★专业 1 个。

民办院校

13201 沈阳工学院

在中国民办院校竞争力排行榜中的名次 14，辽宁省内排名 38/60，理工类排名 211/365。

共 44 个专业参评，其中 5★+专业 0 个，5★专业 0 个，5★-专业 0 个，4★专业 0 个，3★专业 12 个。

13631 大连东软信息学院

在中国民办院校竞争力排行榜中的名次 17，辽宁省内排名 39/60，理工类排名 212/365。

共 30 个专业参评，其中 5★+专业 0 个，5★专业 0 个，5★-专业 1 个，4★专业 3 个，3★专业 12 个。

本科优势专业排名

5★专业：数字媒体技术 5/221。

4★专业：电子信息工程 88/633、软件工程 115/595、电子商务 81/451。

13599 大连艺术学院

在中国民办院校竞争力排行榜中的名次 34，辽宁省内排名 42/60，艺术类排名 39/48。

共 29 个专业参评，其中 5★+专业 0 个，5★专业 1 个，5★-专业 1 个，4★专业 4 个，3★专业 9 个。

本科优势专业排名

5★专业：文化产业管理 5/135。

5★-专业：环境设计 54/701。

4★专业：表演 27/142、播音与主持艺术 31/219、视觉传达设计 72/702、服装与服饰设计 36/208。

10841 辽宁对外经贸学院

在中国民办院校竞争力排行榜中的名次 77，辽宁省内排名 44/60，财经类排名 56/109。

共 22 个专业参评，其中 5★+专业 0 个，5★专业 1 个，5★-专业 0 个，4★专业 0 个，3★专业 15 个。

本科优势专业排名

5★-专业：国际经济与贸易 59/670。

13220 沈阳城市学院

在中国民办院校竞争力排行榜中的名次 90，

辽宁省内排名 45/60，综合类排名 176/270。

共 41 个专业参评，其中 5★+专业 0 个，5★专业 0 个，5★-专业 1 个，4★专业 0 个，3★专业 5 个。

本科优势专业排名

5★专业：酒店管理 9/180。

13207 大连科技学院

在中国民办院校竞争力排行榜中的名次 119，辽宁省内排名 46/60，理工类排名 272/365。

共 27 个专业参评，其中 5★+专业 0 个，5★专业 0 个，5★-专业 0 个，4★专业 0 个，3★专业 7 个。

13218 大连财经学院

在中国民办院校竞争力排行榜中的名次 138，辽宁省内排名 48/60，财经类排名 69/109。

共 29 个专业参评，其中 5★+专业 0 个，5★专业 0 个，5★-专业 0 个，4★专业 1 个，3★专业 6 个。

本科优势专业排名

4★专业：财务管理 71/680。

13900 辽宁财贸学院

在中国民办院校竞争力排行榜中的名次 173，辽宁省内排名 50/60，财经类排名 83/109。

共 16 个专业参评，其中 5★+专业 0 个，5★专业 0 个，5★-专业 0 个，4★专业 1 个，3★专业 3 个。

本科优势专业排名

4★专业：互联网金融 9/55。

13217 辽宁理工学院

在中国民办院校竞争力排行榜中的名次 190，辽宁省内排名 53/60，综合类排名 243/270。

共 24 个专业参评，其中 5★+专业 0 个，5★专业 0 个，5★-专业 0 个，4★专业 0 个，3★专业 0 个。

13621 沈阳科技学院

在中国民办院校竞争力排行榜中的名次 205，辽宁省内排名 56/60，理工类排名 344/365。

共 20 个专业参评，其中 5★+专业 0 个，5★专业 0 个，5★-专业 0 个，4★专业 0 个，3★专业 3 个。

13610 辽宁何氏医学院

在中国民办院校竞争力排行榜中的名次 207，辽宁省内排名 57/60，医药类排名 102/108。

共 14 个专业参评，其中 5★+专业 0 个，5★专业 0 个，5★-专业 0 个，4★专业 1 个，3★专业 2 个。

本科优势专业排名

4★专业：眼视光学 6/29。

13208 沈阳城市建设学院

在中国民办院校竞争力排行榜中的名次 215，辽宁省内排名 60/60，理工类排名 355/365。

共 30 个专业参评，其中 5★+专业 0 个，5★专业 0 个，5★-专业 0 个，4★专业 0 个，3★专业 5 个。

四川省

一流大学

10610 四川大学

在中国本科院校竞争力排行榜中的名次 12，四川省内排名 1/51，综合类排名 7/270。

共 103 个专业参评，其中 5★+专业 6 个，5★专业 20 个，5★-专业 28 个，4★专业 26 个，3★专业 22 个。

在中国普通高校研究生教育竞争力排行榜中的名次：总排名 9/596，四川省内排名 1/24，综合类排名 6/93。

共 57 个一级学科(学术学位)参评，其中 5★+学科 2 个，5★学科 14 个，5★-学科 14 个，4★学科 9 个，学科优秀率为 68.42%。

一级学科排名

哲学 16/133、理论经济学 19/111、应用经济学 67/262、法学 10/206、政治学 32/80、社会学 46/88、民族学 18/38、马克思主义理论 29/358、中国语言文学 9/183、外国语言文学 28/232、新闻传播学 6/116、考古学 4/40、中国史 12/114、世界史 16/67、数学 6/262、物理学 17/197、化学 9/228、生物学 18/239、生态学 18/109、统计学 10/121、力学 34/95、机械工程 29/220、光学工程 24/92、仪器科学与技术 22/69、材料科学与工程 3/219、动力工程及工程热物理 37/104、电气工程 14/109、电子科学与技术 60/120、信息与通信工程 40/182、控制科学与工程 56/184、计算机科学与技术 18/263、土木工程 14/159、水利工程 5/64、化学工程与技术 12/178、轻工技术与工程 6/19、航空宇航科学与技术 22/29、核科学与技术 11/17、环境科学与工程 27/193、生物医学工程 1/74、软件工程 15/146、网络空间安全 19/70、基础医学 5/108、临床医学 9/110、口腔医学 1/47、公共卫生与预防医学 5/74、中西医结合 10/61、药学 10/142、特种医学 9/14、医学技术 2/35、护理学 1/70、管理科学与工程 17/202、工商管理 8/306、公共管理 8/209、图书情报与档案管理 14/50、艺术学理论 4/70、美术学 5/115、设计学 5/161。

本科优势专业排名

5★+专业：医学影像技术 1/100、美术学 3/332、网络与新媒体 3/316、医学信息工程 1/52、人工智能 3/411、口腔医学 1/116。

5★专业：国际经济与贸易 34/670、汉语言文学 10/615、英语 11/928、新闻学 7/310、历史学 5/246、数学与应用数学 8/514、物理学 11/282、化学 13/304、生物科学 8/280、机械设计制造及其自动化 14/513、高分子材料与工程 6/184、电气工程及其自动化 26/569、电子信息工程 19/633、计算机科学与技术 41/922、物联网工程 19/481、土木工程 16/525、化学工程与工艺 15/325、制药工程 8/252、轻化工程 2/41、生物医学工程 4/119、药学 5/240、康复治疗学 6/177、护理学 9/290、行政管理 10/290、会展经济与管理 4/101、舞蹈表演 6/145、法学 13/583、临床医学 9/194。

5★-专业：经济学 18/348、金融工程 21/259、社会工作 22/251、汉语国际教育 22/320、日语 32/450、材料科学与工程 17/229、环境工程 22/345、食品卫生与营养学 3/30、眼视光学 2/29、口腔医学技术 3/26、市场营销 46/586、财务管理 50/680、人力资源管理 23/414、服装与服饰设计 16/208、马克思主义理论 4/39、新能源材料与器件 9/105、网络空间安全 10/100、预防医学 7/121、法医学 3/31、书法学 12/125。

4★专业：俄语 22/157、法语 15/137、广告学 27/254、文物与博物馆学 7/53、信息与计算科学 61/303、应用化学 54/373、生态学 13/80、统计学 29/205、材料成型及控制工程 43/221、测控技术与仪器 37/186、能源与动力工程 38/188、通信工程 84/490、微电子科学与工程 16/107、软件工程 108/595、建筑学 55/291、医学检验技术 22/159、卫生检验与检疫 6/53、管理科学 5/35、劳动与社会保障 16/123、土地资源管理 10/90、信息资源管理 3/16、绘画 27/164、视觉传达设计 131/702、环境设计 121/701、飞行器控制与信息工程 2/14、旅游管理 84/424。

10614 电子科技大学

在中国本科院校竞争力排行榜中的名次 33，四川省内排名 2/51，理工类排名 18/365。

共 52 个专业参评，其中 5★+专业 8 个，5★专业 8 个，5★-专业 11 个，4★专业 10 个，3★专业 13 个。

在中国普通高校研究生教育竞争力排行榜中的名次：总排名 27/596，四川省内排名 2/24，理工类排名 15/182。

共 29 个一级学科(学术学位)参评，其中 5★+学科 2 个，5★学科 1 个，5★-学科 4 个，4★学科 8 个，学科优秀率为 51.72%。

一级学科排名

应用经济学 124/262、马克思主义理论 31/358、心理学 36/102、外国语言文学 138/232、新闻传播学 101/116、数学 19/262、物理学 22/197、生物学 125/239、统计学 52/121、机械工程 26/220、光学工程 12/92、仪器科学与技术 9/69、材料科学与工程 34/219、电气工程 46/109、电子科学与技术 1/120、信息与通信工程 1/182、控制科学与工程 13/184、计算机科学与技术 14/263、测绘科学与技术 9/52、化学工程与技术 63/178、航空宇航科学与技术 10/29、生物医学工程 30/74、软件工程 6/146、网络空间安全 18/70、临床医学 47/110、口腔医学 28/47、管理科学与工程 28/202、工商管理 54/306、公共管理 76/209。

本科优势专业排名

5★+专业：电子信息工程 1/633、通信工程 2/490、计算机科学与技术 7/922、软件工程 6/595、物联网工程 4/481、新能源材料与器件 1/105、集成电路设计与集成系统 1/70、网络空间安全 1/100。

5★专业：数学与应用数学 6/514、应用物理学 8/151、机械设计制造及其自动化 19/513、电子科学与技术 2/149、光电信息科学与工程 5/213、自动化 15/437、网络工程 14/276、行政管理 12/290、城市管理 2/50、电子信息科学与技术 6/164、数据科学与大数据技术 9/680。

5★-专业：英语 76/928、测控技术与仪器 13/186、微电子科学与工程 9/107、数字媒体技术 20/221、工业工程 11/139、人工智能 40/411、机器人工程 26/307、无人驾驶航空器系统工程 2/15。

4★专业：翻译 51/261、电气工程及其自动化 85/569、遥感科学与技术 10/56、生物医学工程 13/119、电子商务 82/451、金融学 48/387、智能电网信息工程 4/34、电磁场与无线技术 2/12、飞行器控制与信息工程 3/14、工商管理 97/537。

一般大学

10613 西南交通大学

在中国本科院校竞争力排行榜中的名次 36，四川省内排名 3/51，理工类排名 20/365。

共 77 个专业参评，其中 5★+专业 1 个，5★专业 12 个，5★-专业 21 个，4★专业 21 个，3★专业 18 个。

在中国普通高校研究生教育竞争力排行榜中的名次：总排名 52/596，四川省内排名 3/24，理工类排名 28/182。

共 41 个一级学科(学术学位)参评，其中 5★+学科 1 个，5★学科 1 个，5★-学科 1 个，4★学科 6 个，学科优秀率为 21.95%。

一级学科排名

哲学 72/133、理论经济学 70/111、应用经济学 148/262、法学 158/206、马克思主义理论 57/358、心理学 47/102、中国语言文学 84/183、外国语言文学 143/232、新闻传播学 96/116、数学 80/262、物理学 40/197、化学 139/228、生物学 228/239、系统科学 13/25、统计学 82/121、力学 18/95、机械工程 24/220、材料科学与工程 59/219、动力工程及工程热物理 76/104、电气工程 11/109、电子科学与技术 72/120、信息与通信工程 26/182、控制科学与工程 40/184、计算机科学与技术 63/263、建筑学 18/70、土木工程 21/159、测绘科学与技术 3/52、地质资源与地质工程 29/46、交通运输工程 1/64、环境科学与工程 88/193、生物医学工程 67/74、城乡规划学 37/60、风景园林学 53/56、软件工程 74/146、安全科学与工程 37/61、临床医学 100/110、药学 108/142、管理科学与工程 47/202、工商管理 57/306、公共管理 69/209、设计学 80/161。

本科优势专业排名

5★+专业：电气工程及其自动化 3/569。

5★专业：思想政治教育 10/292、应用心理学 12/248、机械设计制造及其自动化 8/513、车辆工程 11/254、电子信息工程 29/633、通信工程 14/490、计算机科学与技术 44/922、土木工程 8/525、测绘工程 5/143、制药工程 9/252、交通运输 2/107、交通工程 2/106、工程管理 19/388、工程造价 7/254、公共事业管理 10/252、物流管理 19/

434、物流工程 3/102、轨道交通信号与控制 2/52、城市地下空间工程 3/73、道路桥梁与渡河工程 4/77、铁道工程 1/14。

5★-专业：汉语言文学 56/615、英语 57/928、翻译 22/261、广告学 22/254、数学与应用数学 50/514、软件工程 41/595、建筑环境与能源应用工程 14/165、建筑学 18/291、信息管理与信息系统 25/343、工业工程 14/139、产品设计 29/390、会计学 34/653。

4★专业：汉语国际教育 61/320、日语 86/450、传播学 9/69、应用物理学 18/151、地理信息科学 23/166、工程力学 10/80、材料成型及控制工程 23/221、材料科学与工程 31/229、自动化 80/437、地质工程 9/55、城乡规划 28/203、风景园林 27/185、安全工程 26/148、生物工程 38/239、环境设计 136/701、智能制造工程 37/252、电子信息科学与技术 17/164、人工智能 68/411、数据科学与大数据技术 90/680、智能建造 10/65、工商管理 82/537。

10651 西南财经大学

在中国本科院校竞争力排行榜中的名次 133，四川省内排名 4/51，财经类排名 4/109。

共 40 个专业参评，其中 5★+专业 6 个，5★专业 6 个，5★-专业 12 个，4★专业 5 个，3★专业 9 个。

在中国普通高校研究生教育竞争力排行榜中的名次：总排名 148/596，四川省内排名 7/24，财经类排名 3/39。

共 13 个一级学科(学术学位)参评，其中 5★+学科 1 个，5★学科 0 个，5★-学科 1 个，4★学科 4 个，学科优秀率为 46.15%。

一级学科排名

理论经济学 20/111、应用经济学 2/262、法学 36/206、社会学 23/88、马克思主义理论 80/358、外国语言文学 135/232、数学 143/262、统计学 17/121、计算机科学与技术 90/263、管理科学与工程 22/202、工商管理 16/306、农林经济管理 28/51、公共管理 97/209。

本科优势专业排名

5★+专业：金融工程 2/259、保险学 1/98、国际经济与贸易 3/670、市场营销 2/586、金融学 2/387、金融数学 1/71。

5★专业：经济统计学 4/134、税收学 2/90、投资学 2/127、统计学 7/205、财务管理 9/680、国际商务 2/126、审计学 6/191、财政学 2/84、信用管理 1/23、法学 20/583、工商管理 7/537、会计学 9/653。

5★-专业：商务英语 32/362、人力资源管理 26/414、行政管理 29/290、金融科技 7/78、数据科学与大数据技术 57/680、供应链管理 5/49。

4★专业：经济学 52/348、物流管理 62/434、电子商务 68/451、数字经济 7/63、旅游管理 62/424。

10636 四川师范大学

在中国本科院校竞争力排行榜中的名次 139，四川省内排名 5/51，师范类排名 15/175。

共 73 个专业参评，其中 5★+专业 0 个，5★专业 16 个，5★-专业 6 个，4★专业 20 个，3★专业 19 个。

在中国普通高校研究生教育竞争力排行榜中的名次：总排名 204/596，四川省内排名 9/24，师范类排名 23/77。

共 26 个一级学科(学术学位)参评，其中 5★+学科 0 个，5★学科 0 个，5★-学科 0 个，4★学科 2 个，学科优秀率为 7.69%。

一级学科排名

哲学 60/133、理论经济学 76/111、应用经济学 235/262、法学 175/206、马克思主义理论 291/358、教育学 21/139、心理学 68/102、体育学 93/106、中国语言文学 40/183、外国语言文学 174/232、中国史 62/114、世界史 57/67、数学 49/262、物理学 89/197、化学 134/228、地理学 48/84、生物学 153/239、计算机科学与技术 105/263、环境科学与工程 113/193、软件工程 67/146、工商管理 112/306、艺术学理论 57/70、音乐与舞蹈学 56/82、戏剧与影视学 25/61、美术学 97/115、设计学 135/161。

本科优势专业排名

5★专业：学前教育 13/418、工程造价 6/254、播音与主持艺术 5/219、视觉传达设计 13/702、秘书学 4/89、网络与新媒体 14/316。

5★-专业：教育技术学 11/130、汉语言文学 36/615、英语 59/928、历史学 25/246、数学与应用数学 46/514、财务管理 65/680、审计学 17/191、音乐表演 24/237、音乐学 31/394、舞蹈表演 15/145、舞蹈学 12/202、表演 11/142、广播电视编导 14/224、美术学 25/332、环境设计 55/701、数字媒体艺术 21/319。

4★专业：经济学 40/348、思想政治教育 32/292、科学教育 6/43、小学教育 42/301、特殊教育 12/58、体育教育 62/323、社会体育指导与管理 41/231、汉语国际教育 42/320、物理学 37/282、化学 59/304、地理科学 34/170、电子信息工程 83/633、软件工程 92/595、网络工程 34/276、市场营销 103/586、绘画 30/164、服装与服饰设计 37/208、法学 82/583、工商管理 104/537、旅游管理 83/424。

10615 西南石油大学

在中国本科院校竞争力排行榜中的名次 142，四川省内排名 6/51，理工类排名 62/365。

共 71 个专业参评，其中 5★+专业 0 个，5★专业 3 个，5★-专业 0 个，4★专业 16 个，3★专业 44 个。

在中国普通高校研究生教育竞争力排行榜中的名次：总排名 141/596，四川省内排名 5/24，理工类排名 62/182。

共 21 个一级学科(学术学位)参评，其中 5★+学科 0 个，5★学科 0 个，5★-学科 1 个，4★学科 1 个，学科优秀率为 9.52%。

一级学科排名

应用经济学 242/262、法学 70/206、马克思主义理论 114/358、外国语言文学 210/232、数学 153/262、地质学 14/36、力学 74/95、机械工程 69/220、仪器科学与技术 48/69、材料科学与工程 95/219、动力工程及工程热物理 72/104、控制科学与工程 86/184、土木工程 86/159、化学工程与技术 26/178、地质资源与地质工程 13/46、石油与天然气工程 2/15、环境科学与工程 130/193、软件工程 103/146、网络空间安全 50/70、管理科学与工程 120/202、工商管理 232/306。

本科优势专业排名

5★-专业：应用化学 30/373、石油工程 2/21、新能源材料与器件 7/105。

4★专业：信息与计算科学 42/303、机械电子工程 40/297、工业设计 28/209、测控技术与仪器 36/186、计算机科学与技术 126/922、软件工程 90/595、网络工程 48/276、物联网工程 63/481、数字媒体技术 31/221、化学工程与工艺 46/325、油气储运工程 5/33、环境工程 69/345、工程造价 34/254、财务管理 130/680、焊接技术与工程 8/41、数据科学与大数据技术 129/680。

10626 四川农业大学

在中国本科院校竞争力排行榜中的名次 153，四川省内排名 7/51，农林类排名 11/47。

共 75 个专业参评，其中 5★+专业 0 个，5★专业 4 个，5★-专业 1 个，4★专业 16 个，3★专业 40 个。

在中国普通高校研究生教育竞争力排行榜中的名次：总排名 111/596，四川省内排名 4/24，农林类排名 9/38。

共 18 个一级学科(学术学位)参评，其中 5★+学科 0 个，5★学科 1 个，5★-学科 1 个，4★学科 3 个，学科优秀率为 27.78%。

一级学科排名

应用经济学 176/262、马克思主义理论 142/358、生物学 35/239、农业工程 29/44、环境科学与工程 72/193、食品科学与工程 52/99、风景园林学 6/56、作物学 3/51、园艺学 12/44、农业资源与环境 10/40、植物保护 22/45、畜牧学 7/55、兽医学 7/43、林学 12/36、水产 20/28、草学 9/25、工商管理 110/306、农林经济管理 13/51。

本科优势专业排名

5★专业：园林 5/126。

5★-专业：物联网工程 41/481、农学 5/76、动物科学 7/79、动物医学 7/73。

4★专业：广告学 38/254、生物技术 33/285、食品科学与工程 35/278、食品质量与安全 27/236、风景园林 20/185、园艺 15/107、农业资源与环境 8/51、林学 6/47、草业科学 5/29、财务管理 96/680、资产评估 10/69、土地资源管理 12/90、视觉传达设计 126/702、产品设计 47/390、茶学 6/29、旅游管理 56/424。

10619 西南科技大学

在中国本科院校竞争力排行榜中的名次 184，四川省内排名 8/51，理工类排名 75/365。

共 80 个专业参评，其中 5★+专业 0 个，5★

专业5个，5★-专业0个，4★专业16个，3★专业41个。

在中国普通高校研究生教育竞争力排行榜中的名次：总排名187/596，四川省内排名8/24，理工类排名75/182。

共20个一级学科(学术学位)参评。

一级学科排名

应用经济学122/262、法学162/206、马克思主义理论139/358、中国语言文学142/183、外国语言文学209/232、物理学97/197、生物学95/239、机械工程115/220、材料科学与工程69/219、信息与通信工程85/182、控制科学与工程55/184、计算机科学与技术153/263、土木工程92/159、地质资源与地质工程37/46、矿业工程22/30、环境科学与工程48/193、城乡规划学23/60、软件工程95/146、安全科学与工程41/61、工商管理149/306。

本科优势专业排名

5★-专业：电子信息工程62/633、软件工程56/595、环境工程19/345、视觉传达设计67/702、应急技术与管理2/25。

4★专业：经济学69/348、汉语国际教育56/320、应用化学46/373、机械设计制造及其自动化62/513、材料科学与工程38/229、光电信息科学与工程39/213、自动化55/437、计算机科学与技术158/922、土木工程76/525、信息对抗技术3/13、城乡规划40/203、生物工程44/239、工程造价36/254、知识产权17/92、机器人工程45/307、工商管理96/537。

10616 成都理工大学

在中国本科院校竞争力排行榜中的名次198，四川省内排名9/51，理工类排名82/365。

共71个专业参评，其中5★+专业0个，5★专业4个，5★-专业1个，4★专业11个，3★专业44个。

在中国普通高校研究生教育竞争力排行榜中的名次：总排名147/596，四川省内排名6/24，理工类排名63/182。

共24个一级学科(学术学位)参评，其中5★+学科0个，5★学科0个，5★-学科0个，4★学科2个，学科优秀率为8.33%。

一级学科排名

应用经济学142/262、法学196/206、马克思主义理论175/358、外国语言文学231/232、新闻传播学103/116、数学162/262、物理学153/197、化学170/228、地理学50/84、地球物理学12/21、地质学6/36、仪器科学与技术38/69、材料科学与工程151/219、信息与通信工程122/182、计算机科学与技术147/263、土木工程39/159、测绘科学与技术26/52、化学工程与技术125/178、地质资源与地质工程6/46、石油与天然气工程6/15、核科学与技术14/17、环境科学与工程76/193、管理科学与工程82/202、工商管理269/306。

本科优势专业排名

5★专业：资源勘查工程2/50。

5★-专业：物联网工程43/481、土木工程49/525、地质工程5/55、大数据管理与应用10/170。

4★专业：广播电视学16/152、数学与应用数学88/514、地理信息科学21/166、软件工程89/595、测绘工程26/143、化学工程与工艺64/325、市场营销95/586、财务管理103/680、播音与主持艺术38/219、人工智能79/411、工商管理84/537。

10621 成都信息工程大学

在中国本科院校竞争力排行榜中的名次268，四川省内排名10/51，理工类排名112/365。

共51个专业参评，其中5★+专业0个，5★专业5个，5★-专业1个，4★专业11个，3★专业19个。

在中国普通高校研究生教育竞争力排行榜中的名次：总排名336/596，四川省内排名15/24，理工类排名129/182。

共11个一级学科(学术学位)参评。

一级学科排名

应用经济学237/262、数学228/262、大气科学5/19、统计学94/121、电子科学与技术59/120、信息与通信工程78/182、计算机科学与技术239/263、环境科学与工程128/193、软件工程110/146、网络空间安全54/70、管理科学与工程185/202。

本科优势专业排名

5★专业：电子信息工程21/633。

5★-专业：通信工程 29/490、计算机科学与技术 69/922、软件工程 50/595、机器人工程 20/307、区块链工程 2/18。

4★专业：信息与计算科学 55/303、电子科学与技术 29/149、网络工程 31/276、物联网工程 85/481、数字媒体技术 40/221、环境工程 65/345、电子商务 50/451、电子信息科学与技术 18/164、信息安全 24/119、数据科学与大数据技术 80/680、旅游管理 51/424。

10633 成都中医药大学

在中国本科院校竞争力排行榜中的名次 272，四川省内排名 11/51，医药类排名 21/108。

共 33 个专业参评，其中 5★+专业 0 个，5★专业 3 个，5★-专业 3 个，4★专业 6 个，3★专业 8 个。

在中国普通高校研究生教育竞争力排行榜中的名次：总排名 209/596，四川省内排名 10/24，医药类排名 24/76。

共 8 个一级学科(学术学位)参评，其中 5★+学科 0 个，5★学科 0 个，5★-学科 2 个，4★学科 0 个，学科优秀率为 25%。

一级学科排名

马克思主义理论 354/358、临床医学 62/110、公共卫生与预防医学 50/74、中医学 4/42、中西医结合 15/61、中药学 4/50、护理学 31/70、公共管理 172/209。

本科优势专业排名

5★专业：中药学 5/115、针灸推拿学 2/50、中西医临床医学 3/50。

5★-专业：中药资源与开发 3/35、康复治疗学 12/177、护理学 26/290。

4★专业：制药工程 47/252、食品质量与安全 28/236、公共事业管理 48/252、医学信息工程 6/52、中医学 7/64、健康服务与管理 16/116。

10656 西南民族大学

在中国本科院校竞争力排行榜中的名次 317，四川省内排名 12/51，民族类排名 3/17。

共 78 个专业参评，其中 5★+专业 0 个，5★专业 3 个，5★-专业 2 个，4★专业 10 个，3★专业 40 个。

在中国普通高校研究生教育竞争力排行榜中的名次：总排名 286/596，四川省内排名 11/24，民族类排名 3/13。

共 24 个一级学科(学术学位)参评，其中 5★+学科 0 个，5★学科 0 个，5★-学科 1 个，4★学科 0 个，学科优秀率为 4.17%。

一级学科排名

哲学 40/133、理论经济学 104/111、应用经济学 97/262、法学 110/206、社会学 78/88、民族学 4/38、马克思主义理论 331/358、中国语言文学 55/183、外国语言文学 159/232、考古学 35/40、中国史 97/114、化学 193/228、生物学 236/239、生态学 95/109、建筑学 69/70、软件工程 92/146、畜牧学 33/55、兽医学 36/43、草学 19/25、中药学 44/50、工商管理 265/306、公共管理 88/209、音乐与舞蹈学 71/82、美术学 98/115。

本科优势专业排名

5★专业：人力资源管理 11/414、旅游管理 10/424。

5★-专业：国际经济与贸易 66/670、汉语言文学 59/615、舞蹈表演 10/145。

4★专业：汉语国际教育 51/320、中国少数民族语言文学 4/33、英语 147/928、电子信息工程 80/633、市场营销 96/586、财务管理 102/680、文化产业管理 21/135、音乐表演 42/237、舞蹈编导 15/73、美术学 64/332。

10623 西华大学

在中国本科院校竞争力排行榜中的名次 326，四川省内排名 13/51，综合类排名 62/270。

共 77 个专业参评，其中 5★+专业 0 个，5★专业 4 个，5★-专业 1 个，4★专业 7 个，3★专业 47 个。

在中国普通高校研究生教育竞争力排行榜中的名次：总排名 329/596，四川省内排名 14/24，综合类排名 62/93。

共 20 个一级学科(学术学位)参评。

一级学科排名

应用经济学 209/262、社会学 50/88、马克思主义理论 178/358、中国语言文学 96/183、外国语言文学 226/232、数学 244/262、物理学 161/197、机械工程 157/220、材料科学与工程 157/219、冶金工程 26/28、动力工程及工程热物理 64/104、电气工程 68/109、信息与通信工程 157/182、计算机科学与技术 159/263、土木工程 94/159、交通运输工程 46/64、食品科学与工程 88/99、软件工程 136/146、工商管理 176/306、设计学 44/161。

本科优势专业排名

5★专业：应急技术与管理 1/25。

5★-专业：汽车服务工程 7/111、电气工程及其自动化 55/569、工程造价 18/254、应急管理 3/29。

4★专业：机械设计制造及其自动化 91/513、计算机科学与技术 140/922、食品科学与工程 48/278、产品设计 50/390、新能源汽车工程 5/28、医学信息工程 8/52、会计学 105/653。

10638 西华师范大学

在中国本科院校竞争力排行榜中的名次 362，四川省内排名 14/51，师范类排名 38/175。

共 70 个专业参评，其中 5★+专业 0 个，5★专业 0 个，5★-专业 0 个，4★专业 3 个，3★专业 32 个。

在中国普通高校研究生教育竞争力排行榜中的名次：总排名 316/596，四川省内排名 13/24，师范类排名 33/77。

共 18 个一级学科(学术学位)参评。

一级学科排名

政治学 54/80、马克思主义理论 129/358、教育学 70/139、体育学 75/106、中国语言文学 104/183、考古学 37/40、中国史 99/114、世界史 56/67、数学 134/262、物理学 121/197、化学 127/228、天文学 16/20、地理学 75/84、生物学 156/239、生态学 73/109、软件工程 48/146、林学 33/36、公共管理 84/209。

本科优势专业排名

4★专业：学前教育 75/418、汉语国际教育 48/320、秘书学 11/89。

10654 四川音乐学院

在中国本科院校竞争力排行榜中的名次 369，四川省内排名 15/51，艺术类排名 16/48。

共 25 个专业参评，其中 5★+专业 0 个，5★专业 3 个，5★-专业 1 个，4★专业 5 个，3★专业 5 个。

在中国普通高校研究生教育竞争力排行榜中的名次：总排名 577/596，四川省内排名 22/24，艺术类排名 33/33。

本科优势专业排名

5★专业：音乐表演 9/237。

5★-专业：音乐学 28/394、作曲与作曲技术理论 3/37、播音与主持艺术 15/219。

4★专业：舞蹈表演 25/145、舞蹈学 23/202、广播电视编导 35/224、动画 40/256、绘画 32/164。

11079 成都大学

在中国本科院校竞争力排行榜中的名次 386，四川省内排名 16/51，综合类排名 68/270。

共 67 个专业参评，其中 5★+专业 0 个，5★专业 2 个，5★-专业 2 个，4★专业 6 个，3★专业 25 个。

在中国普通高校研究生教育竞争力排行榜中的名次：总排名 414/596，四川省内排名 19/24，综合类排名 71/93。

共 2 个一级学科(学术学位)参评。

一级学科排名

药学 73/142、工商管理 241/306。

本科优势专业排名

5★专业：广播电视编导 10/224、动画 4/256。

5★-专业：学前教育 38/418、产品设计 33/390。

4★专业：体育教育 57/323、视觉传达设计 83/702、环境设计 139/701、网络与新媒体 58/316、会计学 118/653、旅游管理 67/424。

10653 成都体育学院

在中国本科院校竞争力排行榜中的名次 449，四川省内排名 17/51，体育类排名 5/16。

共 22 个专业参评，其中 5★+专业 0 个，5★专业 3 个，5★-专业 3 个，4★专业 2 个，3★专业 6 个。

在中国普通高校研究生教育竞争力排行榜中的名次：总排名 383/596，四川省内排名 17/24，体育类排名 4/13。

共 4 个一级学科(学术学位)参评，其中 5★+学科 0 个，5★学科 0 个，5★-学科 1 个，4★学科 0 个，学科优秀率为 25%。

一级学科排名

体育学 8/106、新闻传播学 88/116、临床医学 107/110、中西医结合 61/61。

本科优势专业排名

5★专业：体育教育 11/323、运动训练 2/53、运动康复 4/79。

5★-专业：社会体育指导与管理 20/231、武术与民族传统体育 3/39、休闲体育 6/89。

4★专业：体能训练 3/13、旅游管理 80/424。

10640 内江师范学院

在中国本科院校竞争力排行榜中的名次 467，四川省内排名 18/51，师范类排名 55/175。

共 47 个专业参评，其中 5★+专业 0 个，5★专业 0 个，5★-专业 0 个，4★专业 0 个，3★专业 9 个。

10632 西南医科大学

在中国本科院校竞争力排行榜中的名次 475，四川省内排名 19/51，医药类排名 48/108。

共 32 个专业参评，其中 5★+专业 0 个，5★专业 0 个，5★-专业 0 个，4★专业 1 个，3★专业 20 个。

在中国普通高校研究生教育竞争力排行榜中的名次：总排名 310/596，四川省内排名 12/24，医药类排名 39/76。

共 8 个一级学科(学术学位)参评。

一级学科排名

基础医学 84/108、临床医学 52/110、口腔医学 43/47、中医学 37/42、中西医结合 55/61、药学 77/142、中药学 47/50、护理学 68/70。

本科优势专业排名

4★专业：护理学 51/290。

10622 四川轻化工大学

在中国本科院校竞争力排行榜中的名次 481，四川省内排名 20/51，理工类排名 171/365。

共 75 个专业参评，其中 5★+专业 0 个，5★专业 1 个，5★-专业 0 个，4★专业 3 个，3★专业 39 个。

在中国普通高校研究生教育竞争力排行榜中的名次：总排名 385/596，四川省内排名 18/24，理工类排名 140/182。

共 6 个一级学科(学术学位)参评。

一级学科排名

数学 191/262、化学 191/228、机械工程 178/220、控制科学与工程 120/184、化学工程与技术 131/178、食品科学与工程 81/99。

本科优势专业排名

5★-专业：工程造价 16/254。

4★专业：网络工程 39/276、制药工程 36/252、生物工程 31/239。

10624 中国民用航空飞行学院

在中国本科院校竞争力排行榜中的名次 517，四川省内排名 21/51，理工类排名 182/365。

共 26 个专业参评，其中 5★+专业 0 个，5★专业 0 个，5★-专业 1 个，4★专业 0 个，3★专业 12 个。

在中国普通高校研究生教育竞争力排行榜中的名次：总排名 500/596，四川省内排名 21/24，理工类排名 166/182。

共 4 个一级学科(学术学位)参评。

一级学科排名

交通运输工程 56/64、航空宇航科学与技术 29/29、安全科学与工程 38/61、管理科学与工程 115/202。

本科优势专业排名

5★专业：飞行技术 1/16。

10634 川北医学院

在中国本科院校竞争力排行榜中的名次 525，四川省内排名 22/51，医药类排名 57/108。

共 26 个专业参评，其中 5★+专业 0 个，5★专业 3 个，5★-专业 0 个，4★专业 1 个，3★专业 9 个。

在中国普通高校研究生教育竞争力排行榜中的名次：总排名 380/596，四川省内排名 16/24，医药类排名 56/76。

共 4 个一级学科(学术学位)参评。

一级学科排名

基础医学 59/108、临床医学 78/110、药学 133/142、医学技术 24/35。

本科优势专业排名

5★-专业：医学影像技术 8/100、眼视光学 3/29、智能医学工程 5/62。

4★专业：助产学 9/71。

11116 成都工业学院

在中国本科院校竞争力排行榜中的名次 541，四川省内排名 23/51，理工类排名 186/365。

共 38 个专业参评，其中 5★+专业 0 个，5★专业 2 个，5★-专业 0 个，4★专业 4 个，3★专业 17 个。

本科优势专业排名

5★-专业：机械电子工程 23/297、物流管理 26/434。

4★专业：汽车服务工程 12/111、微电子科学与工程 21/107、网络工程 29/276、工程造价 50/254。

10649 乐山师范学院

在中国本科院校竞争力排行榜中的名次 578，四川省内排名 24/51，师范类排名 77/175。

共 57 个专业参评，其中 5★+专业 0 个，5★专业 1 个，5★-专业 0 个，4★专业 1 个，3★专业 18 个。

本科优势专业排名

5★-专业：播音与主持艺术 22/219。

4★专业：环境设计 138/701。

13705 成都医学院

在中国本科院校竞争力排行榜中的名次 616，四川省内排名 25/51，医药类排名 66/108。

共 23 个专业参评，其中 5★+专业 0 个，5★专业 0 个，5★-专业 1 个，4★专业 1 个，3★专业 8 个。

在中国普通高校研究生教育竞争力排行榜中的名次：总排名 442/596，四川省内排名 20/24，医药类排名 65/76。

共 3 个一级学科(学术学位)参评。

一级学科排名

马克思主义理论 320/358、基础医学 75/108、医学技术 18/35。

本科优势专业排名

5★专业：健康服务与管理 5/116。

4★专业：医学检验技术 24/159。

10628 西昌学院

在中国本科院校竞争力排行榜中的名次 634，四川省内排名 26/51，综合类排名 113/270。

共 51 个专业参评，其中 5★+专业 0 个，5★专业 1 个，5★-专业 0 个，4★专业 0 个，3★专业 7 个。

本科优势专业排名

5★-专业：电子商务 33/451。

14389 成都师范学院

在中国本科院校竞争力排行榜中的名次 641，四川省内排名 27/51，师范类排名 95/175。

共 34 个专业参评，其中 5★+专业 0 个，5★专业 1 个，5★-专业 1 个，4★专业 1 个，3★专业 13 个。

本科优势专业排名

5★专业：汽车服务工程 5/111。

5★-专业：工程造价 15/254。

4★专业：小学教育 60/301。

11552 四川旅游学院

在中国本科院校竞争力排行榜中的名次 652，四川省内排名 28/51，综合类排名 115/270。

共 26 个专业参评，其中 5★+专业 0 个，5★专业 4 个，5★-专业 0 个，4★专业 2 个，3★专业 5 个。

本科优势专业排名

5★-专业：商务英语 25/362、酒店管理 14/180、会展经济与管理 10/101、烹饪与营养教育 2/25。

4★专业：数字媒体技术 38/221、休闲体育 10/89。

10641 宜宾学院

在中国本科院校竞争力排行榜中的名次 688，四川省内排名 29/51，综合类排名 126/270。

共 62 个专业参评，其中 5★+专业 0 个，5★专业 0 个，5★-专业 0 个，4★专业 1 个，3★专业 17 个。

本科优势专业排名

4★专业：电子信息科学与技术 22/164。

10639 绵阳师范学院

在中国本科院校竞争力排行榜中的名次 696，四川省内排名 30/51，师范类排名 107/175。

共 48 个专业参评，其中 5★+专业 0 个，5★专业 0 个，5★-专业 0 个，4★专业 0 个，3★专业 18 个。

在中国普通高校研究生教育竞争力排行榜中的名次：总排名 582/596，四川省内排名 23/24，师范类排名 74/77。

10646 阿坝师范学院

在中国本科院校竞争力排行榜中的名次 743，四川省内排名 32/51，师范类排名 124/175。

共 27 个专业参评，其中 5★+专业 0 个，5★专业 0 个，5★-专业 0 个，4★专业 0 个，3★专业 2 个。

10644 四川文理学院

在中国本科院校竞争力排行榜中的名次 785，四川省内排名 34/51，师范类排名 131/175。

共 57 个专业参评，其中 5★+专业 0 个，5★专业 0 个，5★-专业 0 个，4★专业 1 个，3★专业 18 个。

本科优势专业排名

4★专业：翻译 44/261。

11360 攀枝花学院

在中国本科院校竞争力排行榜中的名次 815，四川省内排名 37/51，理工类排名 233/365。

共 50 个专业参评，其中 5★+专业 0 个，5★专业 0 个，5★-专业 0 个，4★专业 0 个，3★专业 6 个。

12212 四川警察学院

在中国本科院校竞争力排行榜中的名次 836，四川省内排名 39/51，文法类排名 47/68。

共 7 个专业参评，其中 5★+专业 0 个，5★专业 0 个，5★-专业 0 个，4★专业 2 个，3★专业 3 个。

在中国普通高校研究生教育竞争力排行榜中的名次：总排名 593/596，四川省内排名 24/24，文法类排名 31/32。

本科优势专业排名

4★专业：治安学 3/24、交通管理工程 3/20。

11661 四川民族学院

在中国本科院校竞争力排行榜中的名次 961，四川省内排名 43/51，民族类排名 16/17。

共 31 个专业参评，其中 5★+专业 0 个，5★专业 0 个，5★-专业 0 个，4★专业 0 个，3★专业 1 个。

民办院校

13669 四川传媒学院

在中国民办院校竞争力排行榜中的名次 29，四川省内排名 31/51，艺术类排名 35/48。

共 17 个专业参评，其中 5★+专业 0 个，5★专业 0 个，5★-专业 0 个，4★专业 0 个，3★专业 1 个。

14043 四川文化艺术学院

在中国民办院校竞争力排行榜中的名次 32，

四川省内排名 33/51，艺术类排名 37/48。

共 16 个专业参评，其中 5★+专业 0 个，5★专业 0 个，5★-专业 0 个，4★专业 0 个，3★专业 1 个。

13672 四川工商学院

在中国民办院校竞争力排行榜中的名次 48，四川省内排名 35/51，综合类排名 151/270。

共 37 个专业参评，其中 5★+专业 0 个，5★专业 0 个，5★-专业 0 个，4★专业 4 个，3★专业 14 个。

本科优势专业排名

4★专业：财务管理 133/680、舞蹈表演 22/145、环境设计 116/701、经济与金融 14/78。

14410 四川电影电视学院

在中国民办院校竞争力排行榜中的名次 55，四川省内排名 36/51，艺术类排名 44/48。

共 6 个专业参评，其中 5★+专业 0 个，5★专业 0 个，5★-专业 0 个，4★专业 0 个，3★专业 2 个。

12636 成都东软学院

在中国民办院校竞争力排行榜中的名次 70，四川省内排名 40/51，理工类排名 242/365。

共 29 个专业参评，其中 5★+专业 0 个，5★专业 0 个，5★-专业 0 个，4★专业 4 个，3★专业 19 个。

本科优势专业排名

4★专业：物联网工程 80/481、电子商务 56/451、动画 34/256、健康服务与管理 23/116。

13903 成都锦城学院

在中国民办院校竞争力排行榜中的名次 92，四川省内排名 41/51，综合类排名 178/270。

共 44 个专业参评，其中 5★+专业 0 个，5★专业 0 个，5★-专业 0 个，4★专业 0 个，3★专业 1 个。

13671 成都文理学院

在中国民办院校竞争力排行榜中的名次 115，四川省内排名 42/51，综合类排名 191/270。

共 34 个专业参评，其中 5★+专业 0 个，5★专业 0 个，5★-专业 0 个，4★专业 1 个，3★专业 17 个。

本科优势专业排名

4★专业：广播电视编导 34/224。

13816 四川工业科技学院

在中国民办院校竞争力排行榜中的名次 154，四川省内排名 45/51，综合类排名 205/270。

共 26 个专业参评，其中 5★+专业 0 个，5★专业 0 个，5★-专业 0 个，4★专业 3 个，3★专业 17 个。

本科优势专业排名

4★专业：物流管理 81/434、酒店管理 28/180、新能源汽车工程 6/28。

13670 成都银杏酒店管理学院

在中国民办院校竞争力排行榜中的名次 164，四川省内排名 48/51，财经类排名 79/109。

共 28 个专业参评，其中 5★+专业 0 个，5★专业 0 个，5★-专业 0 个，4★专业 1 个，3★专业 6 个。

本科优势专业排名

4★专业：旅游管理与服务教育 4/31。

14045 绵阳城市学院

在中国民办院校竞争力排行榜中的名次 223，四川省内排名 51/51，理工类排名 362/365。

共 35 个专业参评，其中 5★+专业 0 个，5★专业 0 个，5★-专业 0 个，4★专业 0 个，3★专业 6 个。

湖南省

一流大学

10533 中南大学

在中国本科院校竞争力排行榜中的名次 15，湖南省内排名 1/52，理工类排名 7/365。

共 82 个专业参评，其中 5★+专业 2 个，5★专业 21 个，5★-专业 21 个，4★专业 20 个，3★专业 14 个。

在中国普通高校研究生教育竞争力排行榜中的名次：总排名 16/596，湖南省内排名 1/19，理工类排名 8/182。

共 46 个一级学科(学术学位)参评，其中 5★+学科 0 个，5★学科 4 个，5★-学科 12 个，4★学科 14 个，学科优秀率为 65.22%。

一级学科排名

哲学 21/133、应用经济学 40/262、法学 21/206、社会学 18/88、马克思主义理论 21/358、心理学 24/102、中国语言文学 59/183、外国语言文学 48/232、数学 12/262、物理学 35/197、化学 37/228、地质学 17/36、生物学 22/239、统计学 15/121、力学 27/95、机械工程 25/220、材料科学与工程 20/219、冶金工程 1/28、动力工程及工程热物理 32/104、电气工程 48/109、电子科学与技术 62/120、信息与通信工程 68/182、控制科学与工程 22/184、计算机科学与技术 28/263、建筑学 23/70、土木工程 13/159、测绘科学与技术 4/52、化学工程与技术 17/178、地质资源与地质工程 9/46、矿业工程 2/30、交通运输工程 7/64、航空宇航科学与技术 20/29、环境科学与工程 19/193、安全科学与工程 13/61、基础医学 8/108、临床医学 10/110、口腔医学 24/47、公共卫生与预防医学 11/74、药学 17/142、特种医学 5/14、护理学 3/70、管理科学与工程 34/202、工商管理 24/306、公共管理 15/209、艺术学理论 28/70、设计学 36/161。

本科优势专业排名

5★+专业：数据科学与大数据技术 2/680、麻醉学 1/61。

5★专业：英语 41/928、应用化学 9/373、机械设计制造及其自动化 6/513、自动化 22/437、计算机科学与技术 25/922、土木工程 13/525、测绘工程 4/143、遥感科学与技术 3/56、化学工程与工艺 14/325、矿物加工工程 2/35、环境工程 12/345、药学 8/240、工程管理 6/388、行政管理 4/290、法学 28/583、新能源材料与器件 4/105、新能源科学与工程 5/126、交通设备与控制工程 1/14、临床医学 10/194、精神医学 1/35、会计学 24/653。

5★-专业：思想政治教育 28/292、数学与应用数学 27/514、信息与计算科学 19/303、应用物理学 12/151、地理信息科学 16/166、生物科学 21/280、材料科学与工程 16/229、冶金工程 3/41、电气工程及其自动化 41/569、软件工程 33/595、采矿工程 4/45、交通运输 6/107、建筑学 24/291、安全工程 10/148、医学检验技术 10/159、护理学 16/290、数字出版 2/15、电子信息科学与技术 12/164、城市地下空间工程 5/73、消防工程 2/20、工商管理 32/537。

4★专业：国际经济与贸易 72/670、社会学 11/89、汉语言文学 64/615、日语 89/450、生物信息学 5/44、统计学 33/205、车辆工程 30/254、能源与动力工程 27/188、电子信息工程 109/633、通信工程 77/490、建筑环境与能源应用工程 23/165、制药工程 31/252、地质工程 11/55、城乡规划 30/203、信息管理与信息系统 55/343、金融学 40/387、人工智能 47/411、轨道交通信号与控制 9/52、铁道工程 3/14、基础医学 6/33。

10532 湖南大学

在中国本科院校竞争力排行榜中的名次 35，湖南省内排名 2/52，理工类排名 19/365。

共 59 个专业参评，其中 5★+专业 5 个，5★专业 10 个，5★-专业 16 个，4★专业 17 个，3★专业 7 个。

在中国普通高校研究生教育竞争力排行榜中的名次：总排名 33/596，湖南省内排名 2/19，理工类排名 18/182。

共 37 个一级学科(学术学位)参评，其中 5★+学科 0 个，5★学科 1 个，5★-学科 9 个，4★学科 8 个，学科优秀率为 48.65%。

一级学科排名

哲学 31/133、理论经济学 13/111、应用经济学16/262、法学22/206、马克思主义理论19/358、教育学43/139、体育学64/106、中国语言文学92/183、外国语言文学34/232、新闻传播学25/116、中国史35/114、数学38/262、物理学43/197、化学14/228、生物学75/239、统计学37/121、力学13/95、机械工程9/220、材料科学与工程37/219、电气工程6/109、电子科学与技术29/120、信息与通信工程67/182、控制科学与工程18/184、计算机科学与技术30/263、建筑学10/70、土木工程9/159、化学工程与技术13/178、交通运输工程26/64、环境科学与工程16/193、城乡规划学13/60、网络空间安全30/70、基础医学106/108、药学104/142、管理科学与工程46/202、工商管理19/306、公共管理59/209、设计学49/161。

本科优势专业排名

5★+专业：国际经济与贸易2/670、电气工程及其自动化5/569、土木工程5/525、给排水科学与工程2/159、金融学4/387。

5★专业：经济学13/348、英语22/928、日语9/450、化学15/304、机械设计制造及其自动化11/513、工业设计3/209、车辆工程9/254、计算机科学与技术35/922、建筑环境与能源应用工程4/165、化学工程与工艺13/325、建筑学10/291、电子商务12/451、智能车辆工程1/17、机器人工程12/307、工商管理11/537、会计学22/653。

5★-专业：保险学6/98、新闻学20/310、广告学14/254、生物技术21/285、材料科学与工程22/229、自动化23/437、软件工程48/595、环境工程30/345、城乡规划12/203、法学38/583。

4★专业：经济统计学19/134、汉语言文学118/615、历史学26/246、数学与应用数学53/514、信息与计算科学47/303、应用物理学26/151、应用化学59/373、统计学27/205、电子信息工程106/633、电子科学与技术16/149、通信工程79/490、行政管理36/290、工业工程26/139、数字经济9/63、智能制造工程39/252、人工智能82/411、信息安全17/119。

91002 国防科技大学

在中国本科院校竞争力排行榜中的名次43，湖南省内排名3/52，理工类排名22/365。

共39个专业参评，其中5★+专业0个，5★专业1个，5★-专业0个，4★专业5个，3★专业18个。

在中国普通高校研究生教育竞争力排行榜中的名次：总排名35/596，湖南省内排名3/19，理工类排名19/182。

共21个一级学科(学术学位)参评，其中5★+学科1个，5★学科2个，5★-学科6个，4★学科3个，学科优秀率为57.14%。

一级学科排名

政治学24/80、马克思主义理论25/358、外国语言文学37/232、数学44/262、物理学19/197、大气科学8/19、海洋科学12/29、系统科学2/25、力学21/95、机械工程60/220、光学工程22/92、仪器科学与技术21/69、材料科学与工程87/219、电子科学与技术24/120、信息与通信工程6/182、控制科学与工程14/184、计算机科学与技术1/263、航空宇航科学与技术3/29、软件工程2/146、网络空间安全7/70、管理科学与工程78/202。

本科优势专业排名

5★-专业：数据科学与大数据技术65/680。

4★专业：英语137/928、电子信息工程110/633、网络工程40/276、物联网工程77/481、国际事务与国际关系3/16。

一般大学

10542 湖南师范大学

在中国本科院校竞争力排行榜中的名次61，湖南省内排名4/52，师范类排名4/175。

共86个专业参评，其中5★+专业2个，5★专业20个，5★-专业8个，4★专业24个，3★专业27个。

在中国普通高校研究生教育竞争力排行榜中的名次：总排名95/596，湖南省内排名4/19，师范类排名9/77。

共33个一级学科(学术学位)参评，其中5★+学科0个，5★学科1个，5★-学科0个，4★学科5个，学科优秀率为18.18%。

一级学科排名

哲学22/133、理论经济学41/111、应用经济学115/262、法学50/206、政治学28/80、社会学33/88、马克思主义理论91/358、教育学20/139、心理学28/102、体育学12/106、中国语言文学38/183、外国语言文学4/232、新闻传播学31/116、中国史 32/114、世界史 32/67、数学 74/262、物理学 65/197、化学 84/228、天文学 7/20、地理学 20/84、生物学 50/239、统计学 41/121、电子科学与技术 53/120、计算机科学与技术 196/263、化学工程与技术 84/178、软件工程 82/146、基础医学 36/108、公共卫生与预防医学 46/74、药学 102/142、工商管理 103/306、音乐与舞蹈学 10/82、美术学 23/115、设计学 103/161。

本科优势专业排名

5★+专业：英语 8/928、音乐表演 2/237。

5★专业：学前教育 16/418、汉语言文学 21/615、生物技术 9/285、音乐学 15/394、舞蹈学 5/202、美术学 10/332、网络与新媒体 5/316、旅游管理 16/424。

5★-专业：经济学 29/348、思想政治教育 19/292、教育学 7/82、体育教育 18/323、社会体育指导与管理 22/231、汉语国际教育 25/320、俄语 11/157、法语 11/137、日语 28/450、新闻学 21/310、数学与应用数学 30/514、地理科学 16/170、人文地理与城乡规划 9/108、生物科学 18/280、统计学 18/205、酒店管理 12/180、绘画 13/164、法学 39/583、知识产权 9/92、数据科学与大数据技术 59/680。

4★专业：政治学与行政学 16/82、教育技术学 26/130、朝鲜语 10/93、翻译 40/261、广告学 31/254、编辑出版学 7/33、历史学 38/246、信息与计算科学 32/303、物理学 32/282、化学 40/304、地理信息科学 33/166、心理学 11/72、电子信息工程 72/633、软件工程 83/595、化学工程与工艺 54/325、文化产业管理 22/135、会展经济与管理 17/101、播音与主持艺术 41/219、艺术设计学 7/47、数字媒体艺术 60/319、武术与民族传统体育 8/39、电子信息科学与技术 19/164、人工智能 78/411、会计学 99/653。

10530 湘潭大学

在中国本科院校竞争力排行榜中的名次 103，湖南省内排名 5/52，综合类排名 34/270。

共 76 个专业参评，其中 5★+专业 0 个，5★专业 14 个，5★-专业 2 个，4★专业 19 个，3★专业 33 个。

在中国普通高校研究生教育竞争力排行榜中的名次：总排名 130/596，湖南省内排名 5/19，综合类排名 36/93。

共 31 个一级学科(学术学位)参评，其中 5★+学科 0 个，5★学科 0 个，5★-学科 1 个，4★学科 3 个，学科优秀率为 12.9%。

一级学科排名

哲学 48/133、理论经济学 33/111、应用经济学 121/262、法学 37/206、政治学 47/80、马克思主义理论 46/358、中国语言文学 72/183、外国语言文学 105/232、新闻传播学 85/116、中国史 82/114、世界史 55/67、数学 18/262、物理学 69/197、化学 60/228、统计学 27/121、力学 46/95、机械工程 151/220、材料科学与工程 63/219、动力工程及工程热物理 96/104、电气工程 85/109、电子科学与技术 112/120、信息与通信工程 165/182、控制科学与工程 161/184、计算机科学与技术 123/263、土木工程 143/159、化学工程与技术 51/178、环境科学与工程 79/193、管理科学与工程 169/202、工商管理 121/306、公共管理 39/209、图书情报与档案管理 11/50。

本科优势专业排名

5★专业：法学 23/583、知识产权 3/92。

5★-专业：经济学 27/348、国际经济与贸易 53/670、英语 88/928、法语 14/137、广告学 17/254、数学与应用数学 48/514、信息与计算科学 17/303、电子信息工程 51/633、计算机科学与技术 77/922、制药工程 24/252、公共事业管理 17/252、行政管理 21/290、数据科学与大数据技术 49/680、旅游管理 25/424。

4★专业：中国共产党历史 2/13、汉语言文学 68/615、汉语国际教育 50/320、日语 73/450、物理学 44/282、化学 42/304、统计学 31/205、机械设计制造及其自动化 68/513、材料科学与工程 39/229、通信工程 60/490、微电子科学与工程 20/107、软件工程 80/595、土木工程 101/525、化学工程与工艺 41/325、环境科学 33/173、信息管理与信息系统 58/343、人力资源管理 48/414、档案学 4/34、电子商务 83/451。

10536 长沙理工大学

在中国本科院校竞争力排行榜中的名次 125，湖南省内排名 6/52，理工类排名 56/365。

共 76 个专业参评，其中 5★+专业 2 个，5★专业 11 个，5★-专业 5 个，4★专业 22 个，3★专业 32 个。

在中国普通高校研究生教育竞争力排行榜中的名次：总排名131/596，湖南省内排名6/19，理工类排名58/182。

共29个一级学科(学术学位)参评，其中5★+学科0个，5★学科0个，5★-学科0个，4★学科1个，学科优秀率为3.45%。

一级学科排名

哲学77/133、应用经济学131/262、马克思主义理论177/358、中国语言文学136/183、外国语言文学176/232、数学83/262、物理学177/197、化学140/228、统计学55/121、力学94/95、机械工程145/220、材料科学与工程173/219、动力工程及工程热物理83/104、电气工程34/109、电子科学与技术50/120、信息与通信工程143/182、控制科学与工程98/184、计算机科学与技术116/263、建筑学49/70、土木工程51/159、水利工程31/64、测绘科学与技术42/52、化学工程与技术134/178、交通运输工程12/64、食品科学与工程39/99、软件工程76/146、管理科学与工程158/202、工商管理71/306、设计学138/161。

本科优势专业排名

5★+专业：汽车服务工程1/111、数字媒体艺术1/319。

5★专业：电气工程及其自动化13/569、土木工程21/525、工程管理7/388、视觉传达设计30/702、会计学27/653。

5★-专业：国际经济与贸易47/670、应用统计学12/183、电子信息工程48/633、计算机科学与技术78/922、交通工程11/106、市场营销38/586、财务管理47/680、环境设计43/701、金融学31/387、新能源科学与工程11/126、道路桥梁与渡河工程5/77。

4★专业：英语107/928、翻译42/261、数学与应用数学81/514、应用化学55/373、机械设计制造及其自动化69/513、车辆工程35/254、软件工程69/595、网络工程30/276、建筑环境与能源应用工程21/165、给排水科学与工程30/159、水利水电工程15/83、测绘工程22/143、交通运输14/107、食品科学与工程41/278、建筑学44/291、人力资源管理55/414、物流工程11/102、数字经济12/63、电子信息科学与技术24/164、人工智能59/411、轨道交通信号与控制8/52、数据科学与大数据技术103/680。

10537 湖南农业大学

在中国本科院校竞争力排行榜中的名次181，湖南省内排名7/52，农林类排名13/47。

共73个专业参评，其中5★+专业0个，5★专业4个，5★-专业1个，4★专业7个，3★专业41个。

在中国普通高校研究生教育竞争力排行榜中的名次：总排名135/596，湖南省内排名7/19，农林类排名11/38。

共23个一级学科(学术学位)参评。

一级学科排名

马克思主义理论245/358、教育学77/139、外国语言文学192/232、化学201/228、生物学71/239、生态学26/109、计算机科学与技术228/263、农业工程13/44、环境科学与工程99/193、食品科学与工程55/99、风景园林学33/56、作物学11/51、园艺学10/44、农业资源与环境12/40、植物保护14/45、畜牧学17/55、兽医学12/43、水产21/28、草学22/25、公共卫生与预防医学62/74、工商管理225/306、农林经济管理14/51、公共管理43/209。

本科优势专业排名

5★专业：社会体育指导与管理12/231。

5★-专业：种子科学与工程3/41、市场营销35/586、劳动与社会保障8/123、茶学3/29。

4★专业：食品科学与工程34/278、食品质量与安全42/236、园艺12/107、动物科学11/79、公共事业管理34/252、行政管理39/290、会计学86/653。

10534 湖南科技大学

在中国本科院校竞争力排行榜中的名次209，湖南省内排名8/52，理工类排名86/365。

共80个专业参评，其中5★+专业0个，5★专业2个，5★-专业1个，4★专业17个，3★专业50个。

在中国普通高校研究生教育竞争力排行榜中的名次：总排名208/596，湖南省内排名9/19，理工类排名80/182。

共29个一级学科(学术学位)参评，其中5★+学科0个，5★学科0个，5★-学科0个，4★学科1个，学科优秀率为3.45%。

一级学科排名

哲学 97/133、应用经济学 63/262、马克思主义理论 47/358、教育学 111/139、心理学 98/102、体育学 86/106、中国语言文学 170/183、外国语言文学 156/232、中国史 103/114、数学 206/262、物理学 135/197、化学 136/228、机械工程 85/220、仪器科学与技术 49/69、材料科学与工程 137/219、控制科学与工程 140/184、计算机科学与技术 216/263、建筑学 40/70、土木工程 60/159、测绘科学与技术 44/52、化学工程与技术 145/178、地质资源与地质工程 45/46、矿业工程 15/30、软件工程 33/146、安全科学与工程 27/61、工商管理 125/306、音乐与舞蹈学 69/82、美术学 95/115、设计学 141/161。

本科优势专业排名

5★专业：安全工程 7/148。

5★-专业：机械设计制造及其自动化 43/513、产品设计 37/390。

4★专业：经济学 60/348、金融工程 30/259、国际经济与贸易 113/670、思想政治教育 41/292、体育教育 49/323、英语 94/928、信息与计算科学 38/303、材料成型及控制工程 26/221、机械电子工程 57/297、电气工程及其自动化 108/569、计算机科学与技术 124/922、土木工程 77/525、建筑学 51/291、音乐学 69/394、美术学 43/332、智能制造工程 45/252、电子信息科学与技术 20/164。

10555 南华大学

在中国本科院校竞争力排行榜中的名次 213，湖南省内排名 9/52，综合类排名 52/270。

共 63 个专业参评，其中 5★+专业 0 个，5★专业 5 个，5★-专业 0 个，4★专业 10 个，3★专业 37 个。

在中国普通高校研究生教育竞争力排行榜中的名次：总排名 197/596，湖南省内排名 8/19，综合类排名 50/93。

共 24 个一级学科(学术学位)参评，其中 5★+学科 0 个，5★学科 0 个，5★-学科 0 个，4★学科 1 个，学科优秀率为 4.17%。

一级学科排名

哲学 100/133、应用经济学 202/262、马克思主义理论 228/358、外国语言文学 229/232、数学 253/262、化学 113/228、生物学 193/239、机械工程 175/220、电子科学与技术 108/120、土木工程 89/159、地质资源与地质工程 43/46、矿业工程 20/30、核科学与技术 3/17、城乡规划学 35/60、软件工程 99/146、安全科学与工程 17/61、基础医学 37/108、临床医学 54/110、公共卫生与预防医学 60/74、药学 86/142、护理学 36/70、工商管理 234/306、公共管理 153/209、设计学 127/161。

本科优势专业排名

5★-专业：软件工程 49/595、物联网工程 44/481、核工程与核技术 3/30、卫生检验与检疫 4/53、数字媒体艺术 28/319。

4★专业：国际经济与贸易 134/670、英语 100/928、生物技术 47/285、机械设计制造及其自动化 92/513、建筑环境与能源应用工程 20/165、给排水科学与工程 19/159、建筑电气与智能化 10/64、安全工程 17/148、护理学 52/290、会计学 131/653。

10538 中南林业科技大学

在中国本科院校竞争力排行榜中的名次 237，湖南省内排名 10/52，农林类排名 18/47。

共 73 个专业参评，其中 5★+专业 1 个，5★专业 5 个，5★-专业 2 个，4★专业 7 个，3★专业 40 个。

在中国普通高校研究生教育竞争力排行榜中的名次：总排名 251/596，湖南省内排名 10/19，农林类排名 25/38。

共 20 个一级学科(学术学位)参评，其中 5★+学科 0 个，5★学科 0 个，5★-学科 0 个，4★学科 1 个，学科优秀率为 5%。

一级学科排名

应用经济学 195/262、法学 144/206、马克思主义理论 315/358、外国语言文学 230/232、生物学 107/239、生态学 47/109、机械工程 150/220、材料科学与工程 198/219、信息与通信工程 140/182、土木工程 130/159、化学工程与技术 124/178、林业工程 9/12、环境科学与工程 120/193、食品科学与工程 27/99、风景园林学 20/56、软件工程 126/146、林学 6/36、管理科学与工程 179/202、工商管理 173/306、设计学 115/161。

本科优势专业排名

5★+专业：环境设计 6/701。

5★专业：物流管理 15/434、物流工程 5/102。

5★-专业：食品科学与工程 26/278、风景园林 19/185、园林 10/126、市场营销 57/586、旅游管理 24/424。

4★专业：国际经济与贸易 120/670、生态学 10/80、工业设计 25/209、土木工程 93/525、环境科学 22/173、视觉传达设计 94/702、产品设计 40/390。

11535 湖南工业大学

在中国本科院校竞争力排行榜中的名次 311，湖南省内排名 11/52，理工类排名 122/365。

共 69 个专业参评，其中 5★+专业 0 个，5★专业 1 个，5★-专业 4 个，4★专业 9 个，3★专业 42 个。

在中国普通高校研究生教育竞争力排行榜中的名次：总排名 289/596，湖南省内排名 11/19，理工类排名 111/182。

共 16 个一级学科(学术学位)参评，其中 5★+学科 0 个，5★学科 0 个，5★-学科 0 个，4★学科 1 个，学科优秀率为 6.25%。

一级学科排名

法学 99/206、马克思主义理论 229/358、体育学 60/106、外国语言文学 222/232、数学 139/262、机械工程 153/220、材料科学与工程 127/219、冶金工程 28/28、电气工程 79/109、控制科学与工程 170/184、土木工程 113/159、生物医学工程 74/74、管理科学与工程 180/202、工商管理 119/306、戏剧与影视学 51/61、设计学 22/161。

本科优势专业排名

5★专业：社会体育指导与管理 11/231、视觉传达设计 33/702、产品设计 13/390、数字媒体艺术 6/319。

5★-专业：市场营销 41/586。

4★专业：体育教育 50/323、翻译 27/261、电气工程及其自动化 68/569、自动化 64/437、计算机科学与技术 171/922、包装工程 6/37、财务管理 110/680、机器人工程 59/307、智能建造 13/65。

10554 湖南工商大学

在中国本科院校竞争力排行榜中的名次 349，湖南省内排名 12/52，财经类排名 25/109。

共 55 个专业参评，其中 5★+专业 0 个，5★专业 8 个，5★-专业 2 个，4★专业 10 个，3★专业 22 个。

在中国普通高校研究生教育竞争力排行榜中的名次：总排名 423/596，湖南省内排名 14/19，财经类排名 26/39。

共 10 个一级学科(学术学位)参评。

一级学科排名

理论经济学 47/111、应用经济学 94/262、法学 137/206、马克思主义理论 282/358、中国语言文学 176/183、信息与通信工程 73/182、软件工程 116/146、管理科学与工程 102/202、工商管理 83/306、设计学 95/161。

本科优势专业排名

5★专业：物流管理 18/434、跨境电子商务 2/67。

5★-专业：保险学 9/98、工程管理 30/388、审计学 14/191、酒店管理 11/180、视觉传达设计 50/702、环境设计 68/701、大数据管理与应用 16/170、会计学 59/653。

4★专业：经济学 59/348、贸易经济 8/44、软件工程 99/595、物联网工程 66/481、市场营销 75/586、财务管理 85/680、金融学 46/387、人工智能 66/411、数据科学与大数据技术 134/680、工商管理 64/537。

10531 吉首大学

在中国本科院校竞争力排行榜中的名次 356，湖南省内排名 13/52，综合类排名 64/270。

共 58 个专业参评，其中 5★+专业 0 个，5★专业 1 个，5★-专业 0 个，4★专业 6 个，3★专业 23 个。

在中国普通高校研究生教育竞争力排行榜中的名次：总排名 392/596，湖南省内排名 13/19，综合类排名 67/93。

共 13 个一级学科(学术学位)参评。

一级学科排名

应用经济学 197/262、民族学 29/38、马克思主义理论 226/358、体育学 23/106、中国语言文学 152/183、中国史 70/114、数学 207/262、物理学 159/197、化学 208/228、生物学 210/239、生态学 63/109、统计学 88/121、工商管理 157/306。

本科优势专业排名

5★-专业：体育教育 25/323。

4★专业：汉语言文学 120/615、软件工程 116/595、视觉传达设计 140/702、武术与民族传统体育 5/39、网络与新媒体 63/316、旅游管理 43/424。

10541 湖南中医药大学

在中国本科院校竞争力排行榜中的名次 381，湖南省内排名 14/52，医药类排名 36/108。

共 27 个专业参评，其中 5★+专业 1 个，5★专业 1 个，5★-专业 0 个，4★专业 2 个，3★专业 14 个。

在中国普通高校研究生教育竞争力排行榜中的名次：总排名 290/596，湖南省内排名 12/19，医药类排名 34/76。

共 9 个一级学科(学术学位)参评，其中 5★+学科 0 个，5★学科 0 个，5★-学科 0 个，4★学科 1 个，学科优秀率为 11.11%。

一级学科排名

马克思主义理论 260/358、基础医学 93/108、临床医学 80/110、口腔医学 46/47、中医学 8/42、中西医结合 24/61、药学 40/142、中药学 17/50、护理学 67/70。

本科优势专业排名

5★+专业：中西医临床医学 1/50。

5★-专业：针灸推拿学 5/50。

4★专业：中药学 15/115、护理学 48/290。

10543 湖南理工学院

在中国本科院校竞争力排行榜中的名次 382，湖南省内排名 15/52，理工类排名 147/365。

共 49 个专业参评，其中 5★+专业 0 个，5★专业 3 个，5★-专业 0 个，4★专业 4 个，3★专业 23 个。

在中国普通高校研究生教育竞争力排行榜中的名次：总排名 430/596，湖南省内排名 15/19，理工类排名 153/182。

共 9 个一级学科(学术学位)参评。

一级学科排名

应用经济学 236/262、中国语言文学 109/183、新闻传播学 54/116、数学 213/262、化学 213/228、机械工程 204/220、信息与通信工程 101/182、化学工程与技术 146/178、设计学 112/161。

本科优势专业排名

5★-专业：广告学 19/254、人力资源管理 22/414、视觉传达设计 36/702。

4★专业：汉语言文学 106/615、英语 165/928、环境设计 80/701、网络与新媒体 42/316。

11342 湖南工程学院

在中国本科院校竞争力排行榜中的名次 441，湖南省内排名 16/52，理工类排名 160/365。

共 53 个专业参评，其中 5★+专业 0 个，5★专业 1 个，5★-专业 0 个，4★专业 3 个，3★专业 17 个。

在中国普通高校研究生教育竞争力排行榜中的名次：总排名 533/596，湖南省内排名 18/19，理工类排名 170/182。

本科优势专业排名

5★-专业：环境设计 60/701。

4★专业：商务英语 48/362、电气工程及其自动化 82/569、视觉传达设计 106/702。

11077 长沙学院

在中国本科院校竞争力排行榜中的名次 492，湖南省内排名 17/52，综合类排名 80/270。

共 45 个专业参评，其中 5★+专业 0 个，5★专业 0 个，5★-专业 0 个，4★专业 2 个，3★专业 24 个。

本科优势专业排名

4★专业：物业管理 3/24、旅游管理 58/424。

11527 湖南城市学院

在中国本科院校竞争力排行榜中的名次 523，湖南省内排名 18/52，理工类排名 184/365。

共 53 个专业参评，其中 5★+专业 0 个，5★专业 0 个，5★-专业 0 个，4★专业 5 个，3★专业 20 个。

本科优势专业排名

4★专业：电子信息工程 96/633、工程管理 50/388、音乐学 72/394、环境设计 137/701、网络与新媒体 34/316。

12034 湖南第一师范学院

在中国本科院校竞争力排行榜中的名次 563，湖南省内排名 19/52，师范类排名 73/175。

共 32 个专业参评，其中 5★+专业 0 个，5★专业 0 个，5★-专业 1 个，4★专业 2 个，3★专业 20 个。

本科优势专业排名

5★专业：小学教育 4/301。

4★专业：思想政治教育 48/292、人工智能 58/411。

10553 湖南人文科技学院

在中国本科院校竞争力排行榜中的名次 564，湖南省内排名 20/52，师范类排名 74/175。

共 47 个专业参评，其中 5★+专业 0 个，5★专业 1 个，5★-专业 1 个，4★专业 2 个，3★专业 19 个。

在中国普通高校研究生教育竞争力排行榜中的名次：总排名 556/596，湖南省内排名 19/19，师范类排名 69/77。

本科优势专业排名

5★专业：网络工程 11/276。

5★-专业：电子商务 31/451。

4★专业：金融工程 50/259、音乐学 57/394。

10549 湖南文理学院

在中国本科院校竞争力排行榜中的名次 571，湖南省内排名 21/52，师范类排名 76/175。

共 58 个专业参评，其中 5★+专业 0 个，5★专业 0 个，5★-专业 0 个，4★专业 2 个，3★专业 12 个。

本科优势专业排名

4★专业：音乐学 62/394、舞蹈编导 10/73。

10547 邵阳学院

在中国本科院校竞争力排行榜中的名次 583，湖南省内排名 22/52，综合类排名 100/270。

共 52 个专业参评，其中 5★+专业 0 个，5★专业 0 个，5★-专业 0 个，4★专业 2 个，3★专业 20 个。

在中国普通高校研究生教育竞争力排行榜中的名次：总排名 528/596，湖南省内排名 17/19，综合类排名 83/93。

本科优势专业排名

4★专业：音乐学 56/394、会计学 98/653。

10546 衡阳师范学院

在中国本科院校竞争力排行榜中的名次 585，湖南省内排名 23/52，师范类排名 79/175。

共 48 个专业参评，其中 5★+专业 0 个，5★专业 0 个，5★-专业 0 个，4★专业 2 个，3★专业 13 个。

在中国普通高校研究生教育竞争力排行榜中的名次：总排名 526/596，湖南省内排名 16/19，师范类排名 65/77。

共 1 个一级学科(学术学位)参评。

一级学科排名

地理学 39/84。

本科优势专业排名

4★专业：英语 156/928、音乐学 67/394。

10545 湘南学院

在中国本科院校竞争力排行榜中的名次 595，湖南省内排名 24/52，综合类排名 102/270。

共 45 个专业参评，其中 5★+专业 0 个，5★专业 1 个，5★-专业 0 个，4★专业 1 个，3★专业 12 个。

本科优势专业排名

5★-专业：环境设计 63/701。

4★专业：视觉传达设计 137/702。

10551 湖南科技学院

在中国本科院校竞争力排行榜中的名次 604，湖南省内排名 25/52，综合类排名 106/270。

共 49 个专业参评，其中 5★+专业 0 个，5★专业 0 个，5★-专业 0 个，4★专业 1 个，3★专业 16 个。

本科优势专业排名

4★专业：英语 132/928。

11528 湖南工学院

在中国本科院校竞争力排行榜中的名次 612，湖南省内排名 26/52，理工类排名 194/365。

共 43 个专业参评，其中 5★+专业 0 个，5★专业 0 个，5★-专业 0 个，4★专业 0 个，3★专业 19 个。

10548 怀化学院

在中国本科院校竞争力排行榜中的名次 617，湖南省内排名 27/52，综合类排名 112/270。

共 47 个专业参评，其中 5★+专业 0 个，5★专业 0 个，5★-专业 0 个，4★专业 2 个，3★专业 12 个。

本科优势专业排名

4★专业：通信工程 74/490、音乐学 64/394。

13806 长沙师范学院

在中国本科院校竞争力排行榜中的名次 684，湖南省内排名 28/52，师范类排名 103/175。

共 28 个专业参评，其中 5★+专业 0 个，5★专业 0 个，5★-专业 1 个，4★专业 4 个，3★专业 11 个。

本科优势专业排名

5★专业：学前教育 19/418。

4★专业：小学教育 46/301、体育教育 55/323、音乐学 61/394、美术学 66/332。

11532 湖南财政经济学院

在中国本科院校竞争力排行榜中的名次 699，湖南省内排名 29/52，财经类排名 44/109。

共 41 个专业参评，其中 5★+专业 0 个，5★专业 1 个，5★-专业 0 个，4★专业 3 个，3★专业 20 个。

本科优势专业排名

5★-专业：财务管理 38/680。

4★专业：国际经济与贸易 74/670、金融科技 9/78、会计学 81/653。

11538 湖南女子学院

在中国本科院校竞争力排行榜中的名次 711，湖南省内排名 30/52，文法类排名 37/68。

共 28 个专业参评，其中 5★+专业 0 个，5★专业 0 个，5★-专业 0 个，4★专业 3 个，3★专业 12 个。

本科优势专业排名

4★专业：视觉传达设计 115/702、服装与服饰设计 25/208、家政学 2/12。

11534 湖南警察学院

在中国本科院校竞争力排行榜中的名次 776，湖南省内排名 32/52，文法类排名 43/68。

共 13 个专业参评，其中 5★+专业 0 个，5★专业 0 个，5★-专业 1 个，4★专业 0 个，3★专业 7 个。

本科优势专业排名

5★专业：交通管理工程 1/20。

13836 湖南信息学院

在中国本科院校竞争力排行榜中的名次 867，湖南省内排名 34/52，理工类排名 248/365。

共 24 个专业参评，其中 5★+专业 0 个，5★专业 0 个，5★-专业 0 个，4★专业 4 个，3★专业 12 个。

本科优势专业排名

4★专业：网络工程 53/276、财务管理 112/

680、电子商务 61/451、区块链工程 3/18。

12214 湖南医药学院

在中国本科院校竞争力排行榜中的名次 876，湖南省内排名 35/52，医药类排名 83/108。

共 19 个专业参评，其中 5★+专业 0 个，5★专业 0 个，5★-专业 0 个，4★专业 0 个，3★专业 9 个。

民办院校

12303 湖南涉外经济学院

在中国民办院校竞争力排行榜中的名次 33，湖南省内排名 31/52，财经类排名 49/109。

共 42 个专业参评，其中 5★+专业 0 个，5★专业 0 个，5★-专业 0 个，4★专业 3 个，3★专业 17 个。

本科优势专业排名

4★专业：社会体育指导与管理 32/231、商务英语 49/362、音乐学 63/394。

10823 长沙医学院

在中国民办院校竞争力排行榜中的名次 59，湖南省内排名 33/52，医药类排名 80/108。

共 31 个专业参评，其中 5★+专业 0 个，5★专业 0 个，5★-专业 0 个，4★专业 0 个，3★专业 8 个。

13809 湖南应用技术学院

在中国民办院校竞争力排行榜中的名次 132，湖南省内排名 36/52，综合类排名 198/270。

共 23 个专业参评，其中 5★+专业 0 个，5★专业 0 个，5★-专业 0 个，4★专业 1 个，3★专业 13 个。

本科优势专业排名

4★专业：物流管理 87/434。

12651 湘潭理工学院

在中国民办院校竞争力排行榜中的名次 188，湖南省内排名 43/52，财经类排名 91/109。

共 32 个专业参评，其中 5★+专业 0 个，5★专业 0 个，5★-专业 0 个，4★专业 0 个，3★专业 5 个。

13924 湖南交通工程学院

在中国民办院校竞争力排行榜中的名次 198，湖南省内排名 44/52，综合类排名 249/270。

共 30 个专业参评，其中 5★+专业 0 个，5★专业 0 个，5★-专业 0 个，4★专业 0 个，3★专业 2 个。

河南省

一流大学

10459 郑州大学

在中国本科院校竞争力排行榜中的名次 34，河南省内排名 1/56，综合类排名 13/270。

共 114 个专业参评，其中 5★+专业 1 个，5★专业 27 个，5★-专业 6 个，4★专业 27 个，3★专业 45 个。

在中国普通高校研究生教育竞争力排行榜中的名次：总排名 23/596，河南省内排名 1/19，综合类排名 10/93。

共 58 个一级学科(学术学位)参评，其中 5★+学科 0 个，5★学科 1 个，5★-学科 4 个，4★学科 12 个，学科优秀率为 29.31%。

一级学科排名

哲学 52/133、应用经济学 61/262、法学 25/206、政治学 33/80、社会学 58/88、马克思主义理论 35/358、教育学 99/139、心理学 44/102、体育学 30/106、中国语言文学 48/183、外国语言文学 33/232、新闻传播学 18/116、考古学 15/40、中国史 55/114、世界史 18/67、数学 58/262、物理学 47/197、化学 16/228、地理学 65/84、生物学 47/239、统计学 99/121、力学 37/95、机械工程 104/220、仪器科学与技术 57/69、材料科学与工程 28/219、冶金工程 17/28、动力工程及工程热物理 34/104、电气工程 25/109、电子科学与技术 94/120、信息与通信工程 50/182、控制科学与工程 32/184、计算机科学与技术 92/263、建筑学 41/70、土木工程 20/159、水利工程 9/64、测绘科学与技术 30/52、化学工程与技术 21/178、交通运输工程 48/64、环境科学与工程 94/193、城乡规划学 29/60、软件工程 35/146、安全科学与工程 36/61、网络空间安全 39/70、作物学 37/51、基础医学 14/108、临床医学 4/110、口腔医学 30/47、公共卫生与预防医学 18/74、中西医结合 41/61、药学 13/142、医学技术 20/35、护理学 14/70、管理科学与工程 80/202、工商管理 78/306、公共管理 17/209、图书情报与档案管理 9/50、音乐与舞蹈学 40/82、美术学 43/115。

本科优势专业排名

5★+专业：广告学 3/254。

5★专业：英语 39/928、日语 23/450、通信工程 22/490、电子商务 22/451、法学 21/583、网络与新媒体 13/316。

5★-专业：社会工作 24/251、社会体育指导与管理 19/231、汉语国际教育 30/320、新闻学 22/310、物理学 26/282、化学 20/304、材料科学与工程 14/229、电气工程及其自动化 42/569、电子信息工程 40/633、自动化 39/437、计算机科学与技术 71/922、软件工程 34/595、土木工程 46/525、水利水电工程 7/83、化学工程与工艺 28/325、制药工程 15/252、药物制剂 5/86、医学检验技术 16/159、护理学 28/290、公共事业管理 15/252、行政管理 17/290、工业工程 12/139、视觉传达设计 65/702、轨道交通信号与控制 5/52、临床医学 19/194、预防医学 10/121、工商管理 54/537。

4★专业：思想政治教育 34/292、体育教育 36/323、汉语言文学 65/615、德语 18/110、广播电视学 25/152、历史学 34/246、考古学 5/29、数学与应用数学 74/514、应用心理学 50/248、工业设计 42/209、过程装备与控制工程 15/91、材料化学 21/125、水文与水资源工程 8/48、建筑学 34/291、药学 29/240、医学影像技术 15/100、康复治疗学 28/177、工程管理 69/388、市场营销 82/586、财务管理 95/680、人力资源管理 49/414、酒店管理 26/180、音乐表演 25/237、金融学 58/387、道路桥梁与渡河工程 12/77、儿科学 9/46、书法学 17/125。

一般大学

10475 河南大学

在中国本科院校竞争力排行榜中的名次 87，河南省内排名 2/56，综合类排名 30/270。

共 91 个专业参评，其中 5★+专业 0 个，5★专业 13 个，5★-专业 8 个，4★专业 26 个，3★专业 30 个。

在中国普通高校研究生教育竞争力排行榜中的名次：总排名 71/596，河南省内排名 2/19，综合类排名 24/93。

共 49 个一级学科(学术学位)参评，其中 5★+学科 0 个，5★学科 0 个，5★-学科 1 个，4★学科

6 个，学科优秀率为 14.29%。

一级学科排名

哲学 61/133、理论经济学 37/111、应用经济学 31/262、法学 52/206、政治学 25/80、社会学 74/88、民族学 23/38、马克思主义理论 88/358、教育学 25/139、心理学 19/102、体育学 15/106、中国语言文学 39/183、外国语言文学 56/232、新闻传播学 46/116、考古学 27/40、中国史 44/114、世界史 38/67、数学 61/262、物理学 64/197、化学 41/228、地理学 10/84、生物学 20/239、生态学 28/109、统计学 121/121、光学工程 65/92、材料科学与工程 111/219、电子科学与技术 90/120、控制科学与工程 160/184、计算机科学与技术 152/263、土木工程 103/159、测绘科学与技术 46/52、化学工程与技术 116/178、环境科学与工程 182/193、风景园林学 23/56、软件工程 49/146、作物学 39/51、基础医学 80/108、临床医学 93/110、药学 61/142、中药学 38/50、护理学 55/70、管理科学与工程 134/202、工商管理 64/306、公共管理 51/209、艺术学理论 16/70、音乐与舞蹈学 44/82、戏剧与影视学 19/61、美术学 67/115、设计学 125/161。

本科优势专业排名

5★专业：学前教育 11/418、体育教育 13/323、汉语国际教育 7/320、英语 34/928、广告学 13/254、文物与博物馆学 3/53、应用心理学 9/248、会计学 33/653。

5★-专业：经济学 21/348、汉语言文学 33/615、翻译 23/261、地理科学 12/170、生物科学 24/280、软件工程 54/595、网络工程 18/276、文化产业管理 12/135、美术学 29/332、法学 55/583、数据科学与大数据技术 43/680、工商管理 48/537、旅游管理 35/424。

4★专业：国际经济与贸易 91/670、思想政治教育 39/292、教育学 11/82、教育技术学 18/130、日语 52/450、新闻学 55/310、历史学 48/246、数学与应用数学 85/514、物理学 47/282、化学 37/304、人文地理与城乡规划 17/108、地理信息科学 31/166、计算机科学与技术 105/922、植物科学与技术 4/21、护理学 55/290、市场营销 117/586、财务管理 88/680、人力资源管理 47/414、行政管理 43/290、电子商务 75/451、音乐表演 26/237、音乐学 42/394、表演 23/142、播音与主持艺术 35/219、网络与新媒体 56/316、人工智能 75/411。

10464 河南科技大学

在中国本科院校竞争力排行榜中的名次 132，河南省内排名 3/56，理工类排名 59/365。

共 88 个专业参评，其中 5★+专业 0 个，5★专业 6 个，5★-专业 2 个，4★专业 9 个，3★专业 38 个。

在中国普通高校研究生教育竞争力排行榜中的名次：总排名 165/596，河南省内排名 4/19，理工类排名 67/182。

共 39 个一级学科(学术学位)参评。

一级学科排名

应用经济学 220/262、法学 179/206、马克思主义理论 163/358、外国语言文学 203/232、中国史 74/114、数学 164/262、物理学 163/197、化学 220/228、生物学 150/239、生态学 105/109、统计学 108/121、力学 91/95、机械工程 72/220、仪器科学与技术 60/69、材料科学与工程 76/219、冶金工程 14/28、动力工程及工程热物理 79/104、电子科学与技术 109/120、信息与通信工程 136/182、控制科学与工程 46/184、土木工程 134/159、化学工程与技术 154/178、交通运输工程 61/64、农业工程 27/44、生物医学工程 60/74、食品科学与工程 59/99、软件工程 60/146、作物学 36/51、园艺学 43/44、农业资源与环境 40/40、植物保护 42/45、畜牧学 52/55、兽医学 39/43、基础医学 107/108、临床医学 101/110、药学 135/142、管理科学与工程 151/202、工商管理 194/306、图书情报与档案管理 50/50。

本科优势专业排名

5★专业：材料成型及控制工程 10/221、机械电子工程 15/297。

5★-专业：英语 84/928、机械设计制造及其自动化 35/513、车辆工程 18/254、金属材料工程 7/76、电子信息工程 52/633、食品质量与安全 14/236。

4★专业：日语 75/450、自动化 46/437、计算机科学与技术 128/922、物联网工程 52/481、建筑环境与能源应用工程 33/165、制药工程 43/252、农业机械化及其自动化 6/37、食品科学与工程 51/278、数据科学与大数据技术 113/680。

10476 河南师范大学

在中国本科院校竞争力排行榜中的名次 166，河南省内排名 4/56，师范类排名 17/175。

共 84 个专业参评，其中 5★+专业 0 个，5★专业 5 个，5★-专业 1 个，4★专业 13 个，3★专业 38 个。

在中国普通高校研究生教育竞争力排行榜中的名次：总排名 166/596，河南省内排名 5/19，师范类排名 18/77。

共 29 个一级学科(学术学位)参评。

一级学科排名

哲学 87/133、应用经济学 119/262、法学 69/206、政治学 29/80、马克思主义理论 94/358、教育学 48/139、心理学 72/102、体育学 70/106、中国语言文学 67/183、外国语言文学 109/232、考古学 32/40、中国史 54/114、世界史 60/67、数学 73/262、物理学 57/197、化学 81/228、生物学 73/239、生态学 74/109、统计学 116/121、光学工程 23/92、材料科学与工程 130/219、电子科学与技术 85/120、化学工程与技术 156/178、环境科学与工程 66/193、水产 9/28、工商管理 145/306、音乐与舞蹈学 49/82、戏剧与影视学 54/61、美术学 70/115。

本科优势专业排名

5★专业：汉语国际教育 10/320。

5★-专业：汉语言文学 34/615、英语 90/928、日语 24/450、化学 30/304、音乐学 35/394。

4★专业：政治学与行政学 15/82、学前教育 80/418、体育教育 39/323、数学与应用数学 64/514、物理学 41/282、生物科学 47/280、电子信息工程 68/633、计算机科学与技术 143/922、物联网工程 87/481、环境工程 53/345、水产养殖学 9/51、音乐表演 36/237、美术学 49/332。

10460 河南理工大学

在中国本科院校竞争力排行榜中的名次 171，河南省内排名 5/56，理工类排名 71/365。

共 76 个专业参评，其中 5★+专业 0 个，5★专业 1 个，5★-专业 2 个，4★专业 14 个，3★专业 42 个。

在中国普通高校研究生教育竞争力排行榜中的名次：总排名 149/596，河南省内排名 3/19，理工类排名 64/182。

共 26 个一级学科(学术学位)参评，其中 5★+学科 0 个，5★学科 0 个，5★-学科 0 个，4★学科 1 个，学科优秀率为 3.85%。

一级学科排名

马克思主义理论 243/358、中国语言文学 166/183、数学 155/262、地理学 70/84、地质学 23/36、力学 82/95、机械工程 79/220、仪器科学与技术 65/69、材料科学与工程 82/219、动力工程及工程热物理 92/104、电气工程 55/109、信息与通信工程 168/182、控制科学与工程 90/184、计算机科学与技术 113/263、建筑学 60/70、土木工程 124/159、测绘科学与技术 16/52、化学工程与技术 148/178、地质资源与地质工程 19/46、矿业工程 11/30、环境科学与工程 133/193、软件工程 91/146、安全科学与工程 10/61、管理科学与工程 156/202、工商管理 138/306、公共管理 82/209。

本科优势专业排名

5★专业：测绘工程 7/143、安全工程 5/148。

5★-专业：采矿工程 3/45。

4★专业：机械设计制造及其自动化 66/513、机械电子工程 52/297、电气工程及其自动化 66/569、通信工程 54/490、自动化 62/437、计算机科学与技术 123/922、物联网工程 64/481、土木工程 80/525、工程管理 66/388、市场营销 92/586、财务管理 90/680、公共事业管理 43/252、地球信息科学与技术 3/13、轨道交通信号与控制 10/52。

10466 河南农业大学

在中国本科院校竞争力排行榜中的名次 208，河南省内排名 6/56，农林类排名 15/47。

共 62 个专业参评，其中 5★+专业 0 个，5★专业 3 个，5★-专业 0 个，4★专业 9 个，3★专业 29 个。

在中国普通高校研究生教育竞争力排行榜中的名次：总排名 181/596，河南省内排名 6/19，农林类排名 15/38。

共 18 个一级学科(学术学位)参评。

一级学科排名

马克思主义理论 220/358、化学 203/228、生物学 144/239、生态学 60/109、计算机科学与技术 212/263、农业工程 14/44、城乡规划学 25/60、风景园林学 14/56、作物学 13/51、园艺学 19/44、农业资源与环境 21/40、植物保护 21/45、畜牧学 26/55、兽医学 13/43、林学 20/36、管理科学与工程 189/202、农林经济管理 25/51、公共管理 207/209。

本科优势专业排名

5★-专业：生物工程 13/239、园艺 7/107、园林 7/126。

4★专业：应用化学 70/373、汽车服务工程 20/111、食品科学与工程 49/278、风景园林 21/185、种子科学与工程 7/41、设施农业科学与工程 7/39、环境设计 140/701、电子信息科学与技术 26/164、食品营养与健康 5/26。

10463 河南工业大学

在中国本科院校竞争力排行榜中的名次 220，河南省内排名 7/56，理工类排名 92/365。

共 63 个专业参评，其中 5★+专业 0 个，5★专业 4 个，5★-专业 5 个，4★专业 11 个，3★专业 36 个。

在中国普通高校研究生教育竞争力排行榜中的名次：总排名 271/596，河南省内排名 8/19，理工类排名 102/182。

共 25 个一级学科(学术学位)参评，其中 5★+学科 0 个，5★学科 0 个，5★-学科 0 个，4★学科 1 个，学科优秀率为 4%。

一级学科排名

理论经济学 106/111、应用经济学 143/262、马克思主义理论 225/358、外国语言文学 179/232、新闻传播学 76/116、数学 197/262、物理学 195/197、化学 141/228、生物学 224/239、力学 73/95、机械工程 96/220、材料科学与工程 168/219、信息与通信工程 180/182、控制科学与工程 146/184、计算机科学与技术 214/263、建筑学 61/70、土木工程 66/159、化学工程与技术 99/178、环境科学与工程 188/193、食品科学与工程 15/99、植物保护 31/45、畜牧学 46/55、药学 141/142、管理科学与工程 109/202、工商管理 191/306。

本科优势专业排名

5★专业：食品科学与工程 13/278、粮食工程 1/13、物流管理 14/434、电子商务 9/451、网络与新媒体 11/316。

5★-专业：国际经济与贸易 46/670、计算机科学与技术 92/922、土木工程 51/525、产品设计 35/390。

4★专业：英语 183/928、应用化学 71/373、机械设计制造及其自动化 84/513、电子信息工程 65/633、软件工程 96/595、环境工程 68/345、建筑学 58/291、工程管理 73/388、金融学 61/387、智能制造工程 30/252、人工智能 56/411。

10462 郑州轻工业大学

在中国本科院校竞争力排行榜中的名次 257，河南省内排名 8/56，理工类排名 106/365。

共 65 个专业参评，其中 5★+专业 2 个，5★专业 7 个，5★-专业 1 个，4★专业 12 个，3★专业 20 个。

在中国普通高校研究生教育竞争力排行榜中的名次：总排名 346/596，河南省内排名 10/19，理工类排名 134/182。

共 16 个一级学科(学术学位)参评。

一级学科排名

马克思主义理论 140/358、机械工程 135/220、仪器科学与技术 69/69、材料科学与工程 194/219、动力工程及工程热物理 102/104、电气工程 83/109、信息与通信工程 181/182、控制科学与工程 156/184、计算机科学与技术 197/263、化学工程与技术 80/178、轻工技术与工程 19/19、食品科学与工程 72/99、软件工程 62/146、管理科学与工程 106/202、工商管理 160/306、设计学 110/161。

本科优势专业排名

5★+专业：视觉传达设计 3/702、产品设计 4/390。

5★专业：环境设计 8/701。

5★-专业：电气工程及其自动化 54/569、软件工程 51/595、网络工程 21/276、建筑电气与智能化 4/64、动画 26/256、数字媒体艺术 18/319、数据科学与大数据技术 54/680。

4★专业：社会工作 31/251、机械设计制造及其自动化 77/513、高分子材料与工程 30/184、电子信息工程 81/633、计算机科学与技术 106/922、食品科学与工程 43/278、生物工程 39/239、物流管理 44/434、服装与服饰设计 35/208、工艺美术 11/92、新能源材料与器件 19/105、会计学 128/653。

10078 华北水利水电大学

在中国本科院校竞争力排行榜中的名次 267，河南省内排名 9/56，理工类排名 111/365。

共 64 个专业参评，其中 5★+专业 0 个，5★专业 2 个，5★-专业 0 个，4★专业 11 个，3★专业 29 个。

在中国普通高校研究生教育竞争力排行榜中的名次：总排名 291/596，河南省内排名 9/19，理工类排名 112/182。

共 20 个一级学科(学术学位)参评，其中 5★+学科 0 个，5★学科 0 个，5★-学科 0 个，4★学科 1 个，学科优秀率为 5%。

一级学科排名

应用经济学 198/262、马克思主义理论 301/358、数学 224/262、地理学 78/84、力学 90/95、机械工程 212/220、动力工程及工程热物理 89/104、电气工程 96/109、控制科学与工程 171/184、计算机科学与技术 249/263、建筑学 63/70、土木工程 85/159、水利工程 12/64、地质资源与地质工程 23/46、农业工程 37/44、环境科学与工程 160/193、软件工程 141/146、管理科学与工程 89/202、工商管理 161/306、美术学 73/115。

本科优势专业排名

5★-专业：水利水电工程 6/83、工程管理 38/388。

4★专业：国际经济与贸易 83/670、数学与应用数学 102/514、应用统计学 27/183、机械设计制造及其自动化 72/513、计算机科学与技术 164/922、土木工程 73/525、给排水科学与工程 28/159、工程造价 39/254、行政管理 58/290、人工智能 76/411、会计学 89/653。

10465 中原工学院

在中国本科院校竞争力排行榜中的名次 334，河南省内排名 10/56，理工类排名 132/365。

共 64 个专业参评，其中 5★+专业 0 个，5★专业 2 个，5★-专业 0 个，4★专业 7 个，3★专业 19 个。

在中国普通高校研究生教育竞争力排行榜中的名次：总排名 396/596，河南省内排名 13/19，理工类排名 143/182。

共 13 个一级学科(学术学位)参评，其中 5★+学科 0 个，5★学科 0 个，5★-学科 0 个，4★学科 1 个，学科优秀率为 7.69%。

一级学科排名

哲学 130/133、应用经济学 163/262、马克思主义理论 249/358、机械工程 136/220、材料科学与工程 146/219、信息与通信工程 164/182、控制科学与工程 121/184、计算机科学与技术 258/263、土木工程 87/159、纺织科学与工程 19/22、医学技术 34/35、工商管理 109/306、设计学 23/161。

本科优势专业排名

5★-专业：视觉传达设计 51/702、环境设计 51/701。

4★专业：机械设计制造及其自动化 95/513、电子信息工程 86/633、软件工程 76/595、建筑环境与能源应用工程 31/165、工程造价 49/254、市场营销 80/586、服装与服饰设计 24/208。

10484 河南财经政法大学

在中国本科院校竞争力排行榜中的名次 347，河南省内排名 11/56，财经类排名 24/109。

共 63 个专业参评，其中 5★+专业 0 个，5★专业 5 个，5★-专业 2 个，4★专业 2 个，3★专业 23 个。

在中国普通高校研究生教育竞争力排行榜中的名次：总排名 429/596，河南省内排名 14/19，财经类排名 27/39。

共 11 个一级学科(学术学位)参评。

一级学科排名

哲学 105/133、理论经济学 53/111、应用经济学 89/262、法学 64/206、马克思主义理论 341/358、地理学 54/84、计算机科学与技术 244/263、城乡规划学 51/60、管理科学与工程 108/202、工商管理 91/306、农林经济管理 45/51。

本科优势专业排名

5★专业：市场营销 27/586、电子商务 23/451。

5★-专业：国际经济与贸易 41/670、财务管理 35/680、金融学 36/387、法学 56/583、会计学 41/653。

4★专业：金融数学 14/71、旅游管理 53/424。

10471 河南中医药大学

在中国本科院校竞争力排行榜中的名次351，河南省内排名12/56，医药类排名30/108。

共31个专业参评，其中5★+专业0个，5★专业1个，5★-专业2个，4★专业4个，3★专业16个。

在中国普通高校研究生教育竞争力排行榜中的名次：总排名260/596，河南省内排名7/19，医药类排名32/76。

共9个一级学科(学术学位)参评。

一级学科排名

马克思主义理论241/358、基础医学92/108、临床医学67/110、中医学16/42、中西医结合40/61、药学103/142、中药学16/50、医学技术22/35、护理学65/70。

本科优势专业排名

5★专业：康复治疗学5/177、中医养生学1/14。

5★-专业：中药学12/115。

4★专业：制药工程49/252、医学影像技术13/100、中医学9/64、中医骨伤科学3/22。

10477 信阳师范学院

在中国本科院校竞争力排行榜中的名次368，河南省内排名13/56，师范类排名39/175。

共65个专业参评，其中5★+专业0个，5★专业0个，5★-专业0个，4★专业3个，3★专业36个。

在中国普通高校研究生教育竞争力排行榜中的名次：总排名366/596，河南省内排名11/19，师范类排名39/77。

共14个一级学科(学术学位)参评。

一级学科排名

理论经济学105/111、马克思主义理论166/358、教育学116/139、心理学48/102、中国语言文学145/183、外国语言文学155/232、中国史66/114、数学142/262、物理学117/197、化学137/228、地理学81/84、生物学163/239、土木工程150/159、工商管理242/306。

本科优势专业排名

4★专业：汉语言文学81/615、英语180/928、文化产业管理27/135。

10479 安阳师范学院

在中国本科院校竞争力排行榜中的名次390，河南省内排名14/56，师范类排名42/175。

共55个专业参评，其中5★+专业0个，5★专业1个，5★-专业0个，4★专业1个，3★专业21个。

在中国普通高校研究生教育竞争力排行榜中的名次：总排名518/596，河南省内排名18/19，师范类排名62/77。

本科优势专业排名

5★-专业：数据科学与大数据技术62/680。

4★专业：软件工程100/595。

10472 新乡医学院

在中国本科院校竞争力排行榜中的名次401，河南省内排名15/56，医药类排名39/108。

共33个专业参评，其中5★+专业0个，5★专业1个，5★-专业0个，4★专业4个，3★专业18个。

在中国普通高校研究生教育竞争力排行榜中的名次：总排名368/596，河南省内排名12/19，医药类排名53/76。

共11个一级学科(学术学位)参评。

一级学科排名

马克思主义理论317/358、心理学87/102、生物学159/239、系统科学25/25、生物医学工程71/74、基础医学58/108、临床医学81/110、公共卫生与预防医学49/74、药学87/142、医学技术27/35、图书情报与档案管理46/50。

本科优势专业排名

5★-专业：医学检验技术12/159。

4★专业：应用心理学48/248、医学影像技术14/100、康复治疗学31/177、护理学56/290。

11653 南阳理工学院

在中国本科院校竞争力排行榜中的名次424，

河南省内排名 16/56，理工类排名 156/365。

共 52 个专业参评，其中 5★+专业 0 个，5★专业 0 个，5★-专业 0 个，4★专业 4 个，3★专业 23 个。

本科优势专业排名

4★专业：学前教育 72/418、小学教育 53/301、物联网工程 81/481、环境设计 76/701。

11517 河南工程学院

在中国本科院校竞争力排行榜中的名次 444，河南省内排名 17/56，理工类排名 162/365。

共 57 个专业参评，其中 5★+专业 0 个，5★专业 0 个，5★-专业 0 个，4★专业 1 个，3★专业 21 个。

本科优势专业排名

4★专业：环境设计 113/701。

10482 洛阳师范学院

在中国本科院校竞争力排行榜中的名次 448，河南省内排名 18/56，师范类排名 49/175。

共 61 个专业参评，其中 5★+专业 0 个，5★专业 2 个，5★-专业 1 个，4★专业 3 个，3★专业 26 个。

在中国普通高校研究生教育竞争力排行榜中的名次：总排名 516/596，河南省内排名 17/19，师范类排名 61/77。

本科优势专业排名

5★专业：学前教育 14/418。

5★-专业：电子商务 34/451、音乐表演 23/237。

4★专业：英语 131/928、舞蹈学 31/202、旅游管理 68/424。

10467 河南科技学院

在中国本科院校竞争力排行榜中的名次 465，河南省内排名 19/56，师范类排名 54/175。

共 64 个专业参评，其中 5★+专业 0 个，5★专业 0 个，5★-专业 0 个，4★专业 0 个，3★专业 19 个。

在中国普通高校研究生教育竞争力排行榜中的名次：总排名 453/596，河南省内排名 15/19，师范类排名 48/77。

共 12 个一级学科(学术学位)参评。

一级学科排名

化学 214/228、生物学 202/239、系统科学 20/25、机械工程 197/220、食品科学与工程 95/99、风景园林学 49/56、作物学 47/51、园艺学 40/44、植物保护 41/45、畜牧学 54/55、兽医学 40/43、农林经济管理 50/51。

11070 洛阳理工学院

在中国本科院校竞争力排行榜中的名次 468，河南省内排名 20/56，理工类排名 167/365。

共 51 个专业参评，其中 5★+专业 0 个，5★专业 1 个，5★-专业 0 个，4★专业 1 个，3★专业 24 个。

本科优势专业排名

5★-专业：数据科学与大数据技术 52/680。

4★专业：财务管理 136/680。

10485 郑州航空工业管理学院

在中国本科院校竞争力排行榜中的名次 490，河南省内排名 21/56，理工类排名 174/365。

共 60 个专业参评，其中 5★+专业 0 个，5★专业 3 个，5★-专业 2 个，4★专业 1 个，3★专业 24 个。

在中国普通高校研究生教育竞争力排行榜中的名次：总排名 457/596，河南省内排名 16/19，理工类排名 158/182。

共 6 个一级学科(学术学位)参评。

一级学科排名

应用经济学 230/262、材料科学与工程 202/219、土木工程 155/159、管理科学与工程 188/202、工商管理 244/306、图书情报与档案管理 36/50。

本科优势专业排名

5★专业：审计学 8/191、航空服务艺术与管理 2/63。

5★-专业：财务管理 43/680、人力资源管理 27/414、会计学 62/653。

4★专业：工业工程 23/139。

10480 许昌学院

在中国本科院校竞争力排行榜中的名次 501，河南省内排名 22/56，综合类排名 82/270。

共 57 个专业参评，其中 5★+专业 0 个，5★专业 2 个，5★-专业 0 个，4★专业 6 个，3★专业 15 个。

本科优势专业排名

5★-专业：播音与主持艺术 18/219、视觉传达设计 64/702。

4★专业：学前教育 61/418、电气工程及其自动化 104/569、数字媒体技术 26/221、环境设计 131/701、产品设计 75/390、数据科学与大数据技术 73/680。

10481 南阳师范学院

在中国本科院校竞争力排行榜中的名次 530，河南省内排名 23/56，师范类排名 63/175。

共 69 个专业参评，其中 5★+专业 0 个，5★专业 0 个，5★-专业 0 个，4★专业 1 个，3★专业 18 个。

在中国普通高校研究生教育竞争力排行榜中的名次：总排名 519/596，河南省内排名 19/19，师范类排名 63/77。

本科优势专业排名

4★专业：英语 124/928。

11071 新乡学院

在中国本科院校竞争力排行榜中的名次 532，河南省内排名 24/56，师范类排名 64/175。

共 67 个专业参评，其中 5★+专业 0 个，5★专业 1 个，5★-专业 0 个，4★专业 5 个，3★专业 7 个。

本科优势专业排名

5★-专业：广播电视编导 12/224。

4★专业：制药工程 30/252、人力资源管理 83/414、动画 48/256、视觉传达设计 117/702、环境设计 114/701。

10483 商丘师范学院

在中国本科院校竞争力排行榜中的名次 586，河南省内排名 25/56，师范类排名 80/175。

共 66 个专业参评，其中 5★+专业 0 个，5★专业 2 个，5★-专业 0 个，4★专业 1 个，3★专业 16 个。

本科优势专业排名

5★-专业：视觉传达设计 60/702、环境设计 65/701。

4★专业：电子商务 88/451。

10918 黄淮学院

在中国本科院校竞争力排行榜中的名次 594，河南省内排名 26/56，师范类排名 83/175。

共 54 个专业参评，其中 5★+专业 0 个，5★专业 1 个，5★-专业 1 个，4★专业 1 个，3★专业 15 个。

本科优势专业排名

5★专业：动画 8/256。

5★-专业：视觉传达设计 66/702。

4★专业：环境设计 71/701。

11765 河南城建学院

在中国本科院校竞争力排行榜中的名次 606，河南省内排名 27/56，理工类排名 192/365。

共 49 个专业参评，其中 5★+专业 0 个，5★专业 0 个，5★-专业 0 个，4★专业 1 个，3★专业 12 个。

本科优势专业排名

4★专业：数据科学与大数据技术 88/680。

11329 河南工学院

在中国本科院校竞争力排行榜中的名次 625，河南省内排名 28/56，理工类排名 199/365。

共 36 个专业参评，其中 5★+专业 0 个，5★专业 0 个，5★-专业 0 个，4★专业 2 个，3★专业 17 个。

本科优势专业排名

4★专业：新能源汽车工程 4/28、机器人工程 39/307。

10478 周口师范学院

在中国本科院校竞争力排行榜中的名次 638，河南省内排名 29/56，师范类排名 93/175。

共 61 个专业参评，其中 5★+专业 0 个，5★专业 1 个，5★-专业 0 个，4★专业 1 个，3★专业 17 个。

本科优势专业排名

5★-专业：音乐学 38/394。

4★专业：网络与新媒体 43/316。

11330 安阳工学院

在中国本科院校竞争力排行榜中的名次 644，河南省内排名 30/56，理工类排名 202/365。

共 59 个专业参评，其中 5★+专业 0 个，5★专业 0 个，5★-专业 0 个，4★专业 0 个，3★专业 12 个。

10469 河南牧业经济学院

在中国本科院校竞争力排行榜中的名次 658，河南省内排名 31/56，农林类排名 38/47。

共 46 个专业参评，其中 5★+专业 0 个，5★专业 0 个，5★-专业 0 个，4★专业 4 个，3★专业 21 个。

本科优势专业排名

4★专业：投资学 14/127、市场营销 94/586、物业管理 5/24、网络与新媒体 52/316。

11652 河南财政金融学院

在中国本科院校竞争力排行榜中的名次 704，河南省内排名 32/56，财经类排名 45/109。

共 37 个专业参评，其中 5★+专业 0 个，5★专业 2 个，5★-专业 0 个，4★专业 2 个，3★专业 19 个。

本科优势专业排名

5★-专业：投资学 13/127、工程造价 22/254。

4★专业：商务英语 43/362、物流管理 80/434。

12949 郑州师范学院

在中国本科院校竞争力排行榜中的名次 709，河南省内排名 33/56，师范类排名 112/175。

共 49 个专业参评，其中 5★+专业 0 个，5★专业 1 个，5★-专业 0 个，4★专业 2 个，3★专业 9 个。

本科优势专业排名

5★-专业：特殊教育 6/58。

4★专业：投资学 20/127、科学教育 9/43。

10919 平顶山学院

在中国本科院校竞争力排行榜中的名次 733，河南省内排名 34/56，综合类排名 135/270。

共 49 个专业参评，其中 5★+专业 0 个，5★专业 0 个，5★-专业 0 个，4★专业 1 个，3★专业 14 个。

本科优势专业排名

4★专业：物联网工程 70/481。

12735 铁道警察学院

在中国本科院校竞争力排行榜中的名次 737，河南省内排名 35/56，文法类排名 39/68。

共 4 个专业参评，其中 5★+专业 0 个，5★专业 0 个，5★-专业 0 个，4★专业 2 个，3★专业 2 个。

本科优势专业排名

4★专业：治安学 4/24、刑事科学技术 5/27。

11788 河南警察学院

在中国本科院校竞争力排行榜中的名次 789，河南省内排名 37/56，文法类排名 45/68。

共 7 个专业参评，其中 5★+专业 0 个，5★专业 0 个，5★-专业 0 个，4★专业 0 个，3★专业 3 个。

11326 信阳农林学院

在中国本科院校竞争力排行榜中的名次 819，河南省内排名 40/56，农林类排名 42/47。

共 40 个专业参评，其中 5★+专业 0 个，5★专业 0 个，5★-专业 0 个，4★专业 2 个，3★专业 19 个。

本科优势专业排名

4★专业：商务英语 68/362、物流管理 79/434。

11068 郑州工程技术学院

在中国本科院校竞争力排行榜中的名次 837，河南省内排名 41/56，理工类排名 237/365。

共 32 个专业参评，其中 5★+专业 0 个，5★专业 0 个，5★-专业 0 个，4★专业 1 个，3★专业 17 个。

本科优势专业排名

4★专业：物联网工程 93/481。

民办院校

11834 黄河科技学院

在中国民办院校竞争力排行榜中的名次 38，河南省内排名 36/56，理工类排名 222/365。

共 55 个专业参评，其中 5★+专业 0 个，5★专业 0 个，5★-专业 0 个，4★专业 0 个，3★专业 24 个。

14040 郑州商学院

在中国民办院校竞争力排行榜中的名次 54，河南省内排名 38/56，财经类排名 52/109。

共 42 个专业参评，其中 5★+专业 0 个，5★专业 0 个，5★-专业 0 个，4★专业 5 个，3★专业 12 个。

本科优势专业排名

4★专业：商务英语 44/362、审计学 28/191、视觉传达设计 100/702、体能训练 2/13、跨境电子商务 11/67。

13497 郑州财经学院

在中国民办院校竞争力排行榜中的名次 58，河南省内排名 39/56，财经类排名 53/109。

共 18 个专业参评，其中 5★+专业 0 个，5★专业 1 个，5★-专业 0 个，4★专业 4 个，3★专业 6 个。

本科优势专业排名

5★-专业：数据科学与大数据技术 41/680。

4★专业：工程造价 26/254、物流管理 84/434、电子商务 72/451、金融科技 15/78。

14003 商丘学院

在中国民办院校竞争力排行榜中的名次 72，河南省内排名 42/56，综合类排名 166/270。

共 13 个专业参评，其中 5★+专业 0 个，5★专业 0 个，5★-专业 0 个，4★专业 0 个，3★专业 3 个。

12747 郑州工业应用技术学院

在中国民办院校竞争力排行榜中的名次 73，河南省内排名 43/56，理工类排名 244/365。

共 37 个专业参评，其中 5★+专业 0 个，5★专业 0 个，5★-专业 0 个，4★专业 0 个，3★专业 5 个。

14654 郑州西亚斯学院

在中国民办院校竞争力排行榜中的名次 78，河南省内排名 44/56，财经类排名 57/109。

共 44 个专业参评，其中 5★+专业 0 个，5★专业 0 个，5★-专业 0 个，4★专业 0 个，3★专业 25 个。

13498 黄河交通学院

在中国民办院校竞争力排行榜中的名次 97，河南省内排名 45/56，理工类排名 258/365。

共 29 个专业参评，其中 5★+专业 0 个，5★专业 0 个，5★-专业 0 个，4★专业 1 个，3★专业 13 个。

本科优势专业排名

4★专业：工程造价 29/254。

13500 商丘工学院

在中国民办院校竞争力排行榜中的名次 110，河南省内排名 46/56，理工类排名 266/365。

共 32 个专业参评，其中 5★+专业 0 个，5★专业 0 个，5★-专业 0 个，4★专业 2 个，3★专业 17 个。

本科优势专业排名

4★专业：学前教育 71/418、环境设计 74/701。

13507 郑州工商学院

在中国民办院校竞争力排行榜中的名次 116，河南省内排名 47/56，理工类排名 271/365。

共 41 个专业参评，其中 5★+专业 0 个，5★专业 0 个，5★-专业 0 个，4★专业 1 个，3★专业 19 个。

本科优势专业排名

4★专业：互联网金融 8/55。

13502 中原科技学院

在中国民办院校竞争力排行榜中的名次 130，河南省内排名 48/56，师范类排名 157/175。

共 38 个专业参评，其中 5★+专业 0 个，5★专业 0 个，5★-专业 0 个，4★专业 0 个，3★专业 4 个。

13508 郑州经贸学院

在中国民办院校竞争力排行榜中的名次 137，河南省内排名 49/56，财经类排名 68/109。

共 44 个专业参评，其中 5★+专业 0 个，5★专业 0 个，5★-专业 0 个，4★专业 0 个，3★专业 3 个。

14333 郑州升达经贸管理学院

在中国民办院校竞争力排行榜中的名次 143，河南省内排名 50/56，财经类排名 71/109。

共 43 个专业参评，其中 5★+专业 0 个，5★专业 0 个，5★-专业 0 个，4★专业 0 个，3★专业 19 个。

12746 郑州科技学院

在中国民办院校竞争力排行榜中的名次 153，河南省内排名 52/56，理工类排名 295/365。

共 44 个专业参评，其中 5★+专业 0 个，5★专业 1 个，5★-专业 0 个，4★专业 8 个，3★专业 23 个。

本科优势专业排名

5★-专业：视觉传达设计 53/702。

4★专业：物联网工程 67/481、工程造价 51/254、物流管理 70/434、电子商务 79/451、播音与主持艺术 28/219、环境设计 100/701、智能制造工程 44/252、数据科学与大数据技术 75/680。

13501 河南开封科技传媒学院

在中国民办院校竞争力排行榜中的名次 156，河南省内排名 53/56，财经类排名 74/109。

共 27 个专业参评，其中 5★+专业 0 个，5★专业 0 个，5★-专业 0 个，4★专业 0 个，3★专业 3 个。

13506 新乡工程学院

在中国民办院校竞争力排行榜中的名次 157，河南省内排名 54/56，财经类排名 76/109。

共 37 个专业参评，其中 5★+专业 0 个，5★专业 0 个，5★-专业 0 个，4★专业 0 个，3★专业 3 个。

13504 安阳学院

在中国民办院校竞争力排行榜中的名次 174，河南省内排名 55/56，综合类排名 221/270。

共 27 个专业参评，其中 5★+专业 0 个，5★专业 0 个，5★-专业 0 个，4★专业 0 个，3★专业 5 个。

13503 信阳学院

在中国民办院校竞争力排行榜中的名次 176，河南省内排名 56/56，综合类排名 222/270。

共 33 个专业参评，其中 5★+专业 0 个，5★专业 0 个，5★-专业 0 个，4★专业 0 个，3★专业 7 个。

安徽省

一流大学

10358 中国科学技术大学

在中国本科院校竞争力排行榜中的名次 20，安徽省内排名 1/46，理工类排名 11/365。

共 32 个专业参评，其中 5★+专业 3 个，5★专业 8 个，5★-专业 8 个，4★专业 8 个，3★专业 5 个。

在中国普通高校研究生教育竞争力排行榜中的名次：总排名 18/596，安徽省内排名 1/20，理工类排名 10/182。

共 37 个一级学科(学术学位)参评，其中 5★+学科 1 个，5★学科 9 个，5★-学科 4 个，4★学科 7 个，学科优秀率为 56.76%。

一级学科排名

哲学 38/133、法学 182/206、马克思主义理论 263/358、新闻传播学 63/116、考古学 26/40、数学 7/262、物理学 1/197、化学 3/228、天文学 2/20、大气科学 15/19、地球物理学 2/21、地质学 13/36、生物学 14/239、科学技术史 1/23、生态学 61/109、统计学 5/121、力学 48/95、机械工程 111/220、光学工程 11/92、仪器科学与技术 17/69、材料科学与工程 4/219、动力工程及工程热物理 24/104、电子科学与技术 19/120、信息与通信工程 36/182、控制科学与工程 16/184、计算机科学与技术 8/263、化学工程与技术 43/178、核科学与技术 1/17、环境科学与工程 23/193、生物医学工程 10/74、软件工程 53/146、安全科学与工程 3/61、网络空间安全 2/70、临床医学 77/110、管理科学与工程 36/202、工商管理 55/306、公共管理 56/209。

本科优势专业排名

5★+专业：物理学 3/282、应用物理学 1/151、化学 1/304。

5★专业：数学与应用数学 22/514、信息与计算科学 12/303、生物科学 7/280、生物技术 14/285、电子信息工程 11/633、计算机科学与技术 30/922、管理科学 1/35、信息安全 4/119。

5★-专业：统计学 15/205、材料物理 6/67、材料化学 11/125、高分子材料与工程 10/184、能源与动力工程 14/188、光电信息科学与工程 12/213、自动化 26/437、工商管理 44/537。

4★专业：天文学 2/14、机械设计制造及其自动化 65/513、通信工程 88/490、核工程与核技术 6/30、环境科学与工程 8/48、安全工程 22/148、人工智能 46/411、数据科学与大数据技术 97/680。

一般大学

10359 合肥工业大学

在中国本科院校竞争力排行榜中的名次 46，安徽省内排名 2/46，理工类排名 25/365。

共 84 个专业参评，其中 5★+专业 2 个，5★专业 14 个，5★-专业 11 个，4★专业 18 个，3★专业 28 个。

在中国普通高校研究生教育竞争力排行榜中的名次：总排名 78/596，安徽省内排名 2/20，理工类排名 36/182。

共 38 个一级学科(学术学位)参评，其中 5★+学科 0 个，5★学科 1 个，5★-学科 0 个，4★学科 5 个，学科优秀率为 15.79%。

一级学科排名

理论经济学 96/111、应用经济学 138/262、马克思主义理论 53/358、外国语言文学 169/232、数学 94/262、物理学 93/197、化学 218/228、地理学 52/84、地质学 16/36、生物学 174/239、力学 41/95、机械工程 27/220、光学工程 71/92、仪器科学与技术 29/69、材料科学与工程 52/219、动力工程及工程热物理 85/104、电气工程 32/109、电子科学与技术 69/120、信息与通信工程 54/182、控制科学与工程 141/184、计算机科学与技术 40/263、建筑学 56/70、土木工程 47/159、水利工程 43/64、测绘科学与技术 25/52、化学工程与技术 66/178、地质资源与地质工程 31/46、交通运输工程 40/64、环境科学与工程 62/193、生物医学工程 61/74、食品科学与工程 20/99、城乡规划学 39/60、软件工程 42/146、管理科学与工程 3/202、工商管理 41/306、公共管理 161/209、美术学 96/115、设计学 139/161。

本科优势专业排名

5★+专业：智能制造工程 3/252、大数据管理与应用 2/170。

5★专业：机械设计制造及其自动化 20/513、材料成型及控制工程 11/221、测控技术与仪器 5/186、电气工程及其自动化 23/569、电子信息工程 23/633、计算机科学与技术 26/922、信息管理与信息系统 8/343、电子商务 18/451、新能源材料与器件 3/105、机器人工程 15/307、工商管理 20/537。

5★-专业：金融工程 18/259、思想政治教育 23/292、信息与计算科学 29/303、车辆工程 22/254、金属材料工程 5/76、物联网工程 25/481、土木工程 32/525、食品科学与工程 17/278、食品质量与安全 16/236、建筑学 27/291、物流管理 25/434、智能科学与技术 17/175、能源化学工程 6/60、会计学 37/653。

4★专业：英语 135/928、工业设计 29/209、无机非金属材料工程 13/75、电子科学与技术 23/149、通信工程 75/490、自动化 47/437、软件工程 101/595、建筑环境与能源应用工程 27/165、给排水科学与工程 25/159、测绘工程 21/143、化学工程与工艺 40/325、交通工程 14/106、环境生态工程 9/68、城乡规划 41/203、市场营销 110/586、工业工程 22/139、电气工程与智能控制 7/33、城市地下空间工程 15/73。

10357 安徽大学

在中国本科院校竞争力排行榜中的名次 83，安徽省内排名 3/46，综合类排名 29/270。

共 86 个专业参评，其中 5★+专业 0 个，5★专业 14 个，5★-专业 3 个，4★专业 24 个，3★专业 33 个。

在中国普通高校研究生教育竞争力排行榜中的名次：总排名 106/596，安徽省内排名 3/20，综合类排名 34/93。

共 35 个一级学科(学术学位)参评，其中 5★+学科 0 个，5★学科 0 个，5★-学科 0 个，4★学科 5 个，学科优秀率为 14.29%。

一级学科排名

哲学 49/133、理论经济学 77/111、应用经济学 50/262、法学 38/206、政治学 55/80、社会学 27/88、马克思主义理论 98/358、教育学 121/139、中国语言文学 64/183、外国语言文学 104/232、新闻传播学 23/116、考古学 11/40、中国史 24/114、数学 60/262、物理学 76/197、化学 63/228、生物学 191/239、生态学 50/109、统计学 30/121、光学工程 61/92、材料科学与工程 29/219、电气工程 45/109、电子科学与技术 36/120、信息与通信工程 80/182、控制科学与工程 126/184、计算机科学与技术 42/263、化学工程与技术 113/178、环境科学与工程 109/193、软件工程 65/146、工商管理 98/306、公共管理 148/209、图书情报与档案管理 24/50、音乐与舞蹈学 27/82、戏剧与影视学 57/61、美术学 78/115。

本科优势专业排名

5★专业：新闻学 14/310、电子信息工程 25/633、物联网工程 13/481。

5★-专业：汉语言文学 32/615、汉语国际教育 24/320、英语 91/928、广播电视学 9/152、统计学 13/205、通信工程 45/490、计算机科学与技术 47/922、网络工程 24/276、物流管理 30/434、视觉传达设计 69/702、环境设计 46/701、法学 49/583、知识产权 6/92、网络与新媒体 27/316。

4★专业：经济学 64/348、历史学 27/246、数学与应用数学 57/514、应用物理学 16/151、化学 32/304、机械设计制造及其自动化 103/513、材料物理 9/67、高分子材料与工程 23/184、电气工程及其自动化 74/569、光电信息科学与工程 42/213、自动化 66/437、软件工程 81/595、数字媒体技术 25/221、环境科学 25/173、人力资源管理 58/414、电子商务 52/451、互联网金融 11/55、新能源材料与器件 17/105、人工智能 60/411、机器人工程 50/307、智能科学与技术 24/175、工商管理 67/537、会计学 95/653、旅游管理 72/424。

10370 安徽师范大学

在中国本科院校竞争力排行榜中的名次 167，安徽省内排名 4/46，师范类排名 18/175。

共 73 个专业参评，其中 5★+专业 0 个，5★专业 8 个，5★-专业 4 个，4★专业 20 个，3★专业 33 个。

在中国普通高校研究生教育竞争力排行榜中的名次：总排名 161/596，安徽省内排名 5/20，师范类排名 17/77。

共 30 个一级学科(学术学位)参评，其中 5★+学科 0 个，5★学科 0 个，5★-学科 0 个，4★学科

4个，学科优秀率为13.33%。

一级学科排名

哲学83/133、理论经济学93/111、法学122/206、政治学62/80、社会学79/88、马克思主义理论60/358、教育学26/139、心理学56/102、体育学33/106、中国语言文学36/183、外国语言文学204/232、新闻传播学71/116、中国史14/114、世界史50/67、数学113/262、物理学49/197、化学67/228、地理学24/84、生物学57/239、生态学51/109、统计学98/121、电子科学与技术54/120、计算机科学与技术145/263、化学工程与技术160/178、环境科学与工程116/193、工商管理210/306、公共管理155/209、音乐与舞蹈学34/82、戏剧与影视学40/61、美术学63/115。

本科优势专业排名

5★专业：地理科学9/170、音乐学11/394、秘书学2/89、旅游管理20/424。

5★-专业：思想政治教育18/292、学前教育23/418、社会体育指导与管理23/231、汉语言文学39/615、汉语国际教育23/320、英语64/928、财务管理49/680、音乐表演14/237。

4★专业：经济学70/348、小学教育50/301、体育教育34/323、新闻学43/310、广告学41/254、历史学39/246、数学与应用数学70/514、物理学42/282、化学44/304、地理信息科学29/166、生物科学49/280、生物技术37/285、计算机科学与技术108/922、物联网工程72/481、播音与主持艺术27/219、美术学55/332、法学80/583、休闲体育15/89、网络与新媒体38/316、航空服务艺术与管理9/63。

10361 安徽理工大学

在中国本科院校竞争力排行榜中的名次187，安徽省内排名5/46，理工类排名76/365。

共74个专业参评，其中5★+专业0个，5★专业2个，5★-专业1个，4★专业11个，3★专业38个。

在中国普通高校研究生教育竞争力排行榜中的名次：总排名219/596，安徽省内排名7/20，理工类排名87/182。

共21个一级学科(学术学位)参评，其中5★+学科0个，5★学科0个，5★-学科0个，4★学科1个，学科优秀率为4.76%。

一级学科排名

数学144/262、力学72/95、机械工程82/220、仪器科学与技术58/69、材料科学与工程144/219、电气工程81/109、电子科学与技术113/120、控制科学与工程157/184、计算机科学与技术146/263、建筑学53/70、土木工程50/159、测绘科学与技术37/52、化学工程与技术87/178、地质资源与地质工程26/46、矿业工程13/30、环境科学与工程73/193、软件工程97/146、安全科学与工程8/61、基础医学103/108、临床医学105/110、管理科学与工程86/202。

本科优势专业排名

5★专业：安全工程2/148。

5★-专业：机械设计制造及其自动化32/513、土木工程50/525。

4★专业：信息与计算科学34/303、机械电子工程45/297、电气工程及其自动化65/569、计算机科学与技术152/922、物联网工程82/481、测绘工程29/143、采矿工程9/45、环境工程46/345、工程造价38/254、智能制造工程47/252、应急技术与管理4/25。

10360 安徽工业大学

在中国本科院校竞争力排行榜中的名次193，安徽省内排名6/46，理工类排名78/365。

共65个专业参评，其中5★+专业0个，5★专业2个，5★-专业0个，4★专业13个，3★专业36个。

在中国普通高校研究生教育竞争力排行榜中的名次：总排名230/596，安徽省内排名8/20，理工类排名90/182。

共17个一级学科(学术学位)参评。

一级学科排名

应用经济学146/262、马克思主义理论200/358、数学249/262、化学161/228、机械工程121/220、光学工程84/92、材料科学与工程92/219、冶金工程12/28、动力工程及工程热物理60/104、电气工程60/109、控制科学与工程144/184、计算机科学与技术162/263、土木工程112/159、化学工程与技术91/178、环境科学与工程145/193、工商管理203/306、设计学76/161。

本科优势专业排名

5★-专业：应用化学 36/373、材料成型及控制工程 16/221。

4★专业：国际经济与贸易 128/670、机械设计制造及其自动化 96/513、材料科学与工程 45/229、电气工程及其自动化 113/569、计算机科学与技术 174/922、化学工程与工艺 60/325、环境工程 66/345、行政管理 51/290、物流工程 15/102、经济与金融 13/78、人工智能 70/411、数据科学与大数据技术 117/680、会计学 75/653。

10366 安徽医科大学

在中国本科院校竞争力排行榜中的名次 225，安徽省内排名 7/46，医药类排名 17/108。

共 34 个专业参评，其中 5★+专业 0 个，5★专业 6 个，5★-专业 2 个，4★专业 7 个，3★专业 11 个。

在中国普通高校研究生教育竞争力排行榜中的名次：总排名 142/596，安徽省内排名 4/20，医药类排名 11/76。

共 14 个一级学科(学术学位)参评，其中 5★+学科 0 个，5★学科 0 个，5★-学科 0 个，4★学科 1 个，学科优秀率为 7.14%。

一级学科排名

马克思主义理论 227/358、心理学 75/102、生物学 115/239、基础医学 28/108、临床医学 31/110、口腔医学 36/47、公共卫生与预防医学 14/74、中西医结合 47/61、药学 39/142、中药学 39/50、特种医学 13/14、医学技术 30/35、护理学 50/70、公共管理 154/209。

本科优势专业排名

5★专业：公共事业管理 13/252、健康服务与管理 2/116。

5★-专业：生物技术 23/285、药学 15/240、康复治疗学 15/177、护理学 29/290、医学信息工程 5/52、麻醉学 5/61。

4★专业：食品卫生与营养学 4/30、医学检验技术 17/159、卫生检验与检疫 10/53、临床医学 20/194、医学影像学 9/81、预防医学 20/121、临床药学 7/52。

10364 安徽农业大学

在中国本科院校竞争力排行榜中的名次 244，安徽省内排名 8/46，农林类排名 20/47。

共 67 个专业参评，其中 5★+专业 0 个，5★专业 1 个，5★-专业 1 个，4★专业 6 个，3★专业 28 个。

在中国普通高校研究生教育竞争力排行榜中的名次：总排名 186/596，安徽省内排名 6/20，农林类排名 17/38。

共 25 个一级学科(学术学位)参评。

一级学科排名

应用经济学 186/262、马克思主义理论 247/358、化学 188/228、大气科学 18/19、生物学 58/239、生态学 54/109、机械工程 164/220、计算机科学与技术 206/263、农业工程 34/44、林业工程 11/12、环境科学与工程 107/193、城乡规划学 52/60、风景园林学 44/56、作物学 38/51、园艺学 21/44、农业资源与环境 25/40、植物保护 24/45、畜牧学 31/55、兽医学 30/43、林学 29/36、水产 26/28、公共卫生与预防医学 73/74、工商管理 278/306、农林经济管理 34/51、公共管理 167/209。

本科优势专业排名

5★专业：应用生物科学 1/13。

5★-专业：茶学 2/29。

4★专业：英语 148/928、生物技术 34/285、计算机科学与技术 177/922、园林 20/126、数据科学与大数据技术 125/680、生物制药 15/113。

10378 安徽财经大学

在中国本科院校竞争力排行榜中的名次 252，安徽省内排名 9/46，财经类排名 12/109。

共 49 个专业参评，其中 5★+专业 0 个，5★专业 7 个，5★-专业 4 个，4★专业 11 个，3★专业 14 个。

在中国普通高校研究生教育竞争力排行榜中的名次：总排名 309/596，安徽省内排名 9/20，财经类排名 15/39。

共 9 个一级学科(学术学位)参评。

一级学科排名

理论经济学 52/111、应用经济学 88/262、法学 125/206、马克思主义理论 273/358、统计学 73/

121、管理科学与工程 131/202、工商管理 86/306、公共管理 74/209、美术学 72/115。

本科优势专业排名

5★专业：投资学 3/127、财务管理 22/680、人力资源管理 19/414、金融学 9/387。

5★-专业：国际经济与贸易 36/670、商务英语 33/362、市场营销 34/586、国际商务 12/126、审计学 12/191、互联网金融 4/55、会计学 40/653。

4★专业：经济学 48/348、金融工程 37/259、贸易经济 6/44、统计学 40/205、信息管理与信息系统 50/343、工程造价 37/254、劳动与社会保障 13/123、电子商务 51/451、数字经济 13/63、法学 85/583、工商管理 59/537。

10363 安徽工程大学

在中国本科院校竞争力排行榜中的名次 340，安徽省内排名 10/46，理工类排名 134/365。

共 62 个专业参评，其中 5★+专业 0 个，5★专业 1 个，5★-专业 2 个，4★专业 7 个，3★专业 25 个。

在中国普通高校研究生教育竞争力排行榜中的名次：总排名 360/596，安徽省内排名 11/20，理工类排名 138/182。

共 17 个一级学科(学术学位)参评。

一级学科排名

应用经济学 250/262、马克思主义理论 272/358、数学 231/262、化学 211/228、系统科学 19/25、机械工程 188/220、材料科学与工程 210/219、电气工程 103/109、控制科学与工程 149/184、纺织科学与工程 21/22、环境科学与工程 172/193、食品科学与工程 93/99、软件工程 143/146、生物工程 21/22、管理科学与工程 146/202、美术学 111/115、设计学 126/161。

本科优势专业排名

5★专业：环境设计 33/701、互联网金融 3/55。

5★-专业：机器人工程 21/307。

4★专业：金融工程 48/259、应用化学 64/373、机械设计制造及其自动化 83/513、材料成型及控制工程 29/221、软件工程 95/595、视觉传达设计 138/702、生物制药 18/113。

10878 安徽建筑大学

在中国本科院校竞争力排行榜中的名次 372，安徽省内排名 11/46，理工类排名 145/365。

共 58 个专业参评，其中 5★+专业 0 个，5★专业 2 个，5★-专业 1 个，4★专业 11 个，3★专业 16 个。

在中国普通高校研究生教育竞争力排行榜中的名次：总排名 408/596，安徽省内排名 15/20，理工类排名 147/182。

共 11 个一级学科(学术学位)参评。

一级学科排名

化学 180/228、材料科学与工程 187/219、电子科学与技术 111/120、控制科学与工程 153/184、建筑学 65/70、土木工程 79/159、环境科学与工程 161/193、城乡规划学 40/60、安全科学与工程 57/61、管理科学与工程 171/202、公共管理 83/209。

本科优势专业排名

5★专业：建筑电气与智能化 2/64。

5★-专业：房地产开发与管理 4/41、环境设计 50/701。

4★专业：应用化学 75/373、无机非金属材料工程 14/75、电子信息工程 77/633、土木工程 67/525、建筑环境与能源应用工程 25/165、给排水科学与工程 26/159、建筑学 37/291、城乡规划 23/203、工程管理 47/388、城市管理 10/50、视觉传达设计 132/702。

11059 合肥学院

在中国本科院校竞争力排行榜中的名次 383，安徽省内排名 12/46，综合类排名 66/270。

共 53 个专业参评，其中 5★+专业 0 个，5★专业 2 个，5★-专业 0 个，4★专业 1 个，3★专业 12 个。

在中国普通高校研究生教育竞争力排行榜中的名次：总排名 512/596，安徽省内排名 18/20，综合类排名 81/93。

共 1 个一级学科(学术学位)参评。

一级学科排名

材料科学与工程 190/219。

本科优势专业排名

5★-专业：生物工程 23/239、供应链管理 4/49。

4★专业：计算机科学与技术 157/922。

10369 安徽中医药大学

在中国本科院校竞争力排行榜中的名次 420，安徽省内排名 13/46，医药类排名 42/108。

共 25 个专业参评，其中 5★+专业 0 个，5★专业 1 个，5★-专业 0 个，4★专业 4 个，3★专业 12 个。

在中国普通高校研究生教育竞争力排行榜中的名次：总排名 324/596，安徽省内排名 10/20，医药类排名 41/76。

共 5 个一级学科(学术学位)参评，其中 5★+学科 0 个，5★学科 0 个，5★-学科 0 个，4★学科 2 个，学科优秀率为 40%。

一级学科排名

中医学 7/42、中西医结合 12/61、药学 58/142、中药学 15/50、公共管理 201/209。

本科优势专业排名

5★-专业：中药学 8/115。

4★专业：药物制剂 11/86、中医学 8/64、中医康复学 4/22、中西医临床医学 9/50。

10372 安庆师范大学

在中国本科院校竞争力排行榜中的名次 456，安徽省内排名 14/46，师范类排名 51/175。

共 66 个专业参评，其中 5★+专业 0 个，5★专业 2 个，5★-专业 0 个，4★专业 4 个，3★专业 31 个。

在中国普通高校研究生教育竞争力排行榜中的名次：总排名 450/596，安徽省内排名 16/20，师范类排名 47/77。

共 11 个一级学科(学术学位)参评。

一级学科排名

马克思主义理论 124/358、教育学 130/139、中国语言文学 98/183、中国史 75/114、数学 159/262、化学 182/228、生态学 90/109、统计学 75/121、信息与通信工程 139/182、环境科学与工程 169/193、软件工程 109/146。

本科优势专业排名

5★-专业：数字媒体技术 17/221、物流管理 32/434。

4★专业：金融工程 36/259、汉语言文学 103/615、英语 143/928、秘书学 17/89。

10373 淮北师范大学

在中国本科院校竞争力排行榜中的名次 458，安徽省内排名 15/46，师范类排名 52/175。

共 66 个专业参评，其中 5★+专业 0 个，5★专业 1 个，5★-专业 0 个，4★专业 9 个，3★专业 25 个。

在中国普通高校研究生教育竞争力排行榜中的名次：总排名 361/596，安徽省内排名 12/20，师范类排名 38/77。

共 16 个一级学科(学术学位)参评。

一级学科排名

理论经济学 110/111、马克思主义理论 258/358、教育学 73/139、心理学 86/102、体育学 88/106、中国语言文学 157/183、中国史 63/114、数学 173/262、化学 144/228、生物学 187/239、材料科学与工程 159/219、信息与通信工程 132/182、化学工程与技术 164/178、软件工程 122/146、管理科学与工程 116/202、美术学 89/115。

本科优势专业排名

5★-专业：学前教育 26/418。

4★专业：特殊教育 10/58、体育教育 46/323、社会体育指导与管理 45/231、汉语言文学 101/615、翻译 50/261、电子信息工程 102/633、生物工程 35/239、美术学 61/332、书法学 19/125。

10367 蚌埠医学院

在中国本科院校竞争力排行榜中的名次 505，安徽省内排名 16/46，医药类排名 53/108。

共 29 个专业参评，其中 5★+专业 0 个，5★专业 0 个，5★-专业 0 个，4★专业 3 个，3★专业 8 个。

在中国普通高校研究生教育竞争力排行榜中的名次：总排名 377/596，安徽省内排名 13/20，医药类排名 55/76。

共6个一级学科(学术学位)参评。

一级学科排名

生物学186/239、基础医学64/108、临床医学76/110、药学110/142、医学技术19/35、护理学33/70。

本科优势专业排名

4★专业：医学检验技术20/159、护理学54/290、健康服务与管理15/116。

10368 皖南医学院

在中国本科院校竞争力排行榜中的名次536，安徽省内排名17/46，医药类排名60/108。

共24个专业参评，其中5★+专业0个，5★专业0个，5★-专业0个，4★专业0个，3★专业14个。

在中国普通高校研究生教育竞争力排行榜中的名次：总排名405/596，安徽省内排名14/20，医药类排名59/76。

共6个一级学科(学术学位)参评。

一级学科排名

生物学185/239、基础医学72/108、临床医学84/110、公共卫生与预防医学67/74、中西医结合37/61、药学111/142。

10371 阜阳师范大学

在中国本科院校竞争力排行榜中的名次537，安徽省内排名18/46，师范类排名65/175。

共65个专业参评，其中5★+专业0个，5★专业0个，5★-专业0个，4★专业2个，3★专业13个。

在中国普通高校研究生教育竞争力排行榜中的名次：总排名504/596，安徽省内排名17/20，师范类排名58/77。

共5个一级学科(学术学位)参评。

一级学科排名

马克思主义理论234/358、中国语言文学144/183、化学217/228、生物学206/239、工商管理251/306。

本科优势专业排名

4★专业：汉语言文学119/615、财务管理122/680。

10377 滁州学院

在中国本科院校竞争力排行榜中的名次550，安徽省内排名19/46，综合类排名90/270。

共55个专业参评，其中5★+专业0个，5★专业1个，5★-专业1个，4★专业2个，3★专业13个。

本科优势专业排名

5★专业：物联网工程12/481。

5★-专业：食品质量与安全20/236。

4★专业：地理信息科学20/166、审计学37/191。

10375 黄山学院

在中国本科院校竞争力排行榜中的名次555，安徽省内排名20/46，综合类排名93/270。

共57个专业参评，其中5★+专业0个，5★专业1个，5★-专业0个，4★专业2个，3★专业7个。

本科优势专业排名

5★-专业：酒店管理15/180。

4★专业：产品设计46/390、旅游管理57/424。

10879 安徽科技学院

在中国本科院校竞争力排行榜中的名次573，安徽省内排名21/46，理工类排名189/365。

共44个专业参评，其中5★+专业0个，5★专业1个，5★-专业0个，4★专业0个，3★专业14个。

在中国普通高校研究生教育竞争力排行榜中的名次：总排名534/596，安徽省内排名19/20，理工类排名171/182。

共3个一级学科(学术学位)参评。

一级学科排名

城乡规划学49/60、安全科学与工程52/61、管理科学与工程161/202。

本科优势专业排名

5★-专业：财务管理41/680。

14098 合肥师范学院

在中国本科院校竞争力排行榜中的名次598，安徽省内排名22/46，师范类排名85/175。

共54个专业参评，其中5★+专业0个，5★专业3个，5★-专业0个，4★专业0个，3★专业6个。

在中国普通高校研究生教育竞争力排行榜中的名次：总排名564/596，安徽省内排名20/20，师范类排名71/77。

本科优势专业排名

5★-专业：小学教育27/301、应用心理学24/248、网络与新媒体25/316。

10376 皖西学院

在中国本科院校竞争力排行榜中的名次611，安徽省内排名23/46，综合类排名109/270。

共51个专业参评，其中5★+专业0个，5★专业0个，5★-专业0个，4★专业1个，3★专业7个。

本科优势专业排名

4★专业：电子信息科学与技术28/164。

10381 淮南师范学院

在中国本科院校竞争力排行榜中的名次642，安徽省内排名24/46，师范类排名96/175。

共57个专业参评，其中5★+专业0个，5★专业1个，5★-专业0个，4★专业1个，3★专业13个。

本科优势专业排名

5★-专业：商务英语35/362。

4★专业：英语138/928。

10383 铜陵学院

在中国本科院校竞争力排行榜中的名次674，安徽省内排名25/46，综合类排名122/270。

共61个专业参评，其中5★+专业0个，5★专业0个，5★-专业0个，4★专业0个，3★专业10个。

10379 宿州学院

在中国本科院校竞争力排行榜中的名次698，安徽省内排名27/46，综合类排名129/270。

共54个专业参评，其中5★+专业0个，5★专业0个，5★-专业0个，4★专业0个，3★专业4个。

11306 池州学院

在中国本科院校竞争力排行榜中的名次717，安徽省内排名29/46，师范类排名115/175。

共46个专业参评，其中5★+专业0个，5★专业0个，5★-专业0个，4★专业3个，3★专业13个。

本科优势专业排名

4★专业：广播电视编导28/224、视觉传达设计111/702、数据科学与大数据技术94/680。

11305 蚌埠学院

在中国本科院校竞争力排行榜中的名次730，安徽省内排名30/46，师范类排名121/175。

共47个专业参评，其中5★+专业0个，5★专业0个，5★-专业0个，4★专业0个，3★专业5个。

10380 巢湖学院

在中国本科院校竞争力排行榜中的名次800，安徽省内排名31/46，综合类排名153/270。

共49个专业参评，其中5★+专业0个，5★专业0个，5★-专业1个，4★专业0个，3★专业11个。

本科优势专业排名

5★专业：网络工程12/276。

12926 亳州学院

在中国本科院校竞争力排行榜中的名次997，

安徽省内排名35/46，综合类排名203/270。

共32个专业参评，其中5★+专业0个，5★专业0个，5★-专业0个，4★专业0个，3★专业10个。

14682 安徽艺术学院

在中国本科院校竞争力排行榜中的名次1009，安徽省内排名36/46，艺术类排名47/48。

共14个专业参评，其中5★+专业0个，5★专业0个，5★-专业0个，4★专业0个，3★专业6个。

13612 安徽大学江淮学院

在中国本科院校竞争力排行榜中的名次1116，安徽省内排名43/46，综合类排名248/270。

共16个专业参评，其中5★+专业0个，5★专业0个，5★-专业0个，4★专业0个，3★专业0个。

民办院校

12216 安徽新华学院

在中国民办院校竞争力排行榜中的名次12，安徽省内排名26/46，理工类排名208/365。

共48个专业参评，其中5★+专业0个，5★专业0个，5★-专业1个，4★专业2个，3★专业18个。

本科优势专业排名

5★专业：财务管理30/680。

4★专业：通信工程67/490、经济与金融10/78。

13613 安徽信息工程学院

在中国民办院校竞争力排行榜中的名次21，安徽省内排名28/46，理工类排名216/365。

共24个专业参评，其中5★+专业0个，5★专业0个，5★-专业0个，4★专业0个，3★专业14个。

10959 安徽三联学院

在中国民办院校竞争力排行榜中的名次76，安徽省内排名32/46，理工类排名245/365。

共40个专业参评，其中5★+专业0个，5★专业0个，5★-专业0个，4★专业0个，3★专业8个。

13065 安徽外国语学院

在中国民办院校竞争力排行榜中的名次113，安徽省内排名33/46，文法类排名58/68。

共32个专业参评，其中5★+专业0个，5★专业0个，5★-专业0个，4★专业0个，3★专业9个。

14203 皖江工学院

在中国民办院校竞争力排行榜中的名次128，安徽省内排名34/46，理工类排名276/365。

共30个专业参评，其中5★+专业0个，5★专业0个，5★-专业0个，4★专业0个，3★专业3个。

13614 马鞍山学院

在中国民办院校竞争力排行榜中的名次161，安徽省内排名37/46，理工类排名299/365。

共31个专业参评，其中5★+专业0个，5★专业0个，5★-专业0个，4★专业0个，3★专业3个。

13611 蚌埠工商学院

在中国民办院校竞争力排行榜中的名次166，安徽省内排名38/46，财经类排名81/109。

共21个专业参评，其中5★+专业0个，5★专业0个，5★-专业0个，4★专业0个，3★专业1个。

13620 淮北理工学院

在中国民办院校竞争力排行榜中的名次175，安徽省内排名39/46，师范类排名164/175。

共16个专业参评，其中5★+专业0个，5★专业0个，5★-专业0个，4★专业0个，3★专业1个。

13616 合肥经济学院

在中国民办院校竞争力排行榜中的名次 189，安徽省内排名 42/46，综合类排名 240/270。

共 33 个专业参评，其中 5★+专业 0 个，5★专业 0 个，5★-专业 0 个，4★专业 0 个，3★专业 2 个。

12810 安徽文达信息工程学院

在中国民办院校竞争力排行榜中的名次 213，安徽省内排名 45/46，理工类排名 353/365。

共 38 个专业参评，其中 5★+专业 0 个，5★专业 0 个，5★-专业 0 个，4★专业 1 个，3★专业 5 个。

本科优势专业排名

4★专业：视觉传达设计 133/702。

13615 合肥城市学院

在中国民办院校竞争力排行榜中的名次 219，安徽省内排名 46/46，理工类排名 358/365。

共 28 个专业参评，其中 5★+专业 0 个，5★专业 0 个，5★-专业 0 个，4★专业 0 个，3★专业 4 个。

河北省

一般大学

10216 燕山大学

在中国本科院校竞争力排行榜中的名次 65，河北省内排名 1/58，理工类排名 34/365。

共 57 个专业参评，其中 5★+专业 1 个，5★专业 17 个，5★-专业 6 个，4★专业 14 个，3★专业 13 个。

在中国普通高校研究生教育竞争力排行榜中的名次：总排名 69/596，河北省内排名 1/24，理工类排名 33/182。

共 29 个一级学科(学术学位)参评，其中 5★+学科 0 个，5★学科 1 个，5★-学科 0 个，4★学科 6 个，学科优秀率为 24.14%。

一级学科排名

应用经济学 107/262、法学 153/206、马克思主义理论 101/358、中国语言文学 150/183、外国语言文学 98/232、数学 102/262、物理学 48/197、化学 102/228、统计学 97/121、力学 31/95、机械工程 10/220、仪器科学与技术 13/69、材料科学与工程 40/219、动力工程及工程热物理 62/104、电气工程 38/109、电子科学与技术 49/120、信息与通信工程 63/182、控制科学与工程 37/184、计算机科学与技术 50/263、土木工程 98/159、化学工程与技术 35/178、石油与天然气工程 14/15、船舶与海洋工程 21/24、环境科学与工程 112/193、管理科学与工程 79/202、工商管理 59/306、公共管理 47/209、音乐与舞蹈学 68/82、设计学 82/161。

本科优势专业排名

5★+专业：金属材料工程 1/76。

5★专业：机械设计制造及其自动化 16/513、材料成型及控制工程 8/221、车辆工程 12/254、无机非金属材料工程 2/75、电子信息工程 22/633、机器人工程 10/307。

5★-专业：英语 85/928、应用化学 32/373、工业设计 16/209、测控技术与仪器 16/186、材料物理 4/67、高分子材料与工程 18/184、电气工程及其自动化 30/569、自动化 25/437、计算机科学与技术 53/922、软件工程 53/595、行政管理 25/290、产品设计 23/390、经济与金融 8/78、智能科学与技术 14/175、工商管理 51/537、会计学 53/653、旅游管理 23/424。

4★专业：汉语言文学 115/615、日语 55/450、信息与计算科学 46/303、应用物理学 21/151、过程装备与控制工程 11/91、电子科学与技术 19/149、土木工程 87/525、化学工程与工艺 47/325、生物工程 48/239、公共事业管理 38/252、工业工程 21/139、电子商务 70/451、音乐表演 40/237、环境设计 107/701。

10080 河北工业大学

在中国本科院校竞争力排行榜中的名次 101，河北省内排名 2/58，理工类排名 51/365。

共 64 个专业参评，其中 5★+专业 1 个，5★专业 14 个，5★-专业 2 个，4★专业 14 个，3★专业 24 个。

在中国普通高校研究生教育竞争力排行榜中的名次：总排名 123/596，河北省内排名 2/24，理工类排名 57/182。

共 26 个一级学科(学术学位)参评，其中 5★+学科 0 个，5★学科 0 个，5★-学科 1 个，4★学科 1 个，学科优秀率为 7.69%。

一级学科排名

应用经济学 140/262、马克思主义理论 130/358、数学 138/262、物理学 143/197、化学 160/228、生物学 234/239、力学 83/95、机械工程 53/220、仪器科学与技术 59/69、材料科学与工程 61/219、动力工程及工程热物理 43/104、电气工程 7/109、电子科学与技术 44/120、信息与通信工程 145/182、控制科学与工程 50/184、计算机科学与技术 144/263、建筑学 36/70、土木工程 29/159、化学工程与技术 48/178、交通运输工程 43/64、环境科学与工程 138/193、生物医学工程 38/74、城乡规划学 53/60、管理科学与工程 61/202、工商管理 74/306、设计学 144/161。

本科优势专业排名

5★+专业：物联网工程 2/481。

5★专业：机械电子工程 12/297、电气工程及其自动化 15/569。

5★-专业：机械设计制造及其自动化 37/513、

车辆工程 24/254、金属材料工程 6/76、电子信息工程 38/633、电子科学与技术 12/149、通信工程 37/490、自动化 35/437、化学工程与工艺 27/325、制药工程 23/252、建筑学 28/291、环境设计 39/701、智能制造工程 19/252、人工智能 28/411、道路桥梁与渡河工程 8/77。

4★专业：信息与计算科学 44/303、应用化学 45/373、高分子材料与工程 21/184、能源与动力工程 34/188、土木工程 86/525、环境工程 63/345、生物医学工程 19/119、城乡规划 38/203、生物工程 36/239、工程管理 43/388、视觉传达设计 125/702、数据科学与大数据技术 130/680、环保设备工程 3/14、工商管理 55/537。

10075 河北大学

在中国本科院校竞争力排行榜中的名次 115，河北省内排名 3/58，综合类排名 37/270。

共 81 个专业参评，其中 5★+专业 0 个，5★专业 9 个，5★-专业 3 个，4★专业 16 个，3★专业 38 个。

在中国普通高校研究生教育竞争力排行榜中的名次：总排名 145/596，河北省内排名 3/24，综合类排名 39/93。

共 45 个一级学科(学术学位)参评，其中 5★+学科 0 个，5★学科 0 个，5★-学科 0 个，4★学科 1 个，学科优秀率为 2.22%。

一级学科排名

哲学 47/133、理论经济学 87/111、应用经济学 73/262、法学 56/206、社会学 43/88、马克思主义理论 171/358、教育学 38/139、心理学 41/102、中国语言文学 53/183、外国语言文学 150/232、新闻传播学 22/116、考古学 38/40、中国史 25/114、世界史 64/67、数学 171/262、物理学 96/197、化学 68/228、生物学 83/239、科学技术史 22/23、生态学 89/109、光学工程 32/92、仪器科学与技术 23/69、电子科学与技术 93/120、信息与通信工程 119/182、控制科学与工程 137/184、计算机科学与技术 131/263、土木工程 146/159、化学工程与技术 159/178、环境科学与工程 139/193、软件工程 98/146、网络空间安全 43/70、基础医学 82/108、临床医学 68/110、公共卫生与预防医学 63/74、药学 140/142、中药学 35/50、护理学 45/70、管理科学与工程 93/202、工商管理 258/306、公共管理 127/209、图书情报与档案管理 12/50、艺术学理论 20/70、音乐与舞蹈学 79/82、戏剧与影视学 47/61、美术学 114/115。

本科优势专业排名

5★专业：汉语国际教育 13/320、新闻学 9/310、广告学 6/254。

5★-专业：学前教育 32/418、汉语言文学 49/615、英语 89/928、日语 30/450、生物信息学 3/44、应用心理学 25/248、材料化学 10/125、卫生检验与检疫 5/53、法学 52/583。

4★专业：经济统计学 17/134、国际经济与贸易 71/670、社会工作 34/251、广播电视学 24/152、历史学 35/246、化学 54/304、生物科学 51/280、测控技术与仪器 26/186、通信工程 57/490、自动化 79/437、人力资源管理 69/414、音乐学 78/394、戏剧影视文学 13/93、金融学 73/387、新能源材料与器件 16/105、数据科学与大数据技术 78/680。

10086 河北农业大学

在中国本科院校竞争力排行榜中的名次 206，河北省内排名 4/58，农林类排名 14/47。

共 78 个专业参评，其中 5★+专业 0 个，5★专业 3 个，5★-专业 0 个，4★专业 13 个，3★专业 35 个。

在中国普通高校研究生教育竞争力排行榜中的名次：总排名 210/596，河北省内排名 6/24，农林类排名 21/38。

共 24 个一级学科(学术学位)参评。

一级学科排名

应用经济学 233/262、马克思主义理论 335/358、化学 209/228、生物学 114/239、生态学 102/109、机械工程 218/220、计算机科学与技术 246/263、土木工程 157/159、水利工程 63/64、农业工程 23/44、食品科学与工程 29/99、城乡规划学 60/60、风景园林学 18/56、作物学 22/51、园艺学 13/44、农业资源与环境 16/40、植物保护 20/45、畜牧学 27/55、兽医学 28/43、林学 22/36、水产 25/28、工商管理 305/306、农林经济管理 24/51、公共管理 205/209。

本科优势专业排名

5★-专业：食品科学与工程 23/278、园艺 11/107、智慧农业 2/26。

4★专业：生物技术 53/285、机械设计制造及其自动化 88/513、车辆工程 42/254、电子信息工程 116/633、计算机科学与技术 167/922、农业水利工程 6/33、食品质量与安全 35/236、城乡规划 37/203、风景园林 26/185、林学 9/47、园林 21/126、农林经济管理 10/61、土地资源管理 13/90。

10094 河北师范大学

在中国本科院校竞争力排行榜中的名次 216，河北省内排名 5/58，师范类排名 24/175。

共 71 个专业参评，其中 5★+专业 0 个，5★专业 6 个，5★-专业 1 个，4★专业 14 个，3★专业 25 个。

在中国普通高校研究生教育竞争力排行榜中的名次：总排名 231/596，河北省内排名 7/24，师范类排名 25/77。

共 28 个一级学科(学术学位)参评，其中 5★+学科 0 个，5★学科 0 个，5★-学科 0 个，4★学科 1 个，学科优秀率为 3.57%。

一级学科排名

哲学 93/133、理论经济学 89/111、法学 142/206、政治学 61/80、马克思主义理论 52/358、教育学 85/139、心理学 43/102、体育学 28/106、中国语言文学 49/183、外国语言文学 95/232、考古学 22/40、中国史 40/114、世界史 58/67、数学 81/262、物理学 80/197、化学 69/228、天文学 17/20、地理学 32/84、生物学 80/239、生态学 56/109、计算机科学与技术 110/263、软件工程 84/146、网络空间安全 36/70、工商管理 291/306、公共管理 165/209、艺术学理论 64/70、音乐与舞蹈学 55/82、美术学 62/115。

本科优势专业排名

5★专业：翻译 12/261。

5★-专业：思想政治教育 27/292、体育教育 19/323、汉语言文学 42/615、英语 78/928、音乐学 36/394、美术学 30/332。

4★专业：教育技术学 22/130、学前教育 76/418、汉语言 5/26、汉语国际教育 41/320、历史学 33/246、数学与应用数学 75/514、物理学 36/282、化学 45/304、地理科学 26/170、人文地理与城乡规划 21/108、生物科学 40/280、生物技术 31/285、电子信息工程 103/633、计算机科学与技术 175/922。

10089 河北医科大学

在中国本科院校竞争力排行榜中的名次 234，河北省内排名 6/58，医药类排名 18/108。

共 26 个专业参评，其中 5★+专业 0 个，5★专业 2 个，5★-专业 2 个，4★专业 13 个，3★专业 5 个。

在中国普通高校研究生教育竞争力排行榜中的名次：总排名 158/596，河北省内排名 4/24，医药类排名 15/76。

共 9 个一级学科(学术学位)参评，其中 5★+学科 0 个，5★学科 0 个，5★-学科 0 个，4★学科 1 个，学科优秀率为 11.11%。

一级学科排名

生物学 74/239、基础医学 31/108、临床医学 34/110、口腔医学 32/47、公共卫生与预防医学 31/74、中西医结合 21/61、药学 25/142、医学技术 26/35、护理学 47/70。

本科优势专业排名

5★专业：医学影像技术 5/100、卫生检验与检疫 2/53。

5★-专业：药物制剂 7/86、护理学 27/290。

4★专业：食品卫生与营养学 5/30、药学 35/240、医学检验技术 26/159、康复治疗学 19/177、生物制药 23/113、临床医学 27/194、麻醉学 7/61、医学影像学 11/81、预防医学 13/121、中西医临床医学 8/50、药物分析 3/17、法医学 4/31、助产学 14/71。

10107 石家庄铁道大学

在中国本科院校竞争力排行榜中的名次 270，河北省内排名 7/58，理工类排名 113/365。

共 42 个专业参评，其中 5★+专业 0 个，5★专业 3 个，5★-专业 2 个，4★专业 6 个，3★专业 13 个。

在中国普通高校研究生教育竞争力排行榜中的名次：总排名 327/596，河北省内排名 8/24，理工类排名 126/182。

共 15 个一级学科(学术学位)参评。

一级学科排名

马克思主义理论 296/358、数学 241/262、力学 57/95、机械工程 90/220、材料科学与工程 186/

219、电气工程 92/109、控制科学与工程 175/184、计算机科学与技术 231/263、建筑学 48/70、土木工程 46/159、交通运输工程 19/64、安全科学与工程 47/61、网络空间安全 64/70、管理科学与工程 91/202、工商管理 281/306。

本科优势专业排名

5★专业：机械设计制造及其自动化 25/513、土木工程 23/525。

5★-专业：电气工程及其自动化 52/569、交通运输 10/107、物流管理 34/434。

4★专业：车辆工程 38/254、计算机科学与技术 170/922、交通工程 13/106、建筑学 47/291、工程管理 51/388、城市地下空间工程 12/73。

10081 华北理工大学

在中国本科院校竞争力排行榜中的名次 271，河北省内排名 8/58，综合类排名 55/270。

共 82 个专业参评，其中 5★+专业 0 个，5★专业 1 个，5★-专业 0 个，4★专业 5 个，3★专业 41 个。

在中国普通高校研究生教育竞争力排行榜中的名次：总排名 202/596，河北省内排名 5/24，综合类排名 52/93。

共 27 个一级学科(学术学位)参评。

一级学科排名

应用经济学 203/262、外国语言文学 211/232、数学 227/262、化学 166/228、生物学 162/239、机械工程 179/220、仪器科学与技术 47/69、材料科学与工程 152/219、冶金工程 13/28、动力工程及工程热物理 91/104、信息与通信工程 156/182、控制科学与工程 134/184、土木工程 122/159、化学工程与技术 92/178、地质资源与地质工程 46/46、矿业工程 19/30、安全科学与工程 53/61、网络空间安全 57/70、基础医学 85/108、临床医学 85/110、公共卫生与预防医学 32/74、中医学 34/42、药学 127/142、护理学 44/70、工商管理 206/306、公共管理 71/209、设计学 129/161。

本科优势专业排名

5★-专业：电子信息工程 59/633。

4★专业：英语 120/928、信息与计算科学 53/303、冶金工程 8/41、康复治疗学 35/177、护理学 40/290。

10082 河北科技大学

在中国本科院校竞争力排行榜中的名次 324，河北省内排名 9/58，理工类排名 129/365。

共 72 个专业参评，其中 5★+专业 0 个，5★专业 1 个，5★-专业 1 个，4★专业 3 个，3★专业 32 个。

在中国普通高校研究生教育竞争力排行榜中的名次：总排名 334/596，河北省内排名 9/24，理工类排名 128/182。

共 28 个一级学科(学术学位)参评。

一级学科排名

应用经济学 244/262、社会学 83/88、马克思主义理论 306/358、教育学 132/139、外国语言文学 168/232、数学 169/262、物理学 197/197、化学 192/228、生物学 235/239、机械工程 163/220、材料科学与工程 196/219、冶金工程 27/28、动力工程及工程热物理 104/104、电气工程 109/109、信息与通信工程 171/182、控制科学与工程 176/184、计算机科学与技术 211/263、土木工程 104/159、化学工程与技术 118/178、纺织科学与工程 22/22、环境科学与工程 117/193、食品科学与工程 65/99、生物工程 22/22、药学 89/142、管理科学与工程 200/202、工商管理 299/306、美术学 102/115、设计学 159/161。

本科优势专业排名

5★专业：服装与服饰设计 7/208。

5★-专业：制药工程 14/252。

4★专业：化学工程与工艺 65/325、环境工程 40/345、电子商务 47/451。

11832 河北经贸大学

在中国本科院校竞争力排行榜中的名次 338，河北省内排名 10/58，财经类排名 22/109。

共 50 个专业参评，其中 5★+专业 0 个，5★专业 3 个，5★-专业 0 个，4★专业 14 个，3★专业 16 个。

在中国普通高校研究生教育竞争力排行榜中的名次：总排名 381/596，河北省内排名 11/24，财经类排名 21/39。

共 11 个一级学科(学术学位)参评。

一级学科排名

哲学 129/133、理论经济学 63/111、应用经济学 112/262、法学 73/206、马克思主义理论 137/358、新闻传播学 75/116、统计学 93/121、计算机科学与技术 242/263、管理科学与工程 184/202、工商管理 107/306、公共管理 113/209。

本科优势专业排名

5★-专业：保险学 10/98、人力资源管理 35/414、会计学 43/653。

4★专业：投资学 16/127、国际经济与贸易 95/670、贸易经济 9/44、新闻学 53/310、网络工程 55/276、市场营销 70/586、财务管理 84/680、审计学 21/191、资产评估 12/69、会展经济与管理 19/101、金融学 59/387、法学 71/583、工商管理 72/537、旅游管理 49/424。

10076 河北工程大学

在中国本科院校竞争力排行榜中的名次 371，河北省内排名 11/58，理工类排名 144/365。

共 72 个专业参评，其中 5★+专业 0 个，5★专业 0 个，5★-专业 0 个，4★专业 5 个，3★专业 18 个。

在中国普通高校研究生教育竞争力排行榜中的名次：总排名 352/596，河北省内排名 10/24，理工类排名 137/182。

共 14 个一级学科(学术学位)参评。

一级学科排名

机械工程 169/220、光学工程 67/92、信息与通信工程 149/182、计算机科学与技术 234/263、建筑学 45/70、土木工程 105/159、水利工程 25/64、地质资源与地质工程 42/46、矿业工程 30/30、农业工程 43/44、环境科学与工程 168/193、畜牧学 51/55、临床医学 108/110、工商管理 197/306。

本科优势专业排名

4★专业：计算机科学与技术 181/922、土木工程 79/525、给排水科学与工程 32/159、水利水电工程 9/83、工程管理 74/388。

10077 河北地质大学

在中国本科院校竞争力排行榜中的名次 462，河北省内排名 12/58，理工类排名 164/365。

共 59 个专业参评，其中 5★+专业 0 个，5★专业 0 个，5★-专业 0 个，4★专业 5 个，3★专业 16 个。

在中国普通高校研究生教育竞争力排行榜中的名次：总排名 402/596，河北省内排名 12/24，理工类排名 144/182。

共 10 个一级学科(学术学位)参评。

一级学科排名

应用经济学 229/262、法学 200/206、数学 256/262、地质学 32/36、材料科学与工程 200/219、计算机科学与技术 178/263、地质资源与地质工程 35/46、环境科学与工程 163/193、工商管理 177/306、公共管理 195/209。

本科优势专业排名

4★专业：财务管理 117/680、土地资源管理 14/90、地下水科学与工程 3/14、会计学 90/653、旅游管理 73/424。

10798 河北科技师范学院

在中国本科院校竞争力排行榜中的名次 500，河北省内排名 13/58，师范类排名 58/175。

共 70 个专业参评，其中 5★+专业 0 个，5★专业 0 个，5★-专业 0 个，4★专业 2 个，3★专业 17 个。

在中国普通高校研究生教育竞争力排行榜中的名次：总排名 482/596，河北省内排名 16/24，师范类排名 55/77。

共 6 个一级学科(学术学位)参评。

一级学科排名

教育学 137/139、化学 222/228、生物学 215/239、食品科学与工程 98/99、园艺学 37/44、畜牧学 49/55。

本科优势专业排名

4★专业：酿酒工程 5/24、工程管理 75/388。

10092 河北北方学院

在中国本科院校竞争力排行榜中的名次 526，河北省内排名 14/58，综合类排名 85/270。

共 71 个专业参评，其中 5★+专业 0 个，5★

专业0个，5★-专业0个，4★专业1个，3★专业7个。

在中国普通高校研究生教育竞争力排行榜中的名次：总排名432/596，河北省内排名14/24，综合类排名75/93。

共3个一级学科(学术学位)参评。

一级学科排名

基础医学91/108、临床医学95/110、药学138/142。

本科优势专业排名

4★专业：医学检验技术31/159。

11104 华北科技学院

在中国本科院校竞争力排行榜中的名次528，河北省内排名15/58，理工类排名185/365。

共53个专业参评，其中5★+专业0个，5★专业0个，5★-专业0个，4★专业1个，3★专业17个。

在中国普通高校研究生教育竞争力排行榜中的名次：总排名535/596，河北省内排名17/24，理工类排名172/182。

本科优势专业排名

4★专业：应急管理4/29。

11105 中国人民警察大学

在中国本科院校竞争力排行榜中的名次546，河北省内排名16/58，文法类排名22/68。

共5个专业参评，其中5★+专业0个，5★专业0个，5★-专业1个，4★专业0个，3★专业3个。

在中国普通高校研究生教育竞争力排行榜中的名次：总排名566/596，河北省内排名20/24，文法类排名24/32。

共3个一级学科(学术学位)参评。

一级学科排名

法学205/206、安全科学与工程58/61、网络空间安全65/70。

本科优势专业排名

5★专业：消防工程1/20。

10093 承德医学院

在中国本科院校竞争力排行榜中的名次592，河北省内排名17/58，医药类排名64/108。

共19个专业参评，其中5★+专业0个，5★专业0个，5★-专业0个，4★专业1个，3★专业3个。

在中国普通高校研究生教育竞争力排行榜中的名次：总排名441/596，河北省内排名15/24，医药类排名64/76。

共3个一级学科(学术学位)参评。

一级学科排名

生物医学工程73/74、基础医学104/108、临床医学87/110。

本科优势专业排名

4★专业：康复治疗学32/177。

10104 邢台学院

在中国本科院校竞争力排行榜中的名次682，河北省内排名19/58，综合类排名125/270。

共50个专业参评，其中5★+专业0个，5★专业1个，5★-专业0个，4★专业1个，3★专业10个。

本科优势专业排名

5★-专业：表演13/142。

4★专业：视觉传达设计128/702。

11629 北华航天工业学院

在中国本科院校竞争力排行榜中的名次700，河北省内排名20/58，理工类排名213/365。

共43个专业参评，其中5★+专业0个，5★专业0个，5★-专业0个，4★专业1个，3★专业9个。

在中国普通高校研究生教育竞争力排行榜中的名次：总排名567/596，河北省内排名21/24，理工类排名179/182。

共1个一级学科(学术学位)参评。

一级学科排名

航空宇航科学与技术27/29。

本科优势专业排名

4★专业：电子信息工程 100/633。

10098 河北民族师范学院

在中国本科院校竞争力排行榜中的名次 726，河北省内排名 21/58，师范类排名 118/175。

共 42 个专业参评，其中 5★+专业 1 个，5★专业 1 个，5★-专业 0 个，4★专业 2 个，3★专业 7 个。

本科优势专业排名

5★+专业：航空服务艺术与管理 1/63。

5★-专业：小学教育 28/301。

4★专业：舞蹈学 32/202、视觉传达设计 112/702。

11420 河北金融学院

在中国本科院校竞争力排行榜中的名次 740，河北省内排名 22/58，财经类排名 48/109。

共 36 个专业参评，其中 5★+专业 0 个，5★专业 0 个，5★-专业 0 个，4★专业 1 个，3★专业 14 个。

在中国普通高校研究生教育竞争力排行榜中的名次：总排名 595/596，河北省内排名 24/24，财经类排名 39/39。

本科优势专业排名

4★专业：金融科技 12/78。

10099 唐山师范学院

在中国本科院校竞争力排行榜中的名次 747，河北省内排名 23/58，师范类排名 125/175。

共 49 个专业参评，其中 5★+专业 0 个，5★专业 0 个，5★-专业 0 个，4★专业 1 个，3★专业 11 个。

本科优势专业排名

4★专业：音乐学 60/394。

10084 河北建筑工程学院

在中国本科院校竞争力排行榜中的名次 767，河北省内排名 25/58，理工类排名 225/365。

共 39 个专业参评，其中 5★+专业 0 个，5★专业 0 个，5★-专业 1 个，4★专业 1 个，3★专业 7 个。

在中国普通高校研究生教育竞争力排行榜中的名次：总排名 548/596，河北省内排名 18/24，理工类排名 175/182。

共 3 个一级学科(学术学位)参评。

一级学科排名

计算机科学与技术 254/263、建筑学 66/70、土木工程 153/159。

本科优势专业排名

5★专业：工程造价 11/254。

4★专业：建筑电气与智能化 11/64。

14432 河北中医学院

在中国本科院校竞争力排行榜中的名次 779，河北省内排名 26/58，医药类排名 75/108。

共 21 个专业参评，其中 5★+专业 0 个，5★专业 0 个，5★-专业 0 个，4★专业 0 个，3★专业 10 个。

在中国普通高校研究生教育竞争力排行榜中的名次：总排名 431/596，河北省内排名 13/24，医药类排名 62/76。

共 3 个一级学科(学术学位)参评。

一级学科排名

中医学 20/42、中西医结合 53/61、中药学 43/50。

10096 保定学院

在中国本科院校竞争力排行榜中的名次 783，河北省内排名 27/58，师范类排名 129/175。

共 51 个专业参评，其中 5★+专业 0 个，5★专业 0 个，5★-专业 0 个，4★专业 0 个，3★专业 10 个。

10100 廊坊师范学院

在中国本科院校竞争力排行榜中的名次 784，河北省内排名 28/58，师范类排名 130/175。

共 51 个专业参评，其中 5★+专业 0 个，5★

专业0个，5★-专业0个，4★专业1个，3★专业11个。

本科优势专业排名

4★专业：舞蹈学27/202。

10103 邯郸学院

在中国本科院校竞争力排行榜中的名次804，河北省内排名29/58，师范类排名135/175。

共60个专业参评，其中5★+专业0个，5★专业0个，5★-专业0个，4★专业2个，3★专业12个。

本科优势专业排名

4★专业：播音与主持艺术44/219、数字媒体艺术54/319。

10102 石家庄学院

在中国本科院校竞争力排行榜中的名次830，河北省内排名30/58，师范类排名141/175。

共58个专业参评，其中5★+专业0个，5★专业0个，5★-专业0个，4★专业1个，3★专业9个。

本科优势专业排名

4★专业：机器人工程43/307。

11236 河北体育学院

在中国本科院校竞争力排行榜中的名次835，河北省内排名31/58，体育类排名14/16。

共3个专业参评，其中5★+专业0个，5★专业0个，5★-专业0个，4★专业1个，3★专业2个。

本科优势专业排名

4★专业：社会体育指导与管理46/231。

11775 防灾科技学院

在中国本科院校竞争力排行榜中的名次838，河北省内排名32/58，理工类排名238/365。

共31个专业参评，其中5★+专业0个，5★专业0个，5★-专业0个，4★专业0个，3★专业12个。

在中国普通高校研究生教育竞争力排行榜中的名次：总排名557/596，河北省内排名19/24，理工类排名176/182。

51721 河北环境工程学院

在中国本科院校竞争力排行榜中的名次866，河北省内排名34/58，理工类排名247/365。

共23个专业参评，其中5★+专业0个，5★专业0个，5★-专业0个，4★专业3个，3★专业5个。

本科优势专业排名

4★专业：环境生态工程13/68、视觉传达设计136/702、旅游管理与服务教育5/31。

11903 中央司法警官学院

在中国本科院校竞争力排行榜中的名次874，河北省内排名36/58，文法类排名53/68。

共4个专业参评，其中5★+专业0个，5★专业0个，5★-专业0个，4★专业0个，3★专业3个。

在中国普通高校研究生教育竞争力排行榜中的名次：总排名591/596，河北省内排名23/24，文法类排名29/32。

11033 唐山学院

在中国本科院校竞争力排行榜中的名次885，河北省内排名37/58，综合类排名173/270。

共47个专业参评，其中5★+专业0个，5★专业0个，5★-专业0个，4★专业0个，3★专业11个。

14458 张家口学院

在中国本科院校竞争力排行榜中的名次890，河北省内排名38/58，师范类排名146/175。

共32个专业参评，其中5★+专业0个，5★专业0个，5★-专业0个，4★专业2个，3★专业5个。

本科优势专业排名

4★专业：学前教育70/418、财务管理75/680。

10085 河北水利电力学院

在中国本科院校竞争力排行榜中的名次 893，河北省内排名 39/58，理工类排名 255/365。

共 36 个专业参评，其中 5★+专业 0 个，5★专业 0 个，5★-专业 0 个，4★专业 0 个，3★专业 5 个。

10101 衡水学院

在中国本科院校竞争力排行榜中的名次 921，河北省内排名 41/58，师范类排名 150/175。

共 60 个专业参评，其中 5★+专业 0 个，5★专业 0 个，5★-专业 0 个，4★专业 0 个，3★专业 6 个。

10105 沧州师范学院

在中国本科院校竞争力排行榜中的名次 1012，河北省内排名 43/58，师范类排名 163/175。

共 51 个专业参评，其中 5★+专业 0 个，5★专业 0 个，5★-专业 0 个，4★专业 0 个，3★专业 8 个。

民办院校

12784 河北传媒学院

在中国民办院校竞争力排行榜中的名次 8，河北省内排名 18/58，文法类排名 28/68。

共 42 个专业参评，其中 5★+专业 1 个，5★专业 1 个，5★-专业 0 个，4★专业 2 个，3★专业 14 个。

在中国普通高校研究生教育竞争力排行榜中的名次：总排名 586/596，河北省内排名 22/24，文法类排名 28/32。

本科优势专业排名

5★+专业：广播电视编导 1/224。

5★-专业：播音与主持艺术 12/219。

4★专业：表演 26/142、休闲体育 16/89。

13075 河北美术学院

在中国民办院校竞争力排行榜中的名次 37，河北省内排名 24/58，艺术类排名 41/48。

共 25 个专业参评，其中 5★+专业 0 个，5★专业 0 个，5★-专业 0 个，4★专业 5 个，3★专业 6 个。

本科优势专业排名

4★专业：广播电视编导 42/224、动画 41/256、视觉传达设计 90/702、环境设计 75/701、书法学 14/125。

13895 燕京理工学院

在中国民办院校竞争力排行榜中的名次 81，河北省内排名 35/58，综合类排名 169/270。

共 52 个专业参评，其中 5★+专业 0 个，5★专业 0 个，5★-专业 0 个，4★专业 2 个，3★专业 19 个。

本科优势专业排名

4★专业：视觉传达设计 85/702、环境设计 99/701。

12796 河北工程技术学院

在中国民办院校竞争力排行榜中的名次 95，河北省内排名 40/58，理工类排名 257/365。

共 36 个专业参评，其中 5★+专业 0 个，5★专业 0 个，5★-专业 1 个，4★专业 3 个，3★专业 15 个。

本科优势专业排名

5★专业：区块链工程 1/18。

4★专业：工程管理 71/388、工程造价 28/254、虚拟现实技术 3/18。

13402 河北外国语学院

在中国民办院校竞争力排行榜中的名次 117，河北省内排名 42/58，文法类排名 59/68。

共 45 个专业参评，其中 5★+专业 0 个，5★专业 0 个，5★-专业 0 个，4★专业 1 个，3★专业 11 个。

本科优势专业排名

4★专业：葡萄牙语 7/33。

14202 沧州交通学院

在中国民办院校竞争力排行榜中的名次 158，河北省内排名 44/58，理工类排名 297/365。

共 33 个专业参评，其中 5★+专业 0 个，5★专业 0 个，5★-专业 0 个，4★专业 0 个，3★专业 1 个。

13391 河北科技学院

在中国民办院校竞争力排行榜中的名次 185，河北省内排名 49/58，理工类排名 323/365。

共 27 个专业参评，其中 5★+专业 0 个，5★专业 0 个，5★-专业 0 个，4★专业 1 个，3★专业 9 个。

本科优势专业排名

4★专业：智能车辆工程 3/17。

13891 保定理工学院

在中国民办院校竞争力排行榜中的名次 196，河北省内排名 50/58，理工类排名 333/365。

共 32 个专业参评，其中 5★+专业 0 个，5★专业 0 个，5★-专业 0 个，4★专业 0 个，3★专业 10 个。

14225 河北东方学院

在中国民办院校竞争力排行榜中的名次 208，河北省内排名 54/58，综合类排名 260/270。

共 26 个专业参评，其中 5★+专业 0 个，5★专业 0 个，5★-专业 0 个，4★专业 4 个，3★专业 12 个。

本科优势专业排名

4★专业：文物与博物馆学 11/53、数字媒体艺术 64/319、网络与新媒体 53/316、数据科学与大数据技术 128/680。

黑龙江省

一流大学

10213 哈尔滨工业大学

在中国本科院校竞争力排行榜中的名次5，黑龙江省内排名1/39，理工类排名3/365。

共88个专业参评，其中5★+专业9个，5★专业15个，5★-专业23个，4★专业12个，3★专业26个。

在中国普通高校研究生教育竞争力排行榜中的名次：总排名13/596，黑龙江省内排名1/21，理工类排名6/182。

共40个一级学科(学术学位)参评，其中5★+学科1个，5★学科5个，5★-学科5个，4★学科8个，学科优秀率为47.5%。

一级学科排名

哲学95/133、理论经济学88/111、应用经济学218/262、法学132/206、社会学57/88、马克思主义理论109/358、外国语言文学93/232、数学20/262、物理学25/197、化学76/228、海洋科学9/29、生物学56/239、统计学49/121、力学4/95、机械工程3/220、光学工程30/92、仪器科学与技术7/69、材料科学与工程13/219、动力工程及工程热物理7/104、电气工程21/109、电子科学与技术21/120、信息与通信工程32/182、控制科学与工程8/184、计算机科学与技术12/263、建筑学7/70、土木工程2/159、化学工程与技术38/178、交通运输工程16/64、船舶与海洋工程9/24、航空宇航科学与技术4/29、环境科学与工程6/193、生物医学工程37/74、食品科学与工程43/99、城乡规划学12/60、风景园林学25/56、软件工程40/146、网络空间安全28/70、管理科学与工程59/202、工商管理38/306、公共管理37/209。

本科优势专业排名

5★+专业：机械设计制造及其自动化4/513、材料成型及控制工程2/221、机械电子工程1/297、电气工程及其自动化6/569、自动化4/437、计算机科学与技术8/922、物联网工程3/481、环境工程3/345、数据科学与大数据技术3/680。

5★专业：数学与应用数学10/514、信息与计算科学5/303、测控技术与仪器6/186、材料科学与工程8/229、材料物理2/67、高分子材料与工程4/184、复合材料与工程1/41、能源与动力工程6/188、电子信息工程8/633、通信工程7/490、软件工程20/595、土木工程9/525、建筑环境与能源应用工程6/165、给排水科学与工程4/159、飞行器制造工程2/36、建筑学6/291、城乡规划6/203、风景园林5/185、焊接技术与工程1/41、人工智能8/411、机器人工程7/307、道路桥梁与渡河工程3/77、大数据管理与应用6/170。

5★-专业：应用化学20/373、工程力学7/80、车辆工程23/254、光电信息科学与工程13/213、数字媒体技术12/221、遥感科学与技术6/56、化学工程与工艺19/325、交通工程8/106、环境科学10/173、环境生态工程7/68、信息管理与信息系统21/343、工程管理22/388、财务管理54/680、信息安全12/119、工商管理41/537。

4★专业：国际经济与贸易82/670、英语105/928、俄语23/157、工业设计39/209、材料化学14/125、建筑电气与智能化9/64、飞行器设计与工程4/28、市场营销60/586、电子商务76/451、数字媒体艺术41/319、城市地下空间工程14/73、交通设备与控制工程2/14。

一般大学

10217 哈尔滨工程大学

在中国本科院校竞争力排行榜中的名次52，黑龙江省内排名2/39，理工类排名28/365。

共34个专业参评，其中5★+专业0个，5★专业7个，5★-专业5个，4★专业8个，3★专业13个。

在中国普通高校研究生教育竞争力排行榜中的名次：总排名84/596，黑龙江省内排名2/21，理工类排名40/182。

共33个一级学科(学术学位)参评，其中5★+学科0个，5★学科0个，5★-学科1个，4★学科3个，学科优秀率为12.12%。

一级学科排名

应用经济学174/262、法学163/206、社会学59/88、马克思主义理论103/358、心理学96/102、体育学104/106、外国语言文学132/232、数学87/

262、物理学 116/197、海洋科学 24/29、力学 26/95、机械工程 58/220、光学工程 33/92、仪器科学与技术 30/69、材料科学与工程 51/219、动力工程及工程热物理 31/104、电气工程 102/109、电子科学与技术 87/120、信息与通信工程 41/182、控制科学与工程 33/184、计算机科学与技术 53/263、土木工程 140/159、水利工程 56/64、化学工程与技术 72/178、船舶与海洋工程 2/24、航空宇航科学与技术 28/29、核科学与技术 4/17、环境科学与工程 191/193、生物医学工程 50/74、软件工程 37/146、管理科学与工程 39/202、工商管理 139/306、公共管理 87/209。

本科优势专业排名

5★专业：能源与动力工程 8/188、电子信息工程 14/633、自动化 6/437、船舶与海洋工程 2/33、核工程与核技术 2/30。

5★-专业：工业设计 19/209、电气工程及其自动化 56/569、光电信息科学与工程 17/213、计算机科学与技术 60/922、软件工程 45/595、机器人工程 23/307、工商管理 53/537。

4★专业：数学与应用数学 61/514、机械设计制造及其自动化 100/513、测控技术与仪器 27/186、材料科学与工程 27/229、通信工程 91/490、飞行器动力工程 5/24、电子商务 59/451、轮机工程 3/20。

10225 东北林业大学

在中国本科院校竞争力排行榜中的名次 107，黑龙江省内排名 3/39，农林类排名 6/47。

共 59 个专业参评，其中 5★+专业 0 个，5★专业 5 个，5★-专业 2 个，4★专业 11 个，3★专业 32 个。

在中国普通高校研究生教育竞争力排行榜中的名次：总排名 136/596，黑龙江省内排名 5/21，农林类排名 12/38。

共 27 个一级学科(学术学位)参评，其中 5★+学科 0 个，5★学科 2 个，5★-学科 0 个，4★学科 2 个，学科优秀率为 14.81%。

一级学科排名

应用经济学 249/262、法学 141/206、马克思主义理论 105/358、外国语言文学 113/232、数学 258/262、化学 116/228、生物学 34/239、生态学 12/109、机械工程 81/220、光学工程 72/92、信息与通信工程 159/182、控制科学与工程 132/184、计算机科学与技术 148/263、土木工程 97/159、交通运输工程 21/64、林业工程 1/12、食品科学与工程 80/99、城乡规划学 43/60、风景园林学 16/56、软件工程 114/146、畜牧学 37/55、林学 2/36、药学 126/142、工商管理 164/306、农林经济管理 21/51、公共管理 196/209、设计学 136/161。

本科优势专业排名

5★专业：林学 1/47、园林 2/126。

5★-专业：生物科学 20/280、生物技术 20/285、木材科学与工程 2/16、风景园林 15/185、森林保护 2/17。

4★专业：应用化学 48/373、机械设计制造及其自动化 71/513、机械电子工程 41/297、汽车服务工程 18/111、材料化学 25/125、电气工程及其自动化 106/569、计算机科学与技术 99/922、土木工程 72/525、交通工程 18/106、城乡规划 36/203、农林经济管理 11/61。

10224 东北农业大学

在中国本科院校竞争力排行榜中的名次 128，黑龙江省内排名 4/39，农林类排名 9/47。

共 60 个专业参评，其中 5★+专业 0 个，5★专业 3 个，5★-专业 1 个，4★专业 16 个，3★专业 29 个。

在中国普通高校研究生教育竞争力排行榜中的名次：总排名 128/596，黑龙江省内排名 4/21，农林类排名 10/38。

共 22 个一级学科(学术学位)参评，其中 5★+学科 0 个，5★学科 1 个，5★-学科 2 个，4★学科 4 个，学科优秀率为 31.82%。

一级学科排名

应用经济学 187/262、马克思主义理论 208/358、外国语言文学 200/232、生物学 55/239、机械工程 199/220、计算机科学与技术 256/263、水利工程 27/64、化学工程与技术 177/178、农业工程 8/44、食品科学与工程 9/99、风景园林学 34/56、作物学 10/51、园艺学 14/44、农业资源与环境 3/40、植物保护 33/45、畜牧学 3/55、兽医学 8/43、草学 15/25、管理科学与工程 190/202、工商管理 306/306、农林经济管理 10/51、公共管理 158/209。

本科优势专业排名

5★专业：食品科学与工程 4/278。

5★-专业：农业机械化及其自动化 4/37、园艺 8/107、动物科学 8/79。

4★专业：保险学 19/98、国际经济与贸易 97/670、应用化学 42/373、生物科学 31/280、生物技术 38/285、物联网工程 59/481、农业水利工程 7/33、食品质量与安全 33/236、粮食工程 3/13、风景园林 30/185、农学 14/76、工程管理 77/388、市场营销 106/586、土地资源管理 11/90、应用生物科学 2/13、会计学 85/653。

10212 黑龙江大学

在中国本科院校竞争力排行榜中的名次 144，黑龙江省内排名 5/39，综合类排名 40/270。

共 81 个专业参评，其中 5★+专业 1 个，5★专业 8 个，5★-专业 5 个，4★专业 18 个，3★专业 33 个。

在中国普通高校研究生教育竞争力排行榜中的名次：总排名 178/596，黑龙江省内排名 6/21，综合类排名 46/93。

共 35 个一级学科(学术学位)参评，其中 5★+学科 0 个，5★学科 0 个，5★-学科 1 个，4★学科 3 个，学科优秀率为 11.43%。

一级学科排名

哲学 25/133、理论经济学 34/111、应用经济学 136/262、法学 39/206、政治学 69/80、社会学 85/88、马克思主义理论 78/358、教育学 135/139、中国语言文学 37/183、外国语言文学 22/232、新闻传播学 94/116、考古学 34/40、中国史 110/114、世界史 66/67、数学 182/262、物理学 144/197、化学 61/228、生物学 218/239、生态学 52/109、统计学 112/121、材料科学与工程 170/219、电子科学与技术 39/120、信息与通信工程 114/182、控制科学与工程 167/184、计算机科学与技术 170/263、水利工程 64/64、化学工程与技术 138/178、环境科学与工程 174/193、软件工程 146/146、网络空间安全 68/70、植物保护 38/45、管理科学与工程 186/202、工商管理 229/306、公共管理 50/209、图书情报与档案管理 28/50。

本科优势专业排名

5★+专业：商务英语 4/362。

5★专业：英语 15/928、俄语 6/157、日语 7/450、翻译 6/261、材料化学 2/125。

5★-专业：汉语言文学 47/615、汉语国际教育 26/320、通信工程 38/490、网络工程 19/276、生物工程 21/239、行政管理 23/290、视觉传达设计 40/702、法学 44/583。

4★专业：哲学 15/73、经济学 68/348、德语 17/110、法语 21/137、西班牙语 13/96、朝鲜语 15/93、新闻学 50/310、广告学 42/254、传播学 10/69、化学 49/304、生物技术 56/285、电子信息工程 115/633、电子科学与技术 30/149、计算机科学与技术 119/922、物联网工程 50/481、金融学 75/387、生物制药 13/113、旅游管理 47/424。

10214 哈尔滨理工大学

在中国本科院校竞争力排行榜中的名次 146，黑龙江省内排名 6/39，理工类排名 64/365。

共 58 个专业参评，其中 5★+专业 0 个，5★专业 5 个，5★-专业 4 个，4★专业 16 个，3★专业 26 个。

在中国普通高校研究生教育竞争力排行榜中的名次：总排名 218/596，黑龙江省内排名 7/21，理工类排名 86/182。

共 23 个一级学科(学术学位)参评，其中 5★+学科 0 个，5★学科 0 个，5★-学科 0 个，4★学科 1 个，学科优秀率为 4.35%。

一级学科排名

哲学 120/133、应用经济学 132/262、马克思主义理论 216/358、外国语言文学 136/232、数学 96/262、物理学 165/197、化学 221/228、力学 92/95、机械工程 73/220、光学工程 87/92、仪器科学与技术 33/69、材料科学与工程 85/219、动力工程及工程热物理 84/104、电气工程 22/109、电子科学与技术 116/120、信息与通信工程 111/182、控制科学与工程 88/184、计算机科学与技术 81/263、化学工程与技术 128/178、软件工程 138/146、安全科学与工程 61/61、管理科学与工程 63/202、工商管理 72/306。

本科优势专业排名

5★专业：机械设计制造及其自动化 23/513、电气工程及其自动化 17/569、网络工程 8/276、市场营销 17/586。

5★-专业：电子信息工程 42/633、计算机科学与技术 54/922、软件工程 44/595、人力资源管理 25/414、工商管理 33/537。

4★专业：英语 110/928、日语 56/450、信息与计算科学 36/303、应用统计学 33/183、机械电子工程 35/297、车辆工程 41/254、测控技术与仪器 24/186、金属材料工程 12/76、自动化 48/437、物联网工程 58/481、信息管理与信息系统 46/343、财务管理 73/680、视觉传达设计 93/702、环境设计 89/701、智能制造工程 40/252、集成电路设计与集成系统 9/70。

10226 哈尔滨医科大学

在中国本科院校竞争力排行榜中的名次 174，黑龙江省内排名 7/39，医药类排名 10/108。

共 15 个专业参评，其中 5★+专业 0 个，5★专业 2 个，5★-专业 1 个，4★专业 9 个，3★专业 2 个。

在中国普通高校研究生教育竞争力排行榜中的名次：总排名 127/596，黑龙江省内排名 3/21，医药类排名 8/76。

共 11 个一级学科(学术学位)参评，其中 5★+学科 0 个，5★学科 0 个，5★-学科 0 个，4★学科 1 个，学科优秀率为 9.09%。

一级学科排名

马克思主义理论 346/358、生物学 63/239、生物医学工程 27/74、基础医学 30/108、临床医学 35/110、口腔医学 17/47、公共卫生与预防医学 19/74、中西医结合 19/61、药学 20/142、护理学 17/70、公共管理 142/209。

本科优势专业排名

5★专业：护理学 13/290。

5★-专业：公共事业管理 20/252、临床药学 5/52。

4★专业：生物信息学 8/44、药学 45/240、基础医学 4/33、临床医学 24/194、麻醉学 12/61、医学影像学 15/81、口腔医学 15/116、预防医学 15/121、智能医学工程 9/62。

10231 哈尔滨师范大学

在中国本科院校竞争力排行榜中的名次 236，黑龙江省内排名 8/39，师范类排名 27/175。

共 75 个专业参评，其中 5★+专业 0 个，5★专业 6 个，5★-专业 6 个，4★专业 15 个，3★专业 38 个。

在中国普通高校研究生教育竞争力排行榜中的名次：总排名 274/596，黑龙江省内排名 8/21，师范类排名 28/77。

共 21 个一级学科(学术学位)参评，其中 5★+学科 0 个，5★学科 0 个，5★-学科 0 个，4★学科 3 个，学科优秀率为 14.29%。

一级学科排名

应用经济学 257/262、马克思主义理论 61/358、教育学 28/139、心理学 71/102、体育学 76/106、中国语言文学 68/183、外国语言文学 47/232、中国史 102/114、世界史 35/67、数学 150/262、物理学 78/197、化学 124/228、地理学 30/84、生物学 111/239、计算机科学与技术 106/263、工商管理 283/306、公共管理 112/209、音乐与舞蹈学 50/82、戏剧与影视学 35/61、美术学 14/115、设计学 98/161。

本科优势专业排名

5★专业：英语 24/928、日语 11/450、音乐学 14/394、动画 12/256、美术学 12/332、环境设计 35/701。

5★-专业：思想政治教育 20/292、汉语言文学 46/615、俄语 9/157、地理信息科学 11/166、摄影 5/75、书法学 9/125。

4★专业：教育学 14/82、教育技术学 21/130、学前教育 50/418、体育教育 41/323、汉语国际教育 55/320、数学与应用数学 78/514、物理学 48/282、地理科学 20/170、物联网工程 89/481、数字媒体技术 42/221、音乐表演 32/237、舞蹈编导 12/73、广播电视编导 27/224、绘画 29/164、秘书学 13/89。

10220 东北石油大学

在中国本科院校竞争力排行榜中的名次 255，黑龙江省内排名 9/39，理工类排名 104/365。

共 53 个专业参评，其中 5★+专业 0 个，5★专业 3 个，5★-专业 0 个，4★专业 8 个，3★专业 20 个。

在中国普通高校研究生教育竞争力排行榜中的名次：总排名 283/596，黑龙江省内排名 9/21，理工类排名 107/182。

共 23 个一级学科(学术学位)参评。

一级学科排名

政治学 80/80、马克思主义理论 127/358、教育学 84/139、数学 257/262、化学 177/228、地球物理学 21/21、地质学 35/36、机械工程 51/220、仪器科学与技术 64/69、材料科学与工程 211/219、动力工程及工程热物理 88/104、电气工程 69/109、信息与通信工程 150/182、控制科学与工程 112/184、计算机科学与技术 180/263、土木工程 115/159、化学工程与技术 37/178、地质资源与地质工程 10/46、石油与天然气工程 5/15、环境科学与工程 187/193、软件工程 140/146、工商管理 186/306、艺术学理论 59/70。

本科优势专业排名

5★-专业：电气工程及其自动化 51/569、电子信息工程 39/633、计算机科学与技术 91/922。

4★专业：应用化学 56/373、机械设计制造及其自动化 78/513、过程装备与控制工程 14/91、自动化 67/437、土木工程 105/525、化学工程与工艺 50/325、油气储运工程 7/33、舞蹈编导 13/73。

10240 哈尔滨商业大学

在中国本科院校竞争力排行榜中的名次 307，黑龙江省内排名 10/39，财经类排名 18/109。

共 63 个专业参评，其中 5★+专业 0 个，5★专业 5 个，5★-专业 4 个，4★专业 11 个，3★专业 28 个。

在中国普通高校研究生教育竞争力排行榜中的名次：总排名 372/596，黑龙江省内排名 11/21，财经类排名 18/39。

共 14 个一级学科(学术学位)参评，其中 5★+学科 0 个，5★学科 0 个，5★-学科 0 个，4★学科 1 个，学科优秀率为 7.14%。

一级学科排名

理论经济学 107/111、应用经济学 53/262、法学 165/206、马克思主义理论 326/358、机械工程 211/220、动力工程及工程热物理 103/104、信息与通信工程 179/182、计算机科学与技术 255/263、食品科学与工程 33/99、药学 101/142、中药学 25/50、管理科学与工程 160/202、工商管理 48/306、公共管理 141/209。

本科优势专业排名

5★专业：国际经济与贸易 33/670、财务管理 20/680、物流管理 11/434、会计学 13/653。

5★-专业：经济统计学 11/134、金融工程 17/259、制药工程 22/252、审计学 19/191、烹饪与营养教育 3/25。

4★专业：经济学 49/348、税收学 17/90、商务英语 72/362、包装工程 7/37、食品科学与工程 56/278、市场营销 72/586、物流工程 19/102、酒店管理 22/180、环境设计 124/701、产品设计 65/390、旅游管理 44/424。

10228 黑龙江中医药大学

在中国本科院校竞争力排行榜中的名次 352，黑龙江省内排名 11/39，医药类排名 31/108。

共 26 个专业参评，其中 5★+专业 1 个，5★专业 4 个，5★-专业 2 个，4★专业 4 个，3★专业 10 个。

在中国普通高校研究生教育竞争力排行榜中的名次：总排名 303/596，黑龙江省内排名 10/21，医药类排名 36/76。

共 5 个一级学科(学术学位)参评，其中 5★+学科 0 个，5★学科 0 个，5★-学科 0 个，4★学科 3 个，学科优秀率为 60%。

一级学科排名

中医学 5/42、中西医结合 9/61、药学 44/142、中药学 6/50、护理学 37/70。

本科优势专业排名

5★+专业：康复治疗学 2/177。

5★专业：医学实验技术 1/19、中医学 3/64。

5★-专业：中药学 9/115、中医康复学 2/22、中西医临床医学 5/50、助产学 7/71。

4★专业：药学 28/240、药物制剂 10/86、中药资源与开发 5/35、针灸推拿学 6/50。

10223 黑龙江八一农垦大学

在中国本科院校竞争力排行榜中的名次 374，黑龙江省内排名 12/39，农林类排名 32/47。

共 48 个专业参评，其中 5★+专业 0 个，5★专业 1 个，5★-专业 0 个，4★专业 2 个，3★专业 15 个。

在中国普通高校研究生教育竞争力排行榜中的名次：总排名 395/596，黑龙江省内排名 13/21，农林类排名 32/38。

共 10 个一级学科(学术学位)参评。

一级学科排名

生物学 171/239、机械工程 219/220、农业工程 28/44、作物学 33/51、农业资源与环境 38/40、植物保护 45/45、畜牧学 50/55、兽医学 23/43、工商管理 304/306、农林经济管理 49/51。

本科优势专业排名

5★-专业：会计学 64/653。

4★专业：食品质量与安全 37/236、动物医学 15/73。

10232 齐齐哈尔大学

在中国本科院校竞争力排行榜中的名次 454，黑龙江省内排名 13/39，综合类排名 76/270。

共 76 个专业参评，其中 5★+专业 0 个，5★专业 2 个，5★-专业 0 个，4★专业 3 个，3★专业 33 个。

在中国普通高校研究生教育竞争力排行榜中的名次：总排名 384/596，黑龙江省内排名 12/21，综合类排名 66/93。

共 20 个一级学科(学术学位)参评。

一级学科排名

马克思主义理论 167/358、中国语言文学 183/183、外国语言文学 163/232、中国史 105/114、物理学 193/197、化学 158/228、生物学 168/239、机械工程 220/220、材料科学与工程 182/219、信息与通信工程 182/182、控制科学与工程 180/184、计算机科学与技术 248/263、化学工程与技术 111/178、纺织科学与工程 18/22、环境科学与工程 175/193、食品科学与工程 87/99、工商管理 236/306、音乐与舞蹈学 64/82、美术学 86/115、设计学 104/161。

本科优势专业排名

5★-专业：舞蹈编导 7/73、服装与服饰设计 20/208。

4★专业：计算机科学与技术 184/922、音乐表演 34/237、环境设计 134/701。

14560 哈尔滨音乐学院

在中国本科院校竞争力排行榜中的名次 484，黑龙江省内排名 14/39，艺术类排名 27/48。

共 5 个专业参评，其中 5★+专业 0 个，5★专业 0 个，5★-专业 0 个，4★专业 1 个，3★专业 1 个。

在中国普通高校研究生教育竞争力排行榜中的名次：总排名 529/596，黑龙江省内排名 17/21，艺术类排名 23/33。

共 2 个一级学科(学术学位)参评。

一级学科排名

艺术学理论 15/70、音乐与舞蹈学 26/82。

本科优势专业排名

4★专业：音乐学 44/394。

10222 佳木斯大学

在中国本科院校竞争力排行榜中的名次 493，黑龙江省内排名 15/39，综合类排名 81/270。

共 72 个专业参评，其中 5★+专业 0 个，5★专业 0 个，5★-专业 0 个，4★专业 4 个，3★专业 24 个。

在中国普通高校研究生教育竞争力排行榜中的名次：总排名 424/596，黑龙江省内排名 14/21，综合类排名 73/93。

共 14 个一级学科(学术学位)参评。

一级学科排名

马克思主义理论 277/358、外国语言文学 112/232、化学 179/228、生物学 127/239、材料科学与工程 108/219、计算机科学与技术 261/263、农业工程 44/44、基础医学 52/108、临床医学 88/110、口腔医学 47/47、公共卫生与预防医学 71/74、药学 88/142、音乐与舞蹈学 39/82、美术学 61/115。

本科优势专业排名

4★专业：英语 175/928、材料成型及控制工程 31/221、音乐表演 33/237、环境设计 97/701。

10219 黑龙江科技大学

在中国本科院校竞争力排行榜中的名次 498，黑龙江省内排名 16/39，理工类排名 177/365。

共54个专业参评，其中5★+专业0个，5★专业0个，5★-专业0个，4★专业2个，3★专业23个。

在中国普通高校研究生教育竞争力排行榜中的名次：总排名486/596，黑龙江省内排名15/21，理工类排名163/182。

共12个一级学科(学术学位)参评。

一级学科排名

马克思主义理论248/358、物理学194/197、机械工程203/220、材料科学与工程219/219、电气工程93/109、计算机科学与技术263/263、土木工程159/159、化学工程与技术178/178、矿业工程28/30、安全科学与工程22/61、工商管理282/306、公共管理173/209。

本科优势专业排名

4★专业：安全工程19/148、会计学79/653。

11802 黑龙江工程学院

在中国本科院校竞争力排行榜中的名次547，黑龙江省内排名17/39，理工类排名188/365。

共44个专业参评，其中5★+专业0个，5★专业0个，5★-专业0个，4★专业1个，3★专业6个。

本科优势专业排名

4★专业：电气工程及其自动化95/569。

10233 牡丹江师范学院

在中国本科院校竞争力排行榜中的名次559，黑龙江省内排名18/39，师范类排名70/175。

共56个专业参评，其中5★+专业0个，5★专业0个，5★-专业0个，4★专业3个，3★专业14个。

在中国普通高校研究生教育竞争力排行榜中的名次：总排名492/596，黑龙江省内排名16/21，师范类排名56/77。

共8个一级学科(学术学位)参评。

一级学科排名

马克思主义理论187/358、体育学58/106、中国语言文学106/183、外国语言文学124/232、数学242/262、物理学188/197、化学226/228、生物学182/239。

本科优势专业排名

4★专业：英语169/928、翻译31/261、环境设计120/701。

10242 哈尔滨体育学院

在中国本科院校竞争力排行榜中的名次584，黑龙江省内排名19/39，体育类排名10/16。

共10个专业参评，其中5★+专业0个，5★专业0个，5★-专业0个，4★专业4个，3★专业2个。

在中国普通高校研究生教育竞争力排行榜中的名次：总排名563/596，黑龙江省内排名20/21，体育类排名12/13。

共1个一级学科(学术学位)参评，其中5★+学科0个，5★学科0个，5★-学科0个，4★学科1个，学科优秀率为100%。

一级学科排名

体育学17/106。

本科优势专业排名

4★专业：体育教育47/323、社会体育指导与管理42/231、舞蹈表演17/145、运动康复11/79。

11230 齐齐哈尔医学院

在中国本科院校竞争力排行榜中的名次712，黑龙江省内排名20/39，医药类排名73/108。

共22个专业参评，其中5★+专业0个，5★专业0个，5★-专业1个，4★专业0个，3★专业3个。

在中国普通高校研究生教育竞争力排行榜中的名次：总排名550/596，黑龙江省内排名19/21，医药类排名74/76。

共1个一级学科(学术学位)参评。

一级学科排名

医学技术12/35。

本科优势专业排名

5★专业：精神医学2/35。

10234 哈尔滨学院

在中国本科院校竞争力排行榜中的名次 735，黑龙江省内排名 21/39，综合类排名 137/270。

共 40 个专业参评，其中 5★+专业 0 个，5★专业 0 个，5★-专业 0 个，4★专业 1 个，3★专业 10 个。

本科优势专业排名

4★专业：小学教育 56/301。

10235 大庆师范学院

在中国本科院校竞争力排行榜中的名次 774，黑龙江省内排名 22/39，师范类排名 127/175。

共 43 个专业参评，其中 5★+专业 0 个，5★专业 1 个，5★-专业 0 个，4★专业 1 个，3★专业 4 个。

本科优势专业排名

5★-专业：学前教育 31/418。

4★专业：市场营销 111/586。

10236 绥化学院

在中国本科院校竞争力排行榜中的名次 825，黑龙江省内排名 23/39，综合类排名 158/270。

共 38 个专业参评，其中 5★+专业 0 个，5★专业 0 个，5★-专业 0 个，4★专业 0 个，3★专业 5 个。

10229 牡丹江医学院

在中国本科院校竞争力排行榜中的名次 841，黑龙江省内排名 24/39，医药类排名 81/108。

共 20 个专业参评，其中 5★+专业 0 个，5★专业 0 个，5★-专业 0 个，4★专业 0 个，3★专业 5 个。

在中国普通高校研究生教育竞争力排行榜中的名次：总排名 532/596，黑龙江省内排名 18/21，医药类排名 73/76。

共 3 个一级学科(学术学位)参评。

一级学科排名

生物学 217/239、生物医学工程 66/74、基础医学 101/108。

13744 黑河学院

在中国本科院校竞争力排行榜中的名次 851，黑龙江省内排名 25/39，文法类排名 51/68。

共 40 个专业参评，其中 5★+专业 0 个，5★专业 0 个，5★-专业 0 个，4★专业 0 个，3★专业 5 个。

11445 黑龙江工业学院

在中国本科院校竞争力排行榜中的名次 948，黑龙江省内排名 28/39，理工类排名 273/365。

共 26 个专业参评，其中 5★+专业 0 个，5★专业 0 个，5★-专业 0 个，4★专业 0 个，3★专业 9 个。

10245 哈尔滨金融学院

在中国本科院校竞争力排行榜中的名次 979，黑龙江省内排名 31/39，财经类排名 70/109。

共 23 个专业参评，其中 5★+专业 0 个，5★专业 0 个，5★-专业 0 个，4★专业 0 个，3★专业 10 个。

民办院校

13306 哈尔滨广厦学院

在中国民办院校竞争力排行榜中的名次 84，黑龙江省内排名 26/39，综合类排名 172/270。

共 15 个专业参评，其中 5★+专业 0 个，5★专业 0 个，5★-专业 0 个，4★专业 3 个，3★专业 4 个。

本科优势专业排名

4★专业：财务管理 125/680、视觉传达设计 114/702、环境设计 109/701。

11446 黑龙江东方学院

在中国民办院校竞争力排行榜中的名次 89，黑龙江省内排名 27/39，综合类排名 175/270。

共 39 个专业参评，其中 5★+专业 0 个，5★专业 0 个，5★-专业 0 个，4★专业 0 个，3★专业 9 个。

在中国普通高校研究生教育竞争力排行榜中的名次：总排名 596/596，黑龙江省内排名 21/21，综合类排名 93/93。

13296 黑龙江外国语学院

在中国民办院校竞争力排行榜中的名次 133，黑龙江省内排名 29/39，师范类排名 158/175。

共 28 个专业参评，其中 5★+专业 0 个，5★专业 0 个，5★-专业 0 个，4★专业 3 个，3★专业 7 个。

本科优势专业排名

4★专业：商务英语 61/362、财务管理 134/680、环境设计 133/701。

13307 哈尔滨华德学院

在中国民办院校竞争力排行榜中的名次 136，黑龙江省内排名 30/39，理工类排名 280/365。

共 33 个专业参评，其中 5★+专业 0 个，5★专业 0 个，5★-专业 0 个，4★专业 0 个，3★专业 5 个。

13298 黑龙江财经学院

在中国民办院校竞争力排行榜中的名次 144，黑龙江省内排名 32/39，财经类排名 72/109。

共 28 个专业参评，其中 5★+专业 0 个，5★专业 0 个，5★-专业 0 个，4★专业 1 个，3★专业 2 个。

本科优势专业排名

4★专业：审计学 32/191。

13303 哈尔滨剑桥学院

在中国民办院校竞争力排行榜中的名次 155，黑龙江省内排名 33/39，综合类排名 206/270。

共 20 个专业参评，其中 5★+专业 0 个，5★专业 0 个，5★-专业 0 个，4★专业 1 个，3★专业 7 个。

本科优势专业排名

4★专业：学前教育 57/418。

13299 哈尔滨石油学院

在中国民办院校竞争力排行榜中的名次 187，黑龙江省内排名 34/39，理工类排名 324/365。

共 33 个专业参评，其中 5★+专业 0 个，5★专业 0 个，5★-专业 0 个，4★专业 0 个，3★专业 1 个。

12729 齐齐哈尔工程学院

在中国民办院校竞争力排行榜中的名次 202，黑龙江省内排名 36/39，理工类排名 341/365。

共 20 个专业参评，其中 5★+专业 0 个，5★专业 0 个，5★-专业 0 个，4★专业 0 个，3★专业 9 个。

13301 哈尔滨远东理工学院

在中国民办院校竞争力排行榜中的名次 212，黑龙江省内排名 37/39，理工类排名 352/365。

共 21 个专业参评，其中 5★+专业 0 个，5★专业 0 个，5★-专业 0 个，4★专业 0 个，3★专业 8 个。

13300 黑龙江工商学院

在中国民办院校竞争力排行榜中的名次 216，黑龙江省内排名 38/39，综合类排名 268/270。

共 23 个专业参评，其中 5★+专业 0 个，5★专业 0 个，5★-专业 0 个，4★专业 0 个，3★专业 4 个。

11635 哈尔滨信息工程学院

在中国民办院校竞争力排行榜中的名次 224，黑龙江省内排名 39/39，理工类排名 363/365。

共 12 个专业参评，其中 5★+专业 0 个，5★专业 0 个，5★-专业 0 个，4★专业 0 个，3★专业 5 个。

福建省

一流大学

10384 厦门大学

在中国本科院校竞争力排行榜中的名次 27，福建省内排名 1/38，综合类排名 11/270。

共 98 个专业参评，其中 5★+专业 4 个，5★专业 19 个，5★-专业 21 个，4★专业 23 个，3★专业 25 个。

在中国普通高校研究生教育竞争力排行榜中的名次：总排名 28/596，福建省内排名 1/13，综合类排名 11/93。

共 45 个一级学科(学术学位)参评，其中 5★+学科 1 个，5★学科 8 个，5★-学科 9 个，4★学科 11 个，学科优秀率为 64.44%。

一级学科排名

哲学 20/133、理论经济学 5/111、应用经济学 8/262、法学 12/206、政治学 12/80、社会学 14/88、民族学 19/38、马克思主义理论 36/358、教育学 5/139、中国语言文学 24/183、外国语言文学 13/232、新闻传播学 11/116、考古学 24/40、中国史 18/114、世界史 19/67、数学 25/262、物理学 30/197、化学 6/228、天文学 15/20、海洋科学 2/29、生物学 10/239、生态学 5/109、统计学 1/121、机械工程 33/220、仪器科学与技术 18/69、材料科学与工程 36/219、电子科学与技术 20/120、信息与通信工程 39/182、控制科学与工程 41/184、计算机科学与技术 24/263、建筑学 14/70、土木工程 69/159、化学工程与技术 11/178、航空宇航科学与技术 17/29、环境科学与工程 10/193、基础医学 38/108、临床医学 33/110、公共卫生与预防医学 21/74、中医学 27/42、药学 48/142、管理科学与工程 23/202、工商管理 5/306、公共管理 11/209、戏剧与影视学 32/61、美术学 26/115。

本科优势专业排名

5★+专业：化学 2/304、财务管理 3/680、人力资源管理 1/414、会计学 6/653。

5★专业：经济学 9/348、国际经济与贸易 18/670、英语 13/928、广告学 10/254、数学与应用数学 7/514、物理学 14/282、海洋科学 2/33、生物科学 13/280、生物技术 5/285、统计学 6/205、电子信息工程 17/633、计算机科学与技术 39/922、国际商务 3/126、行政管理 9/290、电子商务 8/451、戏剧影视文学 4/93、金融学 17/387、化学生物学 1/22、人工智能 21/411、工商管理 6/537、旅游管理 11/424。

5★-专业：经济统计学 13/134、日语 26/450、历史学 19/246、信息与计算科学 16/303、生态学 6/80、机械设计制造及其自动化 33/513、软件工程 38/595、数字媒体技术 13/221、化学工程与工艺 20/325、环境科学 14/173、环境生态工程 6/68、管理科学 3/35、审计学 16/191、酒店管理 18/180、绘画 14/164、法学 31/583、新能源科学与工程 8/126、电子信息科学与技术 13/164、数据科学与大数据技术 63/680。

4★专业：金融工程 28/259、政治学与行政学 9/82、外交学 3/15、社会学 17/89、社会工作 40/251、汉语言文学 102/615、汉语言 4/26、俄语 17/157、法语 18/137、西班牙语 14/96、新闻学 46/310、传播学 13/69、海洋技术 5/24、测控技术与仪器 23/186、材料科学与工程 26/229、通信工程 90/490、土木工程 94/525、建筑学 30/291、药学 44/240、市场营销 85/586、财政学 10/84、网络空间安全 15/100、预防医学 24/121。

一般大学

10386 福州大学

在中国本科院校竞争力排行榜中的名次 68，福建省内排名 2/38，综合类排名 24/270。

共 88 个专业参评，其中 5★+专业 0 个，5★专业 7 个，5★-专业 9 个，4★专业 22 个，3★专业 40 个。

在中国普通高校研究生教育竞争力排行榜中的名次：总排名 77/596，福建省内排名 2/13，综合类排名 27/93。

共 37 个一级学科(学术学位)参评，其中 5★+学科 0 个，5★学科 1 个，5★-学科 1 个，4★学科 5 个，学科优秀率为 18.92%。

一级学科排名

理论经济学 54/111、应用经济学 110/262、法学 46/206、社会学 52/88、马克思主义理论 191/

358、心理学 51/102、外国语言文学 129/232、数学 72/262、物理学 171/197、化学 11/228、地理学 45/84、统计学 72/121、力学 56/95、机械工程 43/220、材料科学与工程 56/219、电气工程 27/109、电子科学与技术 33/120、信息与通信工程 46/182、控制科学与工程 82/184、计算机科学与技术 48/263、土木工程 22/159、水利工程 36/64、化学工程与技术 22/178、地质资源与地质工程 34/46、矿业工程 23/30、环境科学与工程 91/193、食品科学与工程 42/99、城乡规划学 34/60、软件工程 61/146、生物工程 10/22、安全科学与工程 39/61、药学 94/142、管理科学与工程 13/202、工商管理 49/306、公共管理 102/209、美术学 60/115、设计学 86/161。

本科优势专业排名

5★专业：化学 10/304、机械设计制造及其自动化 26/513、电气工程及其自动化 21/569、计算机科学与技术 40/922、土木工程 25/525、化学工程与工艺 7/325、市场营销 16/586、物流管理 17/434、产品设计 18/390。

5★-专业：应用物理学 14/151、车辆工程 20/254、网络工程 22/276、物联网工程 37/481、数据科学与大数据技术 67/680、智能建造 4/65、会计学 46/653。

4★专业：数学与应用数学 52/514、材料成型及控制工程 44/221、材料科学与工程 42/229、电子信息工程 104/633、电子科学与技术 22/149、微电子科学与工程 17/107、数字媒体技术 23/221、制药工程 44/252、环境工程 50/345、食品科学与工程 38/278、建筑学 49/291、城乡规划 35/203、工程管理 62/388、财务管理 69/680、公共事业管理 46/252、视觉传达设计 81/702、数字媒体艺术 46/319、法学 63/583、人工智能 77/411、机器人工程 35/307、资源循环科学与工程 6/32、工商管理 88/537。

10394 福建师范大学

在中国本科院校竞争力排行榜中的名次 89，福建省内排名 3/38，师范类排名 10/175。

共 76 个专业参评，其中 5★+专业 2 个，5★专业 10 个，5★-专业 8 个，4★专业 18 个，3★专业 28 个。

在中国普通高校研究生教育竞争力排行榜中的名次：总排名 108/596，福建省内排名 4/13，师范类排名 10/77。

共 34 个一级学科(学术学位)参评，其中 5★+学科 0 个，5★学科 0 个，5★-学科 1 个，4★学科 7 个，学科优秀率为 23.53%。

一级学科排名

理论经济学 23/111、应用经济学 100/262、法学 113/206、马克思主义理论 39/358、教育学 29/139、心理学 20/102、体育学 10/106、中国语言文学 33/183、外国语言文学 62/232、新闻传播学 50/116、中国史 39/114、世界史 30/67、数学 88/262、物理学 71/197、化学 66/228、地理学 9/84、生物学 90/239、生态学 22/109、统计学 47/121、光学工程 20/92、材料科学与工程 123/219、信息与通信工程 138/182、计算机科学与技术 183/263、环境科学与工程 147/193、生物医学工程 59/74、生物工程 11/22、网络空间安全 17/70、管理科学与工程 132/202、公共管理 93/209、图书情报与档案管理 29/50、音乐与舞蹈学 11/82、戏剧与影视学 24/61、美术学 17/115、设计学 113/161。

本科优势专业排名

5★+专业：体育教育 3/323、广播电视学 1/152。

5★专业：思想政治教育 15/292、学前教育 17/418、汉语言文学 20/615、英语 23/928、音乐学 7/394、舞蹈学 6/202、广播电视编导 6/224、美术学 8/332。

5★-专业：经济学 19/348、国际经济与贸易 65/670、社会体育指导与管理 17/231、汉语国际教育 32/320、数学与应用数学 36/514、地理科学 10/170、网络工程 20/276、生物工程 20/239、播音与主持艺术 17/219、旅游管理 34/424。

4★专业：教育学 10/82、小学教育 48/301、日语 60/450、翻译 28/261、历史学 32/246、物理学 45/282、化学 43/304、自然地理与资源环境 10/49、人文地理与城乡规划 20/108、心理学 13/72、统计学 41/205、光电信息科学与工程 32/213、计算机科学与技术 122/922、数字媒体技术 39/221、财务管理 82/680、酒店管理 25/180、法学 68/583、新能源科学与工程 20/126。

10385 华侨大学

在中国本科院校竞争力排行榜中的名次 113，福建省内排名 4/38，综合类排名 36/270。

共63个专业参评，其中5★+专业0个，5★专业5个，5★-专业5个，4★专业15个，3★专业30个。

在中国普通高校研究生教育竞争力排行榜中的名次：总排名170/596，福建省内排名5/13，综合类排名44/93。

共24个一级学科(学术学位)参评，其中5★+学科0个，5★学科0个，5★-学科0个，4★学科1个，学科优秀率为4.17%。

一级学科排名

哲学46/133、应用经济学75/262、法学149/206、政治学63/80、马克思主义理论147/358、中国语言文学100/183、外国语言文学207/232、世界史41/67、数学195/262、化学75/228、生物学214/239、系统科学17/25、机械工程65/220、光学工程73/92、材料科学与工程80/219、信息与通信工程77/182、控制科学与工程110/184、建筑学21/70、土木工程53/159、化学工程与技术55/178、环境科学与工程132/193、软件工程54/146、工商管理58/306、公共管理160/209。

本科优势专业排名

5★专业：给排水科学与工程3/159、人力资源管理15/414、酒店管理5/180、国际事务与国际关系1/16、旅游管理21/424。

5★-专业：土木工程47/525、建筑学21/291、工程管理33/388、财务管理60/680、工商管理47/537。

4★专业：国际经济与贸易105/670、汉语言文学99/615、汉语国际教育46/320、英语112/928、应用化学68/373、机械工程24/120、电气工程及其自动化87/569、电子科学与技术28/149、计算机科学与技术138/922、环境工程64/345、城乡规划31/203、电子商务58/451、产品设计42/390、法学99/583、智能制造工程38/252。

10389 福建农林大学

在中国本科院校竞争力排行榜中的名次119，福建省内排名5/38，农林类排名8/47。

共71个专业参评，其中5★+专业0个，5★专业8个，5★-专业2个，4★专业6个，3★专业39个。

在中国普通高校研究生教育竞争力排行榜中的名次：总排名102/596，福建省内排名3/13，农林类排名7/38。

共26个一级学科(学术学位)参评，其中5★+学科0个，5★学科0个，5★-学科0个，4★学科4个，学科优秀率为15.38%。

一级学科排名

应用经济学182/262、马克思主义理论174/358、地理学47/84、生物学51/239、生态学15/109、统计学77/121、机械工程137/220、计算机科学与技术193/263、化学工程与技术122/178、农业工程19/44、林业工程6/12、环境科学与工程93/193、食品科学与工程22/99、风景园林学10/56、作物学14/51、园艺学7/44、农业资源与环境9/40、植物保护13/45、畜牧学35/55、兽医学33/43、林学5/36、水产24/28、工商管理162/306、农林经济管理11/51、公共管理68/209、设计学47/161。

本科优势专业排名

5★专业：食品质量与安全12/236、茶学1/29。

5★-专业：生物科学23/280、生物技术28/285、食品科学与工程15/278、风景园林10/185、农学7/76、植物保护5/55、园林11/126、智慧农业3/26。

4★专业：生态学15/80、制药工程40/252、生物工程30/239、园艺13/107、财务管理101/680、商务经济学4/19。

10390 集美大学

在中国本科院校竞争力排行榜中的名次233，福建省内排名6/38，综合类排名53/270。

共62个专业参评，其中5★+专业0个，5★专业3个，5★-专业0个，4★专业10个，3★专业28个。

在中国普通高校研究生教育竞争力排行榜中的名次：总排名306/596，福建省内排名7/13，综合类排名60/93。

共14个一级学科(学术学位)参评，其中5★+学科0个，5★学科0个，5★-学科0个，4★学科1个，学科优秀率为7.14%。

一级学科排名

应用经济学155/262、马克思主义理论347/358、体育学74/106、中国语言文学160/183、数学 119/262、生物学 196/239、机械工程 181/220、信息与通信工程 130/182、交通运输工程 30/64、船舶与海洋工程 14/24、食品科学与工程 54/99、水产 4/28、工商管理 271/306、设计学 134/161。

本科优势专业排名

5★-专业：小学教育 20/301、物流管理 40/434、环境设计 48/701。

4★专业：国际经济与贸易 114/670、社会体育指导与管理 40/231、数学与应用数学 91/514、通信工程 68/490、食品科学与工程 40/278、水产养殖学 6/51、工程管理 61/388、市场营销 116/586、航海技术 4/18、会计学 87/653。

10392 福建医科大学

在中国本科院校竞争力排行榜中的名次 265，福建省内排名 7/38，医药类排名 20/108。

共 23 个专业参评，其中 5★+专业 0 个，5★专业 3 个，5★-专业 2 个，4★专业 7 个，3★专业 10 个。

在中国普通高校研究生教育竞争力排行榜中的名次：总排名 174/596，福建省内排名 6/13，医药类排名 20/76。

共 9 个一级学科(学术学位)参评，其中 5★+学科 0 个，5★学科 0 个，5★-学科 0 个，4★学科 1 个，学科优秀率为 11.11%。

一级学科排名

生物学 117/239、基础医学 43/108、临床医学 28/110、口腔医学 13/47、公共卫生与预防医学 37/74、药学 46/142、医学技术 16/35、护理学 12/70、公共管理 187/209。

本科优势专业排名

5★专业：医学影像技术 2/100、康复治疗学 7/177。

5★-专业：护理学 21/290、口腔医学 9/116、助产学 5/71。

4★专业：药学 43/240、药物制剂 15/86、医学检验技术 19/159、公共事业管理 44/252、生物制药 20/113、临床医学 25/194、麻醉学 8/61。

11062 厦门理工学院

在中国本科院校竞争力排行榜中的名次 310，福建省内排名 8/38，理工类排名 121/365。

共 59 个专业参评，其中 5★+专业 0 个，5★专业 1 个，5★-专业 1 个，4★专业 5 个，3★专业 22 个。

在中国普通高校研究生教育竞争力排行榜中的名次：总排名 456/596，福建省内排名 11/13，理工类排名 157/182。

共 2 个一级学科(学术学位)参评。

一级学科排名

机械工程 114/220、管理科学与工程 122/202。

本科优势专业排名

5★专业：网络与新媒体 6/316。

5★-专业：文化产业管理 11/135。

4★专业：金融工程 35/259、机械设计制造及其自动化 85/513、车辆工程 31/254、财务管理 105/680、服装与服饰设计 31/208。

10388 福建工程学院

在中国本科院校竞争力排行榜中的名次 314，福建省内排名 9/38，理工类排名 124/365。

共 61 个专业参评，其中 5★+专业 0 个，5★专业 1 个，5★-专业 1 个，4★专业 6 个，3★专业 27 个。

在中国普通高校研究生教育竞争力排行榜中的名次：总排名 413/596，福建省内排名 9/13，理工类排名 149/182。

共 4 个一级学科(学术学位)参评。

一级学科排名

材料科学与工程 183/219、土木工程 73/159、交通运输工程 37/64、设计学 54/161。

本科优势专业排名

5★专业：工程造价 13/254。

5★-专业：工程管理 27/388。

4★专业：广告学 51/254、车辆工程 44/254、电气工程及其自动化 84/569、通信工程 56/490、土木工程 92/525、城乡规划 32/203。

10393 福建中医药大学

在中国本科院校竞争力排行榜中的名次 402，福建省内排名 10/38，医药类排名 40/108。

共18个专业参评，其中5★+专业0个，5★专业0个，5★-专业2个，4★专业2个，3★专业8个。

在中国普通高校研究生教育竞争力排行榜中的名次：总排名337/596，福建省内排名8/13，医药类排名43/76。

共7个一级学科(学术学位)参评，其中5★+学科0个，5★学科0个，5★-学科1个，4★学科0个，学科优秀率为14.29%。

一级学科排名

临床医学86/110、中医学15/42、中西医结合6/61、药学119/142、中药学34/50、医学技术33/35、护理学56/70。

本科优势专业排名

5★专业：康复治疗学9/177、康复物理治疗1/14。

4★专业：护理学37/290、中医学13/64。

10395 闽江学院

在中国本科院校竞争力排行榜中的名次414，福建省内排名11/38，综合类排名73/270。

共56个专业参评，其中5★+专业0个，5★专业1个，5★-专业0个，4★专业3个，3★专业17个。

在中国普通高校研究生教育竞争力排行榜中的名次：总排名553/596，福建省内排名12/13，综合类排名87/93。

本科优势专业排名

5★-专业：电子商务24/451。

4★专业：广告学37/254、视觉传达设计110/702、服装与服饰设计23/208。

10402 闽南师范大学

在中国本科院校竞争力排行榜中的名次445，福建省内排名12/38，师范类排名48/175。

共58个专业参评，其中5★+专业0个，5★专业0个，5★-专业0个，4★专业4个，3★专业21个。

在中国普通高校研究生教育竞争力排行榜中的名次：总排名454/596，福建省内排名10/13，师范类排名49/77。

共7个一级学科(学术学位)参评。

一级学科排名

马克思主义理论257/358、教育学129/139、心理学63/102、中国语言文学75/183、数学108/262、化学142/228、计算机科学与技术225/263。

本科优势专业排名

4★专业：汉语言文学63/615、英语145/928、数学与应用数学90/514、计算机科学与技术165/922。

10399 泉州师范学院

在中国本科院校竞争力排行榜中的名次510，福建省内排名13/38，师范类排名59/175。

共58个专业参评，其中5★+专业0个，5★专业1个，5★-专业0个，4★专业2个，3★专业9个。

在中国普通高校研究生教育竞争力排行榜中的名次：总排名568/596，福建省内排名13/13，师范类排名72/77。

本科优势专业排名

5★-专业：人文地理与城乡规划11/108。

4★专业：特殊教育9/58、音乐学66/394。

13763 福建江夏学院

在中国本科院校竞争力排行榜中的名次574，福建省内排名14/38，财经类排名38/109。

共41个专业参评，其中5★+专业0个，5★专业1个，5★-专业0个，4★专业3个，3★专业15个。

本科优势专业排名

5★-专业：财务管理63/680。

4★专业：商务英语37/362、人力资源管理51/414、审计学38/191。

11312 龙岩学院

在中国本科院校竞争力排行榜中的名次590，福建省内排名15/38，综合类排名101/270。

共36个专业参评，其中5★+专业0个，5★专业0个，5★-专业0个，4★专业0个，3★专业13个。

11311 三明学院

在中国本科院校竞争力排行榜中的名次628，福建省内排名16/38，师范类排名89/175。

共42个专业参评，其中5★+专业0个，5★专业0个，5★-专业1个，4★专业0个，3★专业12个。

本科优势专业排名

5★专业：旅游管理与服务教育1/31。

10398 宁德师范学院

在中国本科院校竞争力排行榜中的名次707，福建省内排名17/38，师范类排名111/175。

共38个专业参评，其中5★+专业0个，5★专业0个，5★-专业1个，4★专业1个，3★专业6个。

本科优势专业排名

5★专业：旅游管理与服务教育2/31。

4★专业：酒店管理32/180。

10397 武夷学院

在中国本科院校竞争力排行榜中的名次728，福建省内排名20/38，师范类排名120/175。

共40个专业参评，其中5★+专业0个，5★专业0个，5★-专业0个，4★专业4个，3★专业6个。

本科优势专业排名

4★专业：物流管理86/434、酒店管理29/180、广播电视编导45/224、视觉传达设计130/702。

11498 莆田学院

在中国本科院校竞争力排行榜中的名次753，福建省内排名21/38，综合类排名141/270。

共52个专业参评，其中5★+专业0个，5★专业0个，5★-专业0个，4★专业0个，3★专业12个。

12631 厦门医学院

在中国本科院校竞争力排行榜中的名次796，福建省内排名25/38，医药类排名78/108。

共14个专业参评，其中5★+专业0个，5★专业0个，5★-专业0个，4★专业0个，3★专业3个。

11495 福建警察学院

在中国本科院校竞争力排行榜中的名次840，福建省内排名26/38，文法类排名48/68。

共11个专业参评，其中5★+专业0个，5★专业1个，5★-专业0个，4★专业1个，3★专业5个。

本科优势专业排名

5★-专业：警务指挥与战术2/17。

4★专业：禁毒学3/13。

14683 福建技术师范学院

在中国本科院校竞争力排行榜中的名次952，福建省内排名31/38，师范类排名155/175。

共33个专业参评，其中5★+专业0个，5★专业1个，5★-专业0个，4★专业0个，3★专业3个。

本科优势专业排名

5★-专业：人工智能39/411。

11313 福建商学院

在中国本科院校竞争力排行榜中的名次1149，福建省内排名37/38，财经类排名97/109。

共31个专业参评，其中5★+专业0个，5★专业0个，5★-专业0个，4★专业1个，3★专业11个。

本科优势专业排名

4★专业：旅游管理与服务教育6/31。

民办院校

13762 福州外语外贸学院

在中国民办院校竞争力排行榜中的名次22，

福建省内排名 18/38，财经类排名 46/109。

共 36 个专业参评，其中 5★+专业 0 个，5★专业 3 个，5★-专业 0 个，4★专业 6 个，3★专业 23 个。

本科优势专业排名

5★-专业：国际经济与贸易 62/670、艺术教育 3/29、工程造价 23/254。

4★专业：投资学 19/127、审计学 30/191、物流管理 75/434、动画 37/256、智能建造 8/65、供应链管理 8/49。

12709 厦门华厦学院

在中国民办院校竞争力排行榜中的名次 39，福建省内排名 22/38，综合类排名 144/270。

共 27 个专业参评，其中 5★+专业 0 个，5★专业 0 个，5★-专业 0 个，4★专业 1 个，3★专业 9 个。

本科优势专业排名

4★专业：物流工程 12/102。

13773 福州理工学院

在中国民办院校竞争力排行榜中的名次 46，福建省内排名 23/38，综合类排名 149/270。

共 28 个专业参评，其中 5★+专业 0 个，5★专业 0 个，5★-专业 0 个，4★专业 1 个，3★专业 3 个。

本科优势专业排名

4★专业：物联网工程 90/481。

12710 闽南理工学院

在中国民办院校竞争力排行榜中的名次 47，福建省内排名 24/38，理工类排名 229/365。

共 41 个专业参评，其中 5★+专业 0 个，5★专业 0 个，5★-专业 0 个，4★专业 3 个，3★专业 13 个。

本科优势专业排名

4★专业：艺术教育 4/29、视觉传达设计 102/702、环境设计 106/701。

12992 闽南科技学院

在中国民办院校竞争力排行榜中的名次 83，福建省内排名 27/38，综合类排名 171/270。

共 27 个专业参评，其中 5★+专业 0 个，5★专业 0 个，5★-专业 0 个，4★专业 0 个，3★专业 0 个。

13468 阳光学院

在中国民办院校竞争力排行榜中的名次 96，福建省内排名 28/38，综合类排名 180/270。

共 24 个专业参评，其中 5★+专业 0 个，5★专业 1 个，5★-专业 0 个，4★专业 2 个，3★专业 10 个。

本科优势专业排名

5★-专业：电子商务 32/451。

4★专业：电子信息工程 107/633、跨境电子商务 13/67。

11784 仰恩大学

在中国民办院校竞争力排行榜中的名次 101，福建省内排名 29/38，综合类排名 182/270。

共 25 个专业参评，其中 5★+专业 0 个，5★专业 0 个，5★-专业 0 个，4★专业 0 个，3★专业 7 个。

13766 泉州信息工程学院

在中国民办院校竞争力排行榜中的名次 162，福建省内排名 34/38，理工类排名 301/365。

共 28 个专业参评，其中 5★+专业 0 个，5★专业 0 个，5★-专业 0 个，4★专业 3 个，3★专业 8 个。

本科优势专业排名

4★专业：软件工程 114/595、电子商务 62/451、数字媒体艺术 53/319。

13115 厦门工学院

在中国民办院校竞争力排行榜中的名次 181，福建省内排名 35/38，理工类排名 313/365。

共 36 个专业参评，其中 5★+专业 0 个，5★

专业0个，5★-专业0个，4★专业0个，3★专业8个。

12993 福州工商学院

在中国民办院校竞争力排行榜中的名次195，福建省内排名36/38，理工类排名332/365。

共28个专业参评，其中5★+专业0个，5★专业0个，5★-专业0个，4★专业0个，3★专业3个。

吉林省

一流大学

10183 吉林大学

在中国本科院校竞争力排行榜中的名次 13，吉林省内排名 1/37，综合类排名 8/270。

共 127 个专业参评，其中 5★+专业 5 个，5★专业 21 个，5★-专业 22 个，4★专业 39 个，3★专业 32 个。

在中国普通高校研究生教育竞争力排行榜中的名次：总排名 15/596，吉林省内排名 1/19，综合类排名 8/93。

共 63 个一级学科（学术学位）参评，其中 5★+学科 1 个，5★学科 6 个，5★-学科 9 个，4★学科 16 个，学科优秀率为 50.79%。

一级学科排名

哲学 18/133、理论经济学 14/111、应用经济学 19/262、法学 5/206、政治学 11/80、社会学 10/88、马克思主义理论 5/358、教育学 63/139、心理学 67/102、体育学 37/106、中国语言文学 20/183、外国语言文学 12/232、新闻传播学 36/116、考古学 2/40、中国史 27/114、世界史 17/67、数学 8/262、物理学 3/197、化学 2/228、地球物理学 11/21、地质学 11/36、生物学 29/239、统计学 19/121、力学 42/95、机械工程 13/220、仪器科学与技术 11/69、材料科学与工程 16/219、动力工程及工程热物理 23/104、电气工程 86/109、电子科学与技术 27/120、信息与通信工程 43/182、控制科学与工程 44/184、计算机科学与技术 22/263、土木工程 42/159、水利工程 17/64、测绘科学与技术 24/52、地质资源与地质工程 5/46、交通运输工程 11/64、农业工程 5/44、环境科学与工程 34/193、生物医学工程 40/74、食品科学与工程 25/99、软件工程 18/146、作物学 34/51、植物保护 26/45、畜牧学 15/55、兽医学 9/43、基础医学 16/108、临床医学 22/110、口腔医学 11/47、公共卫生与预防医学 7/74、药学 14/142、特种医学 12/14、医学技术 35/35、护理学 40/70、工商管理 18/306、农林经济管理 30/51、公共管理 14/209、图书情报与档案管理 6/50、音乐与舞蹈学 28/82、戏剧与影视学 17/61、美术学 36/115、设计学 71/161。

本科优势专业排名

5★+专业：国际经济与贸易 7/670、车辆工程 2/254、物联网工程 1/481、人力资源管理 4/414、法学 5/583。

5★专业：经济学 11/348、政治学与行政学 3/82、社会工作 6/251、社会体育指导与管理 10/231、汉语言文学 16/615、日语 17/450、数学与应用数学 17/514、信息与计算科学 13/303、物理学 13/282、化学 8/304、应用化学 7/373、材料成型及控制工程 6/221、汽车服务工程 3/111、测控技术与仪器 7/186、高分子材料与工程 8/184、通信工程 17/490、计算机科学与技术 28/922、软件工程 17/595、智能制造工程 9/252、生物制药 6/113、大数据管理与应用 3/170、工商管理 18/537。

5★-专业：哲学 7/73、社会学 9/89、英语 70/928、考古学 2/29、应用物理学 9/151、生物科学 19/280、机械工程 8/120、材料物理 7/67、电子科学与技术 15/149、水文与水资源工程 3/48、勘查技术与工程 3/31、交通运输 11/107、农业机械化及其自动化 3/37、食品科学与工程 21/278、药物制剂 8/86、护理学 19/290、市场营销 56/586、财务管理 56/680、金融学 27/387、电子信息科学与技术 10/164、口腔医学 12/116。

4★专业：思想政治教育 30/292、俄语 31/157、西班牙语 12/96、朝鲜语 16/93、新闻学 40/310、广告学 36/254、历史学 47/246、文物与博物馆学 9/53、地球物理学 4/22、应用心理学 42/248、工业设计 33/209、材料化学 18/125、电气工程及其自动化 112/569、电子信息工程 95/633、微电子科学与工程 12/107、自动化 49/437、土木工程 59/525、测绘工程 19/143、环境工程 55/345、食品质量与安全 31/236、动物医学 9/73、药学 33/240、康复治疗学 20/177、信息管理与信息系统 69/343、工程管理 58/388、劳动与社会保障 21/123、档案学 7/34、物流管理 66/434、物流工程 20/102、绘画 25/164、信用管理 5/23、人工智能 53/411、机器人工程 58/307、空间信息与数字技术 3/14、数据科学与大数据技术 107/680、网络空间安全 19/100、道路桥梁与渡河工程 10/77、临床医学 26/194、预防医学 18/121。

一般大学

10200 东北师范大学

在中国本科院校竞争力排行榜中的名次 78，吉林省内排名 2/37，师范类排名 9/175。

共 52 个专业参评，其中 5★+专业 2 个，5★专业 10 个，5★-专业 12 个，4★专业 16 个，3★专业 9 个。

在中国普通高校研究生教育竞争力排行榜中的名次：总排名 75/596，吉林省内排名 2/19，师范类排名 6/77。

共 36 个一级学科(学术学位)参评，其中 5★+学科 2 个，5★学科 2 个，5★-学科 3 个，4★学科 6 个，学科优秀率为 36.11%。

一级学科排名

哲学 53/133、理论经济学 103/111、应用经济学 57/262、法学 166/206、政治学 30/80、社会学 81/88、马克思主义理论 4/358、教育学 4/139、心理学 18/102、体育学 25/106、中国语言文学 50/183、外国语言文学 45/232、新闻传播学 79/116、考古学 36/40、中国史 41/114、世界史 1/67、数学 21/262、物理学 52/197、化学 22/228、地理学 17/84、生物学 96/239、生态学 14/109、统计学 6/121、材料科学与工程 88/219、控制科学与工程 165/184、环境科学与工程 53/193、城乡规划学 41/60、草学 4/25、工商管理 293/306、公共管理 203/209、图书情报与档案管理 25/50、艺术学理论 62/70、音乐与舞蹈学 5/82、戏剧与影视学 46/61、美术学 18/115、设计学 150/161。

本科优势专业排名

5★+专业：思想政治教育 2/292、小学教育 1/301。

5★专业：教育技术学 7/130、体育教育 7/323、英语 18/928、日语 16/450、商务英语 10/362、历史学 4/246、地理科学 3/170、音乐学 9/394、舞蹈编导 2/73、广播电视编导 5/224、美术学 7/332、环境设计 19/701。

5★-专业：教育学 5/82、学前教育 29/418、汉语言文学 35/615、广告学 24/254、数学与应用数学 38/514、化学 25/304、地理信息科学 12/166、生物技术 24/285、统计学 12/205、数字媒体技术 18/221。

4★专业：经济学 47/348、俄语 19/157、新闻学 47/310、物理学 43/282、人文地理与城乡规划 12/108、生物科学 34/280、生态学 11/80、心理学 10/72、计算机科学与技术 127/922、环境科学 19/173、人力资源管理 72/414、雕塑 8/50、视觉传达设计 97/702、服装与服饰设计 34/208、金融学 42/387、会计学 68/653。

10186 长春理工大学

在中国本科院校竞争力排行榜中的名次 196，吉林省内排名 3/37，理工类排名 80/365。

共 62 个专业参评，其中 5★+专业 0 个，5★专业 5 个，5★-专业 4 个，4★专业 6 个，3★专业 22 个。

在中国普通高校研究生教育竞争力排行榜中的名次：总排名 239/596，吉林省内排名 3/19，理工类排名 94/182。

共 19 个一级学科(学术学位)参评。

一级学科排名

应用经济学 232/262、法学 112/206、马克思主义理论 106/358、中国语言文学 147/183、外国语言文学 188/232、数学 210/262、物理学 63/197、化学 150/228、机械工程 77/220、光学工程 25/92、仪器科学与技术 27/69、材料科学与工程 84/219、电子科学与技术 47/120、信息与通信工程 62/182、控制科学与工程 107/184、计算机科学与技术 80/263、生物医学工程 69/74、软件工程 135/146、工商管理 259/306。

本科优势专业排名

5★专业：机械电子工程 5/297、电子信息工程 18/633、通信工程 25/490、数据科学与大数据技术 24/680。

5★-专业：金融工程 26/259、机械设计制造及其自动化 45/513、测控技术与仪器 15/186、无机非金属材料工程 6/75、计算机科学与技术 64/922。

4★专业：社会工作 30/251、电子科学与技术 18/149、光电信息科学与工程 24/213、软件工程 67/595、功能材料 8/46、智能科学与技术 29/175。

10193 吉林农业大学

在中国本科院校竞争力排行榜中的名次 217，

吉林省内排名 4/37，农林类排名 16/47。

共 48 个专业参评，其中 5★+专业 0 个，5★专业 2 个，5★-专业 1 个，4★专业 11 个，3★专业 22 个。

在中国普通高校研究生教育竞争力排行榜中的名次：总排名 240/596，吉林省内排名 4/19，农林类排名 23/38。

共 20 个一级学科(学术学位)参评，其中 5★+学科 0 个，5★学科 0 个，5★-学科 0 个，4★学科 1 个，学科优秀率为 5%。

一级学科排名

社会学 86/88、马克思主义理论 259/358、教育学 136/139、化学 228/228、生物学 92/239、生态学 97/109、轻工技术与工程 18/19、农业工程 25/44、食品科学与工程 31/99、风景园林学 35/56、作物学 20/51、园艺学 32/44、农业资源与环境 15/40、植物保护 9/45、畜牧学 21/55、兽医学 15/43、草学 21/25、药学 121/142、中药学 22/50、农林经济管理 15/51。

本科优势专业排名

5★专业：家政学 1/12。

5★-专业：生物技术 27/285、食品科学与工程 18/278。

4★专业：食品质量与安全 46/236、粮食工程 2/13、生物工程 37/239、植物保护 10/55、农业资源与环境 9/51、动物科学 12/79、动物医学 13/73、园林 19/126、中药资源与开发 7/35、农林经济管理 9/61、智慧农业 4/26。

10190 长春工业大学

在中国本科院校竞争力排行榜中的名次 251，吉林省内排名 5/37，理工类排名 102/365。

共 51 个专业参评，其中 5★+专业 0 个，5★专业 1 个，5★-专业 0 个，4★专业 10 个，3★专业 21 个。

在中国普通高校研究生教育竞争力排行榜中的名次：总排名 320/596，吉林省内排名 7/19，理工类排名 123/182。

共 19 个一级学科(学术学位)参评。

一级学科排名

应用经济学 226/262、法学 194/206、社会学 87/88、马克思主义理论 165/358、外国语言文学 92/232、数学 165/262、物理学 156/197、化学 80/228、生物学 219/239、统计学 43/121、机械工程 59/220、材料科学与工程 86/219、电气工程 51/109、信息与通信工程 160/182、控制科学与工程 115/184、计算机科学与技术 209/263、化学工程与技术 62/178、公共管理 145/209、设计学 50/161。

本科优势专业排名

5★-专业：电子信息工程 58/633。

4★专业：信息与计算科学 50/303、化学 55/304、统计学 23/205、材料成型及控制工程 25/221、机械电子工程 32/297、金属材料工程 13/76、自动化 75/437、计算机科学与技术 96/922、软件工程 84/595、数字媒体技术 28/221。

10188 东北电力大学

在中国本科院校竞争力排行榜中的名次 266，吉林省内排名 6/37，理工类排名 110/365。

共 43 个专业参评，其中 5★+专业 0 个，5★专业 1 个，5★-专业 1 个，4★专业 9 个，3★专业 19 个。

在中国普通高校研究生教育竞争力排行榜中的名次：总排名 304/596，吉林省内排名 6/19，理工类排名 118/182。

共 14 个一级学科(学术学位)参评。

一级学科排名

马克思主义理论 304/358、数学 245/262、机械工程 202/220、仪器科学与技术 52/69、动力工程及工程热物理 39/104、电气工程 33/109、信息与通信工程 155/182、控制科学与工程 69/184、计算机科学与技术 205/263、土木工程 108/159、化学工程与技术 163/178、环境科学与工程 186/193、工商管理 267/306、设计学 114/161。

本科优势专业排名

5★专业：电气工程及其自动化 27/569。

5★-专业：机器人工程 18/307。

4★专业：信息与计算科学 40/303、应用化学 72/373、能源与动力工程 33/188、电子信息工程 64/633、自动化 53/437、计算机科学与技术 93/922、土木工程 70/525、新能源材料与器件 21/105、智能电网信息工程 6/34。

10184 延边大学

在中国本科院校竞争力排行榜中的名次 273，吉林省内排名 7/37，综合类排名 56/270。

共 72 个专业参评，其中 5★+专业 0 个，5★专业 3 个，5★-专业 2 个，4★专业 7 个，3★专业 29 个。

在中国普通高校研究生教育竞争力排行榜中的名次：总排名 258/596，吉林省内排名 5/19，综合类排名 57/93。

共 31 个一级学科(学术学位)参评，其中 5★+学科 0 个，5★学科 1 个，5★-学科 0 个，4★学科 0 个，学科优秀率为 3.23%。

一级学科排名

哲学 86/133、理论经济学 102/111、法学 127/206、政治学 65/80、民族学 17/38、马克思主义理论 189/358、教育学 108/139、体育学 65/106、中国语言文学 105/183、外国语言文学 6/232、世界史 25/67、数学 223/262、物理学 151/197、化学 74/228、地理学 72/84、生物学 164/239、机械工程 210/220、计算机科学与技术 233/263、作物学 48/51、园艺学 44/44、农业资源与环境 39/40、畜牧学 28/55、兽医学 43/43、基础医学 53/108、临床医学 64/110、中西医结合 49/61、药学 45/142、护理学 60/70、工商管理 156/306、音乐与舞蹈学 60/82、美术学 109/115。

本科优势专业排名

5★专业：英语 29/928、朝鲜语 3/93。

5★-专业：日语 37/450、音乐学 29/394、舞蹈表演 12/145。

4★专业：小学教育 36/301、汉语言文学 88/615、俄语 30/157、药学 37/240、药物制剂 13/86、护理学 42/290、音乐表演 43/237。

10203 吉林师范大学

在中国本科院校竞争力排行榜中的名次 344，吉林省内排名 8/37，师范类排名 37/175。

共 75 个专业参评，其中 5★+专业 0 个，5★专业 1 个，5★-专业 0 个，4★专业 7 个，3★专业 33 个。

在中国普通高校研究生教育竞争力排行榜中的名次：总排名 370/596，吉林省内排名 8/19，师范类排名 41/77。

共 17 个一级学科(学术学位)参评。

一级学科排名

哲学 92/133、法学 192/206、马克思主义理论 224/358、教育学 103/139、心理学 76/102、体育学 92/106、中国语言文学 139/183、外国语言文学 106/232、新闻传播学 113/116、中国史 57/114、数学 212/262、物理学 110/197、化学 107/228、地理学 79/84、生物学 204/239、工商管理 260/306、美术学 87/115。

本科优势专业排名

5★-专业：小学教育 18/301。

4★专业：学前教育 67/418、汉语言文学 94/615、汉语国际教育 63/320、新闻学 57/310、历史学 45/246、数学与应用数学 94/514、数据科学与大数据技术 92/680。

10201 北华大学

在中国本科院校竞争力排行榜中的名次 376，吉林省内排名 9/37，综合类排名 65/270。

共 62 个专业参评，其中 5★+专业 0 个，5★专业 0 个，5★-专业 0 个，4★专业 2 个，3★专业 29 个。

在中国普通高校研究生教育竞争力排行榜中的名次：总排名 416/596，吉林省内排名 10/19，综合类排名 72/93。

共 20 个一级学科(学术学位)参评。

一级学科排名

马克思主义理论 253/358、教育学 89/139、中国语言文学 146/183、外国语言文学 167/232、世界史 52/67、数学 209/262、物理学 189/197、化学 227/228、机械工程 177/220、材料科学与工程 216/219、电气工程 91/109、林业工程 12/12、风景园林学 51/56、软件工程 139/146、林学 35/36、基础医学 94/108、临床医学 104/110、药学 139/142、工商管理 272/306、美术学 107/115。

本科优势专业排名

4★专业：电气工程及其自动化 71/569、医学检验技术 28/159。

10205 长春师范大学

在中国本科院校竞争力排行榜中的名次 412，

吉林省内排名 10/37，师范类排名 45/175。

共 58 个专业参评，其中 5★+专业 0 个，5★专业 0 个，5★-专业 1 个，4★专业 6 个，3★专业 16 个。

在中国普通高校研究生教育竞争力排行榜中的名次：总排名 465/596，吉林省内排名 11/19，师范类排名 52/77。

共 12 个一级学科(学术学位)参评。

一级学科排名

马克思主义理论 271/358、教育学 97/139、中国语言文学 130/183、外国语言文学 114/232、中国史 37/114、数学 262/262、物理学 187/197、化学 210/228、地理学 83/84、生物学 213/239、软件工程 101/146、美术学 85/115。

本科优势专业排名

5★专业：科学教育 2/43。

4★专业：学前教育 69/418、小学教育 34/301、汉语言文学 109/615、英语 119/928、动画 42/256、人工智能 71/411。

10191 吉林建筑大学

在中国本科院校竞争力排行榜中的名次 421，吉林省内排名 11/37，理工类排名 155/365。

共 49 个专业参评，其中 5★+专业 1 个，5★专业 1 个，5★-专业 0 个，4★专业 4 个，3★专业 14 个。

在中国普通高校研究生教育竞争力排行榜中的名次：总排名 470/596，吉林省内排名 12/19，理工类排名 161/182。

共 10 个一级学科(学术学位)参评。

一级学科排名

应用经济学 261/262、马克思主义理论 305/358、材料科学与工程 208/219、建筑学 67/70、土木工程 96/159、测绘科学与技术 50/52、环境科学与工程 189/193、城乡规划学 54/60、管理科学与工程 191/202、设计学 154/161。

本科优势专业排名

5★+专业：环境设计 2/701。

5★-专业：道路桥梁与渡河工程 6/77。

4★专业：土木工程 78/525、建筑环境与能源应用工程 18/165、建筑学 39/291、工程管理 46/388。

10207 吉林财经大学

在中国本科院校竞争力排行榜中的名次 452，吉林省内排名 12/37，财经类排名 32/109。

共 37 个专业参评，其中 5★+专业 0 个，5★专业 5 个，5★-专业 0 个，4★专业 5 个，3★专业 13 个。

在中国普通高校研究生教育竞争力排行榜中的名次：总排名 479/596，吉林省内排名 13/19，财经类排名 31/39。

共 9 个一级学科(学术学位)参评。

一级学科排名

理论经济学 91/111、应用经济学 105/262、法学 129/206、马克思主义理论 299/358、外国语言文学 224/232、数学 260/262、管理科学与工程 192/202、工商管理 253/306、公共管理 151/209。

本科优势专业排名

5★-专业：国际经济与贸易 52/670、财务管理 45/680、审计学 13/191、电子商务 36/451、会计学 35/653。

4★专业：经济学 61/348、税收学 10/90、人力资源管理 70/414、金融学 52/387、工商管理 76/537。

10199 长春中医药大学

在中国本科院校竞争力排行榜中的名次 494，吉林省内排名 13/37，医药类排名 51/108。

共 19 个专业参评，其中 5★+专业 0 个，5★专业 1 个，5★-专业 0 个，4★专业 3 个，3★专业 5 个。

在中国普通高校研究生教育竞争力排行榜中的名次：总排名 406/596，吉林省内排名 9/19，医药类排名 60/76。

共 6 个一级学科(学术学位)参评，其中 5★+学科 0 个，5★学科 0 个，5★-学科 0 个，4★学科 1 个，学科优秀率为 16.67%。

一级学科排名

马克思主义理论 319/358、中医学 25/42、中西医结合 57/61、药学 84/142、中药学 9/50、护理学 69/70。

本科优势专业排名

5★-专业：中药学 11/115。

4★专业：生物制药 22/113、中医学 11/64、针灸推拿学 9/50。

10209 吉林艺术学院

在中国本科院校竞争力排行榜中的名次 509，吉林省内排名 14/37，艺术类排名 28/48。

共 25 个专业参评，其中 5★+专业 1 个，5★专业 5 个，5★-专业 3 个，4★专业 3 个，3★专业 2 个。

在中国普通高校研究生教育竞争力排行榜中的名次：总排名 505/596，吉林省内排名 14/19，艺术类排名 19/33。

共 5 个一级学科(学术学位)参评。

一级学科排名

艺术学理论 46/70、音乐与舞蹈学 32/82、戏剧与影视学 42/61、美术学 64/115、设计学 81/161。

本科优势专业排名

5★+专业：数字媒体艺术 2/319。

5★专业：音乐表演 8/237、表演 5/142、视觉传达设计 10/702。

5★-专业：音乐学 25/394、动画 17/256、绘画 12/164、环境设计 44/701、产品设计 36/390。

4★专业：广播电视编导 23/224、播音与主持艺术 40/219、美术学 52/332。

10192 吉林化工学院

在中国本科院校竞争力排行榜中的名次 512，吉林省内排名 15/37，理工类排名 181/365。

共 44 个专业参评，其中 5★+专业 0 个，5★专业 0 个，5★-专业 0 个，4★专业 1 个，3★专业 8 个。

在中国普通高校研究生教育竞争力排行榜中的名次：总排名 523/596，吉林省内排名 16/19，理工类排名 169/182。

共 4 个一级学科(学术学位)参评。

一级学科排名

化学 168/228、材料科学与工程 205/219、动力工程及工程热物理 100/104、化学工程与技术 110/178。

本科优势专业排名

4★专业：制药工程 42/252。

11726 长春大学

在中国本科院校竞争力排行榜中的名次 551，吉林省内排名 16/37，综合类排名 91/270。

共 51 个专业参评，其中 5★+专业 0 个，5★专业 0 个，5★-专业 1 个，4★专业 2 个，3★专业 14 个。

在中国普通高校研究生教育竞争力排行榜中的名次：总排名 522/596，吉林省内排名 15/19，综合类排名 82/93。

共 5 个一级学科(学术学位)参评。

一级学科排名

马克思主义理论 353/358、机械工程 213/220、食品科学与工程 99/99、中医学 42/42、工商管理 300/306。

本科优势专业排名

5★专业：网络工程 13/276。

4★专业：特殊教育 8/58、会计学 112/653。

10208 吉林体育学院

在中国本科院校竞争力排行榜中的名次 597，吉林省内排名 17/37，体育类排名 12/16。

共 11 个专业参评，其中 5★+专业 0 个，5★专业 0 个，5★-专业 0 个，4★专业 4 个，3★专业 5 个。

在中国普通高校研究生教育竞争力排行榜中的名次：总排名 572/596，吉林省内排名 18/19，体育类排名 13/13。

共 2 个一级学科(学术学位)参评。

一级学科排名

体育学 39/106、公共管理 209/209。

本科优势专业排名

4★专业：体育教育 43/323、运动人体科学 3/16、表演 19/142、运动训练 7/53。

11437 长春工程学院

在中国本科院校竞争力排行榜中的名次 629，吉林省内排名 18/37，理工类排名 200/365。

共 48 个专业参评，其中 5★+专业 0 个，5★专业 0 个，5★-专业 0 个，4★专业 1 个，3★专业 11 个。

在中国普通高校研究生教育竞争力排行榜中的名次：总排名 573/596，吉林省内排名 19/19，理工类排名 180/182。

本科优势专业排名

4★专业：电气工程及其自动化 93/569。

10206 白城师范学院

在中国本科院校竞争力排行榜中的名次 660，吉林省内排名 19/37，师范类排名 101/175。

共 46 个专业参评，其中 5★+专业 0 个，5★专业 0 个，5★-专业 0 个，4★专业 0 个，3★专业 5 个。

10204 吉林工程技术师范学院

在中国本科院校竞争力排行榜中的名次 702，吉林省内排名 21/37，师范类排名 109/175。

共 38 个专业参评，其中 5★+专业 0 个，5★专业 0 个，5★-专业 0 个，4★专业 1 个，3★专业 12 个。

本科优势专业排名

4★专业：动画 44/256。

10202 通化师范学院

在中国本科院校竞争力排行榜中的名次 713，吉林省内排名 22/37，师范类排名 113/175。

共 43 个专业参评，其中 5★+专业 0 个，5★专业 0 个，5★-专业 0 个，4★专业 0 个，3★专业 7 个。

11439 吉林农业科技学院

在中国本科院校竞争力排行榜中的名次 756，吉林省内排名 25/37，农林类排名 41/47。

共 45 个专业参评，其中 5★+专业 0 个，5★专业 0 个，5★-专业 0 个，4★专业 0 个，3★专业 2 个。

13706 吉林医药学院

在中国本科院校竞争力排行榜中的名次 794，吉林省内排名 26/37，医药类排名 77/108。

共 20 个专业参评，其中 5★+专业 0 个，5★专业 0 个，5★-专业 0 个，4★专业 0 个，3★专业 2 个。

11261 吉林工商学院

在中国本科院校竞争力排行榜中的名次 821，吉林省内排名 28/37，财经类排名 54/109。

共 37 个专业参评，其中 5★+专业 0 个，5★专业 0 个，5★-专业 0 个，4★专业 2 个，3★专业 3 个。

本科优势专业排名

4★专业：动画 47/256、会计学 96/653。

11441 吉林警察学院

在中国本科院校竞争力排行榜中的名次 883，吉林省内排名 29/37，文法类排名 55/68。

共 13 个专业参评，其中 5★+专业 0 个，5★专业 0 个，5★-专业 0 个，4★专业 1 个，3★专业 4 个。

本科优势专业排名

4★专业：侦查学 4/31。

民办院校

10964 吉林外国语大学

在中国民办院校竞争力排行榜中的名次 11，吉林省内排名 20/37，文法类排名 31/68。

共 34 个专业参评，其中 5★+专业 0 个，5★专业 3 个，5★-专业 0 个，4★专业 1 个，3★专业 11 个。

在中国普通高校研究生教育竞争力排行榜中的名次：总排名 569/596，吉林省内排名 17/19，文法类排名 25/32。

共 1 个一级学科(学术学位)参评。

一级学科排名

教育学 107/139。

本科优势专业排名

5★-专业：英语 74/928、法语 13/137、日语 29/450。

4★专业：商务英语 53/362。

13603 长春财经学院

在中国民办院校竞争力排行榜中的名次 25，吉林省内排名 23/37，财经类排名 47/109。

共 30 个专业参评，其中 5★+专业 0 个，5★专业 0 个，5★-专业 0 个，4★专业 2 个，3★专业 12 个。

本科优势专业排名

4★专业：审计学 31/191、会计学 115/653。

13607 吉林动画学院

在中国民办院校竞争力排行榜中的名次 31，吉林省内排名 24/37，艺术类排名 36/48。

共 27 个专业参评，其中 5★+专业 0 个，5★专业 0 个，5★-专业 2 个，4★专业 0 个，3★专业 4 个。

本科优势专业排名

5★专业：动画 6/256、数字媒体艺术 10/319。

13605 长春建筑学院

在中国民办院校竞争力排行榜中的名次 51，吉林省内排名 27/37，理工类排名 232/365。

共 44 个专业参评，其中 5★+专业 0 个，5★专业 1 个，5★-专业 0 个，4★专业 1 个，3★专业 6 个。

本科优势专业排名

5★-专业：环境设计 53/701。

4★专业：工程造价 27/254。

13606 长春科技学院

在中国民办院校竞争力排行榜中的名次 120，吉林省内排名 30/37，综合类排名 192/270。

共 44 个专业参评，其中 5★+专业 0 个，5★专业 0 个，5★-专业 0 个，4★专业 0 个，3★专业 1 个。

13602 长春电子科技学院

在中国民办院校竞争力排行榜中的名次 147，吉林省内排名 31/37，理工类排名 290/365。

共 32 个专业参评，其中 5★+专业 0 个，5★专业 0 个，5★-专业 0 个，4★专业 0 个，3★专业 1 个。

13604 吉林建筑科技学院

在中国民办院校竞争力排行榜中的名次 151，吉林省内排名 32/37，理工类排名 293/365。

共 36 个专业参评，其中 5★+专业 0 个，5★专业 0 个，5★-专业 0 个，4★专业 0 个，3★专业 7 个。

13662 长春人文学院

在中国民办院校竞争力排行榜中的名次 167，吉林省内排名 34/37，综合类排名 215/270。

共 34 个专业参评，其中 5★+专业 0 个，5★专业 0 个，5★-专业 0 个，4★专业 0 个，3★专业 5 个。

13600 长春光华学院

在中国民办院校竞争力排行榜中的名次 172，吉林省内排名 35/37，综合类排名 219/270。

共 43 个专业参评，其中 5★+专业 0 个，5★专业 0 个，5★-专业 0 个，4★专业 1 个，3★专业 4 个。

本科优势专业排名

4★专业：会计学 120/653。

江西省

一般大学

10403 南昌大学

在中国本科院校竞争力排行榜中的名次 47，江西省内排名 1/42，综合类排名 18/270。

共 96 个专业参评，其中 5★+专业 1 个，5★专业 15 个，5★-专业 3 个，4★专业 25 个，3★专业 38 个。

在中国普通高校研究生教育竞争力排行榜中的名次：总排名 66/596，江西省内排名 1/16，综合类排名 21/93。

共 50 个一级学科(学术学位)参评，其中 5★+学科 0 个，5★学科 1 个，5★-学科 1 个，4★学科 2 个，学科优秀率为 8%。

一级学科排名

哲学 28/133、理论经济学 71/111、应用经济学 164/262、法学 85/206、政治学 44/80、马克思主义理论 64/358、教育学 87/139、心理学 82/102、体育学 61/106、中国语言文学 57/183、外国语言文学 118/232、新闻传播学 30/116、中国史 72/114、数学 100/262、物理学 82/197、化学 40/228、天文学 18/20、生物学 68/239、生态学 77/109、统计学 81/121、力学 51/95、机械工程 83/220、材料科学与工程 22/219、动力工程及工程热物理 56/104、电气工程 72/109、信息与通信工程 79/182、控制科学与工程 154/184、计算机科学与技术 121/263、建筑学 55/70、土木工程 84/159、水利工程 49/64、化学工程与技术 50/178、环境科学与工程 61/193、食品科学与工程 4/99、网络空间安全 51/70、基础医学 48/108、临床医学 43/110、口腔医学 37/47、公共卫生与预防医学 40/74、中西医结合 54/61、药学 47/142、护理学 34/70、管理科学与工程 110/202、工商管理 134/306、公共管理 109/209、图书情报与档案管理 37/50、音乐与舞蹈学 61/82、戏剧与影视学 41/61、美术学 99/115、设计学 56/161。

本科优势专业排名

5★+专业：食品质量与安全 2/236。

5★专业：广播电视学 4/152、食品科学与工程 5/278、管理科学 2/35。

5★-专业：汉语言文学 53/615、英语 72/928、新闻学 17/310、应用化学 25/373、机械设计制造及其自动化 49/513、材料成型及控制工程 17/221、材料科学与工程 23/229、通信工程 26/490、计算机科学与技术 87/922、制药工程 20/252、药学 23/240、护理学 20/290、行政管理 26/290、电子商务 29/451、旅游管理 33/424。

4★专业：经济学 42/348、汉语国际教育 37/320、广告学 30/254、数学与应用数学 66/514、物理学 54/282、生物科学 32/280、生物技术 54/285、应用心理学 39/248、软件工程 75/595、土木工程 58/525、水利水电工程 14/83、化学工程与工艺 52/325、环境工程 44/345、生物工程 46/239、康复治疗学 25/177、音乐学 47/394、产品设计 52/390、法学 92/583、知识产权 14/92、网络空间安全 16/100、临床医学 38/194、医学影像学 16/81、预防医学 22/121、工商管理 69/537、会计学 70/653。

10414 江西师范大学

在中国本科院校竞争力排行榜中的名次 127，江西省内排名 2/42，师范类排名 13/175。

共 69 个专业参评，其中 5★+专业 0 个，5★专业 14 个，5★-专业 3 个，4★专业 18 个，3★专业 24 个。

在中国普通高校研究生教育竞争力排行榜中的名次：总排名 126/596，江西省内排名 2/16，师范类排名 15/77。

共 32 个一级学科(学术学位)参评，其中 5★+学科 0 个，5★学科 1 个，5★-学科 0 个，4★学科 6 个，学科优秀率为 21.88%。

一级学科排名

哲学 55/133、应用经济学 127/262、法学 86/206、政治学 35/80、马克思主义理论 15/358、教育学 18/139、心理学 11/102、体育学 32/106、中国语言文学 34/183、外国语言文学 43/232、新闻传播学 39/116、中国史 43/114、世界史 47/67、数学 68/262、物理学 62/197、化学 29/228、地理学 15/84、生物学 167/239、生态学 67/109、统计学

78/121、材料科学与工程 118/219、信息与通信工程 163/182、计算机科学与技术 93/263、化学工程与技术 82/178、软件工程 50/146、管理科学与工程 41/202、工商管理 92/306、公共管理 125/209、音乐与舞蹈学 36/82、戏剧与影视学 55/61、美术学 37/115、设计学 66/161。

本科优势专业排名

5★专业：学前教育 21/418、小学教育 14/301、商务英语 17/362。

5★-专业：思想政治教育 22/292、体育教育 27/323、汉语言文学 40/615、英语 52/928、广告学 15/254、历史学 22/246、数学与应用数学 43/514、化学 28/304、地理科学 15/170、音乐表演 13/237、音乐学 34/394、广播电视编导 18/224、动画 24/256、食品营养与健康 2/26。

4★专业：教育技术学 20/130、社会体育指导与管理 38/231、汉语国际教育 40/320、日语 69/450、新闻学 59/310、物理学 55/282、生物科学 53/280、心理学 14/72、应用心理学 29/248、计算机科学与技术 102/922、软件工程 63/595、生物工程 34/239、公共事业管理 29/252、舞蹈学 34/202、表演 21/142、美术学 41/332、金融学 63/387、法学 73/583。

10421 江西财经大学

在中国本科院校竞争力排行榜中的名次 140，江西省内排名 3/42，财经类排名 5/109。

共 44 个专业参评，其中 5★+专业 2 个，5★专业 11 个，5★-专业 11 个，4★专业 11 个，3★专业 8 个。

在中国普通高校研究生教育竞争力排行榜中的名次：总排名 244/596，江西省内排名 5/16，财经类排名 10/39。

共 13 个一级学科(学术学位)参评，其中 5★+学科 0 个，5★学科 0 个，5★-学科 1 个，4★学科 1 个，学科优秀率为 15.38%。

一级学科排名

理论经济学 30/111、应用经济学 25/262、法学 47/206、社会学 44/88、马克思主义理论 75/358、外国语言文学 180/232、新闻传播学 80/116、统计学 65/121、计算机科学与技术 179/263、管理科学与工程 65/202、工商管理 46/306、公共管理 63/209、设计学 43/161。

本科优势专业排名

5★+专业：税收学 1/90、会计学 5/653。

5★专业：国际经济与贸易 14/670、社会工作 8/251、应用统计学 4/183、市场营销 11/586、财务管理 19/680、人力资源管理 5/414、物流管理 21/434、电子商务 15/451、数字媒体艺术 14/319、金融学 14/387、数据科学与大数据技术 25/680。

5★-专业：经济学 26/348、经济统计学 8/134、商务英语 29/362、物联网工程 32/481、信息管理与信息系统 19/343、工程管理 37/388、国际商务 10/126、环境设计 61/701、法学 36/583、工商管理 39/537、旅游管理 36/424。

4★专业：保险学 11/98、社会体育指导与管理 30/231、信息与计算科学 35/303、计算机科学与技术 142/922、软件工程 70/595、房地产开发与管理 6/41、劳动与社会保障 15/123、产品设计 41/390、数字经济 10/63、财政学 9/84、金融科技 13/78。

10406 南昌航空大学

在中国本科院校竞争力排行榜中的名次 210，江西省内排名 4/42，理工类排名 87/365。

共 57 个专业参评，其中 5★+专业 0 个，5★专业 2 个，5★-专业 2 个，4★专业 11 个，3★专业 24 个。

在中国普通高校研究生教育竞争力排行榜中的名次：总排名 249/596，江西省内排名 6/16，理工类排名 98/182。

共 17 个一级学科(学术学位)参评。

一级学科排名

马克思主义理论 128/358、外国语言文学 154/232、数学 188/262、化学 101/228、机械工程 149/220、光学工程 50/92、仪器科学与技术 43/69、材料科学与工程 112/219、信息与通信工程 127/182、控制科学与工程 114/184、计算机科学与技术 151/263、土木工程 78/159、航空宇航科学与技术 19/29、环境科学与工程 115/193、软件工程 107/146、管理科学与工程 95/202、设计学 92/161。

本科优势专业排名

5★专业：材料化学 4/125、金属材料工程 4/76。

5★-专业：物联网工程 47/481、焊接技术与工程 3/41。

4★专业：英语 98/928、材料成型及控制工程 28/221、测控技术与仪器 32/186、光电信息科学与工程 36/213、自动化 78/437、软件工程 62/595、网络工程 37/276、土木工程 100/525、飞行器制造工程 6/36、环境工程 43/345、工业工程 18/139。

10408 景德镇陶瓷大学

在中国本科院校竞争力排行榜中的名次 229，江西省内排名 5/42，艺术类排名 7/48。

共 46 个专业参评，其中 5★+专业 0 个，5★专业 3 个，5★-专业 2 个，4★专业 7 个，3★专业 20 个。

在中国普通高校研究生教育竞争力排行榜中的名次：总排名 292/596，江西省内排名 9/16，艺术类排名 5/33。

共 14 个一级学科(学术学位)参评，其中 5★+学科 0 个，5★学科 0 个，5★-学科 1 个，4★学科 0 个，学科优秀率为 7.14%。

一级学科排名

哲学 81/133、应用经济学 177/262、马克思主义理论 329/358、科学技术史 9/23、统计学 57/121、机械工程 195/220、材料科学与工程 102/219、动力工程及工程热物理 98/104、电子科学与技术 101/120、计算机科学与技术 227/263、环境科学与工程 157/193、管理科学与工程 174/202、美术学 32/115、设计学 13/161。

本科优势专业排名

5★专业：材料化学 6/125、环境设计 31/701。

5★-专业：应用统计学 17/183、视觉传达设计 42/702、产品设计 25/390。

4★专业：机械设计制造及其自动化 87/513、无机非金属材料工程 11/75、财务管理 135/680、动画 29/256、美术学 60/332、雕塑 9/50、工艺美术 12/92。

10404 华东交通大学

在中国本科院校竞争力排行榜中的名次 230，江西省内排名 6/42，理工类排名 96/365。

共 49 个专业参评，其中 5★+专业 0 个，5★专业 8 个，5★-专业 1 个，4★专业 11 个，3★专业 20 个。

在中国普通高校研究生教育竞争力排行榜中的名次：总排名 214/596，江西省内排名 3/16，理工类排名 84/182。

共 21 个一级学科(学术学位)参评。

一级学科排名

应用经济学 215/262、法学 102/206、政治学 72/80、马克思主义理论 287/358、体育学 54/106、中国语言文学 175/183、数学 219/262、化学 153/228、机械工程 122/220、光学工程 78/92、仪器科学与技术 53/69、材料科学与工程 156/219、电气工程 52/109、信息与通信工程 91/182、控制科学与工程 51/184、计算机科学与技术 195/263、建筑学 47/70、土木工程 43/159、交通运输工程 15/64、软件工程 81/146、工商管理 246/306。

本科优势专业排名

5★专业：人力资源管理 17/414。

5★-专业：电气工程及其自动化 49/569、通信工程 27/490、软件工程 55/595、土木工程 53/525、给排水科学与工程 14/159、建筑电气与智能化 5/64、物流管理 43/434、会计学 55/653。

4★专业：信息与计算科学 48/303、机械设计制造及其自动化 75/513、机械电子工程 54/297、车辆工程 28/254、自动化 54/437、计算机科学与技术 161/922、物联网工程 74/481、交通运输 17/107、交通工程 19/106、工程管理 49/388、铁道工程 2/14。

10407 江西理工大学

在中国本科院校竞争力排行榜中的名次 241，江西省内排名 7/42，理工类排名 99/365。

共 57 个专业参评，其中 5★+专业 0 个，5★专业 0 个，5★-专业 1 个，4★专业 13 个，3★专业 32 个。

在中国普通高校研究生教育竞争力排行榜中的名次：总排名 229/596，江西省内排名 4/16，理工类排名 89/182。

共 22 个一级学科(学术学位)参评。

一级学科排名

应用经济学 123/262、法学 111/206、马克思主义理论 158/358、数学 205/262、地理学 62/84、机械工程 148/220、仪器科学与技术 61/69、材料科学与工程 126/219、冶金工程 10/28、电气工程

89/109、电子科学与技术 91/120、信息与通信工程 177/182、控制科学与工程 138/184、计算机科学与技术 236/263、土木工程 90/159、测绘科学与技术 41/52、化学工程与技术 77/178、矿业工程 16/30、环境科学与工程 159/193、安全科学与工程 50/61、管理科学与工程 164/202、工商管理 248/306。

本科优势专业排名

5★专业：应急管理 1/29。

4★专业：地理信息科学 19/166、冶金工程 6/41、金属材料工程 10/76、自动化 74/437、计算机科学与技术 156/922、土木工程 104/525、给排水科学与工程 31/159、测绘工程 16/143、工程造价 31/254、数字媒体艺术 47/319、法学 110/583、电子信息科学与技术 25/164、会计学 102/653。

10405 东华理工大学

在中国本科院校竞争力排行榜中的名次 256，江西省内排名 8/42，理工类排名 105/365。

共 55 个专业参评，其中 5★+专业 0 个，5★专业 4 个，5★-专业 0 个，4★专业 3 个，3★专业 28 个。

在中国普通高校研究生教育竞争力排行榜中的名次：总排名 280/596，江西省内排名 8/16，理工类排名 106/182。

共 19 个一级学科(学术学位)参评。

一级学科排名

法学 190/206、马克思主义理论 283/358、中国语言文学 179/183、数学 214/262、化学 130/228、地理学 57/84、地球物理学 20/21、地质学 25/36、材料科学与工程 188/219、电子科学与技术 97/120、计算机科学与技术 204/263、土木工程 128/159、水利工程 62/64、测绘科学与技术 20/52、地质资源与地质工程 21/46、核科学与技术 10/17、环境科学与工程 141/193、工商管理 202/306、公共管理 164/209。

本科优势专业排名

5★-专业：应用化学 35/373、测绘工程 9/143、市场营销 36/586、财务管理 48/680。

4★专业：计算机科学与技术 146/922、软件工程 61/595、资源勘查工程 10/50。

10410 江西农业大学

在中国本科院校竞争力排行榜中的名次 281，江西省内排名 9/42，农林类排名 24/47。

共 53 个专业参评，其中 5★+专业 0 个，5★专业 1 个，5★-专业 2 个，4★专业 4 个，3★专业 25 个。

在中国普通高校研究生教育竞争力排行榜中的名次：总排名 256/596，江西省内排名 7/16，农林类排名 26/38。

共 20 个一级学科(学术学位)参评，其中 5★+学科 0 个，5★学科 0 个，5★-学科 0 个，4★学科 2 个，学科优秀率为 10%。

一级学科排名

马克思主义理论 290/358、教育学 131/139、化学 184/228、生物学 134/239、生态学 96/109、计算机科学与技术 224/263、农业工程 32/44、食品科学与工程 70/99、风景园林学 36/56、生物工程 12/22、作物学 24/51、园艺学 25/44、农业资源与环境 14/40、植物保护 36/45、畜牧学 11/55、兽医学 19/43、林学 7/36、工商管理 126/306、农林经济管理 22/51、公共管理 118/209。

本科优势专业排名

5★专业：生物工程 11/239、园林 6/126。

5★-专业：土地资源管理 9/90。

4★专业：动物科学 15/79、动物医学 10/73、动物药学 3/22、林学 8/47。

10412 江西中医药大学

在中国本科院校竞争力排行榜中的名次 391，江西省内排名 10/42，医药类排名 38/108。

共 27 个专业参评，其中 5★+专业 0 个，5★专业 2 个，5★-专业 0 个，4★专业 4 个，3★专业 16 个。

在中国普通高校研究生教育竞争力排行榜中的名次：总排名 305/596，江西省内排名 10/16，医药类排名 37/76。

共 6 个一级学科(学术学位)参评。

一级学科排名

计算机科学与技术 260/263、中医学 13/42、中西医结合 33/61、药学 54/142、中药学 12/50、公共管理 204/209。

本科优势专业排名

5★-专业：中药学 10/115、中医骨伤科学 2/22。

4★专业：药学 42/240、药物制剂 17/86、医学信息工程 10/52、中医养生学 2/14。

11318 江西科技师范大学

在中国本科院校竞争力排行榜中的名次 440，江西省内排名 11/42，师范类排名 47/175。

共 63 个专业参评，其中 5★+专业 0 个，5★专业 3 个，5★-专业 0 个，4★专业 7 个，3★专业 23 个。

在中国普通高校研究生教育竞争力排行榜中的名次：总排名 420/596，江西省内排名 12/16，师范类排名 45/77。

共 13 个一级学科(学术学位)参评。

一级学科排名

马克思主义理论 246/358、教育学 78/139、体育学 99/106、中国语言文学 182/183、数学 248/262、化学 159/228、生物学 199/239、电子科学与技术 118/120、管理科学与工程 194/202、工商管理 276/306、音乐与舞蹈学 74/82、美术学 103/115、设计学 105/161。

本科优势专业排名

5★-专业：财务管理 37/680、视觉传达设计 52/702、旅游管理 38/424。

4★专业：学前教育 49/418、应用化学 73/373、电子信息工程 70/633、制药工程 29/252、酒店管理 21/180、动画 31/256、虚拟现实技术 4/18。

10418 赣南师范大学

在中国本科院校竞争力排行榜中的名次 451，江西省内排名 12/42，师范类排名 50/175。

共 48 个专业参评，其中 5★+专业 0 个，5★专业 0 个，5★-专业 0 个，4★专业 5 个，3★专业 18 个。

在中国普通高校研究生教育竞争力排行榜中的名次：总排名 400/596，江西省内排名 11/16，师范类排名 43/77。

共 17 个一级学科(学术学位)参评。

一级学科排名

社会学 31/88、马克思主义理论 221/358、教育学 92/139、心理学 89/102、体育学 90/106、中国语言文学 177/183、外国语言文学 232/232、新闻传播学 115/116、中国史 93/114、世界史 44/67、数学 105/262、化学 169/228、电子科学与技术 120/120、控制科学与工程 184/184、化学工程与技术 79/178、园艺学 33/44、美术学 28/115。

本科优势专业排名

4★专业：思想政治教育 51/292、体育教育 63/323、汉语言文学 111/615、英语 97/928、音乐学 59/394。

11319 南昌工程学院

在中国本科院校竞争力排行榜中的名次 489，江西省内排名 14/42，理工类排名 173/365。

共 46 个专业参评，其中 5★+专业 0 个，5★专业 0 个，5★-专业 0 个，4★专业 1 个，3★专业 20 个。

在中国普通高校研究生教育竞争力排行榜中的名次：总排名 521/596，江西省内排名 14/16，理工类排名 168/182。

共 2 个一级学科(学术学位)参评。

一级学科排名

水利工程 51/64、管理科学与工程 201/202。

本科优势专业排名

4★专业：工程造价 41/254。

10419 井冈山大学

在中国本科院校竞争力排行榜中的名次 581，江西省内排名 16/42，综合类排名 98/270。

共 49 个专业参评，其中 5★+专业 0 个，5★专业 0 个，5★-专业 0 个，4★专业 0 个，3★专业 9 个。

在中国普通高校研究生教育竞争力排行榜中的名次：总排名 543/596，江西省内排名 15/16，综合类排名 85/93。

11843 九江学院

在中国本科院校竞争力排行榜中的名次 582，

江西省内排名 17/42，综合类排名 99/270。

共 76 个专业参评，其中 5★+专业 0 个，5★专业 1 个，5★-专业 1 个，4★专业 5 个，3★专业 16 个。

本科优势专业排名

5★专业：工程造价 10/254。

5★-专业：跨境电子商务 4/67。

4★专业：国际经济与贸易 126/670、视觉传达设计 104/702、环境设计 72/701、产品设计 76/390、会计学 88/653。

10416 上饶师范学院

在中国本科院校竞争力排行榜中的名次 620，江西省内排名 18/42，师范类排名 87/175。

共 35 个专业参评，其中 5★+专业 0 个，5★专业 1 个，5★-专业 0 个，4★专业 1 个，3★专业 14 个。

本科优势专业排名

5★-专业：舞蹈学 17/202。

4★专业：环境设计 119/701。

10417 宜春学院

在中国本科院校竞争力排行榜中的名次 657，江西省内排名 19/42，综合类排名 117/270。

共 62 个专业参评，其中 5★+专业 0 个，5★专业 0 个，5★-专业 0 个，4★专业 3 个，3★专业 7 个。

在中国普通高校研究生教育竞争力排行榜中的名次：总排名 560/596，江西省内排名 16/16，综合类排名 88/93。

本科优势专业排名

4★专业：学前教育 82/418、视觉传达设计 78/702、环境设计 82/701。

10413 赣南医学院

在中国本科院校竞争力排行榜中的名次 671，江西省内排名 20/42，医药类排名 70/108。

共 26 个专业参评，其中 5★+专业 0 个，5★专业 0 个，5★-专业 0 个，4★专业 1 个，3★专业 9 个。

在中国普通高校研究生教育竞争力排行榜中的名次：总排名 485/596，江西省内排名 13/16，医药类排名 70/76。

共 4 个一级学科(学术学位)参评。

一级学科排名

基础医学 90/108、临床医学 91/110、药学 99/142、医学技术 21/35。

本科优势专业排名

4★专业：助产学 8/71。

11508 新余学院

在中国本科院校竞争力排行榜中的名次 846，江西省内排名 22/42，综合类排名 164/270。

共 36 个专业参评，其中 5★+专业 0 个，5★专业 2 个，5★-专业 0 个，4★专业 0 个，3★专业 10 个。

本科优势专业排名

5★-专业：视觉传达设计 62/702、环境设计 67/701。

11504 江西警察学院

在中国本科院校竞争力排行榜中的名次 850，江西省内排名 23/42，文法类排名 50/68。

共 10 个专业参评，其中 5★+专业 0 个，5★专业 0 个，5★-专业 0 个，4★专业 0 个，3★专业 2 个。

10895 萍乡学院

在中国本科院校竞争力排行榜中的名次 898，江西省内排名 24/42，综合类排名 179/270。

共 31 个专业参评，其中 5★+专业 0 个，5★专业 0 个，5★-专业 0 个，4★专业 1 个，3★专业 8 个。

本科优势专业排名

4★专业：商务英语 66/362。

14437 南昌师范学院

在中国本科院校竞争力排行榜中的名次 905，

江西省内排名 25/42，师范类排名 148/175。

共 27 个专业参评，其中 5★+专业 0 个，5★专业 0 个，5★-专业 0 个，4★专业 0 个，3★专业 12 个。

13774 豫章师范学院

在中国本科院校竞争力排行榜中的名次 917，江西省内排名 26/42，师范类排名 149/175。

共 27 个专业参评，其中 5★+专业 0 个，5★专业 0 个，5★-专业 0 个，4★专业 0 个，3★专业 2 个。

10894 景德镇学院

在中国本科院校竞争力排行榜中的名次 1036，江西省内排名 31/42，综合类排名 216/270。

共 25 个专业参评，其中 5★+专业 0 个，5★专业 0 个，5★-专业 0 个，4★专业 0 个，3★专业 9 个。

13434 赣南科技学院

在中国本科院校竞争力排行榜中的名次 1056，江西省内排名 33/42，理工类排名 312/365。

共 29 个专业参评，其中 5★+专业 0 个，5★专业 0 个，5★-专业 0 个，4★专业 0 个，3★专业 1 个。

13432 赣东学院

在中国本科院校竞争力排行榜中的名次 1129，江西省内排名 36/42，理工类排名 338/365。

共 22 个专业参评，其中 5★+专业 0 个，5★专业 0 个，5★-专业 0 个，4★专业 0 个，3★专业 0 个。

13437 南昌医学院

在中国本科院校竞争力排行榜中的名次 1132，江西省内排名 38/42，医药类排名 93/108。

共 16 个专业参评，其中 5★+专业 0 个，5★专业 0 个，5★-专业 0 个，4★专业 0 个，3★专业 3 个。

民办院校

12795 南昌理工学院

在中国民办院校竞争力排行榜中的名次 1，江西省内排名 13/42，理工类排名 172/365。

共 52 个专业参评，其中 5★+专业 0 个，5★专业 2 个，5★-专业 0 个，4★专业 2 个，3★专业 9 个。

本科优势专业排名

5★-专业：工程造价 25/254、广播电视编导 22/224。

4★专业：电子商务 85/451、表演 28/142。

10846 江西科技学院

在中国民办院校竞争力排行榜中的名次 2，江西省内排名 15/42，理工类排名 175/365。

共 29 个专业参评，其中 5★+专业 0 个，5★专业 0 个，5★-专业 1 个，4★专业 3 个，3★专业 11 个。

本科优势专业排名

5★专业：汽车服务工程 6/111。

4★专业：国际经济与贸易 133/670、人力资源管理 73/414、机器人工程 41/307。

13421 南昌工学院

在中国民办院校竞争力排行榜中的名次 68，江西省内排名 21/42，理工类排名 240/365。

共 42 个专业参评，其中 5★+专业 0 个，5★专业 0 个，5★-专业 0 个，4★专业 2 个，3★专业 4 个。

本科优势专业排名

4★专业：学前教育 81/418、智能科学与技术 33/175。

12766 江西工程学院

在中国民办院校竞争力排行榜中的名次 106，江西省内排名 27/42，理工类排名 264/365。

共 27 个专业参评，其中 5★+专业 0 个，5★

专业0个，5★-专业0个，4★专业1个，3★专业6个。

本科优势专业排名

4★专业：电子商务 57/451。

13418 江西服装学院

在中国民办院校竞争力排行榜中的名次114，江西省内排名28/42，理工类排名270/365。

共24个专业参评，其中5★+专业0个，5★专业1个，5★-专业0个，4★专业1个，3★专业5个。

本科优势专业排名

5★-专业：服装与服饰设计 18/208。
4★专业：服装设计与工程 7/56。

13431 南昌交通学院

在中国民办院校竞争力排行榜中的名次152，江西省内排名30/42，理工类排名294/365。

共41个专业参评，其中5★+专业0个，5★专业0个，5★-专业0个，4★专业0个，3★专业6个。

12938 江西应用科技学院

在中国民办院校竞争力排行榜中的名次180，江西省内排名35/42，综合类排名231/270。

共30个专业参评，其中5★+专业0个，5★专业0个，5★-专业0个，4★专业1个，3★专业8个。

本科优势专业排名

4★专业：商务英语 45/362。

13440 南昌应用技术师范学院

在中国民办院校竞争力排行榜中的名次200，江西省内排名37/42，理工类排名339/365。

共15个专业参评，其中5★+专业0个，5★专业0个，5★-专业0个，4★专业0个，3★专业0个。

天津市

一流大学

10056 天津大学

在中国本科院校竞争力排行榜中的名次17，天津市内排名1/30，理工类排名8/365。

共66个专业参评，其中5★+专业7个，5★专业15个，5★-专业20个，4★专业14个，3★专业8个。

在中国普通高校研究生教育竞争力排行榜中的名次：总排名14/596，天津市内排名1/18，理工类排名7/182。

共43个一级学科（学术学位）参评，其中5★+学科2个，5★学科8个，5★-学科10个，4★学科8个，学科优秀率为65.12%。

一级学科排名

应用经济学104/262、法学78/206、马克思主义理论45/358、教育学23/139、心理学80/102、中国语言文学90/183、外国语言文学139/232、数学30/262、物理学53/197、化学8/228、大气科学14/19、海洋科学10/29、生物学72/239、力学10/95、机械工程19/220、光学工程2/92、仪器科学与技术2/69、材料科学与工程8/219、冶金工程18/28、动力工程及工程热物理4/104、电气工程13/109、电子科学与技术23/120、信息与通信工程27/182、控制科学与工程11/184、计算机科学与技术21/263、建筑学3/70、土木工程11/159、水利工程3/64、化学工程与技术1/178、船舶与海洋工程5/24、环境科学与工程14/193、生物医学工程4/74、食品科学与工程53/99、城乡规划学6/60、风景园林学17/56、软件工程8/146、网络空间安全44/70、药学32/142、管理科学与工程2/202、工商管理26/306、公共管理18/209、图书情报与档案管理40/50、设计学30/161。

本科优势专业排名

5★+专业：应用化学1/373、机械设计制造及其自动化3/513、测控技术与仪器2/186、化学工程与工艺1/325、制药工程2/252、工程管理2/388、智能医学工程1/62。

5★专业：数学与应用数学21/514、材料成型及控制工程7/221、能源与动力工程4/188、电气工程及其自动化7/569、光电信息科学与工程8/213、计算机科学与技术13/922、软件工程19/595、土木工程15/525、水利水电工程3/83、港口航道与海岸工程1/32、环境工程11/345、建筑学5/291、城乡规划5/203、物流工程4/102、工业工程2/139、智能制造工程8/252、功能材料1/46、智能电网信息工程2/34、人工智能13/411、数据科学与大数据技术16/680。

5★-专业：海洋技术2/24、工业设计15/209、过程装备与控制工程6/91、材料科学与工程12/229、电子科学与技术9/149、物联网工程31/481、建筑环境与能源应用工程9/165、环境科学15/173、风景园林14/185、生物工程14/239、财务管理40/680、电子商务45/451、环境设计40/701、集成电路设计与集成系统5/70、网络空间安全8/100。

4★专业：教育学9/82、生物科学52/280、工程力学12/80、电子信息工程89/633、通信工程86/490、自动化86/437、船舶与海洋工程5/33、生物医学工程15/119、药学36/240、信息管理与信息系统42/343、金融数学9/71、法学72/583、智能感知工程3/22、工商管理80/537。

10055 南开大学

在中国本科院校竞争力排行榜中的名次32，天津市内排名2/30，综合类排名12/270。

共89个专业参评，其中5★+专业4个，5★专业19个，5★-专业15个，4★专业21个，3★专业20个。

在中国普通高校研究生教育竞争力排行榜中的名次：总排名32/596，天津市内排名2/18，综合类排名12/93。

共42个一级学科（学术学位）参评，其中5★+学科2个，5★学科5个，5★-学科6个，4★学科11个，学科优秀率为57.14%。

一级学科排名

哲学13/133、理论经济学3/111、应用经济学4/262、法学26/206、政治学7/80、社会学5/88、马克思主义理论7/358、心理学34/102、中国语言文学14/183、外国语言文学30/232、新闻传播学41/116、考古学17/40、中国史22/114、世界史

2/67、数学 3/262、物理学 26/197、化学 1/228、生物学 28/239、生态学 29/109、统计学 7/121、光学工程 21/92、材料科学与工程 27/219、电子科学与技术 28/120、信息与通信工程 71/182、控制科学与工程 30/184、计算机科学与技术 49/263、环境科学与工程 13/193、食品科学与工程 78/99、软件工程 36/146、网络空间安全 41/70、植物保护 10/45、基础医学 69/108、临床医学 51/110、口腔医学 29/47、药学 22/142、管理科学与工程 43/202、工商管理 6/306、公共管理 23/209、图书情报与档案管理 7/50、艺术学理论 37/70、美术学 51/115、设计学 70/161。

本科优势专业排名

5★+专业：经济学 3/348、国际经济与贸易 4/670、智能科学与技术 2/175、旅游管理 3/424。

5★专业：金融工程 5/259、保险学 4/98、汉语言文学 13/615、英语 37/928、日语 20/450、历史学 9/246、数学与应用数学 14/514、信息与计算科学 4/303、化学 5/304、行政管理 8/290、会展经济与管理 5/101、商务经济学 1/19、数据科学与大数据技术 15/680、工商管理 15/537、会计学 32/653。

5★-专业：政治学与行政学 8/82、汉语国际教育 31/320、物理学 19/282、应用物理学 15/151、生物科学 26/280、生物技术 25/285、统计学 11/205、光电信息科学与工程 21/213、自动化 41/437、计算机科学与技术 51/922、软件工程 40/595、物联网工程 36/481、环境工程 28/345、环境科学 13/173、财务管理 66/680、人力资源管理 41/414、数字经济 5/63、金融学 22/387、法学 33/583。

4★专业：哲学 12/73、投资学 21/127、社会学 14/89、社会工作 41/251、世界史 4/19、文物与博物馆学 6/53、应用化学 57/373、应用心理学 30/248、材料化学 15/125、信息管理与信息系统 65/343、市场营销 64/586、城市管理 8/50、物流管理 67/434、环境设计 127/701、财政学 11/84、马克思主义理论 6/39、化学生物学 3/22、电子信息科学与技术 29/164、信息安全 23/119、资源循环科学与工程 5/32、眼视光医学 5/27。

一般大学

10058 天津工业大学

在中国本科院校竞争力排行榜中的名次 149，天津市内排名 3/30，理工类排名 67/365。

共 53 个专业参评，其中 5★+专业 0 个，5★专业 7 个，5★-专业 2 个，4★专业 8 个，3★专业 29 个。

在中国普通高校研究生教育竞争力排行榜中的名次：总排名 182/596，天津市内排名 4/18，理工类排名 73/182。

共 25 个一级学科(学术学位)参评，其中 5★+学科 0 个，5★学科 0 个，5★-学科 0 个，4★学科 1 个，学科优秀率为 4%。

一级学科排名

应用经济学 154/262、法学 156/206、马克思主义理论 264/358、外国语言文学 145/232、数学 78/262、物理学 124/197、统计学 61/121、机械工程 76/220、光学工程 76/92、材料科学与工程 73/219、电气工程 63/109、电子科学与技术 67/120、信息与通信工程 107/182、控制科学与工程 61/184、计算机科学与技术 122/263、化学工程与技术 71/178、纺织科学与工程 3/22、环境科学与工程 114/193、生物医学工程 57/74、软件工程 96/146、管理科学与工程 136/202、工商管理 144/306、公共管理 75/209、戏剧与影视学 36/61、设计学 96/161。

本科优势专业排名

5★专业：动画 11/256、非织造材料与工程 1/13。

5★-专业：国际经济与贸易 67/670、机械电子工程 19/297、电子信息工程 44/633、软件工程 47/595、纺织工程 3/39、环境工程 29/345、视觉传达设计 39/702。

4★专业：应用统计学 37/183、材料科学与工程 34/229、电气工程及其自动化 67/569、物联网工程 61/481、服装设计与工程 11/56、表演 24/142、智能制造工程 41/252、数据科学与大数据技术 69/680。

10062 天津医科大学

在中国本科院校竞争力排行榜中的名次 157，天津市内排名 4/30，医药类排名 7/108。

共 19 个专业参评，其中 5★+专业 0 个，5★专业 5 个，5★-专业 5 个，4★专业 5 个，3★专业 3 个。

在中国普通高校研究生教育竞争力排行榜中

的名次：总排名 121/596，天津市内排名 3/18，医药类排名 7/76。

共 12 个一级学科(学术学位)参评，其中 5★+学科 0 个，5★学科 0 个，5★-学科 0 个，4★学科 4 个，学科优秀率为 33.33%。

一级学科排名

马克思主义理论 348/358、生物学 97/239、生物医学工程 14/74、基础医学 19/108、临床医学 12/110、口腔医学 20/47、公共卫生与预防医学 22/74、中西医结合 23/61、药学 41/142、医学技术 5/35、护理学 18/70、公共管理 183/209。

本科优势专业排名

5★专业：医学检验技术 4/159、医学影像技术 4/100、康复治疗学 8/177、医学影像学 2/81、智能医学工程 3/62。

5★-专业：药学 21/240、药物制剂 6/86、护理学 18/290、眼视光医学 2/27、预防医学 9/121。

4★专业：生物医学工程 22/119、眼视光学 4/29、临床医学 23/194、麻醉学 11/61、口腔医学 17/116。

10065 天津师范大学

在中国本科院校竞争力排行榜中的名次 183，天津市内排名 5/30，师范类排名 22/175。

共 72 个专业参评，其中 5★+专业 1 个，5★专业 9 个，5★-专业 1 个，4★专业 17 个，3★专业 34 个。

在中国普通高校研究生教育竞争力排行榜中的名次：总排名 193/596，天津市内排名 6/18，师范类排名 20/77。

共 32 个一级学科(学术学位)参评，其中 5★+学科 0 个，5★学科 0 个，5★-学科 1 个，4★学科 1 个，学科优秀率为 6.25%。

一级学科排名

理论经济学 83/111、法学 108/206、政治学 22/80、社会学 68/88、马克思主义理论 54/358、教育学 37/139、心理学 8/102、体育学 96/106、中国语言文学 65/183、外国语言文学 217/232、新闻传播学 34/116、考古学 31/40、中国史 45/114、世界史 26/67、数学 154/262、物理学 141/197、化学 118/228、天文学 19/20、地理学 36/84、生物学 146/239、科学技术史 23/23、生态学 109/109、材料科学与工程 193/219、信息与通信工程 134/182、管理科学与工程 202/202、工商管理 297/306、公共管理 200/209、图书情报与档案管理 35/50、音乐与舞蹈学 80/82、戏剧与影视学 39/61、美术学 112/115、设计学 161/161。

本科优势专业排名

5★+专业：应用心理学 1/248。

5★专业：政治学与行政学 2/82。

5★-专业：国际经济与贸易 57/670、思想政治教育 29/292、教育技术学 12/130、小学教育 16/301、汉语言文学 41/615、英语 55/928、新闻学 24/310、播音与主持艺术 16/219、数字媒体艺术 27/319。

4★专业：教育学 16/82、学前教育 51/418、汉语国际教育 53/320、朝鲜语 13/93、数学与应用数学 98/514、化学 60/304、地理科学 22/170、计算机科学与技术 176/922、物联网工程 78/481、行政管理 42/290、音乐学 76/394、舞蹈学 28/202、表演 18/142、摄影 12/75、视觉传达设计 92/702、环境设计 111/701、法学 64/583。

10057 天津科技大学

在中国本科院校竞争力排行榜中的名次 211，天津市内排名 6/30，理工类排名 88/365。

共 57 个专业参评，其中 5★+专业 0 个，5★专业 2 个，5★-专业 4 个，4★专业 10 个，3★专业 33 个。

在中国普通高校研究生教育竞争力排行榜中的名次：总排名 183/596，天津市内排名 5/18，理工类排名 74/182。

共 20 个一级学科(学术学位)参评。

一级学科排名

应用经济学 84/262、马克思主义理论 266/358、外国语言文学 123/232、化学 122/228、海洋科学 21/29、机械工程 57/220、仪器科学与技术 39/69、材料科学与工程 149/219、控制科学与工程 130/184、化学工程与技术 49/178、轻工技术与工程 7/19、环境科学与工程 131/193、食品科学与工程 23/99、软件工程 106/146、生物工程 7/22、公共卫生与预防医学 56/74、药学 95/142、管理科学与工程 98/202、工商管理 184/306、设计学 90/161。

本科优势专业排名

5★专业：包装工程 2/37、食品科学与工程 10/278、生物工程 4/239、财务管理 8/680。

5★-专业：制药工程 17/252、物流管理 27/434。

4★专业：金融工程 52/259、投资学 25/127、日语 80/450、工业设计 23/209、物联网工程 92/481、化学工程与工艺 43/325、轻化工程 6/41、环境科学 28/173、食品质量与安全 34/236、产品设计 66/390。

10060 天津理工大学

在中国本科院校竞争力排行榜中的名次 219，天津市内排名 7/30，理工类排名 91/365。

共 58 个专业参评，其中 5★+专业 1 个，5★专业 5 个，5★-专业 2 个，4★专业 13 个，3★专业 25 个。

在中国普通高校研究生教育竞争力排行榜中的名次：总排名 266/596，天津市内排名 8/18，理工类排名 101/182。

共 23 个一级学科(学术学位)参评，其中 5★+学科 0 个，5★学科 0 个，5★-学科 0 个，4★学科 1 个，学科优秀率为 4.35%。

一级学科排名

社会学 82/88、马克思主义理论 231/358、外国语言文学 197/232、数学 250/262、物理学 136/197、化学 128/228、机械工程 176/220、光学工程 80/92、材料科学与工程 74/219、电气工程 77/109、电子科学与技术 82/120、信息与通信工程 125/182、控制科学与工程 164/184、计算机科学与技术 79/263、化学工程与技术 120/178、环境科学与工程 134/193、软件工程 145/146、安全科学与工程 59/61、网络空间安全 60/70、药学 142/142、管理科学与工程 72/202、工商管理 216/306、设计学 25/161。

本科优势专业排名

5★+专业：工程造价 1/254。

5★专业：产品设计 9/390、大数据管理与应用 9/170。

5★-专业：机械电子工程 20/297、电子信息工程 35/633、通信工程 33/490、计算机科学与技术 70/922、工程管理 36/388。

4★专业：保险学 20/98、社会工作 28/251、日语 57/450、应用化学 40/373、材料科学与工程 46/229、电气工程及其自动化 62/569、自动化 72/437、软件工程 118/595、视觉传达设计 79/702、环境设计 117/701、信息安全 13/119、数据科学与大数据技术 133/680、工商管理 73/537。

10070 天津财经大学

在中国本科院校竞争力排行榜中的名次 309，天津市内排名 8/30，财经类排名 20/109。

共 45 个专业参评，其中 5★+专业 0 个，5★专业 4 个，5★-专业 7 个，4★专业 6 个，3★专业 19 个。

在中国普通高校研究生教育竞争力排行榜中的名次：总排名 343/596，天津市内排名 10/18，财经类排名 17/39。

共 10 个一级学科(学术学位)参评，其中 5★+学科 0 个，5★学科 0 个，5★-学科 2 个，4★学科 0 个，学科优秀率为 20%。

一级学科排名

理论经济学 49/111、应用经济学 26/262、法学 120/206、马克思主义理论 269/358、外国语言文学 122/232、数学 239/262、计算机科学与技术 173/263、管理科学与工程 69/202、工商管理 30/306、公共管理 175/209。

本科优势专业排名

5★专业：商务英语 12/362、市场营销 18/586、财务管理 29/680、人力资源管理 7/414、金融学 18/387、工商管理 12/537、会计学 10/653。

5★-专业：经济统计学 10/134、金融工程 20/259、国际经济与贸易 37/670、国际商务 8/126。

4★专业：应用统计学 19/183、信息管理与信息系统 49/343、审计学 22/191、物流管理 57/434、财政学 15/84、法学 107/583。

10059 中国民航大学

在中国本科院校竞争力排行榜中的名次 316，天津市内排名 9/30，理工类排名 125/365。

共 37 个专业参评，其中 5★+专业 0 个，5★专业 2 个，5★-专业 1 个，4★专业 7 个，3★专业 21 个。

在中国普通高校研究生教育竞争力排行榜中

的名次：总排名 288/596，天津市内排名 9/18，理工类排名 110/182。

共 11 个一级学科(学术学位)参评，其中 5★+学科 0 个，5★学科 0 个，5★-学科 1 个，4★学科 0 个，学科优秀率为 9.09%。

一级学科排名

法学 198/206、数学 220/262、机械工程 200/220、材料科学与工程 204/219、信息与通信工程 96/182、控制科学与工程 99/184、计算机科学与技术 226/263、交通运输工程 33/64、航空宇航科学与技术 21/29、安全科学与工程 5/61、工商管理 192/306。

本科优势专业排名

5★专业：电子信息工程 32/633。

5★-专业：通信工程 42/490、航空服务艺术与管理 6/63。

4★专业：机械电子工程 46/297、交通运输 21/107、物流管理 85/434、经济与金融 11/78、人工智能 81/411、飞行技术 3/16、无人驾驶航空器系统工程 3/15。

10063 天津中医药大学

在中国本科院校竞争力排行榜中的名次 322，天津市内排名 10/30，医药类排名 27/108。

共 29 个专业参评，其中 5★+专业 0 个，5★专业 4 个，5★-专业 1 个，4★专业 7 个，3★专业 7 个。

在中国普通高校研究生教育竞争力排行榜中的名次：总排名 243/596，天津市内排名 7/18，医药类排名 30/76。

共 6 个一级学科(学术学位)参评，其中 5★+学科 0 个，5★学科 0 个，5★-学科 0 个，4★学科 2 个，学科优秀率为 33.33%。

一级学科排名

中医学 9/42、中西医结合 7/61、药学 57/142、中药学 7/50、护理学 29/70、管理科学与工程 101/202。

本科优势专业排名

5★专业：针灸推拿学 3/50。

5★-专业：中药学 7/115、市场营销 50/586、中医学 4/64、中药制药 2/22。

4★专业：制药工程 45/252、药物制剂 12/86、中药资源与开发 6/35、护理学 34/290、中西医临床医学 6/50、临床药学 10/52、健康服务与管理 18/116。

10069 天津商业大学

在中国本科院校竞争力排行榜中的名次 358，天津市内排名 11/30，财经类排名 26/109。

共 50 个专业参评，其中 5★+专业 1 个，5★专业 4 个，5★-专业 0 个，4★专业 5 个，3★专业 25 个。

在中国普通高校研究生教育竞争力排行榜中的名次：总排名 417/596，天津市内排名 12/18，财经类排名 24/39。

共 10 个一级学科(学术学位)参评。

一级学科排名

理论经济学 85/111、应用经济学 126/262、法学 104/206、马克思主义理论 219/358、统计学 119/121、动力工程及工程热物理 47/104、信息与通信工程 158/182、食品科学与工程 77/99、工商管理 143/306、公共管理 184/209。

本科优势专业排名

5★+专业：酒店管理 1/180。

5★-专业：国际经济与贸易 54/670、应用统计学 14/183、财务管理 53/680、电子商务 25/451。

4★专业：通信工程 65/490、食品质量与安全 38/236、市场营销 109/586、人力资源管理 65/414、金融学 53/387。

10068 天津外国语大学

在中国本科院校竞争力排行榜中的名次 394，天津市内排名 12/30，文法类排名 13/68。

共 34 个专业参评，其中 5★+专业 1 个，5★专业 4 个，5★-专业 4 个，4★专业 6 个，3★专业 3 个。

在中国普通高校研究生教育竞争力排行榜中的名次：总排名 501/596，天津市内排名 16/18，文法类排名 18/32。

共 6 个一级学科(学术学位)参评，其中 5★+学科 0 个，5★学科 0 个，5★-学科 1 个，4★学科 0 个，学科优秀率为 16.67%。

一级学科排名

哲学 124/133、理论经济学 92/111、政治学 78/80、中国语言文学 164/183、外国语言文学 19/232、新闻传播学 116/116。

本科优势专业排名

5★+专业：日语 1/450。

5★专业：汉语国际教育 14/320、西班牙语 4/96、翻译 10/261、商务英语 9/362。

5★-专业：英语 63/928、俄语 12/157、德语 11/110、朝鲜语 8/93。

4★专业：汉语言文学 75/615、法语 26/137、阿拉伯语 8/39、泰语 9/44、新闻学 61/310、网络与新媒体 61/316。

10792 天津城建大学

在中国本科院校竞争力排行榜中的名次 419，天津市内排名 13/30，理工类排名 154/365。

共 51 个专业参评，其中 5★+专业 0 个，5★专业 2 个，5★-专业 0 个，4★专业 6 个，3★专业 13 个。

在中国普通高校研究生教育竞争力排行榜中的名次：总排名 382/596，天津市内排名 11/18，理工类排名 139/182。

共 14 个一级学科(学术学位)参评。

一级学科排名

应用经济学 156/262、化学 186/228、材料科学与工程 215/219、动力工程及工程热物理 59/104、控制科学与工程 124/184、计算机科学与技术 251/263、建筑学 44/70、土木工程 75/159、测绘科学与技术 34/52、环境科学与工程 177/193、城乡规划学 57/60、风景园林学 52/56、管理科学与工程 175/202、设计学 84/161。

本科优势专业排名

5★-专业：房地产开发与管理 3/41、城市地下空间工程 7/73。

4★专业：土木工程 68/525、建筑环境与能源应用工程 28/165、给排水科学与工程 17/159、建筑学 40/291、工程管理 54/388、道路桥梁与渡河工程 9/77。

10071 天津体育学院

在中国本科院校竞争力排行榜中的名次 486，天津市内排名 14/30，体育类排名 6/16。

共 16 个专业参评，其中 5★+专业 0 个，5★专业 1 个，5★-专业 3 个，4★专业 1 个，3★专业 2 个。

在中国普通高校研究生教育竞争力排行榜中的名次：总排名 473/596，天津市内排名 14/18，体育类排名 5/13。

共 2 个一级学科(学术学位)参评，其中 5★+学科 0 个，5★学科 0 个，5★-学科 0 个，4★学科 1 个，学科优秀率为 50%。

一级学科排名

教育学 91/139、体育学 14/106。

本科优势专业排名

5★专业：体育教育 8/323、社会体育指导与管理 9/231、舞蹈学 9/202。

5★-专业：运动康复 5/79。

4★专业：运动训练 8/53。

10061 天津农学院

在中国本科院校竞争力排行榜中的名次 504，天津市内排名 15/30，农林类排名 36/47。

共 44 个专业参评，其中 5★+专业 0 个，5★专业 1 个，5★-专业 0 个，4★专业 0 个，3★专业 8 个。

在中国普通高校研究生教育竞争力排行榜中的名次：总排名 446/596，天津市内排名 13/18，农林类排名 37/38。

共 9 个一级学科(学术学位)参评。

一级学科排名

农业工程 41/44、食品科学与工程 92/99、作物学 46/51、园艺学 41/44、植物保护 40/45、畜牧学 53/55、兽医学 38/43、水产 27/28、农林经济管理 42/51。

本科优势专业排名

5★-专业：食品质量与安全 23/236。

10073 天津美术学院

在中国本科院校竞争力排行榜中的名次 543，

天津市内排名16/30，艺术类排名31/48。

共16个专业参评，其中5★+专业0个，5★专业3个，5★-专业1个，4★专业3个，3★专业5个。

在中国普通高校研究生教育竞争力排行榜中的名次：总排名544/596，天津市内排名17/18，艺术类排名27/33。

共3个一级学科(学术学位)参评。

一级学科排名

艺术学理论50/70、美术学49/115、设计学111/161。

本科优势专业排名

5★专业：视觉传达设计18/702。

5★-专业：绘画9/164、摄影7/75、数字媒体艺术31/319。

4★专业：动画50/256、环境设计130/701、中国画7/34。

10072 天津音乐学院

在中国本科院校竞争力排行榜中的名次579，天津市内排名17/30，艺术类排名32/48。

共8个专业参评，其中5★+专业1个，5★专业0个，5★-专业1个，4★专业2个，3★专业3个。

在中国普通高校研究生教育竞争力排行榜中的名次：总排名562/596，天津市内排名18/18，艺术类排名30/33。

共3个一级学科(学术学位)参评。

一级学科排名

艺术学理论51/70、音乐与舞蹈学30/82、戏剧与影视学60/61。

本科优势专业排名

5★+专业：音乐学4/394。

5★专业：音乐表演6/237。

4★专业：表演15/142、戏剧影视美术设计8/49。

10066 天津职业技术师范大学

在中国本科院校竞争力排行榜中的名次668，天津市内排名18/30，师范类排名102/175。

共44个专业参评，其中5★+专业0个，5★专业0个，5★-专业0个，4★专业0个，3★专业16个。

在中国普通高校研究生教育竞争力排行榜中的名次：总排名475/596，天津市内排名15/18，师范类排名54/77。

共8个一级学科(学术学位)参评。

一级学科排名

教育学40/139、心理学52/102、数学158/262、机械工程161/220、材料科学与工程214/219、信息与通信工程161/182、控制科学与工程181/184、交通运输工程63/64。

12105 天津中德应用技术大学

在中国本科院校竞争力排行榜中的名次761，天津市内排名19/30，理工类排名223/365。

共22个专业参评，其中5★+专业0个，5★专业0个，5★-专业0个，4★专业0个，3★专业7个。

民办院校

14038 天津仁爱学院

在中国民办院校竞争力排行榜中的名次142，天津市内排名21/30，综合类排名202/270。

共28个专业参评，其中5★+专业0个，5★专业0个，5★-专业0个，4★专业0个，3★专业3个。

13659 天津传媒学院

在中国民办院校竞争力排行榜中的名次186，天津市内排名24/30，体育类排名15/16。

共22个专业参评，其中5★+专业0个，5★专业0个，5★-专业0个，4★专业0个，3★专业10个。

10859 天津天狮学院

在中国民办院校竞争力排行榜中的名次193，天津市内排名26/30，综合类排名247/270。

共31个专业参评，其中5★+专业0个，5★专业0个，5★-专业0个，4★专业0个，3★专业6个。

重庆市

一流大学

10611 重庆大学

在中国本科院校竞争力排行榜中的名次 28，重庆市内排名 1/25，理工类排名 16/365。

共 101 个专业参评，其中 5★+专业 2 个，5★专业 19 个，5★-专业 23 个，4★专业 16 个，3★专业 31 个。

在中国普通高校研究生教育竞争力排行榜中的名次：总排名 31/596，重庆市内排名 1/13，理工类排名 17/182。

共 50 个一级学科(学术学位)参评，其中 5★+学科 0 个，5★学科 3 个，5★-学科 6 个，4★学科 18 个，学科优秀率为 54%。

一级学科排名

哲学 76/133、理论经济学 66/111、应用经济学 23/262、法学 16/206、马克思主义理论 119/358、教育学 86/139、心理学 91/102、体育学 79/106、中国语言文学 121/183、外国语言文学 64/232、新闻传播学 27/116、中国史 69/114、数学 26/262、物理学 36/197、化学 36/228、生物学 30/239、生态学 41/109、统计学 28/121、力学 28/95、机械工程 4/220、光学工程 27/92、仪器科学与技术 8/69、材料科学与工程 42/219、冶金工程 4/28、动力工程及工程热物理 14/104、电气工程 3/109、信息与通信工程 31/182、控制科学与工程 25/184、计算机科学与技术 47/263、建筑学 5/70、土木工程 5/159、化学工程与技术 27/178、矿业工程 5/30、交通运输工程 45/64、航空宇航科学与技术 18/29、环境科学与工程 30/193、生物医学工程 35/74、城乡规划学 10/60、风景园林学 7/56、软件工程 28/146、安全科学与工程 9/61、基础医学 68/108、临床医学 90/110、药学 65/142、管理科学与工程 26/202、工商管理 22/306、公共管理 20/209、戏剧与影视学 22/61、美术学 52/115、设计学 61/161。

本科优势专业排名

5★+专业：电气工程及其自动化 4/569、环境生态工程 1/68。

5★专业：新闻学 16/310、机械设计制造及其自动化 10/513、机械电子工程 4/297、车辆工程 10/254、测控技术与仪器 9/186、电子信息工程 15/633、通信工程 18/490、计算机科学与技术 32/922、软件工程 24/595、土木工程 14/525、建筑环境与能源应用工程 7/165、给排水科学与工程 8/159、建筑学 9/291、城乡规划 7/203、工程管理 11/388、房地产开发与管理 1/41、工程造价 12/254、市场营销 13/586、财务管理 21/680、播音与主持艺术 10/219、机器人工程 13/307、数据科学与大数据技术 23/680、会计学 21/653。

5★-专业：英语 61/928、日语 44/450、数学与应用数学 33/514、材料科学与工程 20/229、冶金工程 4/41、能源与动力工程 19/188、光电信息科学与工程 19/213、自动化 33/437、物联网工程 30/481、化学工程与工艺 29/325、环境工程 27/345、风景园林 13/185、信息管理与信息系统 22/343、金融学 35/387、法学 32/583、人工智能 25/411、智能医学工程 6/62、工商管理 36/537、影视摄影与制作 7/70。

4★专业：经济学 67/348、国际经济与贸易 100/670、物理学 33/282、材料成型及控制工程 39/221、制药工程 46/252、采矿工程 8/45、环境科学 34/173、生物医学工程 21/119、安全工程 16/148、城市管理 6/50、物流管理 60/434、表演 20/142、产品设计 77/390、知识产权 10/92、新能源科学与工程 19/126、智能建造 11/65。

一般大学

10635 西南大学

在中国本科院校竞争力排行榜中的名次 40，重庆市内排名 2/25，综合类排名 16/270。

共 98 个专业参评，其中 5★+专业 1 个，5★专业 18 个，5★-专业 12 个，4★专业 28 个，3★专业 34 个。

在中国普通高校研究生教育竞争力排行榜中的名次：总排名 42/596，重庆市内排名 2/13，综合类排名 16/93。

共 52 个一级学科(学术学位)参评，其中 5★+学科 0 个，5★学科 3 个，5★-学科 2 个，4★学科

7 个，学科优秀率为 23.08%。

一级学科排名

哲学 24/133、应用经济学 46/262、法学 90/206、社会学 77/88、民族学 20/38、马克思主义理论 26/358、教育学 6/139、心理学 2/102、体育学 24/106、中国语言文学 32/183、外国语言文学 42/232、新闻传播学 40/116、中国史 52/114、世界史 27/67、数学 54/262、物理学 125/197、化学 45/228、地理学 27/84、地质学 36/36、生物学 11/239、生态学 23/109、统计学 32/121、机械工程 103/220、材料科学与工程 141/219、信息与通信工程 137/182、计算机科学与技术 64/263、化学工程与技术 157/178、纺织科学与工程 14/22、农业工程 21/44、环境科学与工程 87/193、食品科学与工程 10/99、风景园林学 42/56、软件工程 79/146、作物学 19/51、园艺学 15/44、农业资源与环境 13/40、植物保护 18/45、畜牧学 10/55、兽医学 22/43、林学 30/36、水产 11/28、药学 19/142、中药学 28/50、工商管理 201/306、农林经济管理 20/51、公共管理 129/209、图书情报与档案管理 33/50、艺术学理论 36/70、音乐与舞蹈学 21/82、戏剧与影视学 18/61、美术学 45/115、设计学 97/161。

本科优势专业排名

5★+专业：应用心理学 2/248。

5★专业：思想政治教育 5/292、教育学 2/82、教育技术学 2/130、学前教育 6/418、体育教育 12/323、汉语言文学 24/615、英语 16/928、生物科学 10/280、心理学 3/72、音乐学 17/394、广播电视编导 4/224、播音与主持艺术 4/219。

5★-专业：特殊教育 4/58、历史学 24/246、数学与应用数学 29/514、人文地理与城乡规划 10/108、制药工程 21/252、环境科学与工程 3/48、食品科学与工程 22/278、食品质量与安全 13/236、农学 8/76、园艺 9/107、农业资源与环境 5/51、水产养殖学 5/51、药学 24/240、市场营销 44/586、文化产业管理 14/135、美术学 18/332、人工智能 37/411、智能科学与技术 15/175。

4★专业：汉语国际教育 33/320、俄语 24/157、日语 49/450、新闻学 35/310、物理学 38/282、化学 34/304、地理科学 21/170、统计学 26/205、通信工程 62/490、软件工程 82/595、网络工程 47/276、风景园林 22/185、植物保护 8/55、动物科学 9/79、动物医学 12/73、信息管理与信息系统 68/343、人力资源管理 82/414、农村区域发展 5/26、行政管理 53/290、音乐表演 37/237、舞蹈学 21/202、戏剧影视文学 14/93、绘画 21/164、服装与服饰设计 30/208、金融学 65/387、法学 117/583、水族科学与技术 2/12、工商管理 70/537。

10617 重庆邮电大学

在中国本科院校竞争力排行榜中的名次 123，重庆市内排名 3/25，理工类排名 55/365。

共 55 个专业参评，其中 5★+专业 0 个，5★专业 4 个，5★-专业 5 个，4★专业 14 个，3★专业 20 个。

在中国普通高校研究生教育竞争力排行榜中的名次：总排名 189/596，重庆市内排名 4/13，理工类排名 76/182。

共 18 个一级学科(学术学位)参评，其中 5★+学科 0 个，5★学科 0 个，5★-学科 0 个，4★学科 2 个，学科优秀率为 11.11%。

一级学科排名

法学 193/206、马克思主义理论 120/358、数学 149/262、物理学 115/197、生物学 126/239、系统科学 15/25、机械工程 187/220、光学工程 74/92、仪器科学与技术 54/69、电气工程 97/109、电子科学与技术 65/120、信息与通信工程 19/182、控制科学与工程 78/184、计算机科学与技术 34/263、生物医学工程 62/74、软件工程 66/146、网络空间安全 52/70、管理科学与工程 113/202。

本科优势专业排名

5★专业：电子信息工程 27/633、通信工程 19/490、计算机科学与技术 33/922、软件工程 30/595、智能科学与技术 3/175。

5★-专业：网络工程 16/276、物联网工程 38/481、市场营销 51/586、机器人工程 31/307。

4★专业：信息与计算科学 45/303、机械设计制造及其自动化 94/513、机械电子工程 50/297、电气工程及其自动化 64/569、微电子科学与工程 19/107、光电信息科学与工程 43/213、自动化 50/437、数字媒体技术 27/221、信息管理与信息系统 45/343、广播电视编导 33/224、数字媒体艺术 57/319、数据计算及应用 3/22、人工智能 50/411、数据科学与大数据技术 118/680。

10631 重庆医科大学

在中国本科院校竞争力排行榜中的名次 163，重庆市内排名 4/25，医药类排名 8/108。

共 35 个专业参评，其中 5★+专业 1 个，5★专业 6 个，5★-专业 5 个，4★专业 5 个，3★专业 10 个。

在中国普通高校研究生教育竞争力排行榜中的名次：总排名 113/596，重庆市内排名 3/13，医药类排名 5/76。

共 13 个一级学科(学术学位)参评，其中 5★+学科 0 个，5★学科 0 个，5★-学科 0 个，4★学科 4 个，学科优秀率为 30.77%。

一级学科排名

马克思主义理论 267/358、生物学 86/239、生物医学工程 29/74、基础医学 20/108、临床医学 18/110、口腔医学 19/47、公共卫生与预防医学 20/74、中医学 36/42、中西医结合 50/61、药学 36/142、医学技术 6/35、护理学 11/70、公共管理 110/209。

本科优势专业排名

5★+专业：医学检验技术 1/159。

5★专业：食品卫生与营养学 2/30、护理学 6/290、医学信息工程 3/52、麻醉学 3/61、儿科学 1/46。

5★-专业：医学影像技术 9/100、康复治疗学 18/177、口腔医学技术 2/26、临床医学 17/194、医学影像学 6/81、口腔医学 8/116。

4★专业：应用统计学 22/183、药学 34/240、卫生检验与检疫 7/53、公共事业管理 36/252、预防医学 17/121。

10618 重庆交通大学

在中国本科院校竞争力排行榜中的名次 178，重庆市内排名 5/25，理工类排名 73/365。

共 56 个专业参评，其中 5★+专业 0 个，5★专业 4 个，5★-专业 3 个，4★专业 8 个，3★专业 29 个。

在中国普通高校研究生教育竞争力排行榜中的名次：总排名 212/596，重庆市内排名 5/13，理工类排名 82/182。

共 15 个一级学科(学术学位)参评，其中 5★+学科 0 个，5★学科 0 个，5★-学科 1 个，4★学科 1 个，学科优秀率为 13.33%。

一级学科排名

马克思主义理论 153/358、外国语言文学 153/232、系统科学 12/25、力学 58/95、机械工程 138/220、材料科学与工程 191/219、计算机科学与技术 158/263、土木工程 34/159、水利工程 11/64、测绘科学与技术 38/52、交通运输工程 4/64、船舶与海洋工程 18/24、环境科学与工程 121/193、管理科学与工程 75/202、工商管理 158/306。

本科优势专业排名

5★专业：土木工程 18/525、工程造价 8/254、物流管理 8/434。

5★-专业：交通运输 8/107、交通工程 6/106、工程管理 34/388、旅游管理 42/424。

4★专业：翻译 34/261、机械设计制造及其自动化 82/513、机械电子工程 51/297、车辆工程 33/254、汽车服务工程 13/111、计算机科学与技术 101/922、港口航道与海岸工程 6/32、道路桥梁与渡河工程 13/77。

10637 重庆师范大学

在中国本科院校竞争力排行榜中的名次 222，重庆市内排名 6/25，师范类排名 25/175。

共 63 个专业参评，其中 5★+专业 0 个，5★专业 3 个，5★-专业 0 个，4★专业 15 个，3★专业 28 个。

在中国普通高校研究生教育竞争力排行榜中的名次：总排名 281/596，重庆市内排名 8/13，师范类排名 30/77。

共 24 个一级学科(学术学位)参评。

一级学科排名

哲学 109/133、理论经济学 109/111、应用经济学 161/262、马克思主义理论 148/358、教育学 51/139、中国语言文学 101/183、外国语言文学 158/232、新闻传播学 111/116、考古学 21/40、中国史 80/114、数学 84/262、物理学 98/197、化学 205/228、地理学 44/84、生物学 142/239、系统科学 22/25、生态学 104/109、光学工程 44/92、软件工程 94/146、管理科学与工程 198/202、工商管理 199/306、音乐与舞蹈学 67/82、美术学 65/115、设计学 158/161。

本科优势专业排名

5★-专业：学前教育 24/418、特殊教育 5/58、英语 56/928。

4★专业：经济学 66/348、金融工程 51/259、思想政治教育 31/292、小学教育 41/301、汉语言文学 79/615、汉语国际教育 39/320、日语 81/450、翻译 35/261、数学与应用数学 62/514、应用心理学 36/248、软件工程 88/595、食品质量与安全 32/236、音乐表演 39/237、广播电视编导 40/224、旅游管理 69/424。

11799 重庆工商大学

在中国本科院校竞争力排行榜中的名次 246，重庆市内排名 7/25，财经类排名 11/109。

共 73 个专业参评，其中 5★+专业 0 个，5★专业 2 个，5★-专业 6 个，4★专业 12 个，3★专业 40 个。

在中国普通高校研究生教育竞争力排行榜中的名次：总排名 270/596，重庆市内排名 6/13，财经类排名 12/39。

共 13 个一级学科(学术学位)参评，其中 5★+学科 0 个，5★学科 0 个，5★-学科 0 个，4★学科 1 个，学科优秀率为 7.69%。

一级学科排名

理论经济学 61/111、应用经济学 45/262、社会学 54/88、马克思主义理论 161/358、新闻传播学 59/116、数学 126/262、统计学 63/121、机械工程 106/220、环境科学与工程 105/193、食品科学与工程 61/99、软件工程 77/146、管理科学与工程 118/202、工商管理 93/306。

本科优势专业排名

5★专业：国际经济与贸易 29/670、贸易经济 2/44、市场营销 10/586、财务管理 33/680、物流管理 6/434、会计学 26/653。

5★-专业：金融学 20/387、智能车辆工程 2/17。

4★专业：经济学 43/348、社会工作 33/251、广告学 50/254、环境工程 39/345、工程管理 70/388、人力资源管理 64/414、审计学 27/191、土地资源管理 16/90、网络与新媒体 60/316、数据科学与大数据技术 122/680、大数据管理与应用 28/170、工商管理 71/537。

11660 重庆理工大学

在中国本科院校竞争力排行榜中的名次 279，重庆市内排名 8/25，理工类排名 114/365。

共 64 个专业参评，其中 5★+专业 0 个，5★专业 3 个，5★-专业 0 个，4★专业 8 个，3★专业 39 个。

在中国普通高校研究生教育竞争力排行榜中的名次：总排名 273/596，重庆市内排名 7/13，理工类排名 103/182。

共 15 个一级学科(学术学位)参评。

一级学科排名

应用经济学 135/262、马克思主义理论 252/358、数学 177/262、统计学 89/121、机械工程 117/220、光学工程 59/92、仪器科学与技术 35/69、材料科学与工程 132/219、信息与通信工程 106/182、计算机科学与技术 132/263、化学工程与技术 136/178、生物医学工程 58/74、药学 116/142、管理科学与工程 135/202、工商管理 97/306。

本科优势专业排名

5★-专业：数据科学与大数据技术 46/680、会计学 36/653、电子商务及法律 2/16。

4★专业：应用统计学 23/183、机械电子工程 48/297、车辆工程 39/254、汽车服务工程 22/111、制药工程 35/252、财务管理 99/680、金融数学 12/71、焊接技术与工程 7/41。

10652 西南政法大学

在中国本科院校竞争力排行榜中的名次 282，重庆市内排名 9/25，文法类排名 8/68。

共 27 个专业参评，其中 5★+专业 1 个，5★专业 3 个，5★-专业 0 个，4★专业 5 个，3★专业 10 个。

在中国普通高校研究生教育竞争力排行榜中的名次：总排名 287/596，重庆市内排名 9/13，文法类排名 7/32。

共 9 个一级学科(学术学位)参评，其中 5★+学科 0 个，5★学科 1 个，5★-学科 0 个，4★学科 1 个，学科优秀率为 22.22%。

一级学科排名

哲学 82/133、应用经济学 162/262、法学

8/206、政治学 52/80、马克思主义理论 235/358、外国语言文学 190/232、新闻传播学 21/116、工商管理 284/306、公共管理 121/209。

本科优势专业排名

5★+专业：法学 6/583。

5★-专业：新闻学 26/310、广播电视学 15/152、知识产权 7/92。

4★专业：国际经济与贸易 104/670、思想政治教育 50/292、市场营销 74/586、审计学 23/191、行政管理 32/290。

10655 四川美术学院

在中国本科院校竞争力排行榜中的名次 325，重庆市内排名 10/25，艺术类排名 12/48。

共 23 个专业参评，其中 5★+专业 0 个，5★专业 6 个，5★-专业 6 个，4★专业 5 个，3★专业 2 个。

在中国普通高校研究生教育竞争力排行榜中的名次：总排名 451/596，重庆市内排名 10/13，艺术类排名 14/33。

共 4 个一级学科(学术学位)参评，其中 5★+学科 0 个，5★学科 0 个，5★-学科 0 个，4★学科 2 个，学科优秀率为 50%。

一级学科排名

艺术学理论 38/70、戏剧与影视学 49/61、美术学 22/115、设计学 28/161。

本科优势专业排名

5★专业：动画 10/256、美术学 16/332、绘画 3/164、艺术设计学 2/47、环境设计 16/701、数字媒体艺术 7/319。

5★-专业：艺术教育 2/29、戏剧影视美术设计 4/49、视觉传达设计 48/702、产品设计 30/390、服装与服饰设计 21/208、艺术与科技 7/69。

4★专业：雕塑 6/50、摄影 10/75、公共艺术 10/60、工艺美术 17/92、影视摄影与制作 12/70。

11551 重庆科技学院

在中国本科院校竞争力排行榜中的名次 410，重庆市内排名 11/25，理工类排名 150/365。

共 65 个专业参评，其中 5★+专业 0 个，5★专业 1 个，5★-专业 0 个，4★专业 0 个，3★专业 19 个。

在中国普通高校研究生教育竞争力排行榜中的名次：总排名 458/596，重庆市内排名 11/13，理工类排名 159/182。

共 1 个一级学科(学术学位)参评。

一级学科排名

化学 149/228。

本科优势专业排名

5★-专业：机械电子工程 25/297。

10642 重庆文理学院

在中国本科院校竞争力排行榜中的名次 442，重庆市内排名 12/25，理工类排名 161/365。

共 57 个专业参评，其中 5★+专业 0 个，5★专业 0 个，5★-专业 1 个，4★专业 4 个，3★专业 22 个。

本科优势专业排名

5★专业：环境设计 32/701。

4★专业：商务英语 63/362、环境科学 29/173、会展经济与管理 15/101、数据科学与大数据技术 82/680。

10650 四川外国语大学

在中国本科院校竞争力排行榜中的名次 453，重庆市内排名 13/25，文法类排名 17/68。

共 40 个专业参评，其中 5★+专业 2 个，5★专业 2 个，5★-专业 5 个，4★专业 4 个，3★专业 9 个。

在中国普通高校研究生教育竞争力排行榜中的名次：总排名 461/596，重庆市内排名 12/13，文法类排名 13/32。

共 5 个一级学科(学术学位)参评，其中 5★+学科 0 个，5★学科 0 个，5★-学科 1 个，4★学科 0 个，学科优秀率为 20%。

一级学科排名

马克思主义理论 238/358、教育学 126/139、中国语言文学 122/183、外国语言文学 14/232、新闻传播学 77/116。

本科优势专业排名

5★+专业：英语 7/928、商务英语 2/362。

5★专业：俄语 7/157、德语 6/110、法语 6/137、日语 10/450、翻译 7/261。

5★-专业：西班牙语 7/96、网络与新媒体 28/316。

4★专业：国际经济与贸易 80/670、阿拉伯语 7/39、朝鲜语 18/93、泰语 7/44。

14388 重庆第二师范学院

在中国本科院校竞争力排行榜中的名次 557，重庆市内排名 14/25，师范类排名 69/175。

共 36 个专业参评，其中 5★+专业 0 个，5★专业 1 个，5★-专业 1 个，4★专业 2 个，3★专业 16 个。

本科优势专业排名

5★专业：小学教育 11/301。

5★-专业：学前教育 27/418。

4★专业：物流管理 64/434、网络与新媒体 47/316。

10647 长江师范学院

在中国本科院校竞争力排行榜中的名次 562，重庆市内排名 15/25，师范类排名 72/175。

共 53 个专业参评，其中 5★+专业 0 个，5★专业 0 个，5★-专业 0 个，4★专业 1 个，3★专业 23 个。

本科优势专业排名

4★专业：小学教育 49/301。

10643 重庆三峡学院

在中国本科院校竞争力排行榜中的名次 570，重庆市内排名 16/25，综合类排名 95/270。

共 60 个专业参评，其中 5★+专业 0 个，5★专业 0 个，5★-专业 0 个，4★专业 3 个，3★专业 16 个。

在中国普通高校研究生教育竞争力排行榜中的名次：总排名 472/596，重庆市内排名 13/13，综合类排名 78/93。

共 4 个一级学科(学术学位)参评。

一级学科排名

中国语言文学 154/183、电子科学与技术 117/120、环境科学与工程 184/193、农林经济管理 51/51。

本科优势专业排名

4★专业：汉语言文学 121/615、电子信息工程 75/633、物联网工程 84/481。

12757 重庆警察学院

在中国本科院校竞争力排行榜中的名次 1071，重庆市内排名 24/25，文法类排名 65/68。

共 8 个专业参评，其中 5★+专业 0 个，5★专业 0 个，5★-专业 0 个，4★专业 0 个，3★专业 1 个。

民办院校

13590 重庆财经学院

在中国民办院校竞争力排行榜中的名次 87，重庆市内排名 17/25，财经类排名 61/109。

共 41 个专业参评，其中 5★+专业 0 个，5★专业 0 个，5★-专业 1 个，4★专业 0 个，3★专业 4 个。

本科优势专业排名

5★专业：金融科技 3/78。

12608 重庆工程学院

在中国民办院校竞争力排行榜中的名次 98，重庆市内排名 18/25，理工类排名 260/365。

共 24 个专业参评，其中 5★+专业 0 个，5★专业 1 个，5★-专业 1 个，4★专业 4 个，3★专业 9 个。

本科优势专业排名

5★专业：工程造价 5/254。

5★-专业：数字媒体艺术 20/319。

4★专业：物联网工程 55/481、数字媒体技术 44/221、市场营销 68/586、电子商务 80/451。

13588 重庆外语外事学院

在中国民办院校竞争力排行榜中的名次 99，重庆市内排名 19/25，文法类排名 56/68。

共35个专业参评，其中5★+专业0个，5★专业0个，5★-专业0个，4★专业0个，3★专业4个。

12616 重庆城市科技学院

在中国民办院校竞争力排行榜中的名次109，重庆市内排名20/25，综合类排名188/270。

共44个专业参评，其中5★+专业0个，5★专业0个，5★-专业0个，4★专业2个，3★专业7个。

本科优势专业排名

4★专业：书法学25/125、新媒体艺术3/16。

13627 重庆移通学院

在中国民办院校竞争力排行榜中的名次123，重庆市内排名21/25，理工类排名274/365。

共36个专业参评，其中5★+专业0个，5★专业1个，5★-专业0个，4★专业2个，3★专业17个。

本科优势专业排名

5★-专业：虚拟现实技术2/18。

4★专业：数字媒体技术43/221、人工智能54/411。

13589 重庆对外经贸学院

在中国民办院校竞争力排行榜中的名次124，重庆市内排名22/25，财经类排名66/109。

共47个专业参评，其中5★+专业0个，5★专业0个，5★-专业0个，4★专业0个，3★专业7个。

13548 重庆人文科技学院

在中国民办院校竞争力排行榜中的名次134，重庆市内排名23/25，综合类排名199/270。

共33个专业参评，其中5★+专业0个，5★专业0个，5★-专业0个，4★专业0个，3★专业6个。

广西壮族自治区

一般大学

10593 广西大学

在中国本科院校竞争力排行榜中的名次 81，广西壮族自治区内排名 1/35，综合类排名 28/270。

共 65 个专业参评，其中 5★+专业 0 个，5★专业 8 个，5★-专业 2 个，4★专业 16 个，3★专业 26 个。

在中国普通高校研究生教育竞争力排行榜中的名次：总排名 91/596，广西壮族自治区内排名 1/14，综合类排名 29/93。

共 35 个一级学科(学术学位)参评，其中 5★+学科 0 个，5★学科 0 个，5★-学科 1 个，4★学科 3 个，学科优秀率为 11.43%。

一级学科排名

哲学 67/133、应用经济学 70/262、法学 80/206、马克思主义理论 70/358、中国语言文学 107/183、外国语言文学 130/232、新闻传播学 67/116、数学 97/262、物理学 46/197、化学 157/228、海洋科学 26/29、生物学 69/239、生态学 43/109、机械工程 56/220、材料科学与工程 128/219、电气工程 28/109、计算机科学与技术 117/263、建筑学 32/70、土木工程 16/159、水利工程 24/64、化学工程与技术 31/178、矿业工程 26/30、轻工技术与工程 4/19、环境科学与工程 83/193、生物医学工程 54/74、食品科学与工程 56/99、作物学 29/51、园艺学 31/44、农业资源与环境 29/40、植物保护 17/45、畜牧学 18/55、兽医学 14/43、林学 24/36、工商管理 70/306、公共管理 44/209。

本科优势专业排名

5★专业：英语 33/928、公共事业管理 8/252。

5★-专业：国际经济与贸易 45/670、应用化学 33/373、生物技术 16/285、电气工程及其自动化 32/569、计算机科学与技术 85/922、土木工程 36/525、化学工程与工艺 21/325、包装工程 3/37。

4★专业：越南语 4/22、新闻学 41/310、数学与应用数学 63/514、物理学 40/282、机械设计制造及其自动化 61/513、机械电子工程 36/297、通信工程 70/490、自动化 73/437、轻化工程 5/41、食品科学与工程 45/278、建筑学 57/291、动物科学 14/79、动物医学 14/73、金融学 55/387、法学 81/583、工商管理 100/537。

10602 广西师范大学

在中国本科院校竞争力排行榜中的名次 168，广西壮族自治区内排名 2/35，师范类排名 19/175。

共 74 个专业参评，其中 5★+专业 0 个，5★专业 10 个，5★-专业 3 个，4★专业 22 个，3★专业 25 个。

在中国普通高校研究生教育竞争力排行榜中的名次：总排名 195/596，广西壮族自治区内排名 3/14，师范类排名 22/77。

共 30 个一级学科(学术学位)参评，其中 5★+学科 0 个，5★学科 0 个，5★-学科 1 个，4★学科 1 个，学科优秀率为 6.67%。

一级学科排名

哲学 65/133、理论经济学 78/111、应用经济学 173/262、法学 66/206、政治学 58/80、马克思主义理论 30/358、心理学 77/102、体育学 27/106、中国语言文学 42/183、外国语言文学 117/232、中国史 60/114、世界史 29/67、数学 183/262、物理学 86/197、化学 47/228、生物学 155/239、系统科学 21/25、生态学 80/109、统计学 85/121、电子科学与技术 58/120、计算机科学与技术 149/263、化学工程与技术 137/178、环境科学与工程 122/193、软件工程 44/146、工商管理 189/306、公共管理 98/209、音乐与舞蹈学 43/82、美术学 48/115、设计学 63/161。

本科优势专业排名

5★专业：科学教育 1/43、小学教育 15/301、文化产业管理 7/135。

5★-专业：思想政治教育 17/292、学前教育 22/418、体育教育 22/323、汉语言文学 38/615、应用心理学 22/248、音乐学 37/394、视觉传达设计 54/702、环境设计 62/701、秘书学 5/89、健康服务与管理 8/116。

4★专业：社会工作 32/251、教育技术学 24/130、社会体育指导与管理 28/231、汉语国际教育 44/320、英语 95/928、翻译 49/261、数学与应用数学 99/514、物理学 46/282、化学 46/304、生物科学 56/280、电子信息工程 69/633、软件工程 77/595、制药工程 26/252、环境科学 27/173、人力资源管理 77/414、舞蹈学 33/202、美术学 51/332、绘画 19/164、产品设计 44/390、法学 89/583、网络与新媒体 41/316、数据科学与大数据技术 100/680。

10595 桂林电子科技大学

在中国本科院校竞争力排行榜中的名次 180，广西壮族自治区内排名 3/35，理工类排名 74/365。

共 65 个专业参评，其中 5★+专业 0 个，5★专业 6 个，5★-专业 3 个，4★专业 14 个，3★专业 30 个。

在中国普通高校研究生教育竞争力排行榜中的名次：总排名 198/596，广西壮族自治区内排名 4/14，理工类排名 78/182。

共 19 个一级学科(学术学位)参评。

一级学科排名

理论经济学 90/111、法学 186/206、马克思主义理论 160/358、数学 114/262、机械工程 74/220、光学工程 43/92、仪器科学与技术 25/69、材料科学与工程 124/219、电气工程 76/109、电子科学与技术 76/120、信息与通信工程 44/182、控制科学与工程 105/184、计算机科学与技术 100/263、交通运输工程 51/64、环境科学与工程 154/193、生物医学工程 56/74、网络空间安全 23/70、管理科学与工程 114/202、设计学 118/161。

本科优势专业排名

5★专业：电子信息工程 28/633、物联网工程 9/481、产品设计 15/390。

5★-专业：信息与计算科学 18/303、机械设计制造及其自动化 44/513、机械电子工程 21/297、通信工程 28/490、计算机科学与技术 66/922、智能科学与技术 18/175。

4★专业：测控技术与仪器 20/186、电子科学与技术 21/149、光电信息科学与工程 37/213、软件工程 78/595、网络工程 32/276、建筑电气与智能化 13/64、环境工程 62/345、物流管理 73/434、工业工程 20/139、工艺美术 18/92、数字媒体艺术 39/319、新能源材料与器件 13/105、信息安全 16/119、大数据管理与应用 27/170。

10596 桂林理工大学

在中国本科院校竞争力排行榜中的名次 242，广西壮族自治区内排名 4/35，理工类排名 100/365。

共 73 个专业参评，其中 5★+专业 0 个，5★专业 2 个，5★-专业 1 个，4★专业 14 个，3★专业 44 个。

在中国普通高校研究生教育竞争力排行榜中的名次：总排名 223/596，广西壮族自治区内排名 5/14，理工类排名 88/182。

共 22 个一级学科(学术学位)参评。

一级学科排名

应用经济学 190/262、马克思主义理论 146/358、外国语言文学 215/232、物理学 146/197、化学 198/228、地质学 29/36、统计学 83/121、机械工程 208/220、材料科学与工程 94/219、冶金工程 22/28、计算机科学与技术 161/263、土木工程 72/159、水利工程 47/64、测绘科学与技术 31/52、化学工程与技术 123/178、地质资源与地质工程 20/46、环境科学与工程 51/193、城乡规划学 46/60、风景园林学 46/56、软件工程 113/146、工商管理 100/306、设计学 143/161。

本科优势专业排名

5★专业：旅游管理 12/424。

5★-专业：无机非金属材料工程 7/75、环境工程 21/345。

4★专业：社会工作 42/251、应用化学 43/373、应用统计学 21/183、物联网工程 86/481、土木工程 71/525、给排水科学与工程 21/159、遥感科学与技术 11/56、化学工程与工艺 58/325、资源勘查工程 7/50、市场营销 112/586、酒店管理 19/180、环境设计 88/701、智能制造工程 49/252、宝石及材料工艺学 4/20。

10598 广西医科大学

在中国本科院校竞争力排行榜中的名次 295，广西壮族自治区内排名 5/35，医药类排名 24/108。

共 26 个专业参评，其中 5★+专业 0 个，5★专业 1 个，5★-专业 0 个，4★专业 8 个，3★专业 10 个。

在中国普通高校研究生教育竞争力排行榜中的名次：总排名 190/596，广西壮族自治区内排名

2/14，医药类排名 21/76。

共 9 个一级学科(学术学位)参评，其中 5★+学科 0 个，5★学科 0 个，5★-学科 0 个，4★学科 1 个，学科优秀率为 11.11%。

一级学科排名

生物学 143/239、基础医学 21/108、临床医学 23/110、口腔医学 22/47、公共卫生与预防医学 16/74、中西医结合 46/61、药学 42/142、护理学 48/70、公共管理 188/209。

本科优势专业排名

5★-专业：护理学 24/290。

4★专业：药学 31/240、医学检验技术 21/159、公共事业管理 35/252、医学信息工程 7/52、临床医学 32/194、口腔医学 14/116、预防医学 19/121、健康服务与管理 17/116。

10608 广西民族大学

在中国本科院校竞争力排行榜中的名次 332，广西壮族自治区内排名 6/35，民族类排名 4/17。

共 72 个专业参评，其中 5★+专业 0 个，5★专业 2 个，5★-专业 2 个，4★专业 9 个，3★专业 30 个。

在中国普通高校研究生教育竞争力排行榜中的名次：总排名 331/596，广西壮族自治区内排名 7/14，民族类排名 4/13。

共 18 个一级学科(学术学位)参评。

一级学科排名

哲学 126/133、应用经济学 170/262、法学 130/206、政治学 57/80、民族学 9/38、马克思主义理论 107/358、教育学 123/139、体育学 73/106、中国语言文学 73/183、外国语言文学 50/232、中国史 109/114、数学 156/262、生物学 227/239、科学技术史 11/23、计算机科学与技术 156/263、化学工程与技术 64/178、公共管理 177/209、图书情报与档案管理 42/50。

本科优势专业排名

5★专业：泰语 1/44、越南语 1/22。

5★-专业：英语 80/928、翻译 24/261。

4★专业：国际经济与贸易 79/670、民族学 4/27、体育教育 61/323、汉语言文学 123/615、汉语国际教育 57/320、电子信息工程 114/633、化学工程与工艺 56/325、行政管理 54/290、法学 105/583。

10607 广西艺术学院

在中国本科院校竞争力排行榜中的名次 336，广西壮族自治区内排名 7/35，艺术类排名 13/48。

共 35 个专业参评，其中 5★+专业 1 个，5★专业 2 个，5★-专业 5 个，4★专业 8 个，3★专业 9 个。

在中国普通高校研究生教育竞争力排行榜中的名次：总排名 421/596，广西壮族自治区内排名 10/14，艺术类排名 12/33。

共 6 个一级学科(学术学位)参评。

一级学科排名

新闻传播学 92/116、艺术学理论 32/70、音乐与舞蹈学 17/82、戏剧与影视学 48/61、美术学 30/115、设计学 38/161。

本科优势专业排名

5★+专业：环境设计 4/701。

5★专业：广告学 8/254、音乐表演 7/237、舞蹈表演 2/145、绘画 7/164、视觉传达设计 20/702。

5★-专业：书法学 8/125、中国画 3/34。

4★专业：文化产业管理 23/135、音乐学 49/394、表演 16/142、美术学 36/332、雕塑 10/50、产品设计 74/390、艺术管理 5/28、艺术与科技 12/69。

10603 南宁师范大学

在中国本科院校竞争力排行榜中的名次 385，广西壮族自治区内排名 8/35，师范类排名 41/175。

共 66 个专业参评，其中 5★+专业 0 个，5★专业 0 个，5★-专业 0 个，4★专业 7 个，3★专业 20 个。

在中国普通高校研究生教育竞争力排行榜中的名次：总排名 354/596，广西壮族自治区内排名 8/14，师范类排名 37/77。

共 14 个一级学科(学术学位)参评。

一级学科排名

应用经济学 205/262、社会学 71/88、马克思主义理论 172/358、教育学 72/139、体育学 100/106、中国语言文学 81/183、外国语言文学 196/

232、新闻传播学 105/116、数学 186/262、化学 171/228、地理学 42/84、信息与通信工程 105/182、管理科学与工程 183/202、公共管理 114/209。

本科优势专业排名

4★专业：思想政治教育 53/292、小学教育 54/301、英语 121/928、泰语 6/44、电子信息工程 119/633、物流管理 47/434、播音与主持艺术 24/219。

10594 广西科技大学

在中国本科院校竞争力排行榜中的名次 411，广西壮族自治区内排名 9/35，理工类排名 151/365。

共 46 个专业参评，其中 5★+专业 0 个，5★专业 1 个，5★-专业 1 个，4★专业 6 个，3★专业 17 个。

在中国普通高校研究生教育竞争力排行榜中的名次：总排名 419/596，广西壮族自治区内排名 9/14，理工类排名 150/182。

共 9 个一级学科(学术学位)参评。

一级学科排名

马克思主义理论 233/358、力学 67/95、机械工程 119/220、控制科学与工程 142/184、计算机科学与技术 167/263、土木工程 131/159、化学工程与技术 104/178、纺织科学与工程 20/22、管理科学与工程 154/202。

本科优势专业排名

5★专业：机器人工程 11/307。

5★-专业：汽车服务工程 8/111。

4★专业：社会工作 45/251、应用统计学 34/183、车辆工程 37/254、土木工程 97/525、环境设计 79/701、数据科学与大数据技术 84/680。

10600 广西中医药大学

在中国本科院校竞争力排行榜中的名次 506，广西壮族自治区内排名 10/35，医药类排名 54/108。

共 21 个专业参评，其中 5★+专业 0 个，5★专业 0 个，5★-专业 0 个，4★专业 1 个，3★专业 10 个。

在中国普通高校研究生教育竞争力排行榜中的名次：总排名 326/596，广西壮族自治区内排名 6/14，医药类排名 42/76。

共 6 个一级学科(学术学位)参评。

一级学科排名

临床医学 71/110、中医学 11/42、中西医结合 34/61、药学 96/142、中药学 30/50、护理学 59/70。

本科优势专业排名

4★专业：护理学 39/290。

10601 桂林医学院

在中国本科院校竞争力排行榜中的名次 552，广西壮族自治区内排名 11/35，医药类排名 61/108。

共 26 个专业参评，其中 5★+专业 0 个，5★专业 0 个，5★-专业 0 个，4★专业 0 个，3★专业 6 个。

在中国普通高校研究生教育竞争力排行榜中的名次：总排名 440/596，广西壮族自治区内排名 11/14，医药类排名 63/76。

共 5 个一级学科(学术学位)参评。

一级学科排名

基础医学 81/108、临床医学 99/110、公共卫生与预防医学 65/74、药学 112/142、医学技术 28/35。

11838 贺州学院

在中国本科院校竞争力排行榜中的名次 569，广西壮族自治区内排名 12/35，师范类排名 75/175。

共 52 个专业参评，其中 5★+专业 0 个，5★专业 0 个，5★-专业 1 个，4★专业 4 个，3★专业 9 个。

本科优势专业排名

5★专业：环境设计 30/701。

4★专业：商务英语 64/362、通信工程 80/490、数字媒体艺术 38/319、旅游管理 82/424。

11837 桂林旅游学院

在中国本科院校竞争力排行榜中的名次 576，广西壮族自治区内排名 13/35，综合类排名 97/270。

共 28 个专业参评，其中 5★+专业 1 个，5★专业 1 个，5★-专业 0 个，4★专业 3 个，3★专业 14 个。

本科优势专业排名

5★+专业：酒店管理 2/180。

5★-专业：会展经济与管理 8/101。

4★专业：工艺美术 16/92、经济与金融 9/78、旅游管理 61/424。

11548 广西财经学院

在中国本科院校竞争力排行榜中的名次 601，广西壮族自治区内排名 14/35，财经类排名 39/109。

共 51 个专业参评，其中 5★+专业 0 个，5★专业 0 个，5★-专业 0 个，4★专业 2 个，3★专业 19 个。

在中国普通高校研究生教育竞争力排行榜中的名次：总排名 554/596，广西壮族自治区内排名 14/14，财经类排名 38/39。

本科优势专业排名

4★专业：国际经济与贸易 78/670、会计学 84/653。

11825 桂林航天工业学院

在中国本科院校竞争力排行榜中的名次 621，广西壮族自治区内排名 15/35，理工类排名 196/365。

共 35 个专业参评，其中 5★+专业 0 个，5★专业 0 个，5★-专业 0 个，4★专业 5 个，3★专业 20 个。

本科优势专业排名

4★专业：商务英语 65/362、物联网工程 65/481、物流工程 18/102、酒店管理 33/180、数据科学与大数据技术 123/680。

10606 玉林师范学院

在中国本科院校竞争力排行榜中的名次 633，广西壮族自治区内排名 16/35，师范类排名 91/175。

共 54 个专业参评，其中 5★+专业 0 个，5★专业 0 个，5★-专业 0 个，4★专业 0 个，3★专业 9 个。

11546 广西科技师范学院

在中国本科院校竞争力排行榜中的名次 659，广西壮族自治区内排名 17/35，师范类排名 100/175。

共 31 个专业参评，其中 5★+专业 0 个，5★专业 0 个，5★-专业 0 个，4★专业 1 个，3★专业 8 个。

本科优势专业排名

4★专业：小学教育 43/301。

11607 北部湾大学

在中国本科院校竞争力排行榜中的名次 662，广西壮族自治区内排名 18/35，综合类排名 118/270。

共 51 个专业参评，其中 5★+专业 0 个，5★专业 0 个，5★-专业 0 个，4★专业 0 个，3★专业 17 个。

在中国普通高校研究生教育竞争力排行榜中的名次：总排名 546/596，广西壮族自治区内排名 13/14，综合类排名 86/93。

共 1 个一级学科(学术学位)参评。

一级学科排名

船舶与海洋工程 22/24。

10605 河池学院

在中国本科院校竞争力排行榜中的名次 703，广西壮族自治区内排名 19/35，文法类排名 36/68。

共 48 个专业参评，其中 5★+专业 0 个，5★专业 0 个，5★-专业 0 个，4★专业 0 个，3★专业 8 个。

11354 梧州学院

在中国本科院校竞争力排行榜中的名次 739，广西壮族自治区内排名 21/35，综合类排名 138/270。

共 48 个专业参评，其中 5★+专业 0 个，5★专业 0 个，5★-专业 0 个，4★专业 1 个，3★专业 13 个。

本科优势专业排名

4★专业：电子信息工程 105/633。

10599 右江民族医学院

在中国本科院校竞争力排行榜中的名次 762，广西壮族自治区内排名 22/35，医药类排名 74/108。

共 22 个专业参评，其中 5★+专业 0 个，5★专业 0 个，5★-专业 0 个，4★专业 1 个，3★专业 4 个。

在中国普通高校研究生教育竞争力排行榜中的名次：总排名 489/596，广西壮族自治区内排名 12/14，医药类排名 71/76。

共 2 个一级学科(学术学位)参评。

一级学科排名

基础医学 99/108、临床医学 103/110。

本科优势专业排名

4★专业：健康服务与管理 13/116。

10604 广西民族师范学院

在中国本科院校竞争力排行榜中的名次 822，广西壮族自治区内排名 24/35，师范类排名 140/175。

共 46 个专业参评，其中 5★+专业 0 个，5★专业 0 个，5★-专业 1 个，4★专业 0 个，3★专业 18 个。

本科优势专业排名

5★专业：跨境电子商务 3/67。

10609 百色学院

在中国本科院校竞争力排行榜中的名次 833，广西壮族自治区内排名 25/35，师范类排名 142/175。

共 56 个专业参评，其中 5★+专业 0 个，5★专业 0 个，5★-专业 0 个，4★专业 0 个，3★专业 7 个。

13520 广西警察学院

在中国本科院校竞争力排行榜中的名次 1177，广西壮族自治区内排名 32/35，文法类排名 68/68。

共 18 个专业参评，其中 5★+专业 0 个，5★专业 0 个，5★-专业 0 个，4★专业 0 个，3★专业 4 个。

14684 广西职业师范学院

在中国本科院校竞争力排行榜中的名次 1223，广西壮族自治区内排名 35/35，师范类排名 175/175。

共 25 个专业参评，其中 5★+专业 0 个，5★专业 0 个，5★-专业 0 个，4★专业 0 个，3★专业 0 个。

民办院校

11549 南宁学院

在中国民办院校竞争力排行榜中的名次 26，广西壮族自治区内排名 20/35，理工类排名 219/365。

共 32 个专业参评，其中 5★+专业 0 个，5★专业 0 个，5★-专业 1 个，4★专业 4 个，3★专业 18 个。

本科优势专业排名

5★专业：新媒体艺术 1/16。

4★专业：物联网工程 83/481、工艺美术 15/92、数据科学与大数据技术 71/680、质量管理工程 3/19。

13524 北海艺术设计学院

在中国民办院校竞争力排行榜中的名次 52，广西壮族自治区内排名 23/35，艺术类排名 43/48。

共 14 个专业参评，其中 5★+专业 0 个，5★专业 0 个，5★-专业 0 个，4★专业 6 个，3★专业

3 个。

本科优势专业排名

4★专业：艺术教育 5/29、动画 46/256、视觉传达设计 109/702、环境设计 83/701、产品设计 64/390、数字媒体艺术 42/319。

13830 广西外国语学院

在中国民办院校竞争力排行榜中的名次 85，广西壮族自治区内排名 26/35，文法类排名 54/68。

共 36 个专业参评，其中 5★+专业 0 个，5★专业 0 个，5★-专业 0 个，4★专业 4 个，3★专业 24 个。

本科优势专业排名

4★专业：金融工程 42/259、国际经济与贸易 119/670、播音与主持艺术 29/219、跨境电子商务 10/67。

13639 柳州工学院

在中国民办院校竞争力排行榜中的名次 111，广西壮族自治区内排名 27/35，理工类排名 267/365。

共 40 个专业参评，其中 5★+专业 0 个，5★专业 0 个，5★-专业 0 个，4★专业 0 个，3★专业 5 个。

13641 桂林学院

在中国民办院校竞争力排行榜中的名次 204，广西壮族自治区内排名 30/35，综合类排名 255/270。

共 46 个专业参评，其中 5★+专业 0 个，5★专业 0 个，5★-专业 0 个，4★专业 0 个，3★专业 3 个。

13645 南宁理工学院

在中国民办院校竞争力排行榜中的名次 220，广西壮族自治区内排名 33/35，理工类排名 359/365。

共 31 个专业参评，其中 5★+专业 0 个，5★专业 0 个，5★-专业 0 个，4★专业 0 个，3★专业 9 个。

13644 桂林信息科技学院

在中国民办院校竞争力排行榜中的名次 221，广西壮族自治区内排名 34/35，理工类排名 360/365。

共 31 个专业参评，其中 5★+专业 0 个，5★专业 0 个，5★-专业 0 个，4★专业 0 个，3★专业 2 个。

山西省

一般大学

10112 太原理工大学

在中国本科院校竞争力排行榜中的名次 82，山西省内排名 1/32，理工类排名 40/365。

共 75 个专业参评，其中 5★+专业 1 个，5★专业 9 个，5★-专业 7 个，4★专业 20 个，3★专业 26 个。

在中国普通高校研究生教育竞争力排行榜中的名次：总排名 81/596，山西省内排名 1/12，理工类排名 38/182。

共 34 个一级学科(学术学位)参评，其中 5★+学科 0 个，5★学科 1 个，5★-学科 0 个，4★学科 4 个，学科优秀率为 14.71%。

一级学科排名

马克思主义理论 198/358、体育学 56/106、外国语言文学 157/232、数学 140/262、物理学 101/197、化学 44/228、统计学 105/121、力学 36/95、机械工程 35/220、光学工程 38/92、仪器科学与技术 55/69、材料科学与工程 43/219、冶金工程 20/28、动力工程及工程热物理 45/104、电气工程 37/109、电子科学与技术 51/120、信息与通信工程 94/182、控制科学与工程 81/184、计算机科学与技术 51/263、建筑学 33/70、土木工程 52/159、水利工程 18/64、测绘科学与技术 45/52、化学工程与技术 5/178、地质资源与地质工程 28/46、矿业工程 9/30、纺织科学与工程 16/22、环境科学与工程 68/193、生物医学工程 39/74、软件工程 131/146、安全科学与工程 25/61、管理科学与工程 77/202、工商管理 168/306、设计学 78/161。

本科优势专业排名

5★+专业：机械电子工程 3/297。

5★专业：机械设计制造及其自动化 9/513、材料成型及控制工程 9/221、电气工程及其自动化 19/569、电子信息工程 24/633、采矿工程 2/45、工程管理 15/388、智能感知工程 1/22。

5★-专业：英语 83/928、通信工程 43/490、计算机科学与技术 58/922、土木工程 31/525、化学工程与工艺 25/325、安全工程 8/148、物流管理 29/434、机器人工程 19/307、数据科学与大数据技术 40/680。

4★专业：信息与计算科学 41/303、应用物理学 30/151、应用化学 44/373、材料科学与工程 44/229、金属材料工程 14/76、光电信息科学与工程 33/213、自动化 77/437、软件工程 105/595、物联网工程 54/481、建筑环境与能源应用工程 29/165、给排水科学与工程 24/159、水文与水资源工程 9/48、测绘工程 25/143、矿物加工工程 5/35、环境工程 38/345、建筑学 42/291、服装与服饰设计 28/208、工艺美术 14/92、人工智能 63/411、城市地下空间工程 13/73。

10108 山西大学

在中国本科院校竞争力排行榜中的名次 94，山西省内排名 2/32，综合类排名 31/270。

共 57 个专业参评，其中 5★+专业 0 个，5★专业 12 个，5★-专业 2 个，4★专业 14 个，3★专业 22 个。

在中国普通高校研究生教育竞争力排行榜中的名次：总排名 100/596，山西省内排名 2/12，综合类排名 33/93。

共 34 个一级学科(学术学位)参评，其中 5★+学科 0 个，5★学科 0 个，5★-学科 1 个，4★学科 3 个，学科优秀率为 11.76%。

一级学科排名

哲学 9/133、理论经济学 31/111、法学 57/206、政治学 26/80、马克思主义理论 102/358、教育学 36/139、心理学 66/102、体育学 21/106、中国语言文学 63/183、外国语言文学 75/232、新闻传播学 62/116、考古学 18/40、中国史 28/114、世界史 31/67、数学 59/262、物理学 23/197、化学 53/228、地理学 33/84、生物学 67/239、科学技术史 10/23、生态学 33/109、统计学 113/121、光学工程 46/92、信息与通信工程 70/182、控制科学与工程 150/184、计算机科学与技术 66/263、环境科学与工程 46/193、食品科学与工程 48/99、网络空间安全 42/70、药学 109/142、管理科学与工程 81/202、工商管理 129/306、图书情报与档案管理 39/50、艺术学理论 12/70。

本科优势专业排名

5★专业：舞蹈编导 4/73、环境设计 25/701。

5★-专业：经济学 33/348、体育教育 21/323、汉语言文学 61/615、英语 77/928、广告学 20/254、数学与应用数学 47/514、物理学 16/282、计算机科学与技术 62/922、音乐表演 21/237、法学 51/583、电子信息科学与技术 15/164、旅游管理 41/424。

4★专业：哲学 14/73、俄语 25/157、翻译 36/261、新闻学 34/310、历史学 36/246、信息与计算科学 57/303、化学 33/304、应用心理学 33/248、电气工程及其自动化 110/569、光电信息科学与工程 27/213、软件工程 104/595、环境科学 21/173、戏剧影视文学 15/93、数据科学与大数据技术 70/680。

10110 中北大学

在中国本科院校竞争力排行榜中的名次 137，山西省内排名 3/32，理工类排名 61/365。

共 62 个专业参评，其中 5★+专业 0 个，5★专业 5 个，5★-专业 3 个，4★专业 14 个，3★专业 28 个。

在中国普通高校研究生教育竞争力排行榜中的名次：总排名 179/596，山西省内排名 4/12，理工类排名 71/182。

共 24 个一级学科(学术学位)参评。

一级学科排名

马克思主义理论 349/358、体育学 84/106、外国语言文学 225/232、数学 185/262、物理学 123/197、化学 138/228、力学 80/95、机械工程 75/220、光学工程 86/92、仪器科学与技术 20/69、材料科学与工程 70/219、动力工程及工程热物理 77/104、电子科学与技术 38/120、信息与通信工程 56/182、控制科学与工程 79/184、计算机科学与技术 143/263、化学工程与技术 58/178、航空宇航科学与技术 26/29、兵器科学与技术 4/7、环境科学与工程 170/193、生物医学工程 72/74、生物工程 20/22、工商管理 277/306、艺术学理论 56/70。

本科优势专业排名

5★专业：电子信息工程 20/633、电气工程与智能控制 2/33、数据科学与大数据技术 27/680。

5★-专业：测控技术与仪器 11/186、物联网工程 48/481、新能源汽车工程 2/28、智能感知工程 2/22、人工智能 30/411。

4★专业：社会体育指导与管理 43/231、英语 182/928、机械设计制造及其自动化 58/513、材料成型及控制工程 40/221、机械电子工程 49/297、复合材料与工程 8/41、通信工程 93/490、光电信息科学与工程 29/213、计算机科学与技术 114/922、化学工程与工艺 48/325、飞行器制造工程 5/36、市场营销 88/586、新能源科学与工程 23/126、轨道交通信号与控制 7/52。

10114 山西医科大学

在中国本科院校竞争力排行榜中的名次 186，山西省内排名 4/32，医药类排名 12/108。

共 29 个专业参评，其中 5★+专业 1 个，5★专业 3 个，5★-专业 3 个，4★专业 9 个，3★专业 11 个。

在中国普通高校研究生教育竞争力排行榜中的名次：总排名 163/596，山西省内排名 3/12，医药类排名 18/76。

共 10 个一级学科(学术学位)参评，其中 5★+学科 0 个，5★学科 0 个，5★-学科 0 个，4★学科 2 个，学科优秀率为 20%。

一级学科排名

心理学 46/102、生物学 82/239、基础医学 42/108、临床医学 38/110、口腔医学 16/47、公共卫生与预防医学 38/74、中西医结合 45/61、药学 55/142、特种医学 2/14、护理学 13/70。

本科优势专业排名

5★+专业：护理学 3/290。

5★专业：医学影像学 3/81、法医学 2/31、助产学 3/71。

5★-专业：生物制药 8/113、临床医学 18/194、麻醉学 6/61。

4★专业：药学 30/240、医学检验技术 30/159、医学影像技术 11/100、康复治疗学 24/177、运动康复 10/79、儿科学 8/46、预防医学 16/121、智能医学工程 7/62、健康服务与管理 22/116。

10125 山西财经大学

在中国本科院校竞争力排行榜中的名次 261，山西省内排名 5/32，财经类排名 14/109。

共49个专业参评，其中5★+专业0个，5★专业7个，5★-专业5个，4★专业10个，3★专业18个。

在中国普通高校研究生教育竞争力排行榜中的名次：总排名328/596，山西省内排名8/12，财经类排名16/39。

共11个一级学科(学术学位)参评。

一级学科排名

理论经济学32/111、应用经济学83/262、法学119/206、马克思主义理论242/358、外国语言文学199/232、统计学40/121、计算机科学与技术222/263、管理科学与工程103/202、工商管理69/306、公共管理90/209、图书情报与档案管理43/50。

本科优势专业排名

5★专业：统计学9/205、市场营销9/586、财务管理10/680、审计学10/191、会计学15/653。

5★-专业：经济学25/348、金融工程15/259、国际经济与贸易50/670、商务英语31/362、金融学26/387、工商管理40/537、旅游管理26/424。

4★专业：经济统计学26/134、税收学18/90、计算机科学与技术159/922、国际商务25/126、人力资源管理43/414、资产评估8/69、物流管理56/434、能源经济3/15、法学87/583、数据科学与大数据技术126/680。

10113 山西农业大学

在中国本科院校竞争力排行榜中的名次329，山西省内排名6/32，农林类排名29/47。

共55个专业参评，其中5★+专业0个，5★专业0个，5★-专业0个，4★专业6个，3★专业19个。

在中国普通高校研究生教育竞争力排行榜中的名次：总排名241/596，山西省内排名5/12，农林类排名24/38。

共14个一级学科(学术学位)参评。

一级学科排名

马克思主义理论350/358、生物学194/239、农业工程12/44、风景园林学30/56、作物学17/51、园艺学18/44、农业资源与环境18/40、植物保护25/45、畜牧学25/55、兽医学18/43、林学18/36、草学13/25、农林经济管理48/51、公共管理193/209。

本科优势专业排名

4★专业：园艺14/107、农业资源与环境10/51、动物医学8/73、土地资源管理15/90、数字媒体艺术35/319、动植物检疫4/21。

10118 山西师范大学

在中国本科院校竞争力排行榜中的名次330，山西省内排名7/32，师范类排名35/175。

共51个专业参评，其中5★+专业0个，5★专业4个，5★-专业0个，4★专业10个，3★专业19个。

在中国普通高校研究生教育竞争力排行榜中的名次：总排名317/596，山西省内排名6/12，师范类排名34/77。

共20个一级学科(学术学位)参评，其中5★+学科0个，5★学科0个，5★-学科0个，4★学科1个，学科优秀率为5%。

一级学科排名

哲学111/133、应用经济学150/262、社会学45/88、马克思主义理论108/358、教育学119/139、心理学65/102、体育学57/106、中国语言文学111/183、外国语言文学221/232、世界史45/67、数学110/262、物理学90/197、化学62/228、地理学71/84、生物学138/239、生态学98/109、控制科学与工程182/184、网络空间安全53/70、戏剧与影视学12/61、美术学57/115。

本科优势专业排名

5★-专业：音乐学30/394、表演10/142、播音与主持艺术20/219、航空服务艺术与管理5/63。

4★专业：思想政治教育35/292、学前教育43/418、体育教育37/323、社会体育指导与管理44/231、数学与应用数学97/514、物理学51/282、化学47/304、财务管理78/680、戏剧影视文学19/93、书法学15/125。

10109 太原科技大学

在中国本科院校竞争力排行榜中的名次361，山西省内排名8/32，理工类排名141/365。

共51个专业参评，其中5★+专业0个，5★专业3个，5★-专业0个，4★专业5个，3★专业

28 个。

在中国普通高校研究生教育竞争力排行榜中的名次：总排名 319/596，山西省内排名 7/12，理工类排名 122/182。

共 13 个一级学科(学术学位)参评。

一级学科排名

理论经济学 69/111、法学 197/206、马克思主义理论 293/358、力学 69/95、机械工程 50/220、光学工程 75/92、材料科学与工程 103/219、冶金工程 23/28、电气工程 90/109、控制科学与工程 64/184、计算机科学与技术 202/263、化学工程与技术 114/178、环境科学与工程 178/193。

本科优势专业排名

5★-专业：机械设计制造及其自动化 40/513、材料成型及控制工程 22/221、应急技术与管理 3/25。

4★专业：应用统计学 32/183、机械电子工程 38/297、自动化 56/437、计算机科学与技术 154/922、市场营销 98/586。

10123 运城学院

在中国本科院校竞争力排行榜中的名次 524，山西省内排名 9/32，综合类排名 84/270。

共 44 个专业参评，其中 5★+专业 0 个，5★专业 1 个，5★-专业 0 个，4★专业 2 个，3★专业 20 个。

本科优势专业排名

5★-专业：商务英语 26/362。

4★专业：金融工程 49/259、数字媒体技术 36/221。

14434 山西传媒学院

在中国本科院校竞争力排行榜中的名次 539，山西省内排名 10/32，艺术类排名 30/48。

共 24 个专业参评，其中 5★+专业 0 个，5★专业 2 个，5★-专业 4 个，4★专业 3 个，3★专业 7 个。

本科优势专业排名

5★专业：广告学 11/254、播音与主持艺术 3/219、动画 7/256、影视摄影与制作 2/70。

5★-专业：广播电视学 14/152、数字媒体艺术 23/319。

4★专业：文化产业管理 17/135、广播电视编导 24/224、网络与新媒体 35/316。

10119 太原师范学院

在中国本科院校竞争力排行榜中的名次 560，山西省内排名 11/32，师范类排名 71/175。

共 50 个专业参评，其中 5★+专业 0 个，5★专业 1 个，5★-专业 0 个，4★专业 3 个，3★专业 25 个。

在中国普通高校研究生教育竞争力排行榜中的名次：总排名 462/596，山西省内排名 9/12，师范类排名 50/77。

共 6 个一级学科(学术学位)参评。

一级学科排名

中国语言文学 153/183、中国史 85/114、数学 176/262、地理学 60/84、生物学 207/239、艺术学理论 61/70。

本科优势专业排名

5★-专业：学前教育 35/418。

4★专业：地理科学 32/170、数据科学与大数据技术 102/680、书法学 24/125。

10120 山西大同大学

在中国本科院校竞争力排行榜中的名次 622，山西省内排名 12/32，师范类排名 88/175。

共 66 个专业参评，其中 5★+专业 0 个，5★专业 0 个，5★-专业 0 个，4★专业 1 个，3★专业 20 个。

在中国普通高校研究生教育竞争力排行榜中的名次：总排名 559/596，山西省内排名 11/12，师范类排名 70/77。

共 2 个一级学科(学术学位)参评。

一级学科排名

中国语言文学 168/183、化学 199/228。

本科优势专业排名

4★专业：英语 171/928。

14101 太原工业学院

在中国本科院校竞争力排行榜中的名次 656，山西省内排名 13/32，理工类排名 206/365。

共 39 个专业参评，其中 5★+专业 0 个，5★专业 0 个，5★-专业 0 个，4★专业 0 个，3★专业 7 个。

10809 山西中医药大学

在中国本科院校竞争力排行榜中的名次 679，山西省内排名 14/32，医药类排名 72/108。

共 17 个专业参评，其中 5★+专业 0 个，5★专业 0 个，5★-专业 0 个，4★专业 0 个，3★专业 8 个。

在中国普通高校研究生教育竞争力排行榜中的名次：总排名 477/596，山西省内排名 10/12，医药类排名 69/76。

共 2 个一级学科(学术学位)参评。

一级学科排名

中医学 31/42、中药学 33/50。

11242 太原学院

在中国本科院校竞争力排行榜中的名次 716，山西省内排名 15/32，理工类排名 217/365。

共 32 个专业参评，其中 5★+专业 0 个，5★专业 0 个，5★-专业 0 个，4★专业 6 个，3★专业 12 个。

本科优势专业排名

4★专业：投资学 15/127、汽车服务工程 19/111、网络工程 38/276、审计学 36/191、物流工程 17/102、酒店管理 20/180。

10122 长治学院

在中国本科院校竞争力排行榜中的名次 738，山西省内排名 16/32，师范类排名 122/175。

共 34 个专业参评，其中 5★+专业 0 个，5★专业 0 个，5★-专业 0 个，4★专业 0 个，3★专业 6 个。

10117 长治医学院

在中国本科院校竞争力排行榜中的名次 791，山西省内排名 17/32，医药类排名 76/108。

共 20 个专业参评，其中 5★+专业 0 个，5★专业 0 个，5★-专业 0 个，4★专业 0 个，3★专业 8 个。

在中国普通高校研究生教育竞争力排行榜中的名次：总排名 576/596，山西省内排名 12/12，医药类排名 75/76。

10124 忻州师范学院

在中国本科院校竞争力排行榜中的名次 793，山西省内排名 19/32，师范类排名 133/175。

共 38 个专业参评，其中 5★+专业 0 个，5★专业 0 个，5★-专业 0 个，4★专业 0 个，3★专业 16 个。

10812 吕梁学院

在中国本科院校竞争力排行榜中的名次 806，山西省内排名 20/32，综合类排名 154/270。

共 43 个专业参评，其中 5★+专业 0 个，5★专业 0 个，5★-专业 0 个，4★专业 0 个，3★专业 12 个。

10121 晋中学院

在中国本科院校竞争力排行榜中的名次 810，山西省内排名 21/32，综合类排名 156/270。

共 45 个专业参评，其中 5★+专业 0 个，5★专业 0 个，5★-专业 0 个，4★专业 0 个，3★专业 17 个。

14527 山西工程技术学院

在中国本科院校竞争力排行榜中的名次 826，山西省内排名 22/32，理工类排名 236/365。

共 31 个专业参评，其中 5★+专业 0 个，5★专业 1 个，5★-专业 0 个，4★专业 1 个，3★专业 7 个。

本科优势专业排名

5★-专业：投资学 12/127。

4★专业：工程管理 78/388。

12111 山西警察学院

在中国本科院校竞争力排行榜中的名次 859，

山西省内排名23/32，文法类排名52/68。

共11个专业参评，其中5★+专业0个，5★专业0个，5★-专业0个，4★专业0个，3★专业3个。

13534 山西工学院

在中国本科院校竞争力排行榜中的名次1045，山西省内排名26/32，理工类排名309/365。

共33个专业参评，其中5★+专业0个，5★专业0个，5★-专业0个，4★专业0个，3★专业3个。

51189 山西能源学院

在中国本科院校竞争力排行榜中的名次1080，山西省内排名27/32，理工类排名317/365。

共26个专业参评，其中5★+专业0个，5★专业0个，5★-专业0个，4★专业0个，3★专业3个。

13597 山西科技学院

在中国本科院校竞争力排行榜中的名次1213，山西省内排名32/32，理工类排名361/365。

共21个专业参评，其中5★+专业0个，5★专业0个，5★-专业0个，4★专业0个，3★专业0个。

民办院校

13691 山西工商学院

在中国民办院校竞争力排行榜中的名次49，山西省内排名18/32，财经类排名50/109。

共21个专业参评，其中5★+专业0个，5★专业0个，5★-专业0个，4★专业2个，3★专业5个。

本科优势专业排名

4★专业：财务管理123/680、数字媒体艺术40/319。

12779 山西应用科技学院

在中国民办院校竞争力排行榜中的名次105，山西省内排名24/32，综合类排名187/270。

共31个专业参评，其中5★+专业0个，5★专业0个，5★-专业0个，4★专业3个，3★专业10个。

本科优势专业排名

4★专业：工程造价30/254、审计学33/191、视觉传达设计120/702。

13535 晋中信息学院

在中国民办院校竞争力排行榜中的名次149，山西省内排名25/32，农林类排名44/47。

共31个专业参评，其中5★+专业0个，5★专业0个，5★-专业0个，4★专业0个，3★专业3个。

13538 山西晋中理工学院

在中国民办院校竞争力排行榜中的名次197，山西省内排名29/32，理工类排名335/365。

共26个专业参评，其中5★+专业0个，5★专业0个，5★-专业0个，4★专业1个，3★专业2个。

本科优势专业排名

4★专业：区块链工程4/18。

云南省

一流大学

10673 云南大学

在中国本科院校竞争力排行榜中的名次 77，云南省内排名 1/32，综合类排名 27/270。

共 74 个专业参评，其中 5★+专业 1 个，5★专业 12 个，5★-专业 5 个，4★专业 24 个，3★专业 18 个。

在中国普通高校研究生教育竞争力排行榜中的名次：总排名 60/596，云南省内排名 1/13，综合类排名 20/93。

共 42 个一级学科(学术学位)参评，其中 5★+学科 0 个，5★学科 2 个，5★-学科 3 个，4★学科 8 个，学科优秀率为 30.95%。

一级学科排名

哲学 51/133、理论经济学 22/111、应用经济学 85/262、法学 27/206、政治学 14/80、社会学 21/88、民族学 2/38、马克思主义理论 32/358、教育学 50/139、中国语言文学 25/183、外国语言文学 51/232、新闻传播学 28/116、中国史 6/114、世界史 13/67、数学 64/262、物理学 51/197、化学 34/228、天文学 13/20、地理学 19/84、大气科学 11/19、地球物理学 8/21、地质学 26/36、生物学 37/239、生态学 11/109、统计学 114/121、材料科学与工程 67/219、信息与通信工程 60/182、控制科学与工程 127/184、计算机科学与技术 60/263、土木工程 126/159、生物医学工程 52/74、城乡规划学 32/60、软件工程 90/146、网络空间安全 48/70、作物学 40/51、药学 100/142、管理科学与工程 172/202、工商管理 28/306、公共管理 32/209、图书情报与档案管理 19/50、艺术学理论 68/70、美术学 53/115。

本科优势专业排名

5★+专业：生态学 1/80。

5★专业：民族学 1/27、公共事业管理 7/252、视觉传达设计 14/702、法学 16/583、旅游管理 5/424。

5★-专业：经济学 28/348、国际经济与贸易 64/670、汉语言文学 48/615、英语 58/928、新闻学 25/310、历史学 21/246、通信工程 39/490、计算机科学与技术 63/922、软件工程 39/595、环境设计 59/701、工商管理 29/537、会计学 48/653。

4★专业：政治学与行政学 10/82、社会工作 26/251、体育教育 65/323、日语 72/450、缅甸语 2/13、广播电视学 17/152、数学与应用数学 65/514、物理学 56/282、化学 48/304、地理科学 23/170、地理信息科学 25/166、生物科学 30/280、生物技术 43/285、统计学 32/205、电子信息工程 97/633、物联网工程 94/481、数字媒体技术 35/221、土木工程 95/525、制药工程 34/252、财务管理 86/680、行政管理 37/290、美术学 63/332、绘画 17/164、网络空间安全 20/100。

一般大学

10674 昆明理工大学

在中国本科院校竞争力排行榜中的名次 90，云南省内排名 2/32，理工类排名 44/365。

共 82 个专业参评，其中 5★+专业 0 个，5★专业 11 个，5★-专业 3 个，4★专业 18 个，3★专业 36 个。

在中国普通高校研究生教育竞争力排行榜中的名次：总排名 80/596，云南省内排名 2/13，理工类排名 37/182。

共 41 个一级学科(学术学位)参评，其中 5★+学科 0 个，5★学科 0 个，5★-学科 0 个，4★学科 2 个，学科优秀率为 4.88%。

一级学科排名

哲学 68/133、应用经济学 116/262、法学 93/206、马克思主义理论 182/358、数学 151/262、物理学 122/197、化学 98/228、地质学 31/36、生物学 39/239、系统科学 9/25、生态学 81/109、力学 47/95、机械工程 55/220、材料科学与工程 71/219、冶金工程 6/28、动力工程及工程热物理 35/104、电气工程 88/109、信息与通信工程 162/182、控制科学与工程 72/184、计算机科学与技术 65/263、建筑学 22/70、土木工程 54/159、水利工程 48/64、测绘科学与技术 21/52、化学工程与技术 57/178、地质资源与地质工程 27/46、矿业工程 14/30、交通运输工程 25/64、农业工程 31/44、环境科学与工程 56/193、食品科学与工程 66/99、城乡规划学 59/60、风景园林学 24/56、软件工程 144/146、安全科学与工程 29/61、临床医学 92/110、药学 117/142、管理科学与工程 121/202、工商管理 178/306、艺术学理论 53/70、设计学 102/161。

本科优势专业排名

5★专业：通信工程 20/490、环境工程 15/345、环境设计 18/701。

5★-专业：材料成型及控制工程 21/221、电气工程及其自动化 33/569、计算机科学与技术 59/922、制药工程 16/252、矿物加工工程 3/35、交通工程 10/106、建筑学 19/291、城乡规划 19/203、功能材料 5/46、新能源科学与工程 9/126、质量管理工程 2/19。

4★专业：材料科学与工程 37/229、冶金工程 5/41、能源与动力工程 28/188、光电信息科学与工程 41/213、自动化 70/437、物联网工程 75/481、土木工程 54/525、测绘工程 23/143、化学工程与工艺 36/325、资源勘查工程 9/50、风景园林 31/185、安全工程 24/148、信息管理与信息系统 41/343、宝石及材料工艺学 3/20、新能源材料与器件 15/105、机器人工程 49/307、数据科学与大数据技术 115/680、资源环境科学 3/14。

10681 云南师范大学

在中国本科院校竞争力排行榜中的名次 232，云南省内排名 3/32，师范类排名 26/175。

共 68 个专业参评，其中 5★+专业 0 个，5★专业 1 个，5★-专业 3 个，4★专业 17 个，3★专业 32 个。

在中国普通高校研究生教育竞争力排行榜中的名次：总排名 227/596，云南省内排名 4/13，师范类排名 24/77。

共 27 个一级学科(学术学位)参评，其中 5★+学科 0 个，5★学科 0 个，5★-学科 0 个，4★学科 1 个，学科优秀率为 3.7%。

一级学科排名

哲学 59/133、应用经济学 129/262、社会学 34/88、马克思主义理论 132/358、教育学 22/139、心理学 38/102、体育学 48/106、中国语言文学 80/183、外国语言文学 71/232、新闻传播学 68/116、中国史 111/114、数学 174/262、物理学 120/197、化学 119/228、天文学 14/20、地理学 23/84、生物学 122/239、统计学 102/121、光学工程 26/92、计算机科学与技术 126/263、农业工程 17/44、工商管理 301/306、公共管理 136/209、音乐与舞蹈学 54/82、戏剧与影视学 45/61、美术学 115/115、设计学 137/161。

本科优势专业排名

5★专业：学前教育 12/418、汉语国际教育 16/320、地理科学 7/170。

5★-专业：英语 51/928。

4★专业：思想政治教育 46/292、体育教育 33/323、社会体育指导与管理 33/231、汉语言文学 78/615、越南语 3/22、数学与应用数学 96/514、人文地理与城乡规划 18/108、地理信息科学 26/166、应用心理学 45/248、计算机科学与技术 182/922、音乐学 75/394、舞蹈表演 21/145、动画 49/256、美术学 50/332、秘书学 14/89、人工智能 49/411、航空服务艺术与管理 13/63。

10676 云南农业大学

在中国本科院校竞争力排行榜中的名次 283，云南省内排名 4/32，农林类排名 25/47。

共 66 个专业参评，其中 5★+专业 0 个，5★专业 2 个，5★-专业 0 个，4★专业 8 个，3★专业 15 个。

在中国普通高校研究生教育竞争力排行榜中的名次：总排名 265/596，云南省内排名 5/13，农林类排名 28/38。

共 14 个一级学科(学术学位)参评。

一级学科排名

马克思主义理论 345/358、生物学 189/239、农业工程 33/44、环境科学与工程 171/193、食品科学与工程 47/99、作物学 23/51、园艺学 34/44、农业资源与环境 27/40、植物保护 15/45、畜牧学 19/55、兽医学 29/43、林学 28/36、草学 12/25、农林经济管理 33/51。

本科优势专业排名

5★-专业：食品质量与安全 21/236、工程造价 20/254。

4★专业：生物技术 41/285、农业水利工程 5/33、食品科学与工程 32/278、植物保护 9/55、园林 18/126、秘书学 16/89、茶学 4/29、动植物检疫 3/21。

10689 云南财经大学

在中国本科院校竞争力排行榜中的名次308，云南省内排名5/32，财经类排名19/109。

共63个专业参评，其中5★+专业1个，5★专业6个，5★-专业7个，4★专业7个，3★专业17个。

在中国普通高校研究生教育竞争力排行榜中的名次：总排名399/596，云南省内排名9/13，财经类排名23/39。

共12个一级学科(学术学位)参评，其中5★+学科0个，5★学科0个，5★-学科0个，4★学科1个，学科优秀率为8.33%。

一级学科排名

理论经济学38/111、应用经济学72/262、法学148/206、政治学79/80、社会学88/88、马克思主义理论256/358、数学179/262、统计学84/121、计算机科学与技术245/263、管理科学与工程178/202、工商管理50/306、公共管理116/209。

本科优势专业排名

5★+专业：财务管理5/680。

5★专业：国际经济与贸易23/670、应用统计学7/183、市场营销21/586、物流管理16/434、电子商务10/451、金融学16/387、会计学8/653。

5★-专业：经济学30/348、人力资源管理38/414、审计学11/191、酒店管理17/180、会展经济与管理6/101、工商管理46/537。

4★专业：经济统计学18/134、国际商务24/126、资产评估13/69、视觉传达设计123/702、财政学14/84、法学111/583、数据科学与大数据技术95/680。

10677 西南林业大学

在中国本科院校竞争力排行榜中的名次350，云南省内排名6/32，农林类排名31/47。

共64个专业参评，其中5★+专业0个，5★专业2个，5★-专业0个，4★专业1个，3★专业17个。

在中国普通高校研究生教育竞争力排行榜中的名次：总排名314/596，云南省内排名6/13，农林类排名30/38。

共11个一级学科(学术学位)参评。

一级学科排名

化学223/228、地理学74/84、生物学130/239、系统科学14/25、机械工程205/220、林业工程5/12、风景园林学12/56、园艺学30/44、林学10/36、工商管理204/306、农林经济管理29/51。

本科优势专业排名

5★-专业：园林9/126、环境设计57/701。

4★专业：风景园林25/185。

10678 昆明医科大学

在中国本科院校竞争力排行榜中的名次370，云南省内排名7/32，医药类排名34/108。

共25个专业参评，其中5★+专业0个，5★专业1个，5★-专业0个，4★专业7个，3★专业9个。

在中国普通高校研究生教育竞争力排行榜中的名次：总排名222/596，云南省内排名3/13，医药类排名25/76。

共7个一级学科(学术学位)参评。

一级学科排名

生物学192/239、基础医学49/108、临床医学40/110、口腔医学18/47、公共卫生与预防医学36/74、药学59/142、护理学38/70。

本科优势专业排名

5★-专业：医学影像技术10/100。

4★专业：药学39/240、药物制剂14/86、卫生检验与检疫11/53、护理学32/290、临床医学35/194、口腔医学20/116、康复物理治疗2/14。

10691 云南民族大学

在中国本科院校竞争力排行榜中的名次380，云南省内排名8/32，民族类排名5/17。

共62个专业参评，其中5★+专业0个，5★专业3个，5★-专业1个，4★专业7个，3★专业24个。

在中国普通高校研究生教育竞争力排行榜中的名次：总排名357/596，云南省内排名7/13，民族类排名6/13。

共16个一级学科(学术学位)参评。

一级学科排名

应用经济学 192/262、法学 100/206、政治学 75/80、社会学 28/88、民族学 13/38、马克思主义理论 206/358、教育学 114/139、中国语言文学 86/183、外国语言文学 76/232、中国史 58/114、数学 181/262、化学 156/228、信息与通信工程 103/182、环境科学与工程 167/193、工商管理 130/306、公共管理 143/209。

本科优势专业排名

5★专业：缅甸语 1/13。

5★-专业：泰语 3/44、广告学 23/254、工艺美术 6/92。

4★专业：社会学 15/89、汉语言文学 84/615、财务管理 119/680、人力资源管理 76/414、舞蹈学 25/202、经济与金融 16/78、秘书学 10/89。

10690 云南艺术学院

在中国本科院校竞争力排行榜中的名次 423，云南省内排名 9/32，艺术类排名 20/48。

共 25 个专业参评，其中 5★+专业 0 个，5★专业 7 个，5★-专业 1 个，4★专业 5 个，3★专业 11 个。

在中国普通高校研究生教育竞争力排行榜中的名次：总排名 524/596，云南省内排名 11/13，艺术类排名 22/33。

共 5 个一级学科（学术学位）参评。

一级学科排名

艺术学理论 45/70、音乐与舞蹈学 46/82、戏剧与影视学 38/61、美术学 71/115、设计学 79/161。

本科优势专业排名

5★专业：视觉传达设计 21/702。

5★-专业：舞蹈表演 9/145、舞蹈学 15/202、表演 12/142、美术学 27/332、绘画 15/164、环境设计 45/701、产品设计 39/390。

4★专业：音乐表演 41/237、戏剧影视文学 17/93、广播电视编导 29/224、艺术管理 6/28、影视摄影与制作 9/70。

10679 大理大学

在中国本科院校竞争力排行榜中的名次 544，云南省内排名 10/32，综合类排名 88/270。

共 49 个专业参评，其中 5★+专业 0 个，5★专业 1 个，5★-专业 0 个，4★专业 2 个，3★专业 6 个。

在中国普通高校研究生教育竞争力排行榜中的名次：总排名 371/596，云南省内排名 8/13，综合类排名 65/93。

共 7 个一级学科（学术学位）参评。

一级学科排名

民族学 26/38、马克思主义理论 185/358、生态学 92/109、基础医学 88/108、临床医学 98/110、公共卫生与预防医学 69/74、药学 85/142。

本科优势专业排名

5★-专业：小学教育 23/301。

4★专业：泰语 5/44、旅游管理 79/424。

11393 昆明学院

在中国本科院校竞争力排行榜中的名次 580，云南省内排名 11/32，师范类排名 78/175。

共 49 个专业参评，其中 5★+专业 0 个，5★专业 2 个，5★-专业 1 个，4★专业 0 个，3★专业 14 个。

在中国普通高校研究生教育竞争力排行榜中的名次：总排名 552/596，云南省内排名 12/13，师范类排名 67/77。

共 2 个一级学科（学术学位）参评。

一级学科排名

中国语言文学 180/183、物理学 155/197。

本科优势专业排名

5★专业：酒店管理 8/180。

5★-专业：学前教育 30/418、视觉传达设计 58/702。

10684 曲靖师范学院

在中国本科院校竞争力排行榜中的名次 631，云南省内排名 12/32，师范类排名 90/175。

共 52 个专业参评，其中 5★+专业 0 个，5★专业 0 个，5★-专业 0 个，4★专业 0 个，3★专业 4 个。

10680 云南中医药大学

在中国本科院校竞争力排行榜中的名次632，云南省内排名13/32，医药类排名67/108。

共18个专业参评，其中5★+专业0个，5★专业0个，5★-专业0个，4★专业1个，3★专业11个。

在中国普通高校研究生教育竞争力排行榜中的名次：总排名445/596，云南省内排名10/13，医药类排名66/76。

共4个一级学科(学术学位)参评。

一级学科排名

中医学22/42、中西医结合48/61、药学90/142、中药学23/50。

本科优势专业排名

4★专业：中药学19/115。

10686 保山学院

在中国本科院校竞争力排行榜中的名次680，云南省内排名14/32，综合类排名123/270。

共36个专业参评，其中5★+专业0个，5★专业0个，5★-专业0个，4★专业0个，3★专业2个。

10687 红河学院

在中国本科院校竞争力排行榜中的名次681，云南省内排名15/32，综合类排名124/270。

共43个专业参评，其中5★+专业0个，5★专业0个，5★-专业0个，4★专业0个，3★专业10个。

11391 楚雄师范学院

在中国本科院校竞争力排行榜中的名次691，云南省内排名16/32，师范类排名105/175。

共45个专业参评，其中5★+专业0个，5★专业1个，5★-专业0个，4★专业0个，3★专业0个。

本科优势专业排名

5★-专业：小学教育26/301。

11390 玉溪师范学院

在中国本科院校竞争力排行榜中的名次706，云南省内排名17/32，师范类排名110/175。

共45个专业参评，其中5★+专业0个，5★专业0个，5★-专业0个，4★专业0个，3★专业5个。

14092 滇西科技师范学院

在中国本科院校竞争力排行榜中的名次714，云南省内排名18/32，师范类排名114/175。

共33个专业参评，其中5★+专业0个，5★专业0个，5★-专业0个，4★专业1个，3★专业2个。

本科优势专业排名

4★专业：互联网金融7/55。

11392 云南警官学院

在中国本科院校竞争力排行榜中的名次795，云南省内排名19/32，文法类排名46/68。

共10个专业参评，其中5★+专业0个，5★专业0个，5★-专业1个，4★专业0个，3★专业4个。

在中国普通高校研究生教育竞争力排行榜中的名次：总排名594/596，云南省内排名13/13，文法类排名32/32。

本科优势专业排名

5★专业：禁毒学1/13。

10683 昭通学院

在中国本科院校竞争力排行榜中的名次848，云南省内排名20/32，师范类排名143/175。

共29个专业参评，其中5★+专业0个，5★专业0个，5★-专业0个，4★专业0个，3★专业2个。

11556 文山学院

在中国本科院校竞争力排行榜中的名次871，云南省内排名22/32，综合类排名170/270。

共32个专业参评，其中5★+专业0个，5★

专业 0 个，5★-专业 0 个，4★专业 0 个，3★专业 2 个。

14623 滇西应用技术大学

在中国本科院校竞争力排行榜中的名次 875，云南省内排名 23/32，理工类排名 250/365。

共 32 个专业参评，其中 5★+专业 0 个，5★专业 1 个，5★-专业 0 个，4★专业 1 个，3★专业 7 个。

本科优势专业排名

5★-专业：跨境电子商务 7/67。

4★专业：地理空间信息工程 3/15。

10685 普洱学院

在中国本科院校竞争力排行榜中的名次 877，云南省内排名 24/32，师范类排名 145/175。

共 41 个专业参评，其中 5★+专业 0 个，5★专业 0 个，5★-专业 0 个，4★专业 1 个，3★专业 4 个。

本科优势专业排名

4★专业：烹饪与营养教育 4/25。

民办院校

13909 云南工商学院

在中国民办院校竞争力排行榜中的名次 79，云南省内排名 21/32，财经类排名 58/109。

共 13 个专业参评，其中 5★+专业 0 个，5★专业 0 个，5★-专业 0 个，4★专业 0 个，3★专业 3 个。

13328 丽江文化旅游学院

在中国民办院校竞争力排行榜中的名次 93，云南省内排名 25/32，财经类排名 62/109。

共 38 个专业参评，其中 5★+专业 0 个，5★专业 0 个，5★-专业 0 个，4★专业 0 个，3★专业 5 个。

12560 云南经济管理学院

在中国民办院校竞争力排行榜中的名次 145，云南省内排名 28/32，财经类排名 73/109。

共 45 个专业参评，其中 5★+专业 0 个，5★专业 0 个，5★-专业 0 个，4★专业 1 个，3★专业 6 个。

本科优势专业排名

4★专业：工程造价 44/254。

13330 昆明城市学院

在中国民办院校竞争力排行榜中的名次 160，云南省内排名 29/32，财经类排名 77/109。

共 31 个专业参评，其中 5★+专业 0 个，5★专业 0 个，5★-专业 0 个，4★专业 0 个，3★专业 6 个。

13331 昆明文理学院

在中国民办院校竞争力排行榜中的名次 177，云南省内排名 30/32，综合类排名 224/270。

共 32 个专业参评，其中 5★+专业 0 个，5★专业 0 个，5★-专业 0 个，4★专业 0 个，3★专业 4 个。

甘肃省

一流大学

10730 兰州大学

在中国本科院校竞争力排行榜中的名次 39，甘肃省内排名 1/20，综合类排名 15/270。

共 87 个专业参评，其中 5★+专业 0 个，5★专业 16 个，5★-专业 8 个，4★专业 18 个，3★专业 32 个。

在中国普通高校研究生教育竞争力排行榜中的名次：总排名 36/596，甘肃省内排名 1/10，综合类排名 13/93。

共 48 个一级学科(学术学位)参评，其中 5★+学科 0 个，5★学科 3 个，5★-学科 3 个，4★学科 7 个，学科优秀率为 27.08%。

一级学科排名

哲学 54/133、理论经济学 44/111、应用经济学 68/262、法学 60/206、政治学 37/80、社会学 32/88、民族学 5/38、马克思主义理论 18/358、教育学 90/139、中国语言文学 28/183、外国语言文学 89/232、新闻传播学 26/116、考古学 25/40、中国史 46/114、世界史 36/67、数学 33/262、物理学 28/197、化学 17/228、地理学 8/84、大气科学 3/19、地质学 9/36、生物学 27/239、生态学 2/109、力学 23/95、材料科学与工程 54/219、电子科学与技术 79/120、信息与通信工程 75/182、计算机科学与技术 72/263、土木工程 45/159、水利工程 33/64、化学工程与技术 52/178、核科学与技术 9/17、环境科学与工程 47/193、作物学 32/51、植物保护 28/45、畜牧学 13/55、林学 23/36、草学 1/25、基础医学 39/108、临床医学 32/110、口腔医学 26/47、公共卫生与预防医学 27/74、中西医结合 22/61、药学 37/142、工商管理 37/306、农林经济管理 12/51、公共管理 16/209、艺术学理论 25/70。

本科优势专业排名

5★专业：化学 14/304、应用化学 13/373、人文地理与城乡规划 4/108、生物技术 11/285、生态学 4/80、草业科学 1/29、公共事业管理 5/252、行政管理 14/290。

5★-专业：思想政治教育 16/292、汉语言文学 54/615、英语 92/928、新闻学 27/310、历史学 18/246、文物与博物馆学 4/53、数学与应用数学 39/514、物理学 17/282、自然地理与资源环境 3/49、地理信息科学 9/166、计算机科学与技术 67/922、环境工程 34/345、环境科学 17/173、人力资源管理 33/414、功能材料 4/46、数据科学与大数据技术 45/680。

4★专业：经济学 37/348、大气科学 3/17、生物科学 29/280、理论与应用力学 2/12、通信工程 50/490、微电子科学与工程 18/107、数字媒体技术 33/221、土木工程 90/525、化学工程与工艺 53/325、药学 38/240、信息管理与信息系统 38/343、市场营销 89/586、法学 75/583、马克思主义理论 5/39、电子信息科学与技术 30/164、临床医学 39/194、口腔医学 16/116、会计学 77/653。

一般大学

10736 西北师范大学

在中国本科院校竞争力排行榜中的名次 156，甘肃省内排名 2/20，师范类排名 16/175。

共 68 个专业参评，其中 5★+专业 0 个，5★专业 10 个，5★-专业 4 个，4★专业 13 个，3★专业 24 个。

在中国普通高校研究生教育竞争力排行榜中的名次：总排名 124/596，甘肃省内排名 2/10，师范类排名 14/77。

共 31 个一级学科(学术学位)参评，其中 5★+学科 0 个，5★学科 0 个，5★-学科 0 个，4★学科 5 个，学科优秀率为 16.13%。

一级学科排名

哲学 71/133、理论经济学 101/111、应用经济学 152/262、法学 155/206、政治学 76/80、社会学 64/88、马克思主义理论 99/358、教育学 17/139、心理学 27/102、体育学 47/106、中国语言文学 45/183、外国语言文学 53/232、考古学 39/40、中国史 19/114、世界史 61/67、数学 48/262、物理学 59/197、化学 56/228、地理学 13/84、生物学 103/239、统计学 95/121、材料科学与工程 181/219、电子科学与技术 63/120、计算机科学与技术 128/263、化学工程与技术 117/178、软件工程 86/146、工商管理 123/306、公共管理 149/209、音乐与舞蹈学 47/82、戏剧与影视学 33/61、美术学 13/115。

本科优势专业排名

5★专业：思想政治教育 12/292、英语 43/928、翻译 13/261、美术学 13/332。

5★-专业：社会工作 19/251、教育技术学 8/130、汉语言文学 37/615、物理学 28/282、应用心理学 13/248、广播电视编导 17/224、秘书学 9/89、数据科学与大数据技术 55/680、旅游管理 30/424、书法学 11/125。

4★专业：学前教育 46/418、小学教育 52/301、体育教育 35/323、汉语国际教育 36/320、历史学 37/246、数学与应用数学 58/514、化学 41/304、地理科学 19/170、人文地理与城乡规划 19/108、计算机科学与技术 151/922、物联网工程 60/481、音乐表演 31/237、法学 109/583。

10731 兰州理工大学

在中国本科院校竞争力排行榜中的名次 172，甘肃省内排名 3/20，理工类排名 72/365。

共 63 个专业参评，其中 5★+专业 0 个，5★专业 13 个，5★-专业 0 个，4★专业 12 个，3★专业 22 个。

在中国普通高校研究生教育竞争力排行榜中的名次：总排名 151/596，甘肃省内排名 3/10，理工类排名 65/182。

共 27 个一级学科(学术学位)参评，其中 5★+学科 0 个，5★学科 0 个，5★-学科 0 个，4★学科 2 个，学科优秀率为 7.41%。

一级学科排名

法学 177/206、马克思主义理论 150/358、体育学 101/106、外国语言文学 202/232、数学 148/262、物理学 102/197、力学 63/95、机械工程 48/220、材料科学与工程 64/219、冶金工程 8/28、动力工程及工程热物理 18/104、电气工程 67/109、电子科学与技术 95/120、信息与通信工程 166/182、控制科学与工程 48/184、计算机科学与技术 184/263、建筑学 50/70、土木工程 28/159、水利工程 32/64、测绘科学与技术 49/52、化学工程与技术 41/178、环境科学与工程 173/193、生物工程 14/22、安全科学与工程 44/61、管理科学与工程 139/202、工商管理 256/306、设计学 88/161。

本科优势专业排名

5★-专业：机械设计制造及其自动化 34/513、材料成型及控制工程 15/221、机械电子工程 17/297、电气工程及其自动化 46/569、通信工程 49/490、自动化 36/437、土木工程 33/525、化学工程与工艺 30/325、工程造价 24/254、市场营销 42/586、智能制造工程 22/252、新能源科学与工程 7/126、电子信息科学与技术 9/164。

4★专业：应用物理学 25/151、应用化学 39/373、过程装备与控制工程 12/91、高分子材料与工程 37/184、能源与动力工程 20/188、计算机科学与技术 103/922、建筑学 36/291、财务管理 113/680、机器人工程 55/307、数据科学与大数据技术 77/680、道路桥梁与渡河工程 14/77、会计学 76/653。

10732 兰州交通大学

在中国本科院校竞争力排行榜中的名次 197，甘肃省内排名 4/20，理工类排名 81/365。

共 64 个专业参评，其中 5★+专业 0 个，5★专业 8 个，5★-专业 3 个，4★专业 6 个，3★专业 27 个。

在中国普通高校研究生教育竞争力排行榜中的名次：总排名 173/596，甘肃省内排名 4/10，理工类排名 69/182。

共 26 个一级学科(学术学位)参评，其中 5★+学科 0 个，5★学科 0 个，5★-学科 0 个，4★学科 1 个，学科优秀率为 3.85%。

一级学科排名

应用经济学 214/262、马克思主义理论 170/358、外国语言文学 220/232、数学 107/262、物理学 168/197、化学 151/228、生物学 221/239、生态学 85/109、力学 79/95、机械工程 91/220、材料科学与工程 148/219、动力工程及工程热物理 58/104、电气工程 49/109、电子科学与技术 73/120、信息与通信工程 89/182、控制科学与工程 93/184、计算机科学与技术 99/263、土木工程 32/159、水利工程 53/64、测绘科学与技术 17/52、化学工程与技术 95/178、交通运输工程 14/64、环境科学与工程 57/193、城乡规划学 48/60、管理科学与工程 96/202、工商管理 285/306。

本科优势专业排名

5★专业：给排水科学与工程 6/159、交通运输 5/107、轨道交通信号与控制 3/52。

5★-专业：地理信息科学 17/166、车辆工程 16/254、电气工程及其自动化 44/569、通信工程 47/490、土木工程 43/525、建筑环境与能源应用工程 15/165、测绘工程 14/143、物流管理 36/434。

4★专业：英语 133/928、机械设计制造及其自动化 81/513、计算机科学与技术 115/922、软件工程 103/595、交通工程 15/106、工程管理 40/388。

10733 甘肃农业大学

在中国本科院校竞争力排行榜中的名次 297，甘肃省内排名 5/20，农林类排名 27/47。

共 57 个专业参评，其中 5★+专业 0 个，5★专业 0 个，5★-专业 0 个，4★专业 7 个，3★专业 17 个。

在中国普通高校研究生教育竞争力排行榜中的名次：总排名 201/596，甘肃省内排名 5/10，农林类排名 19/38。

共 19 个一级学科(学术学位)参评，其中 5★+学科 0 个，5★学科 0 个，5★-学科 1 个，4★学科 1 个，学科优秀率为 10.53%。

一级学科排名

应用经济学 256/262、马克思主义理论 284/358、化学 219/228、生物学 177/239、生态学 107/109、水利工程 58/64、农业工程 35/44、食品科学与工程 57/99、软件工程 115/146、作物学 8/51、园艺学 16/44、农业资源与环境 36/40、植物保护 35/45、畜牧学 14/55、兽医学 10/43、林学 15/36、草学 2/25、农林经济管理 41/51、公共管理 139/209。

本科优势专业排名

4★专业：应用统计学 30/183、食品科学与工程 47/278、农学 9/76、园艺 16/107、种子科学与工程 8/41、水土保持与荒漠化防治 4/19、动物医学 11/73。

10742 西北民族大学

在中国本科院校竞争力排行榜中的名次 406，甘肃省内排名 6/20，民族类排名 8/17。

共 67 个专业参评，其中 5★+专业 0 个，5★专业 1 个，5★-专业 2 个，4★专业 2 个，3★专业 28 个。

在中国普通高校研究生教育竞争力排行榜中的名次：总排名 344/596，甘肃省内排名 7/10，民族类排名 5/13。

共 15 个一级学科(学术学位)参评。

一级学科排名

法学 206/206、社会学 49/88、民族学 28/38、马克思主义理论 125/358、教育学 57/139、中国语言文学 44/183、中国史 71/114、数学 146/262、化学 212/228、计算机科学与技术 201/263、畜牧学 47/55、兽医学 37/43、工商管理 289/306、音乐与舞蹈学 58/82、美术学 38/115。

本科优势专业排名

5★专业：中国少数民族语言文学 2/33、舞蹈学 8/202。

5★-专业：舞蹈表演 8/145。

4★专业：汉语言文学 113/615、音乐表演 28/237。

10741 兰州财经大学

在中国本科院校竞争力排行榜中的名次 495，甘肃省内排名 7/20，财经类排名 34/109。

共 60 个专业参评，其中 5★+专业 0 个，5★专业 3 个，5★-专业 2 个，4★专业 4 个，3★专业 26 个。

在中国普通高校研究生教育竞争力排行榜中的名次：总排名 434/596，甘肃省内排名 8/10，财经类排名 28/39。

共 8 个一级学科(学术学位)参评。

一级学科排名

理论经济学 68/111、应用经济学 99/262、法学 204/206、马克思主义理论 261/358、统计学 36/121、管理科学与工程 170/202、工商管理 200/306、设计学 119/161。

本科优势专业排名

5★专业：财务管理 17/680、视觉传达设计 34/702。

5★-专业：国际经济与贸易 35/670、商务经济学 2/19、会计学 56/653。

4★专业：统计学 30/205、市场营销 91/586、审计学 26/191、金融学 69/387。

10735 甘肃中医药大学

在中国本科院校竞争力排行榜中的名次 535，甘肃省内排名 8/20，医药类排名 59/108。

共 27 个专业参评，其中 5★+专业 0 个，5★专业 0 个，5★-专业 0 个，4★专业 1 个，3★专业 6 个。

在中国普通高校研究生教育竞争力排行榜中的名次：总排名 338/596，甘肃省内排名 6/10，医药类排名 44/76。

共 5 个一级学科(学术学位)参评。

一级学科排名

生物医学工程 64/74、临床医学 74/110、中医学 19/42、中西医结合 25/61、中药学 20/50。

本科优势专业排名

4★专业：中药学 17/115。

10739 天水师范学院

在中国本科院校竞争力排行榜中的名次 640，甘肃省内排名 9/20，师范类排名 94/175。

共 53 个专业参评，其中 5★+专业 0 个，5★专业 0 个，5★-专业 0 个，4★专业 1 个，3★专业 7 个。

在中国普通高校研究生教育竞争力排行榜中的名次：总排名 520/596，甘肃省内排名 10/10，师范类排名 64/77。

共 1 个一级学科(学术学位)参评。

一级学科排名

中国语言文学 159/183。

本科优势专业排名

4★专业：小学教育 31/301。

10737 兰州城市学院

在中国本科院校竞争力排行榜中的名次 645，甘肃省内排名 10/20，师范类排名 97/175。

共 56 个专业参评，其中 5★+专业 0 个，5★专业 0 个，5★-专业 0 个，4★专业 2 个，3★专业 10 个。

本科优势专业排名

4★专业：音乐学 51/394、数据科学与大数据技术 99/680。

10740 河西学院

在中国本科院校竞争力排行榜中的名次 664，甘肃省内排名 11/20，综合类排名 119/270。

共 63 个专业参评，其中 5★+专业 0 个，5★专业 0 个，5★-专业 0 个，4★专业 1 个，3★专业 9 个。

本科优势专业排名

4★专业：网络与新媒体 62/316。

11406 甘肃政法大学

在中国本科院校竞争力排行榜中的名次 666，甘肃省内排名 12/20，文法类排名 30/68。

共 33 个专业参评，其中 5★+专业 0 个，5★专业 0 个，5★-专业 0 个，4★专业 2 个，3★专业 7 个。

在中国普通高校研究生教育竞争力排行榜中的名次：总排名 508/596，甘肃省内排名 9/10，文法类排名 19/32。

共 3 个一级学科(学术学位)参评。

一级学科排名

法学 58/206、网络空间安全 58/70、工商管理 213/306。

本科优势专业排名

4★专业：财务管理 121/680、法学 100/583。

11562 兰州文理学院

在中国本科院校竞争力排行榜中的名次 758，甘肃省内排名 13/20，综合类排名 142/270。

共 38 个专业参评，其中 5★+专业 0 个，5★专业 0 个，5★-专业 1 个，4★专业 1 个，3★专业 11 个。

本科优势专业排名

5★专业：环境设计 20/701。

4★专业：数字媒体技术 37/221。

10738 陇东学院

在中国本科院校竞争力排行榜中的名次 814，甘肃省内排名 14/20，师范类排名 138/175。

共 53 个专业参评，其中 5★+专业 0 个，5★专业 0 个，5★-专业 0 个，4★专业 0 个，3★专业 7 个。

11805 甘肃医学院

在中国本科院校竞争力排行榜中的名次 858，甘肃省内排名 15/20，医药类排名 82/108。

共 9 个专业参评，其中 5★+专业 0 个，5★专业 0 个，5★-专业 0 个，4★专业 0 个，3★专业 3 个。

11807 兰州工业学院

在中国本科院校竞争力排行榜中的名次 881，甘肃省内排名 16/20，理工类排名 252/365。

共 35 个专业参评，其中 5★+专业 0 个，5★专业 0 个，5★-专业 0 个，4★专业 1 个，3★专业 7 个。

本科优势专业排名

4★专业：视觉传达设计 86/702。

11561 甘肃民族师范学院

在中国本科院校竞争力排行榜中的名次 1011，甘肃省内排名 18/20，师范类排名 162/175。

共 40 个专业参评，其中 5★+专业 0 个，5★专业 0 个，5★-专业 0 个，4★专业 0 个，3★专业 4 个。

民办院校

13514 兰州博文科技学院

在中国民办院校竞争力排行榜中的名次 125，甘肃省内排名 17/20，理工类排名 275/365。

共 42 个专业参评，其中 5★+专业 0 个，5★专业 0 个，5★-专业 0 个，4★专业 0 个，3★专业 1 个。

13511 兰州工商学院

在中国民办院校竞争力排行榜中的名次 201，甘肃省内排名 19/20，财经类排名 94/109。

共 28 个专业参评，其中 5★+专业 0 个，5★专业 0 个，5★-专业 0 个，4★专业 0 个，3★专业 2 个。

13515 兰州信息科技学院

在中国民办院校竞争力排行榜中的名次 211，甘肃省内排名 20/20，理工类排名 350/365。

共 32 个专业参评，其中 5★+专业 0 个，5★专业 0 个，5★-专业 0 个，4★专业 0 个，3★专业 0 个。

贵州省

一般大学

10657 贵州大学

在中国本科院校竞争力排行榜中的名次102，贵州省内排名1/28，综合类排名33/270。

共94个专业参评，其中5★+专业0个，5★专业8个，5★-专业1个，4★专业10个，3★专业50个。

在中国普通高校研究生教育竞争力排行榜中的名次：总排名98/596，贵州省内排名1/9，综合类排名31/93。

共51个一级学科(学术学位)参评，其中5★+学科0个，5★学科0个，5★-学科1个，4★学科2个，学科优秀率为5.88%。

一级学科排名

哲学42/133、应用经济学109/262、法学40/206、政治学64/80、社会学75/88、民族学31/38、马克思主义理论184/358、中国语言文学123/183、外国语言文学144/232、新闻传播学112/116、中国史101/114、数学91/262、物理学88/197、化学92/228、地质学21/36、生物学76/239、生态学40/109、机械工程64/220、材料科学与工程98/219、冶金工程24/28、电气工程65/109、电子科学与技术40/120、信息与通信工程108/182、控制科学与工程139/184、计算机科学与技术192/263、土木工程59/159、测绘科学与技术43/52、化学工程与技术133/178、地质资源与地质工程39/46、矿业工程21/30、环境科学与工程98/193、食品科学与工程62/99、城乡规划学58/60、风景园林学37/56、软件工程46/146、安全科学与工程46/61、作物学30/51、园艺学29/44、农业资源与环境26/40、植物保护4/45、畜牧学20/55、兽医学32/43、林学14/36、草学17/25、管理科学与工程87/202、工商管理252/306、农林经济管理9/51、公共管理85/209、艺术学理论69/70、音乐与舞蹈学81/82、设计学151/161。

本科优势专业排名

5★专业：数据科学与大数据技术18/680。

5★-专业：社会工作20/251、英语79/928、机械设计制造及其自动化31/513、电气工程及其自动化48/569、计算机科学与技术76/922、酿酒工程2/24、植物保护6/55、法学45/583。

4★专业：汉语言文学73/615、日语77/450、数学与应用数学76/514、化学58/304、通信工程63/490、软件工程117/595、土木工程96/525、制药工程48/252、工程管理48/388、旅游管理54/424。

10663 贵州师范大学

在中国本科院校竞争力排行榜中的名次260，贵州省内排名2/28，师范类排名28/175。

共76个专业参评，其中5★+专业0个，5★专业4个，5★-专业2个，4★专业11个，3★专业30个。

在中国普通高校研究生教育竞争力排行榜中的名次：总排名277/596，贵州省内排名3/9，师范类排名29/77。

共21个一级学科(学术学位)参评。

一级学科排名

哲学115/133、法学88/206、政治学34/80、马克思主义理论113/358、教育学62/139、心理学29/102、体育学53/106、中国语言文学71/183、外国语言文学128/232、世界史51/67、数学90/262、物理学106/197、化学187/228、地理学26/84、生物学157/239、生态学82/109、机械工程131/220、计算机科学与技术129/263、网络空间安全37/70、管理科学与工程166/202、美术学83/115。

本科优势专业排名

5★专业：应用心理学10/248、数据科学与大数据技术26/680。

5★-专业：汉语言文学43/615、地理科学14/170、市场营销47/586、旅游管理37/424。

4★专业：思想政治教育40/292、学前教育55/418、小学教育37/301、体育教育45/323、社会体育指导与管理39/231、汉语国际教育64/320、英语106/928、数学与应用数学84/514、人文地理与城乡规划22/108、电子信息工程90/633、法学

96/583。

10660 贵州医科大学

在中国本科院校竞争力排行榜中的名次 364，贵州省内排名 3/28，医药类排名 33/108。

共 41 个专业参评，其中 5★+专业 0 个，5★专业 0 个，5★-专业 2 个，4★专业 5 个，3★专业 17 个。

在中国普通高校研究生教育竞争力排行榜中的名次：总排名 276/596，贵州省内排名 2/9，医药类排名 33/76。

共 9 个一级学科(学术学位)参评。

一级学科排名

生物学 166/239、生物医学工程 45/74、基础医学 46/108、临床医学 69/110、口腔医学 42/47、公共卫生与预防医学 35/74、中医学 35/42、药学 56/142、护理学 62/70。

本科优势专业排名

5★专业：助产学 4/71、健康服务与管理 3/116。

4★专业：生物技术 45/285、食品卫生与营养学 6/30、药学 48/240、医学检验技术 29/159、护理学 41/290。

10671 贵州财经大学

在中国本科院校竞争力排行榜中的名次 366，贵州省内排名 4/28，财经类排名 27/109。

共 53 个专业参评，其中 5★+专业 0 个，5★专业 5 个，5★-专业 0 个，4★专业 7 个，3★专业 16 个。

在中国普通高校研究生教育竞争力排行榜中的名次：总排名 422/596，贵州省内排名 6/9，财经类排名 25/39。

共 8 个一级学科(学术学位)参评。

一级学科排名

理论经济学 58/111、应用经济学 120/262、法学 115/206、马克思主义理论 155/358、中国语言文学 117/183、计算机科学与技术 133/263、工商管理 106/306、公共管理 61/209。

本科优势专业排名

5★-专业：市场营销 31/586、财务管理 36/680、人力资源管理 31/414、劳动与社会保障 12/123、会计学 51/653。

4★专业：税收学 11/90、国际经济与贸易 88/670、国际商务 14/126、审计学 24/191、物流管理 46/434、金融学 68/387、旅游管理 46/424。

10672 贵州民族大学

在中国本科院校竞争力排行榜中的名次 399，贵州省内排名 5/28，民族类排名 6/17。

共 70 个专业参评，其中 5★+专业 0 个，5★专业 2 个，5★-专业 0 个，4★专业 4 个，3★专业 12 个。

在中国普通高校研究生教育竞争力排行榜中的名次：总排名 439/596，贵州省内排名 7/9，民族类排名 10/13。

共 10 个一级学科(学术学位)参评。

一级学科排名

法学 95/206、社会学 25/88、民族学 24/38、中国语言文学 129/183、新闻传播学 110/116、数学 147/262、物理学 180/197、系统科学 23/25、统计学 80/121、化学工程与技术 149/178。

本科优势专业排名

5★-专业：音乐表演 19/237、舞蹈表演 13/145。

4★专业：社会学 16/89、中国少数民族语言文学 5/33、网络与新媒体 50/316、航空服务艺术与管理 7/63。

10661 遵义医科大学

在中国本科院校竞争力排行榜中的名次 476，贵州省内排名 6/28，医药类排名 49/108。

共 31 个专业参评，其中 5★+专业 0 个，5★专业 0 个，5★-专业 0 个，4★专业 5 个，3★专业 16 个。

在中国普通高校研究生教育竞争力排行榜中的名次：总排名 311/596，贵州省内排名 4/9，医药类排名 40/76。

共 9 个一级学科(学术学位)参评。

一级学科排名

马克思主义理论 344/358、生物学 165/239、生物工程 18/22、基础医学 60/108、临床医学 59/

110、口腔医学 31/47、公共卫生与预防医学 57/74、药学 64/142、护理学 32/70。

本科优势专业排名

4★专业：制药工程 39/252、生物工程 42/239、护理学 31/290、麻醉学 9/61、助产学 12/71。

10662 贵州中医药大学

在中国本科院校竞争力排行榜中的名次 565，贵州省内排名 7/28，医药类排名 62/108。

共 29 个专业参评，其中 5★+专业 0 个，5★专业 0 个，5★-专业 0 个，4★专业 5 个，3★专业 14 个。

在中国普通高校研究生教育竞争力排行榜中的名次：总排名 418/596，贵州省内排名 5/9，医药类排名 61/76。

共 3 个一级学科(学术学位)参评。

一级学科排名

中医学 24/42、中西医结合 51/61、中药学 21/50。

本科优势专业排名

4★专业：中药学 18/115、医学实验技术 4/19、运动康复 16/79、中医骨伤科学 4/22、养老服务管理 4/19。

14440 贵州理工学院

在中国本科院校竞争力排行榜中的名次 587，贵州省内排名 8/28，理工类排名 190/365。

共 38 个专业参评，其中 5★+专业 0 个，5★专业 0 个，5★-专业 0 个，4★专业 2 个，3★专业 7 个。

本科优势专业排名

4★专业：网络工程 44/276、数据科学与大数据技术 98/680。

14223 贵州师范学院

在中国本科院校竞争力排行榜中的名次 588，贵州省内排名 9/28，师范类排名 81/175。

共 47 个专业参评，其中 5★+专业 0 个，5★专业 1 个，5★-专业 0 个，4★专业 3 个，3★专业 9 个。

本科优势专业排名

5★-专业：学前教育 34/418。

4★专业：英语 152/928、广播电视学 20/152、应用生物科学 3/13。

10664 遵义师范学院

在中国本科院校竞争力排行榜中的名次 596，贵州省内排名 10/28，师范类排名 84/175。

共 46 个专业参评，其中 5★+专业 0 个，5★专业 0 个，5★-专业 0 个，4★专业 1 个，3★专业 8 个。

本科优势专业排名

4★专业：电子信息科学与技术 27/164。

10665 铜仁学院

在中国本科院校竞争力排行榜中的名次 653，贵州省内排名 11/28，师范类排名 99/175。

共 30 个专业参评，其中 5★+专业 0 个，5★专业 0 个，5★-专业 0 个，4★专业 0 个，3★专业 4 个。

11731 贵州商学院

在中国本科院校竞争力排行榜中的名次 673，贵州省内排名 12/28，综合类排名 121/270。

共 27 个专业参评，其中 5★+专业 0 个，5★专业 0 个，5★-专业 0 个，4★专业 7 个，3★专业 10 个。

本科优势专业排名

4★专业：投资学 22/127、物联网工程 91/481、市场营销 99/586、电子商务 90/451、酒店管理 27/180、会展经济与管理 13/101、艺术管理 4/28。

10670 黔南民族师范学院

在中国本科院校竞争力排行榜中的名次 721，贵州省内排名 13/28，师范类排名 117/175。

共 48 个专业参评，其中 5★+专业 0 个，5★专业 0 个，5★-专业 0 个，4★专业 1 个，3★专业

5 个。

在中国普通高校研究生教育竞争力排行榜中的名次：总排名 584/596，贵州省内排名 9/9，师范类排名 75/77。

本科优势专业排名

4★专业：学前教育 44/418。

10976 贵阳学院

在中国本科院校竞争力排行榜中的名次 777，贵州省内排名 14/28，综合类排名 147/270。

共 47 个专业参评，其中 5★+专业 0 个，5★专业 0 个，5★−专业 0 个，4★专业 0 个，3★专业 1 个。

在中国普通高校研究生教育竞争力排行榜中的名次：总排名 575/596，贵州省内排名 8/9，综合类排名 89/93。

共 1 个一级学科(学术学位)参评。

一级学科排名

哲学 96/133。

10668 贵州工程应用技术学院

在中国本科院校竞争力排行榜中的名次 798，贵州省内排名 15/28，综合类排名 152/270。

共 38 个专业参评，其中 5★+专业 0 个，5★专业 0 个，5★−专业 0 个，4★专业 0 个，3★专业 6 个。

10667 安顺学院

在中国本科院校竞争力排行榜中的名次 809，贵州省内排名 16/28，师范类排名 136/175。

共 35 个专业参评，其中 5★+专业 0 个，5★专业 0 个，5★−专业 0 个，4★专业 1 个，3★专业 3 个。

本科优势专业排名

4★专业：数据科学与大数据技术 93/680。

10666 兴义民族师范学院

在中国本科院校竞争力排行榜中的名次 899，贵州省内排名 17/28，民族类排名 14/17。

共 37 个专业参评，其中 5★+专业 0 个，5★专业 0 个，5★−专业 0 个，4★专业 0 个，3★专业 5 个。

10977 六盘水师范学院

在中国本科院校竞争力排行榜中的名次 926，贵州省内排名 19/28，师范类排名 151/175。

共 41 个专业参评，其中 5★+专业 0 个，5★专业 0 个，5★−专业 0 个，4★专业 0 个，3★专业 0 个。

10669 凯里学院

在中国本科院校竞争力排行榜中的名次 932，贵州省内排名 20/28，师范类排名 152/175。

共 39 个专业参评，其中 5★+专业 0 个，5★专业 0 个，5★−专业 0 个，4★专业 0 个，3★专业 2 个。

12107 贵州警察学院

在中国本科院校竞争力排行榜中的名次 946，贵州省内排名 21/28，文法类排名 60/68。

共 9 个专业参评，其中 5★+专业 0 个，5★专业 0 个，5★−专业 0 个，4★专业 0 个，3★专业 1 个。

民办院校

13648 贵州黔南经济学院

在中国民办院校竞争力排行榜中的名次 107，贵州省内排名 18/28，财经类排名 64/109。

共 19 个专业参评，其中 5★+专业 0 个，5★专业 0 个，5★−专业 0 个，4★专业 0 个，3★专业 2 个。

14625 茅台学院

在中国民办院校竞争力排行榜中的名次 165，贵州省内排名 22/28，综合类排名 211/270。

共 14 个专业参评，其中 5★+专业 0 个，5★专业 0 个，5★−专业 0 个，4★专业 0 个，3★专业 4 个。

13650 贵阳信息科技学院

在中国民办院校竞争力排行榜中的名次182，贵州省内排名24/28，综合类排名233/270。

共37个专业参评，其中5★+专业0个，5★专业0个，5★-专业0个，4★专业0个，3★专业5个。

13651 贵阳人文科技学院

在中国民办院校竞争力排行榜中的名次191，贵州省内排名25/28，民族类排名17/17。

共34个专业参评，其中5★+专业0个，5★专业0个，5★-专业0个，4★专业0个，3★专业1个。

13649 贵州黔南科技学院

在中国民办院校竞争力排行榜中的名次210，贵州省内排名28/28，综合类排名263/270。

共21个专业参评，其中5★+专业0个，5★专业0个，5★-专业0个，4★专业0个，3★专业0个。

内蒙古自治区

一般大学

10126 内蒙古大学

在中国本科院校竞争力排行榜中的名次162，内蒙古自治区内排名1/17，综合类排名44/270。

共62个专业参评，其中5★+专业0个，5★专业6个，5★-专业0个，4★专业16个，3★专业25个。

在中国普通高校研究生教育竞争力排行榜中的名次：总排名188/596，内蒙古自治区内排名1/10，综合类排名48/93。

共25个一级学科(学术学位)参评，其中5★+学科0个，5★学科0个，5★-学科1个，4★学科0个，学科优秀率为4%。

一级学科排名

哲学75/133、应用经济学56/262、法学96/206、民族学11/38、马克思主义理论134/358、中国语言文学46/183、外国语言文学100/232、新闻传播学104/116、中国史50/114、数学67/262、物理学83/197、化学86/228、生物学24/239、生态学36/109、材料科学与工程197/219、电子科学与技术102/120、信息与通信工程152/182、计算机科学与技术77/263、化学工程与技术167/178、环境科学与工程71/193、软件工程130/146、草学16/25、工商管理233/306、公共管理45/209、艺术学理论70/70。

本科优势专业排名

5★-专业：汉语言文学45/615、英语81/928、新闻学29/310、生物技术19/285、计算机科学与技术73/922、劳动与社会保障10/123。

4★专业：民族学5/27、汉语国际教育35/320、中国少数民族语言文学7/33、俄语26/157、日语54/450、数学与应用数学59/514、化学61/304、生物科学42/280、生态学16/80、行政管理40/290、播音与主持艺术23/219、金融学74/387、法学88/583、网络与新媒体48/316、数据科学与大数据技术114/680、旅游管理78/424。

10129 内蒙古农业大学

在中国本科院校竞争力排行榜中的名次223，内蒙古自治区内排名2/17，农林类排名17/47。

共70个专业参评，其中5★+专业0个，5★专业4个，5★-专业0个，4★专业9个，3★专业30个。

在中国普通高校研究生教育竞争力排行榜中的名次：总排名199/596，内蒙古自治区内排名2/10，农林类排名18/38。

共25个一级学科(学术学位)参评。

一级学科排名

应用经济学207/262、马克思主义理论325/358、生物学105/239、生态学94/109、机械工程207/220、材料科学与工程209/219、计算机科学与技术241/263、土木工程144/159、水利工程29/64、农业工程18/44、林业工程8/12、食品科学与工程24/99、风景园林学43/56、作物学18/51、园艺学22/44、农业资源与环境20/40、植物保护37/45、畜牧学22/55、兽医学21/43、林学11/36、草学7/25、工商管理104/306、农林经济管理23/51、公共管理162/209、设计学157/161。

本科优势专业排名

5★-专业：应用统计学18/183、食品科学与工程20/278、水土保持与荒漠化防治2/19、草业科学2/29。

4★专业：水利水电工程16/83、农业机械化及其自动化7/37、食品质量与安全36/236、农学11/76、植物科学与技术3/21、动物科学13/79、林学7/47、园林23/126、会计学73/653。

10128 内蒙古工业大学

在中国本科院校竞争力排行榜中的名次249，内蒙古自治区内排名3/17，理工类排名101/365。

共61个专业参评，其中5★+专业0个，5★专业2个，5★-专业0个，4★专业11个，3★专业22个。

在中国普通高校研究生教育竞争力排行榜中的名次：总排名299/596，内蒙古自治区内排名4/10，理工类排名116/182。

共25个一级学科(学术学位)参评。

一级学科排名

应用经济学 228/262、民族学 34/38、马克思主义理论 310/358、外国语言文学 115/232、数学 166/262、物理学 137/197、统计学 101/121、力学 45/95、机械工程 167/220、材料科学与工程 101/219、动力工程及工程热物理 41/104、电气工程 105/109、信息与通信工程 116/182、控制科学与工程 152/184、计算机科学与技术 238/263、建筑学 38/70、土木工程 110/159、化学工程与技术 61/178、交通运输工程 62/64、环境科学与工程 190/193、城乡规划学 55/60、网络空间安全 66/70、工商管理 142/306、公共管理 189/209、设计学 142/161。

本科优势专业排名

5★-专业：化学工程与工艺 31/325、建筑学 23/291。

4★专业：社会工作 29/251、英语 104/928、机械设计制造及其自动化 98/513、材料成型及控制工程 24/221、能源与动力工程 31/188、电气工程及其自动化 59/569、电子信息工程 84/633、计算机科学与技术 136/922、建筑环境与能源应用工程 32/165、财务管理 92/680、新能源科学与工程 15/126。

10135 内蒙古师范大学

在中国本科院校竞争力排行榜中的名次 299，内蒙古自治区内排名 4/17，师范类排名 34/175。

共 78 个专业参评，其中 5★+专业 0 个，5★专业 4 个，5★-专业 2 个，4★专业 8 个，3★专业 31 个。

在中国普通高校研究生教育竞争力排行榜中的名次：总排名 312/596，内蒙古自治区内排名 5/10，师范类排名 32/77。

共 25 个一级学科(学术学位)参评，其中 5★+学科 0 个，5★学科 0 个，5★-学科 0 个，4★学科 1 个，学科优秀率为 4%。

一级学科排名

哲学 69/133、理论经济学 82/111、社会学 53/88、民族学 8/38、马克思主义理论 156/358、教育学 93/139、心理学 21/102、体育学 45/106、中国语言文学 70/183、外国语言文学 107/232、中国史 87/114、世界史 62/67、数学 216/262、物理学 154/197、化学 174/228、地理学 31/84、生物学 205/239、科学技术史 12/23、生态学 108/109、材料科学与工程 177/219、公共管理 197/209、音乐与舞蹈学 59/82、戏剧与影视学 59/61、美术学 105/115、设计学 109/161。

本科优势专业排名

5★专业：美术学 17/332、视觉传达设计 24/702。

5★-专业：学前教育 25/418、体育教育 28/323、中国少数民族语言文学 3/33、环境设计 66/701。

4★专业：小学教育 45/301、汉语言文学 66/615、地理科学 28/170、土地资源管理 18/90、音乐表演 44/237、音乐学 74/394、产品设计 59/390、航空服务艺术与管理 8/63。

10127 内蒙古科技大学

在中国本科院校竞争力排行榜中的名次 365，内蒙古自治区内排名 5/17，理工类排名 143/365。

共 64 个专业参评，其中 5★+专业 0 个，5★专业 0 个，5★-专业 0 个，4★专业 4 个，3★专业 25 个。

在中国普通高校研究生教育竞争力排行榜中的名次：总排名 295/596，内蒙古自治区内排名 3/10，理工类排名 114/182。

共 18 个一级学科(学术学位)参评。

一级学科排名

应用经济学 258/262、马克思主义理论 357/358、物理学 145/197、生物学 140/239、机械工程 99/220、材料科学与工程 97/219、冶金工程 11/28、动力工程及工程热物理 71/104、信息与通信工程 153/182、控制科学与工程 174/184、计算机科学与技术 177/263、建筑学 43/70、土木工程 102/159、化学工程与技术 119/178、矿业工程 18/30、环境科学与工程 136/193、管理科学与工程 199/202、设计学 152/161。

本科优势专业排名

4★专业：机械设计制造及其自动化 60/513、自动化 81/437、土木工程 81/525、建筑学 45/291。

10136 内蒙古民族大学

在中国本科院校竞争力排行榜中的名次 400，

内蒙古自治区内排名 6/17，民族类排名 7/17。

共 70 个专业参评，其中 5★+专业 0 个，5★专业 0 个，5★-专业 0 个，4★专业 3 个，3★专业 20 个。

在中国普通高校研究生教育竞争力排行榜中的名次：总排名 410/596，内蒙古自治区内排名 7/10，民族类排名 8/13。

共 19 个一级学科(学术学位)参评。

一级学科排名

民族学 30/38、马克思主义理论 294/358、教育学 134/139、体育学 105/106、中国语言文学 83/183、中国史 113/114、世界史 59/67、数学 261/262、物理学 192/197、化学 224/228、生物学 208/239、作物学 44/51、畜牧学 55/55、兽医学 42/43、草学 25/25、临床医学 106/110、中医学 41/42、中西医结合 59/61、中药学 24/50。

本科优势专业排名

4★专业：汉语言文学 117/615、英语 160/928、广播电视编导 39/224。

10139 内蒙古财经大学

在中国本科院校竞争力排行榜中的名次 438，内蒙古自治区内排名 7/17，财经类排名 31/109。

共 50 个专业参评，其中 5★+专业 0 个，5★专业 7 个，5★-专业 1 个，4★专业 4 个，3★专业 17 个。

在中国普通高校研究生教育竞争力排行榜中的名次：总排名 481/596，内蒙古自治区内排名 8/10，财经类排名 32/39。

共 4 个一级学科(学术学位)参评。

一级学科排名

理论经济学 60/111、应用经济学 95/262、工商管理 80/306、公共管理 170/209。

本科优势专业排名

5★专业：应用统计学 8/183。

5★-专业：国际经济与贸易 63/670、市场营销 49/586、财务管理 42/680、人力资源管理 34/414、物业管理 2/24、会计学 57/653、旅游管理 40/424。

4★专业：税收学 15/90、资产评估 11/69、物流管理 49/434、金融学 71/387。

10132 内蒙古医科大学

在中国本科院校竞争力排行榜中的名次 508，内蒙古自治区内排名 8/17，医药类排名 55/108。

共 30 个专业参评，其中 5★+专业 0 个，5★专业 0 个，5★-专业 0 个，4★专业 1 个，3★专业 7 个。

在中国普通高校研究生教育竞争力排行榜中的名次：总排名 373/596，内蒙古自治区内排名 6/10，医药类排名 54/76。

共 9 个一级学科(学术学位)参评。

一级学科排名

生物学 230/239、基础医学 73/108、临床医学 82/110、口腔医学 45/47、公共卫生与预防医学 66/74、中医学 21/42、药学 105/142、中药学 45/50、护理学 66/70。

本科优势专业排名

4★专业：护理学 53/290。

14531 内蒙古艺术学院

在中国本科院校竞争力排行榜中的名次 760，内蒙古自治区内排名 9/17，艺术类排名 42/48。

共 25 个专业参评，其中 5★+专业 0 个，5★专业 2 个，5★-专业 1 个，4★专业 2 个，3★专业 3 个。

在中国普通高校研究生教育竞争力排行榜中的名次：总排名 517/596，内蒙古自治区内排名 9/10，艺术类排名 21/33。

共 2 个一级学科(学术学位)参评。

一级学科排名

音乐与舞蹈学 37/82、美术学 24/115。

本科优势专业排名

5★专业：舞蹈表演 5/145。

5★-专业：音乐表演 22/237、动画 23/256。

4★专业：绘画 22/164、服装与服饰设计 22/208。

10819 呼伦贝尔学院

在中国本科院校竞争力排行榜中的名次 763，

内蒙古自治区内排名 10/17，综合类排名 143/270。

共 49 个专业参评，其中 5★+专业 0 个，5★专业 1 个，5★-专业 0 个，4★专业 0 个，3★专业 4 个。

本科优势专业排名

5★-专业：学前教育 40/418。

10138 赤峰学院

在中国本科院校竞争力排行榜中的名次 787，内蒙古自治区内排名 11/17，师范类排名 132/175。

共 50 个专业参评，其中 5★+专业 0 个，5★专业 0 个，5★-专业 0 个，4★专业 1 个，3★专业 5 个。

在中国普通高校研究生教育竞争力排行榜中的名次：总排名 570/596，内蒙古自治区内排名 10/10，师范类排名 73/77。

本科优势专业排名

4★专业：学前教育 63/418。

11427 集宁师范学院

在中国本科院校竞争力排行榜中的名次 873，内蒙古自治区内排名 12/17，师范类排名 144/175。

共 33 个专业参评，其中 5★+专业 0 个，5★专业 0 个，5★-专业 0 个，4★专业 1 个，3★专业 3 个。

本科优势专业排名

4★专业：学前教育 66/418。

11631 河套学院

在中国本科院校竞争力排行榜中的名次 931，内蒙古自治区内排名 13/17，综合类排名 189/270。

共 35 个专业参评，其中 5★+专业 0 个，5★专业 0 个，5★-专业 0 个，4★专业 0 个，3★专业 3 个。

11709 呼和浩特民族学院

在中国本科院校竞争力排行榜中的名次 942，内蒙古自治区内排名 14/17，民族类排名 15/17。

共 38 个专业参评，其中 5★+专业 0 个，5★专业 0 个，5★-专业 0 个，4★专业 0 个，3★专业 3 个。

14532 鄂尔多斯应用技术学院

在中国本科院校竞争力排行榜中的名次 1031，内蒙古自治区内排名 15/17，综合类排名 214/270。

共 22 个专业参评，其中 5★+专业 0 个，5★专业 0 个，5★-专业 0 个，4★专业 0 个，3★专业 0 个。

民办院校

14205 内蒙古鸿德文理学院

在中国民办院校竞争力排行榜中的名次 214，内蒙古自治区内排名 17/17，师范类排名 173/175。

共 26 个专业参评，其中 5★+专业 0 个，5★专业 0 个，5★-专业 0 个，4★专业 0 个，3★专业 1 个。

新疆维吾尔自治区

一流大学

10755 新疆大学

在中国本科院校竞争力排行榜中的名次 150，新疆维吾尔自治区内排名 1/18，综合类排名 41/270。

共 74 个专业参评，其中 5★+专业 0 个，5★专业 11 个，5★-专业 2 个，4★专业 11 个，3★专业 28 个。

在中国普通高校研究生教育竞争力排行榜中的名次：总排名 93/596，新疆维吾尔自治区内排名 1/11，综合类排名 30/93。

共 36 个一级学科(学术学位)参评，其中 5★+学科 0 个，5★学科 1 个，5★-学科 1 个，4★学科 4 个，学科优秀率为 16.67%。

一级学科排名

哲学 99/133、理论经济学 25/111、应用经济学 216/262、法学 43/206、民族学 21/38、马克思主义理论 12/358、中国语言文学 29/183、外国语言文学 120/232、新闻传播学 52/116、中国史 64/114、数学 45/262、物理学 54/197、化学 24/228、地理学 11/84、地质学 33/36、生物学 91/239、生态学 62/109、统计学 69/121、力学 78/95、机械工程 49/220、材料科学与工程 145/219、动力工程及工程热物理 57/104、电气工程 26/109、信息与通信工程 109/182、控制科学与工程 109/184、计算机科学与技术 15/263、建筑学 46/70、土木工程 77/159、化学工程与技术 44/178、地质资源与地质工程 32/46、纺织科学与工程 11/22、环境科学与工程 156/193、食品科学与工程 86/99、软件工程 85/146、工商管理 82/306、公共管理 157/209。

本科优势专业排名

5★专业：数学与应用数学 25/514、计算机科学与技术 45/922。

5★-专业：汉语言文学 55/615、俄语 14/157、广告学 18/254、地理信息科学 13/166、电气工程及其自动化 34/569、电子信息工程 57/633、软件工程 37/595、化学工程与工艺 32/325、生物工程 24/239、法学 42/583、旅游管理 29/424。

4★专业：思想政治教育 43/292、英语 113/928、新闻学 37/310、信息与计算科学 58/303、化学 50/304、机械工程 22/120、通信工程 51/490、土木工程 84/525、建筑学 48/291、酒店管理 34/180、机器人工程 40/307。

一般大学

10759 石河子大学

在中国本科院校竞争力排行榜中的名次 190，新疆维吾尔自治区内排名 2/18，综合类排名 49/270。

共 87 个专业参评，其中 5★+专业 0 个，5★专业 1 个，5★-专业 0 个，4★专业 4 个，3★专业 40 个。

在中国普通高校研究生教育竞争力排行榜中的名次：总排名 155/596，新疆维吾尔自治区内排名 2/11，综合类排名 41/93。

共 26 个一级学科(学术学位)参评，其中 5★+学科 0 个，5★学科 0 个，5★-学科 1 个，4★学科 0 个，学科优秀率为 3.85%。

一级学科排名

应用经济学 79/262、马克思主义理论 110/358、教育学 68/139、中国语言文学 151/183、物理学 167/197、化学 165/228、地理学 58/84、生物学 109/239、机械工程 94/220、土木工程 156/159、水利工程 54/64、化学工程与技术 15/178、农业工程 15/44、食品科学与工程 41/99、作物学 27/51、园艺学 20/44、农业资源与环境 30/40、植物保护 34/45、畜牧学 16/55、兽医学 24/43、基础医学 63/108、临床医学 65/110、公共卫生与预防医学 74/74、药学 70/142、护理学 30/70、工商管理 68/306。

本科优势专业排名

5★-专业：食品质量与安全 24/236。

4★专业：学前教育 53/418、市场营销 86/586、财务管理 124/680、审计学 25/191。

10758 新疆农业大学

在中国本科院校竞争力排行榜中的名次 346，

新疆维吾尔自治区内排名 3/18，农林类排名 30/47。

共 56 个专业参评，其中 5★+专业 0 个，5★专业 0 个，5★-专业 0 个，4★专业 2 个，3★专业 25 个。

在中国普通高校研究生教育竞争力排行榜中的名次：总排名 238/596，新疆维吾尔自治区内排名 4/11，农林类排名 22/38。

共 17 个一级学科(学术学位)参评。

一级学科排名

应用经济学 106/262、化学 173/228、生物学 200/239、土木工程 149/159、水利工程 28/64、交通运输工程 35/64、农业工程 22/44、作物学 21/51、园艺学 23/44、农业资源与环境 32/40、植物保护 39/45、畜牧学 24/55、兽医学 20/43、林学 21/36、草学 8/25、农林经济管理 18/51、公共管理 49/209。

本科优势专业排名

4★专业：水利水电工程 10/83、食品质量与安全 45/236。

10762 新疆师范大学

在中国本科院校竞争力排行榜中的名次 373，新疆维吾尔自治区内排名 4/18，师范类排名 40/175。

共 59 个专业参评，其中 5★+专业 0 个，5★专业 3 个，5★-专业 1 个，4★专业 7 个，3★专业 27 个。

在中国普通高校研究生教育竞争力排行榜中的名次：总排名 308/596，新疆维吾尔自治区内排名 5/11，师范类排名 31/77。

共 21 个一级学科(学术学位)参评。

一级学科排名

哲学 91/133、理论经济学 111/111、应用经济学 169/262、法学 203/206、民族学 16/38、马克思主义理论 84/358、教育学 34/139、心理学 32/102、体育学 66/106、中国语言文学 52/183、外国语言文学 228/232、中国史 83/114、数学 198/262、物理学 149/197、化学 88/228、地理学 40/84、生物学 173/239、工商管理 298/306、音乐与舞蹈学 78/82、美术学 66/115、设计学 156/161。

本科优势专业排名

5★专业：音乐学 16/394。

5★-专业：思想政治教育 24/292、学前教育 33/418、体育教育 23/323。

4★专业：社会工作 49/251、教育技术学 25/130、小学教育 47/301、汉语言文学 67/615、舞蹈学 26/202、美术学 37/332、旅游管理 48/424。

10760 新疆医科大学

在中国本科院校竞争力排行榜中的名次 388，新疆维吾尔自治区内排名 5/18，医药类排名 37/108。

共 24 个专业参评，其中 5★+专业 0 个，5★专业 2 个，5★-专业 0 个，4★专业 2 个，3★专业 12 个。

在中国普通高校研究生教育竞争力排行榜中的名次：总排名 234/596，新疆维吾尔自治区内排名 3/11，医药类排名 28/76。

共 12 个一级学科(学术学位)参评。

一级学科排名

马克思主义理论 355/358、生物学 232/239、基础医学 41/108、临床医学 26/110、口腔医学 23/47、公共卫生与预防医学 33/74、中医学 18/42、中西医结合 27/61、药学 35/142、中药学 41/50、护理学 64/70、公共管理 60/209。

本科优势专业排名

5★-专业：药学 20/240、健康服务与管理 7/116。

4★专业：临床医学 33/194、预防医学 21/121。

10757 塔里木大学

在中国本科院校竞争力排行榜中的名次 398，新疆维吾尔自治区内排名 6/18，农林类排名 33/47。

共 71 个专业参评，其中 5★+专业 0 个，5★专业 0 个，5★-专业 0 个，4★专业 2 个，3★专业 20 个。

在中国普通高校研究生教育竞争力排行榜中的名次：总排名 426/596，新疆维吾尔自治区内排名 6/11，农林类排名 34/38。

共8个一级学科(学术学位)参评。

一级学科排名

马克思主义理论313/358、生物学98/239、化学工程与技术161/178、农业工程38/44、作物学42/51、园艺学39/44、畜牧学48/55、农林经济管理44/51。

本科优势专业排名

4★专业：生物技术49/285、园艺20/107。

10766 新疆财经大学

在中国本科院校竞争力排行榜中的名次417，新疆维吾尔自治区内排名7/18，财经类排名30/109。

共37个专业参评，其中5★+专业0个，5★专业5个，5★-专业2个，4★专业6个，3★专业11个。

在中国普通高校研究生教育竞争力排行榜中的名次：总排名468/596，新疆维吾尔自治区内排名7/11，财经类排名29/39。

共5个一级学科(学术学位)参评，其中5★+学科0个，5★学科0个，5★-学科0个，4★学科1个，学科优秀率为20%。

一级学科排名

理论经济学64/111、应用经济学33/262、法学169/206、新闻传播学60/116、工商管理172/306。

本科优势专业排名

5★专业：国际经济与贸易24/670、财务管理23/680。

5★-专业：市场营销37/586、国际商务7/126、金融学32/387、会计学63/653、旅游管理39/424。

4★专业：经济学56/348、经济统计学16/134、工程造价46/254、物流管理48/434、金融数学10/71、工商管理98/537。

10768 新疆艺术学院

在中国本科院校竞争力排行榜中的名次627，新疆维吾尔自治区内排名8/18，艺术类排名33/48。

共24个专业参评，其中5★+专业0个，5★专业0个，5★-专业1个，4★专业1个，3★专业7个。

在中国普通高校研究生教育竞争力排行榜中的名次：总排名561/596，新疆维吾尔自治区内排名10/11，艺术类排名29/33。

共5个一级学科(学术学位)参评。

一级学科排名

统计学90/121、管理科学与工程141/202、戏剧与影视学53/61、美术学110/115、设计学155/161。

本科优势专业排名

5★专业：播音与主持艺术11/219。

4★专业：广播电视编导30/224。

10994 新疆工程学院

在中国本科院校竞争力排行榜中的名次630，新疆维吾尔自治区内排名9/18，理工类排名201/365。

共36个专业参评，其中5★+专业0个，5★专业0个，5★-专业0个，4★专业1个，3★专业10个。

本科优势专业排名

4★专业：物联网工程79/481。

10763 喀什大学

在中国本科院校竞争力排行榜中的名次651，新疆维吾尔自治区内排名10/18，师范类排名98/175。

共54个专业参评，其中5★+专业0个，5★专业1个，5★-专业0个，4★专业1个，3★专业26个。

在中国普通高校研究生教育竞争力排行榜中的名次：总排名509/596，新疆维吾尔自治区内排名8/11，师范类排名59/77。

共4个一级学科(学术学位)参评。

一级学科排名

马克思主义理论133/358、教育学79/139、中国语言文学102/183、化学207/228。

本科优势专业排名

5★-专业：学前教育 39/418。

4★专业：广告学 39/254。

10764 伊犁师范大学

在中国本科院校竞争力排行榜中的名次 697，新疆维吾尔自治区内排名 11/18，师范类排名 108/175。

共 53 个专业参评，其中 5★+专业 0 个，5★专业 0 个，5★-专业 0 个，4★专业 2 个，3★专业 14 个。

在中国普通高校研究生教育竞争力排行榜中的名次：总排名 513/596，新疆维吾尔自治区内排名 9/11，师范类排名 60/77。

共 7 个一级学科(学术学位)参评。

一级学科排名

法学 123/206、教育学 118/139、中国语言文学 116/183、数学 161/262、物理学 131/197、化学 204/228、生物学 203/239。

本科优势专业排名

4★专业：汉语言文学 114/615、法学 106/583。

12734 新疆警察学院

在中国本科院校竞争力排行榜中的名次 958，新疆维吾尔自治区内排名 12/18，文法类排名 61/68。

共 2 个专业参评，其中 5★+专业 0 个，5★专业 0 个，5★-专业 0 个，4★专业 0 个，3★专业 0 个。

10997 昌吉学院

在中国本科院校竞争力排行榜中的名次 973，新疆维吾尔自治区内排名 13/18，师范类排名 159/175。

共 46 个专业参评，其中 5★+专业 0 个，5★专业 0 个，5★-专业 0 个，4★专业 1 个，3★专业 10 个。

在中国普通高校研究生教育竞争力排行榜中的名次：总排名 590/596，新疆维吾尔自治区内排名 11/11，师范类排名 77/77。

本科优势专业排名

4★专业：网络与新媒体 36/316。

13558 新疆理工学院

在中国本科院校竞争力排行榜中的名次 1070，新疆维吾尔自治区内排名 14/18，综合类排名 232/270。

共 28 个专业参评，其中 5★+专业 0 个，5★专业 0 个，5★-专业 0 个，4★专业 1 个，3★专业 8 个。

本科优势专业排名

4★专业：通信工程 59/490。

13628 新疆政法学院

在中国本科院校竞争力排行榜中的名次 1104，新疆维吾尔自治区内排名 15/18，综合类排名 242/270。

共 10 个专业参评，其中 5★+专业 0 个，5★专业 0 个，5★-专业 0 个，4★专业 0 个，3★专业 1 个。

13560 新疆第二医学院

在中国本科院校竞争力排行榜中的名次 1166，新疆维吾尔自治区内排名 17/18，医药类排名 101/108。

共 11 个专业参评，其中 5★+专业 0 个，5★专业 0 个，5★-专业 0 个，4★专业 0 个，3★专业 1 个。

13561 新疆科技学院

在中国本科院校竞争力排行榜中的名次 1209，新疆维吾尔自治区内排名 18/18，财经类排名 106/109。

共 11 个专业参评，其中 5★+专业 0 个，5★专业 0 个，5★-专业 0 个，4★专业 0 个，3★专业 0 个。

海南省

一般大学

10589 海南大学

在中国本科院校竞争力排行榜中的名次 124，海南省内排名 1/7，综合类排名 39/270。

共 64 个专业参评，其中 5★+专业 2 个，5★专业 6 个，5★-专业 2 个，4★专业 21 个，3★专业 27 个。

在中国普通高校研究生教育竞争力排行榜中的名次：总排名 139/596，海南省内排名 1/4，综合类排名 38/93。

共 36 个一级学科(学术学位)参评，其中 5★+学科 0 个，5★学科 0 个，5★-学科 0 个，4★学科 1 个，学科优秀率为 2.78%。

一级学科排名

哲学 88/133、理论经济学 97/111、应用经济学 113/262、法学 55/206、政治学 77/80、马克思主义理论 104/358、中国语言文学 119/183、外国语言文学 94/232、数学 222/262、海洋科学 22/29、生物学 121/239、生态学 45/109、机械工程 165/220、材料科学与工程 109/219、信息与通信工程 69/182、计算机科学与技术 174/263、土木工程 80/159、化学工程与技术 70/178、农业工程 36/44、环境科学与工程 165/193、食品科学与工程 35/99、风景园林学 41/56、网络空间安全 38/70、作物学 6/51、园艺学 35/44、农业资源与环境 35/40、植物保护 32/45、畜牧学 40/55、林学 25/36、水产 17/28、药学 113/142、管理科学与工程 137/202、工商管理 180/306、农林经济管理 47/51、公共管理 132/209、音乐与舞蹈学 75/82。

本科优势专业排名

5★+专业：数据科学与大数据技术 7/680、旅游管理 1/424。

5★专业：视觉传达设计 26/702、法学 26/583。

5★-专业：国际经济与贸易 43/670、日语 31/450、生物技术 18/285、电子信息工程 53/633、通信工程 34/490、酒店管理 13/180。

4★专业：思想政治教育 37/292、汉语言文学 69/615、英语 136/928、生物科学 43/280、土木工程 69/525、化学工程与工艺 44/325、环境科学 24/173、食品科学与工程 29/278、食品质量与安全 39/236、风景园林 23/185、农学 13/76、园艺 19/107、设施农业科学与工程 6/39、园林 14/126、会展经济与管理 14/101、音乐表演 45/237、戏剧影视文学 18/93、休闲体育 14/89、信息安全 20/119、工商管理 57/537、会计学 129/653。

11658 海南师范大学

在中国本科院校竞争力排行榜中的名次 341，海南省内排名 2/7，师范类排名 36/175。

共 63 个专业参评，其中 5★+专业 0 个，5★专业 2 个，5★-专业 1 个，4★专业 6 个，3★专业 28 个。

在中国普通高校研究生教育竞争力排行榜中的名次：总排名 369/596，海南省内排名 3/4，师范类排名 40/77。

共 16 个一级学科(学术学位)参评，其中 5★+学科 0 个，5★学科 0 个，5★-学科 0 个，4★学科 1 个，学科优秀率为 6.25%。

一级学科排名

理论经济学 86/111、马克思主义理论 49/358、教育学 83/139、心理学 79/102、体育学 89/106、中国语言文学 66/183、中国史 78/114、数学 131/262、物理学 182/197、化学 89/228、地理学 80/84、生态学 48/109、网络空间安全 49/70、工商管理 179/306、美术学 91/115、设计学 133/161。

本科优势专业排名

5★专业：小学教育 6/301。

5★-专业：汉语言文学 57/615、环境设计 49/701。

4★专业：思想政治教育 36/292、体育教育 52/323、社会体育指导与管理 29/231、英语 127/928、化学 51/304、酒店管理 35/180。

11810 海南医学院

在中国本科院校竞争力排行榜中的名次 470，海南省内排名 3/7，医药类排名 47/108。

共 29 个专业参评，其中 5★+专业 0 个，5★

专业 1 个，5★-专业 0 个，4★专业 0 个，3★专业 9 个。

在中国普通高校研究生教育竞争力排行榜中的名次：总排名 363/596，海南省内排名 2/4，医药类排名 52/76。

共 5 个一级学科(学术学位)参评。

一级学科排名

生物学 141/239、基础医学 71/108、临床医学 45/110、中医学 29/42、药学 118/142。

本科优势专业排名

5★-专业：健康服务与管理 11/116。

11100 海南热带海洋学院

在中国本科院校竞争力排行榜中的名次 669，海南省内排名 5/7，综合类排名 120/270。

共 50 个专业参评，其中 5★+专业 0 个，5★专业 0 个，5★-专业 0 个，4★专业 1 个，3★专业 10 个。

在中国普通高校研究生教育竞争力排行榜中的名次：总排名 578/596，海南省内排名 4/4，综合类排名 90/93。

本科优势专业排名

4★专业：旅游管理 52/424。

13811 琼台师范学院

在中国本科院校竞争力排行榜中的名次 987，海南省内排名 7/7，师范类排名 160/175。

共 25 个专业参评，其中 5★+专业 0 个，5★专业 0 个，5★-专业 0 个，4★专业 0 个，3★专业 2 个。

民办院校

13892 三亚学院

在中国民办院校竞争力排行榜中的名次 6，海南省内排名 4/7，综合类排名 114/270。

共 45 个专业参评，其中 5★+专业 0 个，5★专业 0 个，5★-专业 0 个，4★专业 2 个，3★专业 20 个。

本科优势专业排名

4★专业：酒店管理 36/180、金融科技 10/78。

12308 海口经济学院

在中国民办院校竞争力排行榜中的名次 65，海南省内排名 6/7，财经类排名 55/109。

共 44 个专业参评，其中 5★+专业 0 个，5★专业 0 个，5★-专业 0 个，4★专业 2 个，3★专业 14 个。

本科优势专业排名

4★专业：舞蹈学 24/202、播音与主持艺术 30/219。

宁夏回族自治区

一般大学

10749 宁夏大学

在中国本科院校竞争力排行榜中的名次201，宁夏回族自治区内排名1/8，综合类排名50/270。

共78个专业参评，其中5★+专业0个，5★专业3个，5★-专业0个，4★专业10个，3★专业37个。

在中国普通高校研究生教育竞争力排行榜中的名次：总排名156/596，宁夏回族自治区内排名1/4，综合类排名42/93。

共34个一级学科(学术学位)参评，其中5★+学科0个，5★学科0个，5★-学科0个，4★学科1个，学科优秀率为2.94%。

一级学科排名

哲学122/133、理论经济学67/111、法学181/206、社会学80/88、民族学7/38、马克思主义理论297/358、教育学122/139、心理学61/102、中国语言文学110/183、外国语言文学152/232、中国史48/114、数学98/262、物理学178/197、化学162/228、地理学37/84、生物学102/239、生态学83/109、力学86/95、机械工程166/220、电子科学与技术83/120、计算机科学与技术208/263、土木工程125/159、水利工程23/64、化学工程与技术46/178、食品科学与工程49/99、作物学26/51、园艺学24/44、农业资源与环境19/40、植物保护30/45、畜牧学30/55、兽医学26/43、草学14/25、工商管理294/306、农林经济管理43/51。

本科优势专业排名

5★-专业：英语65/928、应用心理学18/248、食品科学与工程27/278。

4★专业：体育教育56/323、汉语言文学89/615、数学与应用数学95/514、生物技术52/285、计算机科学与技术178/922、水利水电工程12/83、化学工程与工艺49/325、园艺17/107、法学91/583、葡萄与葡萄酒工程3/16。

10752 宁夏医科大学

在中国本科院校竞争力排行榜中的名次375，宁夏回族自治区内排名2/8，医药类排名35/108。

共19个专业参评，其中5★+专业0个，5★专业0个，5★-专业0个，4★专业4个，3★专业8个。

在中国普通高校研究生教育竞争力排行榜中的名次：总排名296/596，宁夏回族自治区内排名2/4，医药类排名35/76。

共9个一级学科(学术学位)参评。

一级学科排名

生物学152/239、基础医学34/108、临床医学48/110、口腔医学41/47、公共卫生与预防医学39/74、中医学33/42、药学68/142、护理学52/70、公共管理135/209。

本科优势专业排名

4★专业：药学47/240、医学检验技术27/159、护理学47/290、公共事业管理50/252。

11407 北方民族大学

在中国本科院校竞争力排行榜中的名次425，宁夏回族自治区内排名3/8，民族类排名9/17。

共65个专业参评，其中5★+专业0个，5★专业0个，5★-专业0个，4★专业4个，3★专业20个。

在中国普通高校研究生教育竞争力排行榜中的名次：总排名387/596，宁夏回族自治区内排名3/4，民族类排名7/13。

共11个一级学科(学术学位)参评。

一级学科排名

应用经济学193/262、民族学15/38、马克思主义理论332/358、中国语言文学140/183、中国史112/114、数学95/262、生态学88/109、材料科学与工程174/219、电子科学与技术119/120、计算机科学与技术175/263、化学工程与技术158/178。

本科优势专业排名

4★专业：电子信息工程78/633、计算机科学与技术163/922、旅游管理59/424、航空服务艺术与管理12/63。

10753 宁夏师范学院

在中国本科院校竞争力排行榜中的名次637，宁夏回族自治区内排名4/8，师范类排名92/175。

共35个专业参评，其中5★+专业0个，5★专业0个，5★-专业0个，4★专业1个，3★专业7个。

在中国普通高校研究生教育竞争力排行榜中的名次：总排名538/596，宁夏回族自治区内排名4/4，师范类排名66/77。

共2个一级学科(学术学位)参评。

一级学科排名

中国语言文学165/183、化学225/228。

本科优势专业排名

4★专业：电子信息工程117/633。

民办院校

12544 宁夏理工学院

在中国民办院校竞争力排行榜中的名次69，宁夏回族自治区内排名5/8，理工类排名241/365。

共43个专业参评，其中5★+专业0个，5★专业1个，5★-专业1个，4★专业1个，3★专业2个。

本科优势专业排名

5★专业：物联网工程20/481。

5★-专业：航空服务艺术与管理4/63。

4★专业：数据科学与大数据技术136/680。

13820 银川能源学院

在中国民办院校竞争力排行榜中的名次168，宁夏回族自治区内排名7/8，理工类排名305/365。

共28个专业参评，其中5★+专业0个，5★专业0个，5★-专业0个，4★专业0个，3★专业3个。

14200 银川科技学院

在中国民办院校竞争力排行榜中的名次206，宁夏回族自治区内排名8/8，理工类排名347/365。

共25个专业参评，其中5★+专业0个，5★专业0个，5★-专业0个，4★专业0个，3★专业3个。

青海省

一般大学

10743 青海大学

在中国本科院校竞争力排行榜中的名次 278，青海省内排名 1/4，综合类排名 57/270。

共 58 个专业参评，其中 5★+专业 0 个，5★专业 0 个，5★-专业 0 个，4★专业 4 个，3★专业 25 个。

在中国普通高校研究生教育竞争力排行榜中的名次：总排名 252/596，青海省内排名 1/3，综合类排名 54/93。

共 20 个一级学科(学术学位)参评，其中 5★+学科 0 个，5★学科 0 个，5★-学科 1 个，4★学科 0 个，学科优秀率为 5%。

一级学科排名

应用经济学 217/262、马克思主义理论 211/358、生态学 8/109、机械工程 216/220、材料科学与工程 166/219、土木工程 152/159、水利工程 35/64、化学工程与技术 172/178、地质资源与地质工程 38/46、食品科学与工程 91/99、作物学 28/51、农业资源与环境 37/40、畜牧学 44/55、兽医学 41/43、草学 11/25、基础医学 76/108、临床医学 75/110、中医学 26/42、中西医结合 58/61、工商管理 154/306。

本科优势专业排名

4★专业：材料成型及控制工程 36/221、电气工程及其自动化 97/569、环境生态工程 8/68、人力资源管理 66/414。

10746 青海师范大学

在中国本科院校竞争力排行榜中的名次 408，青海省内排名 2/4，师范类排名 44/175。

共 40 个专业参评，其中 5★+专业 0 个，5★专业 2 个，5★-专业 0 个，4★专业 5 个，3★专业 14 个。

在中国普通高校研究生教育竞争力排行榜中的名次：总排名 349/596，青海省内排名 2/3，师范类排名 36/77。

共 19 个一级学科(学术学位)参评。

一级学科排名

哲学 121/133、应用经济学 200/262、法学 152/206、社会学 67/88、马克思主义理论 286/358、教育学 76/139、心理学 64/102、体育学 103/106、中国语言文学 127/183、中国史 31/114、数学 180/262、物理学 158/197、化学 110/228、地理学 28/84、生物学 124/239、生态学 93/109、统计学 107/121、计算机科学与技术 86/263、软件工程 100/146。

本科优势专业排名

5★-专业：小学教育 24/301、计算机科学与技术 90/922。

4★专业：学前教育 79/418、体育教育 53/323、汉语言文学 100/615、英语 141/928、地理科学 24/170。

10748 青海民族大学

在中国本科院校竞争力排行榜中的名次 513，青海省内排名 3/4，民族类排名 11/17。

共 47 个专业参评，其中 5★+专业 0 个，5★专业 0 个，5★-专业 0 个，4★专业 2 个，3★专业 18 个。

在中国普通高校研究生教育竞争力排行榜中的名次：总排名 433/596，青海省内排名 3/3，民族类排名 9/13。

共 14 个一级学科(学术学位)参评。

一级学科排名

哲学 118/133、法学 75/206、政治学 68/80、社会学 61/88、民族学 10/38、马克思主义理论 338/358、教育学 120/139、中国语言文学 99/183、中国史 53/114、数学 230/262、化学 167/228、药学 122/142、工商管理 150/306、公共管理 107/209。

本科优势专业排名

4★专业：法学 104/583、旅游管理 76/424。

西藏自治区

一般大学

10694 西藏大学

在中国本科院校竞争力排行榜中的名次 404，西藏自治区内排名 1/4，综合类排名 71/270。

共 46 个专业参评，其中 5★+专业 0 个，5★专业 1 个，5★-专业 0 个，4★专业 4 个，3★专业 13 个。

在中国普通高校研究生教育竞争力排行榜中的名次：总排名 367/596，西藏自治区内排名 1/4，综合类排名 64/93。

共 18 个一级学科(学术学位)参评，其中 5★+学科 0 个，5★学科 0 个，5★-学科 0 个，4★学科 2 个，学科优秀率为 11.11%。

一级学科排名

应用经济学 149/262、民族学 6/38、马克思主义理论 126/358、教育学 60/139、中国语言文学 60/183、物理学 150/197、生物学 198/239、生态学 19/109、信息与通信工程 120/182、计算机科学与技术 165/263、地质资源与地质工程 40/46、环境科学与工程 101/193、基础医学 105/108、药学 131/142、公共管理 180/209、艺术学理论 52/70、音乐与舞蹈学 73/82、美术学 90/115。

本科优势专业排名

5★-专业：美术学 32/332。

4★专业：中国少数民族语言文学 6/33、计算机科学与技术 118/922、环境科学 30/173、音乐学 52/394。

10695 西藏民族大学

在中国本科院校竞争力排行榜中的名次 556，西藏自治区内排名 2/4，民族类排名 12/17。

共 47 个专业参评，其中 5★+专业 0 个，5★专业 1 个，5★-专业 0 个，4★专业 3 个，3★专业 8 个。

在中国普通高校研究生教育竞争力排行榜中的名次：总排名 459/596，西藏自治区内排名 2/4，民族类排名 11/13。

共 12 个一级学科(学术学位)参评。

一级学科排名

哲学 114/133、应用经济学 208/262、法学 183/206、民族学 32/38、马克思主义理论 268/358、教育学 104/139、体育学 81/106、中国语言文学 120/183、中国史 107/114、网络空间安全 31/70、基础医学 102/108、工商管理 270/306。

本科优势专业排名

5★-专业：学前教育 42/418。

4★专业：体育教育 51/323、汉语言文学 95/615、会计学 127/653。

10693 西藏农牧学院

在中国本科院校竞争力排行榜中的名次 661，西藏自治区内排名 3/4，农林类排名 39/47。

共 26 个专业参评，其中 5★+专业 0 个，5★专业 0 个，5★-专业 0 个，4★专业 0 个，3★专业 4 个。

在中国普通高校研究生教育竞争力排行榜中的名次：总排名 478/596，西藏自治区内排名 3/4，农林类排名 38/38。

共 4 个一级学科(学术学位)参评。

一级学科排名

水利工程 55/64、作物学 45/51、兽医学 35/43、林学 27/36。

10696 西藏藏医药大学

在中国本科院校竞争力排行榜中的名次 817，西藏自治区内排名 4/4，医药类排名 79/108。

共 2 个专业参评，其中 5★+专业 0 个，5★专业 0 个，5★-专业 0 个，4★专业 0 个，3★专业 0 个。

在中国普通高校研究生教育竞争力排行榜中的名次：总排名 589/596，西藏自治区内排名 4/4，医药类排名 76/76。

共 2 个一级学科(学术学位)参评。

一级学科排名

中医学 39/42、中药学 50/50。